WIR WERDEN SCHAMLOS IRREGEFÜHRT!

Gerhoch Reisegger

Wir werden schamlos irregeführt!

Vom 11. September zum Irak-Krieg

HOHENRAIN – TÜBINGEN

Umschlagmotiv: Frank Schwere

Die Deutsche Bibliothek – CIP-Einheitsaufnahme

Reisegger, Gerhoch:
Wir werden schamlos irregeführt! :
Vom 11. September zum Irak-Krieg /
Gerhoch Reisegger.-
Tübingen ; Zürich ; Paris :
Hohenrain-Verl., 2003
ISBN 3-89180-068-1

ISBN 3-89180-068-1
2. Auflage Juli 2003

© 2003 by Hohenrain GmbH,
Postfach 1611, D-72006 Tübingen

Gedruckt in Deutschland

Inhaltsverzeichnis

137 Das Konzept vom Clash of Civilizations (CoC)

177 Die Lage der amerikanischen Wirtschaft

Nachträgliches Vorwort

John PILGER deckt im *New Statesman*[1] (London) vom 16. Dezember 2002 die Pläne macht- und geldgieriger Menschen auf, die die derzeitige amerikanische Regierung steuern. Die meisten dieser Pläne sind Erbschaften aus dem Kalten Krieg, aus der Ära REAGANS und George BUSHS sen. »Vor zwei Jahren wurde von den Männern, die heute George W. BUSH umgeben, ein Projekt gestartet, in dem gesagt wird, daß Amerika ›ein neues Pearl Harbor‹ brauche. Dessen eindeutig bezeichnete Ziele sind in alarmierender Weise ganz allmählich Wirklichkeit geworden«, schrieb John PILGER im *New Statesman*.

Die Bedrohung, die der US-Staatsterrorismus für die Sicherheit der Nationen und der einzelnen Menschen darstellt, wurde in prophetischer Deutlichkeit mehr als ein Jahr vor dem 11. September in diesem geheimen Dokument ausgeführt und zufällig vor kurzem bekannt. Was Amerika zur Beherrschung des größeren Teils der Menschheit und der Weltressourcen nötig habe, so steht es dort, »sie ein katastrophales und als Katalysator wirkendes Ereignis – vergleichbar einem neuen Pearl Harbor«.

Die ›Angriffe‹ vom 11. September 2001 gäben das »neue Pearl Harbor« ab, und sie werden als »die Chance des Jahrhunderts« bezeichnet. Die Extremisten, die seither den 11. September rücksichtslos und wirksam ausgebeutet haben, stammen aus der REAGAN-Zeit, als weit rechts stehende ›*Think Tanks*‹ (Denkfabriken) gegründet wurden, um die amerikanische Vietnam-›Niederlage‹ zu rächen.

»Einer von George W. BUSHS ›Denkern‹ ist Richard PERLE. Ich [J. PILGER] interviewte PERLE, als er REAGANS Berater war. Als er vom ›totalen Krieg‹ sprach, habe ich ihn als verrückt abgeschrieben. Er verwendete diesen Ausdruck jüngst wieder, als er von ›Amerikas Krieg gegen den Terror‹ sprach. ›Keine (Eskalations-)Stufen‹, sagte er. ›Das ist der totale Krieg. Wir kämpfen gegen eine Vielzahl von Feinden. Es gibt eine Menge davon. All diese Reden, daß wir zuerst nach Afghanistan gehen werden und es erledigen, dann den Irak...., sind ein gänzlich verkehrter und falscher Weg, die Sache anzupacken. Wenn wir nur unsere Vision von der Welt weiterdenken, wenn wir sie uns

[1] Von: »O#o van Nieuwenhuijze« nowhere@wanadoo.nl; 30. 12. 2002. Originalnachricht von: focus@canaldirecto.com über: elohimjl@mail.zserv.tuwien.ac.at
Weitergehende Hintergründe: siehe auch: 9/11 Timeline: 2001 to 9-11; http://208.187.163.46/completetimeline/index.htm

vollkommen zu eigen machten und nicht versuchten, dieses Stückwerk mittels cleverer Diplomatie zusammenzufügen, sondern den totalen Krieg führten..., würden unsere Kinder uns in den Jahren danach mit Lobgesängen preisen.«

PERLE ist einer der Gründer des ›Projektes für das Neue Amerikanische Jahrhundert‹, des sogenannten PNAC. Weitere Mitbegründer sind Dick CHENEY, nun Vizepräsident, Donald RUMSFELD, Kriegsminister, Paul WOLFOWITZ, stellvertretender Kriegsminister, I. Lewis LIBBY, CHENEYS Stabschef, William J. BENNETT, REAGANS Unterrichtsminister, und Zalmay KHALILZAD, BUSHS Botschafter in Afghanistan. Das sind die heutigen Drahtzieher des *amerikanischen Staatsterrorismus.*

»Der PNAC-Teilbericht Rebuilding America's Defences [Wiederherstellung der amerikanischen Verteidigung]: Strategie, Streitkräfte und Ressourcen für ein neues Jahrhundert,war der Plan und nicht nur eine Bezeichnung für Amerikas gesamte Ziele. Vor zwei Jahren empfahl er die Erhöhung der Ausgaben für Waffen um 48 Mrd. Dollar, damit Washington ›in mehrfachen, gleichzeitigen größeren Kriegstheater kämpfen und gewinnen könne‹. Dies geschah so. Er meinte, die Vereinigten Staaten sollten bunkerbrechende Atomwaffen bauen und ›Star-Wars‹ zu einer nationalen Priorität machen. Auch dies geschah.«

»Er führte aus, daß der Irak ein Angriffsziel sein sollte, wenn BUSH an die Macht käme.« Und so ist es. Was die angeblichen irakischen ›Massenvernichtungswaffen‹ betrifft, wurden diese mit so vielen Worten verurteilt, und ein bequemer Vorwand, der er in Wahrheit ist, geschaffen.

»Während der ungelöste Konflikt mit dem Irak einen unmittelbaren Rechtfertigungsgrund abgibt«, sagt der Bericht,»geht die Notwendigkeit der Präsenz amerikanischer Truppen am Golf weit über das Problem einer Regierung Saddam HUSSEINS hinaus.« Wie wurde diese ›Große Strategie‹ umgesetzt?

Eine Reihe von Artikeln in der *Washington Post,* die unter anderen der seit dem Watergate-Skandal bekannte Journalist Bob WOODWARD auf der Grundlage langer Interviews mit führenden Mitgliedern der BUSH-Regierung verfaßte, enthüllt, wie der 11. September manipuliert wurde.

Am Morgen des 12. September 2001 forderte RUMSFELD einen Angriff auf den Irak, ohne die geringsten Beweise dafür zu haben, wer die Flugzeugentführer waren. Laut WOODWARD forderte RUMSFELD im Kabinett, daß der Irak»in einer ersten Runde des Krieges gegen den Terrorismus ein primäres Ziel sein sollte«. Der Irak wurde nur deshalb zeitweise in der ersten Runde vom Krieg gegen den Terrorismus

ausgenommen, weil Außenminister Colin POWELL BUSH überzeugte,
»daß die öffentliche Meinung erst vorbereitet werden müsse, bevor
ein Angriff auf den Irak möglich« sei. Afghanistan und die Taliban,
von der CIA geschaffen, ausgebildet und finanziert, wurden somit
zunächst als die ›sanftere‹ Option ausgewählt.

Falls Johnathan STEELES Schätzung im *Guardian* zutrifft, haben rund
20 000 Menschen in Afghanistan diese Debatte mit ihrem Leben bezahlt.

Immer wieder wird der 11. September als eine ›Chance‹ bezeichnet. Im *New Yorker* vom vergangenen April (2002) schrieb der Enthüllungsjournalist Nicholas LEMANN, daß BUSHS oberste Beraterin, Condoleezza RICE, ihm erzählt habe, daß sie die führenden Mitglieder des
Nationalen Sicherheitsrates zusammengerufen und sie aufgefordert
habe, »darüber nachzudenken, wie man aus diesen Gelegenheiten
Kapital schlagen könne«, die sie mit jenen von ›1945 bis 1947‹ verglich: dem Beginn des Kalten Krieges«.[2]

Seit dem 11. September hat Amerika überall, wo wesentliche fossile Energiequellen vorkommen, besonders in Zentralasien, Militärbasen und Brückenköpfe geschaffen. Die Unocal-Ölgesellschaft ist dabei, eine Pipeline quer durch Afghanistan zu bauen.

BUSH hat das Kyoto-Protokoll über die Treibhausgase, den Internationalen Strafgerichtshof für Kriegsverbrechen wie auch den ABM-Vertrag über Interkontinental-Raketen annulliert. Er sagte, er würde,
»wenn nötig«, Atomwaffen gegen Nicht-Atomstaaten einsetzen.

Unter dem Mantel der Propaganda über die angeblichen Massenvernichtungswaffen des Iraks hat die BUSH-Regierung gerade solche
Waffen entwickeln lassen, die die Verträge über den Krieg mit biologischen und chemischen Waffen unterminieren.

In der *Los Angeles Times* beschreibt der Militäranalytiker William
ARKIN die geheime Armee, die von Donald RUMSFELD aufgebaut wurde, ähnlich jener von Richard NIXON und Henry KISSINGER, die jedoch vom Kongreß für ungesetzlich erklärt worden ist. Diese »Super-Geheimdienst Unterstützungs-Aktivität« wird den CIA und die
militärischen verdeckten Operationen, den Informationskrieg und die
Täuschung miteinander verbinden. Nach einem für RUMSFELD angefertigten geheimen Dokument soll die neue Organisation, unter ihrer
Orwellschen Beschönigung als ›*Proactive Pre-emptive Operations Group*‹

---

[2] Sollte jemand wünschen, all die außergewöhnlichen, nicht erklärten Anomalien und offenkundigen Widersprüche in den offiziellen Geschichten über den 11. September tiefergehend zu erforschen, so sei er auf die Internet-Seite hingewiesen http://208.187.163.46/completetimeline/index.htm.

(P2OG)[3] bekannt, für provokative Terroranschläge zuständig sein, die dann einen »Gegenschlag« der Vereinigten Staaten gegen Länder, »die Terroristen Unterschlupf« gewähren, nach sich ziehen.

Mit anderen Worten: Es werden unschuldige Menschen von den USA getötet. Das erinnert sehr an die Operation ›Northwoods‹, jenen Plan – mit allen Zutaten: Bombardierungen, Flugzeugentführungen, -abstürzen und toten Amerikanern –, der vor Jahrzehnten von den Militärführern wegen einer Pseudo-Terrorkampagne an US-Präsident KENNEDY herangetragen wurde, um einen Vorwand für eine Invasion Kubas zu schaffen.

KENNEDY lehnte den Plan ab und wurde fünf Monate später ermordet. Nun hat RUMSFELD ›Northwoods‹ wiederbelebt, aber mit Mitteln, von denen man im Jahre 1963 nicht einmal träumen konnte, und ohne einen globalen Rivalen, der einen zur Vorsicht mahnen könnte.

Wir müssen uns immer vor Augen halten: Dies sind keine Hirngespinste, diese wirklich gefährlichen Menschen namens PERLE, RUMS-FELD und CHENEY haben Macht. Die Bedeutung der Medien zieht sich wie ein roter Faden durch ihre Äußerungen: »Es ist Aufgabe höchster Priorität, angesehene Journalisten an Bord zu bringen, damit unsere Position akzeptiert wird.«

»Unsere Position« ist dabei mit ›lügen‹ gleichbedeutend. Gewiß habe ich [J. PILGER] als Journalist niemals derartige offizielle, durchgehende Lügen wie heute erlebt. Wir mögen über die Inhaltslosigkeit von Tony BLAIRS ›Irak-Dossier‹ lachen, ebenso über Jack STRAWS alberne Lüge, daß der Irak eine Atombombe entwickelt habe (was seine Lakaien zu ›erklären‹ sich beeilten). Aber die noch heimtückischeren Lügen, die einen nichtprovozierten Angriff auf den Irak rechtfertigen sollen und dies mit möglichen Terroristen verknüpfen, die sich in jeder U-Bahn herumtreiben könnten, werden routinemäßig als ›Nachrichten‹ eingeschleust. Es sind dies aber keine Nachrichten, sondern Verleumdung und Propaganda.

Diese Korruption macht aus den Journalisten und Rundfunksprechern bloße nachplappernde Statisten. Ein Angriff auf ein 22 Millionen-Volk notleidender Menschen wird von den liberalen Kommentatoren in einer Weise diskutiert, als wäre er Gegenstand eines akademischen Seminars, bei dem die Teile auf der Karte herumgeschoben werden, wie es früher die Imperialisten zu tun pflegten.

Das Problem für diese ›Humanisten‹ ist nicht in erster Linie die Brutalität der modernen imperialistischen Herrschaft, sondern wie

---

[3] Man kann das kaum übersetzen. Es handelt sich um eine Eingreifgruppe, die vorbeugend und unprovoziert *(proactive)* angreift.

›böse‹ Saddam Hussein ist. Es gibt von ihnen kein Eingeständnis, daß ihre Entscheidung für die Kriegspartei das Schicksal von zehn- und sogar hunderttausend unschuldiger einfacher Leute besiegelt, verdammt zu sein, um auf den amerikanischen internationalen Todesstreich zu warten. Ihre doppelte Moral wird jedoch nicht funktionieren. Man kann nicht mörderische Piraterie im Namen der Humanität unterstützen. Darüber hinaus hat der amerikanische Fundamentalismus, den wir derzeit erleben, uns, die guten Herzens und Sinnes sind, schon zu lange angestarrt, um ihn nicht zu durchschauen.

Und denken wir daran, wenn jeder diese Information nur zehn anderen Bekannten weitersendet und diese ebenso nach der gleichen einfachen Prozedur fortfahren, dann wird die Welt die Wahrheit erfahren: daß die gegenwärtige amerikanische Regierung in einer nie dagewesenen Weise nicht nur den Frieden und das Überleben von Millionen bedroht, sondern den ganzen Erdball und alles Leben auf ihm. Andere Völker müssen aufstehen und diesem Wahnsinn ein Ende bereiten.

Die Presse ist im Sold der zerstörerischen Kräfte und wird die Wahrheit nicht berichten, so ist das Internet unsere einzige Chance, die Wahrheit zu verbreiten. Nutzen wir es!«

Diese unerhörte Feststellung John Pilgers – die sich aus all den in diesem Buch vorgebrachten Mosaiksteinen als Folgerung ergab – stellt sich nun mehr als ein Jahr später als bestürzende Tatsache heraus. Diese Erkenntnisse Pilgers sind uns erst lange nach Abschluß des Manuskriptes bekannt geworden und fügen sich nun wie ein Schlußstein in unser ganzes Gebäude ein. Es bleibt nur noch, die genauere Adresse des Terrors nachzutragen, die wir ›nur‹ mit Washington und der Ostküste angeben. Pilger nennt uns auch die Namen, die aus diesem Dokument über »*The New American Century*« (das neue amerikanische Jahrhundert) unzweifelhaft feststehen.

Daß Bilder mehr als tausend Worte sagen, ist ein bekanntes Sprichwort. Das Titelbild zeigt, was es geschlagen hat. Es ist die *amerikanische Apokalypse*.

Gerhoch Reisegger, im März 2003

Vorwort

Was bewegt uns, die Ereignisse des 11. September zu analysieren – und dies nach anderthalb Jahren und am Vorabend eines drohenden Krieges abermals aufzugreifen? Nun, die eigentliche und nach wie vor unbeantwortete Frage ist: Was bedeuten solche ungewöhnlichen Vorkommnisse, was steckt hinter ihnen?

Um solche Fragen beantworten und die Antwort ›verorten‹ zu können, muß man natürlich auch den eigenen Standpunkt darlegen – wenn er nicht ohnedies aus dem Gesagten schon klar wird. Um aber Mißverständnisse von vornherein zu vermeiden, soll dieser Standpunkt deutlich gemacht werden.

Der endgültige Feind der Menschen und Völker ist der Globalismus – die ihm zugrunde liegenden Ideen und die damit bezeichnete Politik sind lebensfeindlich – und, da sich dieser Globalismus ja irgendwie verkörpert, also eine ›Adresse‹ hat, kommen wir auch sehr schnell auf jene zu sprechen, die als ›Führungsnation‹ (sofern man im Fall der USA überhaupt von ›Nation‹ sprechen kann) ihn der Welt aufzwingen. Natürlich können wir auch zwischen den Unbeteiligten, also in der Regel dem ›Volk‹, und seiner Elite/Führung unterscheiden. Aber bequemerweise sprechen wir meistens von ›den USA‹, auch wenn die Administration, die Finanz-Plutokratie, die ›Ostküste‹ und deren Systemerhalter gemeint sind.

Zur Charakterisierung der Prozesse kann man sich verschiedener Methoden bedienen, etwa indem man Hypothesen aufstellt und die ›Bruchstücke‹ – die sichtbaren und unsichtbaren – widerspruchslos einzufügen versucht. Wir haben hier vor allem die ökonomischen Fakten dazu hergenommen. Aber ob damit die letzte ›Wahrheit‹ schon ergründet ist, bleibt offen. So wurde auch, eigentlich naheliegend, in den geistig-religiösen und philosophischen Strömungen versucht, die ›inneren Antriebskräfte‹ zu finden. Die Leser mögen sich daher nicht an Bildern der biblischen Apokalyptik stören; so kluge Leute wie Carl SCHMITT haben über den *kat-echon* (letzten Grund), dessen Verkörperung immer im ›Reich‹ gesehen wurde, viel geschrieben, also auch religiöse/theologische Begriffe in die Behandlung des Politischen eingeführt; aber das nur am Rande.

Die Bilder- und Symbolsprache ist jedermann sehr verständlich – und *daher* schon mehr als angebracht. Und es scheint ja, wenn man sich für die »Rechte der Nation«[4] – im bewußten Gegensatz zum Glo-

---

[4] Titel eines jüngst erschienenen Buches von Friedrich ROMIG, Stocker Verlag, Graz–Stuttgart 2002. Siehe Buchbesprechungen in »Der 13.«, Fakten in Juli 2002.

balismus – einsetzt, daß dies ein Eingehen auf deren identitätsstiften-de Denk- und Seinsweisen fordert. Das schließt, weil es ja nicht in unserem Belieben steht, die jeweiligen religiösen Auffassungen ›ab-zuschaffen‹, das Religiöse, wie das Christentum, den Islam und auch das Sosein als *Völker* ein. Wenn wir also von unserem Standpunkt die Ereignisse und die sich für uns daraus ergebende Lage betrachten, so geschieht dies notwendigerweise auch in bezug auf unser eigenes – deutsches – Volk und sein – nicht wegzuleugnendes – Christentum. (Auch wenn klar ist, daß es damit heute nicht mehr allzu weit her ist.) Wir betrachten ganz einfach das offensichtliche Wirken solcher Ide-en auch als Faktum, was aber jeder wache Geist ohnedies zugeben wird, selbst wenn ihm konkrete Wirkungen nicht gefallen sollten.

Nun sind ja bekanntlich die geistigen Ideen der ›Moderne‹, der Aufklärung, ein als ›Humanismus‹ getarnter Mondialismus/Globa-lismus, gepaart mit einer neuen ›Religion‹, die sich am besten in KÜNGS Weltethos, der Auflösung der identitätsstiftenden Unterschiede der Kulturen und Völker, ausdrückt. Beides ist nicht unsere Sache, der Globalismus und dieser Religionsverschnitt, aber es mag dem Leser schon der erste Punkt genügen, solchem ›Wirken‹ nur mit Skepsis zu begegnen, weil ja klar ist, wohin es führt.

Damit wäre unsere Position klargestellt: Sie ist konservativ und in der abendländischen Tradition verankert. Das behindert nicht unse-ren kritischen Blick auf die Fakten; die sind auch aus anderem Blick-winkel gewonnen, so wie sie dargelegt werden, aber die aus ihnen gezogenen Schlüsse sind natürlich von der jeweiligen Position be-stimmt: *für* die Rechte der Nationen/Völker als den »Gedanken Got-tes«[5] – und *gegen* die mit der Globalisierung und dem ›*American way of life*‹ einhergehende Herrschaft des ›Fürsten der Welt‹.

U.S. considering
wide terror hunt
Special forces would target Qaeda

Mit den folgenden Darlegungen soll ein – wie wir hoffen – kleiner Beitrag zu einer wahren Koalition des Friedens, einer Koalition ge-gen den *von den USA* über die Welt gezogenen Terror,[6] einer Koaliti-on des wirtschaftlichen Ausgleichs geleistet werden, die *nur auf Wahr-heit*, der grundsätzlichen Anerkennung des Existenzrechts der Völker

---

[5] Wie dies Johann Gottfried HERDER und Johann Gottlieb FICHTE ausdrückten.
[6] Thom SHANKER u. James RISEN, »U.S. considering wide terror hunt«, in: *International Herald Tribune* vom 13. 8. 2002, S. 1.

und einer allgemein gültigen Ethik gegründet sein kann. Von all dem ist heute leider nicht viel zu sehen, aber ohne diese Voraussetzungen wird es keine Zukunft geben. Doch wir stehen auch vor einem anderen Problem, dem Problem, eine richtige Sicht der Dinge zu bekommen. Das ist in der Tat für viele schwierig, weil sie einerseits mit Bildern und Pseudo-Nachrichten überschwemmt werden, andererseits es angesichts der medialen Desinformation und des Informationsmonopols der großen Medienkonzerne fast unmöglich gemacht wird, Sein und Schein noch zu unterscheiden. »Daß nichts ist, wie es scheint, ist eine philosophische Frage europäischer Provenienz, *wenn aber Sein und Schein nicht mehr auseinanderzuhalten sind*, handelt es sich um eine Wahrnehmungsform, die man *paranoid* (geistesgespalten) zu nennen pflegt; in diesem Sinne ist Amerika in der Tat wahnhafter als Europa. . . Das richtige Leben, fürs Fernsehen gestellt, ist in Amerika hip. Weil der wirkliche Mensch, speziell der Amerikaner, aber nicht wirklich sein darf und auch die künstliche Realität immerzu nach Verbesserung schreit, hat der Kanal ABC seine Zuschauer aufgefordert, sich für einen neuen Typus *Reality-Show* zur Verfügung zu stellen.«[7] Dieses Zitat zeigt genau das

Zu Anm. 6:

Verteidigungsminister Donald RUMSFELD erwägt, laut offiziellen Mitteilungen des Pentagons und der Geheimdienste, Möglichkeiten, die Aufgaben der US-Spezialeinheiten weiter – zu einer globalen Kampagne gegen den Terrorismus – auszudehnen, einschließlich deren weltweiten Einsatzes, um Al-Qaida-Führer gefangenzunehmen oder zu töten.

Die nun von RUMSFELD und hohen Militärs erörterten Vorschläge können dazu führen, daß die Spezialeinheiten tiefer in Langzeit-Geheimdienstoperationen verwickelt werden, in Ländern, mit denen die USA sich nicht im Krieg befinden oder in denen die lokalen Regierungen von den US-Aktivitäten/Präsenz nicht informiert sind.

Diese Ausweitung der militärischen Operationen in verdeckten Aktivitäten könne gerechtfertigt werden, meinten Pentagon-Offizielle, indem man sie als »Vorbereitungen des Schlachtfeldes« *(preparations of the battlefield)* im Zuge des Kampfes gegen den Terrorismus, der keine Grenzen kenne, definiere.

Die Diskussion, ob denn Spezialeinheiten einzelne Al Qaida-Führer entführen oder töten dürften, könne in einigen Punkten mit der ›Executive Order‹ in Widerspruch geraten, die Ermordung (als politisch motiviertes Mittel der Geheimdienste) verbiete.

Der Artikel führt weiter aus, daß seit dem 11. September die USA im Kriegszustand mit dem ›Terrornetzwerk‹ seien und daher *keine* gesetzliche Regelung, um tödliche Gewalt anzuwenden, nötig sei, wenn es gelte, Al-Qaida-Führer in jedem beliebigen Land zu »jagen«, »gefangenzunehmen« und zu töten. Das ist eine pauschale Kriegserklärung gegen jedes Land der Erde. Dabei kann man natürlich nicht von ›Krieg‹ sprechen, denn es geht in Wirklichkeit um Mord, Terror, Räuber- und Banditenmethoden auf der Ebene des Staates! Damit ist das Völkerrecht oder gar das *Jus publicum Europaeum* und der ›gehegte Krieg‹ von den USA auf die Müllhalde der Geschichte gekippt worden. Es herrscht hinfort das Faustrecht.

[7] Andreas KÖHLER, »Viagra-Wasser«, in: *Neue Zürcher Zeitung* vom 16. 8. 2002.

Problem auf. In dem Artikel ging es um jenes Problem, daß »hier nichts ist, was es ist, ohne den Zusatz, der es zu dem macht, was sich besser verkaufen läßt«; und gänzlich unabhängig, worum es sich dabei konkret handelte (um mit allerlei Beigaben ›aufgemotztes‹ Wasser), wird ein Grundzug bloßgelegt: die Vermengung von Sein und Schein.

Wir beleuchten ausführlich die wirtschaftliche Situation in den Vereinigten Staaten, unter anderem die Bedrohung, die von der außergewöhnlichen Bedeutung des Derivat-›Geschäfts‹ ausgeht. Dies hatte jüngst[8] zur Folge, daß die Bonität jener betroffenen internationalen Investmentbanken (ihre *credit-worthiness*) herabgestuft wurde. Jedoch: Wie viele Artikel sind dazu im *Wall Street Journal* oder der *New York Times* betreffend die 72 000 Mrd. Dollar Derivate (die der Investor Warren BUFFET als Kloake bezeichnete) dazu erschienen? Kein einziger. Wie ist es möglich, daß der größte Einzelposten im Weltfinanz-System in den wichtigsten Medien mit völligem Schweigen übergangen wird? Wie sollten wir also unter solchen Umständen erkennen, was wirklich los ist?

Es ist daher notwendig und wichtig, sich gerade dieses Problem, die Wahrnehmung der Wirklichkeit, unser Erkennen, bewußt zu machen. Denn alles, was wir nachfolgend ausbreiten, scheint ja vor dem Hintergrund der immer beherrschender werdenden Scheinwelt zu phantastisch, um es fassen, um es ›glauben‹ zu können. Daher ein kurzer Blick noch auf die Frage: Wie erkennen wir etwas?

Die größte Hürde für die Aufnahme einer gänzlich anderen, der veröffentlichten Meinung so völlig entgegengesetzten Sichtweise besteht in unseren eingefahrenen Gewohnheiten, die uns umgebenden Dinge und die auf uns einströmenden Eindrücke zu betrachten und zu verarbeiten. Es ist auch zugegebenerweise schwierig, wenn nicht unmöglich, in jedem Augenblick sich darüber Rechenschaft zu geben, *was* wir *wie* eben gesehen, erlebt, gehört haben. Meistens reagieren wir reflexhaft, nicht nur, wenn wir stolpern und automatisch eine Gegenbewegung machen oder auf etwas antworten – bevor wir hinreichend nachgedacht haben. Auch unsere Vorurteile beruhen darauf, daß wir öfter bestätigt gefundene ›kausale Zusammenhänge‹ bei uns gleichartig erscheinenden neuen Gegebenheiten – automatisch und *ohne* darüber nachzudenken – auch in diesen Fällen unterstellen. Wenn auch noch sehr viele dasselbe glauben, weil sie – wie wir – ebenfalls ›Zeugen‹ von den gleichen Ereignissen geworden sind, halten

---

[8] James SINCLAIR, »Downgraded Counter-Party Risk. – What's that?« (Herabgestufte Vertragspartner-Risiken. – Was ist das?), am 16. 8. 2002, in: www.LeMetropolCafe.com

wir das öffentlich fixierte Bild für eine bewiesene Tatsache. So viele können sich einfach nicht geirrt haben.

Dabei müßten wir wissen, daß, wie Friedrich SCHILLER sagte, »Verstand nur bei wenigen ist«, die Werbung Massen manipuliert und zu gleichem Verhalten geradezu zwingt und komplexe und oft noch dazu verborgene Zusammenhänge von den wenigsten überhaupt nur durchschaut werden können. Die Faustregel müßte eigentlich eher so lauten: »Wenn Tausende dasselbe sagen, ist dies beinahe ein hinreichender – wenn nicht notwendiger – Grund dafür, dies als völlig falsch anzusehen und das Gegenteil davon für wahr zu halten!«

Im Fall der Ereignisse des 11. September ist es natürlich nicht anders. Dabei ist dieses Ereignis kein Ausnahmefall, sondern es ist eher die Regel, als wir nämlich auf nahezu allen Gebieten unseres Wissens, unserer Existenz und im ›pragmatischen‹ Handeln Täuschungen unterliegen – mit allerdings ganz unabsehbaren Folgen für unser Leben, ja das der ganzen Menschheit.

Um die Bereitschaft zu fördern, sich das einmal einzugestehen und auch bewußt zu machen, sollen einige Bereiche aus der Wissenschaft, der Wirtschaft, dem Management, der Kultur und Religion, dem Geldwesen, der Börse, der Ideengeschichte unter anderem kurz beleuchtet werden, um damit das fundamentale Problem unserer Wahrnehmung und Erkenntnis deutlich zu machen, das wir haben, wenn wir zu wenig oder nur schablonenhaft den Dingen auf den Grund gehen.

Wenn einem aber bewußt geworden ist, daß das, was man zu wissen glaubt, oder die Art und Weise, wie man damit umgeht, höchst unvollkommene Kenntnisse und oft falsche Schlüsse sind, sollte man nachdenklich werden.

Das ›scio nescio‹ (Ich weiß, daß ich nichts weiß) scheint für den Alltagsverstand und das ›gesunde Volksempfinden‹ ein reichlich ›dummer‹ Ausspruch zu sein, ja die Negation von Wissenschaft überhaupt. Aber das ist natürlich nicht der Fall. Diese Einsicht bringt nur auf den Punkt, daß wir auch dann nur *glauben*, wenn wir überzeugt sind zu ›wissen‹.[9]

Friedrich NIETZSCHE sagt: »Die Lüge ist für das Leben oft wichtiger als die Wahrheit.« Für einen Philosophen ist das eine merkwürdige Ansicht. Aber er sagt damit natürlich nicht, daß wir daher lügen sollten oder nach Belieben Erkenntnisse umfälschen dürften. Er weist nur

---

[9] SOKRATES verwendete diese Methode, um den Sophismus als Scheinwissen zu entlarven. René DESCARTES hatte ein entgegengesetzt klingendes Axiom zum Ausgang seines Denkens genommen («Cogito ergo sum» – Ich denke, also bin ich), freilich zum Beweis anderer als der hier angeknüpften Überlegungen. Allerdings auch ohne ›Erfolg‹, wie die Philosophie inzwischen zeigen konnte.

darauf hin, daß unsere Sinne und unser Erkenntnisapparat so und so funktioniere, wie es dem Leben – dem Überleben – am besten nützt, daß es keine Frage einer ›absoluten‹ Wahrheit, sondern eine der *Nützlichkeit* – fürs Überleben – sei, *wie* wir denken und *welche Logik* wir daher ausgebildet hätten.

Sind es nicht oft auch die ›Lebenslügen‹, die vielen erst erlauben, sich mit der so ganz anderen Wirklichkeit ›zurechtzufinden‹? Liegt in NIETZSCHES Ausspruch nicht gar der Grund, daß es oft leichter fällt, Lügen zu glauben statt der Wahrheit? Werden deshalb die so offensichtlichen und dreisten Lügen über die Ereignisse um den 11. September so hartnäckig geglaubt? Fürchten sich die Menschen, weil hier eine ›Wahrheit‹ mit allen staatlichen Gewaltmitteln durchgesetzt werden soll? Weil die Lüge also für den ruhigen Schlaf und fürs eigene ›Überleben‹ scheinbar zweckmäßiger ist?

Sicher ist uns schon aufgefallen, daß die *gestellte Frage* bereits die *mögliche Antwort* mit umfaßt (und umgekehrt: auch die *nicht* gestellte, wie wir nachfolgend mit Andreas VON BÜLOW noch hinweisen werden). In Kursen über die Frage:»Wie man Kunden gewinnt« wird das psychologisch begründet und instrumentiert. Man fragt nicht:»Wollen Sie *das* kaufen?«, denn diese Frage schließt geradezu ein Nein ein, jedenfalls eine 50-zu-50-Chance für das Nein. Fragt man aber:»Wollen Sie A oder B kaufen?«, wird eine Kaufabsicht gleichsam von vornherein *unterstellt* und auf die Auswahl auf A oder B beschränkt. Natürlich ist in diesem einfachen Beispiel ein Nein auch möglich, aber die guten Verkäufer haben nicht zu Unrecht erkannt, daß die Chancen weit besser als 50-zu-50 sind, wenn sie *so* fragen. Sie verkaufen deutlich mehr, ihre Frage hatte schon die erwünschte Antwort nahegelegt. Nicht anders ist es bei jeglicher anderen Fragestellung, sei es auf dem Feld der Wissenschaft oder auf dem der Politik.

In einem am 13. Januar 2002 im online *Tagesspiegel*[10] abgedruckten (und vielfach anderweit aufgegriffenen) Interview mit Andreas VON BÜLOW[11] zum 11. September meinte dieser auf die einleitende Bemerkung:»Sie wirken so zornig, richtig aufgebracht.« –»Was mich aufregt, kann ich Ihnen erklären: Ich sehe, daß nach den entsetzlichen Anschlägen vom 11. September die gesamte politische Öffentlichkeit in eine Richtung gedrängt wird, die ich für falsch halte!« –»Was ver-

---

[10] www.zweitausendeins.de/ Unter dieser Internet-Adresse ist der gesamte Text des Interviews – 6 Seiten – abrufbar.

[11] Andreas VON BÜLOW war Minister für Forschung und Technologie im Kabinett von Helmut SCHMIDT und 25 Jahre SPD-Abgeordneter im Bundestag. Im Untersuchungsausschuß SCHALCK-GOLODKOWSKI erlebte VON BÜLOW, 64, die Arbeit der Geheimdienste. Als Folge schrieb er das Buch *Im Namen des Staates*, Piper, München 1998. VON BÜLOW lebt als Anwalt in Bonn.

stehen Sie darunter?«– »Ich wundere mich, daß viele Fragen *nicht* gestellt werden. Normalerweise ist es bei einer solch schrecklichen Geschichte so, daß verschiedene Spuren und Beweise auftauchen, die dann kommentiert werden, von den Ermittlern, von den Medien, von der Regierung: Ist da was dran oder nicht? Sind die Erklärungen plausibel? Diesmal ist das überhaupt nicht der Fall. Das fing schon wenige Stunden nach den Attentaten in New York und Washington an.«

Sehen wir uns einige Bereiche an, in denen man die heutige Betrachtungsweise kritisch untersuchen kann und sollte, weil sie, wie oben angedeutet, die möglichen Antworten – also ›Lösungen‹ – wesentlich mitbestimmen, wobei wir uns dessen meist *überhaupt nicht mehr bewußt* sind. Daraus entstehen aber Dogmen, nicht solche der Kirche, sondern jene oft mit Macht aufrechterhaltenen ›Grundlagen‹ unserer Existenz‹ fragwürdigen Gehaltes.

1. Fortschritt

Wir glauben an den Fortschritt, weil der ›Vulgärdarwinismus‹ unterstellt, daß die Evolution stets von niederen zu höheren Formen führt, d. h., was zurückliegt, *muß notwendig* primitiver sein; heute hätten wir es zum erreichbaren Optimum gebracht und die künftigen ›Entwicklungen‹, der Fortschritt, werden die heute noch ungelösten Probleme lösen.[12] Folge dieser Phantasmorgie: Wir haben ›in Wahrheit‹ (aber doch eben nur scheinbar) keine Probleme, denn die ›Zukunft‹, die ›Technologie‹, der ›Fortschritt‹ usw., wird *die* ›Lösung‹ sicher bringen. Das ist sozusagen ein Naturgesetz. Wie und aus welchen Gründen ist aber *nicht* einmal angedeutet. Es ist dies aber gänzlich unmöglich, da es keine Kausalverbindung irgendwelcher gegenwärtigen Ereignisse mit noch unbekannten zukünftigen gibt. Auch kann das Auffinden einer Erklärung für ein heutiges Problem *keine* Schlüsse über ähnliche Erfolge in der Zukunft begründen.

Hieraus wird ersichtlich, daß wir etwas glauben (wollen), ohne dafür irgendwelche konkreten Gründe oder Anhaltspunkte auch nur zu besitzen. Die sich hier offenbarende Haltung ist auch für andere, auf das Glauben abgestimmte Prozesse offensichtlich bestimmend. Im Falle der Wirtschaft wird ›1929‹ nicht mehr für möglich gehalten, weil wir – fortschrittlich, wie wir sind – neue und bessere Instrumente hätten, die eine Weltwirtschaftskrise wie in den dreißiger Jahren

---

[12] So etwa argumentieren die Vertreter der Fortschrittsgläubigkeit – ›Optimisten‹, Politiker, also berufsmäßige Lügner – und unterstreichen die heutige Ignoranz der Gesundbeter und die Schlichtheit ihres Denkens, sofern man es überhaupt ›Denken‹ nennen kann.

unmöglich machten. Es braut sich allerdings gerade eine noch viel größere Katastrophe zusammen.

2. ›Policy-Making‹

Ob es sich um Unternehmensstrategien oder die Lösung ›politischer Fragen‹ handelt, wir verwenden *einen* Satz an Managementpraktiken, Regeln, Qualitätskriterien usw. Wir haben *eine* Methode: Team-Bildung, Konfliktvermeidung, Kommunikation – überall und jederzeit –, ›Egalitarismus‹ – alle im Team sind gleich (-wertig), keine ›Rangordnung‹, Argumente aufgrund ihrer ›Meriten‹, ihrer ›Qualität‹, was nur zu oft übersieht, daß allein die *zeitliche Präsenz* ihnen ›Gewicht‹ gibt, das sie in Wirklichkeit meist nicht haben. Mit dieser Methode werden etwa in medialen Diskussionen gänzlich minderwertige und dumme Ansichten neben wirkliche und sachkompetente gestellt, was dem Geschwätz ein *scheinbares* Gewicht gibt, das es natürlich nicht hat. Das Ergebnis: *eine* uniformierte Lösung! Massensuggestion. ›One World‹. Keine Alternativen! Das heißt Verlust der Problemlösungskapazität und -fähigkeit im großen wie im kleinen. Selbstverständlich ist das nur eine (Herrschafts-) *Methode*, die sich des Gleichheitsdogmas bedient, wobei diejenigen, die die Prozesse in Gang setzen und aus dem Verborgenen lenken, selbst außerhalb dieser ›Regeln‹ stehen. Darauf beruht ja wesentlich die Manipulierbarkeit in den sogenannten Demokratien, die bekanntlich von einer Anonyma und in Wirklichkeit kleinen, oligarchischen Gruppen kontrolliert werden. Was als ›Politik‹ oder ›Strategie‹ erarbeitet wird, ist etwas, was aus solchen dogmatischen Grundsätzen entstand – und stellt daher nichts weiter als Pläne zu einer virtuellen Realität dar.

3. Glasperlenspiele

Mancher kennt vielleicht Hermann HESSES gleichnamigen Roman, eine erstaunliche und visionäre Einsicht eines Dichters. Eine ›Fortsetzung‹ und Anwendung auf die moderne Großforschung fand dieses Werk durch Prof. Dieter STRAUB,[13] also durch einen ausgewiesenen Wissenschaftler und Kenner der Materie. Der rote Faden ist hier gewissermaßen, daß *abstrakte, ausgefallene* Gedanken, die ›Schönheit der Gleichungssysteme‹, ihre ›Symmetrie‹ und ›Universalität‹ (die nur eine dogmatisch behauptete ist), *Auswahl und Behandlung technisch-wissen-*

---

[13] *Eine Geschichte des Glasperlenspiels.* STRAUB lehrte am Institut für Raketentriebwerke und Gasdynamik der Bundeswehrhochschule München.

schaftlicher Fragen bestimmen. Andere als die zur Zeit geglaubten und damit herrschenden ›wissenschaftlichen‹ Dogmen haben keine Chance auf Beachtung oder gar Förderung. Das geht mit einer *totalen Mathematisierung* einher. So wird daraus ein esoterisches Geheimwissen für und von Eingeweihten, das keine nachvollziehbaren Bezüge mehr zur Wirklichkeit hat.

Die hieraus entstehenden ›wissenschaftlich‹ begründeten Expertisen, die aber niemandem mehr, außer der Expertokratie allein, der neuen Kaste der Hohenpriester der Zivilisation und Technik, noch begreifbar sind, bilden die Stützen und die als Sachzwänge ausgegebenen Motive/Begründungen für die in ›Gesetze‹ gefaßte Herrschaftsvernunft[14] (die irrtümlich für die Herrschaft der Vernunft gehalten wird). Mit Marketingmethoden wird der ›Glaube‹ daran – ohne eigene Einsicht – durchgesetzt.

4. Empirismus

Eine wichtige Rolle in unserer modernen Welt spielt der *Empirismus*; die ›Wirklichkeit‹ selbst ist angeblich die Richtschnur und das Maß der Erkenntnis. Aber es ist das Modell, das die Wirklichkeit bestimmt. (Wobei im Falle von Widersprüchen mit den Beobachtungen die dogmatische Erklärung lautet: ›Um so schlimmer für die Tatsachen‹, gemäß dem berühmten Spruch – ich glaube – Hegels.) Dabei sind die Daten oft *nicht* erfaßbar, weder nach Menge noch nach Ort, Zeit, Größe und in der Wirtschaft – wie O. Spann zeigte – auch aus prinzipiellen Gründen nicht; das heißt, die ›theoretischen Modelle‹ sind in Wahrheit einer Überprüfung durch die Wirklichkeit gar *nicht* zugänglich! Und zweitens übersieht der ›Empirismus‹, daß ›Daten‹ ohne eine ihnen *zuvor* schon unterlegte Theorie ja keinerlei Sinn und Zusammenhang haben, das heißt, daß die *ohne* ›empirische‹ Daten aufgestellte theoretische *Vermutung* (= Theorie, Hypothese) durch diese später zu messenden Daten erst ›bewiesen‹ wird. Hier ist das mögliche Ergebnis natürlich bereits *immanenter Teil* der ›Theorie‹. Und auch dies wird anscheinend meist *nicht* bemerkt.

Solche ›Modellbildung‹ ist durchaus vergleichbar mit der Herstellung eines Filmes, um eine bestimmte Vorstellung ›realistisch‹ und Prozesse ›in ihrem Ablauf‹ darzustellen. Früher ging das nur mittels

---

[14] Siehe unsere Hinweise (unten) im Zusammenhang mit der Harvard-Universität und dem Betrugsfall von Enron, wo die berühmte Universität – mit Enrons Management personell verfilzt – gerade jene wissenschaftlichen Gutachten, Doktorarbeiten und ›Business-Cases‹ lieferte, die eine den Betrug mit Derivaten fördernde Gesetzgebung erst passieren ließen.

Zeichentrickfilms (und jeder erkannte die Nicht-Wirklichkeit), im digitalen Zeitalter lassen sich Bilder und Folgen künstlich erzeugen, mischen, addieren, subtrahieren usw.

Und weil dies heute auch so ›realistisch‹ auf unsere trägen Sinne wirkt, halten wir solch eine ›Modellvorstellung‹ (= eine Theorie) auch gleich für die ›wirkliche Wirklichkeit‹. Die daraus entstehende Gefahr wurde in dem zitierten Artikel der *Neuen Zürcher Zeotung* als Paranoia – als Wahn – bezeichnet.

5. Neuigkeitswahn

Eine andere Sorte solchen Wahns ist der Zwang zu immer ›Neuem‹. Nicht die Vertiefung oder Verbreiterung eines Fachgebietes ist von Interesse oder Motiv der Weiterführung einer wissenschaftlichen Entdeckung, sondern das Bestreben ›aufzufallen‹, etwas ›Neues‹ zu entdecken oder zu erfinden oder als ›Erster‹ erklärt/gefunden zu haben. Paradoxe Theorien/›Erklärungen‹ sind modern und begründen wissenschaftlichen Ruhm.

Nehmen wir aus naheliegenden Gründen die *Wirtschaftswissenschaften*: Der Chicagoer Nobelpreisträger George Stigler, zusammen mit Milton Friedman Begründer der ›Chicagoer Schule‹, hat es in seinen Memoiren so ausgedrückt: »Eine brillante Arbeit, die niemand liest oder die für falsch gehalten wird,[15] ist ein völliger Fehlschlag. Allgemeine Akzeptanz ist der eigentliche Maßstab für Exzellenz.« Dementsprechend wird mit Energie an der öffentlichen Durchsetzung, vor allem mit Marketing-Methoden (= Überredung, Ansprechen irrationaler Gefühle usw.), gearbeitet. Also Mehrheitsvoten – die allgemeine Akzeptanz – entscheiden über ›wissenschaftliche Wahrheit‹. Das war nicht immer so.

Mit *diesem* Ansatz wird es möglich, völlig unsinnige Theorien dennoch durchzusetzen. Wir haben dazu ja auch einige Beispiele gebracht, die zeigen, wie ›Nobel‹preisträger für Wirtschaftswissenschaften die Sache sehen. (Siehe Anmerkungen zum Kapitel »Real- und Finanzwirtschaft«)

Zum Glück schlägt das Pendel langsam zurück. F. Malik[16] schrieb: »Die Ökonomien praktisch aller Länder sind durch die falschen amerikanischen Theorien der neunziger Jahre fehlgesteuert worden und daher in einem bedrohlichen Zustand. Der Glaube an die prinzipielle

---

[15] Die aber durchaus richtig sein könnte! Der ›Nobel‹preisträger erklärt aber, daß auch das – unbegründete – Für-falsch-Halten einer Theorie sie zu einem Fehlschlag mache.

[16] Prof. Dr. Fredemund Malik, Universität St. Gallen und Verwaltungsratspräsident des Management Zentrums St. Gallen, in: *FAZ*, 12. 8. 2002, S. 18.

und universelle Überlegenheit der amerikanischen Management-Praktiken ist genau so naiv, wie es der Glaube an die japanische Überlegenheit war.« Man reibt sich die Augen, daß ein derartiges Urteil plötzlich in der *FAZ* ganzseitig zu lesen ist.

Wenden wir uns nochmals der Wirtschaft und den ökonometrischen Modellen zu. Es wurde schon angedeutet, daß ihr Bezug zur Realität gar nicht herstellbar ist, auch wenn wir es fest glaubten. Die › Weltmodelle‹ zeichnen sich durch eine derartige Vielzahl von Parametern aus, deren aktuelle Daten niemand kennt oder zu einem Zeitpunkt auch nur erfassen könnte. Mit *Annahmen* errechnet man dann das, was man angenommen hatte, und gibt dies als Beweis für die *wirkliche* Abbildung der Realität aus. Dabei ist es bei fehlerfreier Rechnung bestenfalls Beweis für die richtige Durchführung einer Rechenoperation. In den »Ideologischen Elementen der neoklassischen Theorie« hat dies F. ROMIG schlüssig nachgewiesen und das Tautologische mancher Formel aufgezeigt. Heute › beweist‹ man ja mittels der › Anzahl an Nobelpreisträgern‹ der Wirtschaftswissenschaften die Plausibilität, die Richtigkeit der ökonomischen Dogmen. Ob man nicht auch oder vor allem den *Zusammenhang von › bewiesener‹ Theorie und den von ihr Begünstigten* ins Auge fassen sollte? Also die Frage: »*Cui bono?*« (Wem nutzt das?)

Dies ist ja einer der zentralen Punkte unserer Überlegung zur Erforschung der wahren Ursachen des 11. September. Die ganz unwirklichen, utopischen Vorstellungen einer Wirtschaftsordnung mit *virtual economy, e-commerce*, Derivaten usw. und deren › wissenschaftlichen‹ Theorien sind ja der Auslöser des nun sichtbar gewordenen Zusammenbruchs und somit Thema des Buches. Indem man die Wirtschaftswissenschaft mathematisierte, machte man sie zu einer jener glossierten Geheimwissenschaften für Eingeweihte, die sich damit einem allgemeinen Urteil gut entziehen konnte.

Man bezeichnet das auch als › Szientismus‹, der sich derart manifestiert, daß auch jenen Wissensgebieten, die sich dafür gar nicht eignen, mit mathematischen Methoden zu Leibe gerückt wird. Die mathematische *Methode* wird zum › universellen‹ *Gesetz* hochstilisiert, zum *Welterklärungs-Dogma*, das auch gesellschaftliche, kulturelle und andere. Fragen seinem › *black-box*‹-Verfahren unterwirft (Ronald H. COARSES Lehre ist ein Beispiel für FRIEDMANs *drittes Charakteristikum* der Chicagoer Schule: »Übertragung der ökonomischen Ansätze auf andere Disziplinen«.) Wir haben aber schon darauf hingewiesen, daß die wissenschaftliche Vermutung, also die Theorie, *vor* allen › Daten‹ aufgestellt wird – und es somit die Fragestellung ist, die bereits die

Antwort einschließt. Die Mathematik ist nur Draufgabe und zweitrangig.

Mit einer falschen Theorie ist man aber in der Wirtschaft und Wirtschaftspolitik in einer ähnlichen Lage wie ein Wanderer in unbekanntem Gelände mit einer falschen Landkarte oder einem fehlweisenden Kompaß. Zwei Bereiche seien kurz erwähnt.

1. Die Börse

Börsen sind ohne Computer nicht mehr vorstellbar; die Computer sind aber nicht nur ein *Mittel* für, sondern vor allem Mit-*Ursache* der aus dem Ruder gelaufenen Weltwirtschaft. Es ist aber ein Irrglaube, daß die ständige, aktuelle und sogar ›richtige‹ Information bessere Entscheidungen/Ergebnisse brächte: In diesem Fall ist es *virtuelle* Information, nur die Vermehrung des ›weißen Rauschens‹, das die Engländer treffender als ›noise‹ – Lärm, Geräusch – bezeichnen. Wenn in Sekundenschnelle Transaktionen stattfinden, die sofort – ›real time‹ – auf die Börsenkurse durchschlagen und die damit ihrerseits sofort neue (computer-gesteuerte) Dispositionen auslösen, so sind es nicht die realen Veränderungen von Geschäftsaussichten der Unternehmen, die ein Fallen oder Steigen ihres Wertes (der Aktienkurse) bedingen, sondern nur jenes ›weiße Rauschen‹, das durch *technisierte Verfahren*, nicht aber durch reale wirtschaftliche Vorgänge hervorgerufen wird. Der wirkliche Wert von Unternehmen – ihre langfristigen Geschäftsaussichten – ändert sich nicht in Sekunden!

Die Frage ist also, was hier geschieht. Nun, offenbar wirkt jener Aberglaube, der meint, aus virtuellen, also eingebildeten ›Tatsachen‹, Realität schaffen zu können. Das ist ähnlich wie im Traum, aber alles ist sofort zu Ende, wenn man erwacht. Aus dem Nichts kann nur ein Gott ein Etwas schaffen, uns ist das verwehrt.

Erstaunlich ist, daß dieser Schwindel heute schon gar nicht mehr in Abrede gestellt wird. Man baut flugs eine neue ›Theorie‹, in der die ›Psychologie‹ zum eigentlichen Handelnden der Wirtschaft wird: Nicht die wirklichen Vorgänge der Wirtschaft machen den Wert und das Potential von Unternehmen aus, sondern die vielfach rückgekoppelten ›Erwartungshaltungen‹. Dieser unglaubliche Unsinn wird schließlich mit einer – zumindest komplex und kompliziert aussehenden – mathematisch formulierten Theorie eingekleidet. *Des Kaisers neue Kleider* sind es, die wir bewundern.

2. Das Geldwesen

In seinem Buch *Geld und Magie* stellt H. Ch. BINSWANGER[17] eine Beziehung zu GOETHEs *Faust II.* her. Hier liegt ein Schlüssel, die wirkliche Dynamik unserer ökonomischen, verzifferten und technisierten Welt zu erfassen.

In dieser Zeit entsteht auch eine bedeutsame Neuerung: Der Schotte John LAW gründet 1715 für den Prinzen von Orleans eine Bank,[18] die *Papier*geld einführt (die allerdings schon 1720 scheitert). Für LUDWIG XIV., der wohl Alchemisten zwecks Goldmachens am Hof beschäftigte, war *das* jedoch noch zu riskant und spekulativ! Der alchemistische Vorgang, aus Wertlosem (Papier) ein Wertvolles (ein Wertaufbewahrungs- und ein *Tauschmittel* für Güter und Dienstleistungen) zu machen, finanzierte übrigens die Französische Revolution.

Der Bezug zu heute: Die aufgeklärten und heute als *liberale Prinzipien* gefeierten Grundlagen unserer Gesellschaft haben ihre Wurzel in den Entwicklungen, die in der Französischen Revolution ihren sichtbaren Ausdruck fanden. Es sind dies Freiheiten, wie die vier der EWG (Freiheit des Waren-, Dienstleistungs-, Geld- und Personenverkehrs). Die Antriebskräfte der globalen Wirtschaft sind *Liberalisierung, Deregulierung und Privatisierung*. Das ursprüngliche Geldsystem, das den Tausch von Waren und Dienstleistungen erleichtern sollte, hat sich in einem alchemistischen Prozeß völlig gewandelt.[19]

Das pervertierte ›Geld‹ – ohne Eigenwert – wird heute gehandelt, als wäre es ein wertvolles Gut aus sich selbst. Der Umfang der Finanztransaktionen, denen *kein* Austausch von Gütern oder Dienstleistungen zugrunde liegt, ist um Größenordnungen größer[20] als jener für reale Geschäfte. Das sind unter anderem die Spekulationen der Banken mit ›Derivaten‹, Währungen, Zinsmanipulationen, die – nebenbei bemerkt – oft auch nur als Wucher[21] zu klassifizieren sind. Mit

---

[17] Em. Prof. für Ökonomie und Ökologie an der Hochschule St. Gallen.

[18] Das englische Vorbild – die Bank von England – wurde bereits 1694 gegründet.

[19] H.-Ch. BINSWANGER, *Geld und Magie*. Die Ziele der Alchemie, aus unedlem (= wert-losem) Metall (Blei) Gold zu machen, wurden ja keineswegs aufgegeben, weil fruchtlos oder den physikalischen Gesetzen zuwiderlaufend (was einer rationalen Einsicht entspräche!), sondern man fand im Papiergeld und dem Geldschöpfungsmechanismus ein unerhört wirksameres Mittel. Es ist dies der *moderne* alchemistische Prozeß.

[20] Nach einer Aussage eines Direktors der Österreichischen Nationalbank bei der Wirtschaft-Enquete der FPÖ in Krems 1996 sind es täglich 1300 bis 1400 Mrd. (!) Dollar. Inzwischen, März. 2003, sind diese virtuellen Beträge, die über die BIZ und ganz einfach OTC (über den Tresen der Banken) gehandelt werden, noch weit größer geworden: nahezu 5000 Mrd. Dollar Scheingeschäfte. Daten dazu in den diesbezüglichen Kapiteln.

[21] Ländern der Dritten Welt werden wegen ihrer schlechten Bonität, wenn überhaupt, Kredite gegen 27 % Zinsen gegeben.

diesem Vehikel kann (und wird) jede nationale Volkswirtschaft zerstört (werden). Es gibt Staatsver- und -überschuldung, staatlich gesteuerte und legitimierte Plünderung durch Inflation (indem man mehr Geld schöpft, also druckt und in Umlauf bringt, als die Wirtschaft leistet[22]), *damit Schaffung von Abhängigkeiten* von Menschen, ganzen Berufsständen und Wirtschaftszweigen, ja ganzen Weltgegenden. Welchen geheimnisvollen Prozessen stehen wir da gegenüber? Nun, jenem (Aber-)Glauben, der meint, aus virtuellen, also eingebildeten ›Tatsachen‹, Realität schaffen zu können. Das ist wie im Traum: Man erlebt genau so intensiv, als wäre es im Wachen, aber es ist nur *virtual reality*.

Diese sehr skizzenhaften Gedanken haben alle mit *bestimmten Sichtweisen* zu tun. Sie scheinen vielleicht etwas geheimnisvoll und vor dem Hintergrund unserer Denkgewohnheiten manchmal verwirrend. Sie sind auch dort, wo sie ein Fragezeichen hinter ›absolute‹ Gewißheiten setzen, provozierend. Wenn wir aber zur Kenntnis nehmen, daß in einem so wichtigen Bereich, nämlich der Wirtschaft, Schein, Trug, Einbildung gegenüber den realen Vorgängen der Wirtschaft sich im Verhältnis von 100 zu 1 verhalten, also das Irreale um mehr als zwei Zehnerpotenzen das Reale, das aber unser tägliches Leben ausmacht, übertrifft, so dürfen wir uns nicht mehr wundern, daß die realen Ereignisse des 11. September – der Einsturz der Symbole des ›American way of life‹ – ihren Ursprung nur in einer *virtual reality* hatten: vermeintlich gesehene, also virtuelle Flugzeuge, die aber die realen Hintergründe – den Kollaps der Wirtschaft – mit angeblich islamischem, tatsächlich aber ›US-*fabricated*‹ Terror zudecken sollten.

Was ist die Konsequenz, wenn sich eine solche Infragestellung als nur zu berechtigt erweisen sollte? Unser ganzes, wohlgefügtes Ge-

---

[22] Die Leistung der Volkswirtschaft wird durch die Konventionen des ›*national accounting*‹ definiert. Hier ist alles enthalten, was mit einem monetarisierten Vorgang verbunden ist. Also: Die Sanierung der Mittendorfer Senke, die durch widerrechtlich abgelagerten Problem-Müll vergiftet wurde, ist ein positiver Beitrag zum nationalen Wohlstand, der Kuraufenthalt nach einem Unfall ebenfalls. In dieser Logik ist natürlich Hausarbeit und Kindererziehung durch die nichtberufstätige Mutter *kein* Beitrag. Mit Hilfe dieser Fälschung des BIP wird statistisch Wachstum signalisiert, obwohl in Wirklichkeit gar keines da ist, im Gegenteil oft ein massiver Rückgang festzustellen ist. Dieses Pseudowachstum ist aber die ›rationale‹ Begründung und Berechtigung, die Geldmenge zu vergrößern. Daß diese Illusion Inflation erzeugt, ist klar. Eigentlich könnte man angesichts der wirklichen Geldmenge von den paar Prozent auf oder ab bei einer gefälschten Berechnung des BIP absehen. Geld ist ja nicht nur das, was wie eine Banknote aussieht, ein ›Blauer‹, oder neuerdings der Euro, sondern sind vor allem die völlig unkontrolliert von Spekulanten und Hasardeuren – in allen Banken oder Fonds – in die Welt gesetzten ›derivativen Produkte‹ in hundertfacher Höhe.

bäude an Handlungsmaximen, Überzeugungen, Wahrheiten stürzte wie ein Kartenhaus zusammen. Wer will das schon? Niemand! Also glauben wir weiter das Alte, dogmatisch Verfestigte und bekriegen solch andere Sicht- und Vorgehensweisen, die diese scheinbaren Gewißheiten stürzen könnten, wie Ketzereien.

Positivismus und Pragmatismus scheinen die letzten Sieger zu sein. Aber es zeigt sich inzwischen unübersehbar, daß diese Siege nichts taugen, daß den Methoden nicht zu trauen und der Universalismus der ›Neuen Weltordnung« – offenbar – ein Aberglaube ist. Das Pendel schlägt zurück. Allein daß diese *Möglichkeit* des Zweifels heute wieder möglich wurde, hat weitreichende Folgen. Für viele politische Heilsversprechen, etwa daß die USA ein Hort der Freiheit, der Demokratie und des Friedens seien, ist mit dem 11. September die Morgendämmerung angebrochen. Die gegenwärtige US-Kriegstreiberei hat auf der ganzen Welt den Menschen die Augen geöffnet: Zu Millionen haben sie in allen Hauptstädten protestiert, am meisten dort, wo sich die politischen ›Eliten‹ als die wahren Kriegstreiber erwiesen haben, in England, Spanien und vor allem den USA!

Das alles gibt uns zu denken und muß unsere bisherige Gewißheit erschüttern. Nicht nur, daß wir ›nichts wissen‹, wir sind uns dessen leider oft nicht bewußt oder sind gar vom Gegenteil überzeugt, wo wir im Grunde nur unserem rationalen, positivistischen Dogmatismus aufsitzen.

Nutzen wir unsere Vernunft zur verantwortlichen Gestaltung unseres Schicksals, soweit dies in unserer Macht steht, aber hüten wir uns vor den Auswüchsen der »Herrschaftsvernunft«,[23] die uns zu beherrschen versucht und es so lange schon tut. Haben diese Beispiele etwa *nicht* mit dem 11. September zu tun? Oder zeigen sie, wie sehr wir in allen Lebensbereichen Selbst-, aber auch ganz bewußten Täuschungen unterliegen (können), selbst in jenen, die den ›exakten Wissenschaften‹ zugezählt werden? Warum sollte da ausgerechnet der Bereich der Politik (und Wirtschaft) die große Ausnahme sein, in dem das Lügen und Täuschen, verborgene Absprachen, Gewalt, Bestechung, Betrug zur täglich erfahrenen Praxis der Herrschaftssicherung gehörten?

Wenn aber wieder neue Gewißheit gewonnen, die wirkliche Lage erfaßt wurde, sind wir in der Lage, auch die Ziele wieder richtig zu setzen und vielleicht auch wieder selbstbestimmt zu handeln.

Gerhoch E. Reisegger, Januar 2003

---

[23] Gerd Bergfleth prägte diesen Begriff in: *Zur Kritik der palavernden Aufklärung*, Matthes & Seitz, München 1984.

Der Krieg gegen den Irak

Der Fall Catalina und die Gegenwart

»Quo usque tandem abutere, Catilina, patientia nostra?« »Wie lange wirst Du noch unsere Geduld mißbrauchen, CATALINA?«, so klagte CICERO im alten Rom an.[24] Leben wir nicht in ähnlichen Zeiten, wie sie Rom in den Jahren 66 bis 63 v. Chr. bedrohten? Der Niedergang hat sich ebenfalls schon lange vorbereitet, aber in den letzten zehn Jahren eine ungeheure Beschleunigung erfahren. Es sind Mächte und Kräfte am Werk, die nur negativ und zerstörerisch sind und mit unbeschreiblicher Energie die absolute Macht anstreben. Für alle anderen, denen heute ›Selbstverwirklichung‹, ›Freiheit‹, ›ewige Jugend‹, ›Wohlstand‹ usw. vorgegaukelt wird, bedeutet es freilich nur den Weg in die Knechtschaft.

L. Sergius CATILINA aus der Zeit SULLAS im alten Rom ist heute in doppelter Hinsicht ein Symbol, zum einen in seiner ganzen Existenz, zum anderen in der Möglichkeit, einen Anhang zu finden, mit dem er es wagen konnte, in einem allen gehörenden Gemeinwesen nach der alleinigen Macht zu greifen: *in re publica rerum potiri.*

Heute schreibt die *International Herold Tribune* vom »gekauften Präsidenten«! Die Anonyma hält sich einen Geßlerhut – und greift nach der totalen, globalen Macht.

CATILINA wurde zum Inbegriff des Verschwörers. In der Renaissance konnte er zum Vorbild bedenkenloser Machtmenschen werden, und bestimmte Richtungen der heutigen international gewordenen Latinistik versuchen, ihn als *Sozialrevolutionär* zu retten.

Heute werden Staaten – ja ganze Erdteile – restlos geplündert (Lateinamerika, Rußland, SOROS' Angriff auf das englische Pfund oder die von ihm ausgelöste Asien-Krise. . .), und die ärgsten Schurkereien werden ›sozial-psychologisch‹ gerechtfertigt.

CATALINA war gewiß eine faszinierende Erscheinung. Das Zwielichtige und Dämonische, die geistigen und körperlichen Fähigkeiten verlockten und verlocken noch immer.

Heute kann man das von den Lakaien und Systemerhaltern einer Finanz-Oligarchie nicht mehr sagen. Es sind bloß Laufburschen, die Befehle einer Anonyma zu erfüllen haben und sie meist – wie hierzulande – im vorauseilenden Gehorsam erfüllen. Der eigentliche Kopf ist unsichtbar.

---

[24] Auszug mit einigen Anpassungen aus: *Vier Reden gegen Catilina,* Karl Büchner, Freiburg 1969, Nachwort zu CICERO.

Es ist nicht zu übersehen, daß für den Politiker und Redner CICERO, der CATALINA vernichtete, wie für den Historiker CATILINA das gleiche ist: der gigantische Staatsverbrecher.

Heute bekommen die Staatsverbrecher Nobelpreise (vorzugsweise für ›Frieden‹), ›Politiker‹ applaudieren, und Soldschreiber fälschen die Geschichte. *Neu-Speek* hat alle Kategorien und Begriffe umgedreht. Wenn man das einmal begriffen hat, kommt man für die Heutigen zum gleichen Ergebnis wie CICERO und die Historiker in bezug auf CATILINA.

Schon sein Lebenslauf spricht gegen jegliche Annahme einer auch nur mindestens staatsmännischen Substanz. Dem verarmten Adel entstammend, aufgewachsen im Hause einer übelbeleumundeten Schwester, hat sich dieser spätere – angebliche – Vorkämpfer des Volkes SULLA angeschlossen und dessen Proskriptionen mit vollstreckt. An der Spitze einer Schar Gallier hat er römische Ritter niedergemetzelt, darunter seinen Schwager Q. CAECILIUS, und den Kopf des M. MARIUS GRATIDIANUS, eines Verwandten CICEROS, überreichte er nach grausamer Ermordung eigenhändig SULLA. Seine Beute brachte er in einem liederlichen Leben durch.

Es ist durchaus glaubwürdig, daß er eine Vestalin verführte, und selbst SALLUST bezeugt, daß er seinen eigenen Sohn aus erster Ehe getötet hatte, um den Weg zur Heirat mit einer reichen Witwe, der berüchtigten Aurelia ORESTILLA, frei zu machen. Im Jahr nach seiner Praetur (68) hat er als Propraetor von Afrika sich so schamlos bereichert, daß im Sommer 66, als er zurückkehrte, schon die Anklage auf Erpressung auf ihn wartete, während er gedachte, mit dem erbeuteten Geld seine Konsulwahl zu finanzieren.

Heute sind die Lebenswege der Politiker grundsätzlich identisch. Das macht sie gefügig und erpreßbar. Es ist dies geradezu die unerläßliche Bedingung, um ›Politiker‹ werden – und bleiben zu können.

Im Jahre 64 war es soweit, daß er sich um das Konsulat von 63 bewerben wollte. Von einer klaren populären Linie, von konstruktiven Reformplänen, ja auch nur von demagogischen Parolen konnte bis dahin nicht die Rede sein. Erkennbar sind ein fanatischer Machtwille, der Drang zum Konsulat und die Skrupellosigkeit, es mit allen Mitteln zu erreichen. Von der Wahlbestechung bis zum geplanten Mord – wenn wir die ›erste Verschwörung‹ dazunehmen – reicht die Manipulation des Wählerwillens, und wir tappen offenbar darum über die Ereignisse von Ende 66 und Anfang 65 im dunkeln, weil niemand den Mut hatte, gegen diese verbrecherische Machtnatur einzuschreiten und Anklage zu erheben. Auch der Senat verhielt sich passiv.

Heute werden Wahlen von PR-Agenturen organisiert: Carville and Partners (für SCHRÖDER in Deutschland) oder eben jetzt in Österreich Stanley Greenberg (für GUSENBAUERS SPÖ). Als Motto gilt:»Die Verpackung ist der *Inhalt!*« (Wie dies *Die Welt* vor ein paar Monaten schrieb!)

Wählerbestechung und Stimmenkauf ist als Mittel überall gleich; keine Unterschiede, keine programmatischen Differenzierungen.

Die allgemeine Feigheit der Presse, die Kumpanei der Parteien – es geht nur um Teilhabe an der Macht (= Futterkrippe) – lassen jegliche Kritik verstummen.

Da CATALINA ein Jahr später ein ganzes Heer von Desperados um sich versammelt hatte, wird SALLUST recht haben, daß die Sammlung seiner Anhänger schon vor der Wahl für 63 weit fortgeschritten war. Ihnen hatte er dann revolutionäre Versprechungen gemacht, die er als Konsul einzulösen gedachte: Schuldentilgung, Landverteilung, Ämter usw.

Heute: Steuersenkung und andere Privilegien für das Großkapital, das ja die Milliarden-Beträge heutiger Wahlkampagnen finanziert. Es rechnet sich ganz offensichtlich. Kriege für die Rüstungs- und Lizenz zum Plündern für die Ölwirtschaft. Für das dumme Stimmvieh: leere Versprechen und ›Brot und Spiele‹.

Je gefährlicher die Umtriebe wurden, um so geneigter wurde die Nobilität, dem Aufsteiger CICERO den Beistand ihres Einflusses zu gewähren, den sie ihm in ihrem Stolz sonst gern versagt hätte. Jetzt brauchte sie einen Konsul, der nicht nur aufgrund von Stellung und Autorität mit dem ›Wink der Augen‹ das Amt ausübte, sondern das Volk ansprechen konnte, der sich auf das *populariter agere* (volkstümliche Handeln) verstand.

Heute gibt es keine Nobilität mehr. Ein Retter ist nicht in Sicht, es sei denn Rußland.

Auf die Frage des Konsuls, welchem der beiden Anträge, ob dem des SILANUS – Todesstrafe – oder dem CAESARS – lebenslange Haft –, die Senatoren zustimmten, neigte sich die Waage zugunsten CAESARS. Selbst SILANUS fiel um, und CICEROS Bruder war für CAESARS Antrag, bis CATO, damals designierter Volkstribun, die Entscheidung brachte, als er für die Hochverräter die Todesstrafe forderte. Sie wurde noch am Abend vollstreckt.

CATILINA wurde mit seinem Heer im nächsten Jahr bei Pistoia geschlagen und fand wie die meisten seiner Anhänger den Tod.

Es war ein bis dahin unerhörter Fall, daß ein einzelner ehrgeiziger Mann die Hand nach der Macht ausstreckte und den Staat ernstlich in Gefahr brachte. Der römische Geschichtsschreiber SALLUST schildert den Mann aus der Zeit heraus und sieht in der Verschwörung den Höhepunkt eines seit der Zerstörung Karthagos beginnenden moralischen Verfalls. Es ist ein dramatischer Kampf, in dem in Aktion und Gegenaktion der mächtige Staatsverbrecher den Staat herausfordert. Er zeigt, wie dieser langsam die Abwehr beginnt, in der Senatsentscheidung der Staatsgedanke noch einmal siegt und die irregeleitete verschwörerische Kraft in der Schlacht schließlich unterliegt.

Sollte sich Geschichte wiederholen, so dürften wir hoffen. Dann wird sich eine Abwehr formen, wenn auch langsam. Aber Gründe, die dies nahelegten, sind leider noch keine erkennbar. Es gibt ja auch keine Staatsgesinnung mehr. Die Metastasen sind überall, global. Es müssen wohl erst wieder die Götter auf die Erde kommen. Die Dimension erscheint heute gewaltiger zu sein, weil nun wirklich die ganze Welt bedroht ist. Aber das römische Imperium war damals ja gewissermaßen auch die ›ganze Welt‹.

Ankündigung des ›Dritten Durchgangs‹

Der Dritte Weltkrieg ist damit zu schüren, daß die Vereinigung der ›Illuminierten‹ die Differenzen zwischen den politischen Zionisten und den Führern der moslemischen Welt aufrührt. Der Krieg ist dabei in solch eine Richtung zu steuern, daß der Islam (also die arabische Welt) und der politische Zionismus (einschließlich des Staates Israel) sich selbst zerstören. Währenddessen bleiben die übrigen Nationen einmal mehr untereinander wegen dieses Streitfalls zerstritten und werden durch ihre Kämpfe in einen Zustand völliger physischer, mentaler und wirtschaftlicher Erschöpfung manövriert. Kann irgendeine unvoreingenommene und denkende Person die Intrige leugnen, die nun im Mittleren, Nahen und Fernen Osten eingefädelt wird, um diesem teuflischen Zweck zu dienen?

Am 15. August 1871 erzählte PIKE[25] MAZZINI,[26] daß nach dem Ende des Dritten Weltkriegs jene, die eine unbeschränkte Weltherrschaft

---

[25] General Albert PIKE, Begründer des Ku Klux Klan (KKK) und Führer der Freimaurerei in der Zeit des amerikanischen Bürgerkrieges. Nach *EIR-National* vom 4. 12. 1992, S. 66 f., war PIKE *»Chief Judiciary Officer«* des Klan und *»Grand Dragon«* des Ku Klux Klan von Arkansas.

[26] MAZZINI, Giuseppe (1805–1872), italienischer Freiheitskämpfer, Berufsrevolutionär, Verschwörer und Freimaurer.

beanspruchen, den größten sozialen Umsturz provozieren werden, den die Welt je gesehen hat. Wir zitieren seine eigenen Worte (nach seinen Aufzeichnungen aus einem Brief, der in der British Museum Library, London, katalogisiert ist):
»Wir werden die Nihilisten und Atheisten entfesseln, und wir werden einen ungeheuren sozialen Umsturz provozieren, der mit seinen Schrecken den Nationen deutlich zeigen wird, was die Wirkungen absoluten Atheismus sind: der Ursprung der Barbarei und der blutigsten Aufstände. Dann werden die Bürger allerorten gezwungen sein, sich gegen die Minorität der Revolutionäre zur Wehr zu setzen, und sie werden diese Zerstörer der Zivilisation ausrotten, und die Mehrheit, enttäuscht vom Christentum, dessen göttlicher Geist von diesem Augenblick an keine Orientierung mehr bieten wird, ängstlich und nach Idealen suchend, aber ohne zu wissen, wem die (göttliche) Verehrung dargebracht werden soll, *wird das wahre Licht von der universellen Offenbarung der reinen Lehre Luzifers empfangen*, die sich schließlich der öffentlichen Ansicht enthüllt, einer Manifestation, die auf die Zerstörung des Christentums und des Atheismus folgt, welche also beide zur selben Zeit besiegt und ausgerottet werden.«

Dieser rein materiellen Taktik kann selbstverständlich ohne geistige Grundlage kein Erfolg beschieden sein. Daher sah auch Großmeister ›Commander‹ Pike die Endlösung nach einem über die Aufhetzung der islamischen Welt gegen die ›Nihilisten‹ ausgelösten Dritten Weltkrieg auch religiös, eben mit der Einführung der Weltreligion, die in der Anbetung des ›Fürsten dieser Welt‹ die Menschheit einigen soll (Brief an Mazzini). Das Hoheitszeichen des ›Fürsten dieser Welt‹ ist der fünfzackige Stern. Er wurde schon vom Diakon Stefan als das Sinnbild Mammons, des syrischen Gottes des Geldes, verunglimpft, worauf er wegen Volksverhetzung gesteinigt wurde. Pike konnte nicht wissen, daß seine Bezeichnung »Nihilisten« 130 Jahre später auf die »reife westliche« (Stoibersche) Wertegemeinschaft oder Kultur zutreffen würde, nachdem die von ihm so bezeichneten Materialisten (Marxisten) mit den bolschewistisch-sozialistischen Versuchen an der Menschheit unglaubwürdig geworden sind.

Nicht nur eine völlig entchristlichte und atheistische, nihilistische Welt steht den *Satanisten* – wie Pike oder Mazzini – vor Augen, sondern beide, Christen *und* Atheisten, sollen sich gegenseitig vertilgen. Der GBaW – der ›Große Baumeister aller Welten‹ der freimaurerischen Pseudo-Religion – erweist sich nicht nur als ein abstraktes, unpersönliches ›Prinzip‹, das Ahnungslosen als ›universeller Gott‹ untergejubelt werden soll, sondern es geht weit darüber hinaus und ganz eindeutig um die Herrschaft Satans und seine Anbetung als »dem wahren Licht«. – Der GBaW ist der Satan oder, wie ohnedies oft im freimaurerischen Zusammenhang dargestellt: Behemoth. Die Blasphemie ist absolut.

Es ist bemerkenswert und erstaunlich, daß hier auch die Juden und Israel offenbar nicht verschont werden sollen. Könnte es sein, daß deren Götterglaube einem wirklichen Satanismus noch im Wege steht?

Atlantische Allianz[27]

»Es wurden immer wieder Vorwürfe laut, daß Papst JOHANNES XXIII. und PAUL VI. der Freimaurerei angehörten. Diese Behauptungen kommen sowohl von freimaurerischen als auch von katholischen Quellen. Der Großmeister des Hohen Rates des Schottischen Ritus von Mexiko deutete dies in der Zeitschrift *Proceso* an.[28]

»Diese Internetquelle behauptet auch, daß die *Protokolle der Weisen von Zion* echt sind, was wir (DE LA CIERVA) schon als nicht erwiesen gezeigt haben. Noch seltsamer ist, daß ein so ernst zu nehmender maurerischer Schriftsteller wie Aldo MOLA, wenn auch nur als Gerücht, die Aufnahme PAULS VI. behauptet und der Augenzeuge, der Jesuitenpater Malachi MARTIN, dies in seiner Novelle *Vatikan* [Secker & Warburg, New York 1986] bestätigt. Er bekräftigt in seiner zehn Jahre später erschienenen Novelle *Windswept House* [deutsche Ausgabe: *Der letzte Papst*], die wie die vorherige mehr Augenzeugenbericht als Unterhaltungsroman zu sein beansprucht, daß PAUL VI. Logenbruder war. Er greift die geheime Verbindung der Beziehungen mit dem Heiligen Stuhl und dem Großkapital auf, die 1870 zu einem geheimen Pakt zwischen PIUS IX. führte, als dieser seine päpstlichen Besitzungen verlor: ein immerwährender Vertrag zwischen dem Papst als ›Hüter der Schlüssel‹ und dem ›Hüter der Allianz‹, einem Ritter der Römischen Schwarzen Aristokratie. Sein Amt, von Generation zu Generation weitergegeben, erlaubt es dem jeweiligen Inhaber als Mitglied der Freimaurerloge ›Universal Assembly‹, da selbst mit den großen Finanziers der Welt zu verhandeln. PAUL VI. trat jeweils als Erzbischof von Brescia auf. Alle Nachfolger PIUS' IX. bis einschließlich JOHANNES PAUL II. halten an diesem Pakt fest.

Pater Malachi MARTIN veröffentlichte die erste dieser Novellen 1986. Er schrieb sie, um JOHANNES PAUL II., den er schätzte, über die wirkliche Lage der Kirche aufzuklären, so wie er sie sah. Aber er sieht nicht

---

[27] Aus dem Spanischen übersetzt aus: Ricardo DE LA CIERVA, *Die Unsichtbare Freimaurerei*, Fenix-Verlag, Madrid 2001.

[28] www.biblebelievers.org.au

den Fall der Mauer von Berlin 1989 voraus und läßt den Papst mehr oder weniger mit dem Erscheinungsdatum seines Buches sterben, in dessen letztem Kapitel ihm ein nordamerikanischer Papst namens Richard Lansing folgt. Dieser hebt im Augenblick seiner Wahl den Pakt auf, weil er unter anderem überzeugt ist, daß die Universal-Allianz die Ermordung Johannes' Paul I. und den Anschlag auf seinen Nachfolger veranlaßt hat. Die Fangarme der ›Assembly‹, auch einfach ›die Loge‹ genannt, erstrecken sich über die Hierarchie der Kirche, die mit Freimaurern durchsetzt ist.

Ich bleibe dabei, daß Malachi Martin natürlich den Beweis seiner Vermutungen schuldig bleibt, doch ist er nichtsdestotrotz ein geachteter Kenner der vatikanischen Innereien. Seine Bücher erreichten eine weite Verbreitung in der anglo-amerikanischen Welt, einige wurden zu Bestsellern.«

Diese Mitteilung eines Hochgradfreimaurers, Ricardo de la Cierva, müßte man nicht glauben, wenn man nicht im Handeln der Kirche die tägliche Bestätigung fände. Und sie predigt ja selbst:»An den Taten sollt ihr erkannt werden.« Nicht nur, daß der Vatikan selbst in dubiose Geld- und Bankgeschäfte verwickelt ist, wann hat er zuletzt seine Stimme gegen den Wucher erhoben? Seit der Enzyklika des Papstes Benedikt XIV.»Vix pervenit« aus dem Jahre 1745 ist uns nichts mehr bekannt geworden.

Die FED und J. F. Kennedy

Bezüglich beider, Lincoln und Kennedy, und vielleicht auch Präsident Harding, offenbart Dali eine entlarvende Erkenntnis über die Arkana heutiger Politik in seinem berühmten Portrait»Gala mirando al Mar«.

Eine wichtige Ergänzung dazu wäre ein ›Gesetz‹, daß Schulden vom Rechtsstaat nicht mehr geschützt werden, mit der Folge, daß alles unternehmerisches Handeln wird, das heißt Kapital nur noch als Risiko-Kapital fungiert. Diese Idee müßte verbreitet werden, sich durchsetzen!

Nie wurde der Sinn des Bibelwortes klarer:»Du kannst nicht Gott und dem Mammon zugleich dienen«.

Am 4. Juni 1963 wurde ein wenig bekannt gewordener Versuch unternommen, die Federal Reserve Bank (FED) in den USA zu entmachten. An diesem Tag unterzeichnete Präsident John F. Kennedy die »Executive Order« (EO) Nr. 11110, die der Regierung der Vereinigten Staaten wieder das Recht zurückgab, Geld auszugeben und dabei die Federal Reserve zu übergehen, die bisher Geld an die Regierung gegen Zinsen auslieh. KENNEDYS Order gab dem Schatzamt die Vollmacht, »Silber-Zertifikate gegen Silber-Barren, Silber oder gewöhnliche Silber-Dollars des Schatzamtes auszugeben«. Dies bedeutete, daß für jede Unze Silber in den Safes des Schatzamtes die Regierung neues Geld in Umlauf bringen konnte. Insgesamt brachte KENNEDY 4,3 Milliarden an US-Noten in Umlauf. Die Folgen dieses Gesetzes waren unbeschreiblich.

Mit einem Federstrich war KENNEDY dabei, der Federal Reserve Bank von New York die Geschäftsgrundlage zu entziehen. Falls genügend Silber-Zertifikate in Umlauf gekommen wären, hätten sie die Nachfrage nach Federal Reserve Noten beendet, weil die Silber-Zertifikate mit Silber gedeckt waren, die FED-Noten jedoch nicht. Die »EO 11110« könnte die nationale Verschuldung in ihrer gegenwärtigen Höhe verhindert haben, weil sie der Regierung die Möglichkeit geboten hätte, die Schulden zu tilgen, ohne die FED um die Ausgabe neuen Geldes zu bemühen und dafür Zinsen bezahlen zu müssen. Die »EO 11110« gab den USA das Recht, ihr eigenes durch Silber gedecktes Geld zu schaffen.

Nachdem KENNEDY fünf Monate später ermordet worden war, wurden keine Silber-Zertifikate mehr ausgegeben. Die Order ist nach wie vor gültig. Warum hatte dann aber kein Präsident sie je genutzt? Praktisch die gesamte Schuldenlast von 6000 Milliarden Dollar (nur der Bundesregierung) wurde seit 1963 angehäuft, und hätte ein einziger Präsident diese »EO 11110 angewendet«, so würde die Schuldensumme heute weit davon entfernt sein. Wahrscheinlich war die Ermordung von Präsident KENNEDY eine Warnung an künftige Präsidenten davor, die Kontrolle der FED über die Geldschöpfung abzuschaffen.

KENNEDY forderte die Herrschaft des Geldes heraus, indem er gegen die beiden Hauptursachen einschritt, die seit jeher die Schulden in die Höhe trieben: Krieg und Geldschöpfung durch eine private Zentralbank.

Seine Bemühungen im Jahre 1965, alle Soldaten aus Vietnam zurückzuholen, und seine »EO 11110» würden die Profite und die Kontrolle des New Yorker Banken-Establishments massiv beschnitten haben. Da nun die amerikanischen Schulden nichtrückzahlbare Höhen erreicht haben und neue Konflikte losbrechen (damals in Bosnien, heute im Irak), die die Schulden weiter in die Höhe treiben werden, stellte sich die – inzwischen beantwortete – Frage, ob der damalige Präsident CLINTON den Mut haben würde, die »EO 11110« zu aktivieren, und ob er bereit wäre, den allfälligen Preis dafür zu bezahlen? Er hatte ihn nicht, BUSH und CHENEY erst recht nicht.

Executive Order 11110

Amendment zur Executive Order Nr. 10289. Ergänzung bezüglich der Ausführung bestimmter Aufgaben, die das *Dept. of Treasury* betreffen.

Kraft meines Amtes als Präsident und nach Section 301, Absatz 3 der US-Verfassung, wird folgendes angeordnet: *Section 1. Executive Order No. 10289* vom 19. September 1951 wird hiermit wie folgt ergänzt: Am Schluß des Paragraphen 1 folgt der Unterparagraph (j): Es obliegt der Autorität des Präsidenten nach Paragraph (b) der Sektion 43 des Gesetzes vom 12. Mai 1933, ergänzt durch (31 U.S.C.821(b)), Silber-Zertifikate gedeckt durch ungemünztes Silber, Silber oder gewöhnliche Silber-Dollars auszugeben; die im Treasury nicht bereits für rückzukaufende Silber-Zertifikate gehalten werden, die Stückelung solcher Silber-Zertifikate vorzuschreiben und Standard-Silber-Dollar und -Münzen zu prägen, um die Zertifikate zurückzukaufen; und die Unterparagraphen (b) und (c) des Paragraphen 2 der Sektion 2 werden widerrufen. Die Ergänzungen, die mit dieser Order gemacht werden, betreffen keine vollzogene Akte, keine bestehenden oder erworbenen Rechte, keine strafrechtlichen oder zivilen Gerichtsfälle oder Verfahren, die vor dem Erlaß dieser EO entstanden sind, und alle hieraus folgenden Verbindlichkeiten bestehen fort, als wären diese Ergänzungen nicht gemacht worden.

John F. KENNEDY
The White House,
4. Juni 1963.

Eine Reihe von ›KENNEDY-*bills*‹ (neuen Geldscheinen) wurde tatsächlich herausgebracht – der Autor besitzt noch einen 5 Dollar-Schein mit der Aufschrift »United States Note« – aber diese Dollarnoten wurden sehr schnell nach KENNEDYs Tod eingezogen. Nach einer Information der Library of the Controller of the Currency ist die »Executive Order 11110« bis heute in Kraft, obwohl nachfolgende Regierungen, angefangen mit Präsident Lyndon JOHNSON, diese offensichtlich einfach ignoriert haben und statt dessen zur Praxis der Zinszahlung an die FED für deren ›*fiat*-Währung‹ (aus dem Nichts geschöpftes Geld) zurückgekehrt sind. Heute haben die USA wieder Federal Reserve-Noten in Verwendung und ein Rekord-Defizit wie nie zuvor.

Auf seinem Flug von Dallas nach Washington mit dem ermordeten KENNEDY an Bord hat Vizepräsident JOHNSON angeblich als erste Amtshandlung als Präsident alle vom Treasury herausgegebenen Dollarnoten und Münzen eingezogen.

LINCOLNS totgeschwiegene und daher wenig bekannte kleine Rede im Kongreß[29] machte die Deckung der Währung – die nichts anderes als Kredit ist – überflüssig. Tatsächlich erlaubt jede derartige Deckung, etwa durch Gold, den Mammonisten die Ausgabe und Zirkulation zu kontrollieren, nötigenfalls mittels organisierter Kriege wie jener zwischen Preußen und Frankreich 1870.

Schlimmer noch, da die gesamten Goldreserven Frankreichs, Deutschlands und möglicherweise auch die britischen im Fort Knox in den USA gelagert sind – und die USA sowohl DE GAULLES als auch ERHARDS Rückforderungen zur Sicherheitsverwahrung in Europa zurückwiesen –, könnte das ›Schlimmste‹ eintreten und wird es womöglich auch, nämlich die Wiedereinführung des Goldes, wenn die Plünderung durch das Bretton Woods-Abkommen hinsichtlich des Dollars als Reserve-Währung schließlich zusammengebrochen sein wird.

»Geld ist eine Schöpfung des Gesetzes und die originäre Geldschöpfung bzw. Ausgabe von Geld soll als exklusives Monopol der nationalen Regierung bestehen bleiben.«[30]

Zur Erinnerung: Das Federal Reserve System ist keine staatliche Behörde wie zum Beispiel die Deutsche Bundesbank oder das US-State Department (Außenministerium), sondern ein privates Bankenkonsortium, das aus folgenden Geldhäusern besteht:

- Rothschild Bank of London
- Rothschild Bank of Berlin
- Lazard Brothers of Paris
- Israel Moses Seif Banks of Italy
- Warburg Bank of Hamburg
- Warburg Bank of Amsterdam
- Lehman Brothers New York
- Chase Manhattan Bank of New York
- Kuhn-Loeb Bank of New York
- Goldman Sachs Bank of New York

---

[29] Die Geldschöpfung als ausschließlich hoheitlichen Akt dem Staat allein vorzubehalten.
[30] 1865, S. 91, des Senats-Dokuments 23.

›Amity Lines‹

Im Spätwerk Carl SCHMITTS *Nomos der Erde* wird dargelegt, wie jedes Recht auf *Ordnung* und *Ortung* zurückführbar ist, wie es aus einem archetypischen Akt der Landnahme entspringt. Der Nomos-Prozeß ist das Nehmen – Teilen – Weiden; nach der Land*nahme* wird das Land aufgeteilt – das ist Schaffen einer Ordnung und die Begründung von Eigentum –, und hiervon leiten sich, in der Nutzung dieses Stückes Land, also aus dem Besitz- und Eigentumsrecht, alle weiteren Rechte der Gesellschaft *ur*sprünglich ab. Es ist das mit dem ›Weiden‹ ausgedrückt.

Die Einteilung der Welt – und die Ordnung der Alten Welt – wird von SCHMITT insbesondere nach der Entdeckung der Neuen (Amerikas) als gestört dargestellt, und sie ist es auch tatsächlich. Dies führt zu einer Entwicklung, in der die christlichen Fürsten innerhalb der europäischen Ordnung – auf dem *Jus Publicum Europaeum* – stehend, sich auf den Papst als Schiedsrichter einigen und jene Linie festlegen, wo dies- oder jenseits dieser Linie – der Raya – der spanische oder portugiesische König für die Neuentdeckungen die Besitz- und Herrschaftsansprüche zugesprochen erhält (das heißt ursprünglich das Recht zur Missionierung der ›Heiden‹ in diesen neuen Ländern).

Später haben andere Linien die ganze Welt mit einer neuen Ordnung ab- und aufgeteilt, so die von England als Seemacht bestimmten *amity lines* (Freundschaftslinien). Ihr Grund ist ein anderer: Die europäischen Fürsten kennen keinen Schiedsrichter (den Papst) mehr, die ›Rechte‹[31] (an den Ländern der neuen Welt) sind *nicht* aufgrund einer einvernehmlichen Teilung zustande gekommen, sondern sind eine Angelegenheit der *Durchsetzung der Ansprüche*, also eine langwierige und gewaltsame, kriegerische.

Die Freundschaftslinien bezeichnen dabei Bereiche, die vom europäischen Völkerrecht, dem *Jus Publicum Europaeum*, wie es zwischen den christlichen Fürsten herrschte, ausgenommen sind. Hier herrscht so etwas wie der HOBBESsche Naturzustand. Keine Rechtsnorm bindet die Gegner, kein ›gehegter Krieg‹, wie auf dem europäischen Festland, hindert die uneingeschränkte Vernichtung oder Grausamkeit

---

[31] Diese Rechte sind nur aus dem Verständnis der christlichen Fürsten begründet, daß nichtchristliche, also heidnische Barbaren überhaupt keine Ansprüche auf das von ihnen bewohnte Land hätten. Es galt den europäischen Mächten als ›leer‹ und einer ›Nahme‹ frei zugänglich. Das ist aber nicht ein spezifisch christlicher Rechtsanspruch. Als ALEXANDER DER GROSSE Asien eroberte, rammte er beim ersten Betreten der asiatischen Küste seinen Speer in den Boden als Zeichen, daß er dieses Land ›im Krieg‹ als ›Eroberer‹ genommen habe und damit hiervon sein Recht – des Besitzes – ableite.

in der Auseinandersetzung. In den von diesen Linien eingegrenzten Bereichen herrscht die *vollständige Freiheit.* Die vier Freiheiten der EU haben hier ihre innerste Verwandtschaft. Der ›freie Welthandel‹ *ist* der Naturzustand, in dem das ›Recht des Stärkeren‹ gilt. Alle Bindungen innerhalb einer (abgeschlossenen) Volkswirtschaft, die von der Notwendigkeit des langfristigen Zusammenlebens ausgehen (müssen), sind hier aufgehoben. Oder es sind Schein-Rechte, die nur das Recht des Stärkeren legitimieren! Hierin liegt das Zerstörerische dieser ›Freiheiten‹.

Das ist aber eine scheinbar andere Begründung als jene VON HAYEK. Dieser meinte nämlich, daß in der Mehrzahl von Freiheit, also in der Aufzählung von Freiheiten, schon alle anderen – denkbaren – Freiheiten ausgeschlossen wären, also im Grunde Unfreiheit herrsche. Er spricht sich damit für den Naturzustand – die Große Freiheit – aus, die aber in einer Gesellschaft von Menschen nicht möglich ist: die Große Freiheit, die in Wahrheit dem Faustrecht eine *scheinbare Legitimität* – also ›Rechtmäßigkeit‹ – verleiht, obwohl es sich bestenfalls um *Legalität* handelt. Nur ist die ›Gesetzmäßigkeit‹ für jenen, der die politischen, wirtschaftlichen und medialen Machtmittel besitzt – also der todfeindliche Gegner[32] – nichts anderes als eine Selbstermächtigung, die niemals Legitimität beanspruchen kann.[33]

USA: Entwicklung des Militärhaushalts nach dem Zusammenbruch des Ostblocks

Jahr	Mrd. US-Dollar	Jahr	Mrd. US-Dollar
2007 geplant	451	1999	274,5
2003	376,7	1998	268,5
2002	328,7	1997	270,5
2001	299,1	1996	265,8
2000	294,5	1995	272,1

Zehn Jahre nach dem Zusammenbruch des Warschauer Paktes steigern die USA ihre Militärausgaben nochmals gewaltig. Dies geschieht, obwohl sie dafür eigentlich keine Mittel haben, wie die totale Überschuldung zeigt. Übrigens beträgt ihr Militärbudget das 25fache des Budgets aller – in US-Diktion – ›Schurkenstaaten‹ zusammengenommen!

---

[32] Es zeigt sich, wie notwendig es ist, die Freund-/Feind-Unterscheidung zu treffen, wie Carl SCHMITT in völliger Klarheit gefordert hat. Wer dazu nicht mehr in der Lage ist, verschwindet aus der Geschichte, denn es ist eine Illusion zu glauben, daß die Feindschaft vom ›ewigen Frieden‹ abgelöst worden wäre.
[33] Siehe dazu auch Carl SCHMITT, *Politische Theologie II*, Nachwort, Dunker & Humblot, Berlin.

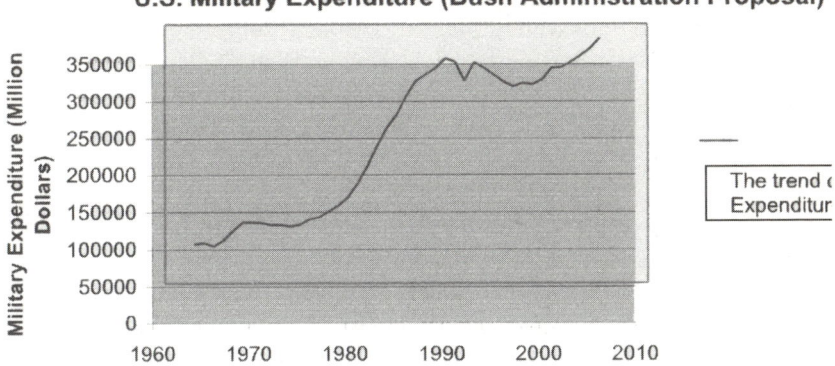

Man kann dies offenbar nur in zweierlei Hinsicht deuten:

1. Die zahlenmäßig riesigen Forscher-Gruppen – höchst gebildete Leute – *müssen* beschäftigt – und somit kontrolliert – werden, da sie andernfalls als beschäftigungslose Akademiker und potentielle Opposition zu einer Gefahr für Staat und Regierung würden und die USA von innen her destabilisierten.

2. Der ›*American way of life*‹ bedarf der ununterbrochenen Zufuhr der Leistungen anderer Volkswirtschaften, soll er nicht zusammenbrechen. Da dies auf freiwilliger Basis nicht länger aufrechtzuerhalten ist, bedürfen die USA der militärischen Mittel, um die ganze Welt zu erpressen.

Der Ober-Schurke bereitet den Krieg vor

Es fällt auf, daß nun plötzlich auf der ganzen Welt ›Terrorwarnungen‹ verbreitet werden. Ist diese Häufung nicht merkwürdig? Und woher wissen es die – ach so cleveren – Geheimdienste so genau, ohne aber dabei in der Lage zu sein, die Anschläge zu verhindern? Es ist auch beeindruckend, wie unmittelbar danach und mit einer ›hundertprozentigen Aufklärungsrate‹ die Verantwortlichen gefunden und gefaßt werden.

Welcher Zufall hatte es gewollt, daß vor der Küste Adens – oder war es Omans? – ein französischer Tanker von einem ›Fischerboot‹, mit Sprengstoff zum Torpedo umfunktioniert, halb versenkt wurde. Der Welt macht man einen Al Qaida-Anschlag vor, die Franzosen (die französische Regierung) haben natürlich verstanden, daß es ein

»*first warning*«[34] (eine erste Warnung) war, ihre Veto-Haltung langsam aufzugeben.

(Hat es nicht Ähnlichkeit mit dem Raketenbeschuß der chinesischen Botschaft in Belgrad 1999 während des Kosovo-Krieges der USA gegen Serbien, als es auch im Sicherheitsrat starke Bestrebungen gab, den US-Krieg an die Leine der UNO zu nehmen – und den Chinesen hiermit eine ›Warnung‹ erteilt wurde, sich besser herauszuhalten?)

Und in Bali, auf einer Ferieninsel, ist der Terror auch plötzlich allgegenwärtig? Wie hängt denn dieser Anschlag mit Al Qaida – wie uns sogleich berichtet wurde – zusammen?

Man will der Welt glauben machen, daß es dieselben islamischen Terroristen gewesen seien, die so meisterlich die Anschläge vom 11. September planten und durchführten, jene mit außergewöhnlichster militärischer Präzision erfolgten Schläge, wie sie das Imperium noch nie gesehen hatte und die es bis in die Grundfesten erschütterten. Und diese Meister des Terrorismus sollten jene vor allem von Amerikanern besuchte, nur ein paar Häuser entfernte Disco übersehen, verwechselt oder nicht gefunden haben und planlos gerade *die* Disco in die Luft gejagt haben, in der vor allem Australier sich vergnügten? Das ist zu lächerlich.»*voxfux*«[35] bezeichnete diesen Anschlag als »die verdächtigste Attacke – praktisch eine Wiederholung eines weiteren verdeckten US-Militär-/-Geheimdienst-Anschlages«.

Wenn jedermann weiß, wo die Amerikaner waren – im Peanuts Club zum Beispiel –, warum sollten islamische Terroristen Australier in die Luft sprengen, mit denen – verglichen mit den USA – die islamische Welt überhaupt keine Probleme hat, während der ›Große Satan‹ doch nur ein paar Türen weiter war?

Es liegt auf der Hand, daß es sich bei den Terroristen wohl um eine ›verdeckte US-Einheit‹ handelte.

Betrachten wir ein paar Fachbegriffe: ›Spin-‹, ›Link-‹ und ›Schlüssel-Bombe‹, auf die wir gewiß in Zukunft noch öfter stoßen werden. Es ging ja eine weitere Bombe hoch: Zugleich explodierte beim US-Konsulat eine Bombe; verletzt wurde *hier* niemand. Es handelt sich um dieselbe Art militärischer Operation wie bei den WTC-Türmen

---

[34] Bill zieht mit seiner frisch angetrauten Mary mit seinem Karren und einem müden Klepper gegen Westen. Der Klepper streikt und kann kaum mehr, worauf Bill die Peitsche schwingt und auf das Pferd eindrischt. Mary, voller Mitleid mit dem Gaul, versucht zu beschwichtigen. Bill ignoriert Mary. – Der Gaul zieht wieder mühsam ein Stückchen und bleibt schließlich stehen. Bill drischt noch heftiger und meint: »*First warning!*«, aber es hilft nichts. Mary weint. Der Gaul bleibt stehen. Bill zieht den Colt – sagt: »*Last warning!*« und erschießt den müden Zelten. Mary ist außer sich. Bill zu Mary: »*First warning!*«

[35] www.rense.com/general30/baliasd.htm

und dem Pentagon (wobei dem Pentagon die gleiche Rolle zukam wie dem Konsulat in Bali). Die Konsulats-Bombe war eine ›Link-Bombe‹. Sie vereinte die Australier mit den Amerikanern in ihrer Trauer, beide als ›Opfer des Terrors‹. Es verbindet auch die Täter mit den islamischen Terroristen und Al Qaida. (Wie üblich verkündete das US-State Department ohne jeglichen Beweis diese Verbindung – und die Medien verpflanzten die Lüge pflichtbewußt direkt in unsere Köpfe).

Sie war aber auch eine ›Spin-Bombe‹, denn sie zwang den betroffenen indonesischen Premier MEGAWATI, in diesem geostrategischen Terrorspiel nach BUSHS Pfeife zu tanzen. Sie schädigt den für das Land lebenswichtigen Tourismus und zwingt den Staat unter dem Joch der Schulden, die IMF-Auflagen für seine noch verbleibende Industrie zu schlucken. Es ist auch insofern eine ›Spin-Bombe‹, als sie den Widerstand der Australier gegen das aggressive weltweite Herumtoben Präsident BUSHS umkehren könnte. Und es zieht ganz Indonesien in einen Strudel eines immer weiterreichenden Militärregimes, gerade als dieses sich nach Jahrzehnten zu lockern begann. Sie hatte genau den gleichen Zweck wie der angebliche Flug 077 (der 2001 angeblich ins Pentagon krachte).

Aber nur der Pentagon-Crash hatte zugleich auch die Funktion einer ›Schlüssel-Bombe‹. Seine Schlüssel-Funktion wurde meisterlich konzipiert: Sie sollte die Beobachter narren und sie glauben lassen, »*America (is) on Attack*« (Amerika wird angegriffen), und nicht, daß Amerika angreift!

Es gibt leider ›nur‹ 150 Jahre an Erfahrung und Fakten, die beweisen, daß dies eine Standardprozedur amerikanischer Militärplanung ist: Greife selbst die eigenen Leute an, und schiebe es dem Feind in die Schuhe. Es ist der älteste Trick aus der Trickkiste.

Ist es nicht völlig sinnlos, wenn Al Qaida wissentlich Australien angegriffen hätte und sich damit einen neuen Feind machte, vor allem wenn man bedenkt, daß Australien das einzige englischsprechende Land war, das BUSHS Neue Weltordnung – der Insider-Ölkriege und des Waffenhandels – nicht unterstützte? Die Disco-Bombe wurde gewiß von denselben verdeckten US-Geheimdienstgruppen gelegt, die hinter den Anschlägen des 11. September standen, und dies alles ist sicher mit den höchsten Ebenen der Geheimdienste und des US-Militärs verquickt. In ihrer Dimension sind diese Operationen international, mit grundlegender Unterstützung aus den Staaten Texas und Florida. Der alte und der junge BUSH sind direkt mit diesen Gruppen verbunden. Beide sind Mitglieder der Studenten-›Verbindung‹ ›Scull and Bones‹ der Yale Universität.

Heute lesen wir in unserer Provinzzeitung, daß auch wir uns auf Al Qaida-Terrorakte einzustellen hätten, denn »sie sei zwar geschwächt, aber nicht machtlos«. Unser europäisches Polit- und Mediengesindel apportiert wie befohlen. In Deutschland ist es freilich am schlimmsten. Hier findet die Polizei – immer unter *life*-Fernsehberichterstattung, die noch vor der Polizei hinbeordert wird (man braucht ja auch etwas Vorlauf, um die Kameras in Position zu bringen) – allerorten ›islamische Terror-Zellen‹, und man erklärt dem dummen Michel, was ein ›Schläfer‹ sei und ähnlichen Schmarrn. Der Gipfel freilich ist, daß man inzwischen den Rechtsstaat in ›der freiesten und demokratischsten‹ BRD auch ›in Dienst gestellt‹ hat: Am Hanseatischen Oberlandesgericht in Hamburg fand ein Prozeß »wegen über 3100facher Beihilfe zum Mord« gegen einen Marokkaner statt, der alles mögliche getan haben mag, wie etwa in Afghanistan auf Urlaub gewesen oder mit der Hamburger Straßenbahn ohne gültiges Ticket gefahren zu sein. Aber eines ist so sicher wie das Amen in der Kirche: Mit dem WTC-Einsturz *kann* er nichts zu tun haben, denn dies war ein ›US-*inside-Job*‹, wie inzwischen hinreichend und jenseits jedes vernünftigen Zweifels bewiesen worden ist.[36]

Dies wurde dem Verteidiger in einem Einschreiben mitgeteilt. Aber der Anwalt fand es nicht der Mühe wert, sich solch eine fundamentale Entlastung auch nur anzusehen oder anzuhören. Ist es nicht toll? Auch hier wird apportiert. Ob der Verteidiger nicht die Pflicht hätte, alles zur Entlastung seines Mandanten vorzubringen?[37]

Wir kommen gleich noch zu einem Kommentar, der die wirklichen Hintergründe der ganzen US-Kriegstreiberei aufführt. Daß sich die Amerikaner damit an die Lichtschalter der ganzen Welt setzen wollen, ist den Franzosen, Russen und Chinesen klar wie hellster Sonnentag. *Darum* auch der Widerstand gegen den Krieg. Nur Deutschland ist gespalten, obwohl ihm sein Lebensfaden abgeschnitten werden wird. Eine landesverräterische CDU/CSU lähmt die längst nötigen Entscheidungen der Regierung. Die am meisten industrialisierte und zivilisierte Nation wird von der Gnade ihrer Todfeinde abhängen. Haben wir denn vergessen, was der damalige US-Finanzminister Henry MORGENTHAU uns als Schicksal zugedacht hatte? Oder sind die Terror-Bomben auf deutsche Städte vergessen, auf deren Zivilbevölkerung, Frauen, Kinder Greise und Verwundete/Kranke? Das hatte mit einem CLAUSEWITZschen Kriegsziel, der Niederwerfung des Gegners, nichts mehr zu tun, sondern war geplante Dezimierung, Ver-

---

[36] Siehe auch die nachfolgende (S. 76) Ansicht Norman FINKELSTEINS dazu.
[37] Das arme Schwein wurde inzwischen verurteilt!

nichtung, glatter Völkermord. Das wird übrigens seit zehn Jahren auch gegenüber dem Irak praktiziert. Dort sind aufgrund der bestialischen Kriegführung mit atomverseuchter Munition, der Weigerung, medizinische Hilfe ins Land gelangen zu lassen, der Vernichtung der zivilen Infrastruktur usw. bisher jährlich 60 000 Kinder, insgesamt über 600 000, vorzeitig und elend zugrunde gegangen! Das ist nach UNO-Definition Völkermord!

Bilder, die anläßlich einer Präsentation des ehemaligen US-Waffeninspektors Scott RITTER und des früheren deutschen Botschafters bei der UNO, Graf SPONECK, am 31. Oktober 2002 im Hilton in Wien zu sehen waren, sind zu schrecklich, um sie abbilden zu können. Übrigens hatte RITTER das öffentlich bezeugt, was im Internet seit längerem schon zu lesen ist: daß der Irak *de facto* gänzlich entwaffnet ist und alle Einrichtungen so zerstört sind, daß sie auch heute nur als funktionsunfähige Ruinen dastehen.

Der einzige Super-Rogue sind heute die USA. Sie haben sich längst außerhalb des Völkerrechts gestellt, und nach einem Artikel von William PFAFF in der *IHT*[38] – der hier die Analogie zur ehemaligen Sowjetunion zog – ist solch ein Staat auch nicht mehr länger als Völkerrechts-Subjekt zu betrachten, sondern als Rechtsbrecher, Terrorist, Störenfried und – weil der Krieg ja abgeschafft und ein Verbrechen ist – als Verbrecher.

Es gilt die These, nach der ein Staat, der potentiell *allen* anderen den Krieg erklärt hat, nachdem er sich jahrelang allein gegen UNO, Sicherheitsrat und Weltgerichtshof gestellt hat, nicht mehr Subjekt des Völkerrechts sein kann.

Vorbild dafür war die UdSSR, die über ihre Verfassung verpflichtet war, alle ›bürgerlichen‹ Staaten zu vernichten. Ein derartiger Staat kann und will nicht mehr Vertragspartner sein. Es ist die Frage, ob die entsprechend gerüsteten Sicherheitsratsmitglieder dem Super-Rogue einen Riegel mit dem erprobten ›Gleichgewicht des Terrors‹ entgegenstellen (das allerdings letztlich auf überstaatlicher Abstimmung beruhte und damit die HEGELsche Erkenntnis,»Widerspruch ist das Zeichen der Wahrheit«, nüchtern im Hinblick auf die Endlösung der Neuen Ordnung anwandte). Jedenfalls haben sie dem wahren Terroristen im Sicherheitsrat – trotz Drohung und Bestechung – diesmal die Gefolgschaft verweigert. Die Kriegstreiber ›verzichteten‹ auf eine weitere Resolution, womit sie praktisch die UNO und das geltende Völkerrecht bereits ausgehebelt haben.

---

[38] W. PFAFF,»National Security Strategy: A radical rethink of international relations«, in: *IHT* vom 3. 10. 2002.

Es geht ums Öl

»Eine von den USA angeführte Amtsenthebung Präsident Saddam HUSSEINS würde eine Bonanza für Amerikas Ölgesellschaften eröffnen«, schrieb die *Washington Post* kürzlich, und eine Menge riesiger Ölgeschäfte zwischen Bagdad und Rußland, Frankreich und anderen Ländern ermöglichen.

Erdölexperten schätzen die irakischen Vorräte auf 330 Mrd. Fässer – womit der Irak zum Land mit den reichsten Ölvorräten der Welt wird.

Der *Washington Post*-Artikel »Wenn alles vorbei ist, wer kriegt das Öl?« war der Aufmacher in der *International Herald Tribune* am 16. September 2002. Er unterstellt, daß die Regierung BUSH bereits die irakischen Öl-Profite aus der künftigen Kriegsbeute nutzt, um zögernde Länder zu zwingen, eine von den USA und England geführte Invasion des Iraks zu unterstützen. Was der Artikel aber vermissen ließ, war die Mitteilung der lukrativsten Beute: 330 Mrd. Fässer an Ölvorräten.

»Es ist ziemlich eindeutig«, sagte der frühere CIA-Direktor R. James WOOLEY, einer der führenden Falken, die einen »Regimewechsel« im Irak fordern. »Frankreich und Rußland haben Öl-Firmen und Interessen im Irak. Man solle ihnen sagen: Wenn sie hilfreich wären, den Irak zu einer fügsamen Regierung zu bewegen, würden wir tun, was wir können, die US-Regierung und die amerikanischen Firmen dazu zu bewegen, eng mit ihnen zu kooperieren...

Wenn sie sich aber mit SADDAM zusammentun, wird es schwer bis unmöglich sein, die neue irakische Regierung zu überzeugen, mit ihnen zusammenzuarbeiten«, sagte WOOLEY.

Ja, es ist ziemlich eindeutig: Es geht also ums Öl. Wer hätte das gedacht?

Den Dollar für eine weitere Runde zu retten ist der Grund, warum Laurent MURAWIEC[39] sogar die saudischen Ölfelder zu besetzen plante. Welcher andere Weg wäre besser, um sicherzustellen, daß Öl weiter mit schwankendem Dollar bezahlt werden kann. Es gäbe keinen praktikableren Ausweg, bestätigte Ahmed CHALABI, Chef des in London sitzenden US-finanzierten ›Irakischen National Kongresses‹, als daß man alle Öl-Verträge mit Frankreich, Rußland, China usw. annullierte, wenn die US-geführten Konsortien alles übernehmen würden.

Der Irak ist aber nicht bloß irgendein Land. Die USA bewaffneten früher Saddam HUSSEIN gegen den Iran. Sie stellten später die Falle

---

[39] ›Politischer Experte‹ von der Rand Corporation.

für den ersten Golfkrieg auf, indem sie über die US-Botschafterin April GLASPIE dem wegen der Wiedereingliederung Kuwaits in den Irak anfragenden HUSSEIN ausrichten ließen, dies sei eine innerarabische Angelegenheit.

Am ›Ende der Geschichte‹ ist die Zeit gekommen, die Rolle des Dollars und des Öls als Voraussetzung für die Sicherung der Weltherrschaft der Supermacht zu erkennen.

Es heißt:»Die Wahrheit macht einen frei«. Die Wahrheit hinter den ganzen Öl-Dingen ist aber der *entblößte* Dollar. Aber es meinte schon Milton FRIEDMAN, daß keiner unter einer Million verstehe, was die letzten Konsequenzen des Dollars als Reservewährung für die Weltwirtschaft wären. Es ist einfach so:»*Rien ne va plus*« (Nichts geht mehr)– mit derartig riesigen US-Dollar-Schulden, die ja die ausländischen Dollarreserven (der Notenbanken) letztlich darstellen. Das ist aber nicht die alleinige Schuld der jetzigen US-Regierung. Es liegt gewissermaßen im kapitalistischen US-System, daß es so weit kommen konnte.

Sherlock HOLMES würde sagen:»Klar, mein lieber CHIRAC, SCHRÖDER und PUTIN: Anders als die anderen Produzenten am Golf muß der Irak so viel Öl verkaufen, wie er kann, um seine Entwicklung und den Wiederaufbau nach jahrelangen erschöpfenden Kriegen (mit dem Iran, in einem ›Stellvertreter‹-Krieg für die USA!) zu finanzieren, und er möchte mit einer stabilen Währung (also einem gesicherten Kredit) bezahlt werden, frei von politischen oder anderen Beschränkungen. Zumindest möchte er das Risiko streuen. Und anders als die anderen Produzenten am Golf braucht (und will) er nicht an der Wall Street zu investieren – oder überhaupt in den USA und deren Satelliten, insbesondere, nachdem jeder inzwischen die MURAWIEC-Studie der Rand Corporation kennt und weiß, daß es nur eine Frage der Zeit ist, bis alles als ›Feind-Eigentum‹ konfisziert wird – ein sehr einträglicher Bruch des Völkerrechts durch die USA seit 1918.

Der Dollar könnte gerettet werden, wenngleich nicht für immer. Denn nichts ist in der Natur von ewiger Dauer, außer vielleicht Gold. Zur Erinnerung: Ein halbes Jahr, bevor ROOSEVELT das Gold konfiszierte, wurde ihm geraten, den Preis um 50 % zu erhöhen. Und warum sind Dr. MAHATHIR von Malaysia, der eine unabhängige Geldpolitik betrieb, um die Asienkrise in seinem Land zu überwinden, zusammen mit LEE KUAN YEW von Singapur, ein anderer wahrer Staatsmann und Verbündeter bei der Schaffung eines ›Gold-Dinar‹, bedroht worden? Und erinnern sich nicht die europäischen Politiker, vor allem die Franzosen, wie DE GAULLE 1968 mit Hilfe jenes CIA-organisierten Studenten-Mobs unter der Führung COHN BENDITS von der Frankfurter Schule in die Wüste geschickt wurde, und zwar aus demselben Grund (weil er das im Fort Knox deponierte Gold der französischen Notenbank zurück haben und den Dollar als Zahlungsmittel nicht mehr akzeptieren wollte). Die Europäer bringen daher auch ihr EU-Projekt nicht wirklich unter Dach und Fach. Ihr Euro ist ja nicht einmal als Währung ordentlich gedeckt, außer durch das, was eben der ›Markt‹ aus ihm im Vergleich zum Dollar macht.

Das alles hat Antony SUTTON vom Hoover-Institut der Stanford-Universität 1984 in einer kurzen Studie »Wie der ›Orden‹ Kriege und Revolutionen auslöst« analysiert. Seine damaligen Folgerungen waren, daß vom Jahr 2000 an die einzige Supermacht ihren Willen ohne jegliche Beschränkungen überall durchsetzen würde, mit der einzigen Ausnahme Chinas, das im Hintergrund als letzte Herausforderung der schlußendlichen Weltordnung und des ›Friedens‹, wie dies im US-Siegel als *Novus Ordo Saeculorum* ausgedrückt wird, herumtaumelt.

Unbeschadet dessen, daß SAFIR alles frech in eine »Mission zur Durchsetzung der Demokratie«[40] umetikettierte, weiß natürlich jedermann, daß das Öl schon immer der Grund für viele Kriege war. Es war dies so, als das Deutsche und Osmanische Reich der Deutschen Bank nicht erlaubten, 50 % der Aktien der Berlin-Bagdad-Bahn, dem Vorläufer der Öl-Pipelines, an England abzutreten, als der Erste Weltkrieg hätte noch rechtzeitig abgewendet werden können. Der ›*fabricated*‹ Auslöser für den Krieg war natürlich ein schockierendes Ereignis, die Ermordung des österreichischen Thronfolgers FRANZ-FERDINAND in Sarajewo; etwas dieser Art können wir auch wieder erwarten, denn der ›11. September‹ bedarf inzwischen eines ›Nachschlags‹. (Denn: Eine gewaltige Mehrheit der amerikanischen Bevölkerung, aber auch aus den ›Eliten‹, ist gegen einen Krieg![41]) Warum rief der amerikanische Botschafter die ägyptischen Medien zur Ordnung, als sie Zweifel an der Urheberschaft der so peinlich genauen Planung der Anschläge verbreiteten? Nebenbei bemerkt, die Tatsache einer ›*Homeland-Defense*‹ (Heimat-Verteidigung) als Folge des 11. September bekräftigt die Notwendigkeit einer Erneuerung des ›Gleichgewichts des Schreckens‹ *mit vertauschten Rollen,* und es würde leicht sein Ziel, nämlich Frieden, erreichen, indem es den einzigen wirkli-

---

40 *IHT* vom 19. 9. 2002.

41 http://www.americanfreepress.net/05_26_02/Bilderberg_Split/bilderberg_split.html, James P. Tucker Jr., *American Free Press*; Das geheime Bilderberger-Treffen im Westfields Marriott am 30. Mai bis zum 2. Juni 2002 blieb seiner Agenda treu – der Weltregierung und deren finanziellen Vorteilen für die internationalen ›Bankster‹ und andere Nutznießer –, aber es gibt dennoch eine ernste Entzweiung über die mit dem geplanten Krieg verbundenen Probleme.

chen ›*Super-Rogue*‹ (den Oberschurken) von ›*pre-emptive strikes*‹ (Präventivschlägen) abhielte.

Zu den vorstehenden Gedanken des Grafen PLETTENBERG:»Irak – Ein Ausweg?« ist anzumerken: Die meisten verstehen es nicht, wie 99,9 % der Volkswirtschaftler, aber keiner der Diplomaten und Politiker! Aber es wäre von existentieller Wichtigkeit, daß die irakische Regierung dies – ohne Verzögerung – aufgriffe und ihren ›guten Willen‹ deutlich machte, indem sie erklärte, daß sie *erst jetzt* verstanden hätte, daß die USA *gezwungen* wären, so zu handeln, um den Kollaps des Dollars zu verhindern. (Wir kommen darauf nochmals ausführlicher als die eigentliche Ursache des Kriegs zu sprechen, der seit Abschluß des Manuskriptes noch potentielle Möglichkeit war und nun bittere Tatsache wurde.)

Diese absolute Wahrheit hätte es den USA vielleicht erlaubt, ihre (vorgeschobenen) Gründe für einen Krieg aufzugeben, weil damit das Öl auf der Basis des Dollars weiterhin gehandelt würde. Freilich, selbst wenn Saddam HUSSEIN über die Euro-Sache[42] nichts mehr verlauten ließe, ist eine drakonische ›Belehrung‹ (*dissuasion*) von jedem Abrücken vom Dollar Abstand zu nehmen – wie etwa die Atombomben auf Japan – die Art, wie der *Orden* die ›Ordnung‹ aufrechterhält. Abgesehen von der Möglichkeit, daß SADDAM ein abgefallener Apostat der PIKEschen Bruderschaft ist, ist da der Tod obligatorisch. Die Revolution frißt ihre Kinder! (PINOCHET wurde nur wegen seines hohen Alters geschont.)

Ehemaliger UN-Inspektor besucht den Irak[43]

Scott RITTER, ein früherer UN-Waffeninspektor, der die US-Behauptungen zurückwies, daß Bagdad Massenvernichtungswaffen entwickle, sagte im Irak am 8. September 2002, bei einem Vortrag im irakischen Parlament, die USA würden einen »historischen Fehler« machen, wenn Washington angreife.

RITTER, der sieben Jahre lang Mitglied der zuständigen UN-Gruppe war, die die irakischen Waffen abbauen sollte, forderte Bagdad auf, die UN-Inspektoren ohne Bedingungen zurückkehren zu lassen.

---

[42] Der wahre Hintergrund und die völlig verschwiegene Ursache der ganzen Geschichte: »So hat sich die gesamte europäische Union gefreut, als der Irak seinen Außenhandel auf Eurobasis umstellte. Das ist für uns und die Euroländer besser, als weiter auf seine Majestät den Dollar mit seinen ganzen Anfälligkeiten zu setzen.« *Der Spiegel*, 12/2002, S. 154.
[43] Hassan HAFIDH; Reuters Ltd. Veröff. am 8. September 2002 von Reuters. http://www.commondreams.org/headlines02/0908-01.htm

»Mein Land steht davor, einen historischen Fehler zu machen«, teilte RITTER dem irakischen Parlament mit Bezug auf die möglichen Angriffe gegen den Irak mit.»Die Angstparolen, die meine Regierung verbreitet, waren bis dato durch keinerlei echte Fakten gedeckt, daß nämlich der Irak heute im Besitz von Massenvernichtungswaffen ist oder Verbindungen zu Terror-Gruppen hat, die für den Anschlag vom 11. September in den USA verantwortlich sind... Der Irak wurde als sicherlich zu 90 bis 95 % entwaffnet angesehen, nach nahezu sieben Jahren ständiger Inspektionstätigkeit durch die UNO. Die Wahrheit ist, daß der Irak heute keine Bedrohung für seine Nachbarn ist, und er verhält sich auch nicht wie einer, der außerhalb seiner Grenzen anderen droht.«

RITTER sagte auch, daß keine Notwendigkeit mehr für aggressive Inspektionen der irakischen Plätze seit 1995 bestehe, seitdem der UNSCOM überprüfte, daß der Irak grundsätzlich entwaffnet war.

Was also den Irak betrifft, hatte man sich in Washington entschieden, ›Fakten‹ über chemische, biologische und Nuklearwaffen mittels Propaganda zu produzieren. Aus Angst, die US-Inspektoren könnten dies Lügen strafen, hatten die Inspektoren auf Geheiß der USA (!) damals das Land zu verlassen. Dieser Abzug war unabdingbar wegen der – mit obigen Behauptungen motivierten – drohenden Operation ›Desert Fox‹ (Wüstenfuchs), einem 72stündigen Bombardement. Wie stünden die USA vor der Welt ohne die ›fabricated‹ Gründe da? Nebenbei war das ein weiterer Triumph der psychologischen Kriegführung, indem man diese Ungeheuerlichkeit – den Überfall auf den Irak – über den Namen der Operation mit dem ritterlichen deutschen General ROMMEL, dem ›Wüstenfuchs‹, in Zusammenhang brachte.

Noch vor wenigen Wochen faßten wir die Möglichkeit einer Kriegsverhinderung so zusammen: Der Irak erklärt, daß er dabei helfen will, den Dollar und damit die Weltwirtschaft zu stabilisieren (indem er nicht nur die Inspektoren wieder zuläßt und er hoffentlich sicher vor Beschießungen und Bombardierungen durch Engländer und die USA ist) und daß er darauf verzichten würde, den Euro als Grundlage des Ölgeschäfts zu nehmen, die weiter ausschließlich der Dollar sein sollte. Als Ausnahme könne man sich den Schekel vorstellen, falls Israel nicht weiter US-Dollars bekommen sollte und es auch offiziell von seinen Plänen für ein ›Groß-Israel‹ Abstand nähme.

Aber die Ereignisse haben uns überholt. Wenn wir schließlich die ganze Logik der Entwicklung ausgebreitet haben werden, wird sichtbar, daß dies berechtigte Hoffnungen dann gewesen wären, wenn einerseits eine verantwortliche und das Völkerrecht achtende US-Regierung, und nicht politische Gangster, die Adressaten solcher Überlegungen und wenn sowohl die US-Wirtschaft als auch der innere

Zustand der USA nicht bereits restlos bankrott gewesen wären. So stellen wir fest: Der völkerrechtswidrige und verbrecherische Krieg, der einem Raubüberfall gleicht und nicht erst am 19. März 2003 begann, beweist die dargelegte ›Logik‹ des Systems und die Tatsächlichkeit der diagnostizierten Ursachen und Zusammenhänge.

Nahum Goldmann, ein Zeugnis von 1915

Der erste Präsident des Jüdischen Weltkongresses und ›König der Diaspora-Juden‹, Nahum GOLDMANN, schrieb 1915:»Der individualistische Geist hatte England innerlich an den Rand des Abgrunds gebracht. Eine Reaktion mußte kommen. Sie kam: Ein neuer Geist begann sich in England Bahn zu brechen. Seine Vorkämpfer waren die Theoretiker des Chartismus, waren die christlichen Sozialisten, waren die Führer der Genossenschaftsbewegung... vor allem CARLYLE. Die Gedankenrichtung, die sie vertraten, war die soziale, historische, organische; was dasselbe bedeutet: die militaristische, die deutsche... das beherrschende Erlebnis im Leben dieses großen Schotten (CARLYLE) war die innere Überwindung der individualistischen französischen Aufklärungs-Philosophie, der atomistischen englischen Nationalökonomie und die Entdeckung der organischen, synthetischen deutschen Philosophie.

CARLYLE war begeisterter Bewunderer deutschen Wesens, glühender Anhänger der Ideen der deutschen Philosophie. Alle Männer und Richtungen im England des 19. Jahrhunderts, die von schöpferischer Bedeutung sind, stehen unter dem Einfluß CARLYLES, unter dem Einfluß deutschen Geistes... Wäre dieser Prozeß friedlich weitergegangen, hätte er schließlich mit der völligen Überwindung des alten individualistischen Geistes geendet; die Vertreter dieses Geistes spürten es sehr wohl. Als sie friedlich ihre Position nicht mehr wahren konnten, entfesselten sie den Krieg, der Deutschland und den militärischen Geist vernichten sollte...

Die Parole: Nieder mit dem Militarismus! verkörpert in diesem Kriege das rückschrittliche Element, ein Sieg der Parole wäre ein Sieg des 17. und 18. Jahrhunderts über das 19. und 20. Weil Deutschland das fortschrittliche Prinzip verkörpert, ist es des Sieges sicher. Deutschland wird siegen, und die Welt wird vom militaristischen Geiste beherrscht werden. Wer Lust hat, mag es bedauern und Klagelieder anstimmen; es hindern zu wollen, ist eine Torheit und ein Verbrechen gegen den Genius der Geschichte, das begangen zu haben England und Frankreich noch schwer werden büßen müssen.«[44]

---

[44] Nahum GOLDMANN, *Der Geist des Militarismus*, Deutsche Verlagsanstalt, Stuttgart–Berlin 1915, S. 28 ff.

Wir sind für dieses Zeugnis sehr dankbar. Es sagt uns, daß einer der führenden Köpfe aus den sich gegenüber stehenden Ideen nur eine – vernünftige – Wahl treffen konnte: nämlich jene gegen den individualistischen, angeblich aufgeklärten Geist. Dieser ist die innerste Ursache, ja das eigentliche Fundament des liberalen Kapitalismus mit all seinen schädlichen Ausprägungen. Für Nahum GOLDMANN war es keine Frage, welches Prinzip siegen werde. Sollte er geirrt haben, wo wir doch heute die Auflösung aller Dinge sehen? Es ist anscheinend der Fall. Aber – man soll den Tag nicht vor dem Abend loben. Es ist keinesfalls sicher, daß ein paar gewonnene Schlachten den endgültigen Sieg bedeuten. Das laute Geschrei soll uns nicht irre machen.

Planung der Aufteilung des irakischen Ölkuchens[45]

Der Führer des in London ansässigen Irakischen Nationalkongresses (INK), Ahmed CHALABI, hat mit drei US-Ölkonzernen über die Aufteilung der riesigen Ölreserven Iraks in einer Post-Saddam-Ära verhandelt.

Nach Informationen über ein Treffen in Washington im Oktober 2002 – von einem INK-Sprecher bestätigt – soll Lord BROWNE, Chef des Ölkonzerns BP, gewarnt haben, die britischen Ölfirmen könnten im Nachkriegs-Irak ausgebootet werden, noch bevor der erste Schuß bei einer von den USA geführten Invasion gefeuert worden sei.

Der INK-Sprecher Zaab SETHNA bestätigte das Treffen und sagte zu US-Journalisten:»Die Öl-Leute sind natürlich alle nervös. Wir hatten mit ihnen Gespräche, aber sie sind wenig geneigt, darüber zu reden.«

Im Dezember 2002 trafen sich die Öl-Chefs in einem ländlichen Erholungszentrum nahe Sandringham, um die Zukunft des Ölmarktes zu besprechen. Die Konferenz, zu der Scheich YAMANI, der frühere Ölminister Saudi-Arabiens, eingeladen hatte, hatte als Hauptredner den früheren irakischen militärischen Abwehrchef, einen Ex-Minister und Finanzier der City. Die Diskussionsthemen umfaßten das Ölpotential des Landes, ob dieses ein ebenso großer Öllieferant wie Saudi-Arabien werden könne und ob der Post-Saddam-Irak die Organisation der ölexportierenden Länder, die OPEC, zerstören könne.

Die Gespräche zwischen den Ölchefs und dem INK – die sich der Unterstützung der US-Regierung erfreuten – waren geeignet, die Spannungen im Sicherheitsrat unter den ständigen Mitgliedern und den ein Veto ausübenden Mitgliedern Rußland, Frankreich und China zu

---

[45] *The Observer* vom 3. 11. 2002. Übersetzung GR.

verschärfen, die nämlich fürchten, sie würden aus dem Ölgeschäft im Post-Saddam-Irak hinausgedrängt werden.

Obwohl Rußland, Frankreich und China bestehende Verträge mit dem Irak haben, machte CHALABI deutlich, daß er die USA für den Sturz HUSSEINS mit lukrativen Ölverträgen belohnen werde, und erklärte gegenüber der *Washington Post* kürzlich:»Amerikanische Firmen werden das große Sagen im irakischen Ölgeschäft haben.«

Tatsächlich ist die Frage, wer seine Hand auf die zweitgrößten Ölvorkommen der Welt legen werde, der entscheidende Faktor, der einen Keil bezüglich einer neuen Resolution über den Irak in den Sicherheitsrat treibt.

Wenn es so ist, kann dies nicht überraschen, bedenkt man die Größe der potentiellen Geschäfte. Im Oktober 2002 hatte der Irak, wie berichtet wurde, Verträge über mehrere Milliarden Dollar mit ausländischen Ölgesellschaften abgeschlossen, hauptsächlich mit solchen aus China, Frankreich und Rußland.

Unter diesen haben die russischen Firmen an der Entwicklung der irakischen Ölfelder das größte Interesse, weil der Irak noch für frühere Waffenlieferungen Milliarden Dollar schuldet, einschließlich auch 3,5 Milliarden Dollar für einen 23jährigen Vertrag zur Modernisierung der Ölfelder, insbesondere des 11 bis 15 Mrd. Barrel ausmachenden Qurna-Felds, westlich von Basra, nahe dem Rumaila-Feld.

Seit Abschluß des Vertrages im Jahre 1997 hat die russische Lukoil einen Plan zur Installation von Gerätschaften ausgearbeitet, die im West Qurna's Mishrif-Gebiet eine tägliche Förderkapazität von 100 000 Barrel ermöglichten.

Auch die französischen Interessen sind sehr groß. Das Ölunternehmen Total-Fina-Elf verhandelt mit dem Irak über die Entwicklung der Nahr Umar-Felder. Die Planung der Entwicklung der Nach-Saddam Ölindustrie wird von einer Koalition Neokonservativer in Washingtons Denkfabriken mit engen Verbindungen zur BUSH-Regierung und mit INK-Vertretern vorangetrieben. Jene Falken haben seit langem auch die Ansicht vertreten, daß die Kontrolle der irakischen Ölfelder ein weiteres Ziel zu erreichen ermöglichte, nämlich die Zerstörung der OPEC, des Kartells der Ölproduzenten, die ihrer Ansicht nach unverträglich mit amerikanischen Interessen ist.

Harry LINDSAY, BUSHS Wirtschaftsberater, sagte kürzlich, daß ein erfolgreicher Krieg gegen den Irak gut fürs Geschäft sei.

»Wenn es im Irak einen Regierungswechsel gäbe, könne man die Weltförderung um drei bis fünf Millionen Barrel Öl täglich erhöhen«, meinte er im September 2002.»Die erfolgreiche Kriegführung würde gut für die Wirtschaft sein.«

Analysten glauben, daß binnen fünf Jahren der Irak 10 Mio. Barrel Öl je Tag fördern könnte. Die OPEC sei bereits am Zusammenbrechen, weil Mitgliedsländer ihre Quoten nicht einhielten und versuchten, ihren Marktanteil zu erhöhen, bevor die Ölpreise wieder fallen.

Die russische Besorgnis über eine künftige, vom INK eingeleitete Neuaufteilung der irakischen Ölförderung zugunsten der USA ist so stark geworden, daß Rußland einen Diplomaten entsandte, um mit INK-Vertretern zu sprechen. Bei diesem Treffen am 29. August 2002 drückte der Diplomat seine Besorgnis darüber aus, daß Rußland durch die USA aus dem Ölmarkt herausgehalten werde.

Einen Plan zur Neuaufteilung der irakischen Ölindustrie legte Ariel COHEN von der rechtsgerichteten ›Heritage Foundation‹, die enge Beziehungen zur BUSH-Regierung unterhält, im September 2002 vor.

In »Die Zukunft in einem Post-Saddam Irak: Ein ›Blueprint for American Involvement‹« (Plan für amerikanische Beteiligung) legte COHEN, im gleichen Tonfall wie CHALABI, einen Fahrplan für die Privatisierung der irakischen verstaatlichten Ölindustrie voru nd drohte zugleich Frankreich, Rußland und China, daß eine neue INK-geführte irakische Regierung deren Ölverträge sehr wahrscheinlich nicht einhalten werde.

COHENs Vorschlag sieht vor, daß die irakische Ölindustrie in drei große Gruppen aufgeteilt werde, die sich entlang ethnischer Trennlinien orientierten, mit einer Firma hauptsächlich im schiitischen Süden, einer anderen für die sunnitische Region und einer dritten für den kurdischen Norden.«

Folgerung

Die Frage, noch vor einiger Zeit berechtigt, ob es noch Zweifel am wahren Grund des Irak-Krieges der USA gäbe, ist keine Frage mehr, sondern wich bitterer Gewißheit. Die USA haben einen Angriffskrieg vom Zaun gebrochen. Und ist nicht der Umstand, daß zwar Frankreich und England, Rußland und China – neben den USA – im Ölgeschäft sind, nicht aber die in Europa bevölkerungsmäßig größte und wirtschaftlich wichtigste Nation, Deutschland, ein schlagender Beweis dafür, daß jene ungeschriebene Übereinkunft, daß Deutschland aus dem Ölgeschäft draußen zu halten sei, nach hundert Jahren immer noch Gültigkeit hat?

Bedenkt man auch die diplomatischen Vorstöße Rußlands wegen der lange zuvor erkannten Gefahr, bei einem US-Krieg gegen den Irak hier aus dem Ölgeschäft ausgeschaltet zu werden, und erinnert man sich der Schalmeien – ebenfalls im Jahre 2002 –, als amerikanisch-russische Geheimgespräche (in Moskau) bekannt wurden, bei denen die USA – scheinbar – den Russen anboten, die Rolle Saudi-Arabiens als bedeutendsten Öllieferanten zu übernehmen, so wird auch das Doppelspiel erkennbar. Die USA haben nicht die geringsten Bedenken, ihrem bisherigen ›Verbündeten‹ Saudi Arabien in den Rücken zu fallen (Laurent Murawiecs ›Empfehlung‹, deren Ölfelder einfach zu besetzen und die Saudis zu Feinden zu erklären, ist ja nur zu bekannt geworden), um damit Rußland in eine Falle zu locken. Zweck: Aufgabe der russischen Veto-Position gegen einen Irak-Krieg der USA für die in Aussicht gestellte neue Rolle als (Haupt-) Energielieferant. Das wurde nun hinfällig. Ob die USA ihrem Ziel nahekommen, die OPEC zu zerstören, können wir jetzt nicht abschätzen. Rußland wird wohl nun erst recht – nach dem Krieg gegen den Irak – vom Zugang zur Entwicklung irakischer Ölfelder und damit vom Ölgeschäft ferngehalten.

Es ist aber mit obigem Bericht auch klar geworden, daß Rußland dies natürlich erkannt hat und den USA nicht auf den Leim gegangen ist. Das scheint auch zu bestätigen, daß die phraseologische Übereinstimmung mit den USA im ›Krieg gegen den Terror‹ nichts weiter ist als eine PR-Aktion, die es dem russischen Präsidenten Putin erlaubt, sein Land weiter zu konsolidieren und der US-Herausforderung zu widerstehen. Eine Achse Frankreich–Deutschland–Rußland hat sich gebildet. China ist gegen den Krieg, und in jenen Ländern der sogenannten ›Koalition der Willigen‹ sehen sich die absolut entlegitimierten Politiker Englands, Spaniens, ja selbst in den USA einem das ganze Volk jeweils umfassenden Protest gegen den Krieg gegenüber.

Die Lage nach der UN-Resolution 1441 im Sicherheitsrat

Nach Annahme der Resolution durch den Sicherheitsrat vor einiger Zeit, um den Rubin-Weiss Plan[46] durchführen zu können, hatten wir erwartet, daß der Auslöser innerhalb kürzester Frist gestrickt werden wird, so wie einst die ›Maine‹ 1898 in Havanna, die ›Lusitania‹ 1916, Pearl Harbor 1941, Tonking Golf 1962 und der 11. September 2001. An Versuchen mangelte es auch nicht, aber sie verfingen alle nicht, die Lügen waren zu offenkundig. Tony Blairs ›Beweise‹ im Unterhaus, derer sich Powell vor den Vereinten Nationen – »ein feines Papier der Briten« – bediente, waren eine Studentenarbeit aus den frühen neunziger Jahren, genauso die Filme der USA vom ersten Golfkrieg.

---

46 Siehe unten und den *IHT*-Artikel vom 7. 11. 2002.

Rußland, Frankreich und Deutschland, aber auch China haben nicht kapituliert, und da sich die USA nicht an ihr Veto hielten und den Irak angriffen, haben sie im Grunde den Status als Subjekt des Völkerrechtes verspielt, das heißt, sie sind, wie es früher hieß, in Acht und Bann der UNO.

Wer sagt denn, daß nicht dank des Gleichgewichts des Schreckens, also der russischen und französischen ABC-Waffen, sich ein Frieden erzwingen ließe, da die USA dann sofort, wie mit Nordkorea seit 1994 bewiesen, ›kuschen‹ würden? Außerdem währen Präsidenten weder ewig, noch sind sie kugelsicher, vor allem, wenn sie in Acht und Bann geraten sind.

Der Artikel von Stanley WEISS, der im übrigen eine Zusammenfassung eines langen Artikel Jack RUBINS[47] vom Jahre 2000 oder 2001 darstellt, ist ein um 180% verkehrter ›Vorschlag der Synagoge des Satans‹, bestätigt aber – in seinen konträren Gedankengängen – auch unsere[48]. Die ›arabische Straße‹ ist genau so wichtig oder unwichtig wie die Führung hinter ihr. Sie ist daher genauso wenig zu fürchten wie in den Partitokratien, solange der Staatswille ungebrochen ist und keine Hungersnot, Arbeitslosigkeit oder Panik des Staatsvolkes herrscht, überfremdet zu werden. Erstaunlich der ›junge‹ KIM, der sie alle mit seinen drei, lt. *IHT* möglicherweise die USA treffenden, Atomraketen bittstellig zur Unterredung bringt. *Eine* Atombombe ist eben schon sehr viel, wenn sie auf Tokio oder New York losgelassen werden kann. Erinnern wir uns, wie vor einigen Jahren in Boston ein Negerquartier von der Massachusetts National Guard zusammengebombt wurde, ohne daß ein Menschenrechtshahn krähte? An Palästina brauchen wir überhaupt nicht erst zu denken! Statt dessen können immer wieder die Naziverbrechen aufgewärmt und zum x-ten Mal abkassiert werden.

Ohne einen starken gemeinsamen Nenner kommen wir nicht weiter! Im Finanziellen liegt er im Zusammengehen der EU, also Frankreichs und Deutschlands mit Rußland, wirtschaftlich im Euro/Rubel, politisch im Ersatz der NATO durch eine Europäisch-Russische Union und einer durch das Freiöl befriedeten, unabhängigen MEU (*Middle East Union*). Die Türkei wäre hiefür jetzt leichter zu gewinnen, wie der Wahlausgang im März 2003 beweist, als durch

---

[47] Präsident einer der drei Großen Atlantic Alliance-Finanzhäuser (vgl. Pakt Pio 9 1870*)*, *Secretary of the Trashury* (absichtlich so statt Treasury) unter CLINTON, trat im Sommer 2001 wohlweislich zurück, um nicht in die Geschichte des weltweiten Finanzcrashs einzugehen. Sein Format läßt Offbg. 3,9 nicht ausschließen.

[48] *»Draft for a speech by President Saddam of Iraq«* – siehe nachfolgende Seiten.

die Bestechung mit IMF-Anleihen-Verlängerung über dreißig Milliarden Dollar, die nichts anderes als Frondienst für die Atlantic Alliance ist.

Mit der großen Bevölkerung der Türkei, dem natürlichen Reichtum Iraks, den tüchtigen Israelis und Palästinensern und vor allem der Emigration, von der gemeinsamen Geschichte bis 1918 ganz abgesehen, ist es Aufgabe Ankaras, die *Middle East Union* aufzubauen. Das hat aber unabhängig von dem Dollar und den USA zu geschehen, dafür in Anlehnung an die Alte Welt – eine Absage an Washingtons Weltbürgerkrieg!

Außenpolitisch müßte eine ›Putin-Doktrin‹ (ähnlich wie die Monroe-Doktrin von 1823) die den Groß-Türken von der Atlantic Alliance (A.A.) vorgegaukelte Rolle mit dem ›Anschluß‹ der turkmenischen Staaten neutralisieren. Die EU sieht die Rolle der Türkei, wie bis 1918, nicht in Europa, sondern in der MEU.

Voraussetzung des Friedens ist und bleibt, daß es durch Freiöl gelingt, israelische Friedenskräfte an die Macht zu bringen und die Mitläufer der A. A. durch eine Währungsreform, vorerst in Europa und dem M.O., auszuschalten. Ist die *Idee* der Gesundung und des Schutzes der Alten Welt erst einmal akzeptiert, und gibt es ein Zusammenstehen gegen die Betreiber des Weltbürgerkriegs für den *Novus Ordo*, von dem, was politisch als ›Islam‹ und ›Christentum‹ oder ›westliche Wertegemeinschaft« umschrieben werden kann und den Israelis, stünde es nicht zuletzt mit Hilfe des erneuerten ›Gleichgewichts des Schreckens‹ wieder besser um den Frieden.

Die Verschiebung des Imperiums *(Translatio imperii)*

Es geht um die Erklärung eines ganz unerklärlichen Vorganges: der Auflösung des British Empire, der größten imperialen Weltmacht, in zwei Weltkriegen, um die Prozesse vor und während des Zweiten Weltkrieges und die Rolle Winston Churchills, die ja im Grunde ganz unverständlich und mit ›Haß‹ auf eine andere Nation nicht wirklich erklärbar ist. So wie es ›Freundschaft‹ zwischen Staaten nicht gibt, sondern nur Interessen, ist dies auch mit dessen Gegensatzbegriff der Fall. Warum sollte England die Deutschen ›hassen‹? Da heute aber für jedermann erkennbar die Macht und Weltvorherrschaft des British Empire auf die USA übergegangen sind, müßte längst eine Revision der englischen Geschichte erfolgt sein, die Churchill als den ›größten Verbrecher‹ und Vernichter des Imperiums brandmarken würde. Aber das findet erstaunlicherweise nicht statt! Weil doch immer die ›Sieger‹ die Geschichte schreiben, die in der Regel dem Verlierer die Schuld an der Niederlage zuweisen, muß uns das zu denken geben. Warum wird CHURCHILL nicht für den Zusammenbruch des britischen Imperiums der ›Prozeß gemacht‹? Hat am Ende etwas ganz anderes stattgefunden, als wir uns einbilden oder uns von der ›Geschichtsschreibung‹ eingeredet wird?

Bleibt dann noch eine andere als die scheinbar sichtbare – wohl absichtsvoll geplante – Entwicklung der Dinge als Erklärung übrig? Nämlich, daß das British Empire weniger ein Staat oder ›Reich‹ war, sondern das Privatvermögen einer superreichen Oligarchie, die sich keinem Volk mehr verbunden fühlte und fühlt. Der wahre, von CHURCHILL (und anderen Erfüllungsgehilfen) vorangetriebene Vorgang wäre also eine ›*translatio pecuniae*‹ – eine Verschiebung und Umwandlung der gigantischen – immobilen – privaten Vermögen nach den USA und, um dies durchführen zu können, dessen vorherige ›Verflüssigung‹!

Das ist jedenfalls die provokante, aber wohl von den heute sichtbar gewordenen Fakten gestützte Theorie G. ULLRICHS, die er in *Fieberkurve Deutschlands*[49] nachzeichnet.

Die Planung der Umwandlung

Englands Kolonien als Verfügungsmasse

Aus dieser strategischen Zielsetzung wurde anschließend die folgende konzeptionelle Planung aufgebaut:

1. Waren bisher, neben den privaten Großkapitalisten, die englischen Staatspolitiker und die international agierenden Großbanken in das Vorhaben eingebunden, so war diese Gruppe zunächst noch um einen Partnerstaat zu ergänzen, unter dessen Hoheit die Geldschöpfung betrieben werden konnte und bei dem, als Gegenleistung, dieses Geld anschließend auch zu investieren war. Konnten dessen Politiker für ihre Mitarbeit und den Verzicht auf eigene hoheitliche Rechte doch damit geködert werden, daß das künftige Machtpotential ihres Staates durch den vorgesehenen Vermögenszuwachs beträchtlich gesteigert und gestärkt würde – eine politische Karriereperspektive vom Dorfsheriff zum Weltpolizisten sozusagen.

2. Um das Vorhaben auch beim künftigen Partnerstaat außerhalb jeder Öffentlichkeit zu halten, mußte dieser die Möglichkeit schaffen, die Zuständigkeit zur Produktion zusätzlichen Geldes an ein *privates*

---

[49] G. ULLRICH, *Die deutsche Fieberkurve – Überlegungen*, Eigenverlag, ²2002, S. 29.

Institut zu übertragen, dessen Managementpositionen ausschließlich von den internationalen Privatbanken zu besetzen waren. Weiter mußte es zulässig sein, daß dieses Institut für die Ausgabe neuen, frischen Geldes auch *private Sicherheiten* annehmen durfte.

3. Als nächster Schritt mußte entweder innerhalb des Partnerstaates, des englischen Kernlandes, oder zuverlässiger Drittländer nach Anlagemöglichkeiten gesucht werden, oder besser: Es mußten Möglichkeiten geschaffen werden, in die große Geldmengen möglichst einträglich investiert werden konnten, das heißt, in kürzester Zeit mußten möglichst hohe Gewinne erzielbar sein. In jedem Fall aber mußten es außergewöhnliche Anlageobjekte sein, sollten die bestehenden Wirtschaftsstrukturen nicht über neu zu schaffende Konkurrenzunternehmen vernichtet werden. Das neue Kapital war immer nur in neue Geschäftsfelder zu investieren, also nur in solche Geschäftsfelder, die es bisher noch nicht gab. Als solche konnten zum Beispiel bisher nichtfinanzierbare Großvorhaben verwirklicht werden. Alternativ konnte das Kapital vom Empfängerland wiederum nach außen, in, sowohl für den Partnerstaat als auch für das Britische Empire, Drittländern angelegt werden. Nur: Diese Art Projekte allein würde, selbst bei großzügigster Auslegung, nicht ausreichen, die gesamte Kapitalmenge aufzunehmen. Noch weniger würden solche Anlageobjekte dazu ausreichen, in dem begrenzten Zeitraum die erforderlichen Gewinne, also das künftige Vermögen, zu erwirtschaften.

Folglich mußte auch in Produktionen und Produkte investiert werden, die kapitalintensiv waren, möglichst hohe Profite zuließen und die einen großen Markt bedienen konnten, ohne dabei bereits bestehenden Produktionen und Produkten Konkurrenz zu machen. Also ›außergewöhnliche Verbrauchsprodukte‹, Produkte, die sich selbst verbrauchten, wie Munition und Waffen. Neben der Investition in neue Produkte und neue Märkte waren also auch dort Investitionen zulässig, wo allein durch eine Markterweiterung neue, zusätzliche Kapazitäten erforderlich werden würden. Nur: Für jede Geldanlage, die nicht darin besteht, zuvor fremdes Eigentum aufzukaufen, sondern darin, neue Produkte herzustellen oder Kapazitäten auszubauen, muß zwangsläufig auch ein Markt gefunden oder ein vorhandener erweitert werden. Eine zusätzliche Investitionsalternative konnten auch unprofitable Märkte bieten, wenn deren Gewinnmarge zuvor über politische Eingriffe attraktiv gemacht werden konnte, wie etwa der Alkoholmarkt, der erst durch Prohibition seine maximale Gewinnmöglichkeit erhielt. Und auch Munition und Waffen haben ›ihren eigenen Markt‹, der seine optimale Ausbaustufe erst durch Massenbedarf in einer möglichst umfangreichen Verbrauchsaktion – auch unter dem Titel ›Krieg‹ bekannt – erreicht. Ist kein Krieg da, so muß eben einer ›geschaffen‹ werden.

4. Waren die Märkte und ihr Finanzbedarf geschaffen, so waren umgehend die kolonialen Vermögen zu kapitalisieren, das heißt, sie mußten als Sicherheiten für Bankkredite verwendet werden. Damit wanderte in der Folge das Risiko zu den Kreditgebern und liquides Kapital zu den Kreditnehmern.

5. Die kreditgewährenden Banken waren von ihrem Risiko zu befreien, das heißt, das Risiko mußte auf den Partnerstaat übertragen werden, der in der Lage sein mußte, es eine gewisse Zeit unbeschadet und unerkannt zu tragen. Dazu reichte es völlig aus, daß der Staat, in dessen Namen neues Geld gedruckt wurde, die privaten Sicherheiten oder Privatbankkredite anerkannte.

6. Um diesen Partnerstaat über das zusätzliche Geld und Risiko nicht selbst langfristig in die Pleite zu treiben, was spätestens mit dem Entfallen der kolonialen Sicherheiten eintreten würde, mußte die gesamte Aktion zeitlich begrenzt werden. Den Abschluß der Aktion mußte eine groß angelegte Vernichtungsaktion bilden, mit der alles neu gedruckte, zusätzliche Geld wieder vom Markt genommen werden mußte. Dazu war das zu vernichtende Bargeldvermögen über Aktienverkäufe zuvor ›einzusammeln‹, um es dann, parallel mit einem groß angelegten Wertverfall der Aktien, vernichten zu können (Börsenkrach 1929). Als Konsequenz führte die Geldscheinvernichtung dazu, daß in der Folge auch auf die zur ursprünglichen Ausgabe erforderlichen Sicherheiten, das englische Kolonialvermögen, verzichtet werden konnte.

7. Zur Sicherstellung des gesamten Vorhabens war es unbedingt erforderlich, daß sowohl das Management als auch die Kontrolle während der gesamten Aktion in einer Hand, der Hand der projektleitenden internationalen Privatbanken, blieb.

8. Die ursächlichen Werte, das Kolonialvermögen, konnten parallel ausgeschöpft werden. Selbst ihre spätere Übergabe an die zuvor möglichst mit einer ›freiheitlich, demokratischen‹ Gesellschaftsordnung ausgestatteten, in die ›Unabhängigkeit‹ entlassenen Kolonien konnte dann äußerst großzügig gehandhabt werden.

Da das gesamte Vorhaben in keinem Land und in keinem Staat je die Zustimmung der Öffentlichkeit erhalten hätte, unterlagen sowohl das Vorhaben als auch die verfolgten Absichten selbst im künftigen Partnerstaat strengster Geheimhaltung. Es würde dort allein ›das spätere

Graphische Darstellung des Transfers und der Beteiligten

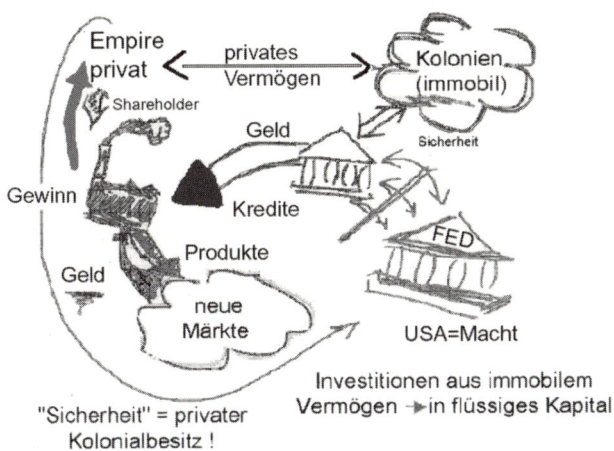

"Sicherheit" = privater Kolonialbesitz !

Investitionen aus immobilem Vermögen ➝ in flüssiges Kapital

Vom-Markt-Nehmen‹ des zuviel in Umlauf gebrachten Geldes zu erheblichen, wirtschaftlich negativen Einschnitten führen.

Damit waren alle erforderlichen Einzelschritte dargestellt: eine Planung jenseits jeder rechtstaatlich demokratischen Gesellschaftsordnung, ein weltweites Betrugsvorhaben, das allerhöchster Geheimhaltung bedurfte. Dort, wo Teile der Planumsetzung der öffentlichen Diskussionen ausgesetzt sein würden, mußten Ablenkungsmanöver konstruiert und Umdeutungen vorgenommen werden.

Wiederholung früherer Taktik

Die Planung hatte sich so gut ›bewährt‹, daß mit der Pleite der US-Wirtschaft, dem Zusammenbruch der Börsen und dem Verfall der Währungen dasselbe nochmals aufgeführt wird. Was die ›Weserübung‹ und ›Pearl Harbor‹ für den Zweiten Weltkrieg, das ist heute der ›11. September‹, von dem zumindest vor dem Ausbruch des ›Dritten Durchgangs‹ Hunderttausenden bekannt ist, daß dies ein inszeniertes, selbstfabriziertes Manöver war und ist und es daher vielleicht doch nicht mehr – wie vor rund 62 und 74 Jahren – gelingen könnte!

Vor nicht langer Zeit war die deutliche Verschlechterung der US-amerikanisch-saudischen Beziehungen bereits öffentlich geworden, als zunächst der ehemalige Pentagon-Spitzenbeamte Richard PERLE und sodann ein gewisser Laurent MURAWIEC von der einflußreichen Denkfabrik ›Rand Corporation‹ in ›Briefings‹ die Meinung vertraten,

Saudi-Arabien sei der wirkliche Drahtzieher von Osama bin Ladens Al Qaida, und sie forderten, dem Land ein Ultimatum zu stellen, dessen Nichtbefolgung mit der Besetzung seiner Erdölfelder geahndet werden solle. Gleichzeitig hatten US-Rechtsanwälte auch 600 Angehörige von Opfern des Anschlags vom 11. September dazu bewegen können, Schadenersatzklagen zu stellen, und zwar gegen das seit über einem halben Jahrhundert den USA stets so zu Diensten gewesene Saudi-Arabien. Darüber hinaus fand im Jahre 2002 auch eine sichtlich orchestrierte Kampagne der US-Presse gegen Saudi-Arabien statt, worin in bisher selten gesehener Offenheit und Ausführlichkeit auf die nun wahrhaftig nicht neue Tatsache hingewiesen wurde, daß es in diesem Land um die Menschenrechte keineswegs besser bestellt ist als angeblich im Irak.[50]

Passen die hier zusammengestellten Mosaiksteine nicht zum Gesamtbild? Der 11. September als Auftakt, um all jene Probleme zu lösen, die mit vielen, schon länger zurückliegenden verbunden sind, und letztlich eine ›Ouvertüre‹ zum ›Letzten Durchgang‹, zu dem der Kosovo und nun der Irak erste Stationen waren oder sind, wenn nicht ein Gott mit uns noch Erbarmen hat. Aber müssen wir dann nicht selbst etwas tun? Nach dem Motto:»Hilf Dir selbst, dann hilft Dir Gott!«

Noch vor einigen Wochen dachten wir, der Präsident des Iraks sei auch Inhaber des Schwarzen Gürtels wie Wladimir Putin und ziehe mit einer Friedensoffensive Bush, Blair und Groß-Israels Scharon den Boden unter den Füßen weg! Die Hoffnung auf eine friedliche Lösung im Nahen Osten war zu schön, um wahr werden zu können. Die zugrunde liegende Idee war aber den Versuch wert. Sie beleuchtet, wo die Probleme liegen – und wie sie gelöst werden können.

Die UN-Resolution 1441 zwischen Krieg und Frieden[51]

»Erhebliche Verletzung«

Die Resolution 1441 ist für den Irak so demütigend wie möglich. Nach wochenlangen Beratungen seiner ständigen Mitglieder hat der Sicherheitsrat auf Antrag der USA und Großbritanniens am 8. November 2002 einstimmig die Resolution 1441 angenommen. Sie wurde sowohl als Chance für die Erhaltung des Friedens und Zurückweisung der

---

[50] Anton Holberg, 21. 10. 2002. Quelle: www.kalaschnikow.net; Philosophischer Salon e.V., Berlin.

[51] Siehe Textanalyse von Bernhard Graefrath in: *junge welt* vom 13. 11. 2002. Der Autor lehrte Völkerrecht an der Humboldt-Universität Berlin und war von 1986 bis 1991 Mitglied der Völkerrechtskommission der UNO.

amerikanischen Kriegspläne verstanden als auch als Feigenblatt zur Rechtfertigung des geplanten Angriffskrieges. Sie ist das Ergebnis der erpresserischen Forderungen des US-Präsidenten George W. BUSH vor der Generalversammlung der Vereinten Nationen: Entweder es gibt ein UN-Mandat für den Krieg gegen den Irak, oder wir handeln allein.

Die Resolution tut leider so, als hätte es nicht sieben Jahre Abrüstungsmaßnahmen und Kontrollen der UNO im Irak gegeben, als wäre nicht klar, daß es keine Atomwaffen im Irak gibt, als wären die chemischen Waffen, die einst mit Hilfe der USA produziert wurden, nicht ebenso unter Aufsicht der UNO vernichtet worden wie ihre Produktionsstätten und Ausgangsmaterialien. Daß die USA die Verwirklichung des Übereinkommens zwischen dem Irak und dem Vorsitzenden der UNMOVIC, Hans BLIX, zur Wiederaufnahme der Inspektionen Mitte Oktober 2002 verhinderten, wird mit Stillschweigen übergangen.

Die Resolution behauptet nur »erhebliche Verletzungen« der Abrüstungs- und Kontrollverpflichtungen aus der Resolution 687. Es wird so getan, als würde das einer Feststellung einer Friedensbedrohung gleichkommen. Aber gerade diese von den USA behauptete These wird durch die Resolution nicht bestätigt.

Die Resolution verschärft andererseits aber nicht nur die Abrüstungsverpflichtungen des Iraks und die Kontrollbefugnisse der UNO, sie bedient mit ihrer provokativen, anklägerischen und bewußt unbestimmten Terminologie auch die amerikanische Propagandamaschine bei der Vorbereitung des geplanten Angriffskrieges gegen den Irak. Es ist nicht zu übersehen, daß sie ganz wesentlich die Gefahr erhöht, daß beliebige Vorkommnisse oder Versäumnisse als erhebliche Verletzung von Verpflichtungen ausgegeben und als Vorwand für militärische Aktionen mißbraucht werden. Die USA jedenfalls sehen sie als Instrument im BUSH-Krieg.

Dem Irak blieb trotzdem gar nichts anderes übrig, als der Resolution zuzustimmen. Eine Ablehnung, selbst der Versuch, über Einzelheiten der Resolution zu verhandeln, würde den USA nur sofort als Vorwand für den geplanten Angriffskrieg gedient haben.

Gewollte Ungenauigkeit

Eines der Mittel zur Zuspitzung der Situation ist die Einführung des Begriffs der ›erheblichen Verletzung‹ (*material breach*). Derartige Verletzungen werden für Vergangenheit und Gegenwart schon einmal vorsorglich festgestellt. (Operativer Absatz 1, im folgenden OA.). Angedroht werden als weitere ›erhebliche Verletzung‹ jede falsche Angabe oder Auslassung sowie jegliches Versäumnis des Iraks, die Resolution zu befolgen oder bei ihrer Durchführung uneingeschränkt zu kooperieren (OA. 4). Ein weites Feld für amerikanische Interpretationen.

Jede solche ›erhebliche Verletzung‹ – von wem immer berichtet – führt zum sofortigen Zusammentritt des Sicherheitsrats, »um über die Situation und die Notwendigkeit der vollinhaltlichen Befolgung aller einschlägigen Ratsresolutionen (und das sind viele) zu beraten, um den Weltfrieden und die internationale Sicherheit zu gewährleisten«. (OA. 12)

Es wird so getan, als wäre jede Verletzung von Verpflichtungen aus einer der zahlreichen Irak-Resolutionen eine Bedrohung des Friedens. Angedroht werden »ernsthafte Konsequenzen« (OA. 13). Das ist eine beliebig auslegbare politische Formulierung. Sie dient als Ersatzformel für die Androhung von Sanktionen. In der UN-Charta gibt es diesen Begriff nicht. Ihn mit Sanktionen, ökonomischen oder militärischen, nach Kapitel VII, gleichzusetzen wäre eine Verletzung der Charta, weil diese keine ernsthaften Konsequenzen bei erheblichen Verletzungen völkerrechtlicher Verpflichtungen kennt.

Das alles ist darauf angelegt, den Eindruck zu erwecken, als habe der Sicherheitsrat festgestellt, daß der Irak eine Bedrohung für den Weltfrieden ist, als genüge die Verletzung einer Verpflichtung, selbst wenn es sich um eine »erhebliche Verletzung« handeln sollte, militärische Sanktionen zu beschließen. Dafür aber gibt es in der UN-Charta keine Grundlage. Der Sicherheitsrat ist nicht berechtigt, die Einhaltung völkerrechtlicher Verpflichtungen mit ökonomischen oder militärischen Sanktionen durchzusetzen. Diese Mittel der Charta stehen ihm nur für die Abwendung einer Bedrohung oder Verletzung des Friedens zur Verfügung. Wenn die Medien jetzt allgemein den Eindruck erwecken, als würde eine Verletzung von Berichts- oder anderen Verpflichtungen aus der Resolution 1441 den Einsatz militärischer Mittel rechtfertigen, so bedienen sie die amerikanischen Kriegsvorbereitungen. Ein Erfolg der französischen Intervention besteht gerade darin, daß die Resolution keine Feststellung enthält, daß vom Irak eine Bedrohung des Friedens ausgeht.

Im Zentrum der Resolution 1441 steht die Einführung eines verschärften Abrüstungs- und Kontrollmechanismus (OA. 2–7). Von einer auch nur zeitweiligen Aussetzung des für die Zivilbevölkerung verheerenden Handelsembargos ist im Gegensatz zur Resolution 1284 nicht mehr die Rede. Auch an die Feststellung der Resolution 687, daß man sich der Bedrohung bewußt ist, die alle Massenvernichtungswaffen (nicht nur die des Iraks) für den Frieden und die Sicherheit im

Nahen Osten darstellen, wird nicht mehr erinnert, ebenso nicht an die Notwendigkeit, eine Zone frei von Massenvernichtungswaffen im Nahen Osten zu schaffen.

Neue Verpflichtungen für den Irak

Es werden neue Verpflichtungen für den Irak eingeführt. So erstreckt sich die Berichtspflicht jetzt nicht nur auf die Programme, sondern auf »alle Aspekte seiner Programme zur Entwicklung von Massenvernichtungswaffen«, was immer »alle Aspekte« sind. Es ist nicht mehr vom Verbot ballistischer Raketen mit einer Reichweite von mehr als 150 Kilometern die Rede, sondern von ballistischen Flugkörpern und anderen Trägersystemen, wie unbemannten Luftfahrzeugen und Ausbringungssystemen (OA. 3). Zusätzlich zu Komponenten und Subkomponenten werden »Agenzien und dazugehöriges Material« erfaßt, wo immer die Grenzen liegen. Selbst der Vorsitzende der Inspektionsgruppe, Hans BLIX, hielt es für unwahrscheinlich, daß ein so umfassender Bericht innerhalb von 30 Tagen akkurat und vollständig zusammengestellt werden kann.

Die UN-Kontrollorgane können nicht nur jedermann an einem beliebigen Ort verhören, sondern auch nach ihrem Ermessen Befragungen innerhalb und außerhalb des Iraks durchführen und die Ausreise der Befragten und ihrer Angehörigen erzwingen (OA. 5). Anzunehmen, daß damit ein breites Tor für Spionage und die systematische Abwerbung von Spitzenkräften eröffnet wird, ist keineswegs abwegig. Es sei nur an den Mißbrauch der UNSCOM durch die CIA erinnert.

Schließlich wird die Resolution 1154 (1998), die das Übereinkommen zwischen der UN und dem Irak über Inspektionen in Bereichen der Präsidentenpaläste regelte, einseitig aufgehoben. Sie sollen jetzt zu den gleichen Bedingungen wie andere Stätten zugänglich sein (OA. 7, 3).

Die Sicherheit der Inspektoren soll durch eine ausreichende Zahl von Sicherheitskräften der UN gewährleistet werden (OA. 7,5). Weder auf die Anzahl dieser Kräfte noch auf deren Zusammensetzung hat der Irak irgendeinen Einfluß. Nur bezahlen darf er sie, wie den ganzen übrigen Kontrollapparat auch. Bewußt im dunkeln bleiben auch die Grenzen des Rechts der Kontrollorgane, ganze Gebiete zu »geschlossenen Zonen« zu erklären, in denen der Irak alle Bewegungen in der Luft und am Boden einstellen muß (OA. 7,6).

. Diese Beispiele mögen genügen, um zu zeigen, daß die weitere Verschärfung des ohnehin strengen Abrüstungs- und Kontrollsystems durch die Resolution 1441 mit ihren vagen Begriffen und offenen Kompetenzen beliebig neuen Konfliktstoff geschaffen hat. Das System ist so demütigend wie möglich ausgestaltet, nahezu unzumutbar für einen Staat, dem versichert wird, daß seine Souveränität geachtet wird. Es wurden keinerlei Sicherheiten für den Irak erörtert oder gar beschlossen, um einen erneuten Mißbrauch des Kontrollsystems für amerikanische Militärspionage auszuschließen, obgleich das angesichts der Erfahrungen mit UNSCOM und der offenen Ankündigung eines Angriffskrieges gegen den Irak als vertrauensbildende Maßnahme dringlich notwendig gewesen wäre.

Die Resolution 1441 komplizierte die Gesamtsituation auch dadurch, daß sie nicht nur einen verschärften Abrüstungsmechanismus einführt, sondern diesen mit einer Reihe anderer Teile der Irak-Resolutionen verbindet, was die Möglichkeiten für Streitfälle und Komplikationen vervielfältigt. Dazu gehört zum Beispiel, daß in der Präambel zum ersten Mal im Zusammenhang mit Abrüstungsresolutionen und im Rahmen des Kapitels VII auf die Resolution 688 (1991) hingewiesen und deren Verletzung gerügt wird (OA. 1 und 9). Damit werden nicht nur die ethnischen und religiösen Spannungen mit Kurden und Schiiten im Irak instrumentalisiert, sondern auch der Versuch unternommen, vergangene und zukünftige Militäraktionen der USA in diesem Bereich mit dem Segen der UN zu versehen. Schließlich hat die Resolution des US-Kongresses vom Oktober 2002 BUSH ermächtigt, auch Militär einzusetzen,»um die Ziele der Resolution 688 zu realisieren«.

Ein anderer Versuch, die andauernden Bombardierungen des Iraks durch die USA und Großbritannien abzusegnen, findet sich im Absatz 4 der Präambel. Dort wird so getan, als bezöge sich die Autorisierung der Resolution 678 (1990), militärische Gewalt anzuwenden, nicht nur auf die Befreiung Kuwaits (Resolution 661, 1990), sondern auch auf alle danach ergangenen Irak-Resolutionen. Das widerspricht ganz offensichtlich dem Wortlaut und der Zielsetzung der Resolution 687 (1991), kommt aber den amerikanischen Interessen zur Rechtfertigung ihrer einseitigen militärischen Aktionen gegen den Irak sehr entgegen.

Besonders gefährlich ist die Formulierung im Präambelabsatz 10, die anglo-amerikanischen Theorien dient, daß jeder Staat berechtigt sei, bei einer»erheblichen Verletzung« des Waffenstillstandes durch den Irak die Feindseligkeiten wieder aufzunehmen. Das würde auch jedes erneute Reagieren des Sicherheitsrats überflüssig machen. Eine solche Interpretation wird erreicht, indem der Eindruck erweckt wird, als»sei der Waffenstillstand nur bedingt eingetreten, nämlich abhängig davon« (*be based on*),»daß der Irak die Bestimmungen der genannten Resolution. . . akzeptiert«. Jede erhebliche Verletzung der Bestimmungen würde die Verbindlichkeit der Einstellung der Feindseligkeiten aufheben.

In der Resolution 687 (1991) aber wird der Waffenstillstand gegründet auf die offizielle Notifikation der Annahme der Resolution durch den Irak an den Generalsekretär und den Sicherheitsrat (OA. 33), und nicht auf eine zukünftig festzustellende Erfüllung der Bestimmungen der Resolution 687. Hier wird der Text der Resolution 687 durch die Resolution 1441 geradezu verfälscht. Diese läßt im Unterschied zur Resolution 686 (Abs. 4) eben keinen Raum für die Wiederaufnahme militärischer Aktionen. Die Absurdität der Theorien, daß eine Verletzung der Resolution 687 zur Wiederaufnahme der Feindseligkeiten berechtige, wurde bereits 1998 von Thomas FRANCK, einem der bekanntesten amerikanischen Völkerrechtler, nachdrücklich unterstrichen. Er erklärte: Wenn man nach all dem, was nach Beendigung der Feindseligkeiten unter UN-Aufsicht im Irak geschehen sei, noch behaupten wolle, daß die UN nicht das Heft in der Hand habe und daß noch immer unter Berufung auf die Resolution 678 jedes Mitglied der Vereinten Nationen volle Freiheit habe, jederzeit militärische Gewalt gegen den Irak anzuwenden, sobald es der Meinung sei, es liege eine Verletzung der durch die Resolution 687 gestellten Bedingungen vor, so würde das das gesamte UN-System zum Narren machen.

Die Resolution 1441 mit dem provokativ verschärften Abrüstungs- und Kontrollsystem, dessen Text voller gewollter Ungenauigkeiten (»*constructive ambiguities*«) ist, mit seiner Konstruktion »erheblicher Verletzungen« beliebiger Irak-Resolutionen, den Bemühungen, die ständigen Bombardierungen des Iraks zu rechtfertigen, und der unbestimmten Drohung mit ernsthaften Konsequenzen läßt viele Wege zum Mißbrauch offen. Es bedarf großer Wachsamkeit und des gebündelten Einsatzes aller Friedenskräfte, wenn sie zu einem Instrument zur Erhaltung des Friedens werden soll. Die Annahme der Resolution durch den Irak und der gute Wille, sie zu erfüllen, werden leider dazu nicht ausreichen.

Eine Botschaft an die Alliierten Amerikas[52]

Im Namen Allahs, des Barmherzigen und Allmächtigen
Frieden jenen, die seiner Botschaft folgen!

Der Weg zur Sicherheit beginnt, indem man die Unterdrückung aufhebt. Es ist gerecht, die anderen in gleicher Weise zu behandeln (wie sie uns behandeln). Was seit den beiden Anschlägen von New York und Washington geschah, wie die Ermordung der Deutschen in Tunesien und der Franzosen in Karachi, die Zerstörung des großen französischen Öltankers vor Jemen, die Tötung der Soldaten in Faylaka und die der Australier und Briten bei den Explosionen auf Bali und zuletzt die Operation in Moskau und all die anderen Operationen da und dort, all diese Operationen sind nichts als eine Reaktion und eine Gleichbehandlung, die von den Söhnen des Islam ausgeführt wurden, die aufstanden, um ihre Religion zu verteidigen und den Befehlen Allahs (swt) und seines Propheten (swt) zu gehorchen.

Was Bush, der Pharao dieser Tage, tut, ist die Ermordung unserer Kinder im Irak, und was Israel, der Verbündete Amerikas tut, ist die Bombardierung ziviler Häuser in Palästina, zusammen mit ihren Bewohnern, Frauen und Kindern, mit amerikanischen Flugzeugen, und es genügte den einsichtigeren eurer Führer, sich von dieser verbrecherischen Bande (der amerikanischen und israelischen Regierung) fernzuhalten.

Unser palästinensisches Volk wird seit nahezu einem Jahrhundert getötet und der schlimmsten Folter unterworfen. Als wir also unsere Brüder in Palästina verteidigten, wurde die ganze Welt in Bewegung gesetzt und eine Allianz gegen die Muslime unter falscher Flagge, gegen den sogenannten Terror zu kämpfen, gebildet.

Was ist denn mit euren Regierungen los? Warum verbünden sie

---

[52] Nicht nur aus ethischen Erwägungen, sondern auch aus Gründen logischer Überlegung lehnen wir entschieden jede terroristische Tätigkeit ab, mag sie von kleinen Gruppen, von weithin vernetzten Fanatikern oder von etablierten und mächtigen Regierungen betrieben werden. Und besonders angesichts der nachdrücklichen Desinformation, deren Opfer wir alle sind, hielten wir es für wichtig, möglichst unmittelbar und umfassend die erreichbaren ›Originalaussagen‹ kennenzulernen. In diesem Sinne dokumentieren – und kommentieren – wir die folgenden Zeilen.
Die Anmerkung ist freilich auch nötig: Diese ›Original‹-Botschaft bin Ladens könnte wie viele angebliche von ihm, die der Sender Al-Jazeerah in Katar brachte, der Desinformation dienen: nämlich den Zusammenhang all der genannten Anschläge ›islamischen Terroristen‹ in die Schuhe zu schieben.
Zur Dokumentation: http://www.jihadunspun.net/articles/11122002-To.The.People.That.Are.Allied/index.html
Originalton: http://www.jihadunspun.net/articles/11122002-To.The.People.That.Are.Allied/popup.html November 12, 2002

sich mit der Verbrecherbande des Weißen Hauses gegen die Muslime? Wissen eure Regierungen nicht, daß die Verbrecherbande des Weißen Hauses aus den größten Massenmördern der Welt besteht? Nehmt zum Beispiel RUMSFELD, der ein Massenmörder in Vietnam war. Er tötete mehr als 2 Millionen Menschen, ohne die Massen der Verwundeten zu zählen. Und auf der anderen Seite findet ihr CHENEY und POWELL, die für die Zerstörung von Bagdad verantwortlich sind, die übertreffen, was der tatarische Tyrann HOLACO getan hat. Was ist also los mit euren Regierungen, daß sie sich mit Amerika verbünden, um Afghanistan anzugreifen? Insbesondere Britannien, Frankreich, Italien, Kanada, Deutschland und Australien.

Australien, das bereits gewarnt wurde, nicht an der Aggression gegen Afghanistan teilzunehmen, man denke nur an die Abscheu erregende Rolle bei der Teilung Osttimors (von Indonesien), ignorierte unsere Warnung, bis es beim Lärm der Explosionen in Bali aufwachte. Die ganze Zeit hatte die Regierung fälschlich behauptet, sie wäre kein Ziel.

Wenn es euch also berührt, eure und die eurer Verbündeten Männer in Tunesien, Karachi, Faylaka, Bali und Amman getötet zu sehen, so erinnert euch, daß täglich Kinder in Palästina und im Irak getötet werden, und erinnert euch unserer Menschen, die in der Moschee von Khost, und der Menschen, die in Afghanistan anläßlich einer Hochzeitsfeier getötet wurden. Wenn ihr mit Schrecken die getöteten Menschen in Moskau seht, dann denkt daran, daß ihr unsere Leute in Tschetschenien getötet habt.

Soll Angst, Getötet-werden, Zerstörung, Vertreibung, Verwaisung und Witwenstand auf uns beschränkt, während Stabilität, Sicherheit und Glück euch vorbehalten bleiben? Das ist eine ungerechte Zuteilung. Die Zeit, diese Dinge in gleicher Weise zu teilen, ist gekommen. So wie ihr werden wir getötet. Und so wie ihr werden wir bombardiert. Seid darauf gefaßt, dieselbe angenehme Ordnung zu bekommen, die für euch schlecht ist.

Mit Hilfe Allahs hat die treue Jugend der islamischen Nation (Ummah) begonnen, auf euch zu feuern, die Allah gelobte, den heiligen Krieg mit Worten und dem Schwert bis zum letzten Blutstropfen zu kämpfen, um die Wahrheit zu verteidigen und die Lüge auszutilgen.

Schließlich bitte ich Allah um seine Hilfe, damit wir Seine Religion verteidigen und den Weg des Dschihad zu Seiner Ehre fortsetzen können, daß dann, wenn wir Ihn sehen, er mit uns zufrieden ist. Er ist der Einzige, dies zu ermöglichen, und es ist unsere letzte demütige Bitte, daß alle Ehre Allah, dem Herrn des Weltalls, sei.

Abdullah Osama BIN LADEN

Anmerkung

Der Sender Al Jazeera, der plötzlich aus dem Nichts auftauchte, erstaunte gleich bei seinem ersten Auftreten mit ›heißen‹ Nachrichten. Das ist um so erstaunlicher, als ja in vielen Ländern der arabischen Halbinsel alles andere als Demokratie oder (Meinungs-) Freiheit herrscht. Eine regierende Oberschicht, die in der Regel von den Gnaden der USA abhängt, steht einem weitgehend politisch machtlosen Volk gegenüber. Nun, dieser Sender Al Jazeera ist im Scheichtum Katar ›zu Hause‹. Hier gehört *alles* dem ›regierenden‹ Scheich, und ein Sender sendet, was diesem gefällt. Wer oder was ist aber der Scheich von Katar? Ein Abhängiger von den USA oder von deren Gnaden ›Herrscher‹. Uns wurde erzählt (von Muslimen, die mit den lokalen Verhältnissen vertraut sind), daß dieser Sender in Wirklichkeit über *keine* technischen Einrichtungen verfüge und die aufgezeichneten Sendungen (in Studioqualität) direkt aus den USA geliefert würden.

Wenn also ausgerechnet von hier das jüngste ›Lebenszeichen‹ Osama BIN LADENs kommt und hiermit alle weltweiten Terroranschläge in der richtigen Reihenfolge aufgelistet werden, so hat dies einen Beigeschmack. Wenn dann die US- und *mainstream*-Medien berichten, »daß der CIA das Tonband noch auf ›Echtheit‹ untersuche«, so ahnen wir, daß es bald einen kanonisierten ›Beweis‹ geben wird: Osama BIN LADEN lebt – und sein Terrornetzwerk ist noch immer nicht besiegt. Dafür kann man die Vorwürfe, eine *»criminal gang«* (Verbrecherbande) zu sein, leicht in Kauf nehmen. Dieser Vorwurf aus dem Mund eines Terroristen fällt ohnedies auf diesen zurück. Wichtig war doch, die Verbindung und den Zusammenhang zwischen all diesen Ereignissen herzustellen.

Folglich müssen sich die USA noch mehr im Krieg gegen den Terror engagieren, insbesondere in einem Krieg gegen den Irak. Und die ›Verbündeten‹ natürlich auch. Zweifelnde Fragen sind Zeichen eines mangelnden Patriotismus, Kritik gar ist längst Hochverrat, ja Kumpanei mit den Terror.

Norman Finkelsteins Ansicht

FAZ-online 14. Okt. 2002; Interview: Norman FINKELSTEIN: »Die amerikanische Regierung ist außer Kontrolle«. . .

»*FAZ*: Beim Thema Irak sind die Deutschen mutiger. Wie beurteilen Sie die Weigerung des deutschen Bundeskanzlers, sich im Irak-Konflikt hinter George BUSH zu stellen?

N.F.: Es gibt ja in Wirklichkeit gar keinen Irak-Konflikt. Die Vereinigten Staaten machen sich vielmehr der größten Aggression seit der Nazi-Zeit schuldig, in totaler Verachtung des internationalen Rechts und aller internationalen Normen. Wir haben in den Vereinigten Staaten ein Gangster-Regime, das außer Kontrolle geraten ist. Jeder außerhalb Amerikas weiß das. . .

. . . Es gibt eine Menge krimineller Regime auf der Welt. Die meisten werden doch von den USA an der Macht gehalten. Nichts kümmert die US-Regierung weniger als die Frage, ob ein Regime kriminell ist. Die Frage ist doch nur, ob deren Verbrechen uns oder jemand anderem dienen. So lange sie unseren Interessen dienen, ist die Regierung damit sehr zufrieden.«

Inszenierter Terror – ein Vorwand?

Der 11. September – anderthalb Jahre danach betrachtet

Die Tatsachen

Nach anderthalb Jahren scheint die Analyse von H.-D. SANDER zum 11. September 2001 in den *Staatsbriefen*[52] immer noch die richtigen Schlüsse zu ziehen – wenn die Fakten so gewesen wären. Wir kommen darauf noch zurück. Allerdings sind die Schlüsse *trotzdem* richtig, die aus den fundamentalen Gegensätzen zwischen dem ›*American way of life*‹ und dem Islam oder dem Rest der Welt gezogen werden, weil diese geistige und politische Frontstellung natürlich besteht – und wie noch dargestellt – eine existentielle ist. Ebenfalls richtig sind alle Kritiken an der amerikanischen Form der Globalisierung, an dem Sich-Unterwerfen europäischer Staatsmänner usw.

Was berechtigt jedoch zur Annahme, daß das, was wir ja nur im Fernsehfilm ›als Zeugen‹ mit beobachteten, auch der Realität entsprach? Die Technik zur Herstellung einer ›*virtual reality*‹ wird heute perfekt beherrscht und ist längst zur Norm der Fernseh- und Filmunterhaltung geworden. Zur Unterhaltung oder nicht eher zur Konditionierung, um die Massen der Realität zu entwöhnen und ihnen statt dessen den ›*Cyber-Space*‹ zur eigentlichen ›Realität‹ werden zu lassen?

Woher wissen wir alle, daß die Flugzeuge ›gekapert‹ wurden? Man hat uns das erzählt, aber ob es wahr ist, wissen wir nicht, noch sind wir in der Lage, das auch nur zu überprüfen! »Danach wurde mitgeteilt, daß eine dritte Passagiermaschine einen Flügel des Pentagons verwüstete und eine vierte, die das Weiße Haus oder die Präsidentenmaschine rammen sollte, im Zuge eines Kampfes an Bord in Pennsylvania abstürzte.«[54] Es wurde mitgeteilt, aber gesehen haben wir das nicht; nicht einmal in der ›*virtual reality*‹. Die späteren Aufnahmen der Absturzstellen ließen nicht die geringsten Spuren von Wrackteilen der Flugzeuge erkennen. Und die ›Verwüstungen‹ an der WTC-Fassade vor dem Einsturz, am Pentagon oder die Löcher im Boden waren für einen Flugzeugabsturz ganz offensichtlich viel zu klein! Man könnte auch fragen, woher man wissen wollte, daß das Weiße Haus ein Ziel gewesen sein sollte oder gar die Präsidentenmaschine. Diese hat ja nun nicht einmal einen festen, noch weniger einen bekannten Aufenthaltsort, weil ja kaum die Flugrouten und -zeiten wie bei Linienmaschinen plakatiert werden dürften – vom Treffen eines

---

[53] H.-D. SANDER, »Dixit Dominus«, in: *Staatsbriefe* Nr. 9–10/2001, S. 1 f.
[54] Ebenda.

fliegenden Zieles mit einer etwa gleich schnellen und nicht wie eine Fernlenkrakete mit automatischem Zielsuchsystem ausgestatteten Verkehrsmaschine ganz abgesehen.

Es wurde auch die musterhafte Präzision und die artefaktische Vollendung der Anschläge gerühmt und auf metaphysische Inbrunst der Piloten zurückgeführt. Das wäre die wohl wahrscheinlichste Erklärung dieses unerklärlichen Geschehens, wenn die Flugzeuge von Piloten gesteuert worden wären. Kurz darauf erfuhr man, daß die heute im Normalfall ohnedies längst automatisch und computergesteuerten Verkehrsmaschinen auch von bisher nur dem Militär zugänglichen Systemen ferngesteuert, gelandet und gestartet werden könnten, bei völliger Ausschaltung (und Überbrückung) manueller Eingriffsmöglichkeiten durch Piloten. Eine punktgenaue Ortung – als Vorbedingung für einen exakten Zielanflug – ist über GPS, Satellitengesteuerte Positionierungssysteme viel eher – und eigentlich allein nur damit – möglich als mit auf Sicht gestützter Orientierung in einem faktisch unbekannten Luftraum (sowohl über New York/Manhattan als auch über Washington herrscht Flugverbot). Somit wäre die präzise Ansteuerung der WTC-Türme im Zusammenwirken von GPS-Daten mit einem Computerprogramm die weitaus plausiblere Erklärung als eine im Grunde nicht durchführbare vierfache, gleichzeitige Entführung und pannenfreie, unvorstellbar perfekte Steuerung durch – primitiv ausgebildete – angebliche Terroristen.

Wie ändert sich das Bild, wenn man beim Crash in die WTC-Türme eine optische Täuschung – vorläufig nur als Gedankenexperiment – annähme? Wäre das rein technisch überhaupt zu machen, und woran ließ sich eine solche Manipulation der Videofilme allenfalls erkennen?

Nun, technisch ist das überhaupt kein Problem. Wie schon erwähnt, werden heute ganze Filme mittels virtueller Realität gemacht. Die Akteure ›beamen‹ sich durch ›Time-Gates‹ (Zeitfenster) und verschwinden, als wären sie ins Wasser eingetaucht. Es bedarf dazu auch keiner Mitwirkung unübersehbarer Mitwisser: Einer allein wäre mit den selbst für Hobbyfilmer verfügbaren Programmen dazu in der Lage, solche digitalen Filme und Bilder zu erzeugen.

Die völlige Abschottung des Geländes, selbst für die eigentlich zuständige New Yorker Feuerwehr, und die Kontrolle der Aufräumungs- und ›Erhebungs‹arbeiten durch die F.E.M.A. und das FBI, die sofortige Vernichtung von allfälligem Beweismaterial (die Stahl- und Metallreste wurden sofort als Schrott verkauft und zum Einschmelzen nach Fernost verschifft) legen den Verdacht nahe, daß es um die Vertuschung eines Staatsverbrechens geht.

Die massiven Insider-Geschäfte, die merkwürdigen Zufälle der Opferbilanz sind eindeutige Hinweise auf Vorauswissen des Geschehens. Obwohl in den WTC-Türmen überwiegend Finanzorganisationen ihren Firmensitz hatten, gab es unter deren vorwiegend jüdischen Mitarbeitern kaum ein Opfer.[55] Die Analysen des wirtschaftlichen Zustandes der USA und der Welt, die Weltwährungs- und Derivat-Probleme in unvorstellbarem Ausmaß lassen die Inszenierung eines zweiten ›Pearl Harbor‹ durch Insider in den höchsten Stellen der Regierung und Finanzoligarchie vermuten. Die unmittelbar folgende Einschränkung der verfassungsmäßigen Rechte der Amerikaner, gepaart mit einem gleichen Verlangen – unter massivstem Druck der USA – bei allen ›westlichen Ländern‹ und ›Verbündeten‹, beweisen, daß damit Vorbereitungen für umfassende diktatorische Maßnahmen getroffen werden, um das zu erwartende Chaos nach einem Zusammenbruch der Weltwirtschaft oder bei einer offensichtlich auf einen Weltkrieg zutreibenden Lage noch beherrschen zu können.

Derartige Überlegungen schienen so ungeheuerlich, daß sie meist ins Reich der Phantasie geschoben werden, und jene, die gestützt auf solche Indizien die Lage analysieren, werden regelmäßig als ›Verschwörungstheoretiker‹ lächerlich gemacht. Solch gigantische Verbrechen schienen einfach unvorstellbar. Nun zeigt sich aber, daß die ohnedies nicht glaubwürdigen Parolen vom ›Krieg gegen den Terror‹ oder von ›*unlimited justice*‹ (grenzenlose Gerechtigkeit) nicht die einzigen oder größten Lügen waren.

---

[55] Es gab Schätzungen aufgrund statistischer Überlegungen, denen zufolge die ›Quote‹ der jüdischen Opfer etwa ein Drittel Tote ausmachen müßte. Die Gesamtzahl und die Statistik ist dem vorläufigen Bericht vom 18. April des *City's Health Department* über die »demographischen Daten der WTC-Opferzahlen« entnommen. Der Bericht basiert auf 2617 Todeserklärungen, die für die Opfer bis zum 25. Januar ausgestellt wurden, einschließlich der Opfer in den Flugzeugen. Damit dürften mehr als 90 Prozent der Gesamtzahl der Opfer erfaßt worden sein. Trotz der großen Zahl an Opfern, die natürlich eine Tragödie darstellt, ist die Zahl vergleichsweise niedrig, wenn man bedenkt, wie hoch die Zahl der im WTC arbeitenden Menschen war: Es hieß bis zu 40 000. In dieser Zahl von 2617 Todesopfern sind die getöteten Feuerwehrleute (343) und die Passagiere der UA 175 (66) und AA 11 (76), ferner 10 angebliche Terroristen enthalten, so daß die Zahl der WTC-Opfer noch kleiner ist.
Daneben gibt es aber noch andere Widersprüche in den Zahlen. Der Bericht des Gesundheitsministeriums erwähnt nur den Flug UA 175 mit 66 Toten, läßt aber den zweiten AA 11 aus. Einer von CNN noch am selben Tag des Crashs publizierten Liste zufolge sieht es aber so aus: UA 175 hatte 47 + 5 und AA 11 76 + 5 Passagiere und Flugzeugentführer an Bord. Von den angeblichen Entführern dieser beiden Flugzeuge, die das FBI namentlich identifiziert haben will, befinden sich vier in ihren Heimatländern, und zwar quicklebendig, einige haben sich gegen die Anschuldigungen durch US-Behörden mit Protesten gewehrt.

Die nachprüfbaren und hier vorgelegten Fakten liegen so, daß die Hypothese eines lange geplanten, absichtsvollen, technisch und medial mit größtem Aufwand durchgeführten Betrugs als plausibelste übrig bleibt, um diese bis ins kleinste Detail vorbereiteten Anschläge vom 11. September zu ›erklären‹.

Wie, wollen wir zeigen. Die hier skizzierten Ungereimtheiten zeigen schon mehr als deutlich, daß die Vorgänge nicht so gewesen sein können, wie die US-Regierung und die amerikanischen *(mainstream-)* Medien behaupten. Zu viele Widersprüche und Ungereimtheiten tun sich auf. Was bei unserer ersten Analyse vornehmlich aufgrund der ökonomischen Lage geschlossen wurde, bleibt auch heute unverändert aufrechterhalten, ja, die weitere Entwicklung hat alle Überlegungen nur bestätigt und bestärkt. Aber das sind ›nur‹ Indizien für mögliche Motive, ein Herausfiltern jener Interessierten, die von diesen Anschlägen einen Nutzen haben könnten. Was wir uns hier vorgenommen haben, ist nicht mehr und nicht weniger, als anhand der von allen Fernsehkanälen in die ganze Welt gesendeten Videofilme und -bilder nachzuweisen, daß diese nur eine *virtual reality* zeigten: konkret, daß *kein* Flugzeug in irgendeines der angeblich durch den Crash mit einer Boeing zum Einsturz gebrachten Gebäude in Wirklichkeit hineingeflogen ist.

Die spätere Analyse der *stehenden* Bilder, deren zeitliche Abfolge und die *echten* auf ihnen festgehaltenen Details, die ja während der ›Explosion‹/Sprengung, beim Brand und in dem eine gewisse Zeitspanne dauernden Zusammensturz auf Videobildern in zeitlicher Abfolge fixiert wurden, lassen jenseits jeden Zweifels nachweisen, daß kein reales Flugzeug a. in der Luft war, b. für die später sichtbar gewordenen Zerstörungen an den Fassaden der Gebäude in Betracht kommen kann und c. für die weit über die beiden WTC-Türme hinausgehenden Einstürze von einem Dutzend anderer Gebäude die Ursache sein konnte.

Im Anhang sind einige besonders kennzeichnende Bilder genau analysiert und die Schlüsse auch für einen Nichtfachmann ohne weiteres nachzuvollziehen. Im übrigen erkennt man auch den Verlauf der Sprengung der WTC-Türme an den späteren – zusätzlichen – Explosionswolken, die nicht mit der offiziellen Kollapstheorie oder dem Brand erklärt werden könnten.

Das bedeutet, daß jene von einem Millionen-Publikum ›selbst gesehenen Bilder‹ eine *Fälschung* waren. Die richtigen Explosionen, der Brand und schließlich der mit einer – ganz unbegreiflichen – riesigen Staubwolke erfolgende Kollaps waren natürlich echte Ereignisse. In diese Bilder – fast perfekt – hineinkopiert, sieht man eine eher unscharfe Aufnahme eines Flugzeugs (Begründung: es sei dies ja ein Amateurvideo gewesen), das im nächsten Augenblick im WTC verschwindet und eine Explosion auslöst. Die optische Täuschung ist scheinbar perfekt, und das dann lange beobachtbare Ergebnis (der Brand als Folge der Explosion) legt geradezu zwingend den ›Ursache-Wirkungs-Schluß‹ nahe.

Da dies auch die immer wieder getrommelten Erklärungen waren, glaubt es schließlich die ganze Welt. Die dazu erfundenen ›*stories*‹ über ›entführte Flugzeuge‹ sind plausibel, da nichts Ungewöhnliches, denn dies passiert ja alle Augenblicke. Die ebenfalls dazu mitgeteilten Flugnummern, Zeiten, Typen, ja sogar die Zahl der Passagiere (ziemlich wenige merkwürdigerweise, bei sonst in aller Regel – aus Kostengründen – überbuchten Inlandsflügen!) reichern alles mit ›konkreten Details‹ an, das Ganze wird schließlich zur ›Wahrheit‹.

Toll ist zwar die Geschichte vom Telefonat mit dem Handy aus der vierten Maschine, auch die Räuberpistole vom Kampf an Bord – mit den mit ›Plastikmessern‹ bewaffneten ›Entführern‹ –, der schließlich zum Absturz in Pennsylvania geführt haben soll. Alle Welt glaubt, daß wirklich Flugzeuge danach abgingen und Familien über die beim Absturz ums Leben gekommenen Toten trauerten.

Aber wer kann darüber eine endgültige Aussage machen? Wem geht wirklich wer ab? Nichts ist einfacher, als eine Liste von Namen aufzuschreiben (wie die sich bald als Fälschung erweisende ›Liste der Attentäter‹, von denen etliche in Ägypten leben!); kein Mensch ist in der Lage, sie zu kontrollieren, ob es diese Namen überhaupt gibt, und noch weniger, ob sie mit dem behaupteten Ereignis zusammenhängen.

Diese völlig unüberprüfbaren ›Tatsachen‹ werden geglaubt, aber es sind nur Ausschmückungen einer Geschichte, die solche Details braucht, damit sie ›echt‹ klingt. Wenn erst einmal klar ist, daß wir es hier mit einer der größten Fälschungen zu tun haben, dann ist ja auch einsichtig, daß sich solche ›Details‹ von langer Hand vorbereiten lassen, eben wie das Drehbuch zu einem Film wie »*Independence-Day*«, bei dem ja gerade derartig phantastische Ereignisse auch stattfinden. Manchmal fragt man sich, ob solche Filme nicht etwas Analoges sind wie Manöver oder Sandkasten-Übungen für die Militärs als Vorbereitung auf den Ernstfall.

Bereits kurz nach den Anschlägen kamen ja auch Einsprüche von Statikern gegen die Flugzeugkollision als Einsturzursache der WTC-Türme. Jene Fachleute, die sich diesbezüglich öffentlich äußerten, widerriefen allerdings ihre Gutachten – offensichtlich auf massivsten Druck, wenn nicht Drohung, hin.

Die Frage stellt sich also: Was hat die Welt, und vor allem wir in Europa und Deutschland, von einem Staat – den USA – zu erwarten, in dem derartige Ereignisse möglich und Mittel der Politik geworden sind?

Wer und was steckt also hinter den Anschlägen?

Wenn man sich fragt, was denn die Motive für solche Anschläge sein könnten, und nicht von vornherein die Täter bei arabischen Terroristen festgelegt, sondern dies auch als ein zweites, von den USA selbst inszeniertes ›Pearl Harbor‹ gedanklich als Möglichkeit einbezieht, dann sieht die Sache ganz anders aus.

1. Es gibt hinreichende Motive: die kollabierende US-Wirtschaft und das auf dem Dollar, also ›*fiat money*‹, gründende, vor dem Zusammenbruch stehende Weltwährungssystem.[56]

2. Es besteht ein steigender Energiebedarf der USA und des ›Restes der Welt‹, bei knapper werdenden Vorräten, die sich zudem nicht in unmittelbarer Reichweite der USA befinden.

3. Es gibt zahlreiche Vorbilder dafür, mittels ›*fabricated events*‹ (erzeugte Ereignisse) den Lauf der Dinge zu beeinflussen.[57]

4. Nur amerikanische Attentäter verfügen über die technischen, organisatorischen und institutionellen Mittel, die vor allem für islamische Täter oder die Al-Qaida bei einem derartig komplexen Attentat völlig auszuschließen sind.

---

[56] Etwa *on-line* Zeitung *Kalaschnikow* vom 10. 8. 2002; »Angriffskrieg als Ordnungsprinzip« von Clemens RONNEFELDT, Referent für Friedensfragen beim deutschen Zweig des Internationalen Versöhnungsbundes.
»Hinter der anglo-amerikanischen Militärpolitik steht die anglo-amerikanische Wirtschaftspolitik... Am 17. 7. 2002 veröffentlichte die *Los Angeles Times* Auszüge aus den neuesten Richtlinien zur Verteidigungsplanung *(Defense Planning Guidance)* für die Jahre 2004–2009. Bisher gingen die US-Militärplanungen davon aus, zwei große Kriege an unterschiedlichen Orten gleichzeitig führen zu können, mit dem neuen Dokument wird erstmals betont, an jedem Ort der Welt »die Initiative zu ergreifen« und mit »nichterwarteten Angriffen« Gegner künftig zu überraschen. Die Geschwindigkeit, mit der die US-Führung künftige Angriffskriege als neue Art der Ordnungspolitik umsetzt, scheint derzeit Freunde (falls – von Tony BLAIR einmal abgesehen – überhaupt noch vorhanden) wie Feinde gleichermaßen zu überraschen und zu lähmen.«
[57] Die USA drohen inzwischen ihrem ›Freund‹ – Saudi-Arabien –, dessen Ölfelder zu beschlagnahmen. Siehe *IHT* vom 7. 8. 2002, »*U.S. advisors see Saudis as enemies*« (US-Berater sehen Saudis als Feinde). Saudi-Arabien, Feind der Vereinigten Staaten: Es hat Ähnlichkeit mit dem Beginn des 1. Golfkrieges, als Saddam HUSSEIN von Freund zum Feind wurde.
Das bedeutet eine grundlegende Neuorientierung der US-Politik in dieser Region. Es zeichnet sich ab, daß eine engere Kontrolle des langjährigen Verbündeten Saudi-Arabien beabsichtigt ist. Die schon lange sich abzeichnenden Spannungen mit Kronprinz ABDULLAH

5. Die Durchführung als ein Vorhaben der totalen Desinformation, jedoch gestützt auf einige von einem Millionen-Publikum scheinbar gleichzeitig mitverfolgte *echte* Geschehnisse (die WTC-Türme und das Pentagon sind tatsächlich ganz oder teilweise zerstört worden), erzeugt die geglaubte Wahrheit, weil das Ergebnis ja nicht wegzuleugnen ist und die Einsicht in die wirklichen und äußerst komplexen Zusammenhänge den Milliarden Laien auf der ganzen Welt weder bekannt noch bewußt ist.

Die Lage ist heute durchaus mit früheren Krisen vergleichbar: Der Erste und Zweite Weltkrieg hatten nicht gereicht, die am Deutschen Idealismus orientierte Auffassung von Politik und des ›sittlichen Staates‹ völlig auszulöschen, um damit den Weg zur imperialen, kapitalistischen Weltbeherrschung frei zu machen. Die Zerstörung Europas – und Deutschlands als souveräner Macht – war nicht genug. Ein Dritter Durchgang scheint der Anonyma nötig, um die Neue Weltordnung (NWO) weltweit durchzusetzen.

Es ist sogar die Frage, ob die Zerrüttung der US- und der japanischen Wirtschaft, des Weltwährungssystems eine nur ›zufällige‹, sich aus den inneren ›Gesetzmäßigkeiten des kapitalistischen Systems‹ notwendig ergebende oder – da doch die Folgen ihres bisherigen Handelns den Verantwortlichen klar sein müssen – *eine absichtlich herbeigeführte Weltkrise* ist, dies ähnlich wie 1929 – einer Krise von solchen Ausmaßen, daß ein Dritter Weltkrieg die letzte Entscheidung bringen soll. Hier, wie in den beiden früheren großen Kriegen, muß

---

gefährden Washingtons Kontrollanspruch und den US-Brückenkopf am Persischen Golf. Diese Konflikte ließen Riad drohen, die zur Beherrschung der Golfregion unverzichtbaren US-Militärbasen zu schließen (»*Saudis May Soon Ask U.S. Military to Leave*« (Saudis könnten bald den Abzug des US-Militärs verlangen), IHT, 19./20. 1. 2002.). Die US-Regierung beabsichtigt offenbar mit einem Krieg gegen den Irak, ihren Anspruch als Ordnungsmacht zu festigen und die Länder der Region zu disziplinieren. Wie weit die Pläne reichen, zeigt ein Briefing vor dem *Defense Policy Board* (Verteidigungsrat, ein einflußreiches Beratungsgremium des Pentagon, dem unter anderen Richard Perle, Henry Kissinger, James Schlesinger, Dan Quayle und Newt Gingrich angehören). Hier wurde Saudi-Arabien offen als Feind der Vereinigten Staaten bezeichnet und empfohlen, den Saudis ein Ultimatum zu stellen: Beendigung des ›Unterstützung des Terrorismus‹, andernfalls die USA die Besetzung ihrer Ölfelder androhten.

Dies deckt sich mit Meldungen aus Moskau: »Wir werden mit dem Irak beginnen«, Übersetzung (G.R.) eines Geheimprotokolls über vertrauliche Gespräche russischer und US-Politiker, das sich im Besitz der MN - *МОСКОВСКИЕ НОВОСТИ (Moskauer Neuigkeiten,* 5. 5. 2002, E-mail: info@mn.ru) befinden soll. »Das ist die Hauptsache, aber: Rußland und die USA haben das gemeinsame Interesse, Rußland zum hauptsächlichen Öllieferanten der Welt zu machen. Es gibt keinen Grund, warum Rußland nicht als der wichtigste Spieler am Ölmarkt auch im Iran und Irak emporwachsen könnte. Wir möchten, daß Rußland als Öllieferant mit Saudi-Arabien gleichzieht. Es ist Saudi-Arabien, und nicht Rußland, das uns Probleme bereitet.«

auch diesmal das Vorgehen ›moralisch‹ gerechtfertigt werden, der künftige ›Schuldige‹ bereits unzweifelhaft für die Welt feststehen. Man lenkt von den Ursachen – Zusammenbruch von Wirtschaft und Währung, der sozialen Rückständigkeit der Dritten Welt als Folge der kapitalistischen Globalisierung (= deren Ausbeutung) – ab, weil damit unmittelbar die Gründe solch eines Weltkrieges und *die wahren Urheber* sichtbar wären. Man erklärt, daß sich die (US-)Wirtschaft wieder erholt habe, sie eigentlich robust sei, und lügt und fälscht, und das entgegen allem millionenfach am eigenen Leib erlebten, wirtschaftlichen Niedergang. Zugleich instrumentalisiert man einen ›*clash of civilizations*‹ (Zusammenstoß der Kulturen) – welch klug aufgebaute, geradezu ›unvermeidliche‹, fast griechisch-klassische ›Tragödie‹ bahnt sich hier an – und läßt angeblichen ›islamischen Terroristen‹ ein nie dagewesenes Verbrechen vor den Augen der ganzen Welt durchführen. Man kann nun ganz ungeniert alle logistischen, psychologischen und militärischen Kriegsmaßnahmen treffen und die – ja wissenden oder wenigstens ahnenden, aber unwilligen – Vasallen als die ausführenden Kriegs›freiwilligen‹ mobilisieren (= zwingen).

Das wäre also der Plan. Aber diesmal hat er einige entscheidende Haken. Das Manöver wie das verbrecherische Ziel sind zu durchsichtig, die wahren Urheber lassen sich identifizieren (und in ihrer Überheblichkeit haben sich die USA auch nicht geniert, ihre Absichten oft und oft auch in allen Details vorzulegen: Kissinger, Huntington, Brzezinski . . .).

Und vor allem: Amerikanische Politiker oder Emissäre haben, anders als Präsident Wilson im Ersten Weltkrieg oder der US-Undersecretary des Außenministeriums, Sumner Welles, im Zweiten, keine Glaubwürdigkeit oder moralische Autorität mehr, mit der sie die Völker der Welt täuschen und in die Falle locken könnten. Nicht einmal die Heloten der US-Supermacht, die deutsche politische Klasse, schweigt mehr. Andreas von Bülow hat ohne Umschweife gesagt, was hier – in New York und Washington – vorgegangen ist. Hunderttausende korrespondieren im Internet über die wahren Ursachen und Vorfälle um den 11. September oder über das, was sich in Israel, Afghanistan, Kosovo usw. tut und tat und in welchem weltpolitischen Zusammenhang dies steht.

Es ist auch zu bezweifeln, daß sich heute die russische Führung nochmals zu Handlangerdiensten für die Weltherrschaftspläne der Finanzoligarchen der USA, wie es die Sowjetunion vor dem und während des Zweiten Weltkriegs tat, hergeben wird. Dafür fehlen Rußland heute die weltrevolutionären, kommunistischen Absichten (und vor allem die Möglichkeiten), die ja eine Strategie Stalins sinnvoll erscheinen ließen, nämlich zu fördern, daß sich die kapitalistischen, westlichen Länder durch Krieg bis zur Erschöpfung gegenseitig aufreiben, um dann als lachender Dritter mit geringstem Aufwand als Sieger die Schlachtfelder zu verlassen.[58] Von China, Indien oder dem Iran ganz zu schweigen.[59]

Daß man aber an der islamischen Welt den Hebel angesetzt hat, könnte daran liegen, daß sie von den US-›Eliten‹ als das schwächste Glied angesehen wird, das am leichtesten zu brechen sein würde, womit die für die USA so nötigen Potentiale – Öl und Gas – zumindest nicht in die Waagschale der wahren Allianz gegen den Terror, nämlich des Rests der Welt gegen die USA und deren tributpflichtigen Trabanten, schließlich fallen würden.

Aber der Plan dürfte nicht mehr aufgehen, denn die genannten Länder und Mächte wissen, daß es auch ihr Existenzkampf sein wird. Daß sie sich also freiwillig auf der falschen Seite einordnen lassen, ist höchstunwahrscheinlich. Die USA stehen isoliert da.

Virtual Reality

Wer glaubt, daß die Bilder, die wir ›auf der Bühne‹ oder im Fernsehen zu sehen bekommen, die eigentlichen Ereignisse darstellen, ist naiv. Warum können viele Menschen nicht erkennen, daß das Vordergründige meist *nicht* die ganze oder auch nur die wesentliche Erklärung für politische, ökonomische, historische Prozesse ist? Ist es Trägheit, darüber nicht nachdenken zu wollen? Oder Unwissenheit? Oder aus Angst geborene Vogel-Strauß-Politik? Oder Selbstbeschwichtigung, weil man zu profitieren glaubt?

Wenn manche *scheinbare* Ursachen viel gewaltigere Wirkungen zeitigen, als man von ihnen eigentlich erwarten würde, sollte man durchaus an unserem Blick auf verborgene Kräfte denken. Man sollte sich auch fragen, ob manche sichtbare Ursache überhaupt die *Erstursache* ist, ob es nicht vielmehr unsichtbare, verschleierte gibt, die sich

---

[58] Diese Absicht STALINS mißlang letzten Endes, wie der Zusammenbruch der Sowjetunion 1991 zeigte, und es waren schließlich die USA, die mit dieser Strategie zum Erben des British Empire wurden.

[59] Die erfolgreiche Gegenwehr auf den Finanz- und Währungsangriff 1997 gegen die asiatischen ›Tigerstaaten‹ durch George SOROS oder die kompromißlose Niederschlagung des als ›Studenten‹-Aufstand am Platz des Himmlischen Friedens in Peking von den US-Geheimdiensten inszenierten Versuchs zur Destabilisierung Chinas vor 11 Jahren, der den USA bis zum Ausbruch völlig verborgen gebliebene persische Umsturz durch KHOMEINI, mit dem das US-hörige und korrupte Regime des Schahs von Persien gestürzt wurde, u. v. a. m. zeigen, daß die USA hier Gegner haben, die die Zusammenhänge erkennen und wirkungsvoll reagieren können.

zur Tarnung des Scheins bedienen, als wäre nur *der sichtbare Grund allein* für ein Geschehen verantwortlich. Es ist der Ausspruch des englischen Premiers DISRAELI überliefert:»Die Welt wird von ganz anderen Personen regiert, als diejenigen glauben, deren Blick nicht bis hinter die Kulissen reicht.«[60] DISRAELI hat zweifellos gewußt, wovon er sprach.

Wenn man außerdem bedenkt, daß man wirtschaftliche oder gesellschaftliche Prozesse dann am stärksten beeinflussen kann, wenn dies indirekt geschieht, daß Macht dann am sichersten wirkt, wenn sie sich nicht genötigt sieht, direkte Machtmittel einzusetzen, oder wenn sie eingesetzt werden, man dafür andere Motive und Urheber verantwortlich machen kann, dann sollte man eben diese verborgenen Wirkzusammenhänge gerade im Politischen und Wirtschaftlichen vermuten. Die modernen Management- und Führungstheorien wissen das inzwischen, aber auch in noch traditionell eingestellten Ländern wie China oder Japan galt es als kriegsentscheidend, wenn der Kriegsherr *als unbeweglicher Beweger* sich *nicht* von der Stelle rührte oder gar selbst eingriff.[61]

Auch die Werbung macht von diesem Wissen Gebrauch, indem sie unbewußt manipuliert oder konditioniert. Der Einzelne merkt das meist nicht, aber die Arrangeure dieser Konzepte haben ein klares Bewußtsein und völlig klare Ziele, die sie auf mittelbarem Weg um so sicherer zu erreichen versuchen – und auch erreichen.

»Die dritte Dimension. . . der Geschichte muß also als ›hinter-den-Kulissen‹ gedacht werden, wo klare Intelligenzen wirken.«[62] Carl SCHMITT bezeichnete sie als »indirekte Mächte«, die anonym aus dem Verborgenen handeln, ohne Verantwortung zu übernehmen und ohne verantwortlich gemacht werden zu können.

Die Frage, die sich also stellt, wenn wir unerhörten Ereignissen gegenüberstehen, lautet:»Was sind die inneren Antriebskräfte für dieses Geschehen?« Welche Motive gibt es dafür? Wem nützt es? Bei der Aufklärung eines Verbrechens geht die Polizei nach solchen Überlegungen vor und kann damit den Kreis der Verdächtigen meist so weit einschränken, daß sie die Alibis der verbleibenden dann systematisch überprüfen kann und den Täter meist auch findet.

Bei einem weltpolitischen und -geschichtlichen Ereignis, wie es die Terrorakte vom 11. September 2001 darstellen, ist es grundsätzlich nicht anders. Die Motive sind freilich viel komplexer, und die Beurteilung hängt vom politischen, philosophischen, religiösen Standpunkt

---

[60] Zitiert nach Julius EVOLA. Der Ausspruch DISRAELIS findet sich in seinem Roman *Sybill*.
[61] SUN TSU, *Die Kunst des Krieges*.
[62] Julius Evola, *Menschen inmitten von Ruinen*, Hohenrain, Tübingen 1991, S. 318.

ab. Wenn die USA vom ›*American way of life*‹ sprechen, der eine materialistische und, aus abendländischer Sicht, auch eine völlig traditionslose, ahistorische Seinsweise darstellt, dann kommen natürlich als Urgrund und -motiv politischer und wirtschaftlicher Handlungen auch weltanschaulich-philosophisch-religiöse Triebkräfte in Betracht. Wir wollen auch hierauf einen Blick werfen.

Omen[63]

New York Times, 2. Februar 2003:»Man würde es als Fiktion für ganz unwahrscheinlich halten, geradezu als Verdrehung der Namensgebung, daß ein Flugzeug, mit Oberst Ilan RAMON von der israelischen Luftwaffe an Bord, gerade über einer Stadt im östlichen Texas mit dem Namen Palästina auseinanderbrach.«

Omen, gute wie schlechte, sind uns wie Lichtstrahlen gesandt, um auf dem Meer der Probleme navigieren zu können, sagte der bekannte Portugiese Paulo COELHO. Weise und erfolgreiche Männer sind immer auf Ausschau nach weisenden Zeichen und handeln dementsprechend.

Wer immer Zeichen ignorierte, hatte meist danach Grund, dies zu bedauern. Der Pharao zur Zeit des Exodus glaubte nicht an Zeichen und starb im Meer. Die Juden ignorierten die schrecklichen Zeichen bei der Kreuzigung und lachten nur die ganze Zeit, bis ihr Königreich vierzig Jahre später unterging.

Aber Zeichen und Seher sind bekanntlich zweideutig. Es geschieht nicht häufig, daß wir ein klares und eindeutiges Zeichen bekommen. Es geschah, wenn überhaupt je, vor ein paar Tagen, als das Space-Shuttle Columbia, dieses fortschrittlichste Flugzeug des amerikanischen Imperiums, das stolz einen *Israeli* an Bord hatte, über einer kleinen *texanischen Stadt mit dem Namen Palästina auseinanderbrach*. Die Israeli versuchten, die merkwürdige und unmögliche Koinzidenz wegzuschieben und zu vergessen, wie es ihre Vorfahren versuchten, den zerrissenen Vorhang des Tempels zu vergessen, aber vergeblich. . .

Es ist dies ein Omen, daß Palästina der Stolperstein der Juden bleiben wird.

Die Katastrophe der Columbia ist nicht das erste Zeichen. Die Attacken der ›Stahl-Vögel‹ am 11. 9. war ein Zeichen dafür, daß Israels Einfluß auf die Wall Street und das Pentagon für Amerika Unglück

---

[63] Auszug aus *OMEN* von Israel SHAMIR, die er kürzlich als Notiz verfaßte. Israel SHAMIR ist ein israelischer Journalist, der in Jaffa lebt. Seine Artikel können auf der Web-Seite www.israelshamir.net gefunden werden.

bringen wird. Aus diesem Grund ist es ganz gleichgültig, ›wer es war‹, noch hat es irgendeine Bedeutung, aus welchem Grund die Columbia zerbarst, weil solche Ereignisse ihre symbolische Bedeutung haben.

Metaphysisches

Bei einer Erörterung über die »Steuerung der Weltagenda«[64] kamen Lothar GASSMANN[65] und dessen Bibel-Zitat und Exegese über die »Vier Reiche« in bezug auf heutige Ereignisse zur Sprache. Von manchen wurde dies als offensichtlicher Gegensatz zu »Fakten, Fakten, Fakten« gesehen, indem man von »detailreichen Ausführungen und *mystischem Licht*« zugleich als Charakteristikum des oben erwähnten Vortrages sprach.

Die Exegese zahlreicher Bibelstellen, die die »Erfüllung der Zeit« anzeigen, deutet auf eine *neue Weltordnung des falschen Friedens*. In Daniel 2 und 7 sowie Offenbarung 13 und 17 finden sich Hinweise auf endzeitliche Ereignisse. Bei Daniel ist von vier aufeinanderfolgenden Reichen die Rede; die Ausleger deuten diese als: das *babylonische* (625–538), das *medo-persische* (538–331) und das *griechisch-hellenistische* Weltreich. Das vierte wird als *Rom* seit 168 v. Chr. gedeutet. Es zerfällt in Ost- und Westrom, und das wiedererstandene teilt sich in 10 Staaten (die zehn Hörner in der Offenbarung 17,12) – in die damals 10 Mitglieder der EU.

Die Deutung GASSMANNs ist differenzierter: Das *vierte Reich* ist das *imperialistische* Reich, das die anderen Länder frißt. Es durchläuft fünf Phasen:

1. das geeinte Stadium: das *Römische Reich,*

2. das zweigeteilte Reich – Ost- und Westrom –, das mit 1989 endet!

3. das Weltherrschaftsstadium mit der ›*Neuen Weltordnung*‹,

4. die *zehn Reiche als* »*Verwaltungsbezirke*« zur besseren Überwachung und Überschaubarkeit und

5. das *Antichrist-Stadium.* Der Antichrist tritt schon im Zehn-Reiche-Stadium auf, vernichtet drei und unterwirft die sieben seiner antichristlichen Herrschaft.

Die zehn Reiche könnten sein: 1. USA und Kanada, 2. EU, 3. Japan, 4. Israel, Südafrika und Australien, 5. Comecon-Staaten, 6. lateinamerikanische Freihandels-Zone, 7. Arabische Liga, 8. OAU, 9. nichtkom-

---

[64] Vortrag des Autors bei den Bogenhausener Gesprächen in München im Februar 2000.
[65] *Zukunft Zeit Zeichen*, TELOS Taschenbuch 77802.

munistische Staaten Asiens und des Südpazifik, 10. China und das kommunistische Asien. Die Vorstufen dazu: die EG, die OPEC, die AKP-Staaten, die ASEAN. Aber ohne Gott ist dies nur der *zweite Turmbau zu Babel.* Gott wird dann sein Gericht über die Menschheit für ihr ›Sein-wollen-wie-Gott‹ halten. Dieser Friede – die *Pax Americana* – hat keinen Bestand.

Es ist ja bemerkenswert, wie klar dieser Fortschritt in Richtung der ›Einen Welt‹ festzustellen ist, mit der heutigen Auflösung der Souveränität der Staaten. Die jüngsten Opfer heißen Jugoslawien, Afghanistan, Argentinien, aber selbst in Europa sind die EU-Mitglieder Opfer dieser Auflösung. Vor kurzem die Agenda 21 (Rio-Konferenz), die überstaatliche Rechte beansprucht. Der Gedanke der ›*Neuen Weltordnung*‹ stammt aus den Statuten freimaurerischer Geheimbünde, der Illuminaten, deren Gründer Adam WEISHAUPT, den Untergang der Fürsten und Nationen im 18. Jahrhundert schon vorhersagte.[66] Der Satz von der »Religion. . ., in der alle Menschen übereinstimmen « ist das Fundament der Freimaurerei geworden: *Novus Ordo Saeculorum*, wie auf der Ein-Dollarnote vermerkt.

Philosophisch-theologisches

Leopold ZIEGLERS nachfolgend auszugsweise zitierte Ausführungen[67] über »die Abfolge der Weltstufen und Weltalter bis zum hieratischen Nullpunkt« scheinen wie für diese Zeit geschrieben und ebenfalls genau passend zu sein, zu einem Zeitpunkt, da auch wir auf diese Prozesse im politischen und wirtschaftlichen Geschehen hinweisen möchten. Sehen wir sie uns an:

»Anscheinend gilt nämlich auch von der Erlösung, was hier gesagt ward über den Erlöser. Auch sie vollendet sich in ihrem strengsten Begriffe nicht innerhalb des Ringes der Weltalter, sondern außerhalb

---

[66] Das setzte sich auch später fort: Faksimilie-Ausgabe der englischen Zeitschrift *Truth* (Wahrheit) von 1890 mit diesem Artikel »*Des Kaisers Traum*«. Er schildert den kommenden Krieg, die Zerstörung Deutschlands, die Überwindung der Monarchien und das »Heraufleuchten« der demokratischen Republiken, die Flucht des Kaisers ins Ausland und die Abführung der Herrscher Rußlands, Bulgariens usw., und auf der beigefügten Karte ist Rußland als Wüste eingezeichnet, Frankreich am Rhein, Deutschland in viele ›Republiken‹ zerteilt. . .
Nach Lektüre dieses Heftchens fragt man sich, was wohl der Zweck der damaligen Publikation gewesen sein könnte. Es ist ja fast ein Vierteljahrhundert noch bis zum Ausbruch des Ersten Weltkrieges und 28 Jahre bis zur Zerstörung Österreich-Ungarns, aber auch der Deutschen Monarchie und über ein halbes Jahrhundert bis zum völligen Untergang des Deutschen Reiches, und mehr als ein Jahrhundert sollte es noch dauern, bis nach der scheinbaren ›Befreiung‹ Rußlands dieses erst recht in die Wüste verwandelt sein würde, die es auf der Karte von 1890 in *The Truth* schon darstellt. S. Abb. im Anhang.
[67] Leopold ZIEGLER, *Überlieferung*, Kap. »Buch des Mythos«, S. 302.

und jenseits seiner. Verlegt doch just die Kreislauf- und Jenseitslehre der orientalischen Religionen das Ereignis der Erlösung eschatologisch ans ›Ende der Welt‹, beansprucht doch just sie die Schraube der aufwärts strebenden (abwärtsstrebenden?) Äonen bloß zu einer innerzeitlichen Vorbereitung der ›ewigen Erlösung‹. Unaufhaltsam ›fallen‹ die Weltstufen und Weltalter aus der Gottesmitte, unaufhaltsam verschlechtert und böst sich die Zeit – und dieses entropische Geschehen kann durch die äonische Selbstüberwindung des Ewigen Menschen zwar aufgehalten, in seinem schicksalhaften Ausgang aber unter keinen Umständen vermieden werden. Mit dem gleichen Augenblick, da das vierte und eiserne Weltalter die Herrschaft und die Gründung des ›Gegenreiches‹ bringt; mit dem Augenblick, da die Entgöttlichung der Völker vollendete Tatsache geworden ist und die Schöpfung sozusagen ihren hieratischen Nullpunkt erreicht hat; mit dem Augenblick, da der geschaffene und gefallene Mensch nur noch sich selbst schamlos vergötzt, die heiligen Überlieferungen außer Kraft setzt, die Selbstbezeugungen Gottes in den Wind schlägt und seine Selbstoffenbarung mit Füßen tritt: mit diesem Augenblick, der freilich im eigentlichen Sinn kein ›Augenblick‹ mehr ist, ist auch die Ankunft des endgültigen Erlösers ›nahe hereingekommen‹ und mit ihr – das Reich.«

Das klingt sehr ähnlich einer Frage Alvaro D'Ors an Carl Schmitt, der im Christentum einen Aspekt für ein heutiges Geschichtsbild sieht: den des Reiches, das als aufhaltende Macht das Erscheinen des Antichristen verzögert. Alvaro D'Or fragt aber aus der Sicht des Christen, warum sie das Kommen des Antichristen, der nach den Worten der Heiligen Schrift dem ewigen Reich notwendig vorausgehen muß, aufhalten *wollen* sollten, indem sie das ›Reich‹ – den *kat-echon*, den ›Aufhalter‹ der Herrschaft des ›Fürsten der Welt‹ – verteidigten und damit aber auch das ewige Reich verzögerten?[68]

Wir stehen, wenn wir die tagtägliche Politik verfolgen, einem Trend gegenüber, der mit *One World*, Globalisierung, ›*global governance*‹, liberalem, entfesseltem Kapitalismus gekennzeichnet ist und dessen erster und mächtigster Repräsentant die Vereinigten Staaten sind. Dieselben Entwicklungen und Stufenfolgen beschreiben Philosophen und religiöse Offenbarungen oder Überlieferungen schon lange.

Wenn man solche geistes- und ideengeschichtlichen Bezüge herstellt, erntet man oft herbe Kritik; einmal, weil es den materialistischen und rationalistisch-aufgeklärten – und hedonistischen – Massen als ›Rückfall‹ in den reinen Aberglauben erscheint. Wohlmeinende sind der Ansicht, daß sich hier ›teleologische‹ Geschichtsexegese verber-

---

68 Alvaro D'Or, »Carl Schmitt in Compostela«, in: *Vierte Etappe*, hg. v. Heinz-Theo Homann, Bonn, September 1989, S. 60 ff.

ge; die jedoch ein fundamentaler Irrtum sei, denn einen vorbestimmten Ablauf der Geschichte gebe es nicht, und Ereignisse würden doch von in ihren Entscheidungen freien Persönlichkeiten ›gemacht‹. Außerdem seien so viele – von Einzelnen nicht kontrollierbare – Prozesse zugleich am Werk, daß auch Anhänger bestimmter Ideen es nie zuwege brächten, die Geschichte in ihrem Sinn zu manipulieren. Der letzte Einwand ist meist auch als Abwehr gegen sogenannte ›Verschwörungstheorien‹ gedacht, die man dann *zugleich* mit der Geschichtsteleologie – Gott als Herr der Geschichte – ›erledigt‹. Dem ist aber zu entgegnen: Für die Gläubigen *ist* Gott der Herr der Geschichte. Alle Religionen haben Gott als Anfangs- und Endpunkt, das irdische Dasein ist gewissermaßen nur Zwischenzeit, »bis sich die Zeit erfüllt hat«. Abgesehen von wenigen Jahrhunderten der jüngsten Geschichte – ein Wimperzucken in den bereits zurückgelegten Äonen –, waren vordem die Menschen ganz offensichtlich immer gläubig und ihr Handeln religiös bestimmt. Staatsdienst war Kultus, Kultus aber Religionsausübung und die Folge offenbar Geschichte.

Kann man es denn eine ›Verschwörung‹ nennen, wenn viele Menschen nach ihrer Religion – also in einer bestimmten Richtung – handeln? Und sind *diesen Einflüssen* nicht vor allem die Handelnden im Staat zuerst und aus Gründen der Staatskunst und der Staatsräson unterworfen?

Diese Vorbemerkungen sind nötig, um etwas von den tiefsten und eigentlichen Motiven zu verstehen, auf die wir unsere Überlegungen gründen. Im Sinne der Überführung jener für die Ereignisse des 11. September Verantwortlichen würde es genügen, die aktuellen und durchaus *sichtbaren* Vorgänge darzulegen. Diese liegen offenbar im materiellen Bereich, dem Wirtschafts- und Währungssystem. Jedoch wäre nur dies auch keine völlig befriedigende Erklärung als Motiv für derartig spektakuläre Anschläge, weil man ja auch hier fragen müßte: Warum ist das so und nicht anders?

Einige Gesichtspunkte unserer Hypothese

Wir möchten in folgender Weise unsere Hypothese aufbauen: Ohne Anspruch auf Vollständigkeit sollen

a. einige Aspekte amerikanischer Geistigkeit,
b. die Lage der amerikanischen Wirtschaft,
c. Grundlagen und Angelpunkte der US-Geopolitik,
d. ein paar Züge im ›großen Schachspiel‹ und
e. Folgerungen angesprochen werden.

Wir wollen mit einigen Thesen beginnen, die an Hand von Beispielen erklärt und begründet werden sollen.

Acht Thesen

Erstens: Die Globalisierung ist die extremste Form der materiellen und geistigen Zerstörung der Menschen und Völker, von Kulturen und sittlichen Grundlagen. Ihre Verfechter sind die Vereinigten Staaten von Amerika. Die beschönigende Behauptung, Globalisierung habe es in der Geschichte schon immer gegeben unter Hinweis auf den Welthandel Europas mit China oder dem Orient und antiken Weltreichen – etwa ALEXANDERS DES GROSSEN oder des römischen Imperiums – täuscht über die Dimension einerseits und die ›Qualität‹ andererseits der heutigen Prozesse und vor allem deren Folgen hinweg.

Zweitens: Die innere Ursache dieser Entwicklung ist nicht so sehr in den ungeheuer gestiegenen technischen Möglichkeiten begründet, sondern im Verlust der religiös-geistigen Grundlagen: »Gott ist tot!« – spätestens seit 1789 und der vermeintlichen Aufklärung.

Es sind zwei Aussagen aus der christlichen Welt – des Abendlandes und der Orthodoxie – sehr bezeichnend und unserer Ansicht nach zutreffend, weil sie *die* Antwort auf die vorstehende These sind und sie damit zugleich bestätigen: Der Papst bezeichnete die »Re-Evangelisierung« Europas als die wichtigste Aufgabe der Kirche, und die (gläubigen) orthodoxen Wissenschaftler und Denker in Rußland sind der Überzeugung, daß dem ›Dritten Rom‹ wegen seiner Bewahrung des orthodoxen (= *prawowernyj*, rechtgläubigen) Glaubens, die Rolle des ›Retters der Menschheit‹ zufallen werde.

Drittens: Die ideologische Antriebskraft der Globalisierung ist der anglo-amerikanische kapitalistische Liberalismus, in seiner heutigen bösartigen Form des Neoliberalismus. Als sich in Kontinentaleuropa mit Deutschland, auf der Transzendental-Philosophie – dem Deutschen Idealismus – aufbauend, ein auch politisch und wirtschaftlich erfolgreicher Gegenpol mit Anziehungskraft auf ganz Europa entwikkelte, war die Zerstörung Deutschlands eine beschlossene Sache.[69]

Viertens: Rußland war als kontinentale, nach Europa ausgerichtete Großmacht und vor allem nach dem wesentlich von Rußland erfochtenen Sieg über NAPOLEON Ziel der Zerstörung der ›westlichen Mäch-

---

[69] Das unerhörte Werk Hans GRIMMS *Warum, woher, aber wohin?* zeigt, daß schon in den neunziger Jahren des 19. Jahrhunderts von England aus die politischen Weichenstellungen zur Vernichtung Deutschlands getroffen wurden. Im Grunde war mit dem schnellen und überraschenden Sieg bei Sedan über Frankreich klar, daß das Deutsche Reich BISMARCKS die alte ›*balance of power*‹-Politik der maritimen Macht Englands bedrohte.

te‹, noch *vor* dem Deutschen Reich (unter preußischer Führung), das im Schatten Rußlands mächtig geworden ist und das, solange die deutsch-russischen Beziehungen[70] gut waren, auch Rußland ›deckte‹. Die schnelle Machtzunahme des Deutschen Reiches war wohl der Grund, daß seine Zerstörung der des russischen Reiches schließlich vorgezogen wurde. Sie war aber immer schon Teil des Kalküls der Westmächte das gesamte 20. Jahrhundert hindurch.

Fünftens: Der Erste und Zweite Weltkrieg wurden oft schon als ein zusammenhängendes Ereignis betrachtet – als ›dreißigjähriger Krieg‹ gegen Mitteleuropa (= Deutschland). Richtiger wäre es von einem ›hundertjährigen Krieg‹ zu sprechen, der auch nach dem angeblichen Ende des Kalten Krieges, den die USA gewonnen und Rußland verloren hat, nicht nur nicht zu Ende ist, sondern mit sich zuspitzender Schärfe eskaliert und die Dimension eines »Letzten Durchgangs« (wie es Wilhelm Bittorf im *Spiegel* schon 1984 formulierte!) angenommen hat. Was einmal als Einkreisung Deutschlands erschien, hat inzwischen eine bedeutsame – und längst auch sichtbare – Erweiterung in der Einkreisung Rußlands, einer ebenfalls kontinentalen und christlichen Macht, gefunden.

Sechstens: Die Lage hat Zbigniew Brzezinski in seinem Buch *Amerika, die einzige Weltmacht* genau geschildert: die Absichten und die anzuwendenden Strategien, auch wo die Angelpunkte des Weltgeschehens liegen und wie die jeweiligen Stoßrichtungen sind. Er hat aber eines nicht gesagt, daß Bäume nicht in den Himmel wachsen, sprich: daß die USA mit ihrer Finanz-, Währungs- und Wirtschaftspolitik auf einem selbstzerstörerischen Kurs sind. (Einiges wird dazu zu sagen sein.)

Siebtens: Diese Entwicklung kann nicht mehr als das geplante Ergebnis von einzelnen Mächtigen, Gruppen oder Organisationen verstanden werden, denn dazu reicht weder das CFR, noch die Bilderberger, noch ein gekaufter US-Präsident[71] aus. In diesem endzeitlichen Kampf und dem an die Vernichtung der Amelekiter erinnernden, das Böse schlechthin repräsentierenden Antrieb muß auch heute das tatsächliche Wirken der Macht des Bösen erkannt werden. Der »Zufall«[72] führt zu keinem so zielgerichteten Ergebnis, sondern nur zum »Wär-

---

[70] Johannes Barnick, *Deutsch-Russische Nachbarschaft*, Seewald, Stuttgart 1959. Seine Aussage ist auf einen einfachen Nenner gebracht: Waren diese Beziehungen gut, ging es Preußen/Deutschland gut, waren sie schlecht, ging es Deutschland schlecht.

[71] William Pfaff, »*The American Problem is Domination of Politics by Money*« (Das amerikanische Problem ist Herrschaft des Geldes über die Politik), in: *IHT* vom 24. 1. 2002.

[72] Synonyme: Evolution, Fortschritt, Markt, ›unsichtbare Hand‹, Entwicklung und ähnliche ›ewige Wahrworte‹.

metod«, der statistischen Nivellierung aller Unterschiede, und natürlich auch zu keiner Neuen Weltordnung. Dazu bedarf es ›konvergenter‹ Anstrengungen, eben jener des ›Fürsten der Welt‹, dessen Herrschaft anscheinend angebrochen ist. Seine Hauptstadt ist Washington oder New York, die Ostküste, seine Mittel der entfesselte Finanzkapitalismus mit ›fiat-money‹, die gewaltigste (und gewalttätigste) Militärmaschinerie, Führungskräfte, moderne Geheimdienste[73] und die Herrschaft über die Medien.

Achtens: Zwei andere Deutungen, die mit obiger nicht im Widerspruch stehen müssen, sind auch *denk*-würdig.

a. Der verstorbene Philosoph Johannes BARNICK interpretiert den Gang der (Menschheits-)Entwicklung gewissermaßen als eine notwendige. Er tut dies in Anlehnung an HEGEL, diesen aber übersteigend, indem er eine vierstufige Logik als Bewegungsgesetz postuliert, bei dem auf die »abendländische Kulturepoche« nach seiner Charakterisierung ein post-abendländisches Weltalter folgen wird.[74]

Wie sieht nach BARNICK ein post-abendländisches Zeitalter aus? Wie nach einer Apokalypse. BARNICK skizziert zwei Möglichkeiten: *Errichtung einer Weltdiktatur, um die Ressourcen zu beherrschen, bevor sie zur*

---

[73] Man denke an den Sprecher der Deutschen Bank, Alfred HERRHAUSEN, der Rußlands Schulden streichen und den Rubel an die DM binden wollte, was ihm trotz der zugegangenen Warnung, dem Jahre vorher eine an Dr. J. PONTO vorausging, zum Verhängnis wurde. Oder an den ersten Präsidenten der Treuhand, Detlew ROHWEDDER; beide wurden punktgenau herausgemordet. Man ließ dazu die ›RAF‹ wiedererstehen, einen Popanz, der lediglich verdeckte, wer in Wahrheit dahinter steckte. Siehe auch Fußnote 6: Thom SHANKER u. James RISEN, »*U.S. considering wide terror hunt*« (Die USA überlegen eine ausgedehnte Jagd auf Terroristen), in: *IHT* vom 13. 8. 2002, S. 1.
Nach Bekanntmachung in der *Financial Times* (20. 8. 1998), daß selbst UN-Generalsekretär Dag HAMMARSKJÖLD am 17. 9. 1961 von MI5 und CIA ›verunglückt‹ wurde, die damit an die amtierenden Politiker gerichtet war, wie die Schläge auf den Irak an die arabischen Anrainer, interessiert nicht mehr die nie endenwollende Aufklärung solcher ›Zwischenfälle‹, wie sie in der Jetztzeit 1898 mit der Explosion der ›Maine‹ im Hafen von Habana begann und sich mit dem russischen Reformer STOLYPIN, dem pazifistischen Sozialisten JAURÈS kurz vor dem Ersten Weltkrieg, mit Pearl Harbor, der Tonking Bucht, Pan Am über Lockerbie, Oklahoma, Rabin, TWA und Swissair fortsetzte, sondern lediglich das ›Wem nützt es‹! Dasselbe gilt auch für J. PONTO, Detlev ROHWEDDER, Sa CAMEIRO, König FAISAL, SADAT, KENNEDY, RATHENAU, LINCOLN, SAVONAROLA und BRUNO, um nur einige zu nennen.
Solange die Führer und Völker, ja auch die Führer dieser ›*One World*‹, diesen Zusammenhang nicht verstehen, wird die Vernichtung im Dienste Mammons bis zur Schau Karl MARX' weitergehen: In einem seiner Gedichte weiht er Luzifer den Thron auf einem Eisberg, von dem aus er die tote Schöpfung überschaut.

[74] Dies kann hier aber nicht näher ausgeführt werden; es sei auf sein Hauptwerk verwiesen. Johannes F. BARNICK, *Vom Sinn des Ganzen – Die Logik des Schicksals als Schlüssel zur nachabendländischen Weltzeit*. Dieses Werk ist ganz aktuell geworden, seit wir am Rande einer von den USA und Israel ausgelösten apokalyptischen Entwicklung stehen, deren bisheriger Verlauf sich geradezu als Bestätigung der Ableitungen aus dem genannten Werk ergibt.

Neige gegangen sind; oder, wenn vorher der Zusammenbruch der Ökonomie, der Chaos auslöst (und damit einhergehend eine unvorstellbare Dezimierung der Weltbevölkerung), stattfindet, dann würde
ebenfalls eine globale Diktatur als Folge dieser totalen Zerstörung der
heutigen Zivilisation entstehen, um die ›Reste‹ zu verwalten. Allfällige Überbleibsel der heutigen Zivilisation würden aber ohne Bedeutung sein, nicht einmal einfachste mechanische Geräte, wie Fahrräder, blieben übrig, und heutige Erkenntnisse würden ins völlige
Vergessen versinken. Allgemeine Bildung würde als überflüssig und
nicht mehr leistbar verschwinden, ja die Oberschicht würde sie als
Mittel zur Heranbildung potentieller Kritiker auch gar nicht mehr
zulassen. Nötig wäre Bildung ja nicht mehr, weil all jene technischen,
organisatorischen und dergleichen Strukturen, die der »Herrschaft der
Manager«[75] und Techniker unterlagen, nicht mehr existierten.

b. Der ebenfalls verstorbene Kybernetiker und Philosoph Gotthard
Günther sieht in der heutigen – aus Amerika kommenden –»Auflösung aller Dinge«[76], eine Übergangsperiode zwischen Äonen, die er
als »Amerikanische Apokalypse« beschreibt. Im Unterschied zu Barnick legt Günther aber die Überlegung nahe, ob es sich dabei nicht
um eine Weiter- oder gar »Höher«-entwicklung handeln könne, also
um einen Übergang von den Hochkulturen der 2. Stufe der Menschheitsentwicklung zu einer dritten.

Der schwerwiegende Unterschied zu den uns bekannten, begrenzten und verorteten Hochkulturen ist hierbei, daß diese neu anbrechende
Kulturstufe eine universale sein würde, womit freilich kein geringerer
Bruch mit der gegenwärtigen europäisch geprägten Zivilisationskultur
vor uns stünde als jener, der die paläolithische Kultur der ersten Stufe
überwand. Die von Günther dafür festgemachte Voraussetzung ist
eine von der Alten Welt als lächerlich und banal empfundene amerikanische Philosophie, die in ihrer Einfachheit auch kaum eine Verständigung mit den hochdifferenzierten Denkweisen erlaubt, die gerade die Hochkulturen der zweiten Stufe kennzeichnet. Wir kommen
darauf noch zurück.

Alle drei Erklärungen sind notwendig Hypothesen, unter deren gedanklicher Ordnung man die Entwicklungen analysieren kann und
sollte.

---

[75] Dies ist der symptomatische Titel eines 1942 – mitten im Krieg – veröffentlichten Buches
von James Burnham. Siehe die ausführliche Besprechung – oder besser gesagt Wiederentdeckung – in den *Staatsbriefen* 10/2001. Wir kommen an anderer Stelle noch darauf
zu sprechen.

[76] Titel eines bemerkenswerten Buches von H.-D. Sander, *Die Auflösung aller Dinge*, Castel
del Monte, Verlag Morsak, München o. J. (ca. 1988).

Die erste Erklärung stellt gewissermaßen die christliche (aber auch anderen Religionen eigene) Idee des Kampfes Gottes mit dem Antichristen dar, der heute in einer verzifferten, technisierten, materialistischen Welt, den USA, repräsentiert ist. Die zweite ließe sich noch am ehesten über Oswald SPENGLER charakterisieren, bei der eben in evolutionärer Weise der Gang der Geschichte, ähnlich wie im Leben des Menschen, abläuft: Kindheit, Jugend, Reife und Greisenalter; Tod und Wiedergeburt, wobei bei BARNICK das Ende – von unserem Standpunkt aus – apokalyptisch ist. Die dritte, auch gewissermaßen evolutionär erklärlich, stellt sich als das Fortschreiten zu ganz neuen, unter Umständen ›höheren‹ Formen der Kultur dar. Da dies, wie angedeutet, aber dennoch einen totalen Bruch mit der gegenwärtigen – abendländischen – Kultur und Geistestradition bedeutet, ist es nichtsdestoweniger ihr Tod, und damit auch der Tod des Abendlandes und des abendländischen Menschen, aber auch aller anderen heutigen Hochkulturen. Die Einebnung und Uniformierung aller Lebensbereiche ist ja längst weltweit im Gange und bei uns praktisch abgeschlossen.

Somit sind wir wieder bei der Frage nach den treibenden inneren Kräften angelangt: Gott als Herr der Geschichte und damit ihre teleologische Vorbestimmung, mit dem Jüngsten Gericht ihr endgültiges Ziel erreicht zu haben, oder ein »ewiger Kreislauf« von Werden und Vergehen, wobei aber das Neue, Werdende – anders als Friedrich NIETZSCHE dies ausdrückte – nicht die »ewige Wiederkehr des Gleichen« sein kann.

Es ist ja bemerkenswert, daß auch in den USA – siehe Francis FUKUYAMA – vom »Ende der Geschichte« gesprochen wurde, was man ja als das negative Spiegelbild der Parusie (Weltende) sehen könnte, womit die Vorstellung vom Kampf zwischen göttlichen Mächten und jenen des Bösen sogar von der diabolischen Seite ihre Bestätigung bekommt. Wenn wir dies erkennen, sind wir natürlich selbst vor die Entscheidung gestellt, wo wir stehen (*wollen*). Und dies bestimmt unter anderem auch unsere Haltung zur Politik gegenüber den USA, Rußland und der islamischen Welt. Das eine bezieht sich auf Gott, das andere auf Anschauungen, die die Biologie oder Evolutionslehre selbst als letzte Geltungsbasis, das Letzte, begreifen (wie der Materialismus in der Physik oder der Mathematismus in der Mathematik die letzte Geltungsinstanz hat). Das sind aber offenkundige Dogmatismen.

Seit dem eigentlichen Aufleben der biologischen Wissenschaften sind immer neben dem unmittelbaren Gotteserlebnis, wie wir es vielfach in den Religionen und in der Mystik vor uns haben, von wissenschaftlicher Seite Bestrebungen zu einer ›wissenschaftlichen‹ Auffassung dieser Probleme meist in biologischer Form nebenhergelaufen. Beide Bestrebungen standen sich fast immer feindlich gegenüber.

Züge im ›großen Schachspiel‹

Gewinnung und Behauptung der Vorherrschaft Amerikas

Brzezinskis Analyse

Zbigniew BRZEZINSKI schreibt in seinem Bestseller *Amerika, die einzige Weltmacht* über die Strategie zur Gewinnung und Behauptung der Vorherrschaft Amerikas. Er tut dies ganz ungeniert. Manchmal muß man allerdings seine Begriffe ›übersetzen‹. Wenn zum Beispiel von »Menschenrechten« oder »Demokratisierung« die Rede ist, bedeutet das im US-amerikanischen Zusammenhang immer die Anwendung des gefährlichsten Kriegsmittels, nämlich die Fabrizierung eines Vorwandes, um sich mit militärischer Gewalt oder jeder anderen Art der politischen Erpressung einzumischen.

ZBIGNIEW BRZEZINSKI. Der ehemalige Sicherheitsberater von US-Präsident J. CARTER, lehrt heute ›Amerikanische Außenpolitik‹ an der John Hopkins Universität in Baltimore und ist Berater am ›Zentrum für Strategische und Internationale Studien‹ (CSIS) in Washington D. C. Er ist Mitglied der Trilateralen Kommission, die er von 1973 bis 1976 leitete.

Das ist aber inzwischen ohnedies jedermann klar.

An anderen Stellen, etwa bei der Beschreibung des Zerfalls der Sowjetunion, analysiert BRZEZINSKI zutreffend die Bedeutung der »nationalen Unabhängigkeitsbewegungen«, zum Beispiel in Aserbaidschan oder Tschetschenien, deren »nationale Identität« auch, wie berichtet wird, mit Hilfe »westlicher Investoren« angeregt wurde. Übrigens kommt auf wenigen Seiten Tschetschenien mindestens zehnmal vor, womit schon die Häufigkeit der Erwähnung anzeigt, welche Rolle dieses Land bereits gespielt hat – und noch spielen wird: die Wiederholung des Falles ›Kosovo‹ (der dafür schon als Modellfall geplant wurde) in bezug auf Rußland; das bedeutet direkte amerikanische Einmischung mit der Begründung des ›Schutzes von Menschenrechten‹ und des ›internationalen Friedens‹.

Dabei hat Washingtons Neue Weltordnung nichts mit nationaler Identität oder souveränen Nationalstaaten zu schaffen, außer eben in jenen Phasen der Ausweitung der eigenen Macht (und bei gleichzeitiger Zerstörung jener des potentiellen Herausforderers). In diesen kurzen geschichtlichen Phasen unterstützen die USA selbstverständlich jene ›Nationen‹ (die meist gar keine sind oder je waren), die aber das Unglück haben, an einem der geopolitischen Dreh-

und Angelpunkte zu leben. Dann nämlich ›erfreuen‹ sich diese Gegenden und ihre Bewohner der besonderen Aufmerksamkeit der USA, was für diese bedeutet, daß sie *Objekte* der Politik geworden sind und sich ständiger Einmischung, Aufhetzung zu Kriegen oder Bürgerkriegen erfreuen dürfen und statt einer *eventuellen* bisherigen (natürlichen) Oberherrschaft durch das mächtigste Volk oder Land des Großraumes, einer *gewissen* der USA als imperialer Weltmacht unterworfen werden.

Da die USA als herrschendes Modell nur das ›ökonomische Kalkül‹ kennen, also den krassesten Materialismus, ist die diesen Ländern somit zugedachte Rolle die von (Arbeits-) Sklaven, etwa in den ›*maquiladoras*‹[77] Südamerikas, oder von Lieferanten von Commodity-Produkten, also Rohstoffen, insbesondere Öl für die industrialisierte Welt zu *billigsten* Preisen. Die Entwicklung dieser Länder oder gar die Anhebung des ›Wohlstandes‹ ist nur eine Parole, aber nicht Gegenstand ernsthafter Politik.

Brzezinski beschreibt die Ziele der USA völlig klar und ohne verschleiernde Rhetorik: Es geht um die Erhaltung der Vorherrschaft der USA über ihre Protektorate und tributpflichtigen Vasallen.[78] (Das sind nicht etwa die Begriffe des Autors, sondern Brzezinskis Originalton!) Natürlich geht es auch darum, zu verhindern, daß keine andere Macht in die Lage kommt, diese Vormacht herauszufordern.

Er beschreibt ganz genau, welches dafür die Bedingungen sind, nämlich die Beherrschung jener Brückenköpfe der eurasischen Landmasse, die die USA heute schon besitzen. Im Westen ist dies Westeuropa, in Asien Südvietnam, aber auch die japanische *Kolonie*.[79]

Alle Maßnahmen in Mittel- und Osteuropa nach dem Zusammenbruch der UdSSR (der eigentlich schon durch politische Maßnahmen der USA mit herbeigeführt wurde, man denke an das Wettrüsten und den damit verursachten wirtschaftlichen Zusammenbruch der UdSSR) dienen heute weniger – wenn überhaupt – der ›Demokratisierung‹

---

[77] Das sind Sonder-Produktionszonen, in denen jegliche Arbeits- und (sofern es diese überhaupt geben sollte) Sozialgesetze aufgehoben sind. Ja, es gilt hier nicht einmal die Verfassung des betreffenden Landes.
Die ›Fabriken‹ sind containerisiert, damit sie jederzeit weggeschafft werden können, sollte sich wider Erwarten die ›rechtliche‹ Lage zum Nachteil der ›Investoren‹ verändern. Weitestgehende Steuerfreiheit und die völlige Freiheit des Kapitalverkehrs sind selbstverständlich.

[78] Brzezinski, *Amerika, die einzige Weltmacht*, S. 41: ». . . ist der Geltungsbereich der heutigen Weltmacht Amerika einzigartig. . . Wie die folgende Karte zeigt, ist der gesamte (eurasische) Kontinent von amerikanischen Vasallen und tributpflichtigen Staaten übersät, von denen einige allzu gern noch fester an Washington gebunden wären.«

[79] Ebenda, S. 49: »Die bilateralen und militärischen Beziehungen binden die bedeutendste Wirtschaftsmacht Asiens an die USA, wobei Japan. . . im Grunde genommen ein amerikanisches Protektorat bleibt.«

oder den ›Menschenrechten‹, sondern *ausschließlich* den geopolitischen Zielen.

Es ist klar, daß im Westen (Europa) die »Einbindung«[80] Deutschlands nichts anderes bedeutet als seine Beherrschung als US-Vasall. Wie sehr diese Politik von ganz langer Hand angelegt ist, sieht man an der neuen Fesselung Deutschlands im sogenannten ›Weimarer Dreieck‹, also einer innerhalb der EU/NATO[81] besonderen Einbindung des wiedervereinigten Deutschlands in ein Mächte- und Interessen-Spannungsfeld von Frankreich und Polen einerseits und von Deutschland andererseits. BRZEZINSKI nennt auch den Grund offen: Frankreich ist zur ›Bändigung‹ Deutschlands allein nicht imstande. Nicht nur, daß die Deutschen sozusagen ›eingewickelt‹ sind, mit Polen haben die USA auch jeden denkbaren Versuch, mit Rußland zu einem Ausgleich zu kommen, wirksam hintertrieben.

Bedingungen der Vorherrschaft

Die »Hegemonie neuen Typs« ist – angeblich – nicht hierarchisch organisiert.[82] »Amerika steht im Mittelpunkt eines ineinandergreifenden Universums, in dem Macht durch dauerndes Verhandeln, im Dialog, durch Diffusion und im Streben nach offiziellem Konsens ausgeübt wird, selbst wenn diese Macht letztlich von einer einzigen Quelle, nämlich Washington, D. C., ausgeht. Das ist auch der Ort, wo sich der Machtpoker abspielt, und zwar nach amerikanischen Regeln.« Neue Weltordnung – NWO!

»Die Europäer (man könnte auch hinzufügen: die Japaner) konnten ihre gesellschaftlichen Strukturen und Volkswirtschaften wieder aufbauen und so integrieren, daß sie mit der *amerikanischen Vorherrschaft im Einklang* standen. . . Die Entwicklung dieses komplexen Sy-

---

[80] Ebenda, S. 45: »Aufgrund dieser innenpolitischen Faktoren (das sind negative Meinungsumfragen, der ›pluralistische‹ Charakter der US-Gesellschaft, die ›demokratische‹ Regierungsform) stellt Amerikas globales Ordnungssystem stärker auf die Methode der Einbindung ab (wie im Fall der *besiegten* [als was sie noch immer gelten!] Gegner Deutschland und Japan und in jüngster Zeit sogar Rußland) als die früheren Großmächte. Ebenso setzt es auf die indirekte Einflußnahme auf abhängige ausländische Eliten, derweil es aus der Anziehungskraft seiner demokratischen Prinzipien und Institutionen großen Nutzen zieht. Der massive, aber nicht greifbare Einfluß, den die USA durch die Beherrschung der weltweiten Kommunikationssysteme, der Unterhaltungsindustrie und der Massenkultur sowie durch die durchaus spürbare Schlagkraft seiner technologischen Überlegenheit und seiner weltweiten Militärpräsenz ausüben, verstärkt dieses Vorgehen noch.«

[81] Zur NATO merkt BRZEZINSKI an (ebenda, S. 48): Sie »bindet die produktivsten und einflußreichsten Staaten Europas an Amerika und verleiht den Vereinigten Staaten selbst in innereuropäischen Angelegenheiten eine wichtige Stimme«.

[82] Wenngleich im selben Satz BRZEZINSKI sagt:»selbst wenn sie von einer Stelle ausgeht!«

stems diente dazu, die Beziehungen der bedeutendsten westlichen Staaten zueinander zu *domestizieren*.«

Auch hier sagt BRZEZINSKI unverhohlen, daß die US-Vorherrschaft den Besitz gewisser Länder als Brückenköpfe erfordert. Würde sich zum Beispiel Japan dem US-amerikanischen Einfluß entziehen, so wäre die amerikanische Hegemonie in Asien für die USA nicht zu halten. Das gleiche gilt für Deutschland und Europa. Ohne Europa keine Herrschaft über Asien.»Amerikas zentrales geostrategisches Ziel in Europa läßt sich also ganz einfach zusammenfassen: durch eine glaubwürdige transatlantische Partnerschaft muß der Brückenkopf der USA auf dem europäischen Kontinent so gefestigt werden, daß ein wachsendes Europa ein brauchbares Sprungbrett werden kann, von dem aus sich eine internationale Ordnung der Demokratie und Zusammenarbeit nach Eurasien hinein ausbreiten läßt.«[83]

Insofern sind die USA die natürlichen Verfechter der EU auch im Sinne einer»politischen Union«. BRZEZINSKI hat ganz klar erkannt, daß Deutschland seine»Identität« in der Europäischen Union»gefunden habe«.[84] also zumindest (vorläufig) *aufgegeben* hat. Damit hat es vor-

---

[83] Wir möchten das ›übersetzen‹:»*Glaubwürdig*« meint, es muß sich um eine wirkliche Drohung handeln, die militärische Übermacht *zu sein* und diese Übermacht auch *einsetzen zu wollen.* Bezüglich der NATO-Osterweiterung sprach das ja auch Madeleine ALBRIGHT schon aus:»*we have the means and the will to use them*« (wir haben die Mittel und den Willen, sie zu gebrauchen). Partnerschaft ist laut BRZEZINSKI das Verhältnis von Hegemon und Protektorat, wie er dies Anfang Juli 1999 in Wien ausführte. Den Einwand des aufgeregten österreichischen Außenministers SCHÜSSEL, der sich über das Wort Protektorat mokierte und den Begriff ›Partnerschaft‹ betonte, wischte BRZEZINSKI höhnisch weg:»Wenn Ihnen das so lieber ist, sagen wir eben, daß das Protektorat (Europa) Partner der USA sei.«.»*brauchbar*« = die USA gebrauchen es bereits; es ist keine Frage der *potentiellen Möglichkeit!*»*Demokratie*«,»*Zusammenarbeit*« sind jene ›ewigen Wahrworte‹ und als solche die vorgeschobenen moralinsauren Gründe für jedwede Einmischung.»*ausbreiten*«: Auch hier geht es nicht um die Möglichkeit, sondern um das Faktum: Der europäische Brückenkopf ist bereits der Griff nach Asien.
Die verschiedenen Begriffe sind zum Teil nur andere Bezeichnungen für ›NATO‹, ›Protektorat Europa‹ oder ›Washingtons Neue Weltordnung‹, ›*global governance*‹ oder die Benennung des Objektes: Es geht um die Ressourcen Asiens.

[84] Natürlich weiß er, daß sich ein Volk niemals in einem solchen multiethnischen Potpourri auflösen kann und wird. Je mehr man es aber den Deutschen zumutet – und diese das noch selbst wollen (genauer gesagt: nur seine entlegitimierten politischen Funktionäre!), um so sicherer hat man sie unter Kontrolle. Da die Europäische Union keine wirklich handlungsfähigen Instanzen besitzt, ist Amerika natürlich auch immer unmittelbar ›involviert‹. Auch aus diesem Grund sieht und erklärt BRZEZINSKI (S. 49) die internationalen Organisationen – NATO, WTO, APEC usw. – zu Instrumenten der amerikanischen Machtpolitik.
»Als Teil des amerikanischen Systems muß außerdem das weltweite Netz von Sonderorganisationen, *allen voran* die internationalen Finanzinstitutionen, betrachtet werden. Offiziell vertreten der Internationale Währungsfond (IWF) und die Weltbank globale Interessen und tragen weltweite Verantwortung. In Wirklichkeit werden sie jedoch von den USA dominiert.«

läufig auch seinen eigenen Anspruch aufgegeben, eine seiner geopolitischen Lage und wirtschaftlichen sowie geistigen Tüchtigkeit entsprechende weltpolitische Rolle zu spielen. Er untersucht aber auch die Bedingungen für eine Weltmachtpolitik für die zusammengebrochene ehemalige Weltmacht Rußland. Hier sind dies einerseits jene Länder, die zum Kern (der Landmacht) zählten, wie die Ukraine, Weißrußland, Kasachstan. Eine weitere »Eigenständigkeit«, genauer: Abkehr der Ukraine würde Rußland jede Möglichkeit des Wiederaufstiegs verbauen. Was er aber als noch bedrohlicher als die fortschreitende Auflösung der GUS für die USA ansieht, wäre eine *politische Achse* mit den aufstrebenden Ländern wie China – diesmal unter dessen Führung. Eine *eurasische Landbrücke* gar wäre überhaupt das Ende der Vormachtstellung der USA. Was sich aus derartigen Einschätzungen ergibt, ist offenkundig: Solche Konstellationen dürfen nicht stattfinden, jeder Ansatz ist mit *allen Mitteln* zu verhindern.[85] Wir kommen später darauf zurück, wenn wir darstellen, in welch unerhörter Weise die Regierung PUTIN hier gerade solch eine Politik – höchst erfolgreich – verfolgte.

Insofern ist der kürzlich abgeschlossene Vertrag zwischen China, Rußland und dem Iran ein Alarmsignal erster Ordnung für die USA. Schon vor einiger Zeit, als der NATO-›Partner‹ Türkei einen Vertrag mit dem ›fundamentalistischen‹ Iran über die Wiedererrichtung einer Bahnverbindung zwischen beiden Ländern schloß, bezeichnete dies ALBRIGHT als »*that isn't good business*« (das ist gegen unsere Interessen gerichtet).

Die nahe Zukunft wird sicher zeigen, was von den verschiedenen Ereignissen der jüngsten Vergangenheit zu halten ist: der Krieg in Jugoslawien – angeblich wegen des Kosovo und der ›Menschenrechte‹ –, der Bau eines (Militär-) Flugplatzes in Turkmenistan[86] durch die USA, die Ausrufung der ›Souveränität‹ Taiwans und die Kriegsdrohungen Chinas, sollten sich ausländische Mächte hier einmischen und diese Statusveränderung anerkennen, die Grenzkonflikte zwischen Indien und Pakistan – hervorgerufen durch Taliban-Milizen, die den Afghanistan-Krieg gegen Rußland mit US-Unterstützung (!) gewon-

---

[85] Hier liegt einerseits einer der Gründe für den Jugoslawien-Krieg (die Verhinderung des Brückenschlusses zwischen Europa und dem Vorderen Orient bis nach Asien über das seit eh und je geostrategische Serbien) und andererseits das Bestreben der USA, Deutschland an jeder Neuorientierung nach dem Osten zu hindern, indem es in diesen Krieg hineingeritten wurde.

[86] Turkmenistan grenzt an das Kaspische Meer, ist aber kein direkter Anrainer der GUS/Rußlands mehr. Rußland kann hier keinen Einfluß mehr geltend machen, wenn die USA einen ›unsinkbaren Flugzeugträger‹ am Rande des russischen Reiches in Stellung bringen. Einkreisung?

nen haben, oder der Ausbruch (lange vor dem 11. September) von Kriegshandlungen in Tschetschenien.

Es sind aber auch bestimmte Prinzipien und deren reale Einschätzung bemerkenswert:»Die Bedeutung, die immer mehr Staaten einer geschriebenen Verfassung und dem Vorrang der Legislative gegenüber dem politischen Zweckdenken beimessen, stützt sich auf die Stärke des amerikanischen Konstitutionalismus, wie trügerisch auch immer dies in der Praxis ist.« BRZEZINSKI höhnt wohl, wenn er am Beispiel der ehemaligen kommunistischen Länder die nun beobachtbare»höhere Gewichtung des zivilen gegenüber dem militärischen Element« hervorhebt – als Vorbedingung für eine NATO-Mitgliedschaft –, weiß er doch um die damit verbundene Abhängigkeit dieser neuen Staaten. Er lobt auch den»Reiz, der von der amerikanischen Demokratie ausgeht«, der noch verstärkt wird,»durch die wachsende Zugkraft eines freien Unternehmertums, das auf unbeschränkten Welthandel und ungehinderten Wettbewerb setzt«.

Welche Rolle die»Demokratie« als ständigen Einmischungsgrund hat, haben wir schon dargestellt. Mit der Zugkraft des»freien Unternehmertums« wird freilich eine Fiktion beschworen, die seit dem Beginn des 20. Jahrhunderts nicht mehr existiert.[87] Die andere Zugkraft, der unbeschränkte Welthandel und Wettbewerb, stellt sich zunehmend als die eigentliche Ursache der Zerstörung der nationalen Volkswirtschaften heraus – und damit der Demontage der Souveränität der jeweiligen Länder.

Insofern hängt die Inszenierung dieser Begründungen der»Hegemonie neuen Typs« vollkommen mit der US-Politik und ihren innersten Antriebskräften zusammen – die wir freilich als *das Übel* schlechthin betrachten.

An Deutschland wird zum Beispiel die»Mitbestimmung« als Ursache des verlorengegangenen Schwunges kritisiert und das»rücksichtslose amerikanische Wirtschaftsmodell als Vorbild« hingestellt. Der Nachdruck, den die USA auf die Demokratie und die wirtschaftliche Entwicklung legen,»verbinde sich zu einer schlichten ideologischen Botschaft«:»Das Streben nach persönlichem Erfolg vergrößere

---

[87] Elmar WALTER, *Kapitalismus im Übergang*, 1963. WALTER beschreibt hier, daß es den»freien Unternehmer« längst nicht mehr gibt. Das Kapital ist anonym und kollektivistisch geworden; die Manager üben praktisch die Macht im Unternehmen aus, mit einem Pseudo-Eigentum, da sie ja nicht mit dem eigenen Vermögen für ihre unternehmerischen Entscheidungen einstehen müssen.
Die globalen Konzerne stellen selbstverständlich alles andere als »freies Unternehmertum« dar. Sie sind das genaue Gegenteil davon: Monopolisten und Marktbeherrscher, ja vielfach bereits die eigentlichen Kommandozentralen der staatlichen Gewalt.

die Freiheit.«[88] »Das sei der Nährboden einer unwiderstehlichen Mischung aus Idealismus und Egoismus.«[89]

Die wenigen Beispiele sollen den Leser aber aufrütteln, in welch dreister Weise *vor unseren* Augen unser ›Weg in die Knechtschaft‹ von BRZEZINSKI beschrieben und seit Jahrzehnten – diesmal anscheinend unumkehrbar – von den USA in Szene gesetzt wird. Was aber die Aussagen BRZEZINSKIS so bemerkenswert macht, ist die Tatsache der völligen Offenheit der Rede über die wahren Ziele der USA, die auch von uns ohne Einspruch hingenommene Analyse der Lage und die Einschätzung der Voraussetzungen, diese Ziele zu erreichen und zu befestigen, sowie deren Gefährdungen.

Unseren Politikern ist das selbstverständlich seit eh und je klar. Daß sie das aber zu verschleiern trachten, zeigt einerseits das Bewußtsein ihrer Delegitimation und die zutreffende Einschätzung, daß ihre Völker sie zum Teufel jagen würden, wäre dies nur allgemeiner bekannt, und es zeigt auch, daß sie – Verbrechern gleich – ihr Treiben im Verborgenen ausführen, weil sie im vollen Bewußtsein gegen die beschworenen Gesetze handeln.

Weitere Gesichtspunkte der Vorherrschaft

Daneben gibt es natürlich auch die übliche Rhetorik, die nicht wirklich etwas bedeutet, außer Camouflage (Tarnung) oder ›Konvention‹, in der öffentlichen oder veröffentlichten Diskussion gewisse Sachverhalte mit anderen Namen zu bezeichnen.[90] Bei der ungenierten Offenheit, ja Arroganz, bezüglich des scheinbar unbestreitbaren Anspruches der He-

---

[88] Das entspricht durchaus auch der amerikanischen Philosophie: ›materieller Wohlstand = Freiheit‹; wer sich zwei Autos kaufen kann, ist demnach ›freier‹.

[89] Es ist erstaunlich, was hier angeblich zusammenpaßt: Idealismus und Egoismus. Man kann sich vorstellen, was solche Mischungen tatsächlich produzieren.
Aber BRZEZINSKI verrät es ohnedies selbst: »Da der *American way of life* in aller Welt mehr und mehr Nachahmer findet, entsteht ein idealer Rahmen für die Ausübung der indirekten und *scheinbar konsensbestimmten Hegemonie* der Vereinigten Staaten.« (S. 48)

[90] Man kann das mit der Diplomatensprache vergleichen, wo formelhaft bestimmte immer wiederkehrende Sachverhalte umschrieben werden; oder mit ›Arbeitszeugnissen‹, in denen laut Gesetz keine negativen Beurteilungen enthalten sein dürfen. Die Personalleiter behalfen sich damit, daß etwa die Formel:»Er hat sich immer sehr bemüht« den Betreffenden als vollkommen unfähig ausweist.
Ein Beispiel ist die längst als Märchen entlarvte Version vom ›japanischen Überfall‹ auf Pearl Harbor.»Den Eintritt Amerikas in den Zweiten Weltkrieg unterstützte die amerikanische Öffentlichkeit hauptsächlich wegen der Schockwirkung, die der japanische Angriff. . . ausgelöst hatte.« (S. 45) Derartige Darstellungen (= Märchen) sind dennoch aufschlußreich, zeigen sie doch, wie die amerikanische (und jede!) Öffentlichkeit manipuliert wird.

gemonie der USA ist es fast verwunderlich, daß BRZEZINSKI bei manchen ›Zielen‹ so tut, als wären es die einzig heute denkbaren: »Eine Welt«, »Demokratie«. . . Aber er straft solches ohnedies an anderer Stelle Lügen, wenn er bei der Analyse, was Rußland für einen Wiedereintritt als »Weltmacht« abgehen könnte, das Fehlen einer identitätsstiftenden Idee glaubhaft darlegt. Das denken wir auch, und halten dies für den eigentlichen Mangel der EU, vor allem aber der USA selbst.

Bemerkenswert sind denn auch die Bausteine – laut BRZEZINSKI – des amerikanischen Erfolges bei der Erreichung und Behauptung der imperialen Macht: »überlegene Organisation, riesige wirtschaftliche und technische Ressourcen für militärische Zwecke einzusetzen, einen nicht genauer bestimmbaren Reiz des kulturellen Einflusses des ›*American way of life*‹ und schließlich des Wettbewerbsgeistes der Führungskräfte in Gesellschaft und Politik«.

Das klingt sehr positiv und einsichtig. Es dürfte aber unvollständig sein. Es fehlt sicher der konzentrierte Einsatz des Großkapitals, vor allem in seiner heutigen Form.[91] Diese Verengung auf die hervorgehobenen Ursachen verschleiert, welche besondere Rolle die von ihm genannte »Organisation« miteinschließt: die zahlreichen *Geheimorganisationen* mit ihrer hierarchischen Struktur, weltweiten Vernetzung und zentralen Entscheidungskompetenz. Angedeutet wird dies zwar bei der Beschreibung der Rolle der internationalen Organisationen als US-Einflußmittel, freilich die zentrale und entscheidende Bedeutung kommt nicht zum Vorschein.

---

[91] Als IWF-›Kredite‹, die in Wirklichkeit meist ›*bail-out-packages*‹ sind – für US-Banken und Spekulanten, denen im Fall des Staatsbankrotts (von Brasilien, Argentinien, Venezuela, Rußland, Thailand, Südkorea, Indonesien, Malaysia, Polen, Rumänien, Ungarn) schwere Verluste drohen. Mit solchen IWF-Zahlungen werden nämlich keinesfalls Investitionen in die Realwirtschaft eines notleidenden Landes getätigt, sondern meist fällige Zinszahlungen bedient, also die Erträge für spekulative Finanzanlagen obengenannter Spekulanten. (Die letzte Version dieser Vergesellschaftung der Verluste ist der Versuch, mittels MAI-Abkommen den US-Kapitalismus risikofrei zu gestalten.

Die andere beliebte Methode sind Spekulationen mittels Derivaten; das sind virtuelle ›Werte‹, mit denen es sozusagen gelingt, das Ziel des Märchenkönigs wahr zu machen: aus Stroh Gold zu spinnen. Moderner: aus virtuellen, irrealen Ziffern im Computer ›Geld zu machen‹ – was ja auch bereits eine nur auf Einbildung beruhende ›Wertschöpfung‹ ist –, mit dem man, dem Hofnarren in GOETHES *Faust* ähnlich, durch Umtausch in Hof und Gut, Wald und Jagd reale und beständige Werte sich (auf Kosten der Dummen, die das nicht begriffen haben) schafft. Die Praxis dieser Derivatgeschäfte wird in einem späteren Kapitel ausführlich dargestellt.

Hinzufügen müßte man noch, daß es sich hierbei immer um gigantische Summen handelt, die nichts mehr mit der realen Wirtschaft zu tun haben, und daß sich diese Casino-Spiele innerhalb eines geschlossenen Kreises abspielen. Außenseiter sind in einer solchen Weise zugelassen wie jene Dummköpfe, die unter Falschspieler geraten sind und meinen, ihre Glückssträhne zu haben, bis sie alles einsetzen und abkassiert werden.

Protestmarsch in Seattle anläßlich der Versammlung der Welthandels-organisation (WHO) im Dezember 1999. Der Prostest gegen den Turbokapitalismus wird immer stärker.

Was den Kultureinfluß betrifft, wird man der Bedeutung und der Wirkung zustimmen, aber es handelt sich im amerikanischen Fall nicht um Kultur im europäisch-abendländischen Sinn, sondern um *Instrumentalisierung* all jener Bereiche, die gewiß dem Kulturbereich zugehören, aber in der US-Bestimmung – als Manipulation der Massen – völlig pervertiert wurden.[92]

Nachfolgende Übersicht (siehe nächste Seite) zeigt, in welch integrierter Weise die Globalisierung stattfindet und welche Rolle der ›Kultur‹ dabei zugedacht ist. Tatsächlich ist es natürlich eine Ent-Kulturation. Der Umstand, daß die USA bei den GATT-Verhandlungen die ›Kultur‹ den Freimarktregeln zu unterwerfen versuchten und dies auch durchgesetzt haben, zeigt ebenfalls an, mit welchen Methoden ›Kultur‹ zur Stabilisierung der Herrschaft instrumentalisiert wird.

BRZEZINSKI entwirft eine Gesamtstrategie, die wirklich alle Lebensbereiche umfaßt und wahrhaft global ist. Sie ist aus Sicht der USA erfolggerichtet und in sich widerspruchsfrei, allerdings für die Betroffenen nicht wirklich annehmbar.

---

[92] Siehe Ricardo PETRELLA, *Limits to Competition* (Grenzen des Wettbewerbs).

Kategorie	Schlüsselelemente/-prozesse
Globalisierung der Finanzen und des Eigentums am Kapital	Integration der Geschäftsaktivitäten im Weltmaßstab, Errichtung von integrierten überseeischen Operationen, (inkl. F&E und der Finanzierung), globale Beschaffung der Komponenten, strategische Allianzen
Globalisierung der Technologie und verbundener F&E und des Know-hows	Technologie ist der Hauptschrittmacher: Der Aufstieg der Informations- und Kommunikationstechnik ermöglicht das Anwachsen von globalen Netzwerken innerhalb der Unternehmen und zwischen verschiedenen Firmen. Globalisierung als Prozeß der Universalität eines ›Toyotismus‹/schlanker Produktion (*lean production*).
Globalisierung der Reglementierungsfähigkeiten und -möglichkeiten, sowie der Parlamente	Abbau der Rolle nationaler Regierungen und Versuche der Konzeption von (globaler) Steuerung. Regeln und Institutionen für eine Steuerung der Welt.
Globalisierung der Wahrnehmung und des Bewußtseins	Soziokulturelle Prozesse um ein Konzept der ›Einen Erde‹, Bewegung der ›Globalisten‹, Weltbürgertum.
Globalisierung als politische (Ver-) Einigung der Welt	Staatenbezogene Analyse von Integration von Welt-Gesellschaften in ein globales politisches und ökonomisches System unter der Führung einer Zentralmacht.
Globalisierung der Lebensstile und des Verbraucherverhaltens, Globalisierung der Kultur	Transfer und Übernahmen von vorherrschenden Moden und Lebensstilen. Vereinheitlichung der Verbrauchergewohnheiten. Die Rolle der Medien. Die Umformung der ›Kultur‹ in ›Kultur-Angebot‹ (*cultural food!*), Kultur-Produkten. Die GATT-Regeln gelten auch für den Kultur-Austausch.

Quelle: W. RUIGROK und R. van TULDER, »*Ideology of Independence*« (Ideologie der Unabhängigkeit), Univ. Amsterdam 1993

Rußland und der eurasische Balkan

Was BRZEZINSKI am Fall Rußland analysiert und als Alternativen gegeneinander abwägt, kann nie die US-Perspektive verleugnen. Daß zwei der drei vorgestellten Optionen nicht gangbar sind und die verbleibende – ganz zufällig – mit den US-Zielen übereinstimmt, kann nicht erstaunen. Es ist jene auf Europa ausgerichtete, also eine »transatlantische« Option, mit der Rußland ebenfalls »eingebettet« würde. Voraussetzung ist, daß Rußland all seiner »Weltmacht-Allüren« abschwört. Damit dies der Fall sein möge, ziehen die Vereinigten Staaten alle Register.

Im Innern dessen, was einmal das Zentrum der UdSSR war, ist dies der (geschürte) Nationalismus – als Unabhängigkeitsbewegung geheiligt – vor allem jener Staaten, die Rußland am nachhaltigsten brauchte:

1. Ohne Ukraine ist die innere Machtbasis zerbrochen, die überhaupt eine »Wiedergeburt« denkbar erscheinen ließe.

2. Aserbaidschan soll herausgebrochen werden, um damit dem Westen einen direkten Zugang zum Öl des Kaspischen Meeres zu gewähren.

3. Usbekistan soll herausgebrochen werden, womit die südasiatische Grenze aufgebrochen wird. Ohne direkte Grenze mit Rußland ist dieses Land ›ideal‹ für alle Arten der Subversion gegen Rußland.

Von außen her werden die Brückenköpfe befestigt:

1. Im Westen kann die NATO-Osterweiterung (inkl. Ukraine[93]),

2. der Krieg gegen Jugoslawien diente der Schaffung des Brückenkopfs am Balkan,

3. der Golfkrieg schuf einen weiteren an der Südost-Ecke des alten Reiches,

4. der Kaschmir-Konflikt und Afghanistan sind die Krisenherde an den asiatischen Südgrenzen,

5. Taiwans Unabhängigkeitserklärung baut in Fernost eine Front auf,

6. im Nordwesten – in den Baltischen Staaten – regieren die von BRZEZINSKI erwähnten US-beeinflußten »Eliten«.

---

[93] Das sei eine ganz normale Sache, wenn man die EU so weit – bis sie direkt an das Territorium der Ukraine angrenze – ausdehne, wäre das andere – die NATO – nur die logische Konsequenz. BRZEZINSKI weiß, daß es »die zweite Kröte« ist, die möglicherweise für Rußland »schwerer zu schlucken« sein dürfte. (S. 175)

Die alten Brückenköpfe sind hier gar nicht erwähnt. Es sind aber zahlreiche »Protektorate und tributpflichtige Vasallen«, wie BRZEZINSKI schon richtig feststellte. Dabei sind das nur die geographisch festmachbaren Orte der Machtprojektion. Die feinen ineinandergreifenden Methoden der Finanz- und Wirtschaftspolitik und die transnationalen Organisationen tun das ihre, daß Rußland *keine* »Wahl der geopolitischen Option« mehr hat, sondern die für Rußland vorgesehene – in den Augen der USA – zur Frage des Überlebens geworden ist. Amerikanische Alternativen sind offenbar von der Art, daß man sie nicht ausschlagen kann.

Wenn der Fuchs den Gänsen die Vorteile einer Freundschaft mit ihm erklärt, so glauben es ihm die dummen auch. So ist es sicher auch hier der Fall: »Keine andere Option kann Rußland die Vorteile verheißen, die ein modernes, reiches, demokratisches, an die USA gekoppeltes Europa zu bieten vermag. Europa und Amerika stellen für einen nicht auf Expansion ausgerichteten Nationalstaat keine Bedrohung dar. Sie haben keine territorialen Absichten auf Rußland, was man von China nicht behaupten kann, noch teilen sie mit ihm eine unsichere und potentiell explosive Grenze, wie die ethnisch und territorial unklar verlaufenden zu den muslimischen Völkern im Süden. Im Gegenteil, für Europa wie für Amerika ist ein nationales und demokratisches Rußland eine geopolitisch wünschenswerte Größe, eine Quelle der Stabilität in dem unberechenbaren eurasischen Komplex.«[94]

»Bevor Rußland nicht in einem langwierigen Prozeß politischer Reformen, einen ebenso langwierigen Prozeß demokratischer Stabilisierung und einen noch längeren Prozeß sozioökonomischer Modernisierung durchmachte und damit einhergehend einen Gesinnungswandel hinsichtlich der neuen politischen Gegebenheiten – nicht nur in Mitteleuropa, sondern vor allem auch in dem vormaligen Russischen Reich – vollzog, könnte eine echte Partnerschaft mit Amerika keine taugliche Option werden.«[95]

Die innerrussische Kritik an dieser »Partnerschafts«-Konzeption rührt vor allem an die völlige Leugnung dessen, was für Rußland am wichtigsten erscheint: die Beziehung zu den ehemaligen Sowjetrepubliken, kurz, zu dem »nahen Ausland«. Es ging klarerweise Rußland darum, den geopolitischen Raum der ehemaligen Sowjetunion wieder als Zentrum zu besetzen und einen wie immer gestalteten Staatenbund zu schaffen.

Wegen der ökonomischen Abhängigkeit der neuen Staaten von

---

[94] BRZEZINSKI, ebenda, S. 174.
[95] Ebenda, S. 155.

Rußland bestreitet auch Brzezinski nicht die Sinnhaftigkeit dieser Denkrichtung.

In Rußland gab und gibt es dazu freilich verschiedene Richtungen: Analogien zur EU;»Eine Strategie für Rußland« als post-imperiale Integration eines gemeinsamen Wirtschaftsraumes (1992); die Thesen J. Ambartsumows, daß Rußland die Regelung der Angelegenheiten in Osteuropa, Zentralasien und im Fernen Osten zufallen solle – eine Art Anti-Monroe-Doktrin; bis hin zu energischen Vertretern einer prowestlichen Option, aber selbst A. Kosyrew, der dazu gehörte, verlangte 1994 die militärische Präsenz in den ehemaligen Sowjet-Republiken.

1995 erklärte Jelzin die Aufgabe eines Staatenverbundes, der GUS, »um Rußland als führende Kraft. . . auf dem Territorium der ehemaligen Sowjetunion zu konsolidieren«. Und 1996 erklärte die Duma ihrerseits,»daß die Auflösung der SU ungültig« sei.

Als Weltanschauung rückte auch der Eurasianismus wieder ins Blickfeld. Er versteht und verstand sich als Gegensatz zum Materialismus amerikanischer, aber auch europäischer Prägung und sah im Kommunismus auch nur eine verschleierte Form des ›Europäismus‹, des Materialismus. Er will am Erbe Dschingis Khans anknüpfen und sich dieses Vermächtnisses bewußt werden.

Interessanterweise betont auch G. Sjuganow, mit seiner kommunistischen Herkunft, die besondere geistige und missionarische Rolle Rußlands in Eurasien, ganz im Sinne des mythischen Eurasianismus.

Alle diese Ideen wurden natürlich von den ›souverän‹ gewordenen Staaten mißtrauisch betrachtet und führten etwa bei der Ukraine zur ›entschlossenen‹ Bewahrung ihrer Unabhängigkeit – mit Unterstützung von außen (also Amerikas und seines Vasallen Deutschland). Im Juli 1996 bestätigte der US-Kriegsminister Cohen»die Bedeutung der Unabhängigkeit der Ukraine für die Sicherheit und Stabilität Europas«, und im September 1996 ›versicherte‹ Bundeskanzler Helmut Kohl der Ukraine einen»festen Platz in Europa, den niemand mehr in Frage stellen kann«. Also trotz der»starken Unterstützung für Jelzin« *apportierte* Kohl sofort auf das Stichwort Cohens.

Man versteht das unmittelbar, denn laut Brzezinski ist»ohne die Ukraine eine imperiale Restauration, sei es auf Basis der GUS, sei es auf einer pan-eurasischen Identität, keine realistische Option«. Da sich Amerika ja nicht auf nur *eine* Option abstützt, gewann in fast allen neuen Staaten»das nationale Selbstbewußtsein« an Stärke. Kasachstan schloß sich jenen zentralasiatischen Staaten an, die das kyrillische Alphabet zugunsten der lateinischen Schrift aufgaben. Mitte der neunziger Jahre entstand ein ›Block‹ unter ›Führung‹ der Ukraine mit

Usbekistan, Turkmenistan, Aserbaidschan, zeitweise Kasachstan, Georgien und Moldawien – als Gegengewicht zur GUS. Wer hier Regie führt, kann man leicht erraten.

All dies – und vieles mehr – führt Brzezinski als ›Beweis‹ für Rußlands geopolitische Illusion an, über ›nahes Ausland‹ auch nur nachzudenken. So fällt erst recht der Gedanke ›einiger‹ russischer Geopolitiker seinem Verdikt zum Opfer, Rußland könne an irgendeine »Gegen-Allianz« gegen die Vormachtstellung der USA in ganz Eurasien auch nur denken.

Die Aktivitäten J. Primakows 1996 (noch als Außenminister) in Richtung Iran und China werden als antihegemonial und versuchte Schwächung der USA erkannt. Jelzins Reise nach Peking (1996), bei der das Streben nach globaler Vorherrschaft verurteilt wurde, und der Gegenbesuch Li Pengs in Moskau werden als Beweis für die Verbündung gegen die USA und deren Vormachtstellung und als Antwort auf die NATO-Erweiterung richtig gedeutet.

Brzezinski merkt aber an:»Allerdings kann sich eine Koalition, die Rußland mit China und dem Iran verbände, nur dann entwickeln, wenn die Vereinigten Staaten so kurzsichtig sind, sich China und den Iran *gleichzeitig* zum Feind zu machen.« Als Brzezinski dies schrieb, gab es noch keinen Krieg in Jugoslawien, und die chinesische Botschaft noch nicht bombardiert worden. Die Frage ist: War dies amerikanische Überheblichkeit (und Dummheit) oder eine Probe aufs Exempel, nämlich die Überprüfung der Einschätzung Chinas als (noch) *nicht fähig*, sich diesen letzten Anstrengungen zur Erringung der totalen Vorherrschaft entgegenstellen zu können – mit anderen Worten: ein präventiver Schlag, die große Auseinandersetzung jetzt, wenn schon nicht vermeidbar, zu provozieren oder widerspruchslos die Tatsachen hinzunehmen. Dafür spräche, daß die USA in den Wochen seit dem Ende der Bombardierungen in Jugoslawien praktisch alle globalen Krisenherde (»geopolitische Angelpunkte«) aktiviert haben – zuletzt unter anderem Taiwan vor der chinesischen Küste und Tschetschenien/Dagestan am Kaspischen Meer.

Aber zurück zu den»Alternativen«. Die Lösung des geopolitischen Dilemmas Rußlands ist also nicht die Gegenallianz und erst recht nicht die gleichberechtigte geopolitische Partnerschaft Rußlands mit Amerika – zuständig für Eurasien. Die einzige Wahl ist laut Brzezinski Europa, die»Einbindung« also. Dieses Resümee haben wir schon vorhin gezogen.

Damit kommen wir zum Kaukasus, dem eigentlichen Objekt der US-Begehrlichkeiten. Indem der Kaukasus mit»eurasischem Balkan« bezeichnet wird, schließt dies zugleich die ›Erklärung‹ und die ›Rechtfertigung‹ der USA ein, sich hier einzumischen, ist doch ›Balkan‹ mit Chaos und Unordnung gleichbedeutend.

Man beklagt auch sofort das »Machtvakuum« (das ja erst durch den in den neunziger Jahren herbeigeführten Zerfall der Sowjetunion entstand), relativiert ähnliche Gebiete – Golf und Nahen Osten – »als unter der Schiedsrichterfunktion der USA stehend«, was wohl, wie man heute erkennen kann, ein *mäßigender Einfluß* unter der einzigen Hegemonialmacht sein soll. Das können vermutlich die Palästinenser am besten beurteilen.

»Im Kampf um die Vormacht in Europa winkte der traditionelle Balkan als geopolitische Beute.« Welcher Art diese Beute in Eurasien ist, erklärt BRZEZINSKI auch: »die künftigen Transportwege zwischen den reichsten und produktivsten westlichen und östlichen Randzonen Eurasiens«, und: »weil er (der eurasische Balkan) sich zu einem ökonomischen Filetstück entwickeln könnte«. Hier gibt es Erdgas, Erdöl, wichtige Mineralien einschließlich Gold.

Die sicherheitspolitische Bedeutung kommt von der Nachbarschaft seiner drei unmittelbaren und mächtigen Nachbarn (Rußland, Iran, Türkei) und auch Chinas.

Der weltweite Energieverbrauch wird sich gewaltig erhöhen: nach dem US-Energieministerium zwischen 1993 und 2015 um mehr als 50%! Und die zentralasiatische Region und das Kaspische Meer bergen die reichsten Vorkommen überhaupt.

Damit ist die Sache klar. *Darum geht es:* um die relativ ungünstige Lage der USA zu diesen Ressourcen. Solange die Sowjetunion das Kaspische Meer zu einem sowjetischen Binnenmeer machte, hatten die USA überhaupt keinen ›Titel‹. Nach dem Zerfall der Sowjetunion ist die Priorität Nr. 1, jede »Wiedergeburt« einer auch nur »regionalen« Vormacht zu verhindern.

Die Mittel sind Stärkung der nationalen Unabhängigkeit; Destabilisierung der neuen Länder, um sie abhängig zu machen; Verhinderung jeglicher Allianz, die gegen die Interessen der USA gerichtet sein könnte; Schaffung einer Vielzahl von Gründen, die eine jederzeitige Intervention rechtfertigen. Solche Gründe sind: Chaos und Machtvakuum, ethnische Konflikte, religiöse Konflikte, Auflösung von Recht und Frieden.

So stellt BRZEZINSKI auch den »ethnischen Hexenkessel« dar und belegt ihn ausführlich. Jedes einzelne Beispiel – wie Aserbaidschan – ist sozusagen ein Interventionsgrund, weil es »gewissermaßen der lebenswichtige Korken, der den Zugang zur Flasche mit den Bodenschätzen des Kaspischen Beckens und Zentralasiens kontrolliert. Ein »unabhängiges, Türkisch sprechendes Aserbaidschan mit Pipelines. . .

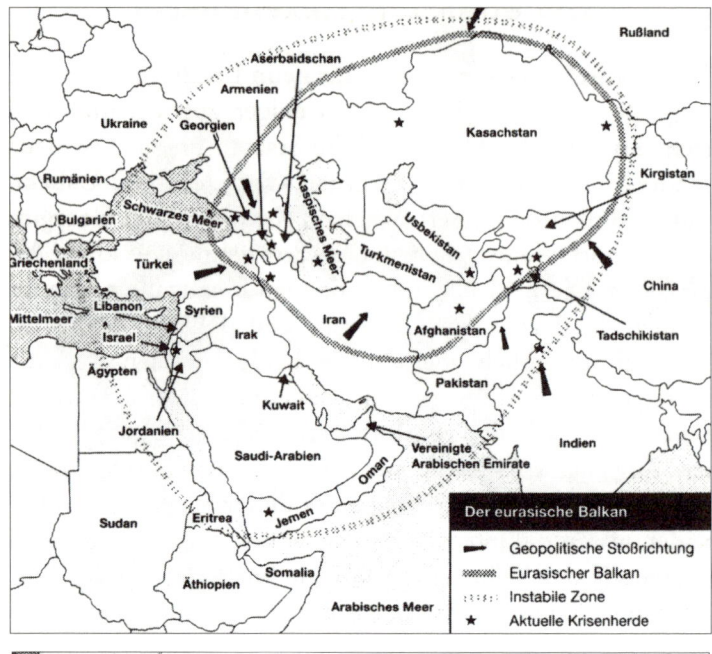

Karten aus: Z. Brzezinski, **Amerika, die einzige Weltmacht.** *Oben: Der eurasische Balkan; unten: Öl-Pipelines vom Kaspischen Meer zum Mittelmeer.*

verwehrt Rußland eine Monopolstellung im Zugang zur Region...
und [beraubt es] eines Druckmittels auf die neuen Staaten«.

So ideal diese Lage eines pseudo-unabhängigen Staates für die USA erscheint, so ist er doch dem Druck der Russen im Norden und der Iraner im Süden ausgesetzt –»bei seinen Verhandlungen mit dem *Westen*!«
Die Abchasen und Osseten in Georgien folgen auf den Fuß. Auch ihrem Wunsch nach»Unabhängigkeit« (= Abtrennung von Georgien) scheinen die USA sympathisch zu begegnen.

Von den zentralasiatischen Staaten sind besonders wichtig: Kasachstan, der Schild, und Usbekistan, die Seele des nationalen Erwachens. Warum diese Bezeichnung? Nun Kasachstan grenzt an Rußland, hat mit 35 Prozent einen hohen russischen Bevölkerungsanteil und kann sich demnach kaum dem russischen Einfluß entziehen, Usbekistan ist von ihm abgeschirmt und kann daher leichter zur»Seele des nationalen Erwachens« werden, also als Aufmarschgebiet der ungehinderten amerikanischen Beeinflussung gegen Rußland dienen.

Von den übrigen neuen zentralasiatischen Staaten, Kirgistan, Tadschikistan und Turkmenistan, ist letzteres bedeutsam: relativ einheitliche Ethnie und weiter Abstand zu Rußland. Wichtiger aber seien Usbekistan und der Iran – wenn erst einmal Ölleitungen durch das Land führen. Jedenfalls meldeten die Medien Ende Juli 1999, daß die USA einen Militärflugplatz in Turkmenistan errichtet hätten, sozusagen einen unsinkbaren Flugzeugträger am Rande des ehemaligen Imperiums. Das bestätigt die Wichtigkeit.

Wenn man wie einen roten Faden die sympathische Haltung für »*nationales Erwachen*« beobachten kann, dann sind natürlich die dazu ebenfalls enthaltenen Qualifizierungen entlarvend.»Wie anderswo ist jedoch selbst die dominierende ethnische Gemeinschaft strikt – ja sogar kraß – nach Stämmen gegliedert. Ein nationales Bewußtsein ist weitgehend auf die politischen Eliten in den Städten beschränkt.« Auf Deutsch heißt das, es gibt ein solches nationales Bewußtsein in Wirklichkeit (und in unserem europäischen Verständnis) überhaupt nicht; es ist dies nichts weiter als ein integraler Teil der politischen Instrumentalisierung – durch Kolonialmächte wie die USA, die sich seit dem amerikanischen Bürgerkrieg eben *so* aufgeführt haben!

Aber die Instrumentalisierung ist natürlich gekonnt: Dazu dient auch die»islamische Wiedererweckung, die zusammen mit aggressiven Nationalismen sich jeglicher Reintegration unter russischer – mithin ungläubiger – Herrschaft entschieden widersetzen würde«.

So werden die ›Islamisierung‹ innerhalb Rußlands und die damit einhergehenden unvermeidlichen Forderungen aufgezeigt.»Auch

wenn dieser Anspruch nicht die Form einer Forderung nach absoluter Unabhängigkeit, wie in Tschetschenien annimmt, wird er sich mit
unlösbaren Problemen überschneiden, denen sich Rußland angesichts
seines jüngsten Großmachtabenteuers und der russischen Minoritäten in den neuen Staaten in dieser Region weiterhin wird stellen müssen.« Was nun die Türkei betrifft, so sieht sie BRZEZINSKI als einen europäischen, nach Westen blickenden Staat an.[96] Der Blick nach Osten
und Süden der Islamisten ist aber nicht übersehen worden, eignet er
sich doch in dieser Richtung *auch* zur Instrumentierung. Mit der angeblich »europäischen Türkei« wird ja schon seit langer Zeit versucht,
die EU zur Aufnahme der Türkei zu nötigen. Damit träfe man mehrere Fliegen auf einen Streich: die Kontrolle des Bosporus – also den
Zugang Rußlands zum Mittelmeer – durch einen zuverlässigen Satelliten (= also so gut wie durch die USA unmittelbar), die multiethni-
sche Unterwanderung Europas und damit seine langfristige innere,
soziale Destabilisierung (= die einfache Absicherung des Protekto-
ratsstatus Westeuropas) und zugleich die innere geistige Zerrissen-
heit der Türkei selbst. Denn daß sie kein europäisches Land ist, bedarf wohl keines weiteren Beweises. Damit läßt sich auch dieser
›zuverlässige‹ Trabant der USA jederzeit über einen steuerbaren Konflikt zwischen Islamisten und Modernisten im Zaum halten.

Wer sind die weiteren Spieler?

Da ist China. Seine Rolle sei (noch) begrenzt und die Ziele nicht offensichtlich. Am Interesse Chinas an der Region allerdings kann kein
Zweifel sein und – nach Ansicht BRZEZINSKIS – an dem von Moskau
unbehelligten Zugang. Ob die Beurteilung Chinas hinsichtlich des Auf-
baus der Brückenköpfe der USA in Asien nicht inzwischen dieser –
hegemonialen – Kontrolle mehr Sorge entgegenbringt als der schwindenden Rußlands?
    Hier schluckt BRZEZINSKI ›Kreide‹, auch wenn er das »starke Inter-
esse der *fernen* USA an geopolitischem Pluralismus im nachsowjeti-
schen Eurasien« betont. Freilich nicht genug Kreide, denn er sagt unmittelbar folgend:»Als ein zunehmend wichtiger, wenn auch nicht
direkt eingreifender Mitspieler, der nicht allein an der Förderung der
Bodenschätze in der Region interessiert ist, sondern auch verhindern
will, daß Rußland diesen geopolitischen Raum allein beherrscht, hal-

---

[96] Dieses Konzept der ›westlichen‹ Alternative (= Lakai der USA) wird auch bewußt dem
»islamischen Gottesstaat« entgegengesetzt, dem Synonym für den Iran.

ten sie sich drohend im Hintergrund bereit.«Reine Friedensliebe also, wie die ›Wacht am Rhein‹ – über die Menschenrechte!

»Neben seinen geopolitischen Zielen in Eurasien vertritt Amerika auch eigenes wachsendes ökonomisches Interesse, wie auch das Europas und des Fernen Ostens.« Das ist reiner Altruismus, sogar die Interessen des Fernen Osten – Chinas – zu vertreten. Daß die USA die europäischen vertreten, daran haben wir uns bis heute noch nicht so recht gewöhnt.

»In diesem Hexenkessel geopolitischer Macht... geht es um den Zugang zur Region... Alle Bahntransporte, Erdgas- und Erdölpipelines und sogar der Flugverkehr wurden über das Zentrum geleitet..., daß, wer den Zugang zur Region unter Kontrolle oder unter seiner Herrschaft hat, aller Wahrscheinlichkeit nach auch den geopolitischen und ökonomischen Gewinn einheimst.« Ersterer sichert die (Vor-)Macht.

Noch sitzt Rußland hier fest. Die Sorge ist, daß es Investitionen ver- oder behindern könnte, die Bodenschätze lieber ungenutzt ließe, als sie anderen zu gönnen. Die USA halten dies für imperiales Besitzdenken (das ihnen natürlich ganz fern liegt) und meinen, daß sich das nur mit der Zeit und unter äußerem Druck ändern würde. (Gemäß der Wilson-Doktrin: Wer uns die Türen nicht öffnet, dem treten wir sie ein.) Natürlich hat Brzezinski schon recht, daß die Möglichkeiten Rußlands, die nötigen Investitionen zur Erschließung aufzubringen, kaum für den Appetit des US-Raubtier-Kapitalismus ausreichend sein dürften.

Die verschiedenen Möglichkeiten, Ölleitungen durch eigene Protektorate zu legen, wird ausführlich diskutiert.»Ermutigt durch die Türkei und die USA, hat Aserbaidschan nicht nur die Forderung... nach Militärbasen zurückgewiesen, sondern sich auch dem Ansinnen Moskaus widersetzt, daß alles Öl von Baku zu einem russischen Schwarzmeerhafen geleitet werden soll.«

Eine durch US-Firmen finanzierte Ölleitung durch den Iran mußte wegen des US-Handelsembargos gegen den Iran aufgegeben werden. Wie mißlich! Mit großem Trara wurde 1995 eine Bahnverbindung zwischen Turkmenistan und dem Iran eröffnet; auf diesem Weg könne Europa und Zentralasien unter gänzlicher Umgehung Rußlands Handel treiben.»Diese Wiedereröffnung der alten Seidenstraße hatte etwas Symbolträchtiges, da Rußland nun nicht in der Lage ist, Europa von Asien zu trennen«, sagt Brzezinski. Dazu sind ein paar Jahre später nun neue Anmerkungen zu machen. Gerade diese Projekte, Transsibirische Eisenbahn u. a., verbinden die wichtigsten Volkswirtschaften Asiens – China, Japan, Indien, Korea, Iran – mit und über Rußland. Wir kommen darauf noch zu sprechen.

Es ist dies also glatte Desinformation, was die wahren Absichten der USA betrifft. Diese hatten nicht nur eine ähnliche Bahnverbindung zwischen der Türkei und dem Iran als »*bad business*« abqualifiziert (ohne es verhindern zu können), sondern auch im Kongreß Gesetze zur Ver- und Behinderung der Wiedereröffnung der alten Seidenstraße verabschiedet.[97] Indirekt erfährt man über offenbare Erfolge amerikanischer Diplomatie. Die 1993 gegründete Zentralasiatische Wirtschaftsunion – auf dem Papier – habe Substanz bekommen. Selbst der kasachische Präsident Nursultan NASARBAJEW, zuerst Verfechter einer neuen Eurasischen Union (sozusagen der russischen »Nahes Ausland«-Option) bekehrte sich zur zentralasiatischen Kooperation. Und fast triumphierend klingt es, wenn BRZEZINSKI schreibt: »Mit einiger Verblüffung dürfte der Kreml die Erklärung von Kasachstans N. NASARBAJEW und Georgiens E. SCHEWARDNADSE im September 1996 vernommen haben, sie würden, wenn ›unsere Unabhängigkeit bedroht ist‹, aus der GUS austreten.« So arbeiten die ›Zeit‹ (also die US-Diplomatie) – und 1,2 Mrd. Dollar, die türkische Geschäftsleute (zusätzlich zu 300 Mio. Dollar an türkischen Krediten) in Kasachstan investiert haben, für die Unabhängigkeit von Rußland.

»Amerikas primäres Interesse muß folglich sein, mit dafür zu sorgen, daß keine einzelne Macht Kontrolle über dieses Gebiet erlangt und daß die Weltgemeinschaft ungehinderten finanziellen und wirtschaftlichen Zugang zu ihr hat. Geopolitischer Pluralismus wird dann zu einer dauerhaften Realität werden, wenn ein Netz von Pipeline- und Transportrouten die Region direkt mit den großen Wirtschaftsknotenpunkten der Welt verbindet, über das Mittelmeer und das Arabische Meer ebenso wie über den Landweg.«

---

[97] US-Gesetz *gegen* die Seidenstraße, abgedruckt in: *Neue Solidarität* vom 21. 7. 1999. Die Gegner der neuen Seidenstraße im US-Kongreß sind nach wie vor aktiv. Am 30. Juni stimmte der Senat für das reguläre Gesetz über die Finanzierung von Auslandsoperationen. Senator Sam BROWNBACK (Republikaner aus Kansas) beantragte einen Anhang zu dem Gesetz, der ausdrücklich Gegenmaßnahmen gegen die Landbrücke fordert. Schon vor zwei Jahren hatte BROWNBACK ein noch schärfer formuliertes »Gesetz zur Seidenstraßen-Strategie« *(Silk Road Strategy Act)* beantragt. Es ist eine bewußte Maßnahme gegen den Ausbau der eurasischen Landbrücke als gigantisches Wirtschaftsaufbau- und Infrastrukturprojekt.
BROWNBACKS Gesetz soll im Interesse britischer und multinationaler Konzerne die Kontrolle der USA über die Gebiete im Bereich der eurasischen Landbrücke absichern und dort eine maßgebliche Einflußnahme Rußlands, Chinas und des Iran verhindern. Die betreffende Region umfaßt Armenien, Aserbaidschan, Georgien, Kasachstan, Kirgistan, Tadschikistan, Turkmenistan und Usbekistan. Der ursprüngliche Entwurf vor zwei Jahren hätte sogar die Grundlage für US-Militärinterventionen im Südkaukasus und in Zentralasien geschaffen, für den Fall, daß dort der »Aufbau von Demokratie, die Politik der freien Marktwirtschaft oder die Menschenrechte« gefährdet seien.

»Somit kann das Bemühen Rußlands, allein über den Zugang zu bestimmen, nicht hingenommen werden, da es der regionalen Stabilität abträglich ist.« Das stimmt – fast, oder man muß es recht lesen: weil es den Interessen der USA abträglich, ja völlig entgegengesetzt ist. Und die Stabilität ist nicht sosehr durch Rußland beeinträchtigt, sondern dies ist die eingeschlossene Drohung der USA, das Gebiet so lange zu destabilisieren, bis der ›richtige‹ Zustand herrscht, nämlich die Vorherrschaft der USA. BRZEZINSKI schreibt hier von gemeinsamen Interessen mit der Türkei, dem Iran und China. Das gilt, solange die USA sozusagen draußen sitzen, ihre Vorherrschaft nicht der Fall ist! Er betont abermals die Bedeutung der Türkei für die Zukunft der Kaukasus-Republiken. »Wenn sie ihren Kurs auf Europa beibehält und wenn Europa ihr die Türen nicht zuschlägt, werden die Kaukasusstaaten vermutlich in den Einflußbereich Europas streben, eine Aussicht, die sie *glühend* herbeisehnen.« Warum, fragt man sich eigentlich, bei all den kulturellen Unterschieden. Oder loben uns die USA diese Option so, weil sie der US-Politik zupaß käme?

Der Iran ist noch ein Problem. »Eine prowestliche Orientierung würde die Stabilisierung und Konsolidierung der Region erleichtern, daher ist es für Amerika strategisch wünschenswert, eine solche Wendung im Verhalten des Irans zu fördern.« Wie schon immer hier: Man organisiert den nächsten Umsturz, wenn es leicht geht. Vorerst wird aber eine negative Rolle unterstellt. BRZEZINSKI erwartet (negative) Einflüsse auf Aserbaidschan, selbst wenn er mit der Öffnung Turkmenistans gegenüber der Welt positive Schritte unternimmt.

Was als offene Frage hingestellt wird, ist natürlich Drohung und Politik zugleich: »die Haltung der USA gegenüber Rußland, abhängig davon, ob und inwieweit es die Unabhängigkeit der neuen Staaten respektiere«. »Es verböten sich angesichts der komplizierten Sachlage Großmachtsphantasien von selbst.« Ist das eine Kriegsdrohung, falls? Aber es bleibe ohnedies nur die Wahl, die Region schrittweise in die bestehende Weltwirtschaftsordnung einzugliedern, also in die One World!

Amerikas Asien-Politik

Die USA denken nicht nur »paradigmatisch« – wie mit HUNTINGTON im folgenden Kapitel angedeutet–, sondern auch geopolitisch, also geographisch, wo und unter welchen Bedingungen »Macht zu projizieren« ist, um die US-Politik durchzusetzen. Als Europäer sind wir gewöhnt, uns als den Nabel der Welt anzusehen, was für die heutige

Zivilisationskultur ja durchaus zutreffend sein mag. Aber gerade darum soll hier auf die uns meist weniger vertrauten oder im Blickpunkt stehenden, fernöstlichen Gegebenheiten eingegangen werden.

»Eine wirksame amerikanische Politik muß auch im Fernen Osten verankert sein, unabdingbare Voraussetzung dafür ist, daß Amerika auf dem asiatischen Festland präsent bleibt. Die ›enge Beziehung‹ [d. h. der Status eines Protektorates] mit Japan ist... unerläßlich, ein kooperatives (Verhältnis) mit China dringend geboten. Wie in Europa sollte China an der pazifischen Gegenküste ein ›natürlicher Verbündeter‹ der USA sein, da Amerika nichts gegen das asiatische Festland im Schilde führe«.

BRZEZINSKI erwähnt auch – zum Beweis des Gesagten – den Schutzschirm der USA über Japan, der es nach dem Zweiten Weltkrieg »unbesorgt« wieder erholen ließ. (Den Anfang nahm dieser ›Schutz‹-schirm mit den Atompilzen über Hiroshima und Nagasaki!) Er habe zu der paradoxen Lage geführt, daß Japan zugleich in seiner Handlungsfreiheit beschränkt und doch Weltmacht sei. BRZEZINSKI ist sich freilich des Problems dieses Paradoxons bewußt: »Wie sollte Amerika... mit den regionalen Konsequenzen umgehen, die sich zwangsläufig ergeben, wenn Japan den Status eines amerikanischen Protektorates immer weniger zu akzeptieren bereit sein wird?«

Man muß sich die dramatischen Veränderungen wirtschaftlicher Art vor Augen halten: Vor Jahren stellte Ostasien (einschließlich Japan) 4 % des weltweiten BIP und Nordamerika 35 bis 40%, Mitte der neunziger Jahre haben die Regionen gleichgezogen (je rund 25 %), jedoch seien die multilateralen Strukturen (ASEAN, ARF, APEC[98]) keineswegs mit den europäisch-transatlantischen (EU, NATO) vergleichbar. Freilich nicht, denn Europa *ist schon* Protektorat, Asien/China soll erst eines werden. Es sieht allerdings schlecht darum aus, daß es den USA noch gelingen könnte.

Wo zu diesem Zweck überall die Minen und Zeitbomben ausgelegt sind, teilt BRZEZINSKI offen mit:

- Taiwan, das »mit den offiziellen Status eines Nationalstaates liebäugelt«;
- Paracel- und Spratey-Inseln im Südchinesischen Meer – Zugang zu Ölquellen im Meer, das China als sein Einflußgebiet betrachtet;
- Teilung Koreas – als ständig vorhandener Kriegsgrund;
- südliche Kurilen – als Konflikt zwischen Japan und Rußland;

[98] Vereinigung Südostasiatischer Nationen, asiatisches, sicherheitspolitisches Regionalforum der ASEAN-Staaten, Gruppe für wirtschaftliche Zusammenarbeit im asiatisch-pazifischen Raum.

- und all die ›latenten‹ ethnisch-territorialen Konflikte: russisch-chinesisch, chinesisch-vietnamesisch, japanisch-koreanisch, chinesisch-indisch, chinesisch-indonesisch.

Betrachtet man eine Karte (s. oben), so sind diese Räume wie eine Perlenkette von West bis Ost an der südlichen Grenze Chinas aufgefädelt: ideale geostrategische Angelpunkte, um von hier aus China zu destabilisieren.

Taiwan ist hier ein schönes Beispiel: Anfang 1996 (ohne all die früheren Krisen zu erwähnen) löst die ›Minikrise‹ Manöver der Chinesen aus – und natürlich den Aufmarsch der US-Flotte. 1997/98 findet die wirtschaftliche Destabilisierung Südostasiens statt, die heute mit einem Sieg Ostasiens – dank des Widerstandes von Malaysias Premier Dr. Mahathir – beigelegt ist; im Mai 1999 bombardieren die USA die chinesische Botschaft in Belgrad, und im August 1999 erklärt Taiwan seine ›Souveränität‹, was zu militärischen Drohungen Chinas führt. Die Bekämpfung der Al-Qaida und der Taliban mit einer massiven Bombardierung Afghanistans oder die seit 2002 wieder eingetretene Verschärfung der Beziehungen zwischen Nord- und Südkorea (die eigentlich beide eine Normalisierung anstreben), sind nur die jüngsten Beispiele einer endlosen Kette. Interessant ist, daß bei diesen und ähnlichen Ereignissen Thailand, die Philippinen, Malaysia sich jeweils mit Erklärungen gegen die »Machtprojektion« der USA gewandt haben, und Brzezinski stellt die »bange« Frage, wie lange hier 100 000 US-Soldaten »den Frieden in der am höchsten gerüsteten Region noch sichern können«.

Er sinniert über die Formel »ein Land, zwei Systeme« nach, die bei Taiwan Anklang und den USA Zustimmung finden könne, vorausgesetzt, »China verfolge seine ökonomische Entwicklung erfolgreich weiter und führe bedeutende demokratische Reformen durch«. Anders – schon gar nicht militärisch – ginge nichts, vor allem wegen der Opposition der USA. Eine unverhohlene Kriegsdrohung also.

Andererseits merkt Brzezinski an, daß China internationale Spannungen in Kauf nimmt, um seine Haltung bezüglich Taiwan deutlich zu machen, aber sich die Führer darüber im klaren sind, daß ein »verfrühter«, vom Zaun gebrochener Streit mit Amerika die Rolle der USA als »Garant des Friedens« nur stärken würde.

Brzezinskis Befund lautet:

- China ist eine aufstrebende und bald schon beherrschende Macht.
- Die USA als Sicherheitsgarant sind immer stärker von der Zusammenarbeit mit Japan abhängig.

- Japan ist auf der Suche nach einer autonomen Rolle in der Weltpolitik.

- Rußlands Machtverlust, bei gleichzeitigem Wettlauf um die von ihm vordem kontrollierten Ressourcen Zentralasiens, ist offensichtlich.

Ebenso deutlich ist die brüchiger werdende Teilung Koreas, also das Ende des ›Teile und Herrsche‹ als politische Konzeption der US-Herrschaft.

China als politischer Mitbewerber

BRZEZINSKI erinnert daran, daß »bis zum Beginn des 17. Jahrhunderts China die weltweit höchste agrarische Produktivitäts- und industrielle Innovationsrate und den höchsten Lebensstandard hatte. Und im Unterschied zur europäischen und islamischen Zivilisation, aus der ca. 75 Staaten hervorgegangen sind, ist China in seiner Geschichte fast immer ein einziger Staat geblieben«.

Interessanterweise brachte die sehr sehenswerte ORF-Sendung »Universum« am 21. April 1999 einen historischen Rück- und kulturellen Überblick der Entstehung Chinas und dessen Einigung. Am Ende des etwa einstündigen Films wird erwähnt, daß seit der Vereinigung der früher sich bekriegenden Fürstentümer vor über 2000 Jahren und der Gründung eines zentral regierten Reiches (der Mitte), nachdem das Königreich mit der höchstentwickelten (Land-)Wirtschaft seine Nachbarn unterworfen hatte, dieses volkreiche Land seither in ununterbrochener Folge von einem Kaiser regiert wurde. Selbst die Revolution im 20. Jahrhundert und Verwandlung in eine »Republik« habe am Führungsstil nichts geändert. Die kommunistischen Führer, von MAO TSE TUNG angefangen bis heute, sprachen und sprechen sich gegen die Demokratie aus, weil man in ihr seit jeher die Ursache – und Gefahr – für einen Zerfall des Reiches gesehen hatte. Die Zurückweisung der unter dem Etikett der Menschenrechte versuchten Einmischungen der ›westlichen Wertegemeinschaft‹ – nicht nur durch China – weist immer darauf hin, daß die Stellung des Einzelnen sich aus der übergeordneten Gemeinschaft bestimmt und ihm seinen Rang zuweist. Im Grunde war das in Europa bis zur Französischen Revolution nicht anders: In einer hierarchisch gegliederten Gemeinschaft war Gerechtigkeit auch mit »jedem das Seine«, und nicht mit ›égalité‹ (Gleichheit) umschrieben.

China sah und sieht die Demokratie (also auch die Gleichheit als deren Grundlage) als Bedrohung für den Bestand und als die eigentliche Wirkursache für eine Auflösung des Reiches an. Dies freilich mit einer einfachen Erklärung abzutun, »*damit das Monopol der Macht zu schützen*«, wäre zu billig. Man wird ja auch an HUNTINGTONs Schlußfolgerung bezüglich Demokratie und Erhalt der US-Vormachtstellung in der Welt erinnert.

Immerhin hat es China bisher in seiner traditionellen (= hierarchischen) Gesellschaft in der Monarchie und seiner ebenfalls hierarchischen ›Volksdemokratie‹ über zwei Jahrtausende lang fertiggebracht, seine Identität und seinen Bestand zu bewahren und heute ein Volk mit 1,3 Milliarden Menschen zu ernähren. Der ›demokratische‹ Liberalismus mit seiner ›freien Marktwirtschaft‹ hat diese Bewährung nicht vorzuweisen, und wie es aussieht, gelang es ihm, nur durch Raubbau und Kahlfraß mehr Ressourcen aufzubrauchen als in der ganzen Menschheitsgeschichte davor.

BRZEZINSKI sieht das offenbar auch so und erkennt, daß der Niedergang – eine 150jährige Demütigung – Chinas tief sitzen müsse – auch daß sie getilgt werden und die Hauptverantwortlichen bestraft werden müssen: Großbritannien, Japan, Rußland und die USA. Insbesondere die amerikanische Unterstützung Japans – die Errichtung eines Protektorates – steht China noch im Weg. Zwei der vier Schuldigen sind schon ›bestraft‹: England ist kein Weltreich mehr, Rußland (UdSSR) ist zerfallen.

China ist schwer im Kommen und weiß, was es will, auch deshalb, weil es seine Identität nicht preisgegeben hat. Hier: Großbaustelle in Shangai.

Das künftige Verhältnis ist also eines zwischen China, Japan und den USA. Welches, ist die offene Frage. Der Aufstieg Chinas ist keine Frage mehr. Es wird ›gleichziehen‹ mit den USA *und* Europa, unter der für die USA wichtigen Bedingung, daß Europa sich erweitert und einigt! (also nach dem Osten, den ehemaligen Einflußzonen der UdSSR, und einschließlich der Türkei). Die USA bedürfen anscheinend des von ihnen beherrschten ›Großeuropas‹, das weit in die ehemalige Sowjetunion hineinreicht (damit Rußland/GUS schwächend), um China in Schach zu halten.

Die Schwachpunkte des chinesischen Aufstieges sieht Brzezinski im steigenden Energieverbrauch bei nicht ausreichender Förderung/Deckung und der Notwendigkeit zu Lebensmittelimporten, die für die politische Stabilität unverzichtbar werden.»Die Abhängigkeit von Importen wird nicht nur Chinas Finanzen[99] aufgrund höherer Kosten belasten, sie machen das Land auch wehrlos gegen den Druck von außen.«[100] Allerdings hört man, daß Asiens Zentralbanken ihre Goldreserven aufstocken werden.

Daß China einen bedeutenden Teil seiner Mittel für die Armee ausgibt, ist deutlich; Brzezinski schätzt 20 % des BIP. Wie viel genau, ist dem ›Westen‹ weitgehend unbekannt. Andererseits sollen in China über 100 Millionen der Landbevölkerung arbeitslos sein. Das wäre ein echtes Problem. Allerdings ist die Lage in den USA keineswegs besser, im Gegenteil: In ›*Gods Own Country*‹ ist die Lage im Verhältnis zur Gesamtbevölkerung bei weitem schlimmer als in China.[101]

Brzezinski analysiert dann den »bedrohlichen« Zustand der chinesischen Politik als einer »geschlossenen, starren, disziplinierten, durch Intoleranz und Meinungsmonopol geprägten Hierarchie, die immer noch rituell ihre Treue zum Dogma verkündet, das ihre Macht rechtfertigen soll. . . Wenn die chinesische Politik nicht langsam beginnt, sich an die sozialen Erfordernisse der chinesischen Volkswirtschaft anzupassen, werden diese beiden Seiten der Wirklichkeit irgendwann frontal aufeinanderprallen. Eine Demokratisierung läßt sich auf die Dauer nicht umgehen«.

---

[99] Heute hat China Devisenreserven von mehr als 200 Mrd. Dollar.
[100] Wenige Konzerne kontrollieren die Weltagrarproduktion, die Weizen-Börse in Chicago ist die Verteilerdrehscheibe: Die USA setzen Weizen als ›Kriegsmittel‹ ein. Siehe dazu den in den *Staatsbriefen* abgedruckten Artikel von Paul Ernst, »Der Welthandel in Getreide«, 1899.
Die Analyse der aufsteigenden Wirtschaft, die für unser Jahrhundert mit geschichtlicher Tiefenschärfe eine neue Art von Handelskriegen voraussagte, ist die Quelle für den 1963 erschienenen *Chicago*-Roman von Eberhard Wolfgang Möller gewesen, der sich als Schüler von Paul Ernst fühle.
[101] Siehe die Ausführungen dazu in einem eigenen Kapitel.

»Eine freiwillige Isolation wäre. . . das Ende jedes ernsthaften chinesischen Anspruches auf regionale Vorherrschaft, geschweige. . . im internationalen Machtgefüge. Daher gibt es zu einer weiteren Öffnung Chinas gegenüber der Welt[102] keine praktische, wirtschaftlich rentable und politisch gangbare Alternative.«

Das alles ist nur ein Stereotyp amerikanischer (Herrschafts-)Doktrin. Ähnliches lesen wir in *Freeman*, einem dem freimaurerischen Geist verpflichteten US-Journal.[103]

Dieser US-Sicht, BRZEZINSKI war ja immerhin unter Präsident CARTER Chef des Nationalen Sicherheitsrates, soll eine russische Ansicht gegenübergestellt werden.[104]

Globalisierung als eine neue Form des Krieges

Prof. Alexander ZINOVIEW[105] äußerte auf dem IV. Internationalen Kongreß über »Rußland und Zentraleuropa in der neuen geopolitischen Lage« Unerhörtes. Wir bringen dies hier, um einen Punkt aus BRZEZINSKIS Schalmeien zu widerlegen: die ach so uneigennützigen Absichten amerikanischer Politik.

Wir müßten die globalen Ereignisse von einem Gesichtspunkt, der außerhalb unseres Denkens liegt, betrachten. Die Globalisierung werde heute als ein »naturgegebener Prozeß« angesehen. Denn: Zwei Milliarden Menschen sehen ein Fußballspiel oder den Crash Lady Dianas.

[102] . . . andernfalls die USA dem Unwilligen »die Türen eintritt«, wie W. WILSON schon sagte. Die Bestrebungen, China in die WTO hineinzuzwingen, gehören dazu – auch wenn in den Medien es so dargestellt wird, als sei es China, das sich gegen den Widerstand der USA hierum bemühe!

[103] James A. DORN, »China's Spontaneous Order« (Chinas innere Ordnung), in *Freeman*. DORN stellt zwei völlig entgegengesetzte Gesellschaftsordnungen gegenüber: zum einem die der (kommunistischen) Partei, die »nur überleben könne mit ihrer bedingungslosen Anwendung von Gewalt *(force)*, um Wettbewerb. . . hintanzuhalten«. Damit der Leser auch gleich richtig eingestimmt wird, beginnt der Aufsatz mit einem dezenten Hinweis auf 50 Jahre Volksrepublik China und 10 Jahre »Platz des himmlischen Friedens« (Tiananmen Platz), als China die von außen geschürten ›liberalen‹ Studentenunruhen blutig niederschlug. Zum anderen »die spontane, nichtorganisierte, führerlose, unideologische, apolitische Bewegung«. – Das ist natürlich ein Unsinn, denn unideologisch oder apolitisch ist nichts auf der Welt. Selbst GHANDIS sanfter Widerstand war hochpolitisch, wie das Nichtstun auch, weil es politische Folgen hat.

[104] Notizen des Autors nach dem Vortrag von Prof. Alexander ZINOWJEW beim Kongreß der russischen Akademie der Wissenschaften: »Rußland und Zentraleuropa unter den neuen geopolitischen Realitäten«, der vom 14. bis 16. Juni 2001 in Moskau stattfand.

[105] Bekannter und langjähriger russischer Menschenrechtsaktivist. Dies ist vor allem bemerkenswert, weil die russischen Dissidenten oft vom Westen instrumentalisiert wurden, wenn sie nicht ohnedies Agenten des Libinterns sind, wie zum Beispiel der ›Menschenrechtler‹ und Parlamentarier Sergej Adamowitsch KOWALJOW (70), den Florian HASSEL, OÖN-Korrespondent, zu »Rußlands moralischem Gewissen« erklärte.

Eine große Zahl von Russen ging nach Europa und nahm hier gewisse Entwicklungen auf, und die USA sandten ihre Leute nach Rußland, und sie leben hier, und sogar in der Regierung sind sie zahlreich – zu zahlreich – als Berater der Globalisierung tätig. Was ist ›Globalisierung‹ aber eigentlich? Sie ist *kein* Naturereignis, sondern sie wird von jemandem gemacht, von Menschen, die dazu gewaltige finanzielle und politische Ressourcen einsetzen, und – soweit es Rußland betrifft – auch von jenen Leuten, die für viele Jahre im Westen gelebt haben. Aber die Globalisierung ist nichts Natürliches, sondern sie ist *Krieg,* ein wirklicher Krieg! Wir haben ja eine bestimmte Vorstellung vom Krieg, aber dies ist ein neuer Typus des Krieges. Die Verluste, die damit Rußland beigebracht wurden, sind das Zehnfache von dem, was Rußland im Zweiten Weltkrieg an Schäden erlitten hat. Seine Verluste können nicht einmal in fünfzig Jahren wiederhergestellt werden. Es gebe in der Geschichte der Menschheit dafür kein Beispiel, derartige Brüche habe es noch nie gegeben!

Zwei weitere Punkte betreffen:

1. die Schaffung eines »humanitären Dogmas«,

2. die Schaffung eines »modernen« Staates.

Das ist nicht ein Krieg der Evolution, sondern die Evolution des Krieges, jenes Krieges, der in der noch kommenden Geschichte der Staaten geführt wird. Rußland soll als Wettbewerber vernichtet (*crashed*) werden. In zukünftigen Kriegen wird kein Unterschied mehr zwischen den militärischen und zivilen Personen gemacht werden; das sei, meinte Zinowjew, einmalig. (Anm: *Das* hat bereits mit dem Ersten, vor allem aber im Zweiten Weltkrieg begonnen. Man denke an den Abwurf der Atombomben auf Hiroshima und Nagasaki durch die USA und die Flächenbombardierungen der deutschen Städte, deren größtes Opfer Dresden mit 350 000 Toten zum Symbol dieses teuflischen Verbrechens der ›neuen Kriegführung‹ der anglo-amerikanischen Alliierten wurde.)

Auch der Kalte Krieg war Krieg, der zwar ›beendet‹ wurde, freilich bloß durch einen ›warmen‹, einen terroristischen. Und dieser neue Krieg ist auch mit einer Ablenkung oder Irreführung der Menschen durch die Medien, wenn sie diesen Krieg studieren und verstehen wollen, verbunden.

Gorbatschow war bereits eine Ablenkung; 1990 war ein Täuschungsmanöver. Damit wurde die UdSSR zum Zusammenbruch gebracht, und damit brach auch das Sozialsystem zusammen, und ein schlechtes entstand an seiner Stelle.

Die Absicht und die besondere Konstruktion dabei sollten sicherstellen, daß Rußland für immer auf den Knien liegen würde. Kann diese Entwicklung aufgehalten werden? Rußland hat als Ergebnis des Zweiten Weltkrieges 50 Millionen Menschen verloren; das ist eine fürchterliche Tatsache. Aber, so ist ZINOWJEW überzeugt, alle Globalisierung würde *sofort* aufhören, wenn die US-Militärmaschinerie verschwände; die Globalisierung würde sich nicht weiter ausbreiten können, wenn es keine US-Truppen mehr gäbe. Sehen wir doch, was in Jugoslawien, im Kosovo, geschah: Unschuldige Leute wurden von den USA bombardiert, und wir konnten sie nicht schützen. Wir konnten auch nichts dagegen tun, daß die Länder von 5. Kolonnen in Teile zerstückelt wurden, auch mit Hilfe von internen Verrätern. Ähnliches passierte auch in Rußland: GORBATSCHOW, JELZIN und ihre Handlanger machten das Gleiche. In Jugoslawien haben Verräter das Land zerschlagen, freilich wurde hier auch die Methode des ›heißen Krieges‹ angewandt. Und nicht einmal im Zweiten Weltkrieg wurde derartig viel bombardiert! Eine andere Methode dieses Krieges bestand darin, öffentliche ›Figuren‹ wie Slobodan MILOSEVIC zu zerstören. Nur vereinzelt haben Persönlichkeiten gegen die Verhaftung und Auslieferung MILOSEVICS an das Haager Tribunal protestiert.[106]

Das Ziel des heißen Krieges dort war: Diese eine Person sollte für den Zusammenbruch als Sündenbock verantwortlich gemacht werden.

In Weißrußland versucht man, die Bevölkerung von der politischen Führung zu trennen und einen pro-westlichen Politiker an die Macht zu bringen. Die Opfer dieser ›Evolution des Krieges‹ ziehen es manchmal vor zu kapitulieren, sich zu fügen, weil sie keine Macht oder Mittel haben, dagegen zu opponieren.

Das Sozialsystem der UdSSR war besser als das heutige. Dieser Krieg ist für Rußland sehr gefährlich, denn die Opfer merken den Prozeß nicht, der sie zu Opfern macht; sie erkennen nicht, daß sie Opfer sind. Wenn es so weitergeht, wird Rußland in 30 Jahren 30 bis 50 Millionen Menschen verloren haben.

Wem hat Rußland das zuzuschreiben? Den USA! Sie erobern den ganzen Planeten. Man beschwichtigte die Russen, daß dies auch ihre

---

[106] Zum Beispiel Ramsey CLARK, ehemaliger Minister einer US-Regierung und Generalstaatsanwalt der USA (!) 1965–1967, Inhaber bedeutender Funktionen während der Präsidentschaft John F. KENNEDYS und Lyndon B. JOHNSONS, Verfasser zahlreicher und bekannter Werke, wie: *The Impact of Sanctions on Iraq, The U.S. Invasion of Panama, Metal of Dishonor – Depleted Uranium* (Die Folgen der Sanktionen im Irak, Die US-Invasion in Panama, Geächtetes Metall – Abgebranntes Uran (= Atom-Müll).

Märkte seien. Aber nach 10 oder 20 Jahren sehen sie, daß sie nicht den geringsten Anteil daran haben. Dieser neue Typ eines Krieges ist damit aber noch nicht zu Ende. Die endgültige, tödliche Schlacht wird in der Zukunft stattfinden. Das Zentrum dafür wird der Krieg mit China sein, dem kommunistischen Asien.

Rußland ist aber an seinem eigenen Schicksal interessiert. So hat es die Shanghai-Vereinbarung geschlossen. Die anderen Vertragspartner denken, daß Rußland eine der Mächte sei, die das Überleben der asiatischen Länder sichern können, daß es der Führer zerstörter Länder werden könne oder gar von China, das aber sehr stark ist.

Washington hat auf viele Jahre den Weg Rußlands vorausgeplant. In dem Krieg der USA gegen China hat Rußland von den USA die Rolle zugedacht bekommen, seine Menschen in die Schlacht zu schikken. In einer solchen militärischen Auseinandersetzung Rußlands mit China könnte es Hunderte Millionen an Toten geben. China könnte solche Verluste ersetzen, aber das würde Rußland auslöschen. Dieses Schicksal ist Rußland zugedacht: Es soll vom Erdboden verschwinden.

Dies seien keine Phantasien, es gebe dazu, sagte ZINOWJEW, eine Fülle von Dokumenten. Man betrachte Russen als »genetisch programmierte Kommunisten«, die auszutilgen seien. Eine ähnliche Verteufelung widerfuhr auch den Deutschen durch die anglo-amerikanische Kriegspropaganda! Mit derartigen Fälschungen und Dämonisierungen wird der Boden für das Dritte Schlachtfest aufbereitet.

USA und China

Die Deklination der ›ewigen Wahrworte‹ fehlt bei BRZEZINSKI auch nicht: Demokratisierung, Demokratie und »Parteienpluralismus«, Fortschritt und Machtübergabe an ein »jüngeres Team«, Menschenrechte, Meinungsfreiheit, verfassungsmäßige Regierung, um die »Erbschaft der 50jährigen doktrinären Diktatur« zu beenden. Wie das auf deutsch zu lesen ist, kennen wir inzwischen schon hinreichend.

Die Rolle der chinesischen Studenten wird auch angedeutet als Träger jener Ideen, denen der Keim zum Aufstand innewohnt. BRZEZINSKI betrachtet die 70 000 in den USA offensichtlich als potentielle »Agenten« der USA. Hier dürfte er sich – von Ausnahmen abgesehen – aber irren: Die Chinesen sind meist doch stärker von ihrer tausendjährigen Kultur eingenommen, der die USA gar nichts entgegenzusetzen haben. Sie sind damit eher die Vorhut einer chinesischen Weltmacht.

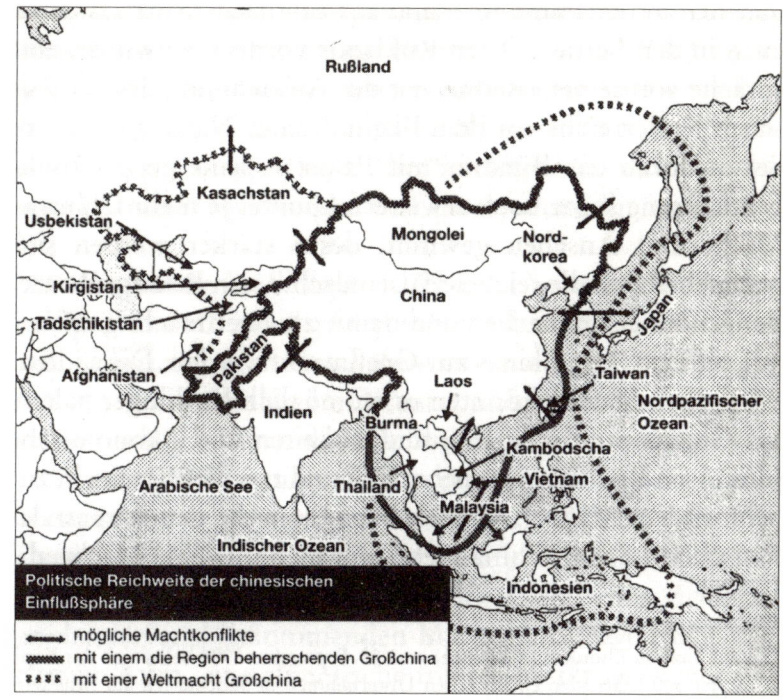

Rußland

Kasachstan

Usbekistan

Kirgistan

Tädschikistan

Afghanistan

Mongolei

Nord-
korea

China

Japan

Indien

Pakistan

Laos

Taiwan

Burma

Nordpazifischer
Ozean

Kambodscha

Arabische See

Thailand

Vietnam

Malaysia

Indischer Ozean

Indonesien

Politische Reichweite der chinesischen
Einflußsphäre

➤ mögliche Machtkonflikte
〰 mit einem die Region beherrschenden Großchina
✷✷✷ mit einer Weltmacht Großchina

*Politische Reichweite der chinesischen Einflußsphäre. Karte aus:
Z. BRZEZINSKI, Die einzige Weltmacht, Frankfurt ⁴2001, S. 242.*

Die USA sind sich dessen natürlich auch bewußt. Denn kurz darauf spricht BRZEZINSKI gänzlich anders von den Auslandschinesen:»Je
mehr China an Macht und Ansehen gewinnt, desto stärker werden
sich wahrscheinlich die reichen Auslandschinesen[107] Pekings Bestrebungen zu eigen machen und damit zu einer mächtigen Vorhut auf
dem Weg Chinas zur Großmacht werden. Die südöstlichen Nachbarn
könnten es womöglich für klüger halten, auf Chinas politische Emp-
findlichkeiten und ökonomischen Interessen Rücksicht zu nehmen.«
Das denken wir auch.

China ist immer noch ein armes Land. Die Zahl der Telefonan-
schlüsse, Autos, Computer, gar nicht zu reden von Konsumgütern,
ist im internationalen Vergleich sehr niedrig.

---

[107] Laut *Yazhou Zhoukan (Asianweek)* vom 25. 9. 1994 belief sich das Kapital der 500 führenden chinesischen Unternehmen in Südostasien auf insgesamt etwa 540 Milliarden Dollar. Andere Schätzungen liegen sogar noch höher: In ihrer Ausgabe vom November/
Dezember 1996 berichtete *International Economy*, daß das Jahreseinkommen der 50 Millionen im Ausland lebenden Chinesen ungefähr die oben genannte Summe erreichte
und somit in etwa dem Bruttosozialprodukt des chinesischen Festlandes entspreche.

Das könnte aber eine falsche Perspektive sein. ›Wir‹ können ohne diese oft gänzlich nutz- und wertlosen Dinge kaum mehr existieren, *die Chinesen können es.* Das dürfte aber in Zeiten der Not oder Krise eine unerhörte Stärke sein! BRZEZINSKI sagt voraus, daß China bis 2020 auch unter »optimalen« Bedingungen in den »maßgeblichen« Bereichen nicht wirklich konkurrenzfähig sein werde. Sind Konsum, Autos, Telefon usw. aber maßgeblich?

Bezüglich der Energiebedürfnisse sind die Stoßrichtungen Chinas klar: Es habe ein Interesse an der Unabhängigkeit der rohstoffreichen Länder Zentralasiens. 1996 hat China einen Vertrag mit Rußland, Kasachstan, Kirgistan und Tadschikistan über Grenz- und Sicherheitsfragen unterzeichnet. Solche Interessen haben auch die USA, solange sie ›draußen‹ sind! Das wird China wohl zu berücksichtigen wissen.

Er richtet sich angeblich weniger gegen das, was die USA tatsächlich tun, sondern gegen das, *was sie sind* und *wo sie sind.*

»Die USA sind nach Einschätzung der Chinesen die dominierende Weltmacht, deren bloße Gegenwart in der Region, gestützt auf die dominierende Macht in Japan, Chinas Einfluß eindämme.« Nach der Analyse der Forschungsabteilung des chinesischen Außenministeriums gelte: »Das strategische Ziel der USA besteht darin, ihre Hegemonie auf die ganze Welt auszudehnen, und sie können nicht hinnehmen, daß in Europa oder Asien eine Großmacht entsteht, die einmal ihre Führungsposition bedroht.«[108]

Demnach ist es Aufgabe der chinesischen Politik – gemäß SUN TSU, dem Carl VON CLAUSEWITZ Asiens –, die US-Hegemonie auf friedlichem Weg und unter Nutzung der US-Dogmen und Macht zu überwinden, ohne andere – etwa Japan – zu reizen. Die Ziele der chinesischen Geostrategie sind laut DENG XIAOPING (1994): »Erstens, Hegemoniestreben und Machtpolitik entgegenzuwirken und den Weltfrieden zu sichern; zweitens, eine neue internationale politische und ökonomische Ordnung aufzubauen.«

Ersteres richtet sich unmittelbar gegen die Vormachtstellung der USA, ohne eine militärische Auseinandersetzung zu riskieren, das zweite strebt eine Revision der Machtverteilung an, wobei man auf die Bestrebungen im Westen (Europa/Deutschland) und Osten (Ja-

---

[108] BRZEZINSKI, aaO., S. 244, FN 27: Song YIMIN, »A Discussion of the Division and Grouping of Forces in the World After the End of the Cold War.« (Diskussion über Aufteilungen und Gruppierungen der Truppen in der Welt nach dem Kalten Krieg), *International Studies* (China Institute of International Studies, Peking) 6–8, 1996. Daß diese Einschätzung Amerikas die Meinung von Chinas oberster Führung wiedergibt, belegt der Umstand, daß eine Kurzfassung der genannten Untersuchung am 29. April 1996 in dem in Massenauflage erscheinenden offiziellen Parteiorgan *Renmin Ribao* (People's Daily) erschien.

pan) setzt, die gegenwärtige Hackordnung zu ändern. Das mag bei uns nicht so scheinen, weil eine Clique eine Heloten-Politik verfolgt, aber China weiß vom Beharrungsvermögen der Völker und der Vergänglichkeit von ›Eliten‹. Chinas zweites Ziel bestimmt es, Konflikte mit den Nachbarn zu vermeiden. Die Verbesserung der Beziehungen mit Rußland kommt hier wie gerufen, da Rußland nun auch schwächer als China ist, was in der Vergangenheit ja gerade der Grund des Bruches war. Entsprechend haben beide Länder die NATO-Osterweiterung als »unzulässig« erklärt. Hier sind auch die indischen unterschwelligen Vorbehalte gegen die USA im Einklang mit den geostrategischen Interessen Chinas. Gleiches gilt für die Beziehungen zu Südostasien: Hier merkt BRZEZINSKI die »schrille antiamerikanische Rhetorik« des malaysischen Ministerpräsidenten MAHATHIR an. Freilich stellt sich heute heraus, daß der entschlossene Widerstand gegen die wirtschaftlichen Destabilisierungsabsichten der USA (über G. SOROS vorgetragen) MAHATHIR recht gab. Das Land hat sich wieder erholt und damit den Beweis erbracht, daß man sich überhaupt nur mit entschiedenen Maßnahmen gegen die neo-liberalen Räubermethoden behaupten kann.

BRZEZINSKI denkt laut darüber nach, daß China ein umfassendes Bündnis mit Rußland wahrscheinlich nicht eingehen würde, denn das hätte zur Folge, daß die US-japanische Partnerschaft fester würde und außerdem China sich von »relevanten Kapitalquellen und moderner Technologie ausschlösse«. Das muß wohl als versteckte Drohung aufgefaßt werden?

Öfter kommt man auf die auf SUN TSUS zurückgehende Strategie Chinas zu sprechen, »Amerikas Macht in der Region so weit zu schwächen, daß ein geschwächtes Amerika ein regional beherrschendes China als Verbündeten und schließlich sogar eine Weltmacht China als Partner brauchen wird«. Das soll weder eine Stärkung der US-japanischen Allianz noch die Übernahme der Rolle der USA in Fernost durch Japan provozieren. Man würde dies erreichen, indem man die asiatischen Länder an die militärische Rolle Japans erinnert, aber auch die USA!

In Chinas strategischem Kalkül kann die Vorherrschaft der USA nicht von langer Dauer sein. Militärs betrachten die USA als den erbittertsten Feind Chinas, man rechnet aber in Peking längerfristig mehr mit einer Isolation der USA, weil sie zu sehr auf Japan setzen. Damit steige die Abhängigkeit des Inselstaates, und die alten Meinungsverschiedenheiten und Ängste würden das ihre tun. Diese Entwicklung erlaube es China, die beiden Länder – USA und Japan – gegeneinander auszuspielen.

Japan

Die Entwicklung des amerikanisch-japanischen Verhältnisses ist also für die geopolitische Zukunft Chinas bedeutsam. Nun ist Japan auch ein Land, dessen Menschen an ihre Einzigartigkeit und Sonderstellung glauben, und ihre kaiserliche Mythologie (die die Amerikaner nach 1945 nicht »abschaffen« konnten) habe sie eine Lebensart in Isolation verteidigen lassen, »ehe sich die Welt im 19. Jahrhundert aufdrängte« (was wohl vor allem die amerikanische Blockade war, um die Öffnung zu erzwingen). Nach der vernichtenden Niederlage im Zweiten Weltkrieg »habe sich das japanische Volk ausschließlich auf den wirtschaftlichen Wiederaufbau konzentriert, ohne ein darüber hinausgehendes Selbstverständnis zu entwickeln.« Das könnte eine Fehleinschätzung sein.

BRZEZINSKI meint, daß nach den obigen oberflächlichen Darlegungen in Vergessenheit geraten sei, wie verwundbar Japan ist: Die geringsten Störungen im weltweiten Ressourcen- und Handelsfluß, nicht zu reden von Krisen der internationalen Stabilität, würden Japan hilflos ausliefern. Das mag stimmen, nur eine japanische (Wirtschafts- und Finanz-) Krise überstehen die USA am allerwenigsten.

Man muß sich in Erinnerung rufen, daß die amerikanische Fassung des genannten Buches vor einigen Jahren bereits erschien, noch *vor* den beinahe zu Kernschmelzen gewordenen Krisen des Weltwährungssystems. Es wird vor allem ein *Zusammenbruch der USA* werden, selbst wenn sich die Oligarchen und Plutokraten über Wasser halten sollten.

BRZEZINSKI streicht die Ähnlichkeit der Lage Japans und Deutschlands heraus, die einen im Westen, die andern im Fernen Osten. Beide seien die wichtigsten »Verbündeten« der USA, ja die Stärke der USA beruhte auf diesen (engen) Allianzen. »Beide Länder haben mächtige Militärapparate, aber sie sind nicht unabhängig. Deutschland sind die Hände durch die NATO gebunden, während Japan von seinen eigenen (obzwar die Handschrift Amerikas aufweisenden) Verfassungsvorbehalten und dem amerikanisch-japanischen Sicherheits-Abkommen in Schranken gehalten wird.«

Es ist eigentlich erstaunlich, wie deutlich und unverschleiert BRZEZINSKI all das darlegt. Ob es die Genugtuung des Siegers ist, den Sieg offen auszukosten, oder die Überheblichkeit des vermeintlich Unüberwindlichen, sei dahingestellt. Für uns ist es wichtig, daß er nicht drum herum redet und sagt, wie es die USA sehen, wie sie über die Sache *wirklich* denken und wie sie ihre Vorherrschaft zu organisieren und aufrechtzuerhalten gedenken. Wenn er zum Beispiel über die NATO sagt, daß die europäischen Verbündeten gleichgestellt seien und *formell* gegenüber den USA gegenseitige Beistandsverpflichtungen hätten, so stimmt das zwar, aber das kleine Wörtchen ›formell‹ wischt das Formelle einfach weg. Gerade bei der Betrachtung Japans wird die Lage Deutschlands so schön herausgestellt. Japan hätte kein Äquivalent wie Deutschland mit Frankreich, auch nicht mit Polen,»einem schwächeren, aber geopolitisch wichtigen Nachbarn«. Brzezinski könne sich in Korea solch ein Äquivalent wie Polen vorstellen.

Diese knappen Anmerkungen zeigen, welche Rolle Frankreich und Polen bei der ›Einbindung‹ Deutschlands zugedacht ist, aber wie Brzezinski dieses ›erfolgreiche‹ Konzept mittels Korea – dem US-Faustpfand am Kontinent – gegenüber Japan in seinen Gedanken wälzt. Die aber inzwischen vor aller Welt mit Staunen miterlebten Annäherungen von Nord- und Südkorea, die auch nicht durch von den USA eingeleitete ›Zwischenfälle‹ bisher gestört werden konnte, zeigen, daß auch hier die Uhr abgelaufen ist. In die Rolle eines Polen des Fernen Ostens wird man Korea nicht mehr drängen können.

Bei den verschiedenen Aspekten – auch Rußland-Japan – kommt er zum Schluß, daß Japan in der Region isoliert sei, was auf Deutschland nicht zutreffe.»Deutschland strebe sogar danach, in einer ›Einheit‹ aufzugehen, die größer ist als es selbst, nämlich in ›Europa‹«. Im Unterschied dazu gebe es kein vergleichbares ›Asien‹, obwohl sich in verschiedenen Ländern die ›Demokratie‹ durchgesetzt habe.

Nun, wir sind der Ansicht, daß es in Europa auch kein»größeres Ganzes« gibt, in dem ein Land wie Deutschland – das volkreichste Europas –»aufgehen« könne. Das ist nur eine Nachkriegsordnung, aber keine, die langfristig bestehen kann und wird.

Wir möchten noch – punktuell – ein paar Bemerkungen Brzezinskis herausgreifen. In Japan gibt es seiner Ansicht nach drei (eventuell noch einen weniger bedeutenden vierten) Hauptstandpunkte zur Rolle Japans auf der internationalen Bühne:

- die»unerschütterlichen« Verfechter eines Amerika zuerst,
- die globalen Merkantilisten,
- die weltoffenen Pragmatiker und
- die weltpolitischen Visionäre.

Die vierte Richtung würde von»herausragenden« Persönlichkeiten (z. B. Akio Morita von Sony)»mustergültig« demonstriert, wie wichtig es für Japan sei, sich weltweit für *moralisch wünschenswerte* Ziele einzusetzen.»Oftmals unter Berufung auf eine ›Neue Weltordnung‹

fordern die Visionäre. . . auf, eine führende Rolle in der. . . Beförderung eines wahrhaft humanen Programms für die Weltgemeinschaft zu übernehmen«. Das ist die Rhetorik der wahrhaft Erleuchteten, der Globalisten und Logen. Wenn sie immer als nachrangig heruntergespielt werden, so sind sie die wahrscheinlich wichtigsten Fädenzieher im anonymen Netzwerk der Macht.

Alle vier stimmen in einem Punkt überein: daß eine stärkere multilaterale asiatisch-pazifische Zusammenarbeit in Japans Interesse sei. Sie könne China im Zaume halten, die USA in asiatischen Angelegenheiten präsent halten, auch wenn die Vormacht schwindet, und die Ressentiments gegenüber Japan abbauen. Auf alle Fälle sind sich die vier Richtungen auch einig, daß diese »Bändigung« Chinas einer direkten Abwehrstrategie gegen China unter US-Führung vorzuziehen sei. Letzteres hat keine Anhänger, auch nicht in den verschiedenen Inselstaaten.

Aber auch eine enge Bindung China–Japan wird nicht besonders gutgeheißen. Zögen sich die USA zurück, gerieten Taiwan und Korea unter chinesische Herrschaft, Japan wäre auf Gedeih und Verderb China ausgeliefert. Da auch Rußland an den Rand gedrängt sei (und in Japan nicht sehr geachtet sei), gebe es zum Grundkonsens, daß die Bindung Japans an die USA die Lebensader sei, keine Alternative. Ohne sie könne Japan weder seine Ölversorgung sichern, noch sich vor der chinesischen oder koreanischen (!)[109] Atombombe schützen. Soweit BRZEZINSKI. Ist das aber so? Wer bedroht(e) wen mit Atombomben?[110] Wer hat sie schon einmal eingesetzt? Wer nutzt(e) seine Marktmacht und sein Monopol für politische Erpressungen? Bisher sind nur Beispiele mit den USA bekanntgeworden.

Was also BRZEZINSKI schlußfolgert, ist eine Rolle Japans, die vor allem den Zwecken der USA am besten diente. Eine Weltmacht komme nicht in Frage, da dies eine regionale Basis voraussetze, also wäre es am besten, Japan setzte sich für die Schaffung effektiver Institutionen ein und würde sich in Ruhe seiner neuen, weltweit einflußreichen Aufgabe widmen. Ähnlich Kanada, das seinen Einfluß und seine Macht konstruktiven Zwecken widme. »Zum größeren Ruhm – der USA!

---

[109] Mit solchen Verdächtigungen wird man zum *rogue-state* (Schurken-Staat) und Ziel von *preemptive strikes* (Präventivangriffen).

[110] Zuletzt die USA/NATO im Jugoslawienkrieg: *The Sunday Telegraph* vom 2. 5. 1999: »*NATO must go nuclear*« (Die NATO muß Atomwaffen einsetzen), und dann bei den vom ›Vermittler‹, dem finnischen Präsidenten M. AHTISAARI, überbrachten G8-Vorschlag. Auf die Frage, was passieren würde, wenn Jugoslawien nicht einlenkte, antwortete er:»Belgrad würde dem Erdboden gleich gemacht werden«. Auch hier die Drohung mit Atomwaffen – in Europa!

Anpassung an die geopolitische Lage

BRZEZINSKI beendet seine Betrachtungen mit der »Anpassung an die geopolitische Lage«, die ein dreiseitiges Machtgleichgewicht sein solle. Nur so würden die USA in der Lage sein, im Osten des eurasischen Festlands ein Äquivalent zu Europa an der westlichen Peripherie zu schaffen. Doch ein ›demokratischer‹ Brückenkopf auf dem östlichen Festland würde noch auf sich warten lassen. Das wäre beruhigend, denn was Europa in der Tat ist, hat BRZEZINSKI ja in Wien deutlich gemacht: ein Protektorat der USA.

In bezug auf China möchte BRZEZINSKI dem nationalen Ehrgeiz die Spitze nehmen, indem man es bei den G7-Gipfeln hinzuzöge – wohl mit Einbindung in die WTO. Er billigt China aber keine großen geostrategischen Optionen zu. Der anhaltende wirtschaftliche Erfolg benötige weiterhin Kapital und Technologie aus dem Westen sowie den Zugang zu ausländischen Märkten.[111] Ein Bündnis mit dem instabilen Rußland würde Chinas wirtschaftliche und geopolitische Aussichten nicht verbessern. Eine »anti-hegemoniale« Koalition wäre eine der Armen, die sie lange dann auch blieben. Er pocht auch auf die gemeinsamen Interessen bezüglich des Öls – also freier Zugänge – und darauf wegen der »Aufrechterhaltung der politischen Stabilität mit Amerika an einem Strang zu ziehen«.

Er befürwortet, alle diese Fragen in einem offenen, anhaltenden strategischen Dialog auszuloten. Die zu behandelnden Themen seien:[112]

1. friedliches Südostasien,
2. kein Einsatz von Gewalt bei der Lösung von Grenzfragen,
3. friedliche Wiedervereinigung Chinas,
4. Stabilität Koreas,
5. Unabhängigkeit Zentralasiens,
6. Gleichgewicht zwischen China und Pakistan,
7. wirtschaftlich dynamisches und international gutartiges Japan,
8. stabiles und nicht zu starkes Rußland.

Das klingt friedlich, nur bedeutet diese vordergründige Rhetorik nichts. Es sind nur andere Umschreibungen der US-Ziele zur Erhaltung der Vorherrschaft über die Welt.

---

[111] Das ist die Frage. Wozu denn bei einem Binnenmarkt von 1,2 Mrd. Menschen? Nicht China braucht den ›offenen Markt‹, sondern die USA und die westlichen Industrienationen, um ihre Kapazitäten auszulasten und weiter ›wachsen‹ zu können.

[112] Von Z. BRZEZINSKI 1996 vorgeschlagen, und zwar bei einem Treffen mit Chinas Topexperten für Fragen der nationalen Sicherheit und Verteidigung.

Zum Beispiel ist die »Wiedervereinigung« Chinas, also Taiwans mit dem Mutterland, ein Faustpfand für die »legitime« US-Einmischung in chinesische Angelegenheiten. BRZEZINSKI betont, daß die »gewaltsame Eingliederung« für das Ansehen der USA so verheerend wäre, daß sie das nie zulassen könnten. Er sagt aber auch, daß niemand ein besonderes Interesse an einem unabhängigen Taiwan habe. Aber es verschaffe den USA einen Vorwand, wegen »Menschenrechte«, sich in innere Angelegenheiten Chinas einzumischen, ohne daß man einen Vorwurf erheben könne! Das ist es also: Vorwand, Kriegsmittel, Kriegsgrund, wenn nötig oder zweckmäßig. Taiwan ein Tauschobjekt der USA. Wiedervereinigung, wenn es der Bevölkerung »materiell besser gehe und demokratische Reformen« stattgefunden haben. Also, wenn die Chinesen »fett und blöde« geworden sind, wie es CHURCHILL schon für die Deutschen empfohlen hatte, um ihnen den Willen zur Selbstbestimmung über ihr Schicksal – erfolgreich – auszutreiben.

BRZEZINSKI beschwört Japan geradezu, »es würde um so wichtiger, sich auf der Seite Amerikas einer auf politischem Gebiet ebenso befriedigenden wie auf wirtschaftlichem Gebiet segensreichen globalen Aufgabe zu widmen. . . In Wirklichkeit sollte Japan Amerikas globaler Partner sein, der mit ihm *das neue Programm der Weltpolitik* in Angriff nimmt«. China sollte aber der fernöstliche Anker sein, der im Osten das ist, was Europa im Westen ist. Ist das ›Balance of Power‹ und Einkreisung Rußlands?

Schlußfolgerungen

BRZEZINSKI stellt fest, daß Amerika heute die einzige Supermacht auf Erden sei – und Eurasien der zentrale Schauplatz.

Wenn das, was hier offen zutage liegt, einmal den Menschen ins Bewußtsein käme, die Vorherrschaft der USA über Europa würde nicht länger aufrechtzuerhalten sein. Es müßte uns wie Schuppen von den Augen fallen, daß wir als Lakaien einer Herrschaftsmacht dienen und im Ernstfall *ihre* Kriege zu führen hätten. Der große Vorteil ist, daß dies authentische Sichtweisen der US-Politik sind. Hätte es ein Nichtamerikaner oder ein Nichtberechtigter geäußert, man könnte es abtun mit der Abneigung eines ›Tributpflichtigen‹, ähnlich dem Fuchs, dem die Trauben zu sauer sind.

Dieses *ist* aber authentisch und für uns bedeutsam, weil es die tatsächliche Lage darstellt und zeigt, welches Los uns weiter zugedacht bleibt – ein Thema, über das uns die herrschenden ›Eliten‹ und die gleichgeschaltete Presse seit Jahrzehnten belügen und betrügen.

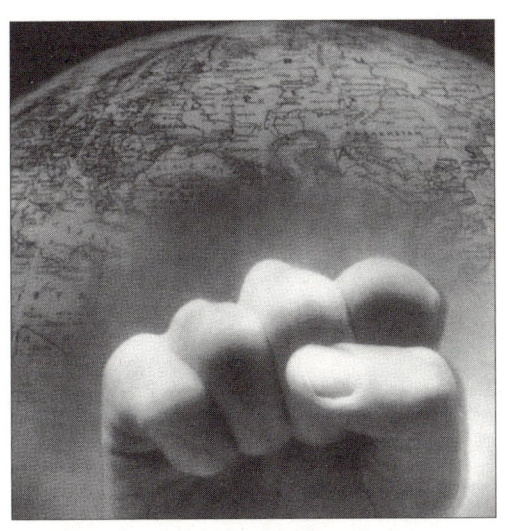

Das Konzept vom
Clash of Civilizations (CoC)

Huntingtons Ausgangslage

Der Zusammenprall der Kulturen

1996 publizierte I. AHLERS einen außerordentlich aufschlußreichen Artikel über»rechtsintellektuelle Deutungsmacht und okkupierende Theoriebildung«[113] als Anmerkungen zum»Zivilisations-Paradigma« von Samuel P. HUNTINGTON unter dem Titel:»Das Konzept vom *Clash of Civilizations (CoC)*«.

HUNTINGTON stellte ja bekanntlich im Jahre 1993 im einflußreichen Magazin *Foreign Affairs* einen Aufsatz mit den Titel»The Clash of Civilizations?«[114] vor. Es handelt sich um eine Theorie, die die globalen Konflikte des 21. Jahrhunderts sich entlang»kultureller«Grenzlinien entwickeln sieht, wobei wirtschaftliche oder»ideologische«Gründe dafür nicht maßgeblich sein würden.»Der Zusammenprall der Kulturen wird die Weltpolitik bestimmen. Die Bruchlinien zwischen den Kulturen werden die künftigen Kampflinien sein.«[115]

Um seine Bruchlinien,»*fault lines*« – eine neue Art von»*amity lines*«(Freundschaftslinien) – zu beschreiben, teilt HUNTINGTON die Erde in eine»imaginierte Zivilisations-Geographie«ein, wobei im anglo-amerikanischen Sprachgebrauch ›Zivilisation‹ und ›Kultur‹ ohnehin gleichbedeutend verwendet werden. Er zählt dabei acht»*civilizations*«(Kulturen/Zivilisationen) auf:«Der Westen, die japanische, die islamische, die Hindu-, die slawisch-orthodoxe, die latein-amerikanische und möglicherweise die afrikanische Kultur.«[116]

Was eine Zivilisation ausmacht, sei ihm zufolge»der am weitesten gefaßte Rahmen der Identität von Menschen. . . Die Kultur definiert sich sowohl durch gemeinsame objektive Elemente – wie Sprache, Geschichte, Religion, Gebräuche, Institutionen – wie durch das subjektive Selbstverständnis der Menschen, die in ihr leben«.[117]

---

[113] Wir geben hier eine weitgehend am Originalartikel von I. AHLERS vom Oktober 1996 orientierte Zusammenfassung, da es uns unter der unten angegebenen Anschrift leider nicht möglich war, um eine ungeänderte Abdruckerlaubnis nachzusuchen. Korrespondenzanschrift des Autors: Prof. Dr. Ingolf AHLERS, Institut für Politische Wissenschaft, Universität Hannover, Schneiderberg 50, D-30167 Hannover, E-Mail: via g.behrendt@mbox.ipw.uni-hannover.de

[114] Samuel P. HUNTINGTON,»The Clash of Civilization?«(Kampf der Kulturen), in: *Foreign Affairs*, Sommer 1993, S. 22–47.

[115]»*The clash of civilization will dominate global politics. The fault lines between civilizations will be the battle lines of the future.*«(S. 22)

[116]»*The Western, Confucian, Japanese, Islamic, Hindu, Slavic-Orthodox, Latin American and possibly African civilization.*«(S. 25)

[117] Samuel P. HUNTINGTON,»Kampf der Kulturen«, in: *Zeit-Punkte: Nach uns die Asiaten? Die pazifische Herausforderung*, Hamburg 1995, S. 12.

AHLERS zeigt auf, daß diese weit gefaßte Definition von HUNTINGTON immer weiter eingeschränkt wird, wobei diesen »kulturellen Entitäten« eine metaphysische Substanz zugeschrieben wird, die sich letztlich auf Religion und ethnische Identität beschränkt (»Religion verstärkt das Wiederaufblühen ethnischer Individualitäten.«[118]) und sich im Begriff »kultureller Gemeinsamkeit«[119] konzentriert.

Am Ende dieser Argumentation steht als archaisches Bindeglied für Gemeinschaften: »Kultur ist, wofür man zu sterben bereit ist. . . Was am Ende für die Menschen zählt, sind nicht die politische Ideologie und die wirtschaftlichen Interessen. Vertrauen und Familie, Blut und Überzeugungen sind es, die Menschen bestimmen und wofür sie kämpfen und sterben werden.«[120] Also, einen Kulturkreis definiert das, wofür man zu sterben bereit ist.

In systematischer Weise entstehen bei HUNTINGTON die Kulturen im CoC, die jene von ihm neu entdeckten Attribute der Gemeinsamkeit als »Invarianten der *nichtwestlichen* Weltkulturen«: Familie, Glaube und Blut, herausstellen. Damit erscheinen die kollektiven, anthropologisch begründeten Identitäten der anderen festgefügt, unantastbar und gewissermaßen ewig. Ausgenommen von *dieser* Grundlegung der Kulturen – nach AHLERS: eine geokulturelle Primitivierung des Internationalen Systems – ist, wie zu erwarten, die westliche. Dieses Herausgehobensein, das in der Besonderheit des aus politischer Vernunft begründeten Wertesystems liegt, läßt den ›Westen‹ gegen den ›Rest der Welt‹ in einem globalen Kampf stehend erscheinen.

»Oberflächlich betrachtet hat sich die westliche Kultur gegen den Rest der Welt durchgesetzt. Grundsätzlich jedoch unterscheiden sich westliche Vorstellungen ganz entscheidend von denen, die in anderen Kulturen vorherrschen. Die westlichen Ideen des Individualismus, des Liberalismus, von Gleichheit, Freiheit, Rechtsstaatlichkeit, Demokratie und Handelsfreiheit und der Trennung von Staat und Kirche finden oft nur wenig Widerhall in nichtwestlichen Kulturen.[121] Versuche des Westens, solche Ideen zu propagieren, provozieren statt dessen eine Abwehrhaltung gegen den Menschenrechtsimperialismus und eine Rückversicherung auf die ureigenen Werte.«[122]

---

[118] Siehe Anmerkung 116.

[119] *»civilization commonality«*. (S. 35)

[120] Samuel P. HUNTINGTON, »If not civilizations, what? (Wenn nicht Kultur, was dann?) Paradigms of the post-cold war world« (Paradigma der Welt nach dem Kalten Krieg), in: *Foreign Affairs*, November/Dezember 1993, S. 186–194, hier S. 194.

[121] Diese von HUNTINGTON offenbar ausschließlich für die ›westliche Kultur‹ festgemachten Attribute sind freilich erst rund 200 Jahre alt; nämlich ›Errungenschaften‹ der Aufklärung, sie kamen mit der Französischen Revolution in Europa auf. Damit übersieht HUNTINGTON, daß die europäische Geschichte wesentlich älter ist und gerade in einigen anderen die

Damit wird ersichtlich, daß in HUNTINGTONS Zivilisationsmodell eine Grundlegung für die aggressiv-militante Selbstbehauptung des Westens bei gleichzeitigem Aufbau eines Bedrohungsszenarios erfolgt. Der Westen – genaugenommen sollte man nur von den USA sprechen, da die anderen ›westlichen Staaten‹ nach BRZEZINSKI ohnedies nur tributpflichtige Vasallen sind – müsse sich »zusehends auf diese nichtwestlichen, modernen Kulturen einstellen, deren Macht mehr und mehr an die des Westens heranreichen  wird, doch deren Werte und Interessen sich deutlich von den nichtwestlichen unterscheiden«. Daher müsse »der Westen jene wirtschaftliche und militärische Macht bewahren,... um seine Interessen gegenüber diesen Kulturen zu schützen«.[123]

Das sind also Ausgangspunkte für AHLERS' Untersuchung wesentlicher Gesichtspunkte des CoC. Es ist dies ein machtbezogener Anspruch, die westliche (= USA) Vormachtstellung im geokulturellen Kampf um Geschichte, Kultur und Identität festzulegen. Es verbänden sich das »kulturgeographische Klassifikationsmodell und die Instrumentalisierung von Kulturen mit dekadenz-›analytischen‹ Theorievorstellungen«. Damit ist HUNTINGTONS Absicht weniger darauf gerichtet, die Kulturen der anderen als Kultur zu verstehen, sondern ist Ideologie zur Unterstützung des Kampfes um die Behauptung der »nationalen (US-)Interessen«: »die (Forschungs-)Ergebnisse der Olin-Institute zielen auf ›das sich ändernde Sicherheits-Umfeld und die amerikanischen Nationalinteressen‹ ab«.[124] CoC reiht sich damit würdig in die Tradition US-amerikanischer Theoriebildung ein, deren ausschließliches Ziel die Durchsetzung globaler Herrschaftsinteressen ist.

Beleg dafür ist der schon seit dem Frühjahr 1996 gestartete »Kreuzzug gegen den Terrorismus auf internationaler Ebene«. (Man hat das schon fast wegen der aktuellen Ereignisse verdrängt. Man erkennt

---

bei weitem stärksten Wurzeln hat: die griechisch-römische Klassik/Antike, das Christentum und das germanisch-deutschen Erbe. Aus heutiger Sicht ist die Entwicklung seit der Französischen Revolution geradezu als *Irrtum der abendländischen Geschichte* zu betrachten. Was HUNTINGTON hier als kennzeichnendes Merkmal nimmt, trifft auf die USA zu, wobei vielleicht offen bleibt, was hier wirklich so gemeint und was ganz einfach Instrumentierung zur vordergründigen Begründung des imperialen Machtanspruches ist.

[122] HUNTINGTON, »The Clash of Civilization?«, aaO., S. 15.

[123] Ebenda.

[124] Ebenda, S. 22: »das Ergebnis des Olin-Projektes über ›The Changing Security Environment and American National Interests‹ (Das wechselnde Sicherheitssystem und Amerikas nationale Interessen).«

hierbei aber, mit welchem Vorlauf die US-Politik auf jene Ereignisse zusteuerte, die dann ganz anderen in die Schuhe geschoben werden.) Daß diese nahöstlichen ›Reiche des Bösen‹ (damals noch: Libyen, Syrien, Iran, heute bereits auch Saudi-Arabien!) alle jener Zivilisation angehören, die auch im CoC als der ärgste Widersacher und Feind des Westens angesehen wird, nämlich der islamischen mit ihrer »*blutigen Ordnung*«, hängt natürlich mit deren zufälliger geographischer Lage und damit ihrem Ölreichtum allein zusammen.[125]

AHLERS erwähnt: »In einem Buch über die Militarisierung der USA schreibt der Historiker Martin SHERRY, die Amerikaner seien dermaßen an den Krieg gewöhnt, daß ein Ende ihnen fast unvorstellbar scheint. Ständig sind sie auf der Suche nach einem neuen Feind.«[126] Wie ›gut‹ ihnen das gelingt, zeigen wir ja in einem Kapitel, das den »Ausbruch des Weltfriedens seit 1945« belegt.

Der Rechtsintellektuelle und die Macht

Samuel P. HUNTINGTON, den der Göttinger Islamwissenschaftler und einer seiner Verfechter in Deutschland, Bassam TIBI, als »erste internationale Autorität seines Faches« bezeichnet, hat in dessen Augen mit CoC einen »bahnbrechenden Aufsatz« geschrieben, welcher nicht nur neue Perspektiven für die Wissenschaft von den internationalen Beziehungen aufzeigt, sondern vor allem der Politikberatung, »die in Harvard zum selbstverständlichen Alltag gehört«,[127] neue Impulse verleiht. Für TIBI ist CoC das langersehnte »alternative Erklärungsmodell«, das gleichermaßen Einsichten »in die neue globale Dimension und in die Regionalisierung der Weltpolitik und damit einen Ausweg aus der analytischen Sackgasse« bietet.[128]

AHLERS teilt diese Einschätzung überhaupt – und völlig zu Recht[129] – nicht und bezeichnet sie als »intellektuelle (Selbst-)Bornierung, welche dieser unkritischen Lobhudelei TIBIS innewohnt, wenn man bei-

---

[125] Was die USA natürlich nicht hindert(e), den Krieg in Jugoslawien über die politische und vor allem militärische Unterstützung der muslimischen Albaner und Bosnier, die Destabilisierung Rußlands in der Region des Kaspischen Beckens und desgleichen in Tschetschenien über islamische ›Freiheitsbewegungen‹, die kulturelle und wirtschaftliche Unterminierung Europas über die Forderung des Beitritts der Türkei zur EU zu fördern, gleichzeitig aber den Islam als ›fundamentalistischen Todfeind‹ des ›Westens‹ zu diffamieren.

[126] Alain GRESH, »Neuer Kreuzzug«, in: *Le Monde diplomatique*, September 1996, S. 1.

[127] Über die wohltuende Wirkung Harvardscher und anderer Politik-Beratung wurde ja an anderer Stelle schon ausführlich berichtet.

[128] Vgl. Bassam TIBI, *Krieg der Zivilisationen. Politik und Religion zwischen Vernunft und Fundamentalismus*, Hamburg 1995, S. 43.

[129] Wer ist Bassam TIBI? Ein Syrer aus alter Familie, Peter SCHOLL-LATOUR meinte ein Alawite, wie die gesamte syrische Elite. Die nach außen liberalen Alawiten – mit ihrer Geheimlehre, die kein Außenstehender wirklich zu kennen scheint – sind der Ursprung der türkischen Freimaurer. Seinem Aussehen nach hätte er von den Seevölkern oder Phöniziern abstammen können. Er studierte unter anderem in Deutschland, ist Universitätsprofessor in Göttingen für »Internationale Beziehungen«, merkwürdigerweise ist dieses Fach an der Sowi-Fakultät angesiedelt. Seit über zehn Jahren ist er auch Gastprofessor in Harvard. Autor zahlreicher Bücher – er schreibt sie schneller, als man sie selbst lesen könnte – und dabei überall auf der Welt. Deutscher Staatsbürger.

So ist er auch Mitglied des Programm-Komitees des *World Economic Forum* Davos, einer der größten Vergatterungen der Mächtigen der Welt in Sachen Globalisierung, d. h. ›One World‹. Außerdem ist er Gründungsmitglied einer Organisation für islamisch-jüdisch-christliche Zusammenarbeit oder so ähnlich. Jedenfalls einer »Initiative«, die auf der »spirituellen Ebene« in Richtung »Welt-Ethos«, etwa des häretischen Theologen Hans KÜNG, operiert und die in völliger Übereinstimmung mit den Zielen der dem »Humanismus und Universalismus« verpflichteten Freimaurerlogen steht. Deren »Großer Baumeister aller Welten« – ein abstraktes, unpersönliches Etwas als falscher und verwirrender ›Gottes‹begriff – jeden ›Gott‹ – Allah, Jahwe und *angeblich* den dreifaltigen Gott[140] der Christen – hier hineinzudichten erlaubt. Diese Initiative ist ersichtlich eine *masonische*. Er gehört auch – als Gründer – einer Organisation an, die sich den »islamischen Menschenrechten« widmet. Menschenrechte aller Orten! Jenes humanistische Anliegen, mit dem heute die Welt bombardiert wird, wenn es den USA oder den Globalisten nötig erscheint, sich irgendwo einzumischen oder zu deren ›Wahrung‹ ein wenig Krieg zu führen. ›Peace-making‹ (Frieden-stiften) heißt es ja korrekt, ist doch der Krieg abgeschafft. Siehe Irak und Kosovo, und neuerdings die Drohungen gegen alle Staaten auf Condoleezza RICES Liste der Schurken-Staaten!

TIBI wird in der ganzen Welt herumgereicht, ist Kolumnist in allen ›großen Zeitungen‹ (also den liberalen, d. h. denen *libintern*schen Zuschnitts). Er ist ununterbrochen an allen Enden und Ecken der Welt und findet überall offene Türen.

Wenn man ihm zuhört, erfährt man, was alles er schon geschrieben hat, wen alle er kennt, wo er eben war oder schon wieder hinzufahren im Begriff ist. Ein Weltbürger, wie ihn die Grande Revolution nicht besser erfunden haben könnte. Nach eineinhalb Stunden des Quasselns weiß man freilich immer noch nicht, *was* er eigentlich gesagt hat oder ob er überhaupt etwas gesagt hat. Von jenen Bereichen, in denen er vorgibt zu forschen, bekommt man im persönlichen Gespräch den Eindruck, daß er nicht die allergeringste Ahnung hat, außer eben von jenem Gewäsch, das die zeitgeistigen Medien auch füllt; nur im Fall TIBI ist es noch um einiges oberflächlicher, inkonsistenter und anbiederischer. Man kann sich kaum vorstellen, daß diese akademische Multifunktionalität Ergebnis eigener Anstrengungen oder gar ›wissenschaftlicher Leistung‹ sei. Hier wurde und wird wohl Regie geführt. Als Lakai der Einweltler reist TIBI mit deren Botschaft herum. Die Diskont-Professur in einem lächerlichen Fach ist bestenfalls akademische Verzierung, die zum Türöffnen dient. Harvard macht sich hier besonders gut. (Doch, wie man inzwischen weiß, ist es eine jener Giftküchen, in denen die Räuberleitern der Globalisten angefertigt und vorrätig gehalten werden.) Die Botschaft ist dementsprechend: ›Chancen‹ der Globalisierung, ›dritter Weg‹ in der Immigration, religiös-spirituelles Mischmasch ohne die geringste Ahnung, was die jeweilige Substanz irgendeines Bekenntnisses ausmacht, humanitäres Gedröhn usw. Mit einem Wort *Libintern* pur. Kurzum für die, die es immer noch nicht kapiert haben: TIBI, ein Reisender in Sachen freimaurerischer ›Humanität‹ und ›One World‹! Seinen Grad hatte er uns nicht verraten. Aber immerhin so viel, daß *ihm* beim WEF *keine* Freimaurer aufgefallen wären!

spielsweise an die theoretischen Ansätze eines Fernand BRAUDEL und Immanuel WALLERSTEIN auf dem Gebiet einer politischen Ökonomie des Weltsystems und der Weltgesellschaft denkt«. Worum es tatsächlich geht, ist die »künstliche Erzeugung von (angeblich) wissenschaftlichen Debatten, mit denen man Geld verdienen, Furore machen und westliche Weltanschauungen durchsetzen kann«.

Die neoliberale Nivellierung erstreckt sich dabei weltweit auf die die Macht betreffenden Themen: Fundamentalismus, Zivilisation und Globalisierung. Um die ›Ergebnisse‹ der amerikanischen ›wissenschaftlichen‹ Forschungen überhaupt verstehen zu können, ist es von größter Wichtigkeit, die vernetzten Zusammenhänge jener ›Think Tanks‹ (Denk›fabriken‹) zu kennen, die nicht nur aus Council of Foreign Relations (CFR), Bilderbergern, Trilateraler Kommission (TC) oder ähnlichen bekannten Namen bestehen.

HUNTINGTON gehört zu jenen Intellektuellen, die im globalen Wissenschaftsspiel von Theorie, Politik und Ideologie auf seiten der US-Macht und ihrer außenpolitischen Interessen stehen. Er ist Direktor des John M. Olin-Instituts für Strategische Studien an der Harvard-Universität. Dieses Institut ist eine Stiftung aus dem Industrievermögen des Olin-Chemiekonzerns, der auch Forschungseinrichtungen für Recht, Wirtschaft und Demokratie in Yale, Stanford und Chicago fördert. Bei diesem Sponsoring geht es nicht um ›Peanuts‹, sondern um dreistellige Millionensummen. Die Olin-Stiftung verfolgt mit dieser Wissenschaftsförderung das Ziel, jene »wirtschaftlichen, politischen und kulturellen Institutionen zu stärken, auf denen die Privatwirtschaft beruht«.

Die Olin-Institute sind Teil eines Stiftungsverbundes rechtsintellektueller[130] Forschergemeinschaften, zu denen als weitere wichtige die ›Heritage Foundation‹, das ›American Enterprise Institute‹, das ›Manhattan Institute for Policy Research‹, die ›Ford-Stiftung‹ und die ›Bradley-Stiftung‹ gehören.

---

[130] Wir finden diese Einteilung AHLERS' nach der Sitz-Geographie des Parlamentarismus im ausgehenden 19. Jahrhundert für unzweckmäßig, um nicht zu sagen: irreführend. Merkwürdigerweise bezeichnet man ja hier – Europa, Deutschland – den Nationalsozialismus auch als ›rechts‹, trotz des ›Sozialismus‹ im Parteinamen. Wenn man wiederum die Einordnung von ›Christen‹, Konservativen, Nationalen – allesamt eigentlich keine Internationalisten – als rechtsstehend nimmt, so kann sich der Autor keinen größeren Gegensatz und ideologische Feindschaft zum globalen Kapitalismus amerikanischer Prägung denken.

Im übrigen ist zwischen Europa und Amerika hinsichtlich der politisch-ideologischen Begriffe festzustellen, daß sie oft geradezu gegenteilige Bedeutungen tragen, was ja oft genug zu Verständnisschwierigkeiten führte.

Gleiche Begriffe – unterschiedliche Bedeutung

An dieser Stelle ist es nötig, auf eine Erkenntnis E. WALTERS aus den sechziger Jahren zu verweisen.[131] Trotz der dazwischen liegenden Zeitspanne wird ein wichtiger Gesichtspunkt beleuchtet, der uns bezüglich der politischen Einordnung – ›rechts-links‹ – bedeutsam erscheint. WALTER führt aus, daß zwischen den amerikanischen und kontinental-europäischen ›liberalen‹ Gesinnungskollegen heute kein Vertrauensverhältnis besteht. Die Ursachen werden in der unterschiedlichen geschichtlichen Umwelt, in der sich die beiden einstmals gleichgerichteten Ideenbilder entwickelten, vermutet.

»Der europäische Liberalismus wandte sich immer gegen das Überhandnehmen staatlicher Einflußnahme, denn sie bildete ein Hauptproblem in den monarchischen Staaten des 19. Jahrhunderts, wie auch später während der auf anderen Gebieten so nutzbringenden Entfaltung des Sozialismus. In den Vereinigten Staaten hingegen war und ist[132] die Frage staatlichen Übergriffes auf die Bewegungsfreiheit des einzelnen von untergeordneter Bedeutung. Dafür aber bildete dort das Wachstum eines auf machtvollen privaten Wirtschaftseinheiten gegründeten totalitären Plutokratismus von jeher eine Bedrohung der Freiheit. Amerikanische Liberale sahen daher zu jeder Zeit im demokratischen Staat das einzig wirksame Gegengewicht und ihren stärksten Verbündeten. Politisch stehen sie aus diesem Grund am *rechten Flügel der Linken*, und ihre Tätigkeit erscheint europäischen Gleichgesinnten *sozialistisch*. . .

Diese unter dem Einfluß verschiedener Umwelten entstandene Störung des Vertrauens hatte nun für beide Teile recht unglückliche Nachwirkungen. Auf der einen Seite übertrug die amerikanische liberale Elite die eigene wirtschaftliche Umgebung und geschichtliche Entwicklung auf die internationale Bildfläche und führte sie nach Jalta, während die liberale Schule Europas durch ein entgegengesetzt konditioniertes Denken in den geistigen Bannkreis eines neureichen und heimatlosen Industrie-Plutokratismus geriet. . .

Sicher, das grundsätzliche Denken des Europäers W. RÖPKE und des Amerikaners A. BERLE entspricht noch immer einer gemeinsamen Geisteshaltung. Zwischen den konkreten Schlüssen aber, welche sie aus der Analyse der sie umgebenden Gesellschaft ziehen, besteht heute

---

[131] Elmar WALTER, *Kapitalismus im Übergang.*
[132] *Tempora mutantur!* (So ändern sich die Zeiten). WALTERS Urteil ist von den Eindrücken der sechziger Jahre geprägt. Heute sind die USA dabei, mit *Executive Orders* (Präsidentenerlasse) die totale Diktatur zu errichten.

eine kaum *überbrückbare* Kluft.[133] Mit Ausnahme der europäischen Emigrantenschulen, welche auf einigen amerikanischen Universitäten das liberal-konservative Gedankengut der Alten Weit vertreten, sind diese Schlüsse in den USA nämlich liberal-sozial und weisen nach links, wo heute, nach wie vor, fast alle Leitdenker unter den amerikanischen Nationalökonomen stehen. Auch der Neuengländer J. GALBRAITH, der Franzose J. RUEFF und der Exeuropäer F. VON HAYEK sprechen über dasselbe Ziel mit den gleichen Worten. Sie tun dies aber in recht verschiedenen Zeitungen – die Professoren der Alten Welt in solchen, die der Amerikaner als ›reaktionär‹ bezeichnet, der Amerikaner in jenen, die der Europäer ›rot‹ nennt. Der allgemeine ideologische Klang ihrer Darlegungen ist wohl harmonisch, aber die Lösungsvorschläge trennt eine Welt. . .

Sogar gesinnungsoffenen Europäern bereiten deshalb die Gedanken amerikanischer Liberaler zunächst Schwierigkeiten, wie dies bei Betrachtungen derselben Frage aus verschiedenen Warten eben häufig der Fall ist. Ein längerer Aufenthalt in den Vereinigten Staaten läßt uns aber bald ihr Anliegen verstehen. . . auch deshalb, weil die konservative Opposition in den USA sich zwar der weltanschaulichen Unterstützung durch die europäischen liberalen Schulen rühmt, es aber vorzieht, deren moderne wirtschaftswissenschaftliche Erkenntnisse zu ignorieren. Das genauso, wie sie es augenscheinlich vermeidet, die neugewachsenen Tatsachen ihres eigenen Volkskapitalismus mit etwas anderem als einer steten Wiederholung seit langem inhaltslos gewordener Ausdrücke zu beleuchten. Wie eingangs erwähnt, ist nun anzunehmen, daß im Fall ihrer materiell erfolgreichen Weiterentwicklung die gegenwärtige Wirtschaftsstruktur der Vereinigten Staaten in ihren Grundzügen wohl auch einmal, und wenn auch vielleicht nur zeitweilig, die Westeuropas sein wird.[134] Hiermit werden dann aber auch die Probleme für Europa an Bedeutung gewinnen, denen sich der amerikanische Liberalismus schon seit langem gegenübersieht.«

Mit diesem Hinweis auf die doch problematische Etikettierung wurde deutlich, daß uns nur die genaue Beschreibung vor Fehlschlüssen bewahren kann, es mit schwankenden Begriffen aber nicht getan ist. Wir teilen ja auch voll und ganz die Analyse von AHLERS, von solchen – auch jeweils angesprochenen – zweitrangigen Zuschreibungen vielleicht abgesehen.

---

[133] Eine Ausnahme bilden die Linksliberalen in Frankreich – ihre Partei nennt sich ›Radikal-Soziale‹ –, deren wirtschaftliche Anschauungen z.B. durch François PERROUX oder P. URI vertreten werden und zu deren unabhängigen publizistischen Organen die bürgerliche Zeitung Le Monde und das intellektuelle Wochenblatt L'Express gehören.

[134] Das ist heute weitgehend der Fall, nur der ›Erfolg‹ läßt zu wünschen übrig.

AHLERS sieht, daß »in diesen ideologischen Zirkeln eines WASP-Zentrismus[135] wissenschaftliche Vetternwirtschaft und theoretische Monokultur betrieben wird. Politische Zwecksetzung nach innen ist die Verteidigung der US-Zentralideologie:»Amerikas Bestimmung ist weiß«;[136] politische Zwecksetzung nach außen ist die Verteidigung einer US-Weltvorherrschaft.[137] Verbreitet wird diese Propaganda über vornehmlich vier Zeitschriften, die mit Millionen – zwischen 1990 und 1993 27 Millionen Dollar – an Stiftungsgeldern[138] versorgt wurden: die ›Zentralorgane‹ der Neuen Rechten in den USA – *The National Interest, The Public Interest, New Criterion* und *American Spectator.*

Da diese privaten Stiftungen privatwirtschaftliche oder staatliche Auftragsarbeit machen, müssen die Ergebnisse ›vermarktbar‹ sein. Von ›Wertfreiheit‹ oder Neutralität gegenüber verschiedenen Kulturen kann daher keine Rede sein; sie sind vollkommen auf die normative Rechtfertigung des US-amerikanischen ›Wertesystems‹ – Profit- und Besitzdenken – ausgerichtet. Wenn auch oft behauptet wird, daß es sich um ›politischen Messianismus‹ handelt, die ›Freie Welt‹ gegen nichtwestliche Angriffe zu schützen, und von ›Befreiung‹ oder ›Menschenrechten‹ die Rede ist, ist es dennoch nichts als verschleierter Materialismus. Legitimiert wird damit natürlich gar nichts, auch wenn eine Verlautbarung des Weißen Hauses etwa die Aufgabe der amerikanischen Nation im weltweiten Kampf gegen den Terrorismus es wie folgt zu rechtfertigen versucht:»Es gibt Augenblicke, in denen Amerika und ausschließlich Amerika den Unterschied zwischen Krieg und Frieden machen darf, zwischen Freiheit und Repression, zwischen Hoffnung und Angst.«[139]

AHLERS vermutet hinter »dieser weltpolitischen Anmaßung den selbstgerechten Yankee und religiösen Puritaner und dessen alten heilsgeschichtlichen Anspruch einer US-Selbstmobilisierung zwecks Missionierung des Erdballs«, wobei der ›Wissenschaft‹ pragmatische

---

[135] White Anglo Saxon Protestant – Weiße angelsächsische Protestanten.

[136] *Americas destiny is white.*

[137] Das ist zumindest zu hinterfragen. Hierzulande wird die ›Befehlskette«« schon lange so gesehen:»Die Nationalstaaten bekommen ihre Befehle aus Brüssel, die Europäische Union ihre Befehle von Washington, und Washington aus Israel.«. Man kann ›Israel‹ freilich auch durch ›internationale Hochfinanz⁻‹ ersetzen und kommt damit dem Ausspruch H. KISSINGERS nahe:»Mit Geld herrscht man über die Welt«. Das Buch handelt über weite Strecken vom Einfluß des Kapitals, und es ist kaum zu übersehen, daß es nicht in erster Linie die WASP sind, die es kontrollieren.

[138] Einen Überblick über das rechtspolitische Stiftungswesen in den USA bietet: Susanne GEORGE, »Eine kurze Geschichte des Einheitsdenkens«, in: *Le Monde diplomatique,* August 1996, S. 10 f.

[139] Zitiert nach GRESH, *Neuer Kreuzzug,* aaO. (Anm. 126).

Krisen- und Problembewältigung und Demonstration US-amerikanischen Hegemonialbewußtseins zukommen.

Als Soldschreiber der Macht erwarb sich HUNTINGTON erste Verdienste mit seiner Modernisierungstheorie,[140] in der er »demokratische Willensbildung als für eine ökonomische Aufholjagd hinderlich und kontraproduktiv hinstellte. Autoritäre Staatssysteme könnten dagegen – so seine Schlußfolgerung – jenes Maß an politischer Stabilität und Ordnung garantieren, die für eine Modernisierung vonnöten sei«. Damit wurde und wird eine politische Rechtfertigung geliefert, wenn die »Hüter der Demokratie und Menschenrechte« mit den übelsten Diktaturen, Drogen-Kartellen usw. Geschäfte machten. Hauptsache, es war ›anti-kommunistisch‹, in den Hochzeiten des Kalten Krieges ein Gütesiegel bester Prägung.

In den siebziger Jahren erforschte HUNTINGTON, gefördert von der 1973 gegründeten ›*Trilateral Commission*‹,[141] die Gründe der politischen Krise der Demokratie in den Industriegesellschaften im allgemeinen und den USA im besonderen. Erkennbar ist auch hier wieder die langfristige Planung des Neoliberalismus, wenn es um die Etablierung »ideologischen Einheitsdenkens« geht, das die »globale ökonomische Ausbeutung durch die sogenannte Triade (USA, Westeuropa und Japan samt ihren Einflußsphären) legitimieren soll«.

Hier finden sich bereits jene Formulierungen, die viel später im CoC zur vollen Entfaltung kommen, »denn er warnt dort vor den für die USA negativen Auswirkungen eines ›relativen Abschwunges des amerikanischen Einflusses in weltpolitischen Angelegenheiten‹«. Damit ist er bei seinem Thema, das übrigens in der gegenwärtigen Gesetzgebung – genauer gesagt, den ›*Executive Orders*‹ zum nationalen Notstand – ihren politisch wirkmächtigen Höhepunkt gefunden hat. »Die Gründe für einen relativen Machtverlust der USA liegen für ihn in der Demokratie selbst, d. h. in ihrer – die US-Vorherrschaft gefährdenden – politischen Instabilität (›*democratic distemper*‹).«[142]

Zu Beginn der achtziger Jahre legte HUNTINGTON eine umfangreiche Studie über *American Politics* (Amerikanische Politik) vor, in der

---

[140] Siehe Samuel P. Huntington, *Political Order in Changing Societies* (Politische Ordnung in sich ändernden Gesellschaften), New Haven–London 1968.

[141] »Privatpersonen aus Westeuropa, Japan und Nordamerika, um eine engere Zusammenarbeit diesen drei Regionen auf dem Gebiet gemeinsamer Probleme zu pflegen... und engere Zusammenarbeit zu praktizieren«. Direktor der Trilateral Commission (TC) ist Zbigniew BRZEZINSKI, der frühere Sicherheitsberater von US-Präsident Jimmy CARTER. Siehe auch: Michel J. CROZIER, Samuel P. HUNTINGTON u. Joji WATANUKI, *The Crisis of Democracy* (Die Krise der Demokratie), New York 1975, zitiert von der Titelseite

[142] Siehe ebenda, S. 106.

er sich in einer Art politischer (Staats-) Philosophie mit der »Politik und den Quellen der Glaubensüberzeugungen«[143] in den USA befaßt.[144] Freiheit und Macht als die Kernbegriffe seiner Analyse treffen mit sicherem Gespür den Nerv politischer Befindlichkeit in den ›Staaten‹. Erneut ist der Leitgedanke seiner Studie der Realismus des Erfolgs und der Siegermythos: »Kurz gesagt: Niemand kopiert einen Verlierer.«[145] Für die Vertreter der realistischen Schule ist das Internationale System ein gefährliches Terrain, denn es ist anarchisch, »*es ist außer Kontrolle*«. (Paul SAURETTE) Daraus folgt für HUNTINGTON, daß »daher die Zukunft der Freiheit der Welt mit der Zukunft von Amerikas Macht eng gekoppelt ist«.[146]

Ohne Umschweife klärt uns der »hinterlistige und treuherzige Wundertäter« (Lucien FÈBVRE) Samuel P. HUNTINGTON darüber auf, warum die Theorie der internationalen Beziehungen eine US-Sozialwissenschaft geblieben ist und warum die Amerikaner wegen ihres Sendungsbewußtseins auf der kulturellen Ebene überhaupt keine Trennung zwischen Innen- und Außenpolitik machen (können): »Allerdings sollten die außenpolitischen Ziele für Amerikaner nicht nur die nationalen Sicherheits- und die wirtschaftlichen Interessen von Schlüsselgruppen der Nation widerspiegeln, sondern auch die politischen Werte und Prinzipien, die das amerikanische Selbstverständnis ausmachen. Wenn diese Werte die außenpolitischen Ziele bestimmen, dann ist die Politik moralisch gerechtfertigt, die Gegner dieser Politik, *in- und außerhalb* der USA, sind moralisch nicht gerechtfertigt, und es müssen alle Anstrengungen unternommen werden, um diese Gegner zu überwinden und die Ziele zu erreichen.«[147]

Das Echo auf das Buch war enthusiastisch: »Brillant, erleuchtend, ideenreich, anspruchsvoll in seinem Umfang und erfindungsreich in der Analyse.«

Illuminating (erleuchtend) – in der Tat. Es sind dies genau die ›Überzeugungen‹ von *Lib-Intern*, der Illuminierten, die es den Amerikanern erlauben, je nach Lage jeden Völkerrechtsvertrag auszulegen, wie dies Carl SCHMITT als eine der »bewundernswerten Leistungen« der US-Diplomatie bezeichnete, was in Europa – und der Welt – aber als Will-

---

[143] »*politics and sources of creedal passion*« (Politik und Quellen der Glaubensüberzeugung).

[144] Siehe Samuel P. HUNTINGTON, *American Politics. The Promise of Disharmony* (Amerikanische Politik. Die Verheißung des Mißklangs) Cambridge/Mas.– London 1981.

[145] »*In short, no one copies a loser.*« (S. 257)

[146] »*The future of liberty in the world is thus intimately linked to the future of American power*« (Die Zukunft der Freiheit auf der Welt ist aufs engste mit der Zukunft der amerikanischen Macht verknüpft), S. 257 f.

[147] Ebenda, S. 241.

kür und Faustrecht erscheinen muß und in Erinnerung an das ›*Jus Publicum Europaeum*‹ auch gar nicht anders erscheinen kann.

Die nicht mehr weiter zu beweisenden Grundannahmen sind bei HUNTINGTON ›*rulership*‹, ›*domination*‹, ›*control*‹ (Führung, Herrschaft, Kontrolle) der und durch die USA. Mit Hilfe dieser Axiome ergibt sich die Frage:»Amerika gegen die Welt?« wie von selbst. Diese Studie wurde vom ›*American Enterprise Institute for Public Policy Research*‹ und von ›*National Affairs, Inc*‹ großzügigst gefördert.

Ob Modernisierungstheoretiker, ob Demokratiedenker oder Paradigmenerfinder, immer geht es HUNTINGTON um eine Globalisierung der Normen des westlichen Gesellschaftsmodells, um pragmatische Krisen- und Problembewältigung und um eine Legitimierung US-amerikanischer Machtinteressen durch mit der Macht verfilzte Denkfabriken.

Was AHLERS hier über HUNTINGTON und die Politik sagt, kann man auch in bezug auf die Ökonomie feststellen: Die Zahl der sich gegenseitig die ›Nobelpreise für Wirtschaftswissenschaften‹ zuschiebenden US-Professoren hat die Aufgabe, der US-Wirtschaftsideologie die Räuberleiter zu machen.[148] Der ›Wahrheit‹ oder Wissenschaft wird damit selbstverständlich nicht gedient.

Zur politischen Religiosität in den USA

CoC als ›normative Theorie‹ ist mit eigenkultureller, unhinterfragbarer Sinnhaftigkeit aufgeladen, die ›binärer Oppositionen‹ bedarf: ›Der Westen gegen den Rest‹, was mit Ordnung gegen Anarchie gleichgesetzt wird. Dahinter steckt, wie AHLERS sagt, ein (welt-)herrschaftszentriertes Politikverständnis, das sich auf dem Prinzip der *Führung* gründet und das»den ganzen normativen Rahmen auf tautologischen und Zirkel-Schlüssen dieses Konzepts gründet«. (Paul SAURETTE) War bisher der Leitbegriff für diese Grundregel der Staat, so ist in CoC an dessen Stelle die Zivilisation getreten. Man denke auch an Yehezkel DROR, der für den ›Club of Rome‹ in ähnlicher Weise argumentiert:»Überwindung« der»*raison d'être*« – also des Staats – hin zu einer»*raison d'humanité*« – zur»Einen Welt«, die natürlich eine»westliche« (= US) Hegemonie ist.

Normative Theoriebildung ist kulturzentrierte Festlegung, die Gruppen bindet, deren Grundlage der gemeinsame, überlieferte Besitz von

---

[148] G. Reisegger,»Die Ökonomen von Chicago«, Kommentar zum Artikel von Benedikt FEHR, N. Y., in der *FAZ* vom 31. 8. 1996. Siehe Webseite Horst MAHLER, Werkstatt Neues Deutschland, Werkstück Nr. 1.
http://www.werkstatt-neues-deutschland.de/werkstuecke/ws1-1024.htm

Überzeugungs-, Wahrnehmungs- und Handlungsmustern bildet, auf die sich die symbolischen Verallgemeinerungen stützen.

Es folgt daraus, daß in der gegenwärtigen Phase internationaler Turbulenzen Gefühle insofern die Erkenntnisse beeinflussen, als sie den Rückzug auf eigenkulturelle Werte beschleunigen. In den Auftragsforscher-Gemeinschaften besteht überhaupt kein Grund mehr, die bei den normativen Festlegungen verwendeten »gewohnheitsmäßigen Ausdrücke besonders rechtfertigen zu müssen«, da sie von keinem anderen Forschungsmitglied innerhalb der Gruppe hier in Frage gestellt werden.[149] Man ist sich einig. Auch HUNTINGTON bezieht sich in: »Wenn nicht Zivilisationen, was dann?« auf den KUHNschen Paradigma-Begriff, an dem keiner vorbeikommt, der in den *scientific communities* (Gemeinschaften der Wissenschaftler) ernst genommen werden will.[150] Doch am Ende bleibt bei ihm vom Paradigma-Begriff, aufgrund seiner Einbettung in ein selbstherrliches Erfolgs-Weltbild, nur noch die Frage übrig: »Was ist die einfachste Karte der Welt nach dem Kalten Krieg.«[151]

Der so konstruierte zivilisatorische Wertgegensatz zwischen Familie, Blut und Glauben auf der einen Seite und Markt, Individualismus und Freiheit auf der anderen erscheint unaufhebbar. Damit wird der angebliche zivilisatorische Abgrund zwischen biologisch und religiös gebundenen nichtwestlichen Wertesystemen und einem dem Humanismus und der politischen Vernunft verpflichteten westlichen Wertesystem ›erklärt‹. Für TIBI wird dies zum Kampf zwischen westlicher Vernunft und nichtwestlicher Irrationalität. Für ihn ist der Fundamentalismus »als Rückkehr zur Vormoderne« – eine Behauptung, die jegliche Diskussion über den modernen Charakter des politischen Islams verneint – die Antwort des Nichtwestens auf den »Kartesianismus« und zugleich ein neuer Versuch der »Wiederverzauberung der Welt«.[152]

HUNTINGTON und TIBI fabrizieren[153] zwei einander ausschließende Realitäten, die eigene kulturelle Realität eines Westens der Moderne und die fiktive, fremde kulturelle Wirklichkeit eines Nichtwestens einer Vor- oder Gegenmoderne.

---

[149] Zum Paradigma-Begriff siehe: Thomas S. KUHN, *Die Entstehung des Neuen. Studien zur Struktur der Wissenschaftsgeschichte* (hg. von Lorenz KRÜGER), Frankfurt/M. 1979, S. 389 ff.

[150] Diesen Sachverhalt hat Hermann HESSE in seinem Roman *Glasperlenspiel* in meisterlicher – und endgültiger – Weise beschrieben.

[151] HUNTINGTON, *If not Civilization, what?* (Wenn nicht Kultur, was sonst?), S.187, Hervorhebung durch I. AHLERS.

[152] Siehe TIBI, *Krieg der Zivilisationen*, aaO., S. 257 ff.

[153] Nach Lucien FÈBVRES Gesamtcharakterisierung der dekadenz-›analytischen‹ Studien von SPENGLER und TOYNBEE, in deren Tradition nach AHLERS' Ansicht auch CoC und *Krieg der Zivilisationen* stehen, seien dies neo-moderne »Fabrikanten billiger Geschichtsphilosophie«.

Überraschend tauchen hinter der Fassade wirtschaftlich und politisch rechnender Vernunft – Marktökonomie, Besitzindividualismus, (Konsum-) Freiheit und Formaldemokratie – die »ureigenen Werte« (HUNTINGTON) der christlichen Rechten in den USA auf. Auf dem Parteitag der Republikaner im Juli 1996 wurden sie benannt: Familie, Vaterland, Glaube, Ehre und Leistung. Eine Übereinstimmung also mit jenen, den nichtwestlichen Zivilisationen.

AHLERS vermutet, daß die metaphysischen Rückprojektionen bei der Erfindung der nichtwestlichen Wertefelder – Familie, Blut und Glauben – HUNTINGTONs CoC kulturalistisch verzerren. Für ihn ist der von HUNTINGTON festgestellte interne US-CoC zwischen weißer Mehrheit und den nichtweißen Minoritäten der Ausgangspunkt für das instrumentelle Verkennen der anderen. In als bedrohlich empfundenen Situationen – wenn es darauf ankommt (»*what ultimately counts for people*«) – beeinflußt die »puritanische Durchsäuerung« (Wolfgang KREUTZBERGER) der angloamerikanischen Kultur die Theoriebildung massiv. Für AHLERS ist dies Beleg, »daß der kulturelle Rohstoff der weißen schweigenden Mehrheit in seiner Substanz weiterhin christlich ist«.

Die in CoC zur Schau gestellte neomoderne Westernität des US-Westens verberge religionsgeschichtlich Heilserwartungen und Endzeitbewußtsein, die sich vor allem in der Formel ›Der Westen gegen den Rest‹ wiederfinden lassen. Die Grundzüge der AHLERSschen Behauptung lassen sich wie folgt skizzieren:[154]
»Der religiöse Bürgerkrieg im England des 16. Jahrhunderts zwischen anglikanischer Staatskirche und den – zumeist unter dem Oberbegriff Puritanismus zusammengefaßten – Volks- und Gemeindekirchen war nur in dem Sinne ein Entsäkularisierungsprozeß, als er auf eine Ablehnung des Totalitätsanspruches der anglikanischen Staatskirche und erst recht der katholischen Stuarts hinauslief. Säkularisation war er vor allem als eine spezifische Ent(staats)kirchlichung, und nicht etwa im Sinne einer allgemeinen Verweltlichung. Zwar ging es um eine politische Trennung von Staat und Kirche, doch dies ist zu unterscheiden vom Fortbestehen einer Verschmelzung von Vernunft und Glaube, welche allmählich die dem Okzident eigenen Formen des Wissenschaftsglaubens und des Technikkultes annahmen. . .

Das Politische an dieser Säkularisation als Entkirchlichung [ist], daß an die Stelle einer staats- und amtskirchlichen Herrschaft mit ihrem

---

[154] AHLERS' Darstellung greift zurück auf: Carl OGLESBY u. Richard SAULL, *Amerikanische Ideologie. Zwei Studien über Politik und Gesellschaft in den USA*, Frankfurt/M. 1970, und: Gottfried SALOMON-DELATOUR, *Moderne Staatslehren*, Neuwied–Berlin 1965.

Politische Religiosität und fundamentalistische Frömmelei haben in den USA Hochkonjunktur. BUSH (hier im Jahre 2000 bei einem Auftritt vor Christen in Iowa) ist offensichtlich davon überzeugt, in göttlicher Mission zu handeln. Dann ist alles erlaubt. Das auserwählte Volk ist zum Kreuzzug gegen die Schurkenstaaten aufgerufen. Die Ummantelung von Amerikas Machtinteressen. Foto: T. Clark/AFP.

elitären und disziplinierenden Seelsorgertum von den populären Gemeindekirchen die Idee des ›convenant‹ (Versammlung) – des bibelgläubigen Volkes im Bund mit Gott[155] – übernommen wurde. Es sind die weißen, männlichen und christlichen Gläubigen, die als Pilgrim Fathers (Pilgerväter) und Siedler zur Kolonisation nach Neu-England übersetzen, weil sie nicht mehr im englischen ›Empire of Darkness‹ (Reich der Finsternis) leben wollen. Ihre Tradition und ihr Erbe verpflanzen sie in die Neue Welt. . .

Diese bibelfundamentalistischen Volks- und Gemeindekirchen mit ihren zahlenreichen sektenmäßigen Ablegern verwalten sich selbst durch eine »Kirchenselbstverwaltung«, d. h., sie praktizieren eine religiöse Demokratie. Als politisch-religiöse Organisationen sind die Gemeindekirchen und Sekten Bestandteil der staatlich-gesellschaftlichen Ordnung des ›Neuen Jerusalem‹ USA. Die formale Trennung von Staat und Kirche bedeutet jedoch nicht automatisch die Etablierung einer ausschließlich profanen, politischen Ordnung. Die politi-

---

[155] *»God's lively word«* – Die lebendige Welt Gottes.

sche Ordnung der USA ist vielmehr eingebettet in ein gemeindekirch-
liches Gesellschaftssystem religiöser Demokratie, dessen zentrales
Kennzeichen ein epidemisches Sektentum ist, das also den Gesetzen
der Konkurrenz gehorcht.

Bei der Ausdehnung der gemeindekirchli-
chen demokratischen Freiheiten auf den politischen Raum werden
Missionierungsanspruch und Sendungsbewußtsein mittransportiert,
denn sie eignen sich trefflich für die politische Massenmobilisierung.
In einer Zivilisation bzw. Kultur wie jener der USA, in der sich das
Problem einer Trennung von Staat und Kirche niemals stellte, nimmt
die politische Religiosität andere Ausdrucksformen an als etwa in theo-
kratischen, auf einer Verschmelzung von Staat und Religion beruhenden Regimen. Das Politische und Ideologische an der Religiosität in
den USA ist die (Re-)Sakralisierung von Begriffen, die vom Ursprung
her der nichtkirchlichen Welt des Politischen als des Staatsrechtlichen
angehören. Die politische Begrifflichkeit und ihre Deutungsmacht wird
sozusagen geheiligt und findet in den USA ihre Diskursform in den
Kernbegriffen Macht, Ehre und Nation: Das Vaterland ist zugleich
God's own country (sozusagen ein weiteres ›auserwähltes Land‹), in dem
sich Macht und Ehre verkörpern. Der christlichen Rechten und ihren
intellektuellen ›Zustimmungsfunktionären‹ (Jean-Paul SARTRE) verleiht
das ein tiefes Gefühl von kultureller Selbstherrlichkeit.«

HUNTINGTONS CoC stellt dem gegenüber die doppelte Gefahr für
die westliche Zivilisation dar: ein»Nichtwesten, der die Welt auf nichtwestliche Weise formen will«.[156]

Das entspräche einer ›De-Americanization‹ der USA, mit der Folge
– wie sie die ›rechts-intellektuellen‹ Eliten an die Wand malen –, daß
die USA «zu existieren aufhörten und der anderen, ideologisch bestimmten Super-Macht (UdSSR, was heute offenkundig Geschichte
ist) auf die Müllhalde der Geschichte nachfolgten«:[157] ein anderes Ende
der Geschichte, als metaphysisch-endzeitliche Apokalypse.

Diese politische Religiosität bewirkt: Die nichtwestliche Realität wird
als ewig unveränderbare Wirklichkeit begriffen. Es kommt so zu einer»Verwechslung von Realismus und Kaltschnäuzigkeit« und der
US-amerikanischen Mythologie des Siegens. In den USA selbst bewirkt der mit Macht und Ehre befrachtete Siegermythos den auf Erfolg und Besitz fixierten Konkurrenzindividualismus. Beides leistet
der Herrschafts-Vernunft (Gerd BERGFLETH) gute Dienste.

HUNTINGTONS Mittel und Ziele dienen der Vorbereitung auf den eingebildeten Kampf der Kulturen. Die Theorie wird zu einer sich selbst

---

[156] HUNTINGTON, »The Clash of Civilizations«, aaO., S. 14.
[157] HUNTINGTON, »If not Civilization, what?«, aaO., S. 190.

erfüllenden Prophezeiung. Es geht ausschließlich um die internationale Vormachtstellung der USA und deren Sicherung: Der Nabel der Welt ist Amerika und nur Amerika allein. Und Amerika sind die USA. Und die USA sind die westliche Zivilisation.

AHLERS stellt nach dieser Analyse – der im Grunde ungeheuerlichen US-Ziele – ganz richtig fest: Will Europa noch eine historische Chance haben, müsse es sich neue Partner suchen.

Multikulturalismus und westliche Theoriebildung

Im CoC wird nach AHLERS' Ansicht ein »neuer Politikbegriff sichtbar, in dessen Mittelpunkt die Frage nach Genese und Beschaffenheit kollektiver Identitäten steht. Von daher verwundert es nicht, . . . daß HUNTINGTON den Ausgangspunkt im globalen Kampf der Kulturen und ihrer Werte in der ethnisch-rassischen Situation der USA selbst sieht«:
»Beides, die Forderung nach Minderheitenrechten und der Multi-Kulturalismus, begünstigt einen Zusammenprall der Kulturen innerhalb der Vereinigtne Staaten und fördert, was Arthur M. SCHLESINGER Jr. als die ›Auflösung Amerikas‹ bezeichnete. Das Vereinigte wird ethnisch immer ungleicher und radikaler. . .‹[158]

Ein ethnokulturelles ›*disuniting*‹ (Auseinanderfallen) der Vereinigten Staaten beinhaltet in den Vorstellungen rechtsintellektueller Forschergemeinschaften nicht nur eine gesellschaftliche Auflösung, sondern wird vielmehr als eine Art Verfeindung wahrgenommen, so daß ihre Analysen mit (kultur-) rassistischen Bedeutungs-Inhalten durchzogen sind. Es ist überdies grundsätzlich hervorzuheben, daß der Rassismus insofern für die kapitalistische Demokratie der USA konstitutiv ist, als er ›innerhalb der ideologischen Zwänge der kapitalistischen Weltwirtschaft die einzig akzeptable Legitimation einer Wirklichkeit, die durch ausgedehnte kollektive Ungleichheiten bestimmt wird‹,[159] zur Verfügung stellt.«

Die bald die Weißen zahlenmäßig erreichende oder übertreffende nichtweiße Bevölkerung[160] und die damit verbundene Verstärkung der ethnokulturellen Verschiedenheit in den USA schlägt sich in einer Zerlegung des Politikbegriffs in kulturelle, ethnische und rassische Teilstücke nieder. Leitmotiv der kulturellen Rückbesinnung im Politikbegriff im CoC bildet die Kritik am ›Multikulturalismus‹.

---

[158] Ebenda.
[159] Immanuel WALLERSTEIN, *Die Sozialwissenschaften »kaputtdenken«. Die Grenzen der Paradigmen des 19. Jahrhunderts,* Weinheim 1995, S. 106.
[160] 23 % Spanischstämmige, 16 % Schwarze und 10 % Asiaten.

In den Sichtweisen der Neuen Rechten bedroht die Ideologie des Multikulturalismus den Charakter der USA und des Westens als einer ›weißen Wertegemeinschaft‹. Diese tatsächliche US-Ideologie ist um so bemerkenswerter, als sie etwa in bezug auf die Behandlung – oder richtiger gesagt: Erpressung – Europas gerade den Multikulturalismus als politisches Dogma von uns fordert: auf dem Balkan – Bosnien-Herzegowina – die verstärkte Integration feindlicher ethnischer und kultureller Bevölkerungsgruppen, in der EU die Aufnahme der Türkei. Damit sind die künftigen Bruchlinien festgelegt, wo es sie bisher nicht oder nicht in dieser Schärfe gab. Es ist dies gleichartig mit den Vorgängen im 19. Jahrhundert, als, von England ausgehend, dem Kontinent der Liberalismus als neue Heilslehre verkauft wurde, zusammen mit den 48er Revolutionen, mit denen die alte Ordnung zerstört werden sollte, wobei sich das British Empire selbst der Unbrauchbarkeit dieser Dogmen zum Erhalt und Ausbau der eigenen imperialen Macht völlig bewußt war und diese Lehren bei sich auch nicht wirksam werden ließ!

Der sogenannte Multikulturalismus wird als direkter Angriff auf den amerikanischen Gründungsmythos ›America's destiny is white‹ (Amerikas Bestimmung ist weiß) angesehen, da der Angriff längerfristig zu einer Bastardisierung der WASP-Kultur zu führen drohe. Das US-amerikanische ›Wir‹ umfaßt weder Frauen noch eigentumslose Arbeiter, weder die schwarzen Sklaven noch die Ureinwohner Amerikas.[161] Mit HUNTINGTONS Worten: ». . . würden die Vereinigten Staaten wirklich multi-kulturell und von einem internen Kampf der Kulturen erfaßt werden, werden sie dann als liberale Demokratie überleben?«[162]

Über die Bedrohlichkeit des ›Multikulturalismus‹ äußert sich auch Bassam TIBI:[163] »Multikulturalismus ist eine Gesinnung und keine Realität. . . Multikulturalismus ist Kulturrelativismus, das heißt Werte-Unverbindlichkeit. Das ist das Ende eines Gemeinwesens.« Das ist schon deshalb ›merk‹-würdig, weil TIBI in all seinen Aktivitäten gerade das propagiert: die westlich-liberale Auflösung aller Unterschiede. Fatal für die ideologischen Krieger ist, daß die für den ›Eigengebrauch‹ bestimmten Erkenntnisse auch von jenen gelegentlich aufgegriffen werden, für die sie gar nicht bestimmt sind.

---

[161] Seyla BENHABIB, »Über das zeitgenössische Unbehagen an der Demokratie«, in: *Frankfurter Rundschau* vom 12. 10. 1996, S. 6.

[162] HUNTINGTON, »If not Civilization, what?«, aaO., S. 190: *»if the United States becomes truly multicultural and pervaded with an internal clash of civilization, will it survive as a liberal democracy?«*

[163] Bassam TIBI, »Viele Westler hassen sich selbst [Interview]«, in: *Focus* 37/1996, S. 64–67, hier S. 64.

»Die durch den ›Multikulturalismus‹ bewirkte Werteerosion ist offenbar Resultat einer ›neuen‹ Dekadenz. Schuld an dieser ›Mischung von Luxus und Verfall‹ ist nicht nur die postmoderne Beliebigkeit, sondern auch der westliche Selbsthaß: ›Der Westen befindet sich in einem Niedergang, was sich unter anderem darin ausdrückt, daß viele Westler sich hassen und ihre eigenen Werte in den Schmutz ziehen.‹[164] In den ›neuen‹ dekadenzanalytischen Imaginationen verschmelzen konservativer Kulturpessimismus mit reaktionärer Geschichts-Philosophie. Wir haben es hierbei mit einer Neo-Modernisierung und Wiederentdeckung der Gedankengänge von SPENGLER und TOYNBEE zu tun. Was mit diesem neo-modernen Kulturpessimismus ausgedrückt werden soll, gibt Kunde davon, daß die alten machtzentrierten Vorstellungen von der Überlegenheit des Westens zu Bruch gehen. Und sie gehen zu Bruch, weil die herkömmlichen Perspektiven des Weltmarktes (das Geo-Ökonomische), des internationalen, nationalstaatlich verfaßten Systems (das Geo-Politische) und des Militärischen (das Geo-Strategische) kulturellen Aspekten kaum Bedeutung beimaßen. . .

HUNTINGTON thematisiert hier zweifelsohne einen blinden Fleck westlicher Theorie. Das ermöglicht ihm – und auch dies ist sicherlich eine Erweiterung der Debatten über Welt-Kulturen – eine Infragestellung der These von der Herausbildung einer westlich dominierten Globalzivilisation. . .

Dem Übergang von politischen Denkmustern des Kalten Krieges zu zivilisatorisch-kulturellen (*civilizational paradigm*) entspricht eine Renaissance des Kulturgeschichtlichen: ›Die breiten Ströme menschlicher Geschichte werden von Kulturen gegraben.‹[165] Die ›Kulturgeschichte‹ soll Auskunft geben über das Schicksal der Zivilisationen.«

Die Kulturgeschichte ist der neue Leitstern, aber sie kommt mit einem äußerst dünnen Kulturbegriff daher und knüpft an den alten Dualismusvorstellungen von Moderne und Tradition an, wobei Moderne für strukturelle Globalisierung und Tradition für kulturelle Fragmentierung steht.

In TIBIS *Krieg der Zivilisationen* werden Kulturen als »stets auf das Lokale begrenzte Gebilde« charakterisiert, was als Hinterwäldlertum der Vormoderne im Gegensatz zu techno-ökonomischen Globalformationen angesehen wird. »Die neomodernisierungstheoretische Reduzierung des Lokalen auf den Ort, wo Kultur und ihre Sinnproduktion zuhause sei, läßt ausgerechnet die Bedeutung des Sozialen

---

[164] Ebenda.
[165] HUNTINGTON, »The Clash of Civilizations«, aaO., S. 12 f.

verschwinden. Demgegenüber klären uns die britischen ›*Cultural Studies*‹ (Kultur-Studien) um Stuart HALL herum darüber auf, daß im Lokalen als Orten sozialer Reproduktion die grundlegenden Vergesellschaftungs-Prozesse stattfinden, die sich in bestimmten kulturellen Ausdrucksweisen und Selbstbehauptungen repräsentieren. Den Kern kultureller Selbstbehauptung bilden die ethnischen Loyalitäten.« Man vergleiche das auch mit den an anderer Stelle behandelten Ansichten GÜNTHERS über die Bedingungen des Entstehens von Hochkulturen.

»Wir müssen uns von der Vorstellung verabschieden, daß der Globalisierungs-Prozeß einer der Integration, des Zusammenschlusses und der Vereinigung wäre. Er ist vielmehr ein Prozeß der ›Verschiebungen und Zerstreuungen‹ (Stuart HALL), denn das macht die gegenwärtige Dynamik gleichzeitiger Globalisierung und Ortsbezogenheit«[166] aus. Das ist schon lange erkennbar, wenngleich es immer wieder abgestritten wird. Die Globalisierung führt zu einer Atomisierung und Vereinsamung der Menschen und damit zu einer Entsolidarisierung und Auflösung des Sozialen. In all den neoliberalen Theorien kommt das nicht vor, weil sie doch eher wohlfeile, akademisch eingekleidete Stützen des Systems sind. Damit wird auch bei HUNTINGTON das Problem der Gewalt an *ethnischen* Konflikten festgemacht; die zerstörerischen Kräfte des Imperialismus spielen bei ihm keine Rolle.

Der Globalisierungszwang verstärkt jedoch die weltweite Konfessionalisierung und Ethnisierung von Gemeinschaften und *ist* Ausdruck der sozialen Konflikte.

Das Zivilisations-Paradigma verschiebt ökonomische und soziale Konflikte – den Zugang und die Kontrolle von Ressourcen – auf die kulturelle Ebene von Blutsbanden und Glauben. Damit unterstellt HUNTINGTON eine nichtwestliche Gewaltbereitschaft, die in einer kulturell codierten Wesenhaftigkeit begründet[167] ist, anstatt die Gewalt als Folge der Modernisierung zu verstehen. Dabei ist gerade in den USA die Entstehung von weißem Separatismus, Bandenkriege, Ghettobildung, Rassentrennung und Aufruhr die Folge repressiver Modernisierung, die im Namen eines globalen Kapitalismus privater Geldbesitzer durchgezogen wird.

---

[166] »*the contemporary dynamic of simultaneous globalization and localization*« (David MORLEY).

[167] Dieselbe Unterstellung scheint zu den Fingerübungen US-amerikanischer Ideologen und Krieger des ›*psychological warfare*‹ (psychologische Kriegführung) zu gehören. Der impertinente ›*hate-monger*‹ (Haß speiende) Daniel GOLDHAGEN behauptete ja auch eine »genetische Veranlagung« zum Mördervolk bei den Deutschen.

HUNTINGTON enthistorisiert und naturalisiert die Begriffe. Er gewinnt – wenn auch nur scheinbar – die Deutungsmacht über die Prozesse »globaler Unübersichtlichkeit« zurück: Religiosität und Ethnizität verwandeln sich in überhistorische, metaphysische, gleichsam natürliche Bestimmungsmerkmale menschlicher Gruppenzugehörigkeit.

AHLERS hält im Gegensatz zu HUNTINGTONS Sichtweise Ethnizität in erster Linie für eine soziale und politische Grenzziehung. Sie aufs Kulturelle zu beschränken hieße, auf ihre Erscheinungsweisen hereinzufallen.[168]

Es hat den Eindruck, »als ob gegenwärtig Ethnizität die alles erklärende ›Rolle von etwas Schlecht-definiertem, aber doch die anspruchsvolle Leitidee in der Welt‹ (Richard FARDON) zu spielen hat, um somit die Deutungsmacht über die Richtung und das Ergebnis einer Globalgeschichte zurückzugewinnen. HUNTINGTONS dürftige kulturtheoretische Bestimmungen einer *kulturellen Gemeinsamkeit*, bestehend aus Ethnie, Religion und Altruismus, mache aus dynamischen Kulturen statische Ethno-Zivilisationen. Die Etikettierung und Verallgemeinerung von Fremdkulturen verbinde sich mit einer Ausgrenzung, welche die gegenwartspolitische Funktion habe, die eigene Kultur als eine ›stabile Entität‹ zu fingieren (Stephan GREENBLATT). In CoC sei diese Ausgrenzung zum weltweiten Freund-Feind-Schema geworden: Der Westen gegen den Rest.

Für HUNTINGTON ist der kulturelle Ausleseprozeß ein sozialdarwinistisches Grundgesetz. Konnte TOYNBEE noch 21 ›Kulturkreise‹ aufzählen, so existieren heute nur noch ›sechs von ihnen‹. Der sich in diesen Anschauungen manifestierende Zusammenhang von Krisenbewußtsein und Theoriebildung führt zu einer Re-Traditionalisierung letzterer. Die ›ureigenen Werte‹ werden zum Stützbalken in der Theorie. Sie sind nach HUNTINGTON die einzig angemessene Reaktion auf die von ihm konstatierte ›Ent-Säkularisierung der Welt‹. So wird mit Rückgriff auf die ›amerikanischen Überzeugungen von Freiheit, Gleichheit, Individualismus, Demokratie‹[169] eine metaphysische Aufladung der Begrifflichkeit vorgenommen.«

Ethnische Minderheiten: *der* innere Feind

Folgende Hauptvorwürfe erhebt die US-Rechte gegenüber den ethnischen Minderheiten in den USA: Sie hätten ›*Sonderrechte*‹ und starte-

---

[168] Das scheint uns eine ideologisch begründete ›linke‹ Deutung zu sein, die wir nicht teilen.

[169] HUNTINGTON, »The Clash of Civilizations«, aaO., S.190: »*American Creed of liberty, equality, individualism, democracy*« (amerikanischer Glaube an Freiheit, Gleichheit, Individualismus und Demokratie).

ten von hier aus die sozio-kulturellen Angriffe auf Prinzipien der ›*Amerikanischen politischen Einheit*‹. Ihre Gruppenrechte insbesondere »for blacks« negieren die »Idee einer nicht-rassistischen (*color-blind*) Gesellschaft gleicher Individuen und fördert statt dessen eine ihrer Hautfarbe bewußten Gesellschaft mit staatlich garantierten Privilegien für einige Gruppen.«[170]

Dieser ethno-kulturelle Gegensatz zur WASP-Herrschaftsidentität drückt sich in HUNTINGTONS stärkstem – kulturgeschichtlichen – Argument aus: »Diese Bewegung tendiert dazu, auf die Spitze getrieben, obskure Führer von Minderheitengruppen zu solcher Bedeutung hochzustilisieren, die jener der Gründerväter gleich kommt.«[171] Was ist überhaupt noch ›heilig‹ in den USA, wenn in diesem Hort der Freiheit sich die Minderheiten nicht mehr davor scheuen, den identitätsstiftenden Gründungsmythos des ›Neuen Jerusalems‹ anzugreifen?

Für einen Europäer ist diese identitätspolitische Erschütterung nicht ohne weiteres nachvollziehbar. Der amerikanische Puritanismus ist wesentlich US-Heilsgeschichte, die sich in den Gestalten der Pilgrim Fathers und der Gründungspräsidenten verkörpert. Daß nun dunkle, verdächtige und unvertraute Figuren es wagen, sich auf eine Stufe mit den Erbauern der USA zu stellen, ist im WASP-Denken eine politische Gotteslästerung.

Diese politisch unerhörte Anmaßung bedrohe die gesamte geistige Infrastruktur der Vereinigten Staaten, und in Analogie zu den ethnischen Minderheiten in den USA bedrohen die nichtwestlichen Kulturen den Westen insgesamt.

»Die Kulturgeschichte des Imaginären[172] dient der US-Rechten zur Konstruktion einer Hierarchie von Kulturen, deren Abstufung von der Ideologie des Fortschritts bestimmt ist. HUNTINGTON vollzieht im CoC noch einmal den Großen Monolog des (US-) Westens mit sich selbst und appelliert an die Ideale eines okzidentalen Fortschritts- und Wissenschaftsglaubens, an Technikkult und Demokratieverständnis, in der Hoffnung, eine ›neue‹ chiliastische Aufbruchstimmung zu mobilisieren. Hinzu kommt, daß eine solche Identitätspolitik des Imaginären, die »stets zugleich Antrieb und Projektion bleibt« (Evelyne PETLAGEAN), aus den ethnischen Minderheiten jenen äußeren Feind macht, der sich schon im Inneren befindet. Die ethnischen Minderheiten die-

---

[170] Ebenda.
[171] Ebenda.
[172] Zur Politik und Geschichte des Imaginären siehe Evelyne PATLAGEAN, »Die Geschichte des Imaginären«, in: Jacques LE GOFF u. a. (Hg.), *Die Rückeroberung des historischen Denkens. Grundlagen der Neuen Geschichtswissenschaft*, Frankfurt/M. 1990, S.244–274; Jacques LE GOFF, *Phantasie und Realität des Mittelalters*, Stuttgart 1990.

nen den sieben nichtwestlichen Zivilisationen als deren achte Kolonne. Es gilt also, nach innen noch wachsamer zu sein, als man nach außen ohnehin schon ist.« Wachsamkeit und Wehrhaftigkeit sind gefordert. Die kulturelle Gewalt des Weltsystems im allgemeinen und der Totalitätsanspruch des Islams im besonderen bedingen die Botschaft im CoC: Wenn es in den ›Zivilisationen des Bösen‹ etwas gibt, für die es sich zu sterben ›lohnt‹, so hat sich die westliche ›Zivilisation des Guten‹ diesem Kampf zwischen dem Leben, Familie, Blut und Religion auf der einen Seite und Markt, Freiheit und Demokratie auf der anderen Seite zu stellen – auch mit Waffengewalt.

Die Gezeiten der Paradigmen-Wechsel

HUNTINGTONS CoC ist nach AHLERS aus den Besonderheiten US-amerikanischer Mentalitäten zu erklären. Der Zusammenhalt des ›amerikanischen Glaubens‹ und der ›amerikanischen‹ Ideologie ist immer von Zentrifugalkräften gesellschaftlicher Segmentierung und politischer Fragmentierung bedroht. Vor allem unter den Bedingungen der Globalisierung zerfallen diese ideologischen Grundfesten. Ein wirkliches Verständnis des Zivilisations-Paradigmas ist nur möglich in Verbindung mit dem – westlichen – Globalisierungs-Paradigma.[173]

In beiden Paradigmen (Denkmodellen) – *Kampf der Weltkulturen* und *Globalisierung der Weltwirtschaft* – nehmen historische Prozesse den Charakter von Naturereignissen an, die sich scheinbar menschlicher Kontrolle entziehen.

CoC verschiebt die Probleme einer tiefen sozialen Spaltung der Weltgesellschaft, hervorgerufen durch die Diktatur des Weltmarktes, in die Sphäre zeitloser kultureller Gegensätze. Damit wird der neoliberalistische Totalitarismus der Märkte mit seinem ruinösen Verdrängungswettbewerb, die Vergötzung profitorientierter Rentabilität, die hiervon ausgehende Vernichtung aller Werte gewissermaßen als Naturereignis hingestellt: Tatsächlich sind es jene Vorgänge – im Zusammenhang mit Deregulierung, Liberalisierung und Privatisierung –, die von einer abgehobenen, globalen, in keiner Nation mehr eingebundenen Elite aus Finanz, Wirtschaft, Politik und Medien durchgesetzt werden und zu einer Zwangsglobalisierung führen, die auch die US-Gesellschaft sozial und kulturell spaltet. Parallel dazu entwickeln

---

[173] Siehe Ingolf AHLERS, »Nomadisches Transitkapital und globale Kulturgefechte. Globalisierung als zirkulierende Ortslosigkeit und Archaisierung von Zivilisation«, in: *WeltTrends – Internationale Politik und vergleichende Studien.*

sich ethnisch-kulturelle Gegenidentitäten, die zwar die technischen Errungenschaften des Westens bei gleichzeitiger Abwehr der kulturellen Werte übernehmen, was zu einem »*Zusammenprall der Kulturen*« führen müsse, der den Westen in seiner Gesamtexistenz bedrohe. Das Paradigma des Kalten Krieges büßte mit dessen Ende seine Plausibilität ein. Es galt noch der Vorrang des Politischen. Die folgende allgemeine Verwirrung auf den Gebieten des Weltweiten und Internationalen ermöglichte es kurze Zeit, ein Endzeit-Paradigma zu propagieren:

»Wenn wir heute [Ende der achtziger Jahre] an einem Punkt angelangt sind, wo wir uns keine Welt vorstellen können, die sich wesentlich von der unseren unterscheidet, wo anscheinend keine grundsätzliche Verbesserung gegenüber unserer derzeitigen Ordnung mehr denkbar ist, dann müssen wir auch die Möglichkeit in Betracht ziehen, daß die Geschichte an ihrem Ende angelangt ist.«[174]

Das Endzeit-Paradigma, für Europäer immer eine unsinnige Behauptung, welches den Namen ›postmoderne Globalität‹ bekam, löste sich schnell am Wiederaufleben ethnischer und religiöser Identitäten und ihrer neu erwachten Geschichtsmächtigkeit auf. Dieses Welterklärungsmodell war ausgeschieden. Das war deswegen mißlich, weil es das vom neoliberalen Vorrang des Ökonomischen beherrschte Globalisierungs-Paradigma metaphysisch abgestützt hatte. Diese Lücke galt es zu schließen.

Die neu entstandenen Paradigmen waren: das Geopolitik-Paradigma von Zbigniew BRZEZINSKI[175] und das von AHLERS besprochene, hier weitgehend in seiner Diktion wiedergegebene Zivilisations-Paradigma. Gemeinsam ist beiden Weltdeutungsmustern ein *Geo*-Denken: Nur noch die ganze Welt zählt.

BRZEZINSKI charakterisiert CoC auch als »äußerst überzeugenden Essay mit schlüssiger Argumentation«, der seinen geopolitischen Ansatz ergänzt, weil er »eigentlich den geographischen Strudel aufeinanderprallender Zivilisationen [behandelt]«. Es sind dies, wie eingangs schon festgestellt, die unhinterfragten Gruppenfestlegungen, denn auch die geopolitische Weltkarte BRZEZINSKIS hat fixe Einteilungen: »Nordamerika, Europa, Ostasien, Südasien, ein unförmiger muslimischer Halbmond, eventuell eine eurasische Staatengruppe.«

Was BRZEZINSKI geostrategisch als bedrohlich empfindet, ist das »Rechteck der Gewalt«. Durch den Zusammenbruch der russischen Herrschaft in Zentralasien entstand ein Vakuum, in das islamische

---

174 Francis FUKUYAMA, *Das Ende der Geschichte. Wo stehen wir?*, München 1992, S. 89.
175 Zbigniew BRZEZINSKI, *Macht und Mord. Neue Werke für die Weltpolitik*, Hamburg 1994.

Mächte stoßen,»somit drängt der Islam nach Norden, was eine Umkehrung der geopolitischen Entwicklung der letzten beiden Jahrhunderte bedeutet«. Bedenkt man die Mithilfe der USA am Zusammenbruch, der dieses»Vakuum« erst entstehen ließ, so klingen diese Situationsanalysen wie die Worte des Wolfes im Märchen, der Kreide gefressen hat. »Beide Paradigmen stellen Orientierungswissen zur Verfügung, sind – nach Ahlers Ansicht die wir vollkommen teilen – regelrecht eine Art theoretische Gegenmodernisierung: Den Welten des Entstofflichten und Entgrenzten, des Flüchtigen und Virtuellen wird eine stabile(re) Welt territorialer Gebundenheit entgegengestellt. Das gegenwärtig vorherrschende neoliberale Globalisierungs-Paradigma steht unter dem Vorrang des Makro-Ökonomischen: Es geht in der Politik nur noch um Maßnahmen wirtschaftlicher Strukturanpassungen, um im sogenannten globalen Standortwettbewerb auf der ›Siegerseite‹ zu stehen. Globalisierung offenbart sich als Schicksalsmacht, folglich ist sie nur noch neoliberalistisch zu verkünden. Das Zivilisations-Paradigma aber hat die *ideologisch-politische Ergänzungsfunktion einer Art kultur-›theoretischen‹ Ablenkungs-Manövers und Vermeidungs-Diskurses.«*

Es steht unter dem zunehmend begründeten Verdacht, angesichts der in der wilden Entfesselung kapitalistischer Globalisierung angelegten sozialen Fallen in eine kulturalistische Irre zu führen. Dies ist das Ablenkungsmanöver. Der Vermeidungsdiskurs will der Erkenntnis aus dem Wege gehen, daß»die Globalisierung sich als Teil der langsamen und ungleichen, doch andauernden Geschichte der Dezentrierung des Westens erweisen wird, obwohl sie auf vielfache Weise erst durch den Westen ihre Macht erlangte«.[176]

An diesen Überlegungen AHLERS' wurde deutlich, daß und wie sich das ›Geo-Politik-Paradigma‹ BRZEZINSKIS und das ›Zivilisations-Paradigma‹ HUNTINGTONS ergänzen und gegenseitig abstützen. Es kommt auf die Perspektive an, um zu beurteilen, was für die jeweils ›eigene Welt‹ richtig ist. Vor allem sieht man aber, wie viel tiefer die Ursachen für die Ereignisse des 11. September oder des – weil vorbereiteten – Krieges gegen den Irak reichen. Gewiß ist ein nur noch mühsam verdeckter Zusammenbruch der US-Wirtschaft der unmittelbare Auslöser, weil sich die Globalisierungspolitik heute vor allem im Ökonomischen ausdrückt und diese ja unter der Vorherrschaft der USA steht. Man kann freilich volkswirtschaftliche Fragen nicht nur mit dem Maßstab des ökonomischen Kalküls behandeln.

---

[176] Stuart HALL, *Rassismus und kulturelle Identität. Ausgewählte Schriften 2*, Hamburg 1994, S. 222.

Es geht um die Machtfrage

In letzter Konsequenz ist es die Machtfrage, die hier gestellt wird. Der Umbau der Realwirtschaft – in der produziert und reale Werte geschaffen werden – zu einer ›*virtual economy*« der Finanzmärkte – in der mit ›*fiat money*‹ gigantische, aber eigentlich irreale Summen bewegt werden, konnte nie darüber hinwegtäuschen, daß es letztlich auf die Verfügungsmacht über reale Ressourcen und Produktionsmittel ankommt.

Diese hätten die USA selbst durchaus reichlich, aber doch nicht ausreichend, um den ›*American way of life*‹, eine gigantische Vergeudung, fortzusetzen. Nun sehen sich die Vereinigten Staaten einer wachsenden Konkurrenz um diese Ressourcen ausgesetzt, wobei angesichts der Bevölkerungszahlen es unausweichlich erscheinen muß, daß sich die Verteilerschlüssel nur zu Lasten der USA verändern können, ja müssen, wenn nicht eintritt, was BARNICK hellsichtig beschrieb. Bedenkt man, daß »wir innerhalb von 10 Jahren physisch nicht mehr in der Lage sein werden, den Bedarf an Erdöl und Naturgas zu decken«,[177] kann man sich die Dramatik der Situation vorstellen. »Es ist überflüssig zu erwähnen, daß dies große wirtschaftliche Verschiebungen verursachen wird. Ab 2009 wird die Ölproduktion nicht mehr in der Lage sein, den gegenwärtigen Bedarf zu decken, und sie wird sogar jährlich um 3 % zurückgehen. Wir verbrauchen heute 22 Mrd. Barrel Öl pro Jahr, aber wir entdecken nur 6 Mrd. Barrel an neuen Vorräten. 70 % der heutigen Ölversorgung kommt von Vorräten, die vor 1973 entdeckt wurden.

Während der vergangenen 10 Jahre wurden etwa 100 Mrd. Barrel entdeckt, aber 222 Mrd. Barrel wurden verbraucht. Soweit wir heute wissen, gibt es voraussehbar nur noch 210 Mrd. Barrel in Zukunft zu entdecken – etwa der Bedarf für 10 Jahre!

In den USA gibt es 500 000 Ölquellen, von denen 80 % weniger als drei Barrel pro Tag fördern. Nuklear-Energie ist eine Alternative zu den schwindenden Ölvorräten, aber sie ist mit großen Risiken verbunden. . . Naturgas trägt mit über 20 % zur Weltenergieversorgung bei. So wie die Gasvorräte heute stehen, werden sie in 2020 zur Neige gehen. Die Nachfrage in den USA übersteigt bereits das Angebot. Gas ist aber ungeeignet als Treibstoff für unsere heutigen Flugzeuge, Schiffe, sonstige Fahrzeuge und Landwirtschaftsmaschinen oder selbst für viele Produkte«. Wenn wir an die kalifornische Energiekrise denken, die zunächst nur

---

[177] *The International Forecaster*, Februar 2001 (4). An international financial, economic, political and social commentary. (Ein internationaler Finanz-, Wirtschafts-, Politik- und Sozial-Kommentar), hg. von Bob CHAPMAN, Bd. 5, Nr. 2–4.

als eine Folge marktwirtschaftlicher und (de-) regulatorischer Maßnahmen (aber gewiß auch Ausdruck der gegenwärtigen ›Krise‹ von ›Corporate America‹) erschien, so bekommt man dennoch eine Vorstellung, was diese Perspektiven auf so kurze Sicht in Wahrheit bedeuten.

Es könnte durchaus sein, daß die Krise der Finanzmärkte (und in Folge der US-Wirtschaft) im Grunde auch ein gewolltes Ereignis ist, weil nur solch eine globale Erschütterung einen ›ausreichenden‹ Grund gibt, mit militärischen Mitteln die Machtfrage – und damit die Verfügungsrechte über die Weltressourcen – zu entscheiden. Begründet würde das freilich, siehe oben, mit den Auftragsarbeiten etwa eines Huntington: »Für Demokratie und Menschenrechte!«

Aspekte amerikanischer Geistigkeit

Die Amerikanische Apokalypse[178]

»Für Gotthard Günther sagt das eschatologische Theorem vom Ende der Geschichte alles über die Vergangenheit aus, aber nichts über die Zukunft. Der logische Dilettantismus der Philosophie besteht für ihn darin, daß sie dieses Theorem als eine Aussage über die Zukunft interpretiert und damit von vornherein die Möglichkeit der Geschichte eines *höheren Selbstbewußtseins* ausschließt.«[179]

In obiger Deutung – Zukunft als offener Möglichkeit – geht »Wahrheit inhaltlich in Wahrscheinlichkeit und Wahrscheinlichkeit formal in Wahrheit über. Dem entspricht der Spielertyp in der Spätzeit. . . Es gibt keine allgemeine Verbindlichkeit mehr, weder in der Religion noch in einer Weltanschauung; sie sind Privatsache, da sie nicht aus dem Denken, sondern aus dem emotionalen Individualbereich des Menschen abgeleitet werden«. Auf einer Wahrscheinlichkeitslogik kann man aber keine Weltkonzeption mit Allgemeinanspruch aufbauen. Günther erklärt den Zusammenbruch des Idealismus[180], der

---

[178] Gotthard Günther, *Die Amerikanische Apokalypse,* aus dem Nachlaß herausgegeben und eingeleitet von Kurt Klagenfurt, Profil-Verlag, München.

[179] Vorwort vom Herausgeber Kurt Klagenfurt, ebenda, S. XLII.

[180] Günther ist ein Fanatiker des technischen Denkens. Für ihn gilt die Maxime der Technik, daß man etwas erst versteht, wenn man es selber nachbauen kann. Da er aber zunächst Philosoph ist, will er das Bewußtsein verstehen und in Maschinen nachbauen, daher war er führend bei den kybernetischen Pioniertaten am M.I.T. beteiligt. (Die Frage ist natürlich, wie Bewußtsein definiert ist, bei passender Definition gebe ich auch bewußte Maschinen zu, die Gleichsetzung dieses Bewußtseins mit Seele und Geist ist die gefährliche Drohung, die Seelen der Menschen in der technischen Umwelt so zu reduzieren, daß sie bloß mehr technisches Bewußtsein sind. Da zeigt sich wieder die Diabolik!) Hinweise von Martin Schwarz, Wien.

eine neue Problematik in Reichweite sah, dem aber die Mittel fehlten, sie wissenschaftlich in den Griff zu bekommen, mit seinem logischen Versagen. Die Technik gilt – GÜNTHER wie HEIDEGGER – als *Folge* und nicht als *Ursache* seelischer Verödung.[181] GÜNTHER stellt in seiner *Apokalypse* ein geschichtsphilosophisches Drei-Stufen-Modell dar. Die Differenzierung erfolgt zwischen »primitiven« Kulturen der ersten Stufe und den folgenden Hochkulturen der zweiten Stufe, die dieses Erlebnis der Selbstreflexion haben, Subjekt und Objekt zu scheiden wissen und eine metaphysische Trennung von Lebendigem und Totem kennen. Der »Primitive« verfügte nur über eine Praxis der Magie. »Die transzendentale Wiederholung dieses Bewußtseins, über das der ›Primitive‹ nicht verfügt, in der Objektivität nennen wir Geschichte. Sie wiederholt sich ein zweites Mal empirisch und nennt sich Technik... Der mit Bewußtsein ausgestattete Mensch der zweiten Epoche der Weltgeschichte erlebt nichts *anderes*, er erlebt *anders*.« Kennzeichen der regionalen Hochkulturen seien, daß sie alle Erlösungsreligionen haben.

Die heutige – aus Amerika kommende – »Auflösung aller Dinge« stellt – so die These – den noch nicht sichtbaren und auch noch nicht unter diesem Blickwinkel so betrachteten Aufbruch in eine neue, dritte Stufe der Menschheitsentwicklung dar. Im Sinne der ›kulturellen Gleichzeitigkeit‹ sind dies die bisherigen regionalen Hochkulturen – Assyrer, Ägypten, Griechenland, römisches Imperium, das Abendland, das alte China, der Islam – als auf der 2. Stufe der Entwicklung stehend, die der prähistorischen Kultur (= der 1. Stufe, zum Beispiel, wie sie unter anderem in der europäischen Höhlenkunst des Paläothikums sichtbar wurde) folgten. Da die uns bekannten Hochkulturen alle verortet und nur innerhalb begrenzter Territorien (als ihrer Vorbedingung) sich entwickelten, ist in Amerika, dem grenzenlosen und fast menschenleeren Kontinent, nie eine Hochkultur entstanden, und es würde auch keine entstehen können. Neu war in Amerika das seelische Erlebnis der ›Frontier‹ (Grenzen) gewesen, das heißt des nahezu unbegrenzten Raumes, mit der nach Westen immer weiter hinausgeschobenen Landnahme des amerikanischen Kontinents, die heute eine globale ist – und nicht einmal hier werden (im Geiste) die Grenzen anerkannt, indem man in den Raum des Weltalls hinausgreift.

Die Möglichkeit und gleichsam Bedingung dafür ist eine – für Europäer - geradezu lächerliche, banale amerikanische Philosophie, das Banale als der simpelste gemeinsame Nenner, zu dem die hochspezialisierten und differenzierten Denkweisen und Kulturen der 2. Epo-

---

[181] Gotthard GÜNTHER, *Die Amerikanische Apokalypse,* aaO., S. XLII.

che gar nicht mehr fähig wären. Insofern ist eine gewisse geistige Nähe zu den noch archetypischen (und kaum spezialisierten und differenzierten) Denkweisen und Begriffen der 1. Stufe hier erkennbar, was aber gerade die Voraussetzung zu einem weltweiten Ausgreifen (was als solches noch nicht erkannt ist) dessen ist, womit sich die USA anschicken, die Wandlung zur 3. Kulturstufe der Menschheitsentwicklung zu durchlaufen. Diese kann aber zu den alten Hochkulturen ebenso wenig eine geistige Brücke schlagen, wie die alten Hochkulturen der 2. Stufe zu den ja immer auch zugleich noch bestehenden Kulturen der 1. Stufe – der Steinzeit, des Paläolithikums – es vermochten. Wir müssen uns auf ein paar Gesichtspunkte beschränken. »Wer die gegenwärtige amerikanische Geschichte und Politik, etwa seit der Monroe-Doktrin (1823) oder seit Amerikas Eintritt in den Ersten Weltkrieg (1917) oder schließlich seit dem Abkommen von Jalta (1945) bereits für den Beginn von historischen Realitäten einer höheren Ordnung hält, der ist so fern von der Wahrheit wie nur möglich.«[182] Vorhanden sei nur »ein erwachendes spekulatives Bewußtsein, das sich in seinen Tagträumen neue Ziele zu setzen beginnt«.

Unter dem Hinweis auf den ›*Frontier Spirit*‹ (Geist der amerikanischen Westbewegung) sagt Günther, daß dieser *nicht* die Grundlage einer den amerikanischen Kontinent umfassenden Hochkultur sei, sondern hierin eine viel weiter reichende Absicht liege, die aus den Ozeanen bloße Binnenmeere mache. Es bereitet sich – so die These Günthers – eine erste allgemeine *planetarische* Hochkultur vor. Vor dieser Überzeugung gibt es im amerikanischen geschichtlich-politischen Denken den Begriff der Kolonie legitimerweise gar nicht. So sei auch die amerikanische Unabhängigkeitserklärung weit Tieferes und Einschneidenderes als ein bloß historisches Dokument und der Beginn der Lossagung der ehemaligen 13 Kolonien. Dieser Begriff setze in sich eine inhomogene Welt und Menschheit voraus. Es scheint aber, daß mit dem Eintreten der westlichen Hemisphäre in die Geschichte die Zeit für die metaphysische Differenzierung der Erdlandschaft vorbei sei, gleich, wie lange noch die Folgen der ursprünglichen Differenzierung fortwirken werden. Man muß auch von einem Jahrhunderte dauernden Kampf der integrierten Großlandschaften ausgehen, deren Berechtigung ja durchaus einer inneren Wahrheit entsprach. Die ganze Spiritualität des zweiten Zeitalters ist ja in dieser *Unterscheidung* verankert, die gerade nicht in der Zeit der Alleinherrschaft des ersten Zeitalters der primitiven Lebensformen bestand – und in der neuen, dritten nicht mehr existieren soll.

---

[182] Ebenda, S. 114.

»Die neue Epoche wird aber den vorangegangenen so unähnlich wie irgend möglich sein. Aber paradoxerweise wird der Abstand der neuen geschichtlichen Lebensformen zur zweiten größer erscheinen als zur ersten, der primitiven Geschichtsform.« Worin GÜNTHER den eigentlichen Unterschied zu den regionalen Hochkulturen sieht, ist »eine Katholizität (die ganze Welt betreffend) des Denkens und Fühlens, zu der keine der letzten, nicht einmal die faustische Kultur des Abendlandes, auch nur annähernd fähig gewesen ist. Ja, man kann sogar sagen, daß der Erfolg und die innere Kraft dieser regionalen Gebilde in China, Indien, Ägypten und anderswo ausgesprochen auf einer *gegenteiligen Haltung* beruht. Von Katholizität irgendwelcher Art ist da wenig zu spüren. Alle auf ein enges geographisches Gebiet beschränkten Geschichtsabläufe beruhen im Gegenteil auf der ausschließenden Einseitigkeit und intoleranten Konzentration auf ein einziges metaphysisches Lebensapriori«.[183]

Diese Aussage ist aber offensichtlich das ziemliche Gegenteil dessen, was die heutige, delegitimierte Politik und eine bereits sehr säkularisierte Kirche – die immer noch als geistige Kraft angesehen wird – betreiben. Die von höchst unterschiedlichen Gruppen geförderten Aktivitäten des ehemals katholischen Theologie-Professors Hans KÜNG um ein Welt-Ethos, die unter dem Titel »Ökumene« vom gegenwärtigen Papst angeregten Gebetstreffen in Assisi, die als Ausprägung des Globalismus beobachtbare Uniformierung aller Lebensbereiche – der Kultur, Mode, Eßgewohnheiten usw. – das Programm der ›Multikulturalität‹, bei uns aber als Vermischung wie im amerikanischen ›melting pot‹ (Schmelztiegel) vorangetrieben und nicht als Nebeneinander in den angestammten Regionen! usw. –, sind das noch Elemente einer ›alten‹ – oder bereits der neuen? – Hegemonial-Politik? Sollte die These GÜNTHERS aber irgendeinen Wahrheitsgehalt haben, so müßte man diese Entwicklungen als eine im großen Strom der historischen Menschheitsentwicklung sehen, die sich lediglich dieser geradezu zufälligen Prozesse in ihrem neuen Sinn bedient. Wir können das hier nicht ›entscheiden‹, aber gerade diese Gedanken zeigen auf, in welch ganz anderen Dimensionen wir denken müssen, um das heutige Geschehen zu begreifen.

GÜNTHER sagt zum Thema Serie, Magie und Kausalität, daß das Erbe der Hochkulturen an die Zukunft ihr kategorischer Imperativ sei, nicht aber deren (heutige) Problematik, die viel zu einseitig und begrenzt ist, um außerhalb ihres Bannkreises noch Bedeutung zu haben. »Aus diesem Grund wird auch die nächste Epoche der universalen plane-

---

[183] Ebenda, S. 119.

tarischen Geschichte dort wieder anknüpfen müssen, wo sich die *historisch unrealisierten Möglichkeiten* des menschlichen Bewußtseins abgelagert haben. Dies ist allein auf der primitiven Lebensebene der Fall.«[184] Wir machen uns ja oft genug lustig über den amerikanischen Primitivismus, die Kulturlosigkeit, den Mangel an Tradition. Aus unserer Sicht völlig zu Recht. Aber – mit GÜNTHER gedacht – könnte das gerade die tiefste Ursache für ein ›amerikanisches Zeitalter‹ sein.»Damit ist aber die Geschichte des wissenschaftlichen Denkens im Zeitalter der regionalen Hochkulturen zu Ende. Es ist ausgeschlossen, daß die Tradition des klassisch-kausalen Denkens unmittelbar fortgesetzt wird. Alle Erkenntnisse, die sich der Natur mit Hilfe der klassischen Kausaltheorie entlocken lassen, sind prinzipiell gewonnen worden, und die Leistungsfähigkeit dieses Erkenntnisprinzips ist heute ziemlich erschöpft.«[185] u. [186]

Ideen zur Geschichtsmetaphysik

In einem Kapitel, den Ideen zur Geschichtsmetaphysik,[187] behandelt GÜNTHER die mythologische Topologie der Welt, die Raumfurcht und den Versuch ihrer Überwindung durch Ignoranz, den ›*American way of life*‹, den Verfall der Metaphysik, die Überwindung der Weltfurcht, das Ende des zweiten Zeitalters, das deutsche und das russische Experiment sowie Pragmatismus und Kybernetik – den philosophischen Abschied von Europa.

Auch hier wieder nur ein paar Zitate:»Wer aber alles vergißt, hat keine lebende Seele mehr, denn das Leben der Seele ist Erinnerung.«[188] GÜNTHER bezieht sich hier stark auf die griechische Mythologie, was aber hier nicht weiter vertieft werden soll. Obiger Satz ist nur zu charakteristisch für amerikanische Geistigkeit. Und konsequent läßt sich

---

[184] Ebenda, S. 121.

[185] Ebenda, S. 130.

[186] Zu einem ähnlichen Schluß, freilich aus ganz anderer Überlegung, kam der deutsche Philosoph Johannes BARNICK in seinem Werk *Vom Sinn des Ganzen – Die Logik des Schicksals als Schlüssel zur nachabendländischen Weltzeit.* Hier sehen die Folgen eher apokalyptisch aus, und die Weltdiktatur ist entweder die Folge der Übermächtigung der letzten rivalisierenden Macht oder eine aus dem Zusammenbruch der Wirtschaft entstehende Ordnungsmacht, die die zur Neige gehenden Ressourcen ›verwaltet‹, nachdem sich die heutige Weltzivilisation im Chaos aufgelöst haben wird; aber auch sie wäre eine Weltdiktatur.

[187] G. GÜNTHER, *Die Amerikanische Apokalypse,* aaO., Kap.:»Ideen zur Geschichtsmetaphysik«.

[188] Ebenda, S. 167.

folgern: »Dies gibt einiges Recht zu der Vermutung, daß die westeuropäische Kultur die letzte der regionalen Kulturformen gewesen sein mag. Das bedeutet aber, daß der Untergang der abendländischen Zivilisation nicht nur das Ende einer individuellen regionalen Geschichtsform bedeutet, sondern das Ende der gesamten weltgeschichtlichen Epoche, die alle diese Kulturen umfaßt.«[189] Die damit ausdrücklich dargelegten Auswirkungen dieses Kulturwandels sind – weil wir ja alle in unseren Weltvorstellungen leben – kaum vorstellbar.

»Jedenfalls sind alle beteiligten Seiten (in den USA) einig in dem Drang, die eigene vergangene Geschichte endgültig hinter sich zu lassen. Denn auch der weiße Amerikaner interessiert sich nicht mehr im geringsten für das Logos Evangelium, die Ideenlehre PLATOS oder die metaphysischen Naturphilosophien LEIBNIZ' und NEWTONS. Was man von Europa allein noch gelten lassen will und woran man wirklich ›glaubt‹, das ist die faustische Technik und die Distanzierung, welche dieselbe von dem irrationalen Wachstum der Natur, als dem Reiche Pans, erlaubt...

Der alte religiöse Glaube existiert nicht mehr. Das Bewußtsein, daß die Bibel, abgesehen von ihrer engen dogmatischen und religionsgeschichtlichen Bedeutung, in ihrer Logostheorie auch die spirituelle Grundlage abendländischer Maschinentechnik bildet, ist unter amerikanischen ›Gebildeten‹ schlechterdings nicht verstanden.«[190]

»Diese radikale Entleerung des Menschen von aller älteren Tradition und ihren metaphysisch-emotionalen Gehalten aber hat vorerst eine fürchterliche Konsequenz. Der Sinn aller menschlichen Sprache ist metaphysisch gebunden.« Wenn das wegfällt, gibt es dem Nächsten nichts mehr zu sagen! Man kann noch miteinander reden, aber die Worte haben keine tiefere Bedeutung mehr. »Man nähert sich in Amerika rapide dem Zustand, wo man sich nichts mehr mitzuteilen hat außer statistischen Daten (die darum so leicht zu fälschen sind, weil sie nichts bedeuten) oder Fakten, die praktischen oder technischen Wert für die unmittelbare Lebensführung haben. Überzeugungen sind uninteressant... Mangels einer... Tradition gibt es weder eine Rangordnung noch ein System möglicher Überzeugungen. Wesentliches ist völlig unmitteilbar, und das Individuum bleibt... unbarmherzig allein.« All dies ist inzwischen die von vielen erlebte und tagtäglich beobachtete Wirklichkeit. Die meist oberflächliche Deutung hält dies für Kulturlosigkeit, Primitivismus, Mangel an Tradition, oder man führt es auf die besondere ›Selektion‹ der frühen Siedler zurück:

---

[189] Ebenda, S. 177.
[190] Ebenda, S. 196.

protestantisch-calvinistische Abspaltungen von altem Glauben, strafweise Deportierte, Gestrandete, und was der herablassenden Gründe mehr sein mögen. Der ganz andere Blickwinkel GÜNTHERS sieht das zwar auch, aber er kommt zu anderen Schlüssen.

»Schon der vorläufig noch unbewußte Prozeß der Abkehr von den historischen Traditionen der regionalen Hochkulturen ist ein echter geschichtlicher Vorgang. Er ist dem Amerikaner noch nicht als vorbereitendes *negatives* Stadium für die künftige planetarische amerikanische Geschichte bewußt.«[191] Uns kommt freilich oft der Verdacht, daß die zahlreichen Science Fiction- und apokalyptischen Filme von tiefen Insidern gemacht werden, um die Massen ›vorzubereiten‹. Der Film *Independence-Day* – kurz vor dem 11. September zu sehen gewesen – war wohl kein Zufall! Es kann sein, daß diese Filme der vorherigen und planvollen Konditionierung der amorphen Massen dienen sollten.[192]

Ende des Bolschewismus und der Gegenwart Amerikas

Welch frappierende Aktualität drückt sich hier aus:»Was den amerikanischen Eintritt in den Krieg beschwor, das waren nicht die Greuelmärchen, Berichte über Konzentrationslager oder Bücherverbrennungen – was hat Amerika schon verloren, wenn man B. SPINOZAS oder GOETHES Bücher als Feuerungsmaterial benutzt –, sondern die ganz nüchterne und nicht wegzudiskutierende Tatsache, daß man sich in seinem eigenen Lebensstil angegriffen fühlte. Die das amerikanische Verhalten letztlich bestimmende Formel war: ›*You can´t do business with Hitler*‹. ›Business‹ hat hier eine sehr weite Bedeutung. Die Formel bedeute so viel wie: Man kann mit dem Mann nicht auskommen. Also ein Urteil, das nur empirisch gewonnen werden kann.« Diese Einschätzung ist bemerkenswert, nicht nur, weil sie mit einem Nebensatz »kanonisierte Wahrheiten« wegwischt[193], sondern den tieferen Grund der Feindschaft offen legt. Daß diese Motive wirklich in Betracht kommen, läßt sich an ganz unterschiedlichen Beispielen nachempfinden.

---

[191] Ebenda, S. 198.

[192] Als weitere Beispiele seien erwähnt: *Fight Club* und *Hannibal* (*Staatsbriefe* 12/2001). Ein weiterer Hinweis auf die virtuelle Realität kam von Peter DE MOLAY: Der US-Film *Wag the dog* (etwa: der Schwanz wedelt mit dem Hund) mit Dustin HOFMANN und Robert DE NIRO, in dem auch schon ein Krieg (in Albanien, noch *vor* dem US-/NATO-Überfall auf Jugoslawien!) virtuell organisiert wird. Sehenswert, geradezu obligatorisch.

[193] Dies *merk*-würdigerweise 1950, also in einer Zeit der frischesten Erinnerung an das Geschehen und der noch millionenfach lebenden Zeitzeugen, wo die ›Kanonisierung‹ noch nicht einmal ansatzweise die heutige Hypertrophie angenommen hatte.

Vor kurzem entstand in Rußland ein hervorragender Film:»Der Barbier von Sibirien«.[194] Die Beziehung zwischen einem jungen russischen Offiziersanwärter und einer Amerikanerin scheitert an einem Irrtum. Er glaubt, sie hätte sich mit einem alten General liiert, als er zufällig ein Gespräch der beiden mitbekommt. Als sie die sich anbahnende Katastrophe bemerkt, versucht sie, ihren Liebhaber, den jungen Offizier, zu beruhigen:»It was only business« (Es ging nur ums Geschäft.) Größer könnte die seelische Distanz – auch heute nicht – zwischen dem ›American way of life‹ und russischem – aber auch kontinental-europäischem – Ehr- und Lebensgefühl sein.

In bezug auf Amerika ist es mehr als amüsant, welch abgrundtiefes Mißverständnis Amerika von der Alten Welt trennt, als die USA am Ende des Zweiten Weltkrieges einem so tief in der metaphysischen Tradition der klassischen Ontologie verwurzelten Gegner zumutete, er solle sein Glaubensbekenntnis aufgeben und sich mit der Neuen Welt auf einige transzendental restlos entleerte Spielregeln für ein künftiges friedliches Zusammenleben auf diesem Planeten einigen. Weil Amerika selbst keine Transzendenz kennt, ist für sie auch die spirituelle Geschichte der östlichen Hemisphäre nicht existent.

Kein Russe, Deutscher, Muslim, Chinese, Inder oder Spanier könnte in so einer geschichtslosen Welt leben. Nach GÜNTHERS Urteil ist dazu am ehesten der Engländer fähig.»In ihm hat die klassisch-metaphysische Substanz eine Verdünnung erlitten, wie sonst nirgends in der Alten Welt.« Für den Amerikaner ist der Mensch auf der Erde, »to have a good time« (damit es ihm gut geht). Damit ist aber – ohne daß wir es eigens organisieren und planen müßten – klar, wie die »amity lines«[195] in Zukunft verlaufen: die USA mit ihrem Statthalter

---

[194] Sibirskij Zirulnik, der vom russischen Regisseur Nikita MICHALKOW 1998 gedreht wurde.

[195] Im Spätwerk Carl SCHMITTS *Nomos der Erde* wird dargelegt, wie jedes Recht auf *Ordnung* und *Ortung* zurückführbar ist. Die Einteilung der Welt – und die Ordnung der Alten Welt – wird von SCHMITT insbesondere nach der Entdeckung der Neuen – Amerikas – als gestört dargestellt, und sie ist es auch tatsächlich. Dies führt zu einer Entwicklung, in der die christlichen Fürsten innerhalb der europäischen Ordnung – auf dem *Jus Publicum Europaeum* stehend – sich auf den Papst als Schiedsrichter einigen und jene Linie festlegen, wo dies- und jenseits dieser Linie – der Raya – der spanische bzw. portugiesische König für die Neuentdeckungen die Besitz- und Herrschaftsansprüche zugesprochen erhält. (D. h. ursprünglich das Recht zur Missionierung der ›Heiden‹ in diesen neuen Ländern.) Später haben andere Linien die globale Welt mit einer neuen Ordnung ab- und aufgeteilt. Die von England als Seemacht bestimmten *amity lines – Freundschafts*linien. Ihr Grund ist ein anderer; die europäischen Fürsten kennen *keinen* Schiedsrichter (den Papst) mehr, die ›Rechte‹ (an den Ländern der Neuen Welt) sind *nicht* aufgrund einer einvernehmlichen Teilung zustande gekommen, sondern sind eine Angelegenheit der *Durchsetzung der Ansprüche,* also eine langwierige und gewaltsame, kriegerische.

England gegen den Rest der Welt. Das sind die Trennlinien des anglo-amerikanischen liberalen Kapitalismus, einer individualistischen
Weltanschauung, gegenüber den traditionell und organischen Gesell-
schaftstheorien der ›Alten Welt‹, wie sie bis in die griechische Klassik
zurückgehen und im Reichsgedanken der Deutschen bis heute ihre
Form fanden.

Es ist dies deshalb besonders bemerkenswert, weil 1950, als GÜN-
THER darüber schrieb, er nichts von der heutigen ›Allianz gegen den
Terror‹ wissen konnte, einer Schimäre, der nicht einmal ihre Erfinder
die geringste politische Tragfähigkeit zutrauen, weswegen sich die
USA auch auf die nackte Gewalt und erpresserische Drohung allein
verlassen. Und er konnte auch nichts von BLAIR ahnen, dem Geßlerhut der USA in Europa und innerhalb der EU, der damit in Wahrheit
ihr brisantester Sprengstoff ist.

Mittlerweile kommt auch immer deutlicher zutage, daß die mit dem
›Krieg gegen den Terrorismus‹, dieser ungeheuren Heuchelei seit dem
11. September, eingeleitete außen- und sicherheitspolitische Strategie-
änderung der USA nur dazu dient, der ganzen Welt potentiell den
Krieg zu erklären.[196] Die nunmehr verwendeten Begriffe wie ›*pre-emptive prevention*‹ (vorbeugender Überfall) – eine Beschönigung für Überfall –, ›*offensive strike systems*‹ (also Angriffswaffen), ›*pre-emptive defence*‹ (vorbeugender Angriff als Verteidigung) und ›*offensive defence*‹
(Angriff als Verteidigung) zeigen, worum es geht: um eine vorbedach-
te Drohung der USA auch mit nuklearen Schlägen gegen angebliche
›ABC-Waffenpotentiale‹ anderer Länder, von denen Bedrohungen
gegen die Vereinigten Staaten ausgehen könnten. Dabei lautet die von
Außenminister Colin POWELL, dem früheren Stabschef der US-Streit-
kräfte, formulierte dazugehörige Doktrin:»... daß bei einer ›vorbeu-
genden‹ Option ein erkanntes Ziel so bekämpft werden sollte, daß
diese Bedrohung beseitigt wird«. Beseitigt, das heißt: alle tot, alles

---

Die Freundschaftslinien bezeichnen dabei Bereiche, die vom europäischen Völkerrecht,
dem *Jus Publicum Europaeum*, wie es zwischen den christlichen Fürsten herrschte, *ausgenommen* sind. Hier herrscht so etwas wie der HOBBESsche Naturzustand. Keine Rechtsnorm bindet die Gegner, kein ›gehegter Krieg‹, wie auf dem europäischen Festland, hindert die uneingeschränkte Vernichtung oder Grausamkeit in der Auseinandersetzung. In
den von diesen Linien eingegrenzten Bereichen herrscht die *vollständige Freiheit:* der
Naturzustand, die Große Freiheit, die aber in einer Gesellschaft von Menschen *nicht möglich*
ist. Die Große Freiheit, die in Wahrheit dem Faustrecht eine *scheinbare Legitimität* – also
›Rechtmäßigkeit‹ – verleiht. Nur ist die ›Gesetzmäßigkeit‹ für jenen, der die politischen,
wirtschaftlichen und medialen Machtmittel besitzt – also der todfeindliche Gegner – nichts
anderes als eine Selbst-Ermächtigung, die niemals Legitimität beanspruchen kann.

[196] Lothar RÜHL,»Europa im Kielwasser neuer US-Strategien«, in: *Neue Zürcher Zeitung* vom
15. 8. 2002, S. 5. Heikle Auswirkungen von vorbedachten Eskalationen. RÜHL ist ehemaliger Staatssekretär im deutschen Verteidigungsministerium.

kaputt geschlagen. Die Feststellung, daß eine Bedrohung vorliegen ›könnte‹, liegt dabei ausschließlich in den Händen der USA, wie sie dies am Beispiel des »*America on attack*«[197] (Angriff auf Amerika) seit dem 11. 9. 2001 eindrücklich in den Massenmedien vorführen. Dies ist möglich mit dem geheimen Monopol der Presse und der Meinungsmedien in den demokratisierten Ländern und der Macht, die selbst die mächtigsten Banken zu lähmen oder zu sprengen imstande ist, eine Macht, die den Finanzreichtum in wenigen Händen konzentriert und damit die Völker, Parteien und die Regierungen[198] kontrolliert. Die lange schon feststellbaren Folgen sind kulturelle Demoralisierung, nihilistischer Materialismus und Auflösung/Desorganisation, die immer schwerere soziale Krisen und unerträglichere Situationen in der Gemeinschaft herbeiführen. Ein allgemeiner Krieg soll dann die letzten noch möglichen Widerstände endgültig brechen.

Da für derartige ›Missionen‹ selbst die US-Protektorate und Satrapien nicht leicht zu haben sind, erklären die USA – unter anderen durch WOLFOWITZ bei der Münchner Wehrkundetagung im Frühjahr 2002 –, daß die USA notfalls allein handeln oder sich »nützliche Verbündete von Fall zu Fall« suchen würden. Nützliche Verbündete? In der Alten Welt sagt man dazu »nützliche Idioten«. All dies hat mit einem ›NATO-Verteidigungsbündnis‹ nicht das Geringste mehr zu tun, wie wohl die neuen ›NATO-Partner‹ mit Ernüchterung festgestellt haben dürften. Die USA bestimmen, wer ein ›Schurkenstaat‹ ist. Die Liste umfaßt nach Ansicht der Sicherheitsberaterin C. RICE 60 bis 70 Länder. Die USA werden nach dem Vorschlag des ›Verteidigungs‹-ministers RUMSFELD in ihrer »weitausgreifenden Vorwärtsverteidigung« durch »vorbeugende Eingriffe in und Angriffe auf andere Länder«, neue Rüstungs- und Streitkräfteplanung, eine Rückkehr zum Einsatz von Nuklearwaffen für operative Zwecke gegen andere Länder auch ohne einen vorherigen Angriff auf die USA oder deren Streitkräfte sich und die Welt »schützen«. Damit wird von den USA jener allgemeine Schwebezustand zwischen Interventionskrieg, Terrorbedrohung und ungesichertem Frieden geschaffen, den Carl SCHMITT schon als »weder-Krieg-noch-Frieden« bezeichnete. Es ist die Drohung der ›einzigen Weltmacht‹, von der allein die reale ABC-Apokalypse aufgrund der von ihr angehäuften Massenvernichtungswaffen ausgehen kann und – wenn kein Gott eingreift – auch ausgehen wird.

---

[197] Gemeint ist: Angriff auf Amerika, aber es könnte auch anders – und zutreffender – übersetzt werden: Amerika im Angriff!

[198] Die *IHT* vom 24. 1. 2002 bezeichnete jüngst den US-Präsidenten als »gekauft«! – Siehe S. 47, Anm. 38.

Daß sie ernst zu nehmen ist, legen die 70 militärischen Interventionen und Kriege der USA seit 1945 nahe.[199] Eine Bemerkung sei noch zu jenem in der Öffentlichkeit so beherrschenden Begriff ›Freiheit‹ erlaubt. Man ahnt, welcher Art er ist, wenn man die Karikatur, die die Freiheitsstatue an der Hafeneinfahrt New Yorks eigentlich darstellt, bedenkt. Sie schmückt das Tor zur Neuen Welt, wenn auch die wichtigste Anlaufstelle für die Millionen afrikanischer Negersklaven Baltimore war, so dürfte diesen Bedauernswerten von diesem Symbol gewiß ein richtiger Begriff der Freiheit vermittelt worden sein.

In bezug auf Amerika ist sie nur dann real, wenn sie institutionalisiert ist, nur so handelt es sich um reelle Freiheit von objektiver Gültigkeit. Individuelle Freiheit hat für den Amerikaner keine Bedeutung, hat er doch keine Seele.»Für ihn tritt die Essenz der Freiheit erst in der Institution zu Tage, . . . und die öffentliche Meinungsäußerung wird von einer Presse geübt, die viel tiefer institutionalisiert ist als an jedem anderen Punkt der Erde.« Hier besteht auch zu uns, als US-Protektorat, kaum ein Unterschied. Was aber GÜNTHER als»Institutionalisierung« bezeichnet, ist ein Monopol, das den Begriff der amerikanischen Freiheit noch leerer macht, als er uns ohnedies erscheinen muß.

In solchen Umständen ist die unerhörte Uniformierung des Denkens und Fühlens wie der praktischen Lebensführung sichtbar, in die zugleich eine völlig irrationale Unabhängigkeit der Einzelperson eingebaut ist. Das ist so zu verstehen: Man hat seine Freiheit an Institutionen delegiert und läßt sich von denselben bestimmte Spielregeln für das eigene Verhalten vorschreiben, man hat aber völlig aufgehört, sich mit ihnen zu identifizieren.

Solche in die Tiefe der Geistes- und Ideengeschichte zielenden Überlegungen und Analysen sind uns in mancher Hinsicht auch Ermunterung und Hoffnung, wenn man oft am Tagesgeschehen verzagen möchte.

Nach diesen ideengeschichtlichen und philosophischen Ausflügen, die sozusagen den verborgenen, aber nichtsdestoweniger eigentlichen Urgrund der amerikanischen Entwicklung und Politik abgeben, möchten wir nun zu ›konkreten‹ und für die Leser selbst leicht beobachtbaren Prozessen im Bereich der Wirtschaft und Finanz kommen.

Alle berichteten ökonomischen Fakten stammen aus allgemein zugänglichen Schriften oder digitalen Dateien im Internet. Wer also

---

[199] Johan GALTUNG, norwegischer Friedensforscher, im ORF-Ö1 am 7. 9. 2002, in einer Sendung anläßlich des Jahrestages des 11.9.

sehen will, kann sehen. Freilich ist es nicht ganz so einfach, weil die uniformierte Presse gerade solche Informationen, als Nebenthema, verzögert oder nur verfälscht berichtet. Es bedarf hier auch der Dechiffrierung der Artikel der *main-stream*-Presse, womit dann aber auch solche Berichte, die vordergründig der Desinformation dienen, doch auch wieder zu wichtigen Quellen werden, um die wirklichen Prozesse rekonstruieren und verstehen zu können. Damit dies nicht bloße Spekulation bleibt, muß man einen ›Schlüssel‹ zur Decodierung besitzen. Das heißt, man benötigt ›echte‹ Daten und Fakten, die sich aber gerade in offiziellen Bulletins und US-Regierungsberichten finden und regelmäßig in übergroßer Detaillierung abrufbar sind, mit denen man die Medienberichte, Analysen, Prognosen vergleichen und die Wirklichkeit rekonstruieren kann.

Wenn man zudem sieht, daß gerade die gut gefälschten Berichte zu einem erheblichen Teil auf Tatsachen beruhen, die nur in einen anderen Zusammenhang gestellt, deren zeitlicher Ablauf (und damit Ursache und Wirkung) verändert oder anstelle der Feststellung als Frage formuliert werden, oder wenn ein scheinbar banaler Sachverhalt mehrfach – oft an verschiedenen Stellen eines Blattes – erwähnt wird, so sind das die Chiffren für verborgene Neuigkeiten, Wichtiges oder dafür, was überhaupt ›Thema‹ ist.

Die Lage der amerikanischen Wirtschaft

Selbstoffenbarung des Kapitalismus

Der große englische Wirtschaftswissenschaftler William Stanley JE-VONS[200] beschrieb treffend, was es mit der ›Kunst‹ englischer Politik auf sich hat:

»Die Ebenen von Nordamerika und Rußland sind unsere Getreidefelder; Chicago und Odessa sind unsere Kornkammern; Kanada und die Ostseeländer sind unsere Nutzholzwälder; Australien gibt uns unsere Schaffarmen, und in Argentinien und auf den westlichen Prärien von Nordamerika weiden unsere Ochsenherden; Peru schickt uns sein Silber, und das Gold von Südafrika und Australien fließt nach London; die Hindus und die Chinesen pflanzen unseren Tee und unseren Kaffee, unsere Zucker- und Gewürzplantagen liegen in der Karibik, Spanien und Frankreich sind unsere Weinberge, und die Mittelmeerländer sind unsere Obstgärten. Unsere Baumwollplantagen, die schon seit langem den Süden der Vereinigten Staaten bedekken, werden jetzt überall in die warmen Gegenden der Erde ausgedehnt.«[201]

Der Titel des Buches, dem dieser Ausspruch entnommen wurde, ist nicht bloß zufällig zutreffend: *Britain's Imperial Century 1815–1914* (Britanniens imperiales Jahrhundert). Dieser Ausspruch verkörpert nackten Imperialismus in Form des liberalen, entgrenzten Kapitalismus. Auch die Zeitspanne ist bemerkenswert; sie endet mit dem Beginn des Ersten Weltkrieges. Den haben vordergründig die alte kontinentale Großmacht, die Österreichische Monarchie mit ihrem Untergang, und das Deutsche Reich mit dem Versailler Diktat verloren. Aber auch Frankreich, auf dessen Boden der Krieg stattfand und das über zwei Millionen Kriegsopfer zu beklagen hatte, wurde so nachhaltig geschwächt, daß es seine Fähigkeit, eigenständige Großmachtpolitik zu treiben, für immer verloren hatte. Und das British Empire? Nun mit der unklugen Einbeziehung der USA in einen als europäische Machtfrage begonnenen Krieg sollte dieser auch der Anfang vom Ende des englischen Weltreiches sein.

Es ist hier nicht unmittelbares Thema, über die weitere Entwicklung und den Beginn des Zweiten Weltkriegs zu sprechen. Aber der Zusammenhang mit dem Ersten ist ja offensichtlich, selbst englische Politiker – etwa W. CHURCHILL – sprachen von einem »dreißigjährigen Krieg«. England hatte wieder, im Bewußtsein der Rückendeckung

---

[200] 1835–1882, Moralphilosoph, Mathematiker und Ökonom; Begründer der Grenznutzenschule.

[201] Zitiert nach Paul KENNEDY, *In Vorbereitung auf das 21. Jahrhundert*, S. 22, dieser aus R. HYAM, *Britain's Imperial Century 1815–1914*, London 1975, S. 47.

Sumner WELLES bei seinem Besuch 1940 in Berlin. Seine Erwartungen wurden enttäuscht.

seiner Kriegspolitik durch die USA, einen Kurs gesteuert, den es aus eigener militärischer Macht gar nicht hätte steuern können und dürfen. Damit kamen zum zweiten Mal die Vereinigten Staaten als kriegsentscheidende und schließlich alle beherrschende Macht nach Europa. Frankreich konnte sich seinem Schicksal nicht mehr entziehen, obwohl es – anders als im Ersten Weltkrieg – sich diesmal weigerte, die Hauptlast des Krieges gegen Deutschland zu tragen und innerhalb von wenigen Wochen praktisch ohne ernsthafte Gegenwehr die Waffen streckte. James BURNHAM, dem dies unter anderem auffiel, führte dies eben darauf zurück, daß die französischen Arbeiter sich nicht mehr von den kapitalistischen Parolen zum Kriegführen bewegen ließen, und er merkte zur überraschend schnellen Kapitulation an, «daß die französische Armee ja schließlich auch nicht bloß mit Pfeil und Bogen bewaffnet gewesen wäre». Es ist auch bemerkenswert, daß der französische Premierminister DALADIER unmittelbar nach den bis dahin *nicht*, mittlerweile aber angedrohten und begonnenen deutschen Kriegsmaßnahmen, *nachdem* Deutschland vom US-Staatssekretär Sumner WELLES in eine, den europäischen Krieg zum Weltkrieg ausweitende Falle mit der ›Besetzung Norwegens‹ gelockt worden war,[202] zurücktrat, da er sich offenbar

[202] Siehe G. ULLRICH, *Nur wegen Norwegen?* ULLRICH legt dar, wie der US-Unterstaatssekretär WELLES als Beauftragter des US-Präsidenten ROOSEVELT eine ausgedehnte ›Erkundungsreise‹ nach Europa unternahm, die die Stationen Rom, Berlin, Paris, London und die Schweiz hatte. Die Reise begann am 26. 2. in Rom und wurde am 10. 3. 1940 beendet. Die geheimdiplomatischen Verhandlungen hatten den Zweck, Deutschland zu ›Vorleistungen‹ für einen allgemeinen Frieden zu überreden, der Europa gegen die expansive Sowjetunion im Norden Skandinaviens sichern sollte, indem gemeinsam mit England Norwegen friedlich besetzt werden sollte. Das wegen der Kriegserklärung Englands (und Frankreichs) nach dem Polenfeldzug mißtrauische Deutschland forderte, daß England den ersten Schritt gegenüber dem völkerrechtlich neutralen Norwegen machte, was mit der Verminung einiger Fjorde auch in verbindlicher, den neutralen Status Norwegens aufhebenden Weise geschah, wie auch das abgesprochene gemeinsame Landeoperationen, die aber so abgesprochen waren, daß sich die Wege der vielfach überlegenen englische Home-Fleet mit den deutschen Landungseinheiten nicht kreuzten. Es war ja offiziell immer noch Kriegszustand zwischen England und dem Deutschen Reich. Als mit

nicht für die anglo-amerikanischen Kapitalinteressen einspannen lassen wollte und nicht für die Folgen dieses Krieges für Frankreich verantwortlich sein wollte.

Die heutige weltpolitische Lage seit 1945 charakterisiert der Titel von Zbigniew BRZEZINSKIS Buch: *Amerika – die einzige Weltmacht*. Die USA haben das Erbe des britischen Imperiums angetreten. Was JEVONS schon 1865 jubelnd in bezug auf die Weltmacht England ausrief, ist heute US-amerikanische Wirklichkeit.

Demographie – ein Problem der ›nationalen Sicherheit‹

Das Problem ist freilich, daß sich ein früher vom englischen Landpfarrer T. R. MALTHUS in einem Essay angesprochenes Problem heute in viel schärferer Weise wieder stellt. Es ist die Bevölkerungsexplosion. Was MALTHUS 1798 als pessimistische Prognose vorhersah, ist *scheinbar* nicht eingetroffen, denn England fand drei Türen, dem Problem zu entkommen:

1. die gewaltige Auswanderung – an die 20 Millionen Engländer besiedelten oder eroberten ›leere‹ Kontinente und Länder, die sich gegen die militärische Macht der britischen Ostindischen Gesellschaft nicht halten konnten,

2. die landwirtschaftliche Revolution, die eine außerordentliche Steigerungen der Erträge brachte, und

3. die Industrialisierung, die mit unerhörten Produktivitätssteigerungen einherging.

All dies war für entwickelte Völker von Vorteil, und *diesen allein* stand die praktisch grenzenlose Ausdehnung offen. Im Fall der Entwick-

---

dem Einlaufen deutscher Verbände, mit dem modernsten und größten Kriegsschiff an der Spitze, ein kalkuliertes ›Opfer‹ um die Haltbarkeit der geheimen Absprachen zu testen, im Oslofjord den Schwerern Kreuzer ›Blücher‹ von norwegischen Küstengeschützen angegriffen und versenkt wurde, war der deutschen Führung klar, daß sie in die Falle gegangen war.

Für diese Möglichkeit hatte Deutschland zuvor angedroht, Frankreich sofort anzugreifen und über Dänemark, Belgien und Niederlande den Krieg nach Westen zu beginnen. Dies war der französischen Regierung, die ja in dem von Sumner WELLES eingefädelten Komplott eingebunden und mitbeteiligt war, klar. Zum Verrat an Deutschland war sie noch bereit, nicht aber abermals für das gar nicht zum Krieg gerüstete England die ›Kastanien aus dem Feuer zu holen‹. Daher der unmittelbare Rücktritt des französischen Premierministers Edouard DALADIERS, dem bald darauf auch jener des englischen Premiers CHAMBERLAIN folgte, den Winston CHURCHILL als Kriegspremier ablöste. Es mag offen bleiben, ob CHAMBERLAIN tatsächlich den Plan Sumner WELLES' ehrlich durchführen wollte: für eine spätere Friedenskonferenz ›Fakten zu schaffen‹, denen sich die in die Gespräche mit Welles *nicht* eingebundene Sowjetunion schließlich beugen müsse, wenn sie sich einer Koalition westlicher Staaten und vollzogenen Tatsachen gegenübersähe.

lungsländer konnte aber der technische Fortschritt nicht mit der demographischen Entwicklung Schritt halten. Außerdem ist heute in Afrika und großen Teilen Asiens, und selbst im Weizengürtel der USA, nicht nur keine Steigerung der landwirtschaftlichen Erträge – die MALTHUS ja noch angenommen hatte –, sondern eine zunehmende Erschöpfung, Überweidung, Versalzung und ein Versiegen der Wasserquellen und damit ein Rückgang der landwirtschaftlichen Produktion festzustellen. Das heißt, die Lage hat sich für Milliarden Menschen dramatisch verschärft. Hinzu kommt, daß die hochentwickelte Technik komplexe Institutionen und eine geistige Haltung der Völker erfordert, die selbst bei manchen europäischen Völkern im Vergleich mit England zurückgeblieben waren,[203] erst recht bei weit weniger ›zivilisierten‹ Ländern der Dritten Welt. Othmar SPANN bezeichnete dies als das Kapital höherer Ordnung, ohne welches ›Investitionen‹ – das sind im europäisch-amerikanischen Sinn die Bildung von Realkapital, also Fertigungsstätten, Infrastruktur, Industrieanlagen usw. – nicht einmal denkbar sind und erst recht nicht funktionieren.

Heute sind aber auch für die Erste Welt Grenzen wirksam geworden. Es gibt keine ›leeren‹ Räume mehr, in die man entweder auswandern könnte, oder deren Ressourcen man ohne Einspruch der dort lebenden Völker ausschließlich für sich nutzen könnte. Im Ausspruch JEVONS' ist in geradezu erschreckender Weise deutlich geworden, wie ausschließlich die Reichtümer der Welt als Eigentum ›Londons‹ betrachtet wurden und werden. An dieser Haltung und Einschätzung hat sich bis heute überhaupt nichts geändert, außer daß der ›Anspruch‹ von London nach Washington und New York gewandert ist, sozusagen in einer ›*translatio imperii*‹ (Übertragung des Reiches), die mit dem Niedergang ›des britischen Weltreichs und dem Aufstieg der USA gekennzeichnet ist.

Die bisherige Lösung des Wachstumsproblems, die Welt als unbegrenzten Raum zu betrachten, ist nicht mehr möglich. Selbst die Weltmärkte – die liquiden versteht sich – sind nicht mehr aufnahmefähig, die nötigen Ressourcen für die Aufrechterhaltung der industrialisierten Zivilisationskultur sind – gemessen am gegenwärtigen Verbrauch – in naher Zukunft erschöpft. Die Enge des Lebensraumes – vor allem in den ins Gigantische gewachsenen Städten – ist bereits unerträglich und lebensfeindlich geworden. Die kleinste Störung verursacht einen

---

[203] Paul KENNEDY, *In Vorbereitung auf das 21. Jahrhundert,* aaO. KENNEDY meint, daß Frankreich in Landwirtschaft, Industrie und Handel, den gesellschaftlichen Institutionen und Haltungen – anders als England – die demographischen Entwicklungen nicht in gleicher Weise abfangen konnte.

Zusammenbruch mit unabsehbaren Auflösungserscheinungen. Machen wir uns das an einem Beispiel deutlich.

Das Seerosenbeispiel

Das Problem der irgendwann unüberwindlichen Grenzen und die heute bestimmenden Mechanismen kann man sehr anschaulich an folgendem Beispiel erklären. Stellen wir uns einen kleinen See vor, der teilweise mit prächtigen Seerosen bedeckt ist. Sie vermehren sich wegen der guten klimatischen und sonstigen Bedingungen. Treffen wir nun die folgende einfache

Annahme: Der Bestand von Seerosen in diesem See verdoppelt sich jedes Jahr. Nach 30 Jahren sei der See zu einem Viertel mit Seerosen bedeckt.

Frage: Wann ist der See ganz mit Seerosen zugewachsen?

Antwort: Nach zwei Jahren, denn bei einer Verdopplung ist der See nach einem Jahr halbvoll und nach einem weiteren Jahr ganz voll. 30 Jahre lang konnte man die Seerosen als Zierde des Sees betrachten, aber ab einem bestimmten Punkt gibt es innerhalb von zwei Jahren auf diesem See keine freie Wasserfläche mehr.

Man erkennt die Brisanz der *exponentiellen* Entwicklungen in einer *endlichen* Welt. Dies ist ähnlich dem Prinzip von Explosion und Kettenreaktion; auch hier kommt es zu einer plötzlichen Beschleunigung der Reaktionen, die sich eben als todbringende Gewalt äußert. Ist es ein Zufall, daß man seit einiger Zeit immer häufiger von *Kernschmelze* im Zusammenhang mit Börsenkrachs und platzenden Finanzblasen – bedingt durch die außer Kontrolle geratenen Derivat-›Geschäfte‹ – spricht?

Die Lösungsansätze sind dabei von vornherein untauglich, weil sie alle nur den Kollaps verzögern, aber am grundsätzlichen Mechanismus nichts ändern können oder wollen.

Bleiben wir beim anschaulichen Beispiel der Seerosen. Wie kann ein Zuwachsen des Sees verhindert und damit vielleicht das Problem eines ökologischen Zusammenbruchs beherrscht werden, wenn sich Seerosen *exponentiell* vermehren? Die systematische Untersuchung dieser Frage liefert folgende *theoretisch* möglichen Lösungsansätze:

1. Wachstumszwang. Man vergrößert den See mit der Zuwachsrate der Seerosen. Obwohl die langfristige Undurchführbarkeit offenkundig ist, entspricht dies weitgehend unserem ›Wachstums‹paradigma in der Wirtschaft. Es ist dies die Strategie der Ausdehnung des Welthandels auf alle Regionen des Erdkreises; bekanntestes Beispiel ist die ›open door‹-Politik, die die USA schon zu manchen Kriegen veranlaßte,[204] sollte sich eine Volkswirtschaft dagegen sträuben. Es ist Dogma, daß unsere Wirtschaft ohne Wachstum nicht bestehen kann, und daher predigen auch alle bestimmenden ›gesellschaftlichen Kräfte‹, Politiker, Unternehmer und Gewerkschaftsfunktionäre, die Notwendigkeit des Wachstums. Es wird Wachstum um jeden Preis gefördert und gefordert, ohne Rücksicht auf den tatsächlichen Bedarf, die langfristigen Möglichkeiten, Energie und Rohstoffen, dafür zu haben, und die Folgen.

2. *Umverteilung.* Das Problem kann auch gelöst werden, indem der jährlich zuwachsende Teil an Seerosen weggeschnitten wird. Dies entspräche im politischen Sinn einer Umverteilung von Reich zu Arm. Dies ist aber in der Realität nicht durchsetzbar. Tatsächlich findet die Umverteilung ja in umgekehrter Richtung statt. Im Sinne einer politischen Klassifizierung entspräche dieser *Umverteilungsansatz* eher sozialdemokratischen Prinzipien.

3. *Inflation.* Eine weitere Lösung wäre, die Größe der Seerosen in dem Ausmaß zu verkleinern, als die Anzahl der Seerosen zunimmt. Das Verkleinern von Seerosen entspricht realwirtschaftlich einer Verminderung der Kaufkraft und damit einer *Inflation.*

Der Zuwachs der Seerosen kann auch als Zuwachs des Finanzkapitals in der Höhe der nominellen Zinsen gesehen werden. Die Höhe des Finanzkapitals wäre also nur dann stabil, wenn die nominellen Zinsen höchstens gleich hoch wie die oder unter der Inflationsrate liegen, was gleichbedeutend ist mit einem Realzins kleiner oder gleich Null. Vielfach wird argumentiert, daß dieser Zustand tatsächlich immer wieder auch real vorkommt. Dies gilt zwar möglicherweise in seltenen Fällen für den Eckzinsfuß oder für den Geldmarktzinsfuß,

---

[204] »Die Triade repräsentiert gewissermaßen die Marschzahl des amerikanischen Weltwirtschaftsimperialismus, den die USA als ›freie (Welt-)Wirtschaft‹ ausgeben. Wer es nicht ›freiwillig‹ einsieht, dem wird von *Uncle Sam* nachgeholfen: »Wer unserem Handel nicht die Türen öffnet, dem treten wir sie ein«, sagte der US-Präsident Wilson 1907 in offenherziger Wildwestmanier (zitiert von H. D. Sander, in: *Staatsbriefe 4/96*). Im politischen Jargon nennt sich das ›open door‹-Politik, um die Öffnung nationaler Märkte zu erzwingen. Im Fall Japans zum Beispiel hatte dies unmittelbar zu einem Krieg Anlaß gegeben, als das ressourcenarme Land von den Amerikanern unter Blockade gestellt und so Japan zu einem militärischen Befreiungsschlag gezwungen wurde.
Der Zweck des 9tägigen (!) Besuches im Jahre 1998 Präsident Clintons in China dürfte ja kaum den ›Menschenrechten‹ als vielmehr der Öffnung des Landes für den Handel und der begründeten Sorge wegen einer erwarteten Abwertung der chinesischen Währung – mit dem damit verbundenen Dominoeffekt für das Weltwährungssystem – gewesen sein.

gilt aber niemals für den Kapitalmarktzinsfuß (Sekundärmarkt-Rendite). Die Sekundärmarkt-Rendite zeigt seit langem eine untere Widerstandslinie zwischen 5,5 und 6 % und liegt immer mindestens 3 % über der Inflationsrate.

Seit Milton FRIEDMAN die Gültigkeit des Fisher-Effektes (Erwartungseffektes) behauptet hat und die Kapitalmärkte dieses Dogma *als Fundamentalgesetz* betrachten, führt dies dazu, daß die Nominalzinsen immer im Ausmaß der Inflationsrate ansteigen und die Realzinsen durch Inflation *nicht* zum Verschwinden gebracht werden können. Am Beispiel der Seerosen ausgedrückt, würde das bedeuten, daß die Wachstumsrate der Seerosen in dem Ausmaß ansteigt, wie die Größe der Seerosen sich vermindert, was im Endeffekt also keine Auswirkungen hätte.

Politisch wird dieser auf Inflation aufbauende Problemlösungsansatz eher sozialdemokratischen Parteien zugeordnet. Unseres Erachtens ist das etwas fragwürdig, denn in der Wirtschaftspolitik herrschen nur noch neoliberale Dogmen, gleich, ob Sozialdemokraten oder ›Konservative‹ regieren. Das ›ökonomische Kalkül‹ kennt keine ideologischen Unterschiede mehr.

Alle Ansätze sind aber – wie an diesem einsichtigen Beispiel deutlich geworden ist – keine Lösung des Problems, nämlich, daß heute auf dieser Erde Grenzen erreicht wurden, die im British Empire des 18. Jahrhunderts als praktisch nicht vorhanden betrachtet worden sind. Insofern sind die heutigen politischen Lösungen des ›offenen Welthandels‹, des ›freien Marktes‹, und wie die Schlagworte alle heißen mögen, die Lösungsansätze vergangener Jahrhunderte und völlig untauglich.

Was ist da zu tun?

Welche Auswege gibt es aber dann, wenn, wie gezeigt, das Bevölkerungsproblem bei zur Neige gehenden Ressourcen und immer weniger aufnahmefähigen (= liquiden) Märkten heute in schärfster Form vor uns steht? Was nun die damals herrschenden Schichten in England und Europa durchaus bestürzte, war, wie sie dem Zerfall der Gesellschaft aufgrund der MALTHUSschen Prognosen entgegenwirken könnten. Was sich damals in Dimensionen von einigen zig bis ein paar hundert Millionen Menschen als Problem darstellte, ist heute eines in der Größenordnung von Milliarden.

So ist es nur folgerichtig, daß als eine der wichtigsten Fragen der ›nationalen Sicherheit‹ die Bevölkerungsentwicklung an oberster Stelle der US-Politik steht. Die ›Lösungen‹ – wie dies in den Visionen GÜN-

THERS anklingt –, daß die USA die Grenzen der Welt nicht anerkennen und im Geist des ›*frontier*‹-Erlebnisses der Landnahme des amerikanischen Kontinents nun ins Universum ausgreifen würden, muß jedoch als eine Utopie angesehen werden. Für die beiden anderen Optionen gilt: Umverteilung von Reich nach Arm ist erst recht eine Utopie, und die über der Inflation liegenden Zuwächse beim Finanzkapital sind einer der Gründe für die virtuelle Ökonomie, deren Analyse einen erheblichen Teil dieser Darlegungen – als Diagnose und Ausstellung des Totenscheins der US-geprägten Gesellschaft – ausmacht.

So wird immer plausibler, daß der konkurrierende Zugriff auf die Schätze der Erde durch die Milliarden-Menschheit begrenzt oder überhaupt unterbunden werden soll. Die Logik ist auch sonnenklar: Wenn es nicht für alle reicht, dann muß eben mit Gewalt für sich der Löwenanteil gesichert werden. Diesem Ziel dient der seit Jahrzehnten im Gang befindliche US-Aufmarsch an jenen Dreh- und Angelpunkten auf dem Globus, die BRZEZINSKI ganz offenherzig aller Welt mitgeteilt hat. Und nachdem das Leben ausschließlich in einer realen Welt und Wirtschaft stattfindet, kommt es letztlich nicht auf die ›*virtual economy*‹, die flüchtigen ›*financial markets*‹ (Finanzmärkte) und all den modernen US-Schwindel an, mit dem die USA einerseits regelrechten Wirtschaftskrieg führten und andererseits sich mit ›*fiat money*‹ – also gratis – am Reichtum der Völker selbstbedienten, sondern ausschließlich auf das, was noch vor einem halben Jahrhundert das Denken und Handeln der Kontinentaleuropäer, in besonderer Weise auch der Deutschen beim Wiederaufbau, ausmachte.

Damit aber nicht genug, denn solange die Milliarden hungriger Mäuler weiter existieren, ist die Bedrohung der ›Nationalen Sicherheit‹ der USA auch vorhanden. Man muß also unterstellen, daß die Strategien auch solche zur Begrenzung und Dezimierung der Massen in den Planspielen mitumfassen müssen. Es wurde schon oft gerüchteweise über UN-Programme gesprochen, die weniger der Sicherung der Lebensbedingungen dienen als ihrem Gegenteil. Wir können uns keinen Reim darauf machen, zu welchen Zwecken die USA chemische und bakteriologische Kampfmittel herstellen, stapeln und, wie immer wieder bekannt wird, auch einsetzen: Agent Orange im Korea-Krieg, Uran-Munition im Kosovo- und Afghanistan-Krieg, unbekannte chemische Kampfstoffe im ersten Irak-Krieg, denen viele US-Soldaten selbst zum Opfer fielen.

Betrachtet man die Wirkungen, die von IWF- und US-Wirtschafts›politiken‹ in den Nachfolgeländern des ehemaligen sowjetischen Imperiums zu beobachten sind, so sind neben dem wirtschaftlichen und gesellschaftlichen Auflösungsprozeß vor allem als unmittelbare Wirkung – und harte Fakten – der rasche Rückgang der Lebenserwartungen, die dramatische Verschlechterung des Gesundheitszustandes der Bevölkerung, die Zunahme der Drogen- und Alkoholkranken und die nach Millionen bereits zählende Dezimierung der Bevölkerung – ein anderer Holocaust – festzustellen. Es ist selbstverständlich nicht möglich, hierzu ›offizielle‹ programmatische Erklärungen aufzuweisen, die eine derartige Dezimierungspolitik als politische Absicht und Strategie formulierten. Im Gegenteil, heute wird alles mit ›*new speak*‹ (Neusprech) benannt: ›*peace-making*‹, (Frieden machen), ›humanitäre Hilfe‹, ›Durchsetzung der Menschenrechte‹ usw., dem aber nur die fürchterlichsten Schrecken folgen. Man muß sich daher an die sichtbaren Fakten und Erscheinungen halten und nach den Ursachen dafür fragen. Allein der Umstand, daß die Bevölkerungsexplosion unter dem Gesichtspunkt der ›Nationalen Sicherheit‹ betrachtet wird, zeigt schon an, daß zu deren Schutz alle denkbaren Maßnahmen ›erlaubt‹ sind, also Große Kriege mit einer nach Hunderten von Millionen zählenden ›Ernte‹.[205] Einen Vorgeschmack erhielten wir ja bereits im Zweiten Weltkrieg, als ohne militärische Rechtfertigung die deutschen Städte und deren Zivilbevölkerung zu Millionen zu Tode gebombt wurden oder das zur Kapitulation bereite Japan noch mit Atombomben auf Hiroshima und Nagasaki die US-Humanität zu spüren bekam. Vom Terror abgesehen, waren dies Dezimierungsstrategien zur Aufrechterhaltung der ›Nationalen Sicherheit‹.

Die Schulden der USA

In einem Artikel (»Boomende US-Wirtschaft«) wurde die Lage der US-Wirtschaft schon vor einiger Zeit beschrieben.[206] Anhand der wichtigsten Kennzeichen wurde die tatsächliche Krise dargestellt. Die Lage hat sich seither nicht verbessert, sondern dramatisch verschärft. Seit März 2000 ist ein Börsencrash ›auf Raten‹ im Gang, der nur mit unglaublichen Manipulationen und gefälschten Statistiken bis heute noch weggeredet wurde. Viele Billionen Dollar sind seither vernichtet wor-

---

[205] E-mail von John KESSELSTATT an Präsident BUSH und C. RICE vom 16. 9. 2002. Faksimile im Anhang. »Ich würde ihnen raten, keine zu ›starke‹ Resolution vom Sicherheitsrat zu verlangen und damit ein Veto zu riskieren: einfach angreifen und es hinter einen bringen. Alles, was Sie riskieren, sind an paar Boys aus Minnesota, die von Geschichte ohnedies nichts verstehen. Sie werden nicht einmal ahnen, wofür sie geopfert worden sind. Man wird etwa eine Million Menschen (einschließlich der Zufallsopfer) auslöschen müssen, um den Irak zu befrieden. Wenn es vorüber ist, nehmen sie das Öl und wir das Land. Ich muß all die schrecklichen Palästinenser vertreiben, die wir nicht benötigen, um unsere Feldern zu bearbeiten.«

[206] *Staatsbriefe* 12/1999.

den, die abermalige Beschleunigung schon *vor* dem Anschlag auf das WTC hat hier wieder unvorstellbar viel Kapital vernichtet. Jener Tiefpunkt vor und nach dem 11. 9. 2001 wurde inzwischen nochmals unterschritten!

Ein Blick hinter die Fassade[207]

ergibt: Die Schulden in den Vereinigten Staaten wuchsen in den neunziger Jahren dreimal so schnell wie das Bruttoinlandsprodukt:

	1999	2001/2
BIP	~ 9,5 Bio. $	10,1 Bio. 1Q 2001[208]
Schulden	18,362 Bio. $	21,4 Bio. $*
	(pro Kopf 66 285 $)	
Schulden öff. Hand	5736 Mrd. $	< 6000 Mrd. $
Unternehmen	4,5 Bio. $ *Anstieg* innerhalb von 5 Jahren: 67%	
Priv. Haushalte	6,5 Bio. $ Sparrate sank	7,95 Bio. $**
	auf *minus* 1%!	
Finanz-Sektor	43,922 Bio. $ Derivate[209]	50 000 Mrd. $ (2Q 2002)

* März 2002 – sind sie bereits auf über 21,4 Bio. Dollar angestiegen, wobei jene der öffentlichen Hand, die gesetzlich mit 5950 Mrd $ begrenzt sind, inzwischen längst die obere Grenze erreicht haben. Nur mit Tricks – Umbuchungen auf ›non-interest-bearing accounts‹ (zinsfreie Konten) – konnte noch Luft geschaffen werden, da bisher der Kongreß dem Wunsch des Finanzministers O´NEILL nach Erhöhung der Grenze auf 6700 Mrd. nicht nachgekommen ist. – Inzwischen gab es Überschreitung ›wegen höherer Gewalt‹ im Juni 2002 auch ›offiziell‹!

** Die Schulden der privaten Haushalte lagen im 3. Quartal 2002 bei 108 Prozent des ›personal income‹ (Löhne und Gehälter), ~ 7,948 Bio. $, was einen Spitzenwert innerhalb der OECD-Staaten darstellt.[210]

---

[207] EIRNA-Studie *Hyperinflation und Weltfinanzkrise,* ²2001.
[208] Lt. US-Controller of the Currency, www.occ.treas.gov
[209] Lt. US Controller of the Currency, www.occ.treas.gov/ftp/deriv/dq101.pdf
   G. Reisegger, in: *Staatsbriefe.* Man schätzt, daß die US-Banken *außerbilanzliche* Derivate von 32 Billionen Dollar halten (Stand 1997), wobei der größte Teil dieses Wertes *rein spekulativ* ist. Die Entwicklung (Quelle: BIZ, IOSCO) seit 1993:

	1994	1995	1996	1997	2001	Q1.2002
Derivate in den USA	20,3	23,1	25,1	32,0	44,0	~ 51,0
Lt. OCC	15,8	16,9	20,0	25,0	45,0	~ 50,0 (2Q02)

[210] Clemens Ronnefeldt, Referent für Friedensfragen beim deutschen Zweig des internationalen Versöhnungsbundes; FKF-L@UNI-KARLSRUHE.DE (Mail Aug. 2002) und www.kalaschnikow.de.

Amerikas Gesamtschulden unterm Strich
(fortgeschrieben März 2002)

Der *Federal Government Debt Report* gibt eine Schuld von $ 5900 Mrd. an, der *State & Local Government Report* eine Schuld von $ 1300 Mrd., plus $ 25 000 Mrd. private Schulden (Haushalte, Unternehmen und Finanzbereich).
Das addiert sich zu $ 32 000 Mrd. oder $ 115 000 pro Kopf. Diese Summe enthält nicht die nichtgedeckten Verpflichtungen der Bundesregierung von geschätzten $ 17 000 Mrd., plus weitere unbekannte Verpflichtungen, wie sie nachfolgend aufgelistet werden.

Zusammenfassung der US-Gesamtschulden

Schuldenart **Schulden der öffentlichen Hand :**	Betrag in Mrd. $	Betrag/ Kopf
Schulden der Bundesregierung – (Treasury-Daten und *Federal Government Debt Report,* (einschließlich $ 1,3 Bio. Auslandsschulden) plus $ 2,6 Bio. Schulden an inländische Gläubiger, plus $ 2,6 Bio. Überschüsse, die von Fonds abgezweigt wurden und diesen gehören.)	$ 5900	$ 21 000
Schulden der Bundes- und Provinzverwaltungen *(State & Local Government Spending Report)*	$ 1400	$ 5000
Nichtgedeckte zukünftige (geschätzte)Verpflichtungen der Sozialversicherung (*Social Security*)*	$ 10 000	$ 36 000
Nichtgedeckte zukünftige (geschätzte) Verpflichtungen der Krankenkassen (*Medicare*)*	$ 7000	$ 26 000
Nichtgedeckte zukünftige (geschätzte)Pensions-Verpflichtungen gegenüber Bundesbediensteten (inkl. Post) und deren medizinische Vorsorge)*	? keine Schätzung	?
Nicht gedeckte zukünftige (geschätzte) Pensionsverpflichtungen gegenüber den Beschäftigten der Staats- u. lokalen Verwaltungen u. deren medizinische Versorgung	? keine Schätzung	?
Andere außerbudgetärn Schulden der Bundes-Regierung	?	?
SUMME der obigen Regierungsschulden	$ 24 000 +$	$ 88 000 +$

Schulden des privaten Sektors: (nach Federal Reserve Daten)

Private Haushalte Schulden – eine Rekordsumme	$ 7700**	$ 28 000
Unternehmenssektor – eine Rekordsumme	$ 6900	$ 25 000
Finanzsektor Schulden (Inland) – eine Rekordsumme	$ 9400	$ 34 000
Anderes (inkl. anderer Auslandsschulden)	$ 700	$ 2000
SUMME der Privatsektorschulden	$ 24 700	$ 88 000
SUMME öffentliche u. private Schulden (inkl. ungedeckter künftiger Verbindlichkeiten*)	$ 49 000	$ 176 000

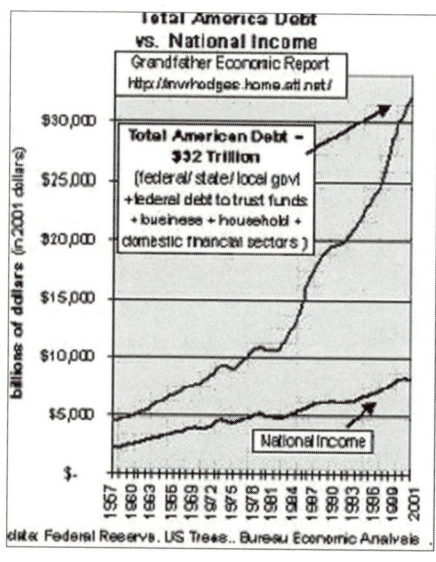

Die obige Tabelle stammt von Michael HODGES und wurde im März 2002 fortgeschrieben. Inzwischen sind bezüglich der ›bekannten‹ Schulden, die sich hier auf ca. 32 Bio. $ summieren, neue dazu gekommen. Die auf den vorangegangenen Seiten genannten Daten sind zum Teil Werte zu früheren Stichtagen, wie sie im Laufe der Niederschrift gültig waren und die mit den jüngsten Angaben aus offiziellen Berichten (*Treasury Bulletin*) aktualisiert wurden. **Jüngste Daten sprechen hier von 108 % des ›*personal income*‹ (persönlichen Einkommens), das entspräche bereits ~ 7,980 Mrd. Dollar.

Die hier gegebene Gesamtübersicht ist *noch nicht* um die jüngsten – noch dramatischeren – Werte korrigiert worden! Der Bericht ist aufrufbar unter:

http://mwhodges.home.att.net/nat-debt/debt-nat-a.htm.

Das Auseinanderdriften der Einkommen und Schulden nimmt in den USA dramatische Formen an (Bild oben).

Schuldenwachstum in vier Dekaden (unteres Bild).

Die Entwicklung der Schulden im Verhältnis zum BIP zeigt, daß das Wirtschaftswachstum nicht mit dem Schuldenwachstum Schritt gehalten hat.

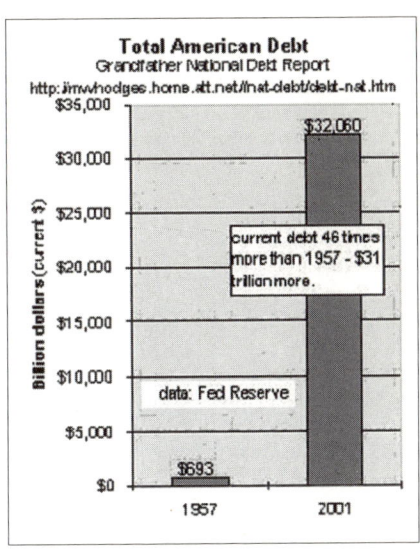

Würden die heutigen Schulden relativ zum BIP von 1957 gleich sein, d. h. nur entsprechend dem Wirtschaftswachstum mit gestiegen sein, so dürften es nominal nur 15,07 Bio. $ sein (mittlerer Balken).

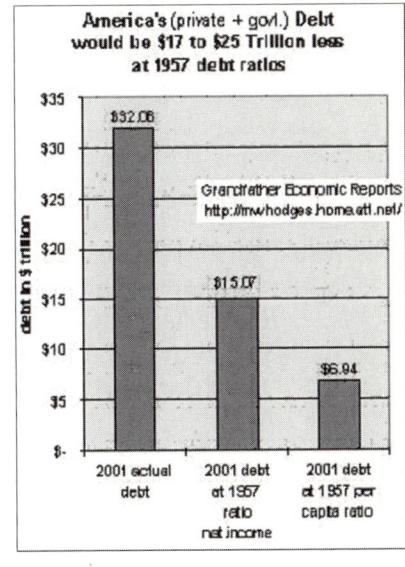

Die Wirtschaft ist heute doppelt so hoch verschuldet wie 1957, verglichen mit der Wirtschaftsleistung der US-Volkswirtschaft. Betrachte man die Verschuldensquote pro Person, bezogen auf die Verhältnisse von 1957, dann dürfte der entsprechende Schuldenbetrag 6,94 Bio. Dollar (rechte Spalte) nur erreichen. Die Verschuldung in Prozent des BIP hat sich im Zeitraum 1957 bis 2001 mehr als verdoppelt. Die Summe aller Kurven ist die Summe der Schulden.

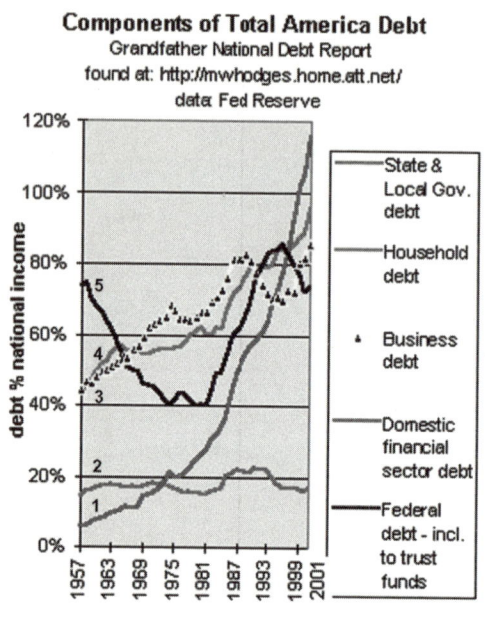

Die steil ansteigende Kurve stellt die beängstigende Entwicklung des Finanzsektors dar, die blaue jene der privaten Haushalte, die schwarze die der öffentlichen Hand. Die Summe der drei Kurven zeigt, daß die Schulden weit schneller steigen, als die Wirtschaft wächst.

Am dramatischsten ist die Situation im Finanzsektor, wo sich inzwischen ein Schuldenberg von 9,4 Bio. Dollar angehäuft hat.

Verglichen mit 1957, als die Schulden des Finanzsektors 5 % des BIP betrugen, ist hier ein 23mal stärkeres ›Wachstum‹, bezogen auf die volkswirtschaftliche Leistung, eingetreten.

Der Haushalt-Einkommensbericht[211] zeigt, daß das durchschnittliche Familieneinkommen seit 1970 nicht mehr gewachsen ist. Um mit den steigenden Kosten Schritt zu halten, stürzten sich die Familien immer tiefer in Schulden. Diese haben eine Rekordhöhe erreicht und sind doppelt so schnell gestiegen, wie die Wirtschaft gewachsen ist.

Weitere Angaben und Graphiken zur Veranschaulichung der Relationen sind im Internet abrufbar.[212] Wir überlassen es dem Leser, daraus Schlüsse zu ziehen. Die absoluten Werte sind schon schrecklich genug – und nicht mehr vorstellbar. Wenn man dazu aber noch die Dynamik betrachtet, so wird deutlich, daß sich die Entwicklung zu

---

[211] http://mwhodges.home.att.net/family.htm
[212] http://mwhodges.home.att.net/

immer weniger beherrschbaren Zuständen mit geradezu atemberaubendem Tempo beschleunigte. Nicht nur ist kein Abbremsen in Sicht oder gar eine Umkehr dieses zerstörerischen Schuldenwachstums, sondern eine immer schnellere Zunahme nicht mehr rückzahlbarer Schulden.

Beschäftigung – amerikanisch

Beschäftigung	1990	1995	1999	2000	2001
Zivile Arbeitskräfte, 16 Jahre u. älter (Mio.)	125,8	132,3	139,4	140,9	141,8
Arbeitslose (Mio.)	7,0	7,4	5,9	5,7	6,7
Arbeitslosenrate (Prozent)	5,6	5,6	4,2	4,0	4,8
Nichtlandwirtschaftliche Beschäftigte (Mio.)	109,4	117,2	128,9	131,8	132,2
Fertigung (Prozent)	17,4	15,8	14,4	14,0	13,4
Andere güterproduzierende Industrie (Prozent)	5,3	4,9	5,4	5,3	5,6
Private Dienstleister (Prozent)	60,5	62,8	64,5	64,8	65,2
Öffentliche Hand (Prozent)	16,7	16,5	15,7	15,7	15,8

Quelle: *US-Dept. of Census*

Jobs, Beschäftigung, Arbeitslosigkeit

Es schien uns angebracht, eine vor einiger Zeit verfaßte Analyse[213] hier nochmals aufzugreifen, denn an ihrer grundsätzlichen Richtigkeit hat sich ja nichts geändert.

Die USA haben das Beschäftigungsproblem seit REAGAN gelöst. Die seither tickende *Jobuhr* zeigt in jedem Augenblick an, wie viele Millionen neue Jobs die US-Wirtschaft geschaffen hat. Ein sichtbarer Beweis! Der Ritus der täglichen medialen Jubelmeldungen hat daraus eine kanonisierte Wahrheit gemacht.

Da nun die *EU der 14 plus 1* sich auch diesem Thema widmet, wir erwähnten es schon, sei an die Fakten erinnert. Zuerst die ›gute Nachricht‹: Die US-Jobs entstehen

---

[213] vom 25. 3. 1998.

1. dadurch, daß man sie *schätzt*. Anders als bei uns gibt es in den USA nämlich keine Meldepflicht. Das wäre wegen der Millionen KMUs,[214] die die Masse der Jobs schaffen, ein zu großer Aufwand und kostete die Administration noch dazu Geld, das der schlanke Staat besser einspart. Man hat dafür Statistikprogramme gemacht, die mit weniger Daten (d. h. Schätzungen) auskommen und sogar *bessere Ergebnisse* liefern als vor dieser Jobwunder-Zeit! (Was auch die statistischen Erhebungen von Stichproben drastisch zu reduzieren erlaubte.) Durch geeignete Annahmen konnte man monatlich und automatisch per Programm 60 000 Jobs seit REAGAN dazuzählen, CLINTON verbesserte es sogar noch, indem er 80 000 dazu zählte und somit neu schuf! Hätte er, was manche erwarteten, diese Neuerung abgestellt, wäre er höchstens zum Buhmann der Nation geworden, unter dessen Regierung die Jobs ab- und die Arbeitslosigkeit zugenommen hätte. Diese Einsicht hat sich inzwischen bei allen Politikern breitgemacht; wir erwähnten einmal in bezug auf die Budgetsanierung die schnelle Lernfähigkeit unseres Finanzministers (es wird *phraseologisch* saniert).

Die ›schlechte Nachricht‹ – was uns betrifft: Wir können diesen Teil des US-Beschäftigungsprogramms nicht einführen, weil bei uns ja jeder sozialversichert und damit *genau abgezählt* ist. Es sei denn, die EU führt neue, also *bessere* Regeln ein und fordert uns dann auf, statt zu zählen, zu schätzen.

Wieder eine ›gute Nachricht‹ von uns:

2. Man *gliedert Arbeitslose aus*. Aber das kennen Sie ja ohnedies. (Haben Sie nicht auch noch schnell vor der Verschärfung die *Frühpension* eingereicht?) Wenn nicht, geht vielleicht noch

3. das Abtauchen in die *Sozialfürsorge*? Was das mit der Arbeitslosenstatistik zu tun hat? Nun, arbeitslos ist doch nur, wer ein *Arbeitsuchender* ist; Pensionisten oder anders Befürsorgte zählen daher nicht. (So hat sich früher die verstaatlichte Industrie der überzähligen Arbeiter entledigt: Quasi-Frühpension ab 53 Jahren – finanziert von der Fürsorge – plus einem Ausgleichsgeld, bis die gesetzliche Frührente beginnen konnte, also mit 60.) Das sei Privatisierung der Gewinne und Sozialisieren der Verluste, meinten böse Zungen dazu.

Noch eine ›gute Nachricht‹ zwecks Verbesserung der Statistik ist zu vermelden:

4. Man wählt als *Bezugspunkt der Arbeitslosenquote* nicht mehr wie bisher bei uns die Zahl der Beschäftigten (Arbeitnehmer), sondern

---

[214] Kleine und mittlere Unternehmen.

der Erwerbs*fähigen*.[215] Mit anderen Worten: Man erweitert die Bezugsbasis und bekommt damit niedrigere Prozentwerte für die Arbeitslosigkeit. Diese neue Berechnungsmethode haben wir dem Beitritt zur EU zu verdanken, der in Österreich fast zur Halbierung der gewohnten Arbeitslosenquote führte, wie uns ja auch vor der Abstimmung zum EU-Beitritt ›mehr Jobs‹ versprochen wurden. (Unverständlicherweise gibt man in Österreich immer noch auch die alte Berechnung an und stellt somit das *helle EU*-Licht unter den *österreichischen* Scheffel.)

Noch eine weitere ›gute Nachricht‹ von den USA, weil wir hier noch etwas lernen, also bei uns einführen können. Die Holländer haben das schon vor ein paar Jahren gemacht und beste Erfahrungen damit erzielt: Aus der ›*Dutch disease*‹ (holländische Krankheit) wurde das ›niederländische Jobwunder‹. Statt 25 % (und mehr) Arbeitslose konnten sie diese seither auf 6 % (und weniger) senken! Man *ändert* nämlich

5. die Definition des ›*Arbeitsplatzes*‹.
Bei uns ist das noch immer ein mit 40-Stunden/Woche ungekündigter Beschäftigter. Die USA sind hier pragmatischer: Wer in der Woche, in der er durch die Stichprobe erfaßt wurde, wenigstens eine Stunde bezahlte Arbeit hatte (z. B. Autowaschen oder Rasenmähen), ist ein Beschäftigter. Man könnte so theoretisch aus einem 40-Stunden/Woche-Job vierzig zu 1-Stunde/Woche-Jobs machen. Das ist ein noch weites Reservoir für eventuell später nötige Verbesserungen, die wir noch gar nicht ausgeschöpft haben. Wie gesagt, in den USA ist das bereits voll eingeführt, daher spricht man dort auch schon seit Jahren vom US-Jobwunder!

Die Holländer haben hierzu eine interessante Variante erfunden: Ein Vollzeitbeschäftigter kann, wenn er sich ohnedies selbst verwirklichen möchte und weniger zu arbeiten plant,

6. seinen Arbeitsplatz in zwei oder drei Teilzeitjobs aufteilen. Er stiftet somit in schöner Solidarität Arbeitsplätze: Aus eins mach zwei oder drei! Vorausgesetzt, was man in Holland richtig erkannt hat, man bezieht sich auf

---

[215] Das wirkt sich in den USA besonders gravierend in den Prozentzahlen der Statistik aus, weil es hier anders als bei uns einen besonders hohen Anteil an Selbständigen und Kleinunternehmern seit jeher gibt, der die Bezugsbasis noch stärker als in Europa erweitert, wenn man sie nun einbezieht. Die Arbeitslosen aber werden im Laufe der Zeit ganz von selbst weniger, weil nur solche gezählt werden, die aktiv eine Arbeit suchen, und auch diese fallen nach längstens 6 Monaten ganz einfach aus der Statistik hinaus. Die damit geschönten Zahlen werden also von zwei Seiten – Verbreiterung der Bezugsbasis und Verkleinerung der als arbeitslos angesehenen – in die Zange genommen.

7. die *neue Definition von* ›*Arbeitenden*‹ oder ›Arbeitslosen‹, also mindestens eine Stunde einen Job = ein ›Arbeitender‹, dann erreicht man jene Stufe von Vollbeschäftigung, die man in Industrieländern immer schon als Maximum ansah: 3 bis 4 % Arbeitslose. Eine grandiose, nicht genug zu lobende soziale Leistung!

Von den USA ist

8. abschließend eine ganz besondere Maßnahme zur Senkung der Arbeitslosigkeit noch nachzutragen. Hier gelten ja besonders strenge Gesetze, wenn es um ›*law and order*‹ geht, was zur Folge hat – mit besonders hohem Anteil an Negern, was aber im Fall der USA und wegen ihrer hohen Prinzipien bezüglich der Menschenrechte und ihrer ausdrücklichen Politik der Nicht-Diskriminierung ausdrücklich kein Zeichen von Rassismus ist –, daß rund 2,1 Mio. (in Worten zwei Millionen einhunderttausend) Menschen in Gefängnissen einsitzen. Das wirkt sich bereits ganz bedeutsam in der niedrigeren Arbeitslosenrate aus.

Damit ist auch ein volkswirtschaftlich positiver Befund über die wohltuende Wirkung der amerikanischen Justiz und des US-Gefängniswesens erbracht, an die wir uns vielleicht auch noch einmal erinnern werden.

›Virtual Reality‹: Neues vom amerikanischen Jobwunder

Monatlich 80 000 ›neue Arbeitsplätze‹ in der Statistik, die jedoch in der Realität nicht existieren.

»Die amerikanische Wirtschaft erlebt jetzt im siebenten Jahr einen ungebremsten Boom, allein 1997 wurden 3,2 Millionen neue Arbeitsplätze geschaffen«, so die frohe Botschaft. Die CLINTON-Administration berichtet stolz, mit ihrer klugen Wirtschaftspolitik habe sie seit ihrem Antritt Anfang 1993 zehn Millionen neue Arbeitsplätze geschaffen. Die Zahlen des Arbeitsministeriums ›belegten‹ einen beständigen Rückgang der Arbeitslosigkeit, und die größte Volkswirtschaft der Welt nähert sich mit amtlichen 4,5 bis 4,7 % Arbeitslosen nun der Vollbeschäftigung.

Die Lobbyisten des Neoliberalismus nutzen diese ›Erfolge‹ und drängen, das ›erfolgreiche amerikanische Modell‹ bei uns nachzuahmen: Es ginge darum, die ›Lohnnebenkosten‹ zu senken, das heißt die Arbeitgeberbeiträge zur Gesundheits- und Rentenversicherung, die Lohnkosten selbst zu drücken (mehr McJobs), die strengen europäischen Arbeitsschutz- und Sicherheitsgesetze zu lockern und die

Unternehmenssteuern drastisch zu senken. Dann bräche das Paradies auf Erden – auch für uns wieder – aus.

Was ist Wahrheit und – fragen wir auch –, was ist *Einbildung* oder schlicht *Betrug?* Betrachten wir daher die Zahlen und ihre Herkunft etwas näher.

»Ich glaube nur Statistiken, die ich selbst gefälscht habe«, soll CHURCHILL einmal gesagt haben. Ein Wissender offenbar.

Der angebliche siebenjährige ununterbrochene Aufschwung (erst in diesen Tagen gibt man Rückschläge auch zu) hat seinen Ursprung *nur* in den *statistischen Zahlen* über die Beschäftigung und Arbeitslosigkeit. Das Statistische Amt des US-Arbeitsministeriums berichtete im Oktober 1997 136,4 Millionen Beschäftigte in den USA, 3 Mio. mehr als ein Jahr zuvor. Beeindruckend!

1990 waren 6,87 Mio. Amerikaner offiziell arbeitslos, und 133 Mio. hatten einen Arbeitsplatz. Nach den »sieben Jahren ununterbrochenen Aufschwungs« waren es im Oktober 1997 immer noch 6,5 Mio. Arbeitslose, d. h. nur 370 000 weniger als 1990; Beschäftigte: 136,4 Mio., das sind 3,4 Mio. mehr als 1990, und nicht die ›amtlichen‹ 10 Millionen. Aber auch das ist noch geschönt.

Woher kommen die neuen Arbeitsplätze – 10 oder 3,4 Millionen? Immer mehr Menschen müssen zwei oder sogar mehr Jobs annehmen, um überleben zu können. 8,1 Mio. Amerikaner geben heute (1998) *offiziell* an, zwei oder mehr Arbeitsplätze gleichzeitig zu haben. Die Dunkelzahl der ›schwarz‹ Arbeitenden ist dabei nicht berücksichtigt.

In der Statistik seien angeblich jene mit mehr als einem Job nur als ›ein Beschäftigter‹ gezählt. Woher kommt dann die wunderbare Jobvermehrung?

Man hat – wie erwähnt – die Methoden des Zählens geändert; REAGAN kürzte ›aus Kostengründen‹ die Mittel für die statistischen Erhebungen des Arbeitsmarktes drastisch: Neue ausgeklügelte Computerprogramme hätten es ermöglicht, mit einer weit geringeren Anzahl an Befragten dennoch *größere* statistische Genauigkeit zu erreichen. (Ähnliches gibt es in anderen Erdteilen. So hat Allan SCHICK das Sozialsystem in Neuseeland ›reformiert‹. Die ›Reform‹ bestand darin, statistische Erhebungen abzuschaffen. Dann kann man natürlich leicht behaupten, man habe eine der niedrigsten Arbeitslosenraten der Welt, und die Regierung hat dann auch keinen Anlaß mehr, die ›aufgeblähten Sozialsysteme‹ weiter zu finanzieren! Ein Weg, den Haushalt zu sanieren?)

In den USA verbuchte man – wie schon erwähnt – automatisch monatlich einfach zig-tausend neue Arbeitsplätze, die angeblich von kleinen und mittleren Unternehmen geschaffen werden, welche zu klein und zu zahlreich seien, um sie direkt zu befragen. Diese nicht zu belegenden Arbeitsplätze machen das US-Jobwunder aber aus! Auf der Grundlage dieses Zahlenschwindels berechnet das Handelsministerium auch für jeden dieser ›neuen Arbeitsplätze‹ einen automatischen Zuwachs des ›US-Volkseinkommens‹. Dieser wurde dem BIP hinzugezählt. Der doppelte Nutzen: Das BIP stieg an, und die Amerikaner wurden offiziell ›wohlhabender‹. Eine nachahmenswerte Wirtschaftspolitik! (THATCHER machte sie – mit den bekannten Folgen in England – nach, und heute empfehlen die neoliberalen Gesundbeter dieses ›Konzept‹ wieder.) Die US-Bevölkerung merkte vom ›Aufschwung‹ nichts, nur daß es immer schwerer wurde, einen gut bezahlten oder überhaupt einen Arbeitsplatz zu bekommen.

Als 1993 die Demokraten an die Regierung kamen, hofften viele, daß, wie vor der Wahl versprochen, die Probleme der Realwirtschaft und der Arbeitslosigkeit angepackt würden. Man erwartete, Arbeitsminister REICH und die neue Regierung (CLINTON) würden erst einmal Ordnung in das Datenchaos bringen und den Zahlenschwindel der Republikaner beenden. Es siegte der politische Opportunismus. Der Schwindel wurde noch ausgeweitet. Statt 60 000 sind es nun monatlich 80 000 neue Arbeitsplätze, die man per Computer-Programm dazuzählt. Im Jahre 1994 verdoppelte sich die Zahl der neuen Arbeitsplätze auf 2,9 Mio. und stieg 1995 auf 3,4 Mio. *So* wurden innerhalb einiger Jahre in der virtuellen Realität 10 Mio. neue Arbeitsplätze geschaffen.

Was ist ein ›Beschäftigter‹?

Die USA definieren ›Beschäftigte‹ und ›Arbeitslose‹ ganz anders als die europäischen Länder. Als offiziell ›Beschäftigter‹ gilt in den USA jede Person über 16 Jahren, die in der Woche, in der sie befragt wird, »als bezahlter Arbeitnehmer *mindestens eine Stunde* gearbeitet hat«. Hierzulande, etwa in Dänemark, gilt: Wenn dort eine Person statt der durchschnittlichen Vollzeitarbeit von 40 Wochenstunden nur 20 Stunden arbeitet, zählt diese Person als halber Beschäftigter – was nur realistisch und logisch ist.

Wenn in Amerika ein 25jähriger ein paar Gelegenheitsjobs hat, wie Rasenmähen in der Nachbarschaft, und das vielleicht 10 Stunden in der Woche, zählt er als Vollzeitbeschäftigter, obwohl er von dem bißchen Geld niemals leben könnte und über keinerlei Gesundheits- und Sozialversicherung verfügt.

Von den 136,4 Mio. Beschäftigten in Amerika heute sind nur knapp über 80 Mio. Vollzeitbeschäftigte, die 35 oder mehr Wochenstunden arbeiten. Die übrigen 56,4 Mio. sind Teilzeit- oder Saisonarbeiter (etwa Erntearbeiter). Von diesen 56,4 Mio. haben nur 14,6 Mio. mehr als 20 Stunden in der Woche gearbeitet. Noch alarmierender ist es, daß die offizielle Statistik 49,9 Mio. Amerikaner weder als Beschäftigte noch als Arbeitslose zählt, die zwar arbeitsfähig und im arbeitsfähigen Alter sind, aber stellungslos sind und sich aus irgendwelchen Gründen nicht mehr aktiv um neue Arbeit bemühen. Sie haben einfach die Hoffnung aufgegeben, noch einmal eine passende Arbeit zu finden. Dieses ›unsichtbare Arbeitslosenheer‹ von fast 50 Millionen Menschen ist der wesentliche Grund, daß die Masse der Arbeitnehmer in den letzten Jahren trotz der offiziell sehr niedrigen Arbeitslosigkeit kaum Lohnerhöhungen gefordert hat.

Typisch für die Lohnpolitik ist die Praxis großer Unternehmen, Vollzeitbeschäftigte zu entlassen und für einen geringeren Lohn und ohne Beiträge zur Renten- und Krankenversicherung als *scheinselbständige Zulieferer* wieder einzustellen. Arbeitsintensive Tätigkeiten läßt man gern von Zeitarbeitsunternehmen durchführen. Dieser Trend ist deutlich. Nach Angaben des Verbandes der Zeitarbeitsfirmen hat sich die Zahl der Beschäftigten in solchen Firmen, wie Manpower Inc., zwischen 1991 und 1997 von 4,6 Mio. auf 9,2 Mio. verdoppelt.

Von den nach amtlichen Angaben neu geschaffenen Arbeitsplätzen gehören für 1997 fast alle in den Bereich ›Dienstleistungen‹, anstatt Industrie und Produktion, jenen Bereichen, in denen die Wertschöpfung erarbeitet werden müßte, mit der manche ›Dienstleistung‹ überhaupt erst bezahlt werden könnte! Von den 3,2 Mio. Jobs, die angeblich zwischen Dezember 1996 und Dezember 1997 neu geschaffen wurden, waren 2,6 Mio. oder 81 % im Dienstleistungssektor. Nach einer neuen Studie des Washingtoner Wirtschaftsforschungsinstituts ›*Center for National Policy*‹ enthielten diese Dienstleistungsjobs einen »sehr großen Anteil von Niedriglohn-Arbeitsplätzen ohne Gesundheits- und Rentenversicherung«. Dazu gehören viele schlecht bezahlte Teilzeitjobs. Unter ›Dienstleistung‹ zählt die Statistik alles von McDonalds, Tankstellenjobs und Aushilfsverkäufern bis hin zu – zahlenmäßig gering zu Buche schlagenden – gutbezahlten Programmierern oder LKW-Fahrern.

Mit der immer wiederholten Lüge vom US-Jobwunder versucht man,»Wahrheit« zu schaffen und die Europäer auf den heilbringenden amerikanischen Weg (des ›*hire and fire*‹, anstellen und entlassen) zu bringen, motiviert man die Dauerangriffe auf unser in einem Jahrhundert – aus Fleiß und Tüchtigkeit – gewachsenes Sozialsystem und ist dabei, Manchester-kapitalistische Zustände wieder zur neuen Norm zu machen. Eine Zeitlang mußte auch das niederländische Jobwunder für den gleichen Zweck herhalten. Auch hier wandelte sich die «*Dutch Disease*« (die holländische Krankheit) zu einer wundersamen ›Vollbeschäftigung‹ – unter ähnlichen Voraussetzungen: Teilzeit- und unbedeutend Beschäftigte werden mit den ehedem in der Statistik üblichen Vollbeschäftigten zusammengeworfen. Mit dieser Fälschung läßt sich dann eine im europäischen Vergleich sensationell niedrige Arbeitslosenrate hervorzaubern.

Da der holländische Schmäh wegen der Nähe und des einfachen Zugriffs auf Daten leichter als solcher zu entlarven ist, konzentrierte sich die Polit-Propaganda stärker auf das US-Wunder. Und es wäre in der Tat ein Wunder in ›*God's own country*‹ der unbegrenzten Möglichkeiten, stimmten die schönen Berichte. Der leider auch bei uns schwindende Wunderglauben machte es allerdings bereits unmöglich, daran auch glauben *zu können*. So müssen es die Aufgeklärten bedauern, mit ›Fakten‹ heute die Wunder beweisen zu müssen. Welch ein – unnötiger – Aufwand!

Einige weitere Kennziffern

Der PPI (*Producer Price Index*) für Januar 2001 im Jahresdurchschnitt steht bei 13.68 %.

Core PPI (ein «*Kern*«-Index) steht bei 8,04 % YTD.

Der CPI (*Consumer Price Index*) für Januar 2001 im Jahresdurchschnitt steht bei 7,56 %. *Core* CPI steht bei 4,56 % YTD. (Stand 2/2001, 5,5% in 3/2001) Die umlaufende Geldmenge M3 ist um 69,8 Mrd. Dollar im Februar höher, von 7190,6 Mrd. auf 7260,4 Mrd. Dollar.[216] Das entspricht einer jährlichen Zuwachsrate von 13,91 %. Mit anderen Worten: Die tatsächlichen Inflationsraten unterscheiden sich um Größenordnungen von den in den Medien verbreiteten.

Auf jeden Dollar nominellen Wirtschaftswachstums kommen 3,27 Dollar zusätzlicher Schulden! In den USA sind ›Ramschanleihen‹ (*Junk Bonds*) im Wert von 529 Mrd. Dollar im Umlauf – gegenüber 173 Mrd. Dollar vor zehn Jahren. Im Durchschnitt hat jeder amerikanische Haushalt inzwischen 13 Kreditkarten und 7500 Dollar an Kreditkartenschulden – gegenüber 3000 Dollar im Jahre 1990. Die Schulden der Privathaushalte beliefen sich 2002 auf 109 % ihres Einkommens (1990: 84 %). Die Unternehmensschulden belaufen sich jetzt auf 46 % des amerikanischen BIP – der höchste Stand, der je erreicht wurde.

---

[216] Siehe hierzu die getrennte Darstellung, die auf aktuellen Daten des US-Finanzministeriums beruht.

Die Verschuldung des amerikanischen Finanzsektors wird vom ehemaligen Chefvolkswirt der Dresdner Bank, Kurt RICHEBÄCHER, sogar auf rund 25 Bio. Dollar geschätzt, was deutlich über den in den USA zirkulierenden Schätzungen liegt (wahrscheinlich wegen der ›Grauzone‹ der Derivate[217]). Aber auch amerikanische Zahlen belegen, daß die Schulden der Finanzunternehmen die am schnellsten wachsende Kategorie der Schulden darstellen: Seit 1993 wuchsen sie um 132 %! In den heutigen USA fällt die dramatische Kreditausweitung mit einem vollständigen Zusammenbruch der privaten Ersparnisbildung zusammen. Die Refinanzierung der amerikanischen Banken erfolgt in immer stärkerem Maße durch Verschuldung im In- und Ausland. Die jährliche Neuverschuldung des US-Finanzsektors betrug 1999 schwindelerregende 1087 Milliarden Dollar.

Nach den Zahlen der Federal Reserve Bank hatten 1998 die amerikanischen Familien 53,9 % ihres Geldvermögens in Aktien angelegt, 1989 waren es nur 27,8 %. In dieser Zeit stieg der Nominalwert des privaten Aktienbesitzes von 2,13 Billionen Dollar auf mehr als das Dreifache: 7,39 Bio. Dollar. Das Einkommen von 48,5 % aller Haushalte hängt von Aktiengewinnen ab! Dieser nominelle ›Wohlstandseffekt‹ führte zu expandierenden Konsumentenschulden, die mit Aktien gesichert waren.

Den steigenden Konsumausgaben stand aber keine entsprechende Steigerung der Produktionsleistung der amerikanischen Wirtschaft gegenüber, sondern es gab steigende Importe, was zwangsläufig zu einem wachsenden Handelsbilanzdefizit der USA führte.

1999 investierten ausländische Investoren täglich rund 1 Mrd. Dollar in den Vereinigten Staaten. Im Jahre 2000 floß nach den Angaben des US-Handelsministeriums ausländisches Kapital in noch größeren Mengen ins Land: durchschnittlich 1,9 Mrd. Dollar je Tag, fast doppelt soviel wie 1999.

Für das Finanzjahr 2002 ist der Halbjahresstand der Zuflüsse bei rund 265 Mrd. Dollar, und die Vorausschau erwartet eine Überschrei-

---

[217] Schon vor Jahren wurde diese Entwicklung heftig kritisiert. Mitte Oktober 1997 unterstrich Professor Bruno GEHRIG, Mitglied des Direktoriums der Schweizerischen Nationalbank, in einem Vortrag vor der schweizerischen Bankiersvereinigung die Gefahren für die finanzielle »Systemstabilität«, die aus den »weitgehend ignorierten« Risiken der Banken im Devisenhandel entstünden. Schon der Ausfall eines größeren Marktteilnehmers könne über die Rückwirkungen auf die Gegenparteien einen »Zusammenbruch des Zahlungssystems« heraufbeschwören. Bei einigen Banken herrsche zudem die irrige Meinung, daß bedeutende Geschäftspartner ›too big to fail‹ (zu groß, um baden zu gehen) seien oder daß die Behörden den Zusammenbruch eines bedeutenden Marktteilnehmers wegen der Systemrisiken nicht zulassen würden. Insgesamt hätten die Systemrisiken inzwischen »nicht mehr tolerierbare Ausmaße angenommen«.

tung der 500 Mrd.-Grenze. An anderer Stelle legen wir dar, warum der *tägliche* Zustrom von 1,5 Mrd. Dollar in Zukunft höchst unwahrscheinlich anhalten könnte.

Mit einer stetig anschwellenden Welle von Megafusionen wurde die Kartellisierung im Finanz- und fast allen anderen Wirtschaftssektoren vorangetrieben.

Immer öfter wurde die Veröffentlichung von Wirtschaftsdaten, die durch geschickte ›statistische Anpassungen‹ – vor allem bei Inflations- und Produktivitätszahlen – frisiert werden, dazu benutzt, das Wirtschaftswachstum zu überzeichnen und so ein ›positives Klima‹ an den Finanzmärkten zu erzeugen und die außergewöhnliche Geldmengen-Vermehrung zu ›rechtfertigen‹.

Turbulenzen auf den Finanzmärkten begegnete das ›*Plunge Protection Team*‹ (Absturz-Verhinderungsgruppe: ›Arbeitsgruppe Finanzmärkte beim Präsidenten‹ ist der offizielle Name). Es umfaßt Spitzenleute des Finanzministeriums, der Federal Reserve und Vertreter der führenden privaten Finanzhäuser und Banken und soll bei Einbrüchen auf den Finanzmärkten durch gezielte Marktinterventionen ›gegensteuern‹. Heute sind weitere Vollmachten hinzugekommen: Die FED kann zur ›Marktpflege‹ selbst Aktien an den Börsen kaufen.[218] Die vor etwa einem Jahr (März 2002) befristet geschaffene Möglichkeit, daß Unternehmen (voraussehbare) Kursverluste für von ihnen selbst zurückgekaufte eigene Aktien steuerlich als Verluste abschreiben können, war unerhört und einmalig auf der Welt. Das heißt, der Staat kam durch Steuerverzicht für Spekulationsverluste auf.

Das Geheimnis langfristiger Schuldverschreibungen[219]

Leben bedeutet Wechsel. Leben heißt, ständig auf Wachstum, Ausdehnung, Sicherung und Überleben durch ständiges Anpassen aus zu sein, und es ist direkte und indirekte Aggression. Was in der Natur zählt, zählt in der Geschichte des Menschen, für Individuen, Unternehmen, das Geldwesen und den Staat. Es gibt nie einen langen Aufschub. Leben ist flüssig, und alle Ereignisse sind miteinander verbunden. Und obwohl zeitweise Stagnation und Ungleichgewichte auftreten,

---

[218] 26. 3. 2002: Die erste große Nachricht der *Financial Times* an jenem Montag war die Geschichte über das jüngste Protokoll des Federal Reserve's Federal Open Market Committee (FOMC), in dem die FED offen darüber »nachdenkt«, Aktien zu kaufen, um die Börsen-Blase aufrechtzuerhalten, sollten die Zinssenkungen wirkungslos bleiben.

[219] Hans Schicht, »*The Long Bond Mystery*«, 21. 11. 2002. Veröffentlicht in www.LemetropoleCafe.com. Nachdruck gestattet, solange der Autor genannt wird. (Hervorhebungen durch GR.]

ist ihr Ausgleich doch sicher. Aber je länger Stagnation und Ungleichgewichte andauern, um so heftiger werden die Korrekturen sein. Um mit dem, was heute in der Welt vorgeht, zu Rande zu kommen, ist es nötig zu erkennen, daß wir gerade in einer solchen Periode der Stagnation und des Ungleichgewichts leben. Seit dem Zweiten Weltkrieg hat die atomare Drohung eine ungewöhnliche Verlängerung des Friedens bewirkt, wie sonst nie zwischen zwei Kriegen. Die lange Zeit ohne Kriege und die atomare Überlegenheit der Vereinigten Staaten hatten globale Auswirkungen gehabt. Unter ihrem Schirm, unbedroht von Umwälzungen, hatten die New Yorker Größen genug Zeit, um ihren Dollar-Imperialismus in aller Heimlichkeit voranzutreiben und ein Kredit-Imperium zu schaffen und durchzusetzen. Sie überfluteten damit den Erdball mit *fiat*-Dollars und *fiat*-Krediten, geschaffen aus dem Nichts. Rücksichtslos wurden die konkurrierenden Währungen umgebracht, Gold und Silber als Geld geleugnet. Einstmals freie Menschen hierzulande wie in fremden Ländern wurden versklavt, indem sie in ewige Schuldknechtschaft fielen. Die Finanzleute schufen eine weltweite Finanzlage, die völlig aus dem Gleichgewicht ist, reif für eine Veränderung.

Krieg und Umwälzungen neigen dazu, die Gesellschaft in ihren Grundfesten zu erschüttern, sie auf der einen Seite zu verjüngen, auf der anderen von ihren Geschwüren und krebsartigen Wucherungen, der Degenerierung und den Abnormitäten zu reinigen. Krieg und Umwälzungen werfen die Menschen wieder zurück auf die Grundlagen und Wahrheiten des Lebens. Eine Verlängerung des Status quo andererseits führt zur Erosion der Normen, der Werte, Moral und Disziplin, die durch Bequemlichkeit, Dekadenz und Korruption ersetzt werden.

Die Gesellschaft als Ganzes verhält sich wie ein Kind. In regelmäßigen Abständen benötigt es eine gehörige Tracht Prügel. Und das ist es, was in diesen Tagen unserer Spaßgesellschaft fehlt. Da haben wir nun all die Folgen einer Zeit, in der es keine Korrekturen gab.

Nun gibt es Jugendliche, die vom rechten Weg abirrten, Yuppies, die verrückt geworden sind. Das Geschäft und das Geldwesen sind ohne Skrupel. Der ›amerikanische Traum‹ verwandelte sich über Nacht in einen Albtraum, und eine einst demokratische Regierung wurde von den New Yorker Finanzgrößen korrumpiert und in Geiselhaft genommen.

Aber diese außergewöhnlich lange Periode relativen Friedens geht nun zu Ende.

Die Ereignisse des 11. September haben den Amerikanern gezeigt, daß sie auch zu Hause ebenso durch nukleare oder welche Angriffe auch immer verwundbar sind, wie jede andere Nation der Welt. ›Klein‹ ist stark geworden, und all die überentwickelten und überdimensionierten, höchst komplexen Waffen und Waffensysteme, deren Kosten das Pentagon dem Steuerzahler aufgebürdet hat, erfüllen nicht mehr die Aufgaben, wo Terrorismus und bösartige Nationen zur Bedrohung geworden sind. Das heutige Arsenal des Pentagons wäre in einem großen Krieg gegen eine andere Supermacht angemessen. Aber dieses Szenario ist nicht am Horizont erkennbar, und die Aufgabe wäre, sich auf die kleinen lästigen Stiche einzustellen, die von nirgendwoher kommen.

Unter den sich veränderten Bedingungen des atomaren Schirms und bei einem erkennbaren, durch Kriege der anderen Art, eines stellvertretenden Terrorismus, herbeigeführten Ende seines Schutzes sieht sich New Yorks Finanz, ein Papiertiger-Imperium, in Nöten, stark überbeansprucht und verletzlich. Und ohne militärische Macht, die die Grenzen und eigenen Interessen zu schützen vermag, hat noch kein Imperium lange überlebt.

Der Ausweg zur Rettung ihres Finanzimperiums scheint für die New Yorker Größen darin zu liegen, die Washingtoner Fäden zu ziehen und die Amerikaner in eine Militäraktion gegen die Bedrohung des Terrors zu führen, aber mit dem darüber hinausgehenden Ziel, die wichtigsten Öl-Vorkommen der Erde in Besitz zu nehmen. Würde der Dollar immer noch eine Art Eigenwert in Form einer Gold- oder Silber-Deckung besitzen, würden es die Granden vielleicht geschafft haben. In Gold gekleidet, würde man König Dollar nicht nackt gefunden haben. Die offiziellen Erklärungen, daß die goldenen Kleider des Königs Dollar im Fort Knox im Schrank hingen, wo niemand hineingehen darf, sind nicht ausreichend. Dem Treasury (Finanzministerium), das nun schon über ein halbes Jahrhundert hier herumackert und *eine unabhängige Prüfung von Fort Knox nicht erlaubt,* können wir nicht trauen, und wir müssen daher bis zum Beweis des Gegenteils annehmen, daß Fort Knox leer sein muß.

Nicht nur das Vertrauen auf die Wall Street ist verdunstet, ebenso das auf Washington. Ernste Zweifel erheben sich an der Glaubwürdigkeit jeglicher Verlautbarung seitens der Regierung, an ihren Inflationsziffern, der Arbeitsplatz-Statistik, dem CPI- und PPI-Index usw., einschließlich der Ehrlichkeit offizieller Erklärungen. Wir sind gespannt, was da noch alles kommen wird.

Es gibt wohlbegründete Verdachtsmomente, daß die Börse, die Währungsmärkte, wie auch die Märkte für Edelmetalle regelmäßig Gegenstand *manipulativer Eingriffe* sind, begleitet von gefälschten Berichten darüber – nicht in einer zufällig-spekulativen oder opportunistischen Weise, sondern in einer mit den wesentlichen Institutionen, dem Finanzministerium und der FED, abgestimmten Weise. Die Öffentlichkeit wird hier angelogen und fehlgeleitet. Warum, aus welchem Grund und zu wessen Vorteil? Nicht zum Vorteil der Amerikaner, die ihre Industrien und ihre Arbeitsplätze nach Übersee verschoben sehen, deren Ersparnisse verschwunden sind und deren Schulden sich türmen.

Aber zum ausschließlichen Vorteil einer kleinen Gruppe rücksichtsloser Finanzgrößen, die den Hintergrund dafür abgeben. Über ihre Trusts, Stiftungen und Wohltätigkeitsfonds kontrollieren sie die wichtigsten Banken, die Broker-Häuser, die Rating-Agenturen und auf diese Weise indirekt die FED, die Währung und das Gold. Sie machten das Finanzministerium und die Legislative zu ihren Knechten. Wenn Zinsen angepaßt werden, wird dies auf ihr Betreiben und zu ihrem Vorteil getan, nicht im Interesse der Menschen und der Wirtschaft.

Dank des Internets und scharfsinniger Beobachter wurde ein Anfang gemacht, und die Eröffnungen über die andauernden Manipulationen des Aktienmarktes finden immer mehr Glauben.

GATA hat zum Beispiel einen großen Erfolg erzielt, indem sie offenlegte, was am Goldmarkt vor sich geht. Aber wie steht es mit den Aufdeckungen der Verbrechen im viel größeren und bedeutenderen Markt der Regierungsanleihen? Wenn es hier – am Goldmarkt – schon Beweise für Manipulationen bis hinauf in die höchsten Kreise der Wall Street und im Edelmetall-Markt gibt, wie steht es dann mit den Manipulationen bei der Mutter aller Märkte, dem gigantischen Anleihemarkt?

In früheren Zeiten war alles zirkulierende Papiergeld zu 100 % mit Gold oder Silber gedeckt, das im Treasury aufbewahrt wurde. Aber die Regierung wurde in Versuchung geführt und gab mehr Papiergeld aus, als Gold in der Kasse war – bis die Menschen ihr Papiergeld nicht mehr länger wollten. Da sprachen die Bankiers die Regierung an und sagten: Wir leihen euch Gold gegen Zinsen, um die Bestände des Treasury wieder aufzufüllen, damit die Menschen wieder Vertrauen in die Währung haben werden – unter der Bedingung, daß ihr uns Sicherheiten, eine Schuldverschreibung, gebt und daß ihr einen Teil der eingehobenen Steuern für die Bezahlung der fälligen Zinsen beiseite tut.

Das ging so für eine Weile, bis die Regierung wieder mehr Geld ausgab, als im Treasury an Gold war. Wiederum kam ein cleverer Bankier und sagte: Schaut, kümmert euch nicht mehr um euer Gold- oder Silberproblem, ich werde mich um eure zirkulierende Währung kümmern. Ich werde das nötige Geld, das ihr braucht, drucken, und ihr gebt mir einen verbrieften Schuldschein im Gegenzug, für den Zinsen fällig sein werden. Aber dafür muß euer Treasury einiges Gold in der Kasse halten, als Garantie für die Bank und um beim Volk glaubwürdig zu sein. Aber das Gold im Treasury verminderte sich weiterhin, die Schuldverschreibungen der Regierung aber stiegen, wie der Anteil der Steuern, die in die Taschen der Banker flossen, und damit die Macht der Banken.

Das ist die einfache und kurze Geschichte, wie Schritt für Schritt das *fiat*-Geld die Rolle des Goldes und Silbers übernahm. Heute leben wir in einer Welt, wo *Papier von Papier gedeckt wird*, die Währung von Schuldverschreibungen, und *nichts mit nichts gedeckt ist*. Alles fließt in dünner Luft: Währungen, Anleihen, Zinssätze. Alles wird nur durch ein fragiles Spinnennetz einiger ungeschriebener Konventionen zusammengehalten, von den Derivaten und dem künstlich aufrechterhaltenen Glauben daran.

So hat Papier das Gold und Silber in Form von Anleihen und mit Schuldverschreibungen gedeckter Währungen auf die Seite geschoben. Es zeigt, daß der große Widersacher des Goldes die staatlichen Anleihen sind. Es ist ein Irrtum, in den Aktien den Gegenpart des Goldes zu sehen. Aktien sind immer noch ein *echter*, ein *produzierender* Wert, und als solcher auf der Seite des Goldes. Die Schuldverschreibungen der Regierung sind nur leeres Stroh. Aktien in einer gesunden und prosperierenden Wirtschaft können genau so gut wie Gold sein. Achten Sie darum nicht auf die Signale von den Aktienmärkten, was sich bei Gold tun könnte, sondern sehen Sie auf die Anleihemärkte. Und mehr als der Aktienmarkt hat sich der Anleihemarkt in letzter Zeit sehr merkwürdig verhalten.

Der Anleihemarkt erfreute sich niemals großen öffentlichen Interesses. Er war eine ›private Domäne‹ der Zentralbanken und gewisser Privatbanken. Zu jenen Zeiten, als die Währungen noch von Gold gedeckt waren, verhielten sich die Anleihemärkte sehr diszipliniert und vorhersagbar. Investoren, die Anleihen zeichneten, sahen sich die Erträge an, und wenn die Zinsen fielen, ging der Wert der am Markt befindlichen Schuldverschreibungen in einer voraussehbaren Weise nach oben. Anleihepreise und Zinsraten waren in einer gegenseitigen Weise miteinander verknüpft. Staatsanleihen dienten als Prüfstein für kommerzielle Anleihen. Und die 30jährigen Anleihen wiederum dienten als Prüfstein für alle Treasury-Wertpapiere überhaupt. Jedenfalls so sollte es sein, aber. . .

Könnte es sein, daß die ›Mutter aller Märkte‹, die beinahe eine ausschließliche Domäne der Finanzinstitutionen ist, die kaum je im Licht der Öffentlichkeit steht und an dem die Öffentlichkeit nur in geringstem Umfang teilhat, daß dieser Anleihemarkt *das schiere Zentrum* all der fortdauernden Manipulationen ist, um die sich all die anderen Manipulation drehen? Könnte es sein, daß das abnorme Verhalten des Aktienmarktes und des Goldes die logische Folge dieser Manipulationen am Anleihemarkt im größten Stil ist?

Es gab in den späten siebziger und den achtziger Jahren, nachdem Nixon die Golddeckung des Dollars aufgekündigt hatte, eine Zeit immer weiter steigender Defizite der US-Handelsbilanz, die einen sich auftürmenden Berg an Dollars und von Ausländern gehaltener Dollarbezogenen Wertpapiere nach sich zogen, ein Dollar- und Wertpapiere-Berg, der instabil zu werden drohte, als die Ausländer begannen, gedeckte Gegenwerte dafür zu verlangen. Es war dies die Zeit des global sich ausdehnenden Dollar-Stromes, den die New Yorker Bankiers der Welt aufzwangen und der Widerstand hervorrief. Dieser Widerstand mußte überwunden werden, bevor die Bankiers wieder fortfahren konnten, ihr Dollar-Kredit-Imperium weiter auszudehnen.

Zu dieser Zeit wurden regelmäßig Erklärungen abgegeben und häufige Reisen von US-Vertretern nach Übersee gemacht, um die Ausländer zu überzeugen, den überragenden Dollar in Form von Treasury-Anleihen als Währungsreserven zu halten oder an der Wall Street und in Liegenschaften zu investieren. Es war dies die Zeit, als Japan ›geschmissen‹ wurde.

Aber was führte dazu, daß Mitte der neunziger Jahre dieses Ausnehmen plötzlich stoppte? War es nicht länger nötig, die Ausländer zu überzeugen, Dollar-Papiere zu halten? Das zu einer Zeit, in der die Defizite der Handelsbilanz wieder anstiegen und im Jahre 2001 über 400 Mrd. Dollar erreichten? Warum also?

Mitte der neunziger Jahre wurde R. Rubin US-Finanzminister. Es war auch jene Zeit, als die ersten Verdachtsmomente wegen der Manipulation des Goldmarktes auftauchten, die Kredit-Blase gestartet wurde und der Aktienmarkt zu boomen begann.

Könnte es sein, daß dieselben ›modernen, kreativen Buchhaltungsmethoden *außerhalb der Bilanzen*‹, die die Öffentlichkeit in die Irre führten, aber für das ›Business‹ und die Banken solche ›Wunder‹ wirkten, ebenfalls bei der FED, dem Treasury, dem ESF (Exchange Stabilisation Funds), Social Security und Medicare, Fannie May usw. in Mode kamen?

Und warum hatte das US-Finanzministerium im Frühjahr 2000 – aus heiterem Himmel – angekündigt, daß es die 30jährigen Anleihen auflassen werde, und somit die Welt des Prüfsteins für alle Anleihen beraubte? Diese unerwartete Aktion stürzte ausländische Investoren und Zentralbanken in große Verwirrung. Warum wurde das gemacht?

Um etwas zuzudecken, indem die schon lange bestehenden Beziehungen – *30jährige* Anleihen und Zinsniveau – in Unordnung gebracht wurden, als man zu kurzfristigerer Finanzierung, den 10jährigen Anleihen, überging und somit die 10 Jahresanleihen zum *neuen* Prüfstein, aber in der Praxis doch *die zweijährigen* dazu machte? Eine Privatfirma, die von langfristiger Finanzierung zu kurzfristiger wechselte, würde Mißtrauen erwecken, nicht aber das ehrbare US-Finanzministerium.

Die Beendigung der 30jährigen Anleihen erfolgte zugleich mit dem breit hinausposaunten ›Neuen Zeitalter‹ der Budget-Überschüsse, die es in Wirklichkeit gar nicht gab, wie man aus den regelmäßig veröffentlichten Berichten der Reserve Bank of St. Louis entnehmen konnte. Sollte etwas mit den 30jährigen Anleihen verkehrt gewesen sein, so daß der zufällig und so hoffnungsvoll für die Zukunft angekündigte – angebliche – Budget-Überschuß clever benutzt wurde (indem man damit eine Schuldentilgung vorzunehmen versprach), um zu verstecken, was sich bereits seit einiger Zeit abspielte?

Warum ist der Zinsabstand zwischen den kommerziellen und den Staatsanleihen so außer jeglicher Proportion gewachsen? Wie ist es hier möglich, daß die US-Anleihen ihren Wert halten konnten, während die kommerziellen abtauchten und größtenteils ihren Status zu ›Ramsch-Anleihen‹ verschlechterten?

Und warum spiegeln die Staatsanleihen nicht mehr wie üblich und wohl definiert die wechselseitigen Reaktionen in bezug auf Schwankungen der Zinssätze wider, wohingegen es merkwürdige Verzerrungen und Widersprüche mit den Bewegungen des Anleihemarktes gibt?

Im Mai 2001 sagte ein bekannter Händler aus Chicago: »Die Preisänderungen der letzten Woche scheinen eine ›kommende große Marktbewegung‹ anzuzeigen; und es gäbe keine Begründung für niedrigere Zinssätze, wenn die Anleihemärkte bei einem Überangebot am Markt nur nach unten gedriftet sind, während sich Aktien auf höherem Niveau stabilisierten, dies lege die Möglichkeit nahe, daß die Märkte nun den Ansturm auf Anleihen und die Abgaben von Aktien des Jahres 2000 wieder rückgängig machen.« Jedoch, entgegen aller Erfahrung, kam diese Umkehr nicht zustande. Die Treasury-Anleihen blieben oben und die Zinssätze unten.

Und schließlich, warum ist die ›Mutter aller Blasen‹, die Kredit-Blase, nicht geplatzt? Die M-1, -2, -3-Injektionen der jüngsten Vergangenheit scheinen viel zu gering zu sein, um die Milliarden Dollar aufzufüllen, die aus den Bilanzen wegen geschäftlicher Mißerfolge, Abschreibungen und Verluste an den Börsen herausgefallen sind –

auch wenn man die in Folge erhöhten verfügbaren Bankkredite berücksichtigt. Wurde etwa mehr Liquidität geschaffen, als offiziell berichtet wurde?

Vor vier Jahren schrieb ich (Hans SCHICHT) unter dem Titel »The
United Weimar Republics« (Die Vereinigten Weimarer Republiken)
über die Ähnlichkeiten der gegenwärtigen Finanzsituation in den Vereinigten Staaten mit dem, was in Deutschland in den früher zwanziger Jahren passierte.

Im Jahre 1922 begann Weimar-Deutschland seine drückenden
Staatsschulden von über 53 Mrd. Mark, auf der Grundlage einer immer weiter ansteigenden Ausgabe von Papiergeld zu monetisieren,
also zurückzukaufen. Dies führte zur schlimmsten Hyperinflation, die
die Welt je erlebte.

Die Ankündigung im Frühjahr 2000, daß das US-Treasury die 30jäh-
rigen Anleihen zurückkaufen wolle, könnte ein Zeichen dafür gewesen sein, daß das Treasury in gleichen Bahnen dachte oder sogar handeln wollte, wie es das Deutschland in den zwanziger Jahren tat.

Eine einfache und persönliche Interpretation der Ereignisse könnte
die heutigen Widersprüche an den Anleihemärkten zu klären helfen.
Man muß verstehen, warum ein weiteres Ausnehmen unterblieb,
warum der Dollar gegen alle Widrigkeiten stark geblieben ist und
warum die Treasury-Anleihen ihren Wert behielten.

Der Umfang an offenen langfristigen US-Anleihen ist atemberau-
bend, und deren Liquidation wird eine größere Aufgabe sein. Man
fragt sich, wie das alles geplant wurde, denn weder die FED noch das
Treasury waren sehr bemüht, die Öffentlichkeit zu informieren. Man
wundert sich auch über die ungeheure Liquidität, die zuletzt von nirgendwoher da war und den Märkten und der Wirtschaft insgesamt
zugeführt wurde.

Ich habe den schweren Verdacht, daß Mitte der neunziger Jahre
möglicherweise auf Anraten von RUBIN ein Mechanismus geschaffen
wurde, mit dem der *Wert der US-Regierungsanleihen untermauert werden
sollte*, indem man am Anleihemarkt intervenierte, wobei man zugleich
mit dieser Aktion eine unbegrenzte Liquidität schuf.

Zur selben Zeit mußte ein geheimer Mechanismus von der FED,
dem ESF und dem Treasury geschaffen worden sein, um den Goldpreis seit Mitte der neunziger Jahre zu drücken, mit Hilfe eines spezi-
ellen Fonds außerhalb der Bilanzen, der wahrscheinlich von der FED
eingerichtet wurde, um die Fluktuationen bei den Treasury-Anleihen
zu stabilisieren und zu kontrollieren, indem man die langfristigen Anleihen schrittweise auf dem US-Markt *monetisierte*.

Man muß wissen, daß der Handel von Anleihen auf dem Heimmarkt keinen direkten Einfluß auf die Wechselkurse hat. Hingegen ein Handel außerhalb der USA würde ihn sehr wohl beeinflussen.

Bezüglich der Devisen sind alle außerhalb der USA zirkulierenden Dollar und alle von Ausländern gehaltenen Dollar-Anleihen *als ein einziges Paket von offenen Forderungen gegen die Vereinigten Staaten zu betrachten.* Und da die Anleihen in diesem Paket den größten Anteil haben, haben sie das weitaus größte Gewicht bei der Bestimmung der Dollar-Wechselkurse, größer als das Handelsbilanz-Defizit und alles Bargeld, das von Ausländern gehalten wird.

Unter normalen Bedingungen eines freien Marktes würden die Fluktuationen bei Dollar-Zinssätzen den Wert der US-Anleihen bestimmen. Sollte sich jedoch der Verdacht bestätigen, daß die FED zusätzlich zu dem veröffentlichten offiziellen Handel mit Anleihen den Markt umgedreht haben sollte, indem sie die langfristigen Anleihen mittels solcher geheimen Fonds außerhalb der Bilanzen direkt zurückzukaufen begann, käme das Oberste zuunterst, denn nunmehr würden die Zinssätze nicht mehr die Anleihepreise bestimmen, sondern der Anleihepreis die Zinssätze.

Solch ein Konto oder geheimer Fonds würde die langfristigen Anleihen im geheimen untermauern, einfach dadurch, daß die zirkulierenden Anleihen reduziert würden – unter der Bedingung, daß alle Rückkäufe auf dem Heimmarkt ausgeführt werden und so nicht den Wechselkurs des Dollars gefährdeten.

Ausländer werden immer zufrieden sein und Dollar oder Dollar-Anleihen halten, solange diese ihren Wert behalten und es keine Alternativen gibt, wie etwa Gold oder Silber. Aber keine Sorge, in einer Welt der frei fließenden Kapitalströme wird ein starker Anleihemarkt zu Hause automatisch auch auf überseeische Märkte ausstrahlen.

Kein Verdacht würde erregt werden, solange die FED die zurückgekauften Anleihen auf ihren unveröffentlichten Konten führen würde und sie aber gleichzeitig noch als am Markt befindlich zählte. Derselbe Trick dürfte im Fall der Goldkonten des IWF angewandt worden sein.

Mit solch einem Fonds ausgestattet, würde die FED in der Lage sein, diese Eingriffe fortzusetzen und einen starken Dollar und auch starke Anleihen aufrechtzuerhalten und immer noch genügend Liquidität für die anderen Manipulationen besitzen, bevor die Menschen merkten, was los ist, oder der FED würden am US-Markt die zurückzukaufenden Anleihen ausgehen, oder der politische Druck für eine schwachen Dollar würde so stark werden, daß die FED gezwungen wäre, ihre Geheimoperation abzubrechen.

Die unerhörten Derivat-Positionen der JPMorgan und der CitiGroup können daher nur so erklärt werden, daß diese Banken über einen derartigen geheimen Stabilisierungsfonds für Anleihen informiert gewesen sein mußten, falls er existierte. Sie könnten sogar das Schema selbst erfunden haben. Dann würden sie mit ihrem Wissen um den Fonds keine Versicherungen der FED benötigt haben, um sich auf ihre billionenschweren Derivat-Abenteuer einzulassen.

Aller Wahrscheinlichkeit nach haben sie sogar eng mit der FED zusammengearbeitet und ihr weitverzweigtes Netz an Zins- und Wechselkurs-Derivaten um gerade diesen Stabilisierungsfonds geknüpft, der zugleich ein äußerer Schutzwall des Dollars und der US-Anleihen war.

Die Welt findet sich nun in einer äußerst prekären Lage, in der die Finanzen nahezu aller Nationen über ihre (Währungs-)Reserven, die sie zum Großteil in US-Dollar-Anleihen halten, am amerikanischen Dollar festgemacht sind.

Aber in Wirklichkeit ist dieser Anker, der aus *Paketen von Papier-Anleihen* besteht, nichts als ein zerbrechliches, dahintreibendes Floß, das nur deshalb noch nicht untergegangen ist, weil in regelmäßigen Abständen Pakete, aus denen es besteht, *über Bord geworfen werden*; aber immer, wenn sich eine nächste Woge oder finanzielle Instabilität bildet, droht es unterzugehen.

Die ganze Welt soll nun gerade an diesem einen fragilen und dahintreibenden Anker hängen? Wo ist das Gold und Silber hingekommen, das in den alten Tagen ein so solider Anker war?

9-11 ist der allgemeine Notruf in den USA, *nomen est omen!*

Nimmt man das bisher Gesagte und all das noch Kommende zusammen, so wird recht deutlich, daß die USA in einer äußerst kritischen und im Grunde ausweglosen Lage sind. Die Entwicklung verläuft dabei so dramatisch, daß man jeden Tag neue Katastrophenmeldungen zur Bestätigung dieses apokalyptischen Bildes dazunehmen könnte. Es sind nicht nur die Daten allein, die schlimm genug sind, sondern die Dynamik einerseits und die dem US-kapitalistischen System innewohnenden ›Gesetze‹ andererseits, die ja überhaupt keine Aussicht auf Änderung erwarten lassen. Insofern sind nicht nur unsere hiesigen Medienberichte reinste Schönfärberei, sondern auch bewußte Täuschung, weil ja überhaupt nicht sichtbar ist, aus welchen realen Ursachen denn eine – immer beschworene - Trendwende kommen sollte.

Uns kam schon am Tag der Anschläge gegen das WTC und das Pentagon der dringende Verdacht, daß diese vor allem mit der Lage der US-Wirtschaft, insbesondere des Finanzsektors und der prekären Lage des US-Dollars als Reservewährung, zusammenhängen könnten. Was noch vor anderthalb Jahren als eine durch die ›überraschenden‹ Terroranschläge bedingte, aber nur kurzfristige Delle im Wirtschaftsgeschehen der ›an sich robusten US-Wirtschaft‹ schöngeredet wurde, war von Anfang an eine Lüge. Seit Beginn der Krise im März 2000 hatten die US-Aktien innerhalb *eines Jahres* 5,3 Billionen Dollar an Wert eingebüßt, mehr als die Hälfte des US-BIP. Dies war die allgemeine Entwicklung bis Mitte 2001, auf die wir aber hier nicht im einzelnen eingehen können. Ab Ende August 2001 erfuhr sie dann eine geradezu dramatische Beschleunigung.

Man beachte: ab Ende August 2001. Nicht der Anschlag ließ alle Kurse purzeln, sie waren schon 14 Tage vorher im freien Fall, und zwar in allen Branchen. Wer will, kann sich das selbst noch immer ansehen, die in beliebiger Detaillierung abrufbaren Börsenindizes, Kurse usw. zeigen dies eindeutig.[220]

Sämtliche Börsenkurse/-indizes – mit Ausnahme des Goldes – erleiden bereits seit Ende August 2001 und lange vor dem Anschlag auf das WTC! – einen scharfen, fast senkrechten Absturz! Bei manchen ist die rezessive Abwärtsbewegung schon länger deutlich feststellbar. Die Schließung der New Yorker Börse hatte offenbar nicht nur logistische Gründe, weil etwa Morgan Stanley Dean Witter u. a. physisch nicht in der Lage waren, ins Casino zu gehen.[221] Die Anschläge auf die babylonischen Türme dürften also eine Ablenkung von *diesem* Ereignis gewesen sein: gewissermaßen die *Vertauschung von Ursache und Wirkung,* die es in der ›realen‹ Wirtschaft nicht geben kann. Man konnte – und wollte – damit die breite Öffentlichkeit täuschen, wie sich die Lage schon längst zugespitzt hatte. Dies, und nicht nur die technische, logistische und organisatorische Durchführung des Anschlages, legt auch nahe, daß es ganz offensichtlich ein ›inside-job‹ war; man wird förmlich darauf gestoßen, wenn man die Frage stellt: *Cui bono?* (Wem nützt das?) Jedenfalls dienten die Anschläge nicht der islamischen Welt, auch nicht dem amerikanischen Volk. Aber das

---

[220] Siehe zum Beispiel im Internet über die Suchmaschine Google: BigCharts.com
[221] Es ist allerdings aufgefallen, daß ein paar Tausend jüdische Mitarbeiter an jenem 11. 9. nicht zur Arbeit erschienen sind und daß nach einer ersten Meldung zahlreiche Juden unter den Opfern wären, seither keine diesbezügliche Stimme mehr zu hören war. Ariel Scharon sollte übrigens am 11. 9. nach New York fliegen, um bei einer Versammlung zionistischer Juden zur Unterstützung Israels eine Rede zu halten. Er wurde von seinem Sicherheitsdienst Shabak daran gehindert, schrieb die israelische Zeitung *Yadiot Ahranot.* Welch glücklicher Zufall! US-Beamte wollen nun wissen, wie es den Israelis möglich war, *vor* dem Ereignis davon Kenntnis zu erlangen und warum sie die amerikanischen Behörden nicht informiert hätten.

ist ohnedies klar, denn seit wann wären die Massen in der Lage, solch eine generalstabsmäßige Operation zu planen und gar durchzuführen? Es bleiben nur die herrschenden ›Eliten‹ aus Politik, Finanz und Wirtschaft nur als Drahtzieher übrig.[222]

Sieht man sich die Graphiken an,[223] bei einigen zur besseren Klarheit auch die Auflösung nach den Tagesschwankungen, so erkennt man, daß der *senkrechte* Absturz tatsächlich schon etwa 10 bis 14 Tage vor dem Anschlag eingesetzt hatte, und zwar in allen Branchen. Von Rohstoffen aller Art, über den Finanzbereich, Energie, Technologie, öffentliche Dienstleister, Konsumenten-Produkte usw. sind die Kursbewegungen regelrechte Abstürze. Allein *bis* zum WTC-Einsturz am 11. September 2001 dürfte der geschätzte Verlust rund 30 % des kapitalisierten Wertes[224] betragen haben, der sich in den Tagen danach (nachdem am Montag, dem 17. September, die Börsen wieder geöffnet hatten) noch erhöhte, bevor er – manipulativ – vorläufig gestoppt und scheinbar wieder umgekehrt worden ist.

---

[222] *Washington Insider* schrieb in ihrer Ausgabe vom 20. 9. 2001, unter »US-Milizbewegung und die religiösen Fundamentalisten«, daß es entschiedene Gegner der Regierung gebe, zu denen Prominente wie der frühere stellvertretende Generalstabschef Gen.a.D. Haines angehören sollen, und daß Verbindungen bis in die Reihen des DoJ, FBI und zu jenen Gruppen, die den ersten WTC-Anschlag verübt haben sollen, bestünden.

[223] Auf den folgenden Seiten sind einige Branchen-Indices zur Unterstreichung des Gesagten dargestellt. Siehe Internet: www.ftmarketwatch.com, detaillierte – tägliche – Entwicklung in den verschiedenen Branchen.

[224] Das ist eine eher zu positive Abschätzung; die NYSE (alle Aktien der N.Y. Börse) verlor gegenüber Oktober 2000 rund 30 % (~23), Standard & Poors: ca. 33 % (~27), DAX: ca. 50 % (~38), NEMAX: ca. 85 % (85), CAC40: ca. 43 % (~35), Nasdaq: ca. 60 % (60). In Klammern sind die ›erholten‹ Werte angegeben, die nach den Interventionen wieder leicht noch oben gingen.

Einige Beispiele für die Börsenkurse

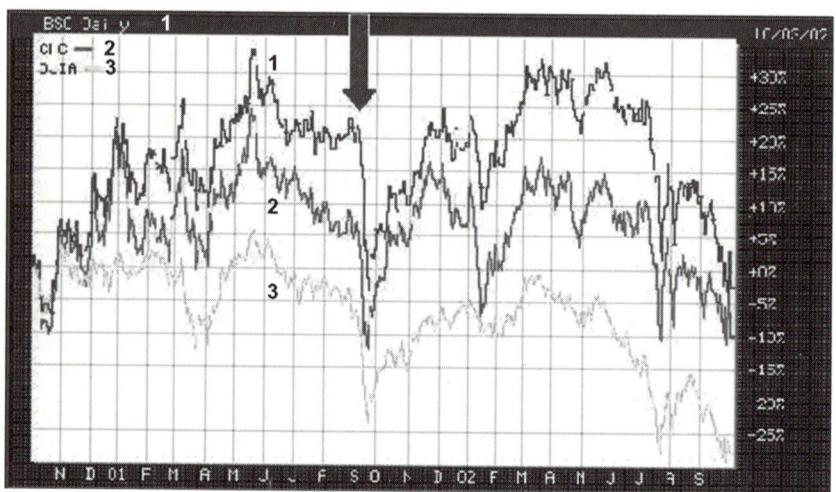

Graphik 1: 1: Grundstoffe, 2: chemische Grundstoffe, 3: DJIA (Dow-Jones Industrial Average). Der Pfeil markiert *Ende August 2001*, mit dem der senkrechte Absturz beginnt!

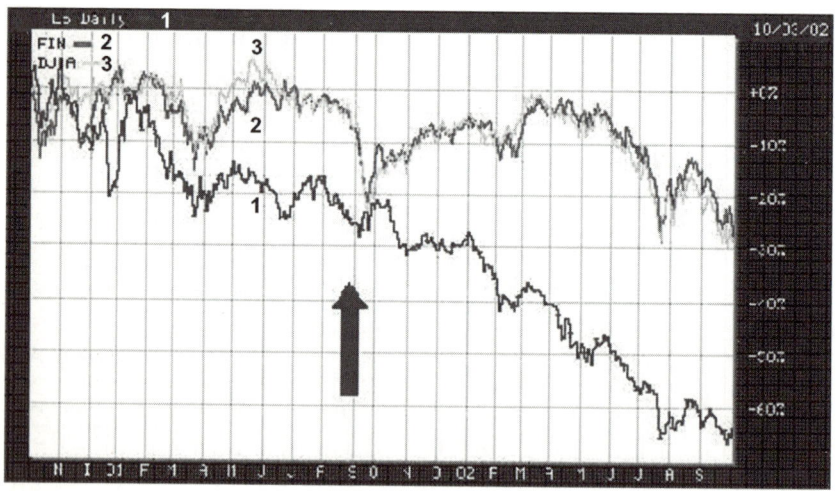

Graphik 2: 1: Telekommunikation, 2: Finanz, 3: DJIA. Die Telekom-Kurse gehen schon lange ständig herunter. Der 11. 9 hat hier kaum eine sichtbare Wirkung hinterlassen. Zum Vergleich wieder Finanz und DJIA.

Die aktuellen Kursentwicklungen zeigen aber, daß diese Aufwärts-manipulation nur von kurzer Dauer war, der allgemeine Trend nach unten jedoch anhielt. Die Zwischenhochs sind immer etwas niedriger, die Tiefs immer etwas tiefer.

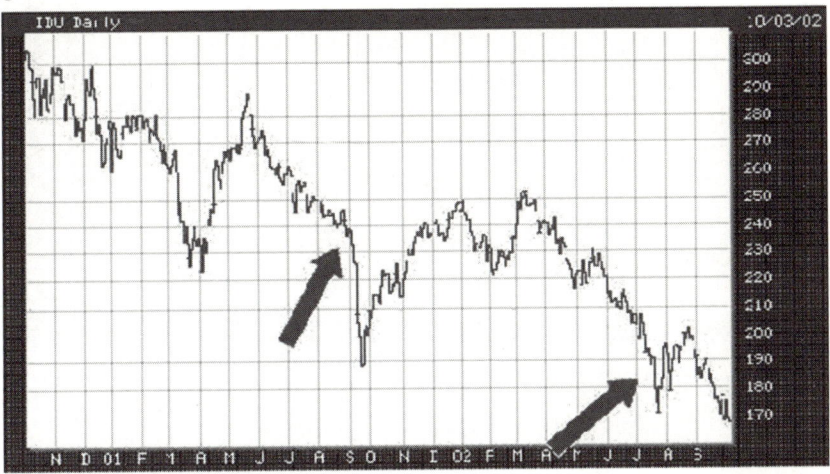

Graphik 3: stellt den Index für Industrie allgemein dar. Die Pfeile zeigen a. den senkrechten Absturz vor dem 11. 9. und im Juli 2002 den nächsten Crash mit noch tieferen Tiefs.

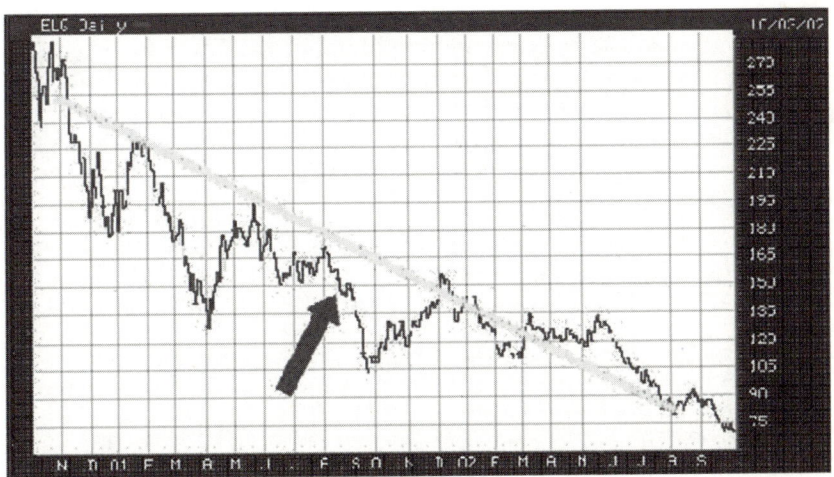

Graphik 4: Index für Elektrizitätsdienste. Der Pfeil markiert den Absturz bei schon stark fallender Tendenz vor dem 11.9. Die Tendenz ist offensichtlich und hängt mit jenen Entwicklungen zusammen, die als ›kalifornische Energiekrise‹ hier bekannt wurde.

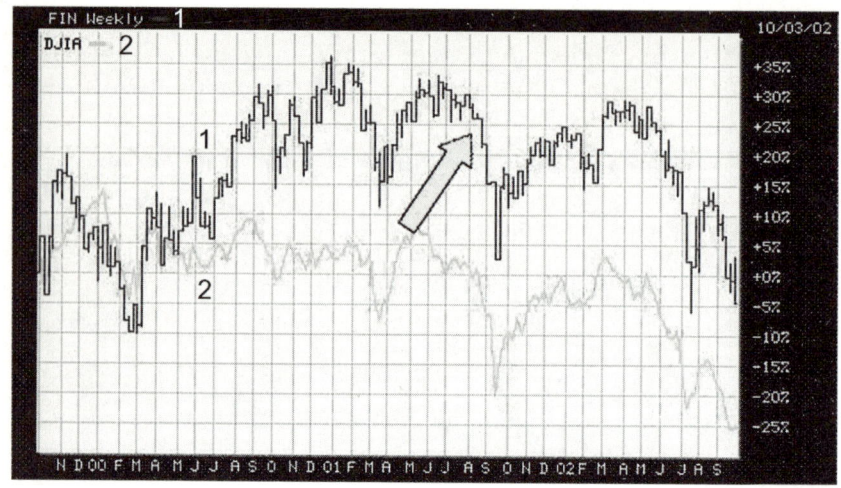

Graphik 5: Kurve 1: Finanz, Kurve 2: DJIA. Auch hier wieder der Beginn des Absturzes Ende August.

Legt man den kapitalisierten Wert nur der US-Aktien am Höhepunkt der Rallye mit über 26 000 Mrd. Dollar zugrunde,[225] kann sich jeder die Größenordnung ausmalen, die hier allein in den USA einfach verdampft ist.[226] Ende September 2002 berichtet der Wirtschaftsteil unserer Provinzzeitung, daß seit dem Zwischenhoch Anfang 2002 8,2 Billionen Dollar an Aktienwerten vernichtet wurden. Diese Entwicklung hat aber am 11. März 2000 schon begonnen, der 11. September ist dafür nicht kausal. Sollte der – erwartete – Crash kein ›starkes‹ Argument sein, durch ein ›Feuerwerk‹ vom größten Betrug in der Menschheitsgeschichte abzulenken?

Bis vor kurzer Zeit beteuerten noch vor jedem *Congress-Hearing* Al an GREENSPAN oder der frühere *Secretary of the Treasury*, R. RUBIN,[227] und viele andere Spitzen des Establishments, daß alles in Ordnung sei. Zwischen dem Höchststand des DOW bei ca. 11 500 Punkten und

---

[225] Dow Jones Industrial Average. Allein die Top 500 im Standard & Poors-Index geführten Unternehmen haben einen kapitalisierten Wert von 10,4 Bio. Dollar (Office of the Controller & Currency – OCC Q1 2001-Bericht).

[226] *Strategic Alert* vom 13. 9. 2001 erwähnt folgendes: »Seit März 2000 hat der schleichende Crash 10 Billionen Dollar an Werten auf den Weltfinanzmärkten vernichtet.« Dieser *Weekly Newsletter* kam zwar zwei Tage nach dem Anschlag heraus, hatte aber offenbar schon vor dem 11. 9. Redaktionsschluß, weil jeder Bezug darauf fehlte.

[227] Von: LePatron@LeMetropoleCafe.com; 26. 7. 2001; R. RUBIN war später Chef von Goldman Sachs und CitiGroup. Man sollte wissen, daß »Goldman Sachs einer der wesentlichsten Manipulateuren des Goldpreises ist, was mit dem Amtsantritt RUBINS als Finanzminister ins Rollen kam«.

jenem um den 25. 9. 2001 bei knapp über 8000 liegt unter anderem die Plünderung der Pensionsvorsorge der Amerikaner.[228] Anfang Oktober 2002 lag der Kurs bei rund 7700 und fiel zeitweise noch darunter. (An diesem Beispiel erkennt man den wirklichen ›Wert‹ des ›3 Säulen-Modells‹ und der ›Eigenvorsorge‹ bei der Pension: Sie löst sich mit den Aktienwerten in Nichts auf.[229] Man kann sich des Verdachtes nicht erwehren, daß das Hineintreiben von Millionen Menschen in private Pensionsversicherungen, bei gleichzeitiger Verschlechterung der staatlichen, nicht nur mit der schlechten Lage der öffentlichen Haushalte zusammenhängt, sondern wesentlich dem Umleiten von gewaltigen Summen – in Milliarden-Dimension – dient, damit die Pyramidenspiele in dieser Casino-Wirtschaft nicht kollabieren.)

Wem würden diese die Schuld geben, wenn sie nicht *ad oculos* (augenscheinlich) einen triftigen, ›unvorhersehbaren‹ Grund der Mißstimmung bekommen hätten? A. GREENSPAN, R. RUBIN und zahlreiche ›ehrbare‹ Banken und Investment-Häuser? Vor etwa drei Jahren schrieben US-Börsen-Bulletins[230] über die CLINTON-Rallye:»Die *wirklichen Drahtzieher*[231] des Börsen-Spektakels waren geradezu überrascht, wie gut die ›Mutual Funds‹ funktionierten.« Nicht in ihren wildesten Träumen konnten sie erwarten, daß die Massen 10 000 Milliarden Dollar in die ›Märkte‹ investieren und damit die größte Finanzblase kreieren würden.

Die Wall Street möchte nicht zu früh das Ende eines solchen Zyklus einläuten, um nur kein Geld auszulassen. Nun kam die CLINTON-Rallye zu Ende, BUSH hat sie geerbt. Die Zeche bezahlen Millionen Amerikaner, die ihre Ersparnisse und damit Altersversorgung verloren haben. Das Unvorstellbare fand statt: die Vernichtung des Aktienmarktes. Es war die größte Marketing-Verschwörung der Geschichte.« Wie erklärt man das den Geprellten?

---

[228] 1998 haben 53,9 % der Amerikaner ihr Vermögen in Aktien angelegt (1989: nur 27,8 %). Der Nominalwert des privaten Aktienbesitzes stieg von 2,13 Billionen Dollar auf mehr als das Dreifache: 7,39 Bio. Dollar und ist heute bei vielen stark bis ganz entwertet.

[229] Das ist ja auch völlig klar: Nur wenn die Volkswirtschaft blüht, sind die Ersparnisse etwas wert, wenn nicht, sind sie bedrucktes Papier. Insofern ist das Umlageverfahren eine richtige Rentenfinanzierung, weil es jene Mittel nur hat, über die eine Volkswirtschaft im Augenblick der Auszahlung eben verfügt.

[230] Unter anderen *Wall Street Underground*.

[231] Die Finanzoligarchie der Ostküste, SOROS und Co., aber auch die hier mitspielenden Banken, zum Beispiel die nun auf der ›*credit watch list*‹ (Schwarze Liste unsicherer Kreditnehmer) stehenden ersten Adressen: Goldmann Sachs, Merrill Lynch, J.P. Morgan, Morgan Stanley Dean Witter, Chase Manhatten, Travellers Group, Société Générale, Crédit Agricole, Crédit Suisse First Boston, Deutsche Bank (!) und UBS Securities.

Zur ›Bewältigung‹ einer solchen Katastrophe muß ein Sündenbock her, dem man alles aufladen kann. Wie praktisch, diesen in ›islamischen Terroristen‹ gefunden zu haben. Nicht nur ist jede Nähe zu den wahren Verantwortlichen verwischt, man kann auch gleich ein paar andere ›Probleme‹ damit erledigen. Welche das sind, wird noch ausführlich zur Sprache kommen: Öl einerseits und ein bißchen Krieg. Aber dazu später mehr.

Illusion oder Betrug?

Zu Beginn der neunziger Jahre hebt sich die Entwicklung des Nasdaq bereits von den ebenfalls völlig überzogenen Kurssteigerungen an der New Yorker Börse ab. Anhand der Zweijahreskurven sieht man, daß es beim Dow-Jones keine grundsätzlichen Unterschiede etwa zu London gibt, von dem schon früher einsetzenden Abwärtstrend in London zu Beginn des Jahres 2000 abgesehen. Da es keine ›rationalen‹ Erklärungen gibt, warum Firmen im Nasdaq, die oft noch kaum Gewinne machten, dennoch explosionsartige Kursentwicklungen verzeichneten, bleiben nur Manipulationen, die nicht mit der ›Erwartungs‹-haltung allein erklärt werden können. Woher kämen denn die Erwartungen, wenn nicht von jenem Heer von Analysten, die im Sold der großen Abzocker standen?

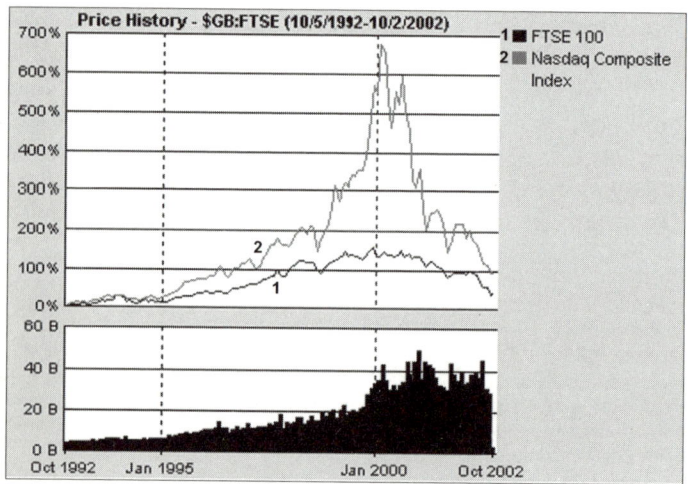

Graphik 6: Die obere Kurve ist die des Nasdaq-Index, jener Aktien der Technologie-Branche; die untere die von London FTSE 100

Man erkennt unschwer, wie widersinnig diese vermeintlichen Wertsteigerungen waren, die bereits senkrecht in die Höhe schossen und dementsprechend auch senkrecht abstürzten. Man sieht hier deutlich, wie sich seit März 2000 die Börse nach unten bewegt, zuletzt sehr stark, und daß der 11. September keineswegs dafür Auslöser war.

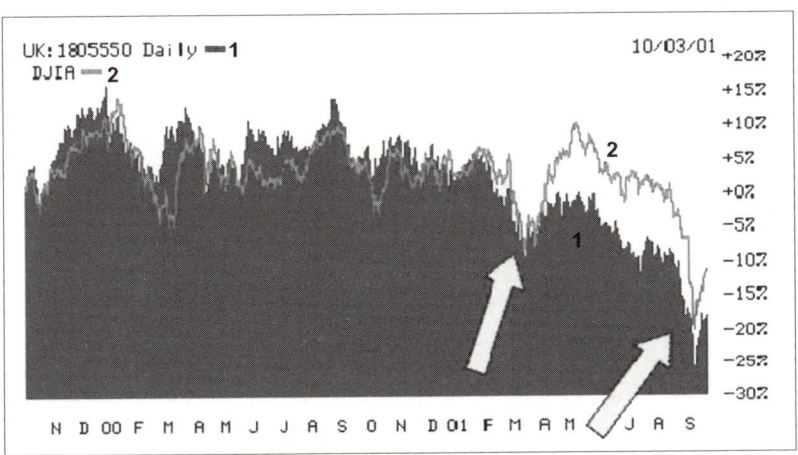

Graphik 7: Die Zweijahres-Graphik läßt dies genau erkennen, wobei London schon lange vor dem 11. 9. nach unten tendiert, aber auch New York, dessen ›Halten‹ offenbar den massiven Eingriffen unter anderem der FED zuzuschreiben ist. Die jeweiligen tiefen Abstürze sind aber von Mal zu Mal tiefer gewesen, und Ende August erreichte man den Höhepunkt der Krise.

Ende August–Anfang September ereignete sich ein massiver Absturz, der inzwischen nach oben ›korrigiert‹ wurde, aber, wie wir inzwischen wissen, nicht gehalten hat. Wie sollte das auch anhalten? Sobald die Maßnahmen der Regierung und der FED ausgereizt sind, folgt das bittere Ende. Man erkennt den schweren Einschnitt im März 2000, dem Beginn des Crash auf Raten, dann im Oktober und im April 2001. Auf den – einen anderen Zeitabschnitt darstellenden – Graphiken erkennt man, daß der Abwärtstrend, von einigen Zwischenhochs unterbrochen, seit langem anhält.

Alle diese Ereignisse wurden meist von den Medien und der Presse zugedeckt, um die wahre Lage zu verschleiern, und sie waren von massiven Eingriffen begleitet, die nur als Manipulationen bezeichnet werden können.

Die Entwicklung an beiden Börsen ist sehr ähnlich, wobei die deutliche Höherbewertung im Jahre 2001 in New York auffällt, die in der

Presse immer als ›robuste US-Wirtschaft‹ ausgegeben wurde. Es dürfte dies aber eher nur Indiz dafür sein, in welch gigantischem Ausmaß in New York interveniert wurde.

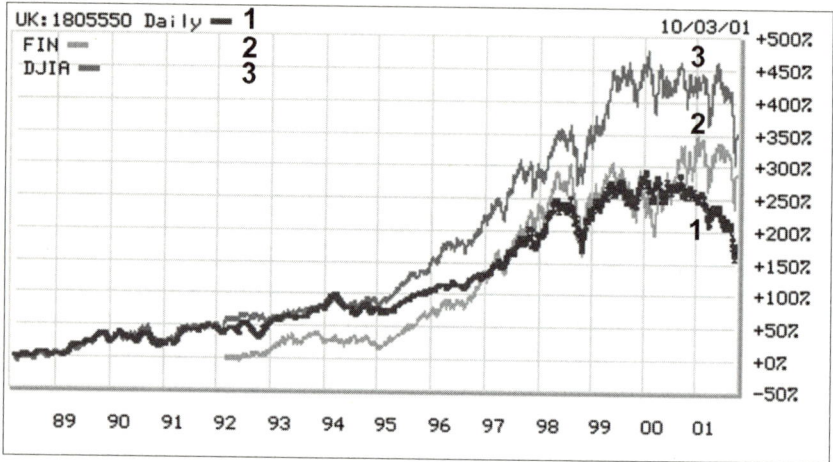

Graphik 9: Entwicklung über 10 Jahre. Der exponentielle Höhenflug ist Mitte 1999 bereits vorbei, erste schwere Einschnitte sind schon 1998 zu verzeichnen, als Rußland seine Junk-Anleihen nicht mehr anbrachte und seinen Verpflichtungen nicht mehr nachkam.

Als die Kurse schließlich nach ein paar Tagen wieder ›nach oben‹ gingen, hatte das keine ökonomischen Gründe. Die US-Regierung hatte – begrenzt für zwei Wochen – den Rückkauf von eigenen Aktien durch die jeweiligen Unternehmen steuerlich begünstigt. Wenn man bedenkt, daß sich Unternehmen an der Börse durch Ausgabe von Aktien eigentlich jenes Kapital zu beschaffen suchen, das sie zur operativen und strategischen Unternehmenstätigkeit benötigen, nicht aber, um Liquidität, welche sie heute oft gar nicht wirklich haben, ins Casino zu tragen, so ist das ein weiteres Zeichen für die Absurdität solcher Wirtschaftsdoktrin. Die Differenz zwischen dem Kurswert, zu dem Unternehmen in diesen Tagen kaufen (um *jetzt* den Kurs nach oben zu manipulieren – pardon: zu ›stützen‹), und einem später wahrscheinlich gefallenen Kurs, ist steuerlich vom Unternehmensgewinn absetzbar. Das gab es in den USA noch nie, daß man Spekulationsverluste steuerschonend absetzen und damit dem Steuerzahler aufbürden konnte. Nach Ablauf dieser Frist, wenn es so lange dauern sollte, wird es wahrscheinlich weiter nach unten gehen.

Die FED hatte nach dem 11. 9. 2001 massive Geldspritzen bereitgestellt:

- am 13. 9. 70 Mrd. Dollar,
- am 14. 9. nochmals 81,25 Mrd. Dollar,
- darüber hinaus 45,6 Mrd. Dollar für Banken über das ›Diskontfenster‹,
- sie schloß ein Swap-Abkommen über 50 Mrd. Dollar mit der EZB und
- über 30 Mrd. Dollar mit der Bank of England und
- über 10 Mrd. Dollar mit der Bank of Canada.
- Die japanische Zentralbank hat am 12. 9. 16,8 Mrd. Dollar in die Geldmärkte gepumpt.

Das sind wahrhaftig gigantische Beträge, mit denen in den Finanzmärkten interveniert wird. Es wird damit auch ersichtlich, *wie* der ›Markt‹ wirklich ›funktioniert‹, nämlich eben nicht als ›*freies Spiel der Marktkräfte*‹ und als ›*Ausgleich von Angebot und Nachfrage*‹, sondern ausschließlich durch Manipulation. Vor Jahren schon schrieb *Wall Street Underground*, ein nicht ganz politisch korrektes Börsen-Magazin, daß Börsenkurse in jedem Augenblick eine ebenso kontrollierte Sache seien, wie Start, Flug und schließlich die Landung einer Apollo-Raumfähre mit einem Space-Shuttle! (Was, wie wir inzwischen wissen, trotzdem explodieren kann!)

Es wäre auch interessant zu wissen, was GREENSPAN am 11. September in der Schweiz machte. Bei der Schweizer Nationalbank betteln? Oder wollte er sie – mit dem Hinweis darauf, was alles passieren könne – ›überzeugen‹, endlich mehr Gold zu verkaufen, damit die Fiktion vom Dollar als Reservewährung – trotz Nichtdeckung – aufrechterhalten bleibt?[232] Dabei lagert ein Großteil des Goldes der Schweizer

---

[232] Die Schweiz hatte als einziges Land eine teilweise Deckung ihrer Währung mit Gold – 40 % – in der Verfassung festgeschrieben (ohne allerdings die Verpflichtung, Banknoten in Gold umzutauschen, wie dies bis zur Kündigung des Bretton-Woods-Abkommens durch die USA im Jahre 1971 für den Dollar noch der Fall war). Wohl auf Druck der jüdischen Organisationen in den USA und der US-Regierung wurde die Schweiz unter dem Vorwand ›Raubgold‹ genötigt, diese Golddeckung aufzugeben. Als Verwendung dachte ›man‹ an die Dotierung eines ›Restitutions‹fonds, der aus den Erlösen des Verkaufs der ›nicht mehr benötigten Goldreserven‹ der Schweizer Nationalbank gespeist werden sollte. Über diesen ›Vorschlag‹ haben die Schweizer vor kurzem abgestimmt und ihn abgelehnt. Nebenbei bemerkt, haben die Nachforschungen nach besitzer- und nachrichtenlosen Konten nur einen bedeutungslosen Betrag von ein paar (?) hundert Millionen ergeben. Aber eben diese Frage wurde unmittelbar nach dem Krieg im Jahre 1946 mit einem internationalen Abkommen – und pauschalen Leistungen der Schweiz – mit und an die USA erledigt! Man sieht an diesem Beispiel, was internationale Verträge mit den USA wert sind: nicht das Papier, auf dem sie geschrieben sind. Die USA legt eben Verträge ›situativ‹ aus, sprich nach Belieben.

Nationalbank ohnedies bereits im Fort Knox! (Wissen das die Schweizer Bürger überhaupt?) Offenbar lagert dort *alles* Gold der ›westlichen Wertegemeinschaft‹; das deutsche gewissermaßen als Kriegsbeute, das französische wohl aus gleichem Grund, auch wenn dieser nicht ganz so offenkundig wie im Falle Deutschlands ausgesprochen wird. Jedenfalls holte sich Charles DE GAULLE nicht nur eine Abfuhr, als er die französischen Goldbestände zurückholen wollte, sondern dazu noch – ›ganz plötzlich‹ – die ›Mai-Unruhen‹ von 1968.

Derivate zerstören die Volkswirtschaft

Der *Economist* vom 14. bis 20. Mai 1994 zeigt in geradezu symbolhafter Weise an, welche Karten im Spiel sind, schon oder noch gespielt werden! Es sind dies der Tod, der Narr, das Glücksrad und die *Derivate*.

Die Derivate sind in einer bildhaft sprechenden Weise als teuflisch-tödliches Monster dargestellt, vergleichbar dem Basilisken, dessen Anblick bereits tötet. Wie prophetisch der *Economist* schon vor neun Jahren sich zeigte! (Siehe Abbildung im Anhang.)

Wir möchten zur nachfolgenden Darstellung des JPMorganChase-Monsters auf die Prophetie des Evangelisten Johannes, Offenbarung, Kapitel 18, verweisen, weil sie die Ereignisse vom 11. September in geradezu beängstigender Weise vorwegnahm. Und es hat den Anschein, daß die letzte Karte – im Derivate-Schwindelgeschäft, wie es selbst der *Economist* bildhaft und diabolisch symbolisiert – jetzt ausgespielt wird.

OFFENBARUNG, 18. Kapitel. Ankündigung des Falls von Babylon
Darauf sah ich einen anderen Engel vom Himmel herabsteigen, der besaß große Gewalt, und die Erde wurde hell vom Leuchten seines Glanzes.

2 Er rief mit mächtiger Stimme: «Sie ist gefallen, sie ist gefallen, Babylon, die Große; sie wurde zur Behausung für Dämonen, zum Schlupfwinkel für jeglichen unreinen Geist und zum Schlupfwinkel für alle unreinen und abscheulichen Gefieder.

Da eine derartige Änderung der Verfassung – Aufgabe der Golddeckung – kaum die obligate Volksabstimmung passiert hätte, wurde den Schweizern von ihrer Regierung vorgemacht, daß es sich bei der Neukodifizierung der Verfassung *nicht* um materielle Änderungen handle, sondern lediglich um eine übersichtliche und textliche Nachführung der gültigen Verfassung. Damit ist nun weltweit das Prinzip des ›fiat money‹ lückenlos eingeführt, mit den Gefahren, die gerade die USA akut erfahren.
Der offensichtliche Grund: Die Schweiz ist nach den USA, Japan und Deutschland der weltweit viertgrößte Börseplatz, und dazu – mit Japan eventuell – der einzige nicht von den USA kontrollierte.

3 Denn vom Glutwein ihrer Buhlerei tranken alle Völker; die Könige der Erde buhlten mit ihr, und die Kaufleute der Erde sind reich geworden an ihrer maßlosen Üppigkeit.

4 Und ich höre eine andere Stimme vom Himmel her, die sprach: »Ziehet fort von ihr, mein Volk, damit ihr euch nicht teilhaft macht ihrer Sünden und nicht von ihren Plagen mitbetroffen werdet.

5 Denn ihre Sünden reichten hinan bis zum Himmel, und Gott gedachte ihrer Freveltaten.

6 Vergeltet ihr, wie auch sie vergalt, und zahlt ihr das Doppelte heim entsprechend ihren Werken! In den Becher, den sie mischte, mischt für sie doppelt so viel!

7 In dem Maß, in dem sie es sich herrlich machte und in ihren Lüsten schwelgte, gebt ihr Qual und Trübsal! Denn sie spricht in ihrem Herzen: Als Königin sitze ich auf dem Thron; ich bin nicht Witwe und werde Trübsal nicht schauen.

8 Darum werden an einem einzigen Tag ihre Plagen kommen: Tod und Trübsal und Hunger, und im Feuer wird sie verbrannt werden; denn stark ist Gott, der Herr, der sie gerichtet hat.

Die Klage der Freunde Babylons

9 Da werden sie weinen und klagen über sie, die Könige der Erde, die mit ihr gebuhlt und in Lust geschwelgt haben, wenn sie den Rauch ihres Brandes sehen.

10 Von ferne werden sie dastehen aus Furcht vor ihrer Qual und rufen: Wehe, wehe, du große Stadt Babylon, du mächtige Stadt – in einer einzigen Stunde kam dein Gericht.

11 Und die Kaufleute der Erde werden weinen und wehklagen über sie; denn ihre Ware kauft niemand mehr,

12 die Ware an Gold und Silber, Edelsteinen und Perlen, Byssus und Purpur, Seide und Scharlach, all das Thujaholz, all das Gerät von Elfenbein, aus Erz und Eisen und Marmor,

13 sowie Zimt und Balsam, Räucherwerk, Salböl und Weihrauch, Wein und Öl, Feinmehl und Weizen, Rinder und Schafe, Pferde und Wagen, Menschenleiber und Menschenseelen.

14 Auch die Früchte, nach denen dein Herz begehrte, sind dir entschwunden, und alles, was köstlich und leuchtend war, ging dir verloren, und nimmermehr wird man es finden.

15 Ja, die Kaufleute, die damit Handel trieben und an ihr sich bereicherten, werden von ferne dastehen aus Furcht vor ihrer Qual und werden weinen und wehklagen

16 und sprechen: Wehe, wehe, du große Stadt, die sich in Byssus,

Purpur und Scharlach kleidete und mit Gold und Edelstein und Perlen sich schmückte –

17 in einer einzigen Stunde war der große Reichtum dahin. Alle Steuermänner und Lotsen, alle Matrosen und alle die auf dem Meere tätig sind, blieben fernab stehen

18 und riefen, als sie den Rauch von ihrem Brande sahen:»Wo ist eine Stadt, die gleichkäme dieser so großen Stadt?«

19 Und sie streuten Staub auf ihr Haupt und riefen weinend und klagend:»Wehe, wehe, du große Stadt, an deren Wohlstand alle, die Schiffe auf dem Meere haben, reich wurden – in einer einzigen Stunde ist sie öde geworden.«

20 Frohlocket über sie, o Himmel, ihr Heiligen, ihr Apostel und Propheten; denn vollzogen hat Gott euren Urteilsspruch an ihr.

Von allen unglaublichen Entwicklungen im Finanzbereich hat die explosionsartige Vermehrung der Derivate am meisten zu den grundlegendsten strukturellen Änderungen in der Geschäftstätigkeit und dem Zusammenspiel des Finanzsystems geführt. Wir müssen uns mit dem *JPM-Derivate-Monster*[233] befassen.

Derivate sind sehr komplexe Finanzinstrumente, die ihren Wert von anderen, ihnen zugrunde liegenden Werten (*assets*; also Aktien von Unternehmen) ableiten (lat.: *derivare*, ›ableiten‹, engl. *derive* → *derivates* → Derivate, derivative ›Produkte‹).

Wenn wir eine Untersuchung unter den Spitzen der Finanzinstitutionen anstellen, kommen wir unausweichlich zu einem Schluß: Heute, mehr denn je zuvor in der kurzen Geschichte der Derivate, führt eine Finanzinstitution das US-Derivat-Business an, ja, es ist praktisch dieses ›Business‹ selbst! Es ist die Super-Bank JPMorganChase.[234]

In den USA müssen Kommerz-Banken und Trusts ihre Derivat-positionen quartalsweise an den ›US Controller of the Currency‹[235] berichten. Dieses Büro des ›Controller of the Currency‹ wurde 1863 als ein Amt des Treasury (Schatzamt) gegründet und ist für die Gewährleistung eines stabilen und wettbewerbsfähigen Bankensystems verantwortlich. Das OCC gibt über seine Ziele wie folgt selbst Auskunft:[236]»Die Sicherheit und Solidität des nationalen Bankensystems zu gewährleisten, Förderung des Wettbewerbes unter den Banken, indem neue Pro-

---

[233] Vom Autor übersetzt, zum Teil gekürzt und ergänzt. Der englische Originalartikel ist im Internet unter www.ZealLLC.com abrufbar, er stammt von Adam HAMILTON und wurde am 7. 9. 2001 veröffentlicht.

[234] Siehe: www.JPMorganChase.com

[235] US-Aufsichts- und Kontrollbehörde für die Währung.

[236] www.occ.treas.gov

dukte und Dienstleistungen angeboten werden, Verbesserung der Effizienz und Effektivität der OCC-Aufsicht, einschließlich der Reduktion regulatorischer Hemmnisse, und die Sicherung eines fairen und gleichen Zuganges zu Finanzdienstleistungen für alle Amerikaner.«

Das OCC gibt einen Quartalsbericht heraus, den *Quarterly Derivatives Report*, der im einzelnen die Derivatpositionen aller US-Geschäftsbanken und Trusts aufführt. Quartalsberichte der Banken und Trusts an das OCC sind gesetzlich vorgeschrieben. Obwohl dieser Bericht nicht die Derivat-Positionen der Nicht-Banken einschließt, wie z.B. *Goldman Sachs*, einer Investment-Bank, ist dieser OCC-Bericht dennoch sehr nützlich, um einen Überblick über den Derivatmarkt, die Aktivitäten und die Lage ganz allgemein zu bekommen. Es ist nicht bekannt, welchen Anteil die Geschäftsbanken und Trusts im Gesamtbereich vertreten, aber er dürfte der überwiegende sein.

Die hier zitierten Derivat-Daten stammen unmittelbar vom OCC-Bank-Derivat-Bericht für das erste Quartal 2001.[237] Wir haben sie mit den jüngsten Daten – bis einschließlich 2. Quartal 2002 – ergänzt. Es zeigte sich nach dem 11. September 2001 ein kurzfristiger Rückgang im nominalen *(notional)* Wert der Derivat-Kontrakte, der aber inzwischen wieder dem allgemeinen Trend zu weiterer Ausdehnung dieser ›Geschäfte‹ gefolgt ist. Laut OCC-Bericht vom 7. März 2002 hat diese Reduktion ihren Grund in der Fusion der JPMorgan und Chase Manhattan Bank, die ihre gegenseitigen Derivatpositionen ›eliminierten‹. Der Wachstumstrend bei den anderen Teilnehmern war ja ohnedies ungebrochen; es gab hier eine Zunahme um eine Billion Dollar.[238] Die Graphiken und Zahlen über Derivate sind entweder direkt übernommen oder von Daten aus diesem Regierungsdokument berechnet worden. Die Lage ist so unglaublich, daß wir dem Leser empfehlen, sich selbst ein Bild zu machen und die OCC-Berichte selbst zu lesen.

Dieser gigantische Derivatmarkt wird – wie schon erwähnt – von einer einzigen US-Holding, der elitärsten unter den Blue-Chips des DOW-30 beherrscht, der Superbank JPMorganChase.[239]

---

[237] www.occ.treas.gov/ftp/deriv/dq101.pdf
[238] Von Robert M. GARSSON, 7. 12. 2001; und Kevin MUKRI,»OCC Reports Derivatives Volume Falls Below $ 50 Trillion«, 7. 3. 2002.
[239] Der Finanznachrichtenbrief *Golden Sextant* berichtete am 19. 9. 2000:»*J.P. Morgan* sei infolge verunglückter Derivatspekulationen schwer angeschlagen und die Übernahme durch *Chase* daher nichts anderes als ein ›bail out‹ (Herauskaufen). Dies sei auch der Grund, warum der Chef der Derivatabteilung von J. P. Morgan, Peter HANCOCK, am 8. September zurückgetreten und warum die Chase-Übernahme im Rekordtempo unter Dach und Fach gebracht worden war«. Rettungspakete werden als Übernahmen verkauft. In der Schweiz flüstert man dies hinter vorgehaltener Hand allgemein als wirklichen Grund für den Zusammenschluß von UBS und SBC vor zwei Jahren.

Die erste Graphik wurde mit Daten der ›*Table 1*‹ des OCC-Q1 Banken-Derivat-Berichts erstellt. Sie zeigt, wer die größten Spieler unter den 395 US-Geschäftsbanken und Trusts im Derivat-Geschäft sind. Es fällt die überwältigende Vorherrschaft der JPMorganChase am US-Derivat-Markt auf.

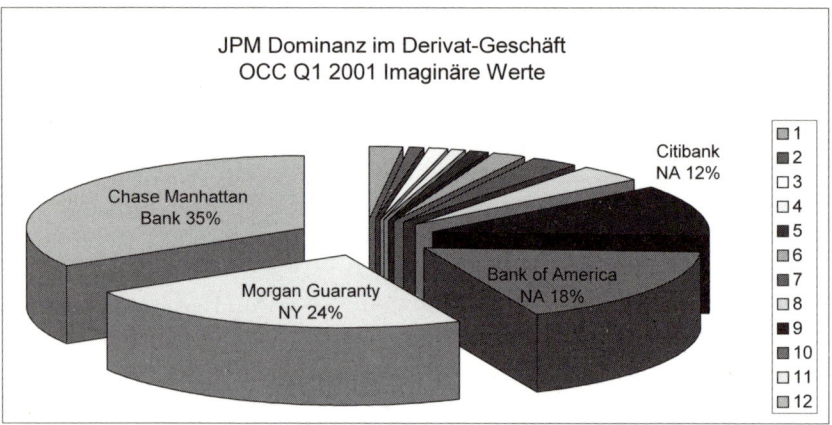

Index: 1 – 385 andere Banken 2 %, 9 – Citibank 12%, 10 – Bank of America NA 18 %. 11 – Morgan Guaranty NY 24 %. 12 – Chase Manhattan Bank 35 %

Gesamtvolumen der Torte:	43 922 Mrd. $
US-BIP:	10 142 Mrd. $
US M3-Geldmenge:	7414 Mrd. $
JPMorganChase Anteil:	59,8 %
JPMorganChase imaginärer Wert:	26 276 Mrd.$

Der nominale (*notional*) Betrag in obiger Torten-Graphik beträgt unglaubliche 43 922 Mrd. Dollar. Wir können uns das nicht mehr vorstellen oder anschaulich machen. Inzwischen – Q1/2002 – ist laut OCC-Report dieser monströse Wert um 7500 Mrd. Dollar auf 51 Bil-

---

»Der erwähnte Nachrichtenbrief weist in diesem Zusammenhang auch auf die überraschende und widersprüchliche Serie von Artikeln in der *Frankfurter Allgemeinen Zeitung* Ende August und Anfang September hin.« »Bei diesem in Frankfurt verfaßten Artikel, so der Nachrichtenbrief, habe es sich um eine gezielte Breitseite der Bundesbank gegen die zu diesem Zeitpunkt noch bestehenden Pläne für einen Zusammenschluß von Deutscher Bank und J.P. Morgan gehandelt. Sowohl Deutsche Bank als auch J.P. Morgan sind massiv in Goldderivaten exponiert. Im Falle eines Zusammenschlusses wäre eine Schieflage bei der dann größten Bankengruppe der Welt in den Verantwortungsbereich der Bundesbank gefallen und damit zu einem Problem geworden, das die Bundesbank offenbar nicht haben wollte.«

lio*nen* innerhalb eines halben Jahres gestiegen! Wir müßten hier aber laufend fortschreiben. Wie erwähnt, ist der Betrag zuletzt leicht gesunken: rund 50 000 Mrd. Dollar. Wie dramatisch die Entwicklung aber ist, zeigt die Graphik des OCC von 1990 bis 2002.

Jahr	1993	1994	1995	1996	1997	1998	1999	2000	2001	2002
Volumen	11,9	15,8	16,9	20	25	32,9	34,5	40,1	45*	49,6

Nominaler Wert in Billionen Dollar. Quelle OCC-Bericht 7. 3. 2002.
* per 4. Q 2001, Im 3.Q erreichte der Wert 51,9 Bio. $!

Entwicklung der Derivatgeschäfte weltweit

Zum Vergleich: Das amerikanische BIP beträgt 10,1 Billionen[240] und umfaßt sämtliche Güter und Dienstleistungen der gesamten Nation. Die US M3-Geldmenge, das allgemeinste Maß für Geld, beträgt zum gleichen Zeitpunkt 7,4 Billionen. Die 500 größten S & P-500-Unternehmen der USA hatten nur einen kapitalisierten Wert von 10,4 Billionen am Ende des ersten Quartals 2001. Diese 43,9 Billionen Dollar an imaginären Derivat-Werten, die nur von 395 Geschäftsbanken und Trusts kontrolliert werden, sind schwindelerregend, da sie nicht nur die Gesamtleistung der US-Wirtschaft je Jahr weit überschreiten, sondern die ohnedies auch schwindelerregende Geldmenge und den Gesamtwert aller gehandelten Aktien in den USA!

Von diesen 43,9 Billionen kontrolliert JPMorganChase, eine *einzelne* Holding, den atemberaubenden Betrag von 26,3 Billionen an Deriva-

---

[240] Wert im 1. Quartal 2001.

ten in imaginären Werten; 59,8 % des gesamten Derivatvolumens, das laut OCC von Geschäftsbanken und Trusts abgewickelt wird.[241 u. 242]

Der englische Original-Artikel ist im Internet[243] – am 7. 9. 2001 – also *vor* dem Anschlag auf das WTC und das Pentagon – erschienen. Er erreichte uns mit der Randbemerkung: »Mir dräut ein furchtbarer Verdacht! – Wenn's um einen Verpflichtungsrahmen von 40 – 50 ›trillions of $‹ – in unserem deutschen Sprachgebrauch Billionen – geht, der schon vor den Attentaten am 11. Sept. auf des Messers Schneide stand, dann halte ich es auch für möglich, daß man sich einen BIN LADEN, einen Saddam HUSSEIN. . . Mossad. . . dazu herrichtet.«

Wie verhält sich diese Exponiertheit (60 % des Gesamtvolumens) im Verhältnis zu den Aktiva der JPM? Die Daten stammen wieder von *Table 1* des OCC-Berichts.

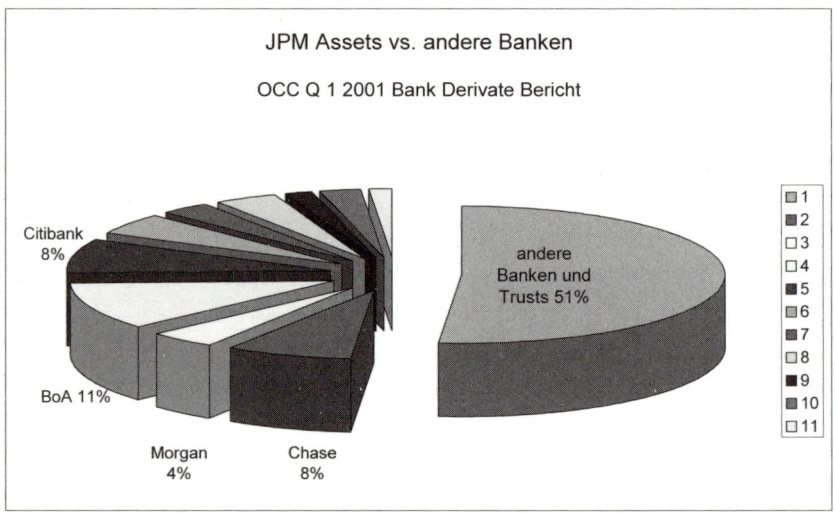

201 u. 242 ...

[241] Es sei nur kurz angemerkt, daß seit Dezember 2000 dies auch Gegenstand einer Klage des US-Anwalts Reginald HOWE unter anderem gegen die Schweizer Bank für Internationalen Zahlungsausgleich (BIZ) ist, mit dem Vorwurf betrügerischer Manipulationen, bei denen anscheinend Teile der US-Regierung involviert waren. Siehe unten, S. 233 ff.

[242] Eine Notiz von Januar 2002 drückt eine wesentlich dramatischere Lage aus: 100 Trillion Dollar Verpflichtungen im Derivat-Markt. – Thomas Q. NICHOLS, »The Hemingway Table« unter »SHOPPING FOR A BUYER«, 14. 1. 2002.
http://www.LeMetropoleCafe.com/entrance.cfm »Überflüssig zu erwähnen, daß das grenzenlose Drucken von neuem Geld Werte aus den Händen der privaten Besitzer nimmt. Falls, wie man sagt, die Legislative sich des Problems annehmen sollte, das die individuelle Freiheit auch betrifft, so wäre das ›vorausschauend‹, der Zweck würde sozusagen sein, sich mit der Abwicklung des Kollapses von geschätzten 100 Billionen (= 100 000 Mrd.!) an Verbindlichkeiten des Derivatmarktes zu befassen.

[243] www.LeMetropoleCafe.com

Obwohl JPM eine sehr große Geschäftsbank ist, repräsentiert sie nur 12,6% der Aktiva aller Kommerzbanken in den USA. Die Größe (Summe aller Aktivposten) dieser Torte entspricht 4,9 Billionen Dollar. Daraus folgt, daß die Kommerz-Banken insgesamt ein Verhältnis Derivate zu Aktiva von 9 zu 1 haben, eine gewaltige Hebelwirkung, wenn man bedenkt, daß der Anteil der verfügbaren Aktiva *nicht das Kapital der Aktionäre sind* (das sie in Form von Aktien in der Bank halten), sondern Gelder, die der Bank von den Kunden treuhändisch übergeben wurden. Diese Übersetzung ist für eine Branche auch deshalb verwunderlich, weil sie stolz von sich behauptet, ›konservativ‹ zu sein. Eine 9 : 1 Hebelwirkung auf Aktiva durch Derivate klingt mehr nach Hedge-Funds[244] als nach Bankwesen.

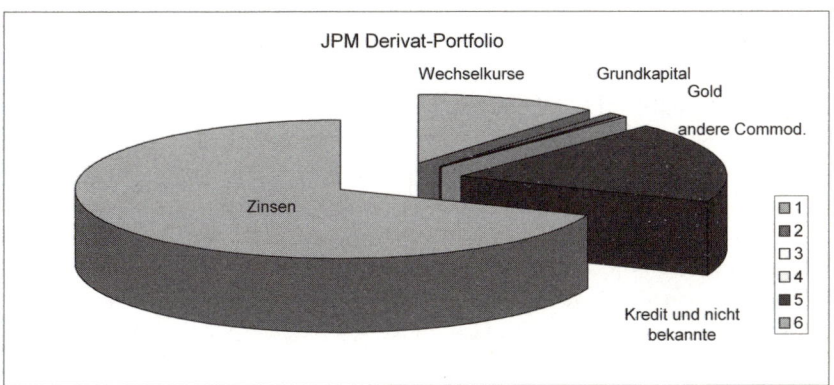

Gesamtvolumen der Aktiva: 4,886 Billionen $
JPM Aktiva: 615 Mrd. $
JPM Anteil: 12,6%
JPM Derivate: 26,276 Billionen $
JPM Übersetzung (*leverage*): 626 zu 1

1: Wechselkurse: 11%	Gesamtvolumen: 26,046 Billionen $
2: Grundkapital 0,9%	JPM-Markt-Anteile:
3: Gold 0,2%	Zinsen 64 %
4: andere Commodities 0,1%	Wechselkurse 49 %
5: Kredit/nicht bekannte 19%	Grundkapital 68 %
6: Zinsen 69%	Gold 62 %
	Kredit usw. 54%

---

[244] Hedge: etwas durch Gegendeckung sichern. Das klingt sehr positiv, es geht aber im Finanzmarkt weniger um die Absicherung von Auslandsgeschäften gegen Währungsschwankungen als darum, aus solchen Schwankungen auf Kosten Dritter Abzockerei zu treiben.

JPMorganChase kontrolliert mit 12,6 % aller Aktiva von Kommerzbanken und Trusts in den USA den ungeheuren Anteil von 58,9 % des von diesem Segment gehaltenen Derivatgeschäftes. Die JPM-Hebelwirkung auf Aktiva durch Derivate beträgt damit *43 : 1*. Warum riskiert eine Super-Bank eine derartige Exponiertheit ihrer Aktiva? Aber noch furchterregender ist das Verhältnis des imaginären Wertes der JPM-Derivate zum *eigenen* Aktienkapital. Nach JPMs jüngstem Finanz-Quartalsbericht an die ›Securities and Exchange Commission‹ (Börsenaufsicht)[245] berichtete JPM ihr von Aktionären gehaltenes Grundkapital mit 42 Mrd. Dollar, eine gewaltige Summe. Aber verglichen mit dem außerordentlichen Umfang der Derivate mit dem nominalen Wert von 26,276 Billionen Dollar, ist JPMs einbeschlossene Hebelwirkung, bezogen auf das Grundkapital der Aktionäre, einfach ungeheuerlich. Für jeden Aktionärs-Dollar hat das JPM-Management eine Exponiertheit von fast 626 Dollar im hochriskanten und schnell schwankenden Derivatmarkt zugelassen. Die einbeschlossene Hebelwirkung ist hier 626 zu 1. Warum?

Der jüngste JPM-Bericht bezieht sich auf das zweite Quartal und wurde Mitte August 2002 veröffentlicht, der letzte OCC-Bericht auf das 1. Quartal. Diese quartalsübergreifende Sicht zeigt immer noch genau die extreme Hebelwirkung, die dem JPM-Derivatgeschäft innewohnt. Zum genauen Vergleich nehmen wir den JPM-Q1-Bericht, hier ist die innewohnende Hebelwirkung 611 zu 1, bezogen auf 43 Mrd. $ Grundkapital.

In Finanzkreisen gilt 10 zu 1 als sehr aggressiv, 100 zu 1 wird als Kamikaze-Bereich angesehen; es ist nicht erinnerlich, wann über die 100 zu 1 je hinausgegangen worden wäre, außer beim LTCM-Hedge-Funds, der aber bekanntlich zusammenbrach.

Betrachten wir den OCC-Bericht weiter

Die nächste Graphik wurde mit Daten von *Table 8, 9 und 10* des OCC-Berichts erstellt. Sie zeigt die Aufteilung des Derivat-Portfolios von JPM nach Klassen. Der Umfang ist geringfügig kleiner als im vorigen Bild (ein Zehntelprozent). OCC erklärt das damit, daß einige Kredit-Derivate und Rundungsfehler ausgeschlossen wurden.[246]

---

[245] Abrufbar unter www.jpmorganchase.com/pdfdoc/jpmchase/10Q2Q01.pdf
[246] Ein Teil wird von einer kleinen Anzahl Kreditderivaten und anderen gebildet, für die OCC keine spezifischen Angaben fordert, ferner Wechselkurs-Kontrakte mit einer Fälligkeit innerhalb von 14 Tagen oder kürzer, *Futures*-Kontrakte, geschriebene Optionen, einfache *Swaps* und jegliche Kontrakte, die nicht Gegenstand risikobasierter Kapitalauflagen sind.

Die Graphik zeigt den riesigen Anteil des JPMorganChase Derivat-Portfolios. (Hier sind keine anderen Banken oder Trusts einbezogen.) Wie ersichtlich, ist der größte Teil Zins-Derivate. Er beträgt 17,7 Billionen Dollar.

Für Zins-Derivate sind der nominale (notionale) Wert die implizit zugrunde liegenden Schulden, für die Zins-Derivate abgeschlossen wurden. Zum Beispiel könnte ein Schuldner für eine Schuld von 1 Mio. und bei *variablem Zinssatz* mit JPM einen Hedge-Vertrag machen, der die Zinszahlungen auf *fixe Zinsen* umwandelt. Damit braucht sich ein Unternehmen bei seinen Krediten nicht um Zinsschwankungen am Markt zu sorgen, denn der Vertragspartner JPM trägt dieses Risiko gegen eine Gebühr. Obwohl die Zahlungsströme für die Zinsen (variable gegen fixe Zinszahlungen) in diesem Beispiel getauscht worden sind, ist der aktuelle Betrag, der hier wirklich fließt, vielleicht nur einige Zehntausend Dollar. Die eine Million ist aber die nominale Summe für das Zins-Derivat-Geschäft und gibt damit ein zutreffenderes Bild über die wirkliche Exponiertheit von JPM bei diesem Handel.[247]

Goldinvestoren werden von der geringfügigen Position von JPM hier überrascht sein, verglichen mit dem Gesamtportfolio. Nur zwei Zehntel Prozent des Derivatbestandes von JPM sind Goldkontrakte. Natürlich ist Gold ein äußerst kleiner Markt, verglichen mit den Zinsen oder Wechselkursen, aber die JPM-Position ist dennoch *relativ zum Goldmarkt* groß. JPM berichtet 56,8 Mrd. Dollar Goldderivate im Q1-Bericht für 2001. Um das abschätzen zu können, sei erwähnt, daß jährlich nur 2500 Tonnen auf der Welt gefördert werden, das heißt, alles neue Gold macht bei einem Preis von 275 Dollar/oz. nur 22 Mrd. Dollar aus.

JPM kontrolliert an imaginärem Goldwert, was allem geförderten Gold der nächsten zweieinhalb Jahren entspricht (wenn nicht die Förderung weiter wegen der zu geringen Preise zurückgeht, was wohl der Fall sein könnte).

Warum ist überhaupt eine so clevere Superbank wie JPM an dem kleinen und verwüsteten Gold-Markt interessiert. Betrachtet man die Exponiertheit, so entspricht sie 6400 Tonnen Gold. Warum tut sich das Management von JPM es an, dieses Gold-Risiko zu tragen, das

---

[247] Wenn die Zinsen stark ansteigen würden, müßte JPM gewaltige zusätzliche Zinskosten tragen, die unter Umständen von den Erlösen des Derivatkontraktes gar nicht gedeckt sind. JPM könnte damit beim Umfang dieses Geschäftsanteils in unermeßliche Schwierigkeiten kommen.

1,35mal das Grundkapital der Aktionäre ausmacht? Und das, obwohl die Wall Street der Welt ständig erzählt, daß das Gold ein überholtes Relikt sei. Warum hat dann die erste Adresse eine so große Goldderivat-Position?

Man beachte den Prozentanteil des Derivatmarktes, den JPM unter den Kommerzbanken und Trusts hat und kontrolliert. Im Bereich der Zinsen allein hat JPM 64 %, 49 % bei Wechselkursen und 68 % im Markt für Grundkapital-Derivate, 62% bei Gold-Derivaten, mit dem JPM praktisch die Gesamtheit der US-Geschäftsbanken und Trusts in Schach hält.

Kommen wir auf die Zins-Derivate zurück, dann erstaunt es, warum sich das JPM-Management hier derartige Risiken aufgeladen hat, in diesem Fall eine Hebelwirkung von 422 : 1 gemessen am Eigenkapital. Wissen die JPM-Aktionäre das? Es ist schwer vorstellbar, warum sich jemand bei den chaotischen Zinsentwicklungen derartige Risiken, wie sie eine Hebelwirkung von 422 : 1 darstellt, aufladen sollte.

Dazu wollen wir eine bemerkenswerte Hypothese näher betrachten, die kürzlich aufkam und Licht auf die Entscheidungen des JPM-Managements werfen könnte, warum sie diesen enormen Zins-Derivatmarkt beherrschen wollte. Sie hängt eng mit der Klage R. Howes zusammen, über die nachfolgend berichtet wird.

Die Klage Reginald Howes gegen die BIZ

Eine immer größere Zahl von Investoren bemerkt die epochale Klage des US-Anwalts Reginald HOWE gegen die Schweizer Bank für Internationalen Zahlungsausgleich (BIZ) in Basel vom 7. Dezember 2000. In seiner Klage, die sehr zur Lektüre empfohlen wird,[248] stellt HOWE sehr sorgfältig den Fall dar, daß bestimmte Großbanken, die mit Gold-Derivaten handeln, in eine Manipulation des Goldpreises einbezogen seien, was gegen einige grundlegende Gesetze der USA verstoße.

In »Howe gegen BIZ und andere« wurden die beiden Banken (vor dem Zusammenschluß JP Morgan und Chase Manhattan) als Betrüger im Zusammenwirken mit der BIZ bezeichnet. In seiner Klage stellt HOWE die abnormalen Goldderivat-Aktivitäten bei beiden Banken dar, die die OCC dokumentiert hatte, und daß diese äußerst gut mit ungewöhnlichen Aktivitäten im Goldmarkt und mit dem Goldpreis korrelieren. Die Beweise sind sehr überzeugend, daß beide Banken, nun fusioniert, sorgfältig geplante Strategien für Goldderivat-Transaktionen nutzten, um die (im späteren Verlauf des Jahres 1999) außer Kontrolle geratene Gold-Rallye zu zügeln, nachdem europäische Zentralbanken im Washingtoner Abkommen übereingekommen waren, Goldverkäufe und -leasing zu begrenzen.

HOWES Klage vor dem Bundesgericht beschäftigt sich mit diesen berüchtigten Aktivitäten der beiden Banken. Der Fall wurde am 9. Oktober 2001 vor dem Distriktgericht in Boston, Massachusetts, verhandelt, bei dem die Beschuldigten ihre Argumente vorbrachten, um die Klage abzuweisen.

Die für beide Vorgängerbanken der neuen JPMorganChase bereits dokumentierten wohlterminierten Goldderivat-Aktivitäten vor ihrem Zusammenschluß lassen gewisse Insiderkenntnis dieser Banken plausibel erscheinen, wenn man sieht, was sich wirklich am Goldmarkt abspielte. Es ist ganz unvorstellbar, daß sich JPMs Management mit Goldderivaten im nominalen Umfang des 1,35fachen des Grundkapitals engagiert hätte, wenn es nicht genaueste Kenntnis des Goldmarktes und gewisser Vorgänge gehabt hätte.

Am 30. Mai 2001 veröffentlichten der Analyst Michael BOLSER und der GATA-Vorsitzende Bill MURPHY gemeinsam eine Studie über die JPMorganChase-Zinsderivate in MURPHYS Kolumne »Midas« im LeMetropolCafe.[249] Mr. BOLSER überschrieb seine Untersuchung mit »GoldGate's wirkliche Motive«. In seiner Analyse führt Mr. BOLSER

---

[248] Sie ist unter der Adresse im Internet verfügbar: www.zealllc.com/howepla.htm
[249] www.LeMetropolCafe.com

aus, daß die JPMorganChase zur Zeit mit 16 Billionen nominaler Werte in Zinsderivaten exponiert und wie unerhört dies sei. Er merkte an, daß sich dieser Wert bei JPM seit Mitte 1998 verdoppelt habe, eine astronomische Steigerung, wenn man den absoluten Betrag in Dollar bedenkt. Mr. BOLSER bot die erstaunliche Erklärung an, daß ein vielleicht gedrückter oder nach unten manipulierter Goldpreis die nötige Voraussetzung für JPMs enormen Umfang der Zinsderivate sein könnte, da ein »kontrollierter« (= manipulierter) Goldpreis die Inflationserwartungen herunterdrücken würde und damit die Zinsen weit weniger schwankten und riskant wären als in einem wirklich freien Markt.

Zu dieser Hypothese gab es nur ein paar Kommentare, und für die meisten blieb es eine obskure Untersuchung, die auf wenig »öffentliches Interesse« stieß.[250]

Ein paar Wochen nach dem 13. August 2001 veröffentlichte Reginald HOWE den faszinierenden Kommentar »GIBBSON's Paradox Revisited: Prof. Summers Analyzes Gold Prices«.[251] In seiner Analyse zitiert HOWE eine 1998 im *Journal of Political Economy* erschienene wissenschaftliche Arbeit unter der Mitautorenschaft von Präsident CLINTONS drittem Finanzminister, Lawrence SUMMERS. Unter anderem erörtert HOWE SUMMERS Deutung einer Beobachtung des berühmten Ökonomen John Maynard KEYNES über das Verhalten des Goldpreises und realer Zinssätze. Lord KEYNES nannte diese Beziehung »GIBBSONS Paradox«.

Wie HOWE ausführt, war/ist GIBBSONS Paradoxon nach Lord KEYNES unter dem Regime des Goldstandards eine stabile und feste Beziehung zwischen dem Goldpreis und den Zinssätzen: »einer der am umfassendsten verifizierten empirischen Fakten auf dem gesamten Gebiet der quantitativen Ökonomie«. HOWE zeigt mit Bezug auf die Schrift von SUMMERS und den legendären Ökonomen John M. KEYNES, daß es auch eine felsenfeste *umgekehrte* Beziehung zwischen Gold und Zinssätzen im freien Markt gibt. Tatsächlich können reale Zinssätze verwendet werden, um die inversen Bewegungen beim Goldpreis vorherzusagen, das heißt, Gold könnte verwendet werden, um umgekehrt die realen Zinssätze zu prophezeien.

Mit diesem phänomenalen Artikel HOWES über GIBBSONS Paradoxon gingen die sprichwörtlichen Lichter an, die ein tiefes Verständnis von Michael BOLSERs früherer Hypothese über JPMs enorme Exponiertheit bei den Zinsderivaten erlaubte. GIBBSONS Paradoxon half, das

---

[250] Weil die Presse bekanntlich in Händen jener Finanzoligarchie ist, die derartige Diskussionen meidet wie der Teufel das Weihwasser.

[251] »Gibbsons Paradoxon wieder aufgegriffen: Prof. Summers analysiert den Goldpreis«, verfügbar unter: www.GoldenSextant.com

Puzzle zusammenzufügen und eine Antwort auf die drängenden Fragen über JPMs gigantische Zinsderivate-Position zu finden, und wie dies mit dem aktuellen Management des Goldpreises zusammenhing. Wenn Teile der US-Regierung in den CLINTON-Regierungsjahren von 1995 bis 2000 tatsächlich aktiv den Goldpreis manipulierten (wie dies die jüngsten erstaunlichen Untersuchungen von Regierungsaufzeichnungen durch James TURK und Reginald HOWE mit immer neuen und überzeugenden Beweisen sehr nahelegen) und falls JPM wirklich Insiderwissen von einigen dieser Operationen hatte, was ihre ganz außergewöhnlichen Goldderivat-Aktivitäten implizieren, dann ist es nur ein kleiner, logischer Schritt anzunehmen, daß der mögliche Katalysator für die Explosion bei den JPM-Zins-Derivatgeschäften ein künstlich niedergehaltener Goldpreis war.

GIBBSONS Paradoxon behauptet, daß unter einem fixen Regime des Goldpreises die Zinsraten vorhersehbar sind. Wenn JPMs Topmanagement an irgendwelchen Bemühungen von US-Behörden, den Goldpreis zu begrenzen, beteiligt war, hatte es auch umfassende Kenntnis darüber, daß das wirkliche Goldpreis-Regime heimlich eingeführt wurde und es damit eine Freikarte haben würde, die potentiell hochlukrativen Zinsderivate massiv aufzublasen. Wenn JPM überzeugt war, daß der Goldpreis, der hauptsächliche Beweger für reale Zinssätze, unter Kontrolle blieb, wann wäre es nach all dem besser gewesen, König der Zinsderivat-Welt zu werden als in dem Augenblick, als der Goldpreis heimlich durch massive Verkäufe aus den westlichen Zentralbank-Beständen (also der öffentlichen Hand) nach unten manipuliert wurde?

Diese überschlagsmäßige Darstellung wird der BOLSERschen und HOWEschen These nicht gerecht, aber die JPMorganChase-Zinsderivat-Explosion, wegen der Kenntnis des oberen Managements einer möglichen Beteiligung der Regierung an heimlichen Beeinflussungen des Goldmarktes, ist eine sehr überzeugende Hypothese, die gewiß weitere Untersuchungen und Diskussionen auslösen wird.

Zurück zum JPMs Zinsderivate-Monster: Wie viele Aktionäre wissen, wie unglaublich übersetzt ihre Superbank geworden ist? Glauben sie, daß sie eine sichere Aktien einer guten Wallstreet-Bank besitzen, oder wünscht der durchschnittliche Aktionär so hyperübersetzte Mega-Hedge-Funds mit einem Faktor 600 über dem Grundkapital? Verstehen JPM Aktionäre, wie gefährlich große Derivat-Positionen sind, wie dies sich schon oft gezeigt hat?

JPM hat gegenwärtig etwa 2700 institutionelle Aktionäre, die 61 % des Kapitals in Aktien halten. Verstehen die Manager dieser Pensionsfonds und Funds auf Gegenseitigkeit, daß das JPM-Management die weltweit größte und am meisten übersetzte Derivat-Blase der Geschichte – nach den amtlichen US-OCC-Berichten – aufgetürmt hat? Verstehen die Fundsmanager die eingeschlossenen Risiken, wenn das Kapital mehr als hundertfach übersetzt ist? Das sind wichtige Fragen für JPM-Investoren, besonders auf einem turbulenten und schwankenden Markt wie dem heutigen.

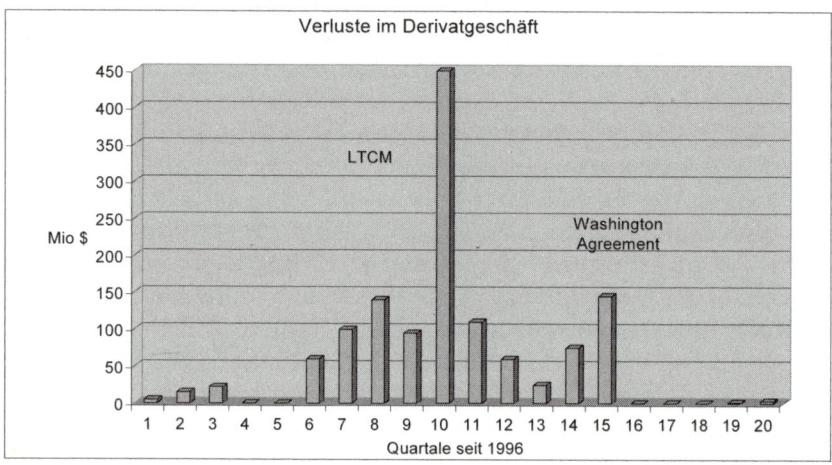

Eines der gefährlichsten Ereignisse bei hoher Derivat-Exponiertheit ist eine unvorhergesehene Marktschwankung, besonders wenn sie von großen Brüchen in den Marktpreisen verursacht wird. Die obige Graphik stammt aus dem OCC-Bericht, «*Graph 5C*«, und zeigt, welche Verluste seit 1996 nur die Kommerzbanken und Trusts allein bei Derivaten in Kauf nehmen mußten. Man beachte die riesigen Verluste im 3. Quartal 1998, die mit der Schuldenkrise in Rußland und dem LTCM-Bankrott verknüpft sind, und welche hohen Verluste im späten 1999 auf das Washingtoner Abkommen folgten.

Derivate zur Bilanzkosmetik[252]

Was in den USA die Aufsichtsbehörden zur Einhaltung der ›Accounting‹-Vorschriften, also der Bilanzierungsgesetze, schon vor einiger Zeit festgestellt hatten, daß nämlich ein beträchtlicher Teil der Unter-

---

[252] Unter diesem Titel schrieb Kevin Pekar, Risk Management bei Price Waterhouse in Zürich, in der *NZZ* vom 26. 10. 1999, auf welche Weise mittels kreativer Buchführung *Bilanzfälschung* betrieben wird. Dieser Artikel Pekars bezog sich zwar auf Japan, aber man darf gewiß sein, daß es in den USA nicht anders ist.

nehmen gefälschte Bilanzen veröffentlichte,[253] wurde nun in Japan – mit *noch subtileren* Methoden inszeniert – entdeckt.

Wenn man bedenkt, daß weltweit geschätzte über 100 Billionen Dollar (100 000 Mrd. Dollar) an Derivatgeschäften getätigt werden,[254] so ist damit ein Ausmaß erreicht, das überhaupt nicht mehr beherrschbar ist. In den USA wird heftig zwischen der ›Federal Reserve‹ (FED) und dem ›Rat für Standards für Finanzbuchhaltung‹ (FASB) um die Bankbilanzierungs-Standards gestritten. Die Verzögerungen, diese im Kongreß endlich zu verabschieden, werden als unangebracht bezeichnet. Heute ist es nämlich den Banken überlassen, ob sie Reserven für Verluste aus Derivatgeschäften anlegen oder nicht.

Warum wehrt sich aber die FED, die doch über die Integrität des Bankensystems der USA zu wachen hat, gegen die Offenlegung der Derivatverbindlichkeiten? Aus dem Umkreis der Bank für internationalen Zahlungsausgleich (BIZ) in Basel heißt es, daß es dann wohl zu einer ›Art Panik‹ käme, wenn die FASB ihre neuen Vorschriften durchsetzte. Die Banken wären dann gezwungen, die Verbindlichkeiten aus Derivaten zum Marktpreis bekanntzugeben, was sie *sofort insolvent machte*, da sie die bei normalen Krediten geforderte Kapitalreserve auch für Derivate einhalten müßten.

Dies würde zu einer ›Art Kernschmelze‹ bei den Aktien-, Anleihe- und Devisenmärkten führen. Man schätzt, daß die US-Banken *außerbilanzliche* Derivate von etwa 32 Billionen Dollar halten (Stand 1997), heute mindestens 50 Billionen, wobei der größte Teil dieses Wertes *rein spekulativ* ist.

Der Chef der Schweizer Nationalbank, Bruno GEHRIG, sagte, wenn die Banken nicht schnell die Risiken der Derivatgeschäfte herunterführten, wären die Nationalbanken zu einer Regulierung der Finanzmärkte gezwungen.»Die im Devisenhandel verursachten *Abwicklungsrisiken* haben mittlerweile ein Ausmaß angenommen, welches den

---

[253] Als Ursache für diese Bilanzfälschungen wird angegeben, daß das Management unter ungeheurem Erwartungsdruck der Finanzmärkte stünde und auf Teufel-komm-raus ›profits‹ (genauer gesagt: ›earnings per share‹, Gewinn pro Aktie) auszuweisen hat. Widrigenfalls die Aktien solch eines Unternehmens über gezielte Verkäufe (= Aktienmanipulationen) so in den Keller gestürzt würden, daß dies seine Refinanzierung und damit Existenz gefährden würde. Ein weiterer Grund liegt in den Verträgen des Managements mit dem Schwerpunkt auf ›shareholder-value‹ und daß mit Anteilen eigener Aktien bezahlt wird, was das Interesse des Managements mehr an virtuellen Kursen begründet als an einem realen Unternehmenserfolg. Die ganze Management-Ideologie in den USA ist auf virtuelle ›Erfolge‹ hin ausgerichtet, was auch der tiefere Grund für die von Insidern verächtlich so genannte ›bubble.com‹ – zur Kennzeichnung der US-Wirtschaft – ist. Der Begriff stammt vom früheren japanischen stellvertretenden Finanzminister SAKAKIBARA, der dazu gewiß eine authentische Meinung hat.

[254] Notiz von 27. 11. 1997.

Zentralbanken zunehmend Kopfzerbrechen bereitet. *Jeden Tag* werden im Devisenhandel Transaktionen von weit mehr als 1000 Mrd. Dollar getätigt. Die Abwicklungsrisiken, die sich hinter diesem Volumen verbergen, werden vom Markt lange Zeit weitgehend ignoriert.« Wie seit der weltweiten Finanzkrise von 1998[255] (und davor) bekannt ist, sehen sich japanische Banken gigantischen Beträgen ›fauler Kredite‹ gegenüber. Nachdem dies lange Zeit überhaupt geleugnet wurde, gab man schließlich vor ein paar Jahren Jahr ein Volumen der ›*bad debts*‹ (faulen Kredite) von 1000 Mrd. Dollar (= eine Billion!) zu. Allgemein wurde die Summe aber von Insidern auf das Doppelte geschätzt – 2000 Mrd. Dollar –, und man mutmaßte, daß es wohl auch *drei Billionen* sein könnten.

Um solche riesigen Verluste zu vertuschen, bedarf es natürlich aller Tricks, und sie wurden und werden selbstverständlich auch allgemein (!) praktiziert. Das ist freilich nicht weiter verwunderlich, da zum Beispiel auch für die Teilnahme an der Europäischen Währungsunion *die Staaten selbst,* also die *gesetzgebenden* Ordnungsinstanzen, nur mittels ›kreativer Buchhaltung‹ und – im Grunde betrügerischen – Umtrieben die sogenannten Maastricht-Kriterien erfüllen konnten. Es handelt sich also um allgemeine Praxis!

GATA, Gold und Al-Qaida

Vor einem Jahr[256] brachte die *International Herald Tribune (IHT)* einen Artikel über die Rolle des Goldes bei der Finanzierung des ›Terror-Netzwerkes‹ Al-Qaida. Als eines jener unmißverständlichen *IHT*-Zeichen für eine – künftige – Kampagne wurde dieser Artikel auch – pflichtschuldigst – von den hiesigen Provinzblättern übernommen.

Es kam uns unmittelbar zu Bewußtsein, daß dies nur ein Vorwand für andere Absichten sein könne, da diese Story offenbar ein aufgelegter Unsinn ist. Erstens erhebt sich die Frage, woher denn plötzlich solche Mengen Goldes in die Hände flüchtiger Taliban oder der Al-Qaida-Leute kommen sollten. Zweitens, wie man denn solche Werte über winterliche Gebirgspässe transportieren würde – und vor allem: wohin – auch wenn es der geballten US-Militärmacht und ihren Geheimdiensten bisher nicht möglich war, auch nur einen Zipfel des Geheimnisses des Aufenthaltsortes BIN LADENS zu lüften. Drittens erinnerte uns dies an die Erklärung der Funktionsweise grenzüberschrei-

---

[255] Unter anderem Bankrotterklärung Rußlands, Zusammenbruch des LTCM-Funds, um nur zwei Schlüsselereignisse zu nennen.
[256] 21. 2. 2002.

Gegen Alan GREENSPAN, *den US-Notenbankchef, läuft eine Klage, weil er den Goldpreis manipuliert haben soll. Globale Geldhäuser wie die J. P. Morgan und die Deutsche Bank sollen in die zwielichtigen Geschäfte verwikkelt sein. R.* HOWE, *der die Klage eingereicht hat, spricht von »Konspiration«.*

tender Zahlungen unter islamischen Händlern. Sie funktioniert ohne physischen Transfer von Geld oder geldähnlichen Zahlungsmitteln. Gegen die Mitteilung eines geheimen Codes bekommt der so als Berechtigter ausgewiesene Überbringer einen bestimmten Geldbetrag ausgehändigt. Da offensichtlich im grenzüberschreitenden Handel dieser langfristig im Gleichgewicht sein muß, soll nicht – wie im Falle der USA – ein Handelsbilanzdefizit zu einem faktischen Zusammenbruch des Warentausches führen, können die Schuld- und Guthabenkonten jeweils lokal ausgeglichen werden.

Es funktioniert dies im Grunde nicht anders, als es mit Verrechungskonten über die BIZ auch geschieht, nur daß hier diese – islamischen – Handeltreibenden das ›westliche‹ oder US-Banksystem auf diese Weise ausgeschaltet haben, offenbar, weil sie berechtigterweise kein Vertrauen in dieses haben.

Die ganze Geschichte – nämlich den Besitz von Gold mit der Finanzierung des ›Terrornetzwerkes‹ und der Al-Qaida in Beziehung zu setzen – hat offensichtlich einen Zweck: den privaten Besitz von Gold zu unterbinden.[257] Warum? Nun, das System der USA, mit ›*fiat money*‹, also bedrucktem Papier, die Wirtschaft zu überschwemmen und so auf Kosten der ganzen Welt weitgehend gratis zu leben (*The American way of life*), kommt an seinen unwiderruflichen Endpunkt, der mit dem Zusammenbruch dieses betrügerischen Systems einhergeht. Die größte Pleite in der Weltgeschichte – jene der Enron[258] – ist nur ein Auftakt zu jener viel größeren Pleite, die mit der Manipulation des Goldprei-

---

[257] Unabhängig von unseren Überlegungen bestätigten manche Beobachter genau diese Gedanken auch: Die Flucht ins Gold soll den Normal-Anlegern vereitelt werden.

[258] Der Rekord hielt nicht lange. Inzwischen wurde er ja vom WorldCom ›eingestellt‹. Die Anonyma ist aber klüger geworden und läßt die von ihr kontrollierten Zeitungen praktisch kaum mehr darüber berichten. So kommt es, daß solche Ereignisse gar nicht erst ins Bewußtsein der Menschen gelangen oder bald wieder vergessen werden.

ses zusammenhängt und zum Kollaps der (Welt-)Wirtschaft überhaupt führen wird. Um ›*fiat money*‹ – den US-Dollar – als (Welt-)Währung durchzusetzen, war es nötig, Gold als Referenz für den Wert der Währung auszuschalten. Man tat dies, indem durch Manipulationen, Gesetzesbruch und Verschwörung der Beteiligten der Goldpreis künstlich niedrig gehalten wurde. Einerseits konnte man damit das wahre Ausmaß der Inflation verbergen, andererseits erlaubte dies erst, in gigantischem Umfang ins Derivat-›Geschäft‹ einzusteigen, das eigentliche Mittel zur Plünderung ganzer Volkswirtschaften, wie sie tatsächlich der Fall war und ist.[259] Inzwischen merken alle, was los ist. Vor einigen Monaten las man, daß japanische Hausfrauen Goldbarren kauften,[260] um sich und ihre Ersparnisse vor dem Zerfall ihrer Währung zu schützen. Der Goldpreis stieg auf 305 $/oz. – ohne daß es die Manipulateure verhindern konnten.[261] Die Aktivitäten der GATA lassen sich nicht mehr vertuschen: Selbst die *mainstream*-Presse in den USA berichtet bereits, international ist GATA Thema in allen Finanzkreisen. Der von der GATA gegen die FED, GREENSPAN, RUBIN, FISHER, die BIZ, JPMorganChase[262] und andere Banken wegen der betrügerischen Goldmanipulationen

---

[259] Von: LePatron@LeMetropoleCafe.com
Gesendet: Donnerstag, 21. 2. 2002 13:26
Betreff: Fortschreitende Betrachtung – Es geht ums Gold. . . Aber nun bedenken Sie das Verfahren, in das Edward A. J. GEORGE, Gouverneur der Bank von England und ein Direktor der Bank für Internationalen Zahlungsausgleich, verwickelt ist und wo er geschrieben haben soll:»Wir sehen in einen Abgrund, sollte der Goldpreis weiter steigen. Ein weiterer Anstieg würde verschiedene Handelshäuser zusammenbrechen lassen, die dann alle übrigen in ihrem Kielwasser mitrissen. Darum haben die Zentralbanken um jeden Preis, ohne Rücksicht auf die Kosten, den Goldpreis zu dämpfen, um mit diesem Problem fertigzuwerden. Es war sehr schwierig, den Goldpreis unter Kontrolle zu bekommen, aber wir waren erfolgreich. Die US-FED war sehr aktiv, den Goldpreis herunterzubekommen, ebenso das Vereinigte Königreich.«
Wie es GATA später sagen sollte:»Der ›Abgrund‹ war das Problem, die ›short‹-Positionen für physisches Gold abzudecken, die sich in einem Berg an Derivaten in den Büchern der Gold-Banken aufgetürmt hatten.«

[260] Von: LePatron@LeMetropoleCafe.com, Gesendet: Samstag, 16. Februar 2002 23:12;
Betreff: Keith Barron – Über Bergbau – geradeheraus.
»Es gab zahllose Berichte in den vergangenen zwei Wochen, daß die Japaner das gelbe Metall stapeln, im Vorgriff auf die Begrenzung der Versicherung für Bankeinlagen ab dem 31. März. Jene, die ABC-Abend-Nachrichten heute in den USA hörten, wurden mit dem Schauspiel konfrontiert, daß japanische Hausfrauen Kilo-Barren an Gold kauften, um ihre Familienersparnisse zu sichern. . . Ja, sie kauften das Gold barrenweise – nicht US-Dollar –, sondern Gold-Barren, und das war zur Hauptsendezeit in den ›*mainstream*‹-Medien.«

[261] »Gold hat in den vergangenen Wochen an Wert zugenommen, da Investoren einen sicheren Hafen suchen vor den Wirrnissen der Weltwirtschaft und den Bilanz-Vorschriften der USA.« (LePatron@LeMetropoleCafe.com, Gesendet: Sonntag, 10. Feb. 2002 06:43)

[262] Es wird schlimmer. J.P. Morgans gesamte Derivat-Position stehe, wie berichtet, nun bei fast 29 Billionen Dollar oder dem Dreifachen der US-Wirtschaftsleistung (BIP).

angestrengte Prozeß hat gute Aussichten, das System zum Einsturz zu bringen.[263] Solches ahnend, werden viele Gold kaufen.[264] Das muß verhindert werden. Und es ist abzusehen, daß es ganz ähnlich geschehen wird, wie schon unter Präsident ROOSEVELT: Mit einem Gesetz soll der private Goldbesitz verboten werden.

Da dies so ohne weiteres nicht durchzudrücken ist, muß es strategisch geplant, sprich ›aufbereitet‹ werden: Gold als Finanzmittel des internationalen Terrors! Es dauerte nicht lange: Die bestellten Wortspenden kamen prompt,[265] und ausgerechnet vom US-Waffeninspektor Richard BUTLER! LeMetropole-Mitglied David SCHECTMAN gab dazu einen Kommentar in *The Man Ray Table* mit dem Titel »Goldkonfiszierung und ein Fall der ›Doppelten Adler‹« geschrieben.

Wenn das kein einsichtiger Grund ist, den Goldbesitz – wegen ›mutmaßlicher‹ Verbindung zum ›Terror‹ – strikt zu unterbinden?

GATA schreibt dazu: Enron war eine Kernschmelze! (*a meltdown*), Gold wird ein Auftauen (*meltup*) bewirken!.

Der Goldpreis wird raketenhaft aus vielen und zum Teil denselben Gründen steigen, deretwegen Enron zusammenfiel:

1. Betrug.
2. Geschäftspraktiken, die den amerikanischen Geist des freien Marktes verletzten.

Wall Street-Insider spekulieren, daß im Falle eines Goldanstieges MorganChase wegen ihrer ›short positions‹ bei Gold in ernste Schwierigkeiten kommen könnte. Anders gesagt, wenn sich der Goldpreis wesentlich erhöht, würden die sehr stark übersetzte MorganChase und die anderen Gold-Banken in Schwierigkeiten kommen, ihre Verpflichtungen zu erfüllen.

[263] Washington, DC: Kongreß-Abgeordneter Ron PAUL von Texas stellt diese Wochen den Antrag, die Möglichkeit des Präsidenten oder des Finanzministers, den weltweiten Goldpreis zu manipulieren, zu begrenzen. Der »Monetary Freedom and Accountability Act« (Gesetz über monetäre Freiheit und Verantwortung) stellt die angemessene Autorität des Kongresses über die Goldpolitik wieder her, indem verlangt wird, daß die Legislative zuvor beschließt, ob der Präsident oder Finanzminister Gold kaufen oder verkaufen kann.

[264] »Es gibt viele in der Welt der Hochfinanz, die die offizielle Linie nicht abnehmen und warnen, daß Enron nur der erste Fall eines einstürzenden Kartenhauses wäre. Viele Analysten sind der Ansicht, daß dieses Problem nirgends selbstverständlicher ist als bei den ›Gold-Banken‹ der Nation, insbesondere im Hause Morgan (J.P. Morgan Chase). Als eine der führenden Finanzinstitutionen und größte internationale Gold-Bank hat Morgan Chase massives Medieninteresse in den vergangenen Monaten auf sich gezogen, vor allem wegen der Finanzbeziehungen mit der bankrotten Enron und Global Crossing Ltd. und wegen des Zusammenbruches von Argentinien.«

[265] »Unlängst verband der frühere UN-Chefinspektor im Irak Richard BUTLER, CNN-Vertreter vor Ort und Experte für Nahost-Fragen, die Finanzierung der Al-Qaida mit geheimen Goldtransaktionen im Nahen Osten.
Am 17. 2. 2002 veröffentlichte Douglas FARAH in der *Washington Post* den Artikel »Al-Qaidas Weg mit Gold gepflastert«. Das ›große Gold-Kartell‹ hat die schwere Artillerie aufgefahren. Es ist dies keine Übertreibung, wenn man sagt, daß die Amerikaner nun ›konditioniert‹ (= manipuliert) werden sollen, um Gold als Übel anzusehen – indem es mit dem Terrorismus verknüpft wird. www.LeMetropoleCafe.com

3. Mangel an Transparenz.
4. Fälschung der Bücher durch Buchhaltung und Rechnungswesen. Im Fall des Goldes wurden die Notenbanken angewiesen, ihre das Gold betreffenden Aktivitäten nach des IWFs eigenen Rezepten zu fälschen.
5. Milliarden wurden von einigen wenigen auf Kosten der Masse und der Armen gemacht. Im Falle des Goldes waren es die zahlreichen auf dem Enron-›Weg‹ abirrenden Goldbanken.
6. Betrügerisches Einverständnis – zwischen den New Yorker Goldbanken, dem IWF, der BIZ, dem ESF[266] und der Federal Reserve Bank der USA.
7. Derivate – in diesem Fall die ›Goldderivate-Bankenkrise‹ – es sei an das Dokument erinnert, das GATA dem Speaker of the House (Fraktionschef der Mehrheitspartei), Dennis HASTERT, am 10. Mai 2000 präsentierte.

Ein weiterer Kommentar erübrigt sich!

Venture Capital

Wer kennt nicht dieses Zauberwort, mit dessen Hilfe schon alles ganz wundersam abzuheben scheint.

Privatisierung, *Management-Buy-Out*, Gründerinitiativen, *Start-up-Companies, Entrepreneurship*[267] usw. sind die Begleitvokabeln, in deren Rahmen sich die Verheißungen erfüllen sollen. Selbst die Regierungen setzen ihre Hoffnungen darauf, daß nämlich eine Gründerwelle neue Arbeitsplätze schaffen werde, nachdem die vorhandenen sich immer mehr verdünnen. Hier liegt sozusagen die Alternative zum Casino-Kapitalismus, indem in die ›reale Wirtschaft‹ investiert wird. Es ist etwas Echtes und Ehrliches!

Die Geldgeber, die ihr Kapital als ›*venture capital*‹ (VC) zur Verfügung stellen, wo Banken das wegen des ›Risikos‹ angeblich nicht täten, erscheinen wie Helden des Kapitalismus, als Gegenstück gewissermaßen zu den Helden der Arbeit der ehemaligen Sowjetunion. Ihnen verdanken die Jobsuchenden die neuen Arbeitsplätze, der Finanzminister neue Steuereinkünfte und der Jungunternehmer, der

---

[266] *Exchange Stabilization Fund*, ein viele Milliarden Dollar-Fonds zu dessen Stabilisierung, der keinerlei öffentlicher, rechtlicher oder parlamentarischer Kontrolle unterliegt und allein vom US-Präsidenten und seinem Finanzminister nach eigenem Gutdünken verwendet werden kann.

[267] MBO: Übernahme einer Firma durch das Management; Start-up ...: neu gegründete Unternehmen; Unternehmertum, unternehmerisches Handeln; Venture Capital: Risiko-Kapital.

›Entrepreneur‹– was bedeutungsvoller klingt – den plötzlichen Reichtum.
Wie funktioniert das aber? Venture-Capital-Firmen bekommen ja ständig eine Menge Ideen angetragen, die aber – so belehrt eine Broschüre von PriceWaterhouseCoopers – zunächst nichts wert sind. Erst ein Business-Plan, der vor allem das Geschäftspotential überzeugend herausarbeitet, macht aus der Idee ein mögliches Venture-Capital-*Projekt*. Und weil die Kapitalgeber knallharte Burschen sind, bedarf es natürlich auch der Zwischenglieder mit Ansehen und Erfahrung, zum Beispiel PriceWaterhouseCoopers, die die Idee dem Investor richtig verkaufen können – also einer Made, die sich im erhofften Speck einzunisten trachtet, hier erstmals absahnen will.

Da, so wird man belehrt, von zehn VC-Projekten nur drei ein Erfolg, drei dahinmickern und der Rest Verlustgeschäfte seien, müsse angesichts dieses hohen Risikos für den Kapitalgeber eine höhere als banktübliche Rendite herausschauen. Wie hoch? Zwischen 30 und 50 % jährlich und mehr! Mit anderen Worten: Nach etwa sechs Jahren muß sich das eingesetzte Kapital auf das 7 ½-fache vermehrt haben, bei einer hier beispielsweise angenommen mäßigen Verzinsung von 40 %.[268]

Wie? Die neue Firma muß auf Teufel komm raus ›wachsen‹, damit nach 5 bis 6 Jahren, wenn ›typischerweise‹ die VC-Kapitalgeber ihr Geld wieder herausziehen, der Wert der Firma so hochgepuscht ist, daß sie beim Börsengang entsprechende Aktienkurse erzielen kann. Darüber macht man also Projektionen, wie sich der mögliche Börsenwert entwickeln muß. Wenn der also anfänglich mit zum Beispiel 1,0 Mio. Euro angenommen wurde und sich dieser in den 6 Jahren auf planmäßige 10 Mio. erhöht hat, dann müßte der Investor für eine Million VC-Kapital und bei obiger Renditeerwartung 75 % der Firmenanteile bekommen, um sein Investment zu rechtfertigen. Zwei Millionen VC-Kapital zu investieren, würde er bereits ablehnen, weil selbst, wenn das ganze Unternehmen ihm überschrieben würde, es nur höchstens 10 statt der ›erforderlichen‹ 15 Millionen Börsenkapitalisierung brächte.

Es ist nun einerseits klar, daß Firmen gewöhnlich nicht derartige Wertschöpfungen aus der normalen Tätigkeit erzielen können. Solch hypertrophes Wachstum existiert nur in krebsartigen Organismen. Ihr baldiger Tod ist immanent. Weil das so ist, kann mit einem Überleben solcher Firmen nur in Ausnahmefällen gerechnet werden; der Groß-

---

[268] Zum Vergleich: Ein Bankkredit zu 7 % bedeutet eine Rückzahlung einschließlich der Zinsen von etwa dem 1,5fachen des investierten Kapitals nach demselben Zeitraum.

teil geht früher oder später zugrunde. Darum sind die VC-Kapitalisten auch nur an ziemlich kurzen Verweilzeiten in diesen Unternehmen interessiert: nach ihnen die Sintflut! Wann das – bei Optimierung ihrer Profite – sein wird, wissen sie aus langer Erfahrung; ein paar Leichen miteingeschlossen.

Solche Renditeerwartungen und Kurswertsteigerungen sind natürlich nicht etwas, was von selbst eintritt. Hier wird einiges ›gemacht‹. Plump wäre es, *nur* einen gefälschten Unternehmensprospekt für die ›*going-public*‹-Aktion[269] auszulegen, obwohl dies sicher zu den einfachsten Fingerübungen gehört. Im Rahmen der Aktien-Blase der im Dow-Jones-, Standard&Poors- oder gar Nasdaq-Index geführten Unternehmen sieht man ja, wie die Kurse virtuell in die Höhe getrieben wurden – inzwischen ist das freilich vorbei. Der ›Neue Markt‹ hat sich in Frankfurt ins Nichts aufgelöst. Es fehlte und fehlt dafür die Substanz. Um aber doch den Schein zu wahren, wird hier nicht so sehr auf die wirkliche Unternehmensentwicklung geachtet, sondern auf die Darstellung in Büchern, Bilanzen und Aktionärs-Prospekten usw. Eine ganze Scheinwelt wird aufgebaut, der Fürst POTJOMKIN ist dafür Vorbild.

Damit ist klar, daß diese Art der ›Finanzierung‹ in Wirklichkeit der Spekulation und der Beschleunigung virtuellen Wirtschaftens dient. Der anfängliche schöne Schein privatwirtschaftlicher Finanzierung und des unternehmerischen Aufbruches trügt: Es ist hinter all dem eine unersättliche Gier nach *wucherischen* Erträgen, die von keiner (Volks-)Wirtschaft (VW) erwirtschaftet werden können. Forciert man aber trotzdem diesen Weg, teils, weil die Banken keine Kredite mehr für realwirtschaftliche Investitionen zu erträglichen Zinsen geben, teils, weil Regierungen handlungsunfähig geworden sind und sich an jeden Strohhalm anklammern, der die Misere bei den Arbeitslosenzahlen, den Budgetlöchern usw. zuzudecken scheint, so muß unvermeidlich von anderen die Zeche bezahlt werden. Wer also weit über jede denkbare regelmäßige Wertschöpfung hinaus sich privat mehr herausnimmt, bestiehlt notwendigerweise jene, die das aus unterschiedlichen – und guten – Gründen nicht können oder wollen.

Diese Art von ›Privatwirtschaft‹, das Spekulieren, ist parasitär. Die erste Sorte von Schädlingen wurde mit jenen, sich völlig überflüssigerweise, zwischen Geldgeber und Unternehmer drängenden Beratern identifiziert. Von der zweiten sind die beiden Hauptakteure, wobei der Unternehmer am Ende als der betrogene Betrüger dasteht, weil er Idee, Arbeitskraft und Energie in das Projekt einbringt, aber für die bei VC-Kapital ›üblichen‹ Wucherzinsen eigentlich für den Wucherer

---

[269] Der Gang des Unternehmens an die Börse.

arbeitet. Ein paar Brosamen bleiben ihm, wenn es mit einer ›Jahrhundertidee‹ gelingt, tatsächlich gute Geschäfte zu machen. Das sind die Ausnahmen.

Der angebliche Vorteil von VC für den Unternehmer ist, daß er bei einem Flop nicht auf Bankschulden mit privater Haftung säße. Nur darf man wohl davon ausgehen, daß der erste Dollar VC erst fließt, wenn eine ausreichend private (finanzielle) Vorleistung erfolgt ist, man also tief drinnen steckt und die Chancen so gut stehen, daß selbst eine Provinzsparkasse finanzieren würde.

Als Mittel staatlicher Wirtschaftspolitik wären staatlich garantierte, preiswerte Unternehmerkredite tausendmal nützlicher, wie sie die Kreditanstalt für Wiederaufbau – KfW – nach dem Krieg der deutschen Wirtschaft zur Verfügung stellte und damit das deutsche Wirtschaftswunder schuf.

Am Schluß muß der ›Entrepreneur‹ sich meist auch schnell von seinem Aktien›besitz‹ trennen, bevor das Kartenhaus einstürzt, nicht nur, um den VC-›Investor‹ auszubezahlen. So bleiben die Ruinen der Allgemeinheit – zur Entsorgung. Da meist nicht wirklich etwas dauerhaft geschaffen wurde, aber in kurzer Zeit ein Vielfaches an Geld herausgeholt wurde und dies in einer ganz systematischen, institutionalisierten und flächendeckenden Weise geschieht, könnte man es durchaus als eine Verschwörung ansehen, die zum Schaden der Allgemeinheit, der Volkswirtschaft, angezettelt wurde.

Vor einiger Zeit, als die ›*new economy*‹ immer noch die ›*old economy*‹ abzulösen versprach, fand im Münchener Hotel Vier Jahreszeiten eine wegen großen Andrangs wiederholte Vorstellung eines Venture Capital-Unternehmens statt. Man achte auf die Inszenierung: sehr gediegen und beeindruckend, sehr vornehm, wenn es um Schwindel[270] geht! Je schwindliger, desto ›vornehmer‹. Viele Yuppies im vorgeschriebenen Outfit (bunte Hosenträger) waren auch da. Die Vorstellung des Firmengründers[271] war druckreif.

Sehr eindrucksvoll: Firmen wurden zur Börse gebracht, die eine Wertsteigerung der Aktien gegenüber dem Einstieg zu Beginn der Beratung um bis zu 14 547% ! in kürzester Zeit erbrachten. Der *Spiegel* (5/2000) berichtet gar von der sagenhaften Performance von AOL:[272]

---

[270] Das ist natürlich kein Vorwurf im strafrechtlichen Sinn, die Gesetze erlauben solche Abzockerei, sondern es handelt sich um eine Kritik aus der Sicht einer organischen Volkswirtschaft.

[271] Wenn man das System nicht in Frage stellt, wäre das natürlich eine beeindruckende ›Erfolgsstory‹ gewesen.

[272] AOL: America Online. – Zur Beachtung: Heute Ende 2002/03 ist AOL auch in den Medien wegen massivster Finanzprobleme, die gerade aus den schwindligen US-Bilanzierungs-Methoden resultierten. Milliarden an *Good-will* – also virtueller Realität – mußten als Minus abgeschrieben werden, womit Gesagtes bewiesen scheint.

53 377% ! Das ist offensichtlich im Einzelfall möglich, wenngleich kaum mit realwirtschaftlichen Dingen begründbar. Als Norm für die Ökonomie kann es nicht dienen, denn der erwirtschaftete ›Mehrwert‹, von dem ein steigender Wohlstand und neue Investitionen letztlich nur finanziert werden können, macht keine Sprünge in derartiger Größenordnung.

In Deutschland sind es auch nur 0,6 % des BIP, in den USA 4 %, die als Venture Capital in Unternehmen geschleust werden. VC-›Investoren‹ halten das hierzulande auch für ›ausbaubar‹, das heißt, daß sich noch mehr aus der Volkswirtschaft herausholen lassen müsse.

Solch extremen Gewinne sind nur denkbar, wenn ein gegebenes System (›gesetzeskonform‹) ausgenützt wird, aber es muß zum Zusammenbruch führen, würde es allgemeine Norm. Damit ist es aber parasitär und unsittlich, im Grunde verbrecherisch. Denn irgendwer *muß* ja für diese außergewöhnliche private Bereicherung bezahlen. Nur im Märchen spinnt das Aschenputtel aus Stroh Gold für den Märchenkönig.

Machen wir eine kurze Überschlagsrechnung, wieviel in Prozent des BIP aus der Volkswirtschaft, unter dem Rendite-Kalkül zum Beispiel von PriceWaterhouseCoopers, herausgeholt wird. Die prospektkonformen Annahmen:

- 30 % der VC-Investitionen sind ein ›Erfolg‹, d. h., sie bringen eine 40prozentige Verzinsung p.a.,
- 30 % ›mickern‹ dahin, d. h., sie bringen gerade den Einsatz wieder,
- Rest wird ein ›Flop‹, d. h., die Spekulanten verlieren den Einsatz.

Bei 4% vom BIP als VC-Finanzierung heißt das, nach 6 Jahren[273] wird bei obigem Einsatz in den USA:

$$7{,}5 \times 1{,}2 + 1{,}0 \times 1{,}2 + 0 \times 1{,}6 = 9{,}0 + 1{,}2 + 0 = 10{,}2\% \text{ des BIP}$$

herausgeholt. Das sind 255 % des Kapitaleinsatzes. Das ist eine ›konservative‹ Rechnung, denn es könnten ja auch 50 und mehr Prozent Rendite p. a. sein, ›Mickern‹ ist bei solchen Erfolgskriterien auch, wenn es nur bankübliche Zinserträge sind, und ›Flop‹, wenn man ›umsonst‹ sein Geld hergegeben hat, also gerade das unverzinste Kapital wieder herausbekommt. Das heißt, die Bandbreite der ›Rendite‹ kann

---

[273] Dreißig Prozent des investierten VC-Kapitals – jene 4% BIP – sind 1,2 % des BIP, der ›Rest‹, also vierzig Prozent von 4 % BIP, entsprechen 1,6 % BIP; die Annahme war: 30 % erzielen innerhalb von 6 Jahren bei ›durchschnittlich« 40prozentiger Wertsteigerung (also das «erfolgreiche« Drittel) eine Wertsteigerung (›Verzinsung‹) auf das 7,5fache, die zweiten 30 % bringen nur den Einsatz wieder, 1facher ›Return‹, und die restlichen 40 % sind verloren und bringen nichts = 0.

durchaus weit darüber – bis zu 17 % des BIP, also 425 % des Kapitaleinsatzes – gehen.

Bei einem durchschnittlichen, also VW-konformen Wirtschaftswachstum von 3% wäre der akkumulierte Zuwachs des BIP in den betrachteten 6 Jahren knapp 20%.

Die Relation der Überbeanspruchung des ›*wealth of nations*‹ sieht dann so aus: 0,8% vom BIP wäre der dem BIP-Wachstum entsprechende Zuwachs des eingesetzten Kapitals, wenn es in gleicher Weise wie die Volkswirtschaft Erträge erwirtschaftet hätte. Tatsächlich ist der Zuwachs aber über 6 bzw. bis zu 13% des BIP.[274]

Das Verhältnis VC-Kapital zu normaler Wachstumsrate der Volkswirtschaft beträgt also:[275]

$$6,2 \text{ (bzw. } 13,0) : 0,8 = 7,75 \text{ bzw. } 16,25$$

das ist eine 775- bis 1625prozentige, überproportionale Steigerung gegenüber ›normalem‹ Wirtschaftswachstum. Man kann es auch anders ausdrücken: Mit einem vergleichsweise geringen Einsatz wird eine Hebelwirkung gemäß obigen Relationen erzeugt und weit überproportionaler Gewinn aus der Volkswirtschaft gezogen, die aber insgesamt diesen Mehrwert zu schaffen hat. Damit wäre eine unerhörte Umverteilung von der – leistenden – ›*old economy*‹ zur weitgehend spekulativen ›*new economy*‹ innerhalb kürzester Zeitspannen verbunden. Es muß also auch diese Art der ›Real-Wirtschaft‹ zum Zusammenbruch führen, selbst wenn sich im Vergleich zu den Exzessen der ›*financial markets*‹ hier die Selbstbedienung noch ›bescheiden‹ auszunehmen scheint.

Die Rezession ist vorüber! – sagte man im 1. Quartal 2002

Dem »Economic Report of the President«[276] zufolge beträgt der gegenwärtige Schuldenstand der USA 21,4 Billionen Dollar.[277] Weitere Quellen sprechen von *ungedeckten* Verpflichtungen der Sozialversicherung in Höhe von 10 Billionen und Medicare mit weiteren 7 Billionen Dollar. Dazu kommen noch die Pensionsverpflichtungen und die

---

[274] Die Werte ergeben sich, wenn man die errechneten Wertsteigerungen um das eingesetzte Kapital – jene 4 % des BIP – vermindert.

[275] Der volkswirtschaftskonformen 20prozentigen Steigerung des Einsatzes (= 4 % vom BIP) über 6 Jahre entsprechen die 0,8 % des BIP, tatsächlich liegt die Erwartung zwischen Zuwächsen von 6,2 bis 13 % des BIP.

[276] Wirtschaftsbericht des Präsidenten.

[277] Zitiert nach Thomas Q. Nᴵᴄʜᴏʟꜱ, »Research Analyst«, in *The Stalk of Gold* (März 2002). Siehe: http://www.northernlightsresearch.com, 12. 3. 2000. nichols@nemontel.net, 2001–2002 Northern Lights Research

medizinische Vorsorge für die öffentlichen Bediensteten (bundesstaatlich, staatlich und lokal) mit etwa 8 bis 10 Billionen Dollar. Es ist also ganz ähnlich wie in der EU trotz Maastricht-Kriterien: 60% des BIP darf die Staatsverschuldung nicht übersteigen (was in kaum einem Land erfüllt ist: Italien 120 %, Belgien 130 % usw.), wobei man großzügig darüber hinwegsah, daß der Staat noch weitere Finanzverpflichtungen über die Pensions- und Sozialversicherung hat, die, eingerechnet, bei den meisten Mitgliedsländern die Zahlungsverpflichtungen – einfach gesagt: die Schuldenquote – auf 300 bis 400 % des BIP aufblähen. So auch in den USA, wo sich, alles addiert, ein Schuldenstand von weit über 50 Billionen (= 50 000 Mrd.) Dollar ergibt (siehe Anhang). Hinzu kommen noch mindestens 51 000 Mrd. offene Derivatkontrakte der Banken und Investmenthäuser, ferner das angehäufte Außenhandelsdefizit von rund 2 bis 3000 Mrd. Dollar[278] und jene Dollar-Billionen, die in den Tresoren westlicher Notenbanken als ›Dekkung‹ der eigenen Währung lagern, die aber nichts anderes als Forderungen gegen die US-Volkswirtschaft darstellen!

Mitte März 2002 hatte nun Alan GREENSPAN verkündet, daß die Rezession vorüber sei. Auf was hinauf?[279] Er ist zwar – ›gottgleich‹ – jener *›Creator ex nihilo‹* (Schöpfer aus dem Nichts), der obige Billionen

---

[278]

Außenhandel	1990	1995	1999	2000	2001
Außenhandelsbilanz (Mrd. $)	–79	–110	–324	–445	–417
Warenbilanz (Mrd. $)	–102	–159	–329	–436	–411
Exporte (Mrd. $)*	394	585	698	782	731
Generalimporte (Mrd. $)**	495	743	1,025	1,218	1,142

* US- und Übersee-Exporte; ** 1990, Basis Zoll-Werte.
US-Census Büro, USA-Statistik in Kürze, letzte Änderung: 4. April 2002.
Wegen der weltweiten Konjunkturschwäche und der Abwertung des Dollars vergrößerte sich das US-Leistungsbilanzdefizit im ersten Quartal 2002 auf ein Rekordminus von 112 Milliarden Dollar. Schon seit vielen Jahren krankt die US-Wirtschaft daran, daß sie unverhältnismäßig mehr Waren importiert als exportiert.

[279] Seit 1997 gab es eine ständige Zunahme der Pleiten, mit einer Rekordanzahl von 1,6 Millionen im Jahre 1998. Im Jahre 2000 betrug die Schadenssumme durch Pleiten 40 Mrd. Dollar, ein Rekordwert, der im Jahre 2001 übertroffen wurde. Die Pleitensumme nichtbezahlter Unternehmensschulden belief sich im ersten Halbjahr 2001 auf 58 Mrd. Dollar, wobei der wichtige Telekommunikationsbereich mit 16 Mrd. dazu beitrug. (Hier sind Enron usw. noch nicht einbezogen.)

Das Auto-Leasing Geschäft ist im Aufruhr. Die Bank of America nimmt eine 1,25 Mrd. Dollar-Klage in Kauf, um im 3. Quartal aus diesem Geschäftsbereich wegen der rasch fallenden Preise für Gebrauchtwagen auszusteigen. Die Verluste von General Motors, Ford, Daimler Chrysler und anderer Auto-Finanzierungsfirmen könnten sich in den nächsten Jahren auf 18 Mrd. Dollar addieren. Quelle: Jude WANNISKI, Präsident von Polyconomics, Inc. und Autor von *The Way the World Works* (Wie die Welt funktioniert), eines der *National Review's* 100 besten *non-fiction* (also Tatsachen-)Büchern des 20. Jahrhunderts. http://www.gilder.com/

von Dollar aus dem Nichts geschöpft hatte, aber welches neue Wunder hätte er vollbracht, das obige Feststellung rechtfertigte? Die *International Herald Tribune* vom 23. Januar 2002 berichtete, daß der Chef von US-Steel von der US-Regierung forderte:

1. die Anti-Trust-Gesetze zu lockern, damit sich die amerikanische Stahlindustrie leichter zusammenschließen und so die existentielle Krise überwinden könne,

2. daß die US-Regierung die Pensionsverpflichtungen der Stahlindustrie gegenüber ihren Arbeitern in Höhe zweistelliger Dollar-Milliarden übernehmen müsse, da andernfalls unter den Stahlarbeitern der Aufstand drohe, die Stahlbranche die Pensionen aber nicht bezahlen könne, und

3. daß diese Forderungen umgehend zu erfüllen seien, weil sonst der vorherige Bankrott der gesamten Industrie drohe.

Es wird weiter berichtet, daß die Regierung dem »nicht negativ gegenüberstehe«, auch im Hinblick auf Kongreß- und Senatswahlen im Herbst, bei denen man sich republikanische Stimmen erhoffte, wenn man solchen Wünschen nachkäme.

Inzwischen ist, dem Ernst der Situation entsprechend, von der Regierung BUSH ein 30prozentiger Zoll auf Stahlimporte beschlossen worden, doch wohl, um die US-Industrie vor ausländischen Konkurrenten zu schützen, die sonst wegen ihres erbärmlichen Zustandes in die Knie zu gehen drohte.

Daß die kalifornische Energiekrise gelöst worden sei, ist hierzulande nicht bekannt geworden, lediglich, daß einige Länderbezirke *praktisch* und ein paar Energieverteiler *richtig* pleite sind, daß die Kosten für Strom so ungeheure Steigerungen erfahren haben, daß energieintensive Industrien geschlossen oder sich einen neuen Standort gesucht haben und Private die um 200 % und mehr gestiegenen Stromrechnungen nicht mehr bezahlen können.

Enron ist nur die spektakulärste und größte Pleite in der Geschichte.[280] Viele andere folgten, und über den Verdacht, daß dies nur die Spitze des Eisberges gewesen sei, wird offen gesprochen. An dieser Pleite sind dabei nicht nur die Dimensionen etwas Neues, sondern die Ursachen. Es sind dies die laufenden Veränderungen der ökonomischen Rahmenbedingungen und Gesetze der US-Wirtschaft, die den offensichtlichen Betrug, Scheingeschäfte, Spekulationen zum Zweck

---

[280] Man müßte die Texte ständig korrigieren, um auf dem aktuellen Stand zu bleiben. Der fragwürdige Rekord im *Guinness Buch* für die größte Pleite der Weltgeschichte mußte nach kaum mehr als einem halben Jahr an WorldCom abgegeben werden.

des Abzockens usw., mit einer Pseudolegalität versahen. Mit anderen Worten: Amerika ist insgesamt auf diesem Weg, und da es sich hierbei um keine realen und reellen Geschäftstätigkeiten handelt, ist es auch dementsprechend in einer existentiellen Krise.

Vor Jahren schon gab es Meinungsverschiedenheiten zwischen der SEC[281] und jenen Agenturen, die die (verbindlichen) Regeln für korrekte Buchhaltung und Bilanzierung aufstellen und die schon länger die Öffentlichkeit darüber informieren, daß die Bücher geschönt und die Bilanzen oft genug schlicht gefälscht sind.[282]

Wie dieses Zusammenspiel funktioniert, hatte uns einer der großen Buchhalterkonzerne, Arthur ANDERSON, vor Augen geführt. Natürlich war das keine Ausnahme, sondern es ist die Regel. Auch bei uns werden diese US-Buch- und Steuerprüfer merkwürdigerweise immer öfter beauftragt. Und immer, wenn ein Konzern oder eine Bank bei uns mit Bomben und Granaten pleite machte, konnten diese bis zuletzt auf uneingeschränkte Testate dieser amerikanischen Wirtschaftsprüfer und ›-treuhänder‹ hinweisen. Dafür gibt es zwei und nur zwei Erklärungen: Kumpanei beim gemeinschaftlichen Betrügen und eine dabei auch noch offenkundige Unfähigkeit ihrer meist jungen und gänzlich unbedarften Yuppies. Erstaunlich ist auch die Tatsache an sich, daß immer öfter solche US-Buchhalter ins Haus geholt werden, denn es ist nicht zu übersehen, daß dieses so erworbene Insiderwissen eindeutig dem vernetzten amerikanischen Big Business zugute kommt: bei ›Firmenaufkäufen und –fusionen‹, bei Handels›kriegen‹ zwischen den USA und der EU oder bei ganz ›gewöhnlichen‹ Wettbewerbssituationen.[283]

---

[281] Börsenaufsicht.

[282] FAZ on-line 15. 8. 2002 (Archiv): Hans Peter TRÖTSCHER, »Betrug mit Bilanzen«: »Tyco, Enron, Kmart, WorldCom, Global Crossing, Xerox. Die Liste der Unternehmen, denen erst in jüngster Zeit Bilanzbetrügereien nachgesagt oder bereits nachgewiesen wurden, ist enorm. Der Vertrauensschwund der Anleger, der sich augenblicklich auf die Börsenkurse niederschlägt, findet kein Ende. Viele Investoren gehen davon aus, daß die bisher offenbarten Betrügereien nur die Spitze eines Eisberges sind, dessen wahres Ausmaß nicht nur die amerikanische Ökonomie, sondern die gesamte Weltwirtschaft gefährdet. In der Tat vergeht kaum eine Woche, in der nicht neue ans Licht kommen.«

[283] Im Zuge der Abwicklung der ehemaligen DDR wurde auch ein durchaus zur Spitzenklasse zählendes Unternehmen, Carl Zeiss Jena, von externen Beratern ›untersucht‹ (= ausspioniert). Wenige Wochen nach dem Ende der Beratung konnte Lothar SPÄTH die Pleite nur mit äußerster Mühe abwenden, weil auf einen Schlag fast alle bestehenden Kundenbeziehungen – ganz plötzlich – gekündigt wurden und fast *en bloc* diese früheren Kunden neue Geschäftsverbindungen eingingen. (Persönliche Mitteilung an den Autor durch einen Insider.) *Honi soit qui mal y pense* (Verachtet werde, wer Schlechtes dabei denkt) ist der Spruch am Hosenbandorden. Oder wer dächte nicht an die direkte Wirtschaftsspionage mit Hilfe Echelons im Fall der Großaufträge, um die der US-Konzern Boeing und die europäischen Airbus Industries in Konkurrenz standen? Dies war Gegenstand von Beratungen der EU-Gremien und zahlreicher Presseartikel.

Welcher Art die Vernetzungen (= Verfilzungen) sind, wurde im Falle Enron und der Harvard Corporation, jenem siebenköpfigen Verwaltungsrat der Harvard-Stiftung, der auch die berühmte Universität leitet, sichtbar. Ihr Chef, Herbert WINOKUR, war zugleich im Vorstand von Enron und Vorsitzender des Finanzausschusses, der unter anderem jene dreitausend Patenschaften absegnete, mit denen die Enron-Bilanzen im größten Stil gefälscht wurden. WINOKUR mußte damit Insiderwissen über den wahren Zustand Enrons haben, so daß die Frage offensichtlich auf der Hand liegt, aus welchem für die Allgemeinheit nicht sichtbaren Anlaß denn der Harvard gehörende 2 Mrd. Dollar schwere Fonds mehrere Millionen Enron-Aktien mit einem Profit von 50 Mio. Dollar verkaufte, kurz bevor Enron zusammenbrach?[284]

Viele weitere und weitreichende persönliche Verbindungen zwischen dem Enron-Management und Harvard dienten dazu, bestimmte ›Geschäftsmodelle‹ akademisch so ›abzudichten‹, daß damit auch die entsprechenden legislativen – und die Spekulationsgeschäfte fördernden – Beschlüsse des Parlaments oder der Regierung zustande kamen: zum Beispiel die völlige Freigabe und Nichtüberwachung von Energie-Derivat›geschäften‹, also Casino-Wetten, die ja das eigentliche ›Geschäft‹ Enrons waren.

Der Filz ist allumfassend, bestehend aus Politik, Finanz, Banken und Investmenthäusern, Consulting-Firmen, Börse, FED, Finanzministerium , Medien, geheimen, nichtlegitimierten Absprachegremien und ›Denkfabriken‹, ›Elite‹-Universitäten und den Fortune-500 Multis, also den obersten 500.

Desinformation zur Konditionierung der Massen

Täglich[285] erreichen uns neue Meldungen über den Neubau der babylonischen Türme, also einer virtuellen Welt, die nur mehr aus Schein und Propaganda, Lüge und Manipulation besteht.

So hört man – was ja immer so gewesen ist, aber nun *offen* als Politik der USA erklärt wurde –, daß man mit Lüge und Desinformation den ›Krieg gegen den Terror‹ zu führen gedenkt. Gezielte Falschinformationen, Lügen in Pressekonferenzen usw. in den USA und auf der ganzen Welt sollen als Mittel zur ›demokratischen‹ Beeinflussung und zum ›Schmieden‹ von Anti-Terrorbündnissen in erster Line eingesetzt werden. Dementsprechend hatten die USA auch den ›Krieg gegen die Terror‹ erklärt, also gegen einen nicht näher bestimmten Feind, der es ihnen erlaubt, im trüben zu fischen.

---

[284] Bericht von *Harvard Watch.*
[285] Sonntag, 24. 2. 2002.

Wie sehr aber vor allem wirtschaftliche Gründe für diese gigantischen Betrugsmanöver – 11. September als ›inside job‹ und alles daraus Folgende – Ursache sind, erkennt man daran, mit welchen neuen Methoden die Fälschung der ökonomischen Realität erfolgen soll. »Die US-Regierung – nicht genug, daß sie die Statistiken bezüglich der Inflation all die Jahre fälschte – hat eine neue Verschleierungsmethode erfunden. Diese neue Formel sei angeblich die Antwort auf die Kritik, daß der gegenwärtige Index die Inflation übertreibe(!), wie wir glauben sollen. Das neue Maß, genannt ›Superlativ‹- oder ›*Chain Consumer Price Index*‹ (Kettenverbraucher-Preisindex), wird den frisierten CPI (*Consumer Price Index*) nicht ersetzen. Der neue Index soll mit 16. August 2002 Teil der monatlichen Inflationsberichte in Form einer neuen Tabelle werden. Er soll angeblich Phantom-Ereignisse (!) berücksichtigen[286], indem Konsumenten auf höhere Preise bei bestimmten Produkten oder Dienstleistungen in der Weise reagieren, daß sie auf ein anderes, billigeres Produkt umsteigen ›könnten‹ (der Konjunktiv ist tatsächlich die verwendete Phraseologie). Dies ist ein weiterer Versuch, das Urteilsvermögen der Konsumenten und Investoren zu verdrehen. Man wäre eigentlich ganz zufrieden, wenn die Fakten richtig dargestellt und berichtet würden. Aber von Wall Street und Washington kann man das am wenigsten erwarten.«[287]

Daß derartige Gedanken immer von den US-Denkfabriken oder den – propagandistisch dazu gemachten – ›Elite-Universitäten‹ aufbereitet und mit einem ›wissenschaftlichen‹ Mäntelchen – des Kaisers neuen Kleidern – eingekleidet werden, ist Teil der Strategie und des absichtsvollen Betruges.[288]

---

[286] Dieses ›Denken‹ ist ganz auf der Linie moderner US-Wirtschaftstheorien, indem ›antizipierte Entscheidungen‹ auf das Verhalten von Marktteilnehmern einwirken. Das heißt: Nicht tatsächliche ökonomische Umstände sind für Geschäfts-, Investitions- oder Anlage-Entscheide maßgeblich, sondern die – vagen – Vermutungen, wie ›der Markt‹ darauf reagieren, sprich sich geändert haben würde. Diese Hirngespinste sind die eigentlichen Motive und ›rationalen‹ Entscheidungsgründe. Das ist in kurzen Worten der Inhalt der modernen ›Transaktionskosten-Theorie‹.

[287] Le Metropole Members Bob CHAPMAN berichtete über Auszüge aus *The International Forecaster*, 23. 2. 2002 (#4) in der *The Toulouse-Lautrec Table*.

[288] Siehe auch die Kritik an der Sold-Schreibe über die ›Nobelpreisträger von Chicago‹ durch Benedikt FEHR, N.Y., in der *FAZ* vom 31. 8. 1996: »Die Ökonomen von Chicago«. Hier werden die US-Praktiken mit gegenseitig zugeschobenen ›Nobel-Preisen‹ sozusagen kanonisiert und solcherart zur ›Räuberleiter‹ für amerikanische Plünderungen der Volkswirtschaften Europas – und der ganzen Welt.

Harvard, Enron und die Politik

Der Enron-Betrug war Anlaß für einen *Harvard Watch Report*,[289] in dem die Verflechtung der Harvard Corporation und des Harvard-Managements mit der hohen Politik und der (spekulierenden) Hochfinanz aufgezeigt wird. Es wird zum Ausdruck gebracht, daß die Harvard-Universität eher als Finanz- und Fonds-Unternehmen zu betrachten ist, das sich einer Universität bedient, um seine dubiosen Geschäfte und das Umfeld entsprechend aufzubereiten und abzusichern. Der Leser möge sich auch den aufschlußreichen Bericht von *Harvard Watch*[290] zu Gemüte führen: »Die Wahrheit über Harvard: Ein Bericht über Harvards Verwicklung im Enron-Fall«, der folgendes behandelt:

1. Enrons und Mr. Winokurs Gebrauch von Harvards Kennedy und Business School, um die Regierung bei der Vergabe von Verteidigungs-Aufgaben an private Firmen – nach außen – und bezüglich der Deregulierung des Energiebereiches zu beeinflussen,

2. die Gewinne von Highfields Capital durch Enron-»*short selling*«[291], und

3. diverse Personalbeziehungen zwischen Harvard und Enron.

Über Harvard muß man nämlich wissen, *wie* sein ›Verwaltungs-System‹ und seine Investitionstätigkeit funktionieren, womit – angeblich – versucht wird, »die Wirksamkeit der Universität zu verbessern«.

Die undurchsichtige, aus sieben nichtgewählten Mitgliedern bestehende ›Harvard Corporation‹ ist der sich selbst ergänzende Verwaltungsrat der Universität. Er gibt weder bekannt, wann und wo seine Zusammenkünfte stattfinden, noch eine Geschäftsplanung oder irgendwelche Protokolle seiner Beschlüsse heraus. Es gibt hier keine Möglichkeit, sich dagegen zu berufen, und die ›Corporation‹ weigert sich auch, mit Mitgliedern der ›Harvard-Gemeinschaft‹ (Studenten und Lehrern) zusammenzutreffen, ihre Entscheidungen zu erklären oder den Entscheidungsprozeß darzustellen.

Ein paar der Kritikpunkte von *Harvard Watch* seien hier angeführt:

● Herbert Winokur ist Mitglied der Harvard Corporation und langjähriges Mitglied des Vorstandes von Enron. Zur Zeit ist er Vorsitzender des Finanzausschusses des (Enron-)Vorstandes. In dieser Eigenschaft genehmigte er mehr als 3000 ›Partnerschaften‹ und

---

[289] Vom 31. 1. 2002.

[290] Internet-Seite: http://www.harvardwatch.org

[291] Verkauf von Enron-Aktien am Höhepunkt ihres Kurses – wissend um die fallenden Kurse und die sich anbahnende Malaise; d. h. Nutzung von Insiderwissen für betrügerischen Gewinn aus Aktienspekulationen.

*Demonstration am Rande des Enron-Skandals gegen den Raubtier-
kapitalismus. Die Zweifel am US-amerikanischen Wirtschaftsmodell
werden immer offenkundiger.*

Tochterunternehmen, die offensichtlich von Enron dazu verwendet wurden, Enrons Verschuldung zu verbergen und Steuern zu
hinterziehen. WINOKURS Position im Finanzausschuß gab ihm voll-
kommenen Einblick in die Finanzstruktur von Enron und mußte
ihn über den bevorstehenden drohenden Kollaps gewarnt haben.

- Während das Enron-Management die eigenen Mitarbeiter mit Nachdruck zum Kauf von Enron-Aktien veranlaßte, verkaufte (*short sold*)
  Harvards privater Investment-Fond – Highfields Capital – mehrere Millionen Enron-Aktien mit einem geschätzten Gewinn von 50
  Millionen Dollar. Die Führungsposition WINOKURS bei Harvard und
  Enron gibt Anlaß zur Frage zu diesen massiven ›short-selling‹-Trans-
  aktionen, sehr zum Vorteil der Harvardstiftung. Es gab völlig un-
  zureichende Untersuchungen darüber, ob nicht Highfields Capital
  die Millionen Enron-Aktien mit Insiderwissen losschlug.

- Highfields Capital verwaltet geschätzte 2 Milliarden Dollar der
  Harvard-Stiftung.

- Durch finanzielle Zuwendungen und persönliche Verbindungen
  beeinflußte Enron die Forschungsaktivitäten von Harvard. Die akademischen Ressourcen von Harvard wurden ständig zur ›wissenschaftlichen‹ Unterstützung von Enrons unhaltbaren Geschäftsplä-
  nen eingesetzt.

- Robert BELFER, Enron-Direktor und größter Einzelaktionär, ist der größte Sponsor Harvards, er war neun Jahre im ›Committee on University Resources‹ (COUR) und im ›Visiting Committee at the Kennedy School of Government‹ (KSG) tätig. Er stiftete das ›Belfer Center‹ der Kennedy School neu, das früher ›Zentrum für Wissenschaft und internationale Angelegenheiten‹ hieß.

- Enron und Vorstandsmitglieder – unter anderen WINOKUR und BELFER – stifteten Harvard Millionen Dollar und halfen beim Aufbau und der Finanzierung von Forschungszentren, die ständig ein Programm der Deregulierung der Energiewirtschaft propagierten. Die Forschungsergebnisse an Harvards ›Kennedy School of Government‹ durch die Harvard ›Electric Policy Group‹ (Gruppe für die Politik der Elektrizitätswirtschaft, HEPG), das ›Environment and Natural Resources Program‹ (ENRP – Programm für Umwelt und natürliche Ressourcen) und das ›Belfer Center‹ geben exemplarisch ein Bild des Enron-Einflusses auf die Forschungstätigkeit Harvards.

- Diese Zentren haben mit Enron zusammengearbeitet, und dessen Anwälte haben die Firma und andere Energie-Wirtschafts-Monolithen gegen den Vorwurf von Preismanipulationen und anderen illegalen Aktivitäten verteidigt. Die von Harvard geschaffenen akademischen Begründungen für die Deregulierung waren der wesentliche Schutz für den kurzlebigen Erfolg des Enron-›Businessmodells‹.

- Enron pflegte intensive Beziehungen zur Harvard Business School (HBS). Fünf HBS-Fallstudien haben das Enron-Modell als innovativ und als nachahmungswert propagiert. Glänzende Studien über Enron wurden noch bis August 2001 von der HBS geschaffen, also bis unmittelbar vor dem Zusammenbruch des Unternehmens.

- HBS-Professoren erhielten Entschädigungen für Dienste, die sie Enron leisteten. Professoren waren auch die Mitautoren wesentlicher Arbeiten über Enron, die gemeinsam mit Topmanagern des Unternehmens gemacht wurden.

- Herbert WINOKUR, Direktor sowohl bei Enron als auch bei Harvard, hat auch die Berichte finanziert, die die Privatisierung von *Verteidigungs*-Diensten empfahlen. WINOKUR ist führender Investor bei Dyncorp, einem im Militärbereich tätigen Großunternehmen. Der Herbert Winokur Fond bei KSG ist ein weiteres Beispiel, wie WINOKUR die Forschungsaktivitäten Harvards zur eigenen und zu Enrons Bereicherung beeinflußte.

- WINOKURS Beziehung zu Dyncorp war Gegenstand von Untersuchungsausschüssen, weil Dyncorp das E-Mail- und Informationssystem vieler anderer führender Untersuchungsagenturen verwaltet, u. a. des Justizministeriums und des FBI.

Wäre es angesichts solcher Merkwürdigkeiten nicht wünschenswert, daß Harvard alle Informationen über seine Verbindungen mit Enron während der letzten zehn Jahre bekanntgäbe? Das betrifft

- die Finanzierung Harvards durch Enron, sein Management und seine Direktoren. Es betrifft die Beiträge Harvards und all seiner Schulen und Zentren, einschließlich der Harvard *Elektrizitäts-Strategie-Gruppe*, des Belfer Zentrums und der Harvard Business School;
- die Beratungs-Dienste für die Enron-Corporation durch Forscher der Harvard-Universität und ihrer Zentren – einschließlich der Art der Beratung und ihrer Entlohnung durch Enron;
- eine Liste aller Finanztransaktionen, die vom Harvard-Management, dessen Töchtern und Highfield Capital getätigt wurden und Enron und dessen Partnerschaften betreffen;
- die Bekanntgabe der Harvard-Investitionen in private Unternehmen, Partnerschaften oder ›Einrichtungen für besondere Zwecke‹, die mit Herbert WINOKUR verbunden sind;
- eine umfassende Darstellung aller Kontakte und Verbindungen zwischen Verantwortlichen von Harvard-Management, Highfield Capital und Enron-Topmanagement;
- die Bekanntgabe der Teilnahme von Enron-Direktoren und Vorstandsmitgliedern bei Sitzungen der HEPG und der ENRP. Usw. usw.

Ist es nicht interessant, wie der Filz zusammenhängt und seine Macht- und Einflußpositionen nutzt, dabei aber aller Welt ständig vorgaukelt, daß hier das ›Heilige Officium‹, die wahre ›Unfehlbarkeit‹, in Sachen Ökonomie, ›Marktwirtschaft‹, Finanz und Währung seinen Sitz hat? Harvard als Türöffner für Diskont-Professoren, Harvard als Kumpan, der Schmiere steht und die Räuberleiter hält, Harvard als Punze für ›World Leadership‹ (Welt-Führerschaft), die sich auch Jörg HAIDER immer wieder erneuern ließ – und doch nur *des Kaisers neue Kleider vorstellt!*

Steuerung der Emotionen[292]

Eine Möglichkeit, die Solidarität zu fördern, ist die Verwendung von Symbolen. Da wir wissen, wie stark Gemälde und bestimmte Gebäude als politische Symbole wirken, sollte eine neue Ikonographie der

---

[292] Yehezkel DROR, Mitglied des *Club of Rome*: »Ist die Erde noch regierbar?«, S. 156 f. Die Zitate wurden leicht gekürzt und in den Fußnoten kommentiert.

menschlichen Solidarität entwickelt werden. Man denke an die Symbole der Französischen Revolution in Paris: Grande Arche in La Défense, die Pyramide im Louvre, die Säule am Place de la Bastille. . . als Zeichen des ›Sieges‹ – bis heute – der Aufklärung, das heißt der Jakobiner und Freimaurer.

Als ZAMENHOF 1887 das Esperanto erfand, hat er die Nützlichkeit einer gemeinsamen, von allem Menschen beherrschten Sprache erkannt, jedoch unterschätzte er ihre emotionale Bedeutung und den kulturellen Wert und war sich offenbar nicht der Tatsache bewußt, daß eine Kunstsprache nicht das Gleiche leisten kann wie die jeweiligen Nationalsprachen.[293] Aus diesem Grund und angesichts der Schwierigkeiten wäre es sinnlos, schreibt Y. DROR, die Schaffung einer universalen Sprache, wie etwa des Esperanto, zu empfehlen. Doch als Teil der notwendigen »Revolution der Begriffe«[294] sollten bestimmte Worte wie ›*raison d'humanité*‹[295] und ähnliche Wertbegriffe in alle Sprachen aufgenommen werden. Doch da solche Maßnahmen immer ein gewisses Risiko einschließen, müsse man solche Maßnahmen sehr sorgfältig vorbereiten.[296]

Konkrete, aber sorgfältig vorbereitete Maßnahmen zur Steuerung menschlicher Gefühle[297] in Richtung auf Solidarität mit der gesamten Menschheit sollten mit der Unterstützung führender Politiker und spiritueller Führer getroffen werden. Dazu gehören aber auch die entsprechenden Symbole, neue sprachliche Ausdrucksformen,[298] die Einflußnahme durch bestimmte Institutionen und die Förderung geeigneter Programme in den Massenmedien[299] sowie das kreative Mitwirken der Künste.[300] Möglichkeiten für eine Stärkung der psychischen

---

[293] Siehe Joh. Gottlieb FICHTE über die Sprache und den Beitrag »Johann Gottlieb Fichte – Ein deutscher Freiheitsphilosoph«.

[294] Was die Eroberung einer Festung in der Schlacht, ist die Besetzung der Begriffe mit neuen Bedeutungen.

[295] Carl SCHMITT stellt schon fest, daß die schlimmsten Kriege und Unterdrückungen im Namen der Freiheit oder der Menschenrechte heutzutage stattfinden. So ist auch der Fortschritt und die ›höhere‹ Zivilisation ausgedrückt in der Überwindung des ›gehegten Krieges‹ durch den ›Gerechten‹, um der Neuen Weltordnung zum Durchbruch zu verhelfen.

[296] Das heißt manipulieren.

[297] Das US-Programm ist der Skinnersche Behaviorismus, jenes der Sowjetunion war der Reflex des PAWLOWschen Hundes.

[298] Das ist die politisch korrekte Sprache und Ausdrucksform. Sie nahm ihren Ausgang in den USA mit den ›*Sullivan Principles*‹, denen sich US-Konzerne freiwillig unterwarfen: Nichtdiskriminierung wegen Rasse, Religion, Geschlecht usw. als umfassendes Eroberungs- und Beherrschungsmittel hat dies der italienische Kommunist Antonio GRAMSCI zum ideologisch-strategischen Programm erhoben. Das Ergebnis war der Marsch durch die Institutionen der 68er.

[299] Die uniforme Presse. Weltweit 80 % aller TV-Bilder kommen aus drei Quellen.

[300] Die Erkenntnis der Liberalen über die »Diktatur des Häßlichen«, die Begriffe zu verwirren.

Kräfte durch Erziehung[301] und Gesetzgebung[302] sollten in einzelnen Fällen auf ihre Wirksamkeit hin getestet werden.

Was hier DROR vor ein paar Jahren schrieb, ist weniger eine programmatische oder utopische These als längst praktische Wirklichkeit. Im Falle ›9-11‹ wurde dieser Rat meisterlich ausgeführt. Es ist allein schon die Chiffre ›9-11‹ symbolisch, ist dies doch der USA-weite Notruf! Wie gut paßt dann die sofort ausgegebene Parole »*America on attack!*« – also in akuter Not – dazu. Wie selbstverständlich ist da doch ein ›patriotisches‹ Projekt der ›*Homeland-Defense*‹ (gewissermaßen eine ›Heimat-Front‹), das wir gleich noch näher betrachten wollen.

Bei den Recherchen für dieses Buch kamen uns natürlich auch all jene Psycho- und ›Emotional‹literatur unter, mit deren Hilfe jegliches nüchterne Nachdenken im Keim erstickt werden soll. Ganze Reihen von Bildern aus aller Welt mit Menschen, die Kerzen halten oder vor der US-Botschaft hinstellen usw., symbolisieren etwas – Deutsche, Franzosen, Engländer, Spanier, Russen in Moskau und St. Petersburg, selbst Chinesen –, *alle* sind ›gegen den Terrorismus‹ und ›tief betroffen‹. All die Bilder unterscheiden sich *nicht*; auf der ganzen Welt dasselbe Ritual, dieselben ›betroffenen‹ Gesichter. Die weltweite Inszenierung hat auf Knopfdruck funktioniert. Sind das nicht jene Symbole, von denen DROR sprach und die sorgfältig geplant und auf ihre Wirksamkeit hin getestet werden müßten?

Ein paar Zitate, die anderswo auch im Zusammenhang mit der Deformation der Wahrnehmung gebracht wurden, sind sehr aufschlußreich.

»Wir müssen die Wahrheit über den Terror aussprechen. Laßt uns niemals frevelhafte Verschwörungstheorien im Zusammenhang mit den Anschlägen des 11. September tolerieren, boshafte Lügen, die bezwecken, die Schuld von den Terroristen selbst abzulenken, weg von den Schuldigen.«

Das ist die Parole, die das US-Wahrheitsministerium – für ›*Homeland-Security*‹ – ausgegeben hat. Und Präsident George BUSH faßte es für die schlichteren Gemüter leichter verständlich in dem Satz zusammen: »Wer nicht mit uns ist, ist für die Terroristen«. Nach dem Motto: »Mitgegangen, mitgefangen, mitgehangen« sprachen sein Kriegsminister und Stellvertreter gleich von einer Liste von ›Schurkenstaaten‹

---

[301] Eben erzählte mir ein Bekannter, daß an deutschen Höheren Schulen ›9-11‹ bereits ins Unterrichtsprogramm gekommen sei. Erstaunlich, wie schnell das geht.

[302] Zum Beispiel jene Gesetze, die angeblich eine NS-Wiederbetätigung bestrafen, die aber in Wirklichkeit der Aufrechterhaltung der heutigen Vorherrschaft und Unterdrückung der Meinungs- und Forschungsfreiheit sowie der Ausschaltung jeglicher – wirklicher – Opposition dienen.

mit dreißig solcher Schurken, die kurz darauf von Condoleezza RICE auf 60 erweitert wurde. Damit haben nahezu alle Nationen der Welt eine faire Chance, sich selbst auch einmal auf diesen Proskriptionslisten zu finden.

Indem nun das Wahrheitsministerium,[303] zusammen mit der ›freien, unabhängigen und demokratischen Presse‹, die Wahrheit ununterbrochen wiederholt und mit ›Zeugen‹ bekräftigt, gibt es – so hofft man – auch bald niemanden mehr, der nicht an die Wahrheit glaubt. Der Prozeß ist auch klar: »Beschreiben mehrere Personen in einer Gruppe nacheinander ihre Beobachtungen, gleichen sich ihre

Das Logo des Wahrheitsministeriums.

Urteile schnell an, weil eine Gruppennorm, eine in der Gruppe allgemein akzeptierte Sichtweise entsteht.« Daran mußte auch DROR gedacht haben, als er große Sorgfalt im Umgang mit den Symbolen anmahnte, mit denen den Massen die Wahrheit nahegebracht werden soll.

»Der Begriff Wahrheit«, so FOERSTER, »bedeutet Krieg. . . Er erzeugt die Lüge, er trennt die Menschen in jene, die recht haben, und jene die im Unrecht sind. Wahrheit ist, so habe ich einmal gesagt, die Erfindung eines Lügners.«[304] Um mit solch spitzfindigen Sophismen nicht die Menschen zu verwirren, hat die US-Administration durch ihren Kriegsminister angekündigt, daß sie auch ganz offiziell lügen würde, wenn es dem Kampf gegen den Terrorismus dient. Damit ändert sich aber ohnedies nichts am bisherigen Zustand.

Damit sind wir endlich dort angelangt, wo wir wohl hinkommen sollen: im Krieg, dem ›Dritten Durchgang‹.

---

[303] Peter KROTKY, »Orwellsche Vision aus den USA für die Welt«, in: *Die Presse*, Wien. Eine neue Behörde unter John POINDEXTER konzipiert den Prototypen des totalsten Überwachungsprojektes der Geschichte. Schon das Logo zeugt nicht gerade von Geschmack, meint die *Washington Post*. Eine 13stufige Pyramide. Darüber schwebend das göttliche (oder nicht doch eher satanische?) Auge, das seinen allwissenden Blick auf den Globus richtet. Darunter der Spruch »*Scientia est potentia*« (Wissen ist Macht). Die Wirklichkeit läßt offenbar so manche Weltverschwörungstheorie alt aussehen. Das Logo ist das offizielle Zeichen des Information Awareness Office (IAO; ein weiterentwickelter KGB) der US-Regierung. Hinter dem harmlos klingenden Namen verbirgt sich das wohl totalste – und totalitärste – Überwachungsprojekt der Geschichte. Entstanden ist es unter dem Vorwand der Terrorbekämpfung nach dem 11. September 2001. Beim seit Anfang des Jahres bestehenden IAO läuft eine ganze Reihe von Aktivitäten zusammen, deren Ziel es ist, alle irgendwie zugänglichen Daten von Bürgern miteinander zu verknüpfen, und zwar weltweit und nicht auf die USA beschränkt.

[304] Heinz VON FOERSTER U. Bernhard POERKSEN, *Wahrheit ist die Erfindung eines Lügners,* Carl Auer Verlag, Heidelberg 1998.

Das Neue Amerikanische Jahrhundert

US-Präsident George W. Bush plant im Rahmen des Programms »Patriot Act«, die amerikanische Zivilbevölkerung flächendeckend für ein Sicherheits- und Spitzelprogramm zu mobilisieren. Dafür gibt es in der Geschichte nur wenig Vergleichbares, am ehesten noch aus den USA selbst: McCarthy. Hauptpunkt ist die Einführung eines ›Department of Homeland Security‹, motiviert durch die gegenwärtig angefachte Terrorhysterie, das im Endausbau 170 000 Mitarbeiter und einen Etat in Höhe von 37,4 Milliarden Dollar haben soll. Angesichts der gigantischen Staats- und sonstigen Schulden der USA ist das ein gewaltiger Betrag, um ›Big Brother‹ zu verwirklichen.

Department of Homeland Security

Im Frühjahr 1997 wurde das »Project for The New American Century« (PNAC),das Projekt für das Neue Amerikanische Jahrhundert, gegründet.

Fast alle Unterzeichner des Gründungsaufrufs finden sich in den höchsten Entscheidungsstellen des zentralen Machtapparats. Die wichtigsten, in alphabetischer Reihenfolge:[305]

Elliott Abrams, Senior-Direktor für Demokratie im Nationalen Sicherheitsrat, Menschenrechte und International Operationen,

Richard B. Cheney, Vizepräsident der Regierung,

George W. Bush, Präsident,

Paula Dobriansky, Staatssekretärin für globale Angelegenheiten,

Zalmay Khalilzad, US-Sonderbotschafter für Afghanistan,

I. Lewis Libby, Stabschef des Vizepräsidenten Dick Cheney,

Richard Perle,[306] Vorsitzender des Verteidigungsausschusses im Verteidigungsministerium,

Peter W. Rodman, Untersekretär für Internationale Sicherheitsfragen im Verteidigungsministerium,

Donald Rumsfeld, Kriegsminister,

Paul Dundes Wolfowitz, stellvertretender Verteidigungsminister.

Weitere Unterzeichner lehren an der Paul H. Nitze School of Advanced International Studies (SAIS) oder sind an anderen Politik- und Meinungsinstituten der USA tätig.[307]

---

[305] Siehe: www.kalaschnikow.net/de/txt/2002/eussner037.html

[306] Manche sind der Ansicht, daß R. Perle tatsächlich ›der Mann Israels‹ ist.

[307] Einzelheiten auf der detaillierten Liste der PNAC Statement-Unterzeichner in *Foreign Policy in Focus* (http://www.foreignpolicy-infocus.org).

Der ›Krieg gegen den Terrorismus‹ ist der alles legitimierende Vorwand, derartige Planspiele vorzubereiten und – schlimmer noch – in die Tat umzusetzen.

»Wer nicht mit uns ist, ist für die Terroristen.« Ungeheuerlich ist diese Pauschalverdächtigung, wenn man bedenkt, daß die USA mit ihrer militärischen Macht ständig drohen und diese auch am meisten – nicht erst seit 1945– eingesetzt haben. Wer die Vorherrschaft der USA im wirtschaftlichen, kulturellen und militärischen Bereich auch nur anzweifelt, wird von der überwältigenden militärischen Übermacht der USA niedergemacht. In Brzezinskis *Amerika – die einzige Weltmacht* erklärt er, daß die USA die Entwicklung anderer Staaten und Regionen – Europa, Rußland, China und Indien – zu Mächten, die die USA herausfordern könnten, nicht zulassen. Koste es, was es wolle. George W. Bush und Donald Rumsfeld haben die Sicherheitsdoktrin geändert und den militärischen Erstschlag, wann immer es den USA geraten scheint, auch ganz ohne Sicherheitsratsbeschluß der UNO, für sich zum ›Recht‹ erklärt.

Das Zentrum für Sicherheitspolitik[308] mit seinen besten Kontakten sowohl zum Pentagon als auch zur Militärindustrie leitet Frank Gaffney, ebenfalls Mitunterzeichner des PNAC-Aufrufs.

Um kritische Stimmen im Land mundtot zu machen, wurde am 10. März 2002 die ›Americans for Victory Over Terrorism‹ (AVOT, Amerikaner für die Überwindung des Terrors) gegründet. Ihre Vorsitzenden sind William J. Bennett, Unterzeichner des PNAC-Aufrufs, und Jack Kemp von ›Empower America‹.[309]

In der Pressekonferenz zur Gründung von AVOT traten, wie das ›Freedom of Information Center‹ (FOI)‹[310] berichtet, neben dem Vorsitzenden William J. Bennett der ehemalige CIA- Direktor James Woolsey und der frühere Staatssekretär im Verteidigungsministerium Frank Gaffney, alle drei Unterzeichner des PNAC-Aufrufs, auf. Es geht AVOT darum, die öffentliche Meinung im Sinne der Militärindustrie auszurichten, indem die demokratischen Ideale Freiheit, Gleichheit und Menschenrechte und vor allem die Notwendigkeit ihrer Durchsetzung mit militärischen Mitteln plakatiert werden. Methode: Indoktrination, ›Ins-Gebet-Nehmen‹ und ›Teach-ins‹.

Die Öffentlichkeit wird über »Natur und Bedrohung durch terroristische Organisationen und Staaten und durch den radikalen Islamismus aufgeklärt«, und demokratischer Patriotismus wird gefördert und

---

[308] http://www.centerforsecuritypolicy.org
[309] http://www.avot.org und http://www.empower.org
[310] Zentrum für Informationsfreiheit.

gefordert. Bei abweichenden Ansichten von diesem Pfad der Tugend werden jene, die die Natur des Krieges, dem sich die USA gegenübersehen, kritisieren, ›ins-Gebet-genommen‹.

»AVOT wurde notwendig, weil die US-Regierung und die ihr verbundene Militärindustrie befürchten, daß die Kriegseuphorie in den USA allmählich nachläßt, wenn sie nicht immer wieder angeheizt wird. Die Bedrohung der USA komme von außen und von innen, von außen durch Gruppen und Staaten, die die USA angreifen wollten, und von innen durch Gruppen, die ihre eigenen Vorstellungen des ›*blame America first*‹ (amerikanische Selbstbezichtigung) durchzusetzen versuchten. Beide Bedrohungen kämen, so BENNETT in einem offenen Brief, in der ganzseitigen Anzeige der *New York Times* vom 10. März 2002, entweder vom Haß gegen die amerikanischen Ideale der Freiheit und Gleichheit oder vom Mißverständnis dieser Ideale und ihrer Anwendung.«[311]

Ist es nicht beeindruckend, wie gründlich und strategisch man vorgeht, wenn es sich um die ›Information‹ und die ›Wahrheit‹ dreht? Ja, es ist schon beeindruckend, wie im Mutterland der Freiheit, Demokratie und der Menschenrechte all diese erhabenen Werte ›gesichert‹ werden.

Eine neue ›Homeland Security ID Card‹?[312]

Eine konkrete Maßnahme ist schon unterwegs. In der Ausgabe vom September 2002 des *Popular Science Magazine* wird eine neue Identitätskarte vorgestellt, mit der alle US-Bürger erfaßt werden sollen. Die Karte ist in der linken oberen Ecke mit den Buchstaben USID, darunter mit dem Wortlaut »United States Identification« beschriftet. Dann erscheinen noch die Bezeichnung »*Department of Homeland Security*« (Wahrheits-Ministerium) und darunter die Sozialversicherungsnummer und das Geburtsdatum. Es folgt der Name der Person mit grundlegenden Statistikdaten, einschließlich des Wohnortes. An der äußerst rechten Seite der Karte erscheint ein mittels Laser eingraviertes Foto mit einer RFID (*Radio Frequency Identification Device*[313]) auf der Stirn der Person. Den Hintergrund der Karte bildet die gekappte Pyramide mit dem allessehenden Auge. Es gibt auch einen Speicherstreifen mit einer Kapazität von 20 Megabytes, der Daten enthält wie: Fingerabdrucke, Scan der Iris, Scan des Gesichts, Herzschlag-Charakteristika und DNA-Sequenzen.[314]

---

[311] Dr. Gudrun EUSSNER, Philosophischer Salon, Berlin. www.kalaschnikow.net

[312] Identitätskarte für die ›Heimat-Front‹.

[313] Identifikationseinrichtung für elektromagnetische (Radio-)Wellen.

[314] *Popular Science Magazine*, September 2002, S. 76 f.

*Der Heimatschutz ist für die Bush-Administration ein willkommener Vorwand,
eine flächendeckende Bespitzelung vorzunehmen und den US-Bürger bei
Kriegslaune zu halten.*

Falls das alles zu weit hergeholt klingt, so kann sich jeder den abge-
bildeten Prototypen in diesem Magazin ansehen. Das Auftreten solcher elektronischen Kontrollen ist inzwischen überall zu beobachten.
Die *New York Times* brachte kürzlich einen Artikel über ausgewählte
Lebensmittelgeschäfte im ganzen Land, die ein mittels Fingerabdruck
zu autorisierendes Zahlungssystem testeten. Die Teilnehmer an diesem Feldversuch werden im Geschäft registriert, indem sie den Finger auf einen elektronischen Scanschirm legen, der den Abdruck als
digitales Bild registriert und der mit der Kredit- oder Kundenkarte
des Teilnehmers oder dergleichen verbunden ist. Die Transaktionen
benötigen 20 Sekunden, und es wird berichtet, daß die Leute das System liebten(!).[315] Mit anderen Worten: Anstatt zu bezahlen, legen sie
einfach den Finger auf den Leser, sie benötigen weder Bargeld noch
Schecks oder Kreditkarte, sondern nur den Fingerabdruck. Indem ihr
Körper mit dem Computer wechselwirkt, ermöglicht dies den Kunden *ein*zukaufen, und den Geschäften, an sie zu *ver*kaufen. Hat das
nicht Ähnlichkeit mit der Markierung aller Lebewesen, wie in der Apokalypse angekündigt?

---

[315] *Milwaukee Journal Sentinel*, 13. 8. 2002, S. 3 E, Milwaukee, WI.

Nationaler Notstand – F.E.M.A[316]

Unmittelbar nach dem Anschlag auf die babylonischen Türme von New York, das WTC, und das Pentagon in Washington wurden wir auf einen Artikel[317] aus den USA aufmerksam. Kurz gesagt, es handelt sich um Vorkehrungen für Notstandsmaßnahmen, die die US-Präsidenten seit NIXON bis CLINTON durch Präsidentenerlasse (*Executive Orders* – EOs) veranlaßt haben, um einem wie immer gearteten ›nationalen Notstand‹ begegnen zu können. Diese EOs haben natürlich dramatische Folgen: Sie geben dem Präsidenten oder der F.E.M.A., der ›Notstands-Behörde‹, uneingeschränkte Macht über sämtliche Lebensbereiche. Und solange der ›Nationale Notstand‹ nicht widerrufen wurde, sind die Verfassung und alle mit ihr geschaffenen Rechte, wie Gewaltenteilung oder Gesetzgebungsfunktion des Kongresses, im Grunde der Rechtsstaat, aufgehoben. Die Demokratie hat sich zur Diktatur gewandelt.

Damit hat die von HUNTINGTON aufgeworfene Frage, ob die Vereinigten Staaten als Demokratie überleben werden, ihre klare Antwort gefunden, und die etwas akademische Formulierung, was Globalisierung wirklich bedeutet:»Verschiebungen und Zerstreuung«, wird auf den Punkt gebracht. Es handelt sich um Gewaltherrschaft, um die als ›notwendig‹ erachteten Verschiebungen und Zerstreuungen gegen den Willen der betreffenden Völker durchzusetzen. Auf dieses Thema werden wir noch ausführlicher eingehen, wir möchten nämlich zeigen, wie die Ereignisse um den 11. September als Grund genutzt wurden, eben diesen ›Notstand‹ in den Köpfen der Menschen zu verankern.

---

[316] *Federal Emergency Management Agency* – Bundesbehörde zur Abwehr des Notstandes.
[317] Präsident CLINTON hat den nationalen Notstand erklärt. Am 14. November 1994 veröffentlichte Präsident CLINTON einen Präsidentenerlaß (*Executive Order*), der die USA unter »nationale Notstandsverwaltung«, die F.E.M.A., stellte.
Siehe auch:
»Präsidenten-Erlaß – Verbreitung von Massenvernichtungswaffen Nr. 12938. Mit der Vollmacht, die mir als Präsident von der Verfassung und den Gesetzen der Vereinigten Staaten von Amerika gegeben sind, einschließlich des Gesetzes über Internationalen Notstand von Wirtschaftsmächten (*International Emergency Economic Powers Act*, 50 U.S.C. 1701 et seq.), des Gesetzes über die Kontrolle von Waffenexporten (*Arms Export Control Act*, 22 U.S.C. 2751 et seq.), des Gesetzes über den nationalen Notstand (*National Emergencies Act*, 50 U.S.C. 1601 et seq.), die Präsidentenerlasse Nr. 12851 und 12924, und Sektion 301 des Titel 3, *United States Code*, finde ich, William J. CLINTON, Präsident der Vereinigten Staaten von Amerika, daß die Weiterverbreitung von nuklearen, biologischen und chemischen Waffen (Massenvernichtungswaffen) und die Mittel, solche Waffen zu beschaffen, eine ungewöhnliche und außerordentliche Bedrohung der nationalen Sicherheit, der Außenpolitik und der Wirtschaft der Vereinigten Staaten bedeuten, und somit erkläre ich hiermit den Nationalen Notstand, um dieser Bedrohung begegnen zu können.«

Das Bedrohliche dieser Notstandserklärung besteht darin, daß sämtliche Präsidentenerlasse nie wieder aufgehoben wurden und daß bei der Ausrufung des Notstandes – aus welchen Gründen immer – alle Präsidentenerlasse in Kraft gesetzt werden können – mit der Folge, daß die Bundesregierung unter der Führung der F.E.M.A. die totale Kontrolle über die Nation übernehmen und die Regierung vorübergehend die Verfassung außer Kraft setzen kann.

Dies regelt der Präsidentenerlaß EO Nr. 11051, der die Verantwortlichkeiten der F.E.M.A. im einzelnen aufführt. Sobald der Präsident den nationalen Notstand ausgerufen hat, etwa bei erhöhten internationalen Spannungen oder finanziellen Krisen, erlaubt dieser EO, *alle* Präsidentenerlasse in Kraft zu setzen. Man beachte, daß jede denkbare inländische Krise damit gedeckt ist, aber es werden mit keinem Wort Krieg oder atomare Angriffe erwähnt.

Vielleicht war diese Lücke der Grund dafür, daß Präsident CLINTON seinen Präsidentenerlaß betreffend die Massenvernichtungswaffen, also atomare, biologische und chemische Waffen, herausgegeben hat.

Um die F.E.M.A. und alle Präsidentenerlasse und Notstandsverordnungen zu aktivieren, genügt es, wenn der Präsident irgendeinen Notstand ausruft, sofern es nur ein ›nationaler Notstand‹ ist.

Somit kann die F.E.M.A. zu jedem Zeitpunkt ankündigen, daß sie die Geschäfte übernommen hat, und folgende Aktionen durchsetzen:

- Präsidentenerlaß 10995 ermöglicht die Übernahme der Kommunikationsmedien.
- Präsidentenerlaß 10997 ermöglicht die Übernahme aller Elektrizitätswerke, Kraftwerke, der Öl-, Gas-, Treibstoff-Industrie und der Rohstoffe.
- Präsidentenerlaß 10988 ermöglicht die Übernahme der Nahrungsvorräte und Farmen.
- Präsidentenerlaß 10999 ermöglicht die Übernahme aller Transportmittel, die Kontrolle der Autobahnen, der Tiefseehäfen usw.
- Präsidentenerlaß 11000 sieht die Mobilisierung aller Zivilisten in einem Arbeitsdienst unter Regierungsaufsicht vor.
- Präsidentenerlaß 11001 ermöglicht der Regierung die Übernahme aller Gesundheits-, Erziehungs- und Wohlfahrtseinrichtungen.
- Präsidentenerlaß 11002 berechtigt den General-Postmeister, ein nationales Personenregister zu führen.
- Präsidentenerlaß 11003 ermöglicht es der Regierung, die Flughäfen und Flugzeuge zu übernehmen.
- Präsidentenerlaß 11004 ermöglicht es der Behörde für das Wohnungswesen und Bausparkassen (*Housing and Finance Authority*),

Gemeinden umzusiedeln, Gebiete zu bestimmen, die aufzugeben sind, und den Menschen neue Siedlungsplätze anzuweisen. [Schlüsselhinweise in: www.cuttingedge.org/news/n1186.cfm,»*Our Present Civilization Has To Die*« (Unsere heutige Zivilisation muß sterben)]; Damals gab es gemäß dieser Notstandspläne in den sechziger Jahren die Aufforderung an den Präsidenten, mit der Umsiedlung der Bevölkerung in sichere Gebiete zu beginnen, bevor die Mutter Erde (Gaia) sich selbst mit zerstörerischen Katastrophen zu ›reinigen‹ beginnt. CLINTON machte auch den Umweltschutz zu einem Schwerpunkt in seiner Regierungszeit.

- Alle obigen Präsidentenerlasse sind in einem integrierenden Präsidentenerlaß zusammengefaßt, der alle diese Gewalten zu übernehmen und auszuüben erlaubt, falls der Präsident den Nationalen Notstand erklärt. Es ist aber nicht einmal der Präsident, sondern der Leiter der F.E.M.A., der dann diese weitgehende Machtergreifung veranlassen kann.

- Präsidentenerlaß 11005 ermöglicht es der Regierung, die Eisenbahnen, die Binnenschiffahrtswege und öffentliche Speicher/Lagerhäuser zu übernehmen.

- Präsident CARTER führte diese umfassende Machtfülle in einem Präsidentenerlaß zusammen, Nr. 11490, und er erhob ihn am 20. Juli 1979 durch seine Unterschrift zum Gesetz.

Anlässe zur Ausrufung des Nationalen Notstandes

Die Anlässe zur Ausrufung des nationalen Notstandes sind heute praktisch täglich in den Zeitungen zu lesen, weltwirtschaftliche Katastrophen. Man denke nur an die immer häufigeren Zusammenbrüche zahlreicher Länder, zuletzt Türkei oder Argentinien, oder an die Abhängigkeit der westlichen Industrienationen von Rohstoffen, vor allem Energie (Öl, Gas), an die unbeherrschbar gewordene Arbeitslosigkeit inzwischen auch in den Ländern der ›Ersten Welt‹ (alle Beschäftigungs- bzw. Arbeitslosen-Statistiken sind massiv gefälscht). Von den sogenannten »Sicherheits-Risiken« und der »Bedrohung des Weltfriedens« reden wir nicht, denn diese Notstände sind fast immer von den USA ›*fabricated*‹, also künstliche und mit allen Mitteln der Desinformation erst geschaffene wie ja der gegenständliche Fall des 11. September. Man könnte zusammenfassend sagen, daß der heutige ›Normal-Zustand‹ eigentlich der Notstand in Dauer ist.

Das ist gewiß keine Übertreibung, weil ja kein einziges Problem auch nur zeitweilig gelöst ist, man muß sogar davon ausgehen, daß nicht einmal hinsichtlich der Lagebeurteilung Einigkeit herrscht. Das wurde ganz deutlich, als die USA in jüngster Zeit – als sie die psychologische Kriegführung zur Vorbereitung der Vergeltungsmaßnahmen anwarfen – nur von ihrem ›Recht des *American way of life*‹ sprachen, aber jegliche Ursachenanalyse für diese Anschläge nicht nur weit von sich wiesen, sondern überhaupt den Zusammenhang mit der von ihnen mit aller Gewalt vorangetriebenen Globalisierung rundweg abstritten.

Gegen die Ausrufung des Notstandes durch eine legitimierte Regierung kann man nichts einwenden. Im übrigen ist der englische Staatsphilosoph Thomas HOBBES der Ansicht: »*Auctoritas non veritas fecit legem.*« Die Autorität (= Macht), nicht die Wahrheit (in der Demokratie meist fälschlich als Meinung der Mehrheit interpretiert) schafft die Gesetze oder das Recht. Und vor 150 Jahren sagte DONOSO CORTÉS:[318] »Wenn die Legalität genügt, die Gesellschaft zu retten, dann die Legalität; wenn sie nicht genügt, bleibt nur die Diktatur.« Und ein großer deutscher Sozialdemokrat, Friedrich EBERT, meinte in der Krise Deutschlands nach dem Ersten Weltkrieg etwa: »Wenn wir vor die Wahl gestellt sind entweder die Verfassung oder Deutschland, dann werden wir uns für Deutschland entscheiden«.

Was wir in diesem Zusammenhang aber klar feststellen müssen: Die wenigsten Regierungen in den westlichen sogenannten Demokratien sind legitimiert. Sie können sich bestenfalls auf eine scheinbare Legalität berufen, weswegen sie auch keinen Unterschied mehr zwischen Legitimität – etwa eines Herrschers von Gottes Gnaden oder eines wirklichen Führers des Volkes, der von einer, das ganze Volk umfassenden Bewegung getragen wird – und Legalität machen, die sich dann auf gewisse, fragwürdige formale Regeln der Gesetzwerdung beschränkt. Mit anderen Worten: Die USA sind längst eine Gewaltherrschaft ohne irgendwelche tragfähigen Grundlagen, wie sie der »sittliche Staat« HEGELS oder die ganzheitliche Gesellschaftslehre Othmar SPANNS böte.

Die Gegnerschaft gegenüber den Vereinigten Staaten von Amerika ist eine viel fundamentalere, als es eine scheinbar naheliegende Kritik an den – tatsächlich – sehr weitreichenden *Executive Orders* vordergründig und in pseudo-demokratischer Aufgeregtheit zu gebieten scheint. Die Politik der Globalisierung (also der US-Imperialismus), der *American way of life* (die Plünderung der Weltressourcen), die von den USA ausgehende terroristische Gewalt (man hat über zweihundert Kriege oder kriegsähnliche Verwicklungen der USA seit der Unab-

---

[318] DONOSO CORTÉS, Rede über die Diktatur vom 4. 1. 1849.

hängigkeitserklärung gezählt, die von den USA ihren Ausgang nahmen), der ganze Nihilismus, der sich in den USA verkörpert hat, sind eindeutig Ziel und Grund weltweiter Kritik und oft erbitterter Feindschaft.

Wir müssen auch den Zynismus geißeln, der sich in jenen scheinbar legalen Einkleidungen der Notstandsmaßnahmen ausdrückt, weil an der Vorherrschaft der USA ohnedies nie auch nur irgendein Körnchen Legalität oder Legitimität daran war. Sie ist noch nicht einmal mit der ›Gerechtigkeit‹ von Mafia-Gangs mit ihrer Ganovenehre vergleichbar, die sich immerhin als ›ehrenwerte Gesellschaft‹ porträtieren, die noch inneren Gesetzen unterliegen. Und es sei nochmals daran erinnert, daß die F.E.M.A. zusammen mit dem FBI eine unter öffentlicher Beobachtung stehende Aufklärung der Katastrophe am ›ground zero‹, dem Gelände des World Trade Centers nach dem Kollaps der zahlreichen Gebäude, verhinderte. Wozu wohl?

Das »*régime de canaille*« (das Schurkenregime, so noch VOLTAIRE über die Demokratie) herrscht. »HUXLEY hat ORWELL besiegt, »das völlig glaubenslose, ideologiefreie, einzig vom Erwerb, vom rücksichtslosen Genuß her geprägte Dasein«[319] triumphierte über das politisch kontrollierte, totalitäre, militarisierte Massendasein; der soziale Wärmetod über die Arbeits- und Vernichtungslager. Aber auch hier gilt, daß der eine Abgrund den anderen ruft, ja, hervorrufen muß, und in jedem Fall wird Babylon, die Große Hure, die an vielen Wassern thront und trunken ist vom Blut der Heiligen, singen, daß sie keine Witwe ist und Trauer kennt.«[320]

War die Diagnose DONOSOS vor 150 Jahren schon die Ausstellung eines Totenscheins, so stellt sich heute die Frage: Hat sich daran etwas geändert? Es scheint uns nur schlimmer geworden zu sein. »Deshalb«, sieht DONOSO schon hellsichtig voraus, »wird die herannahende Katastrophe alles übertreffen, was im Laufe der Geschichte über die Menschheit hereingebrochen ist.« Und ist nicht alles grenzenlos vernichtet worden? Sind die apokalyptischen Vernichtungsmittel nicht erfunden worden, und wurden sie nicht auch eingesetzt? Ja, galten sie nicht unter der perversen Losung vom ›Gleichgewicht des Schreckens‹ sogar als ›friedenssichernd‹?

Für DONOSO war also die Lage so, daß es »keine Rettung mehr für die irdisch-politische Welt gibt, mag diese noch politisch und politiktheoretisch kritisierbar sein«, und es würde »eine durch politisches

---

[319] Phillip DESSAUER, »Die Politik des Antichrist«, in: *Wort und Wahrheit*, 1951, S. 405–415, hier S. 411.
[320] Donoso CORTES, *Diktatur*, Karolinger Verlag, Wien, Vorwort von Günter MASCHKE, S. 19.

Handeln herzustellende Wiederverbindung der Gesellschaft mit ihrem Fundament, *dem Glauben*, chimärisch«.[321]

Wenn man sich also die Konsequenzen aus den bisherigen Darlegungen vorstellt, sind all jene Kassandra-Rufe früherer politischer Philosophen und Staatsmänner, wie sie hier beispielhaft zitiert wurden, nur zu berechtigt. Was bedeutet es denn, wenn es keine Terroristen im üblichen Sinne, sondern Kämpfer, Partisanen waren, die aus erkennbaren feindlichen Gegensätzen zwischen dem ›*American way of life*‹ und der ungeheuren Not in der Dritten Welt, einen noch verstehbaren ›Krieg‹ begonnen haben und sie somit nicht für jene Terroranschläge verantwortlich sind?

Wenn es ein ›*inside job*‹, ja sogar ein versuchter Umsturzversuch war (wie es unmittelbar nach den Ereignissen auch immerhin ein US-Präsidentschaftskandidat der Demokratischen Partei, Lyndon LaRouche, öffentlich ausdrückte), der keinen anderen Zweck gehabt hätte, als von der katastrophalen wirtschaftlichen, sozialen und politischen Lage und den dafür Verantwortlichen abzulenken?

Sich dies allein als realistische Möglichkeit bloß vorstellen zu können, ist bereits Ausdruck des sittlichen Bankrotts unserer zivilen Gesellschaft und ihrer ›Eliten‹ sowie ihrer totalen Entwurzelung von jeglichem Moralgesetz. Um wieviel schlimmer steht es aber, wenn jenseits jedes vernünftigen Zweifels diese hypothetische Möglichkeit sich als die einzige Realität erweist, die sich wirklich zugetragen hat?

Was haben wir dann noch zu erwarten?

Potentielle Gefahren für die Stabilität der Finanzmärkte[322]

Vor einiger Zeit bewog uns die Behauptung: »Aufwind für Amerikas Wirtschaft« und daß die »wirtschaftlichen Kennzahlen (in USA) be-

---

[321] Donoso Cortés, ebenda, S. 128 (FN): Franz Ritter von Buss (1803–1878), der bekannte katholische Politiker aus Baden, der 1850 die erste Auswahl der Reden und Schriften Donosos herausbrachte (in: *Zur katholischen Politik der Gegenwart – Donoso Cortes und F. J. Buß*, S. 3–74) und nicht müde wurde, die »Opiumvergiftung der Willen« durch de Maistre und Donoso zu kritisieren, schrieb dazu: »Sie geben die Bekehrung Einzelner zu, sie leugnen aber die Bekehrung der Völker. Das Christenthum kennt keine Völker, sondern nur Menschen und Menschheit. Diesen aber die Bekehrungsfähigkeit abzusprechen, heißt Christi Erlösungswerk Ziel und Aus nehmen. Das kann, das darf ich als Christ nicht. Nein – diese Verzweiflung weise ich zurück.« (so im Original G. Maschke) Im 16. Jahrhundert war mehr als die Hälfte des österreichischen Kaiserstaates vom katholischen Glauben abgefallen. Wer hat sie zur Kirche zurückgebracht? Eine Handvoll Jesuiten. So wenig darf man in allen Zeiten der Geschichte an der Bekehrung der Völker zweifeln.« (ebenda, S. 94) Zu Donoso–Buss siehe u. a.: Schmitt, *Donoso Cortés*, S. 43 f.; H. Gollwitzer, *Europabild und Europagedanke*, ²1964, S. 284–287.

[322] Geschrieben 22. 3. 2002.

eindruckend« seien, den Verfasser dieses (Reklame-) Artikels[323] doch zu bitten, die Gründe und Informationsquellen bekanntzumachen, die ihn zu dieser Ansicht brachten.[324]

Nun kann man noch begrenztes Verständnis aufbringen, daß man in Europa und Deutschland nicht jede ›Samisdat‹-Literatur aus den USA über die Wirtschafts- und Währungspolitik und den wahren wirtschaftlichen Zustand liest, obwohl eigentlich nur hier nicht *mainstream*konforme Analysen und Zusammenhänge zu finden wären, aber selbst plakative Artikel der doch wahrlich liberalen und ›globalisierungsfreundlichen‹ *Neuen Zürcher Zeitung*[325] werden übergangen.

Was die *Neue Zürcher Zeitung* als »Verlagerung bisheriger (Geschäfts-)Aktivitäten« in weniger oder nicht regulierte Bereiche, bedingt durch »technologische Innovationen«,[326] beschreibt, ist der Umstand, daß Konzerne außerhalb des Bankensystems schon lange wegen ihrer finanziellen Macht auch derartige Geschäftstätigkeiten entfalteten: Hedge Funds, Pensionsfonds und Versicherungen. Aber nicht nur diese sind hier tätig, wie Enron ja bewiesen hat.

Der Handel mit »Instrumenten, die das Kreditrisiko von einem Anleger zu einem andern verlagern«, hat sich von 1997 bis 2001 verneunfacht: auf 1600 Mrd. Dollar. Hier ›ortet‹ der IWF-Bericht die als ›Regulierungsarbitrage‹ bezeichnete Entwicklung. Das ist nur eine Ziffer.

---

[323] *Die Presse*, 15. 3. 2002.

[324] Welche US-Wirtschaftszahlen haben Sie konkret so beeindruckt und aus welchen Quellen stammen diese?
1. Wie errechnete sich die angebliche Wirtschaftswachstums-Ziffer von 1,4 % für das 4. Quartal, bzw. aus welcher Quelle haben Sie diese?
2. Woher stammen die Zahlen und Belege, daß es »sich – in den USA – streng genommen gar nicht um eine Rezession« handelt?
3. Aus welchen Unterlagen stammen die Zahlen, die Ihre Ansicht belegen, daß in den USA die Arbeitslosigkeit gesunken sei, und wie wird diese im Vergleich mit der EU und Österreich definiert?
4. Welche Daten belegen die gestiegene Produktivität der US-Wirtschaft, und wie, d.h. mit welchen ökonomischen Daten und aus welchen Quellen, wird diese in den USA berechnet?
5. Worin ist Ihre Einschätzung, »der Anleger profitiert aber langfristig von den *überlegenen Ertragschancen* der Kapitalmärkte«, begründet (und kann man sie als eine Art Versprechen, ähnlich wie bei einem ›Börsen-Einführungsprospekt‹ für Anleger, betrachten?) Und wie ist die Definition der Bandbreite für ›überlegene Ertragschancen‹ konkret?

[325] 19. 3. 2002, S. 24. Artikel mit gleichlautender Überschrift, wie wir ihn für unseren Kommentar übernahmen.

[326] Mit ›Technologie‹ hat das am wenigsten zu tun, sondern es ist mehr die ›ideelle‹ Neu-Konzeption des Geldes, das gänzlich entmaterialisiert wurde, und damit einerseits keine konkreten Vorstellungen mehr bei den Menschen hervorruft und andererseits erst in dieser virtuellen Form – einer substanzlosen Zahl in Computersystemen – die Voraussetzungen schuf für die *virtual economy* und das ›fiat money‹.

»Nach BIZ-Zahlen haben die Umsätze im klassischen Devisenhandel vom April 1998 bis zum April 2001 deutlich abgenommen, nämlich von täglich 1490 Mrd. Dollar auf 1200 Mrd.«, dafür haben die »Tagesumsätze mit Zins-Derivaten von 1995 bis 2001 stark zugenommen: von netto 151 über 265 auf 489 Mrd. Dollar im April 2001«. Zusammen mit anderen Derivaten ergab es 1387 Mrd. Dollar, die über die Bank für Internationalen Zahlungsausgleich (BIZ) täglich abgewickelt werden, hinzu kommen noch täglich 2169 Mrd. Dollar an Derivatgeschäften an den Börsen.

Zum Vergleich: Das BIP der USA liegt bei etwa 10 Billionen Dollar; je Tag entspricht das einer Wirtschaftsleistung von rund 27 Mrd. Dollar, im Vergleich zu 1200 (Währungshandel) + 1387 (Derivate über BIZ) + 2179 (Derivate über Börsen) + unbekannte Summe Derivate über OTC[327] (›über den Tresen‹ der Banken) ~ 4766 Mrd. Dollar Scheingeschäfte. Mit anderen Worten: Die ganze US-Volkswirtschaft macht gerade einmal ein halbes Prozent[328] vom täglichen Casino-Einsatz der Banken und Finanzinstitutionen aus, wobei wir auf solche Kleinigkeiten gar nicht eingehen, daß das BIP der USA auch nur noch zu weniger als einem Drittel aus der Fertigung von Produkten besteht, der ›Rest‹ – mehr als zwei Drittel – sind Dienstleistungen – oft genug in der *virtual economy*.[329]

Besagter *NZZ*-Artikel stellt eine »potentielle Gefahr für die Stabilität der Finanzmärkte« fest. Stabilität? Wovon ist hier eigentlich die Rede? Es sind nur Phrasen, wenn der IWF-Bericht davon spricht, »daß die Aufspaltung von Risiken, die im Zusammenhang mit einem Kreditverhältnis stehen, sowie deren separate Bewertung, die Markteffizienz verbessern halfen«. »Dennoch glauben sie, daß das beschleunigte Wachstum dieses Marktsegmentes weniger neue Gewinnchancen aufgrund einer besseren Informationsnutzung spiegelt als vielmehr künstliche, durch regulatorische Unterschiede geschaffene Opportunitäten.«

Das ist alles Kisuaheli, oder Dada, oder sonst etwas. Marktsegment wovon? Gewinnchancen auf was hinauf und auf wessen Kosten? Bessere Informationsnutzung? Es ist ja zum Lachen, und als ob die *NZZ*

---

[327] OTC: *Over the Counter* – über den Tresen.
[328] 27 : 4.766 = 0,00566... → 0,5 Prozent.
[329] Anders als die deutsche Volkswirtschaft ist jene der USA viel weniger exportabhängig. Der Außenhandel ist ein kleiner Bruchteil der Gesamtleistung, jene täglichen Transaktionen der BIZ haben nur zu einem verschwindend geringen Teil etwas mit dem Zahlungsausgleich aufgrund der Lieferung von Waren und echten Dienstleistungen zu tun. Im übrigen bezahlen die USA ihre Importe nicht, wie ihr fast 500 Mrd. Dollar Handelsdefizit im Jahre 2001 beweist, fast 5 % des BIP.

selbst nicht mehr wüßte, was sie schreibt, meint sie im nächsten Satz: »Wohin der schlechte Umgang mit solchen Instrumenten, die letztlich die Komplexität der Beziehungsgeflechte an den Finanzmärkten steigern, führen könne, das habe der Enron-Kollaps eindrücklich vor Augen geführt.« Ist das – die absichtlich herbeigeführte Komplexität – nicht das schiere Gegenteil von besserer Information und ihrer Nutzung, von der bei solchen Schwindeleien immer die Rede ist? Opportunitäten? Es sind nur günstige Gelegenheiten zu Raubzügen und offener Plünderung.

Enron hat gezeigt, worum es in Wahrheit ging: um die Verschleierung der Verschuldung des Konzerns, indem man die Kredite (und damit die innewohnenden Risiken) aus der eigenen Bilanz aus- und in ›Partnerunternehmen‹ hinein verlagerte. Dies ist geniale, kreative Buchhaltung, indem die Bilanzen eben nicht transparent und der Informationswert null ist, weil die interessanten Dinge ja ›ausgelagert‹ wurden, gepaart mit dem offenen Betrug der großen Buchhalter-Konzerne wie Arthur Anderson, Merrill Lynch, die hier Testate gegen riesige Schmiergeldsummen abgeben. Die Insider wußten das natürlich auch, sind sie doch alle von der gleichen Bruderschaft. Man erkennt es auch daran, daß sich so prominente Leute wie der frühere Finanzminister Robert RUBIN persönlich darum bemühten, durch Intervention beim gegenwärtigen stellvertretenden Finanzminister Peter FISHER diesen zu bewegen, auf Banken und Rating-Agenturen einzuwirken, die Bonität Enrons nicht herabzustufen und weiteren Kreditfluß zu ermöglichen.[330]

Das ist also das ›Umfeld‹, in dem die US-Volkswirtschaft ›gedeiht‹, wie man uns lügnerisch seit Jahren vormacht. Der *International Fore-*

---

[330] Wer noch alles bemühte sich? Der CEO von Enron, Ken LAY, bei O'NEILL (Secr. of the Treasury) und EVANS (Wirtschaftsminister), um über die Lage zu ›informieren‹, der Enron-Präsident Lawrence WALLEY (6- bis 8mal) bei FISHER, ob er nicht die Banken zu weiterer Kreditgewährung bewegen könne. Soweit der Einfluß von Enron in der Regierung, sie hatte ja auch kräftig für Wahlkämpfe ›gespendet‹. In den Genuß dieses warmen Regens kamen natürlich auch die Demokraten: Der ›Mehrheitsführer‹ im Senat, Thomas DASCHLE, der Minderheitsführer, A. GEPHARDT und natürlich auch der Vizekandidat LIEBERMAN, eine ›moralische Instanz‹ – selbstverständlich.
The *International Forecaster* vom Januar 2002 meint, daß Enron ein Produkt von »*business und political connections*« (Geschäfts- und Politverbindungen) war. Sie hätte praktisch die FERC, die *Federal Energy Regulatory Commission*, ›besessen‹. Warum? Wendy GRAMM – noch verantwortlich in der FERC – erließ eine Ausnahmeregelung für den Handel von ›Futures‹ (= Derivaten) im Energie-Markt und wurde dann kurz darauf Vorstandsmitglied von Enron. Interessant, wer hier aller involviert ist: die beiden größten Kreditgeber JPMorganChase und Citigroup Inc. u.a., ein Großteil der US-Regierung, Präsident BUSH, Vizepräsident CHENEY, Justizminister D. ASHCROFT, Wirtschaftsminister Don EVANS, Finanzminister Paul O'NEILL, Peter FISHER, Unterstaatssekretät im Finanzministerium, Fed-Chef A. GREENSPAN, die Treuhänder und Buchprüfer Arthur Anderson und Merril-Lynch usw.

caster vom Februar 2002 berichtet unter anderem, daß der Vorsitzende des Vorstandes des ›*International Accounting Standards Board*‹,[331] Paul VOLCKER, früherer FED-Chef, den CEO von Enron, Ken LAY, um Donationen anging. Die ›unabhängige‹ US-Presse hatte das selbstverständlich unterdrückt, aber es kam doch heraus. Peinlich, nachdem die ›Wächter über die Bilanzierungsregeln‹ beschuldigt worden waren, zu sehr von Lobbyisten beeinflußt zu werden.

Was aber die harten Tatsachen der US-Ökonomie betrifft, so sind ein paar Daten des Flaggschiffs der US-Finanzwelt, nämlich jene von JPMorganChase, doch noch erwähnenswert.

Zum September 2001 wies die Bilanz von JPM ›*Total Stockholders Equity*‹ (von den Aktionären gezeichnetes Kapital) von 42 735 Mio. Dollar aus, wovon 14 683 Mio. Dollar »*Goodwill and other Intangibles*«[332] und 7268 Mio. Dollar Anlagen und Gebäude betreffen. Wenn man die Anlagen und Gebäude im Wert halbiert und die 14,68 Mrd. *Goodwill* addiert, kommt man auf 18 317 Millionen *wertlose* ›Werte‹, was den wahren Wert des Eigenkapitals auf 24 418 Mio. (das sind 24,4 Mrd.) Dollar verringert. Dies bei einem ›Investment‹ JPMs in Derivate von rund 30 000 Mrd.(!) Dollar, dem dreifachen der Gesamtleistung der amerikanischen Volkswirtschaft, in Casinowetten. Das sind unvorstellbare Größenordnungen der Spekulation.

Noch zum Schluß: Die BIZ berichtete, daß der 19,5 Billionen-Markt an grenzüberschreitendem Derivathandel von 1998 bis 2001 um 31% zunahm, das liegt weit über dem Wachstum des 10 Billionen-BIP der USA. Bedenklicher sind aber die OTC-Derivate eines 90 Billionen-Marktes, der allein im letzten Jahr um 6% stieg. BIZ-Kontrakte werden durch Gutschrift, also virtuell, alle anderen Kontrakte bar (in *cash*) abgewickelt; das heißt, die Barabwicklung und die große Wachstumsrate dieses Spiels legen nahe, die OTC-Derivate als Pyramiden-Spiel zu betrachten, das ohne ständigen Zustrom neuer Teilnehmer zusammenfällt. Aus diesem Grund haben die internationalen Banker es so eingerichtet, daß sie von den US-Insolvenzbestimmungen ausgenommen und Vorrang vor anderen Gläubigern haben. Ihre Begründung: Die bankrotten Firmen müssen zuvor alle ihre Derivatpositionen ausgleichen, andernfalls würden sie den ganzen Markt zusammenbrechen lassen. Daß sie damit bei Gericht auch durchkommen, ist zweifelhaft. Aber für diesen Fall – also den offenen, nicht mehr manipulierbaren

---

[331] ›Normen‹-Ausschuß für internationale Bilanzierungsregeln.

[332] ›*Goodwill*‹ bezeichnet etwa das Firmen-Image, besondere Markt-Kenntnisse, eigentlich immaterielle Aktivposten eines ›guten‹ Unternehmens. ›Intangibles‹ sind ebenfalls immaterielle Güter, etwa Patente und Erfindungen.

Crash von Wirtschaft und Währung – ist es so sicher wie das Amen in der Kirche, daß dann die F.E.M.A., nach Erklärung des Nationalen Notstandes durch den Präsidenten, die Herrschaft übernimmt. Das heißt, alle Gesetze, Bürgerrechte,Verfassung sind dann legal außer Kraft gesetzt, einfach alles. Es herrscht dann die absolute Diktatur. Ende der Geschichte, Parusie.

Aber ist es nicht toll: Für die betrügerischen, von keiner ökonomischen Tätigkeit unterlegten Casino-Spielchen sollen die Verfassungsbestimmungen über die Gleichbehandlung aufgehoben werden, damit das Casino keinen Schaden nimmt. (Private) Aktiengesellschaften *spielen* mit den Einlagen der Aktionäre und den Krediten des Bankensystems, zum Beispiel von JPMorgan und City Group, tagtäglich. Dies muß aber aufhören, und nicht mit Sonderrechten noch geschützt werden.

Soviel also zum »Aufwind für Amerikas Wirtschaft« und der Meinung,»daß die wirtschaftlichen Kennzahlen beeindruckend« seien.

Jenes ›Datum‹ von den 1,4% Wachstum des BIP im 4. Quartal (2002), das im kritisierten Reklame-Artikel als ›Beweis‹ für den Aufwind angeführt wurde, hatte das US-Wirtschaftsministerium am 28. 2. veröffentlicht. Es revidiert die frühere Wachstumsschätzung des BIP von 0,2% und zeigt angeblich, daß »das Schlimmste für die US-Wirtschaft vorüber sei«. Die Absurdität wird offenkundig, wenn man die BIP-Zahlen des 4. Quartals mit anderen vergleicht: mit den Veränderungen in den Schulden, wie sie die FED für die gleiche Periode bekannt gibt. Amerikanische Unternehmen kürzten die Investitionen um 104 Mrd. Dollar, jedoch stieg die zusätzliche Verschuldung, auf das Finanzjahr bezogen, auf 1300 Mrd. Dollar, wovon 929 Mrd. auf den Finanzsektor und 378 Mrd. auf den Nicht-Finanzsektor entfielen.

Die privaten Haushalte erhöhten den Konsum um 95 Mrd. Dollar, aber ihre Schulden stiegen sechsmal schneller, also um 610 Mrd. Dollar. Für die Gesamtwirtschaft – also einschließlich des öffentlichen Bereichs – stieg das BIP um 32 Mrd. Dollar, jedoch explodierte die Gesamtverschuldung um weitere 2070 Mrd. Dollar. (Die Zahlen sind jeweils auf das Jahr bezogen.) Das bedeutet, daß für je 1 Dollar an zusätzlichem BIP im 4. Quartal 65 Dollar neuer Schulden gemacht wurden. Es ist kaum vorstellbar, daß dies als eine »gesunde Erholung der US-Wirtschaft« betrachtet werden kann.[333]

Nun, das ist aber der Sachverhalt.

Das Dilemma heutiger Wirtschaftsdoktrin liegt auch darin: Die Preise sollen stabil bleiben, also möglichst nicht steigen (darum fälscht

---

[333] Diese Informationen entnehmen wir dem *EIR-Report* Nr. 13, Bd. 16, vom 28. 3. 2002.

man ja auch so massiv die Inflationswerte – den CPI, PPI –, die in den USA bei und über 10% lagen[334] usw.), die Produktion hingegen sollte möglichst stark steigen. In den USA ist aber der reale Ausstoß seit Jahren rückläufig. Um dies zu verbergen, rechnet man die verbesserten Preis-Leistungsverhältnisse im Bereich der Computer- und Kommunikationsindustrie in hypothetische Einheiten um. Damit kommen die US-Statistiken zu unerhörten ›Produktivitätzuwächsen‹ ihrer Wirtschaft und zu einem Ausstoß der Fabriken, den es in Wirklichkeit gar nicht gibt.[335] Hier wird dann deutlich, was von Kennzahlen zu halten ist. Die – grobe – Formel für das BIP: Einheiten der Produktion x Preis = nationaler Reichtum, kann, sowohl was den Ausstoß als auch den Preis betrifft, manipuliert werden. Tatsächlich sank in den USA der Ausstoß, die Preise (CPI, PPI) stiegen aber gewaltig.[336] Zur Veranschaulichung: 0,95 Ausstoß x 1,1 Preis = 1,05 BIP, das ist jenes ›robuste‹ Wachstum von 5%, das uns all die Jahre aus den USA vorgegaukelt wurde! Das gleiche Ergebnis bekommen wir aber auch, wenn man den Ausstoß um 10% steigen und die Preise um 5% fallen ließe, wie es die Propaganda jeweils darstellt.

Dabei liegt in dieser Betrachtung ohnedies eine gewisse Schwäche, als nämlich der ›Reichtum der Nation‹ (das BIP) im wesentlichen in ›Preisen‹ ausgedrückt wird, die ja kein Maß für Lebensqualität, Gesundheit und all das sind, was Othmar SPANN als »Kapital höherer Ordnung« bezeichnet hat.[337]

---

[334] Wir mußten hier – Febuar 2003 – von Gegenwart auf Vergangenheit korrigieren, denn derzeit erlaubt der depressive Zustand der Wirtschaft den Unternehmen nicht, ihre Preise durchzusetzen.

[335] Noch eine Anmerkung zum angeblichen Wachstum des BIP in den USA. Es beruht nach Angaben des US-Handelsministeriums zu 67,5 % (= 8,76 Billionen Dollar) auf Dienstleistungen und nur noch zu 32,5 % (= 2,85 Billionen Dollar) auf Güterproduktion. Man darf aber annehmen, daß hier Dienstleistungen enthalten sind, die zu einem großen Teil keine wirklich wertschöpfenden sind: z. B. Bank›dienstleistungen‹, die für das Große Spiel des Abzockens (Derivate, Aktienmanipulationen, Börsen-Spekulationen usw.) sich niederschlagen, Anwaltkosten für mutwillige Klagen. In den USA gehört es zu den ›strategischen Maßnahmen‹ im Wettbewerb, Konkurrenten mit Klagen einzudecken, entweder um sie zu behindern oder ihnen Kosten und Risiken aufzubürden, die sie im Wettbewerb schwächen. Das sind freilich destruktive und keine wertschöpfenden Dienstleistungen. Solches wird an den ›renommierten‹ Universitäten wie Harvard als Fach gelehrt.

[336] PPI: Jan. 2001 im Jahresdurchschnitt <u>13,68 %.</u>
Core PPI: <u>8,04 % YTD.</u>
CPI: Jan. 2001 im Jahresdurchschnitt 7,56 %.
Core CPI: 4,56 % YTD. (Stand 2/2001, 5,5 % in 3/2001)

[337] Hier kann darauf nicht weiter eingegangen werden, aber in F. Romig, *Ideologische Elemente der neoklassischen Theorie*, aaO., finden sich die Kritikpunkte, S. 54 ff.: »Volkseinkommen – der Maßstab des irrationalen Anti-Humanismus«.

Vor längerer Zeit schon, im September 2000, hat sich die Deutsche Bundesbank gegen jene Märchen aus Tausend und einer Nacht über den US-Wirtschaftsboom gewehrt. Der damals so peinliche Absturz des Euro wurde ja diesem angeblichen Umstand – der boomenden US-Wirtschaft – und der mangelnden Liberalisierung und Deregulierung, vor allem des Arbeitsmarktes, in Europa zugeschrieben, wie auch heute wieder.

Die damalige ›Korrektur‹ des US-Produktivitätswachstums von 5,1 auf 5,7% – der höchsten seit 17 Jahren, und dreimal so groß wie im 1. Quartal – sollte wohl den ›Vorsprung‹ der USA unter Beweis stellen. Dieser neue, ganz überraschende Produktivitätszuwachs für das 4. Quartal 2001 von 5,2% ist anscheinend von gleicher Art. Es sind freilich nur Manipulationen, um den – notwendigen – ausländischen Kapitalzustrom von täglich 1 bis 1,5 Mrd. Dollar aufrechtzuerhalten!

Wie vollzieht sich nun dieses Wunder? Die USA verwenden einen sogenannten ›hedonischen Ansatz‹ (*hedonic approach*), das heißt, sie rechnen den ›Qualitätszuwachs‹ – z. B. die höhere Leistung – bei Computern und Kommunikationsgeräten in eine (virtuelle) Verbilligung der Preise um: Diese sind in Wirklichkeit zwar nicht gefallen, aber wegen der höheren Leistung wird so getan, als sei der Preis bei (fiktiver) gleicher Leistung um 30% gesunken. Den Gesamtumsatz der Branche dividiert man dann mit dem virtuell gesunkenen Preis und erhält somit die (virtuelle) Anzahl der produzierten Einheiten. Diese werden nun von der gleich großen, oft sogar wegen Massenentlassungen kleiner gewordenen Arbeiterschaft hergestellt, womit sich phantastische Produktivitäts-Kennzahlen errechnen lassen. (Inwieweit sich die Produktivität der Anwender, also der Wirtschaft insgesamt, verbessert hat, ist freilich doppelt fraglich. Aus älteren Studien,[338] die über drei bis vier Jahrzehnte gingen, weiß man, daß sich an der Produktivität überhaupt nichts geändert hat.)

Die Bundesbank, die dies einmal probeweise für Deutschland nachvollzog, fand, daß in der US-Statistik die Preise für Computer von 1991 bis 1999 um 80% gefallen sind, in Deutschland aber nur um 20%, was sich natürlich auf den Verbraucherindex auswirkt. Da man also – nach dieser Logik – auch nicht die wirklichen Preise für den Produktionsausstoß heranziehen kann, rechnet man den tatsächlichen Output auch noch um 30% hoch. Der Wirkung in Deutschland bei Anwendung

---

[338] R. Petrella, *Limits to Competition* (Grenzen des Wettbewerbs), 1993. Petrella war damals für das FAST-Programm in einer der Generaldirektionen der EU zuständig. FAST: Forecast and Assessment of Science and Technology (Prognose und Bewertung von Wissenschaft(lichem) und Technik(schem) (Fortschritt)).

dieser ›hedonischen Methode‹ ist, daß sich die EDV-Investitionen im Jahre 1998 in Höhe von 64 Mrd. DM mehr als doppelt so hoch errechneten und für 1999 sogar um 170% höher gelegen hätten. In den USA betrugen die Investitionen der 18 Monate seit 1999 tatsächlich 114 Mrd. Dollar, woraus die ›hedonische Methode‹ 299 Mrd. Dollar machte! Hinzu kamen noch 226 Mrd. Dollar ›hedonisch‹ aufgeblähter Software-Ausgaben. Nur diese beiden Tricks allein machen ein Drittel des gesamten behaupteten US-Wirtschaftswachstums aus. Darauf hat der frühere Chefökonom der Dresdner Bank, Kurt RICHEBÄCHER, in einem Leserbrief an die *Financial Times* hingewiesen.

Verwendete man einen anderen als diesen manipulierten Maßstab, zum Beispiel das *frei verfügbare Einkommen,* als Indikator des wirtschaftlichen Aufschwunges, so betrug der ›Zuwachs‹ in den USA im Juni 2002 0 % und im Juli 0,1 %.

Das amerikanische Wachstum ist also in Wirklichkeit bloß ein virtuelles und findet ausschließlich in gefälschten Büchern statt. Überhaupt hat das US-Wirtschaftswunder in der Wirklichkeit nicht stattgefunden; es war ein reines PR- und Medienereignis![339]

Man könnte nahezu unbegrenzt derartige Tricks und Fälschungen weiter aufzählen oder die ›Kennzahlen‹ Monat für Monat analysieren. Aber das würde das Bild nicht mehr ändern.

Der Wirtschaftsboom der vergangenen Jahre beruhte auf einer unerhörten Kreditausweitung, dem so sicher wie das Amen in der Kirche eine gegenläufige Bewegung folgen wird, also Kreditverknappung und/oder wegen verschlechterter Bonität der privaten, öffentlichen und Firmen-Schuldnern sogar dessen Fälligstellung. (Letzteres ist anscheinend nur deshalb selten der Fall, weil damit die Exponiertheit der Banken in den Bilanzen sichtbar würden und sie selbst – und das ganze Bankensystem – den Bankrott erklären müßte! So ist in Japan seit 12 Jahren dieses Problem ungelöst. Es ist freilich in den USA um nichts besser.)

Es ist auch durchaus fraglich, ob der Börsenkrach 1929 eine unvorhersehbare ›Naturkatastrophe‹ war, wie man immer wieder erklärt, oder ein kalkuliertes Manöver der Hochfinanz, die ja danach nicht

---

[339] Das berichtete – überraschenderweise – F. MALIK in der *FAZ* vom 12. 8. 2002 ganzseitig, wobei er ausführt, daß Deutschland gesünder ist, als man meint. Solches inzwischen in den *mainstream*-Zeitungen zu lesen ist sensationell, oder hat man nun auch den Ernst der Lage erkannt? Fredemund MALIK, »Deutschland – gesünder, als man meint. Wider die Amerikanisierung der deutschen Wirtschaft / Besinnung auf die deutschen Stärken«. Harte Worte findet der Autor für die Diskussion über die Leistungsfähigkeit des Standortes Deutschland. Scharf geht er mit denjenigen ins Gericht. Der Artikel ist im Archiv der *FAZ*-online abrufbar.

ärmer, sondern noch mächtiger geworden ist – so wie heute der Ölpreis ja keineswegs eine Frage von ›Marktmechanismen‹ ist, sondern
der Manipulation durch die Finanzmärkte oder der Tatsache, daß es
mit ›*fiat money*‹ – dem Dollar – praktisch ausschließlich bezahlt wird.
Es gibt keine rationale Erklärung dafür, außer die von massiven Manipulationen im Zusammenwirken der vorhin schon genannten Beteiligten, warum Aktienkurse so in die Höhe schießen sollten, daß
Kurs/Gewinn-Verhältnisse von 1 : 100 wie im Nasdaq entstehen,
wobei manche hochgejubelten Firmen überhaupt noch nie je einen
Gewinn ausgewiesen hatten.

Finanzminister Josef

Aber all das ist nichts Neues! Bereits im biblischen Ägypten fand genau dasselbe statt. Man muß nur die Bibel zu lesen verstehen. Die
Geschichte des JOSEF VON ÄGYPTEN, der nach der Affäre mit der Frau
POTIPHARS ins Gefängnis geworfen, aber – als Traumdeuter – vom Pharao wieder geholt wird, ihm seinen Traum von den fetten Kühen und
vollen Ähren, gefolgt von mageren und leeren Getreidehalmen, zu
erklären.

Die Heilige Schrift erzählt nun diese Geschichte als die Abfolge von
sieben fetten Jahren mit reichen Ernten und sieben mageren, von Hun-
gersnöten begleiteten. Diese offensichtliche ›klare‹ Deutung kann jedoch nicht der wahre Sinn des Traumes sein. Die Fruchtbarkeit Ägyp-
tens beruht seit Menschengedenken auf den Nilüberschwemmungen,
die mit der gleichen Regelmäßigkeit alljährlich wiederkehrten, wie
die Sonne im Osten aufgeht. Da auch die Sonne über Ägypten immer
scheint, und keine Klimaschwankungen, wie im Norden Europas, die
Erträge der Ernte je gefährdeten, waren diese zu allen Zeiten genau
bekannt und berechenbar. Die vordergründige Traumdeutung als
Zeiten guter und schlechter Ernten ist mithin falsch.

Das Bild der sieben fetten und sieben mageren Jahre ist die bildhaf-
te Beschreibung einer vom ›Finanzminister Josef‹ organisierten Ausweitung des Kredits und die ebenso von ihm herbeigeführte Geldver-
knappung, die schließlich alle in dieser Schuldenfalle gefangenen
Ägypter in die Sklaverei führte. Sie verkauften sich selbst, nur um für
den Augenblick etwas zu essen zu haben. Nicht unähnlich den Vorgängen heute in Afghanistan, wo Eltern ihre Kinder verkaufen,[340] weil

---

[340] Bericht der *OÖN* in der 2. Märzwoche 2002 und Quote of the Day (Heutige Titelzeile der
NYTimes.com Freitag, 8. 3. 2002): »*I miss my sons, but there was nothing to eat.*« (Ich ver-
misse meine Söhne, aber es gab nichts zu essen.«) Akhtar MUHAMMAD, *who traded two of
his children for wheat* (der seine Kinder für etwas Weizen verkaufte).

ihnen alles zum Überleben mangelt, seit sie von den USA mittels Flächenbombardements ›befreit‹ und wieder zur ›Demokratie‹ geführt wurden.

Wenn jemand einwenden mag, daß dies Spekulationen seien, obendrein eine ketzerische Auslegung der Heiligen Schrift, so möge es jenen doch zu denken geben, daß diejenigen, die an der Chicagoer Getreidebörse[341] mit dem Brot der Welt spekulieren – zwei Drittel der Weltgetreideernten werden hier geschachert – sich der Bedeutung des JOSEF VON ÄGYPTEN wohl bewußt sind. Über dem mächtigen Eingangsportal des Chicago Board of Trade ist – wie symbolisch! – seine Porträtbüste links neben der großen Uhr angebracht (s. Abb. im Anhang). Die ›Trader‹[342] sind sich offenbar des wirklichen Zusammenhanges der biblischen Erzählung mit dem heutigen Wechsel von Kreditzyklen bewußt, welchen Grund gäbe es sonst, diese unerhörte Institution mit gerade dem Symbol JOSEFS VON ÄGYPTEN zu kennzeichnen? Sie geben damit – höhnisch – den wahren Zweck dieser Einrichtung bekannt, freilich nur jenen, die die Zeichen und Symbole entschlüsseln können.[343]

Wie sagte es Henry KISSINGER: »Mit Nahrung beherrscht man die Menschen, mit dem Öl die Nationen, mit Geld die Welt.«

Erster und Zweiter Hauptsatz der Volkswirtschaftslehre

1. Summe aller Schulden = Summe aller Geldguthaben. Das heißt, daß sich die Schulden in eben dem Maß wie die Kapitalguthaben aufgrund ihrer Verzinsung vermehren müssen.

2. Schulden können nur abgebaut werden, wenn es den Gläubigern gefällt, das heißt, wenn Kapital ›aufgebraucht‹ wird, entweder durch Konsum oder durch Investitionen von Unternehmern.

---

[341] Chicago Board of Trade, siehe Foto im Anhang.

[342] Börsenzugelassene Händler.

[343] Mich erinnert dies an eine fast lustige Geschichte, die mir vor Jahren ein Freund erzählte. Der Bruder des Verteidigers des früheren Geschäftsführers der VOEST-Intertrading, W. PRESCHERN, der wegen schweren Betruges und Untreue verurteilt wurde, las zufällig in der Zeitung über eine von PRESCHERNS Briefkastenfirmen in Liechtenstein. Dabei fiel ihm ihr Name auf: LEGMAS. . . Er fragte seinen Bruder, ob ihm denn nichts an dieser Firma oder ihrem Namen aufgefallen sei. Der Anwalt verneinte. Nun forderte er ihn auf, sich doch den Firmennamen einmal *laut* vorzusprechen: *Leg ma's!* – in oberösterreichischer Mundart der Imperativ der Handlungsweise PRESCHERNS: »*Legen wir sie (rein)!*«, »betrügen wir die Dummen, die nicht merken, was vorgeht«. PRESCHERN machte sich offenbar den Spaß, sein Motto ganz offen als Firmennamen zu verwenden, was ja im Grunde den handelsrechtlichen Vorschriften für ›sprechende‹ Firmenbezeichnungen durchaus entspricht. Ist nicht JOSEF VON ÄGYPTEN am Chicago Board of Trade von gleicher Art?

Die Vermehrung der Schulden erfolgt exponentiell – in gleicher Weise, wie sich die Guthaben wegen ihrer Verzinsung auch vermehren, weil Kapital ja immer als Kredit in den Wirtschaftskreislauf eingeschleust wird.

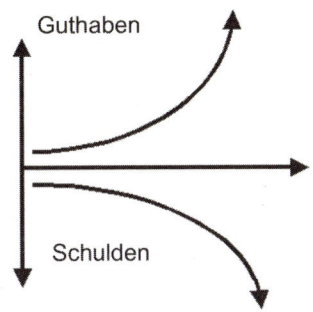

Guthaben

Schulden

Das heißt bei 3% → Verdopplung in 24 Jahren,
→   auf die Lebenszeit von 72 Jahren: 8fach.
bei 7% →Verdopplung in 10 Jahren,
→ auf die Lebenszeit von 72 Jahren: 128fach.
bei 15% → Verdopplung in 5 Jahren,
→ auf die Lebenszeit von 72 Jahren: > 16 000fach!

Hier geht es vor allem um die exponentielle und fast ›mechanische‹ Vermehrung des Geldes durch Zins und Zinseszins, die mit der obigen Problematik der ›Geldschöpfung‹, nämlich jener des ›*fiat money*‹ (in blasphemischer Anspielung auf den Schöpfungsakt bei der Erschaffung der Welt: ›*fiat lux*‹ – es werde Licht!, so »es werde Geld!« – so genannt), eng zusammenhängt. Es wurden geradezu die Schleusen geöffnet, und genau seit dem 15. August 1971, als sich Amerika als bankrott erklärt hatte, weil es nicht mehr mit *richtigem Geld* zahlen konnte oder wollte (d. h. gegen Vorlage von Papier-Dollar kein Gold mehr herausgab), hat man begonnen, Gold und Silber auch in den Köpfen der Menschen zu entmonetisieren. Gold und Silber ist heute scheinbar kein Geld mehr, und es werden von seiten der Banken und der Regierungen erhebliche Anstrengungen unternommen, daß diese Vorstellung erhalten bleibt und sich verfestigt.

Wir erleben seit vielen Jahren einen regelrechten Kampf gegen Gold und Silber. Warum? Wie Alan Greenspan in seinem berühmten Aufsatz von 1966, damals war er noch nicht Notenbankpräsident, klipp und klar geschrieben hat, ist Gold der natürliche Feind von *fiat money*. *Fiat money* dient der heimtückischen Enteignung der Menschen, Gold verhindert diesen Prozeß, deshalb muß es von denen, die an *fiat money* interessiert sind, mit allen Mitteln bekämpft werden, schreibt Alan GREENSPAN, was er und seinesgleichen ja auch taten und immer noch tun. Deswegen»hat. . . GATA – *Gold Anti Trust Association* – es sich zur Aufgabe gemacht, die Preismanipulation zu entlarven und zu bekämpfen. Sie hat in Amerika Klage gegen Alan GREENSPAN, Larry SUMMERS, die Basler Bank für Internationalen Zahlungsausgleich (BIZ), Goldman Sachs, die Deutsche Bank, kurz gegen die ganze Truppe, die an der Erhaltung von *fiat money* und damit an ihrer Geldmacht interessiert ist und die deshalb den Goldpreis nach unten manipuliert, eingereicht. Es könnte sein, daß die Freunde von *fiat money* jetzt, trotz ihrer immensen Macht, an das Ende ihrer Möglichkeiten gelangt sind«.[344]

Real- und Finanzwirtschaft

In der Realwirtschaft wird eine konkrete Leistung (Produkt oder Dienstleistung, wie zum Beispiel Arbeitsleistung zum Bau einer Straße) erbracht. In der Finanzwirtschaft wird Geld aus sich selbst vermehrt, das heißt durch ›Anlegen‹ des Geldes oder wenn man es ›arbeiten‹ läßt. Hier entstehen für die Kapitalbesitzer arbeitslose Einkommen. Nur Geld ist ein bedrucktes Papier, das natürlich nicht ›arbeitet‹, sondern über den Zins den Mehrwert der volkswirtschaftlichen Leistung – und wie an den Beispielen erkennbar, weit über diesen hinaus – abschöpft.

Wieviel abgeschöpft wird, ist leicht gezeigt: Wenn die gesamte Volkswirtschaft um 3% mehr leistet (grob gesprochen: das BIP steigt um diesen Betrag), so kann man das als ›Mehrwert‹-Leistung einer Volkswirtschaft ansehen. Wenn die gesamte Wirtschaft, öffentliche Hand und private Haushalte mit 50% des BIP nur verschuldet wären und diese Kredite nur mit 6% verzinst sind, dann bedeutet das, daß der gesamte jährliche Zuwachs des BIP (der ›Mehrwert‹) ausschließlich zur Bezahlung der Zinsen aufgewendet werden muß.

Allein die öffentliche Hand aller EU-Mitglieder ist weit über 60% (die Grenze der Maastricht-Kriterien) verschuldet, die anderen Schuldner sind noch gar nicht berücksichtigt, und beansprucht so bereits mehr als den Mehrwert der nationalen Volkswirtschaft. In den USA liegen die Gesamtschulden bei etwa 21,4 Billionen Dollar, die der öffentlichen Hand bei rund 5736 Mrd. Dollar (März 2001, im Juli 2002 war diese gesetzliche Grenze von 5950 Mrd. Dollar bereits überschritten)

---

[344] Zitiert nach einem Referat von Reinhard DEUTSCH, gehalten anläßlich des Elliott-Treffens im Februar 2001 in Ochsenfort. Siehe auch Internet: *Islamische Zeitung* http://www.islamische-zeitung.de/home/index.html

und das BIP 1999 lag bei rund 9,5 Bio. – heute geschätzt bei vielleicht 10 Bio. Dollar. Man sieht, wie aus der Realwirtschaft der Mehrwert in die Finanzwirtschaft umgeleitet wird. Man darf dabei nicht übersehen, daß all die spekulativen ›Anlagen‹ in der Vergangenheit mit weit höheren ›Renditen‹ operierten, also viel mehr als eine ›nur‹ sechsprozentige Verzinsung in diese Spekulationen floß.

Folgerungen

Kalaschnikow weist auf einen Artikel der *Neuen Zürcher Zeitung*[345] »Amerikas Kapitalismus am Ende?« hin und meint,»immerhin ein Grund, die *NZZ* wieder einmal zu lesen«. Amerikas Kapitalismus *ist* am Ende! Was schreibt aber der *NZZ*-Autor H. K. in Wahrheit? Doch nichts anderes als Libinternsche Desinformation und kapitalistische Propaganda. Die Überschrift mit einem Fragezeichen – als wäre das bloß ein übles Gerücht. Nun, wenn man unterstellt, daß üblicherweise schon die kritischen Themen – *un*übersehbares wirtschaftliches Wetterleuchten – verschwiegen werden, dann hat die *NZZ* damit den Finger bereits in die Wunde gelegt. Freilich in der politisch korrekten Weise, alles abzuleugnen, was längst die Spatzen vom Dach pfeifen:»Eine Depression steht Amerika wohl nicht ins Haus; die ›reale Wirtschaft‹ läuft, wie der Notenbankchef Greenspan dieser Tage überzeugend darlegte, nicht schlecht.«

Man sagt im Sprichwort:»Den Bock zum Gärtner machen«, um auszudrücken, daß jemand der wohl Ungeeignetste ist, eine bestimmte Sache zu tun. Greenspan, der Architekt des ganzen US-Schwindels, legte ›überzeugend‹ dar, daß die reale Wirtschaft laufe; es ist zum Lachen. Wer sich allerdings die Mühe macht, die – sogar offiziellen – Daten und Meldungen genauer anzusehen, hat es schwarz auf weiß, daß die US-Wirtschaft bankrott ist.»Das wieder wachsende Budgetdefizit wird als Gefahr heraufbeschworen.« Gefahr? Das *US-Treasury Bulletin* lohnt, angesehen zu werden. Große Aufregung herrschte darüber, daß die Regierung für letztes Jahr (2002) um 75 Mrd. Dollar Mehreinnahmen geschätzt hatte, als tatsächlich hereinkamen. Somit ergab sich das Budgetdefizit mit 121 Mrd. anstatt der geplanten 46 Mrd. Dollar. Aber das alles ist noch Schönfärberei!

Auf der Internetseite des Finanzministeriums findet sich ein sorgfältig versteckter Brief[346] des Finanzministers Paul O'Neill, der das De-

---

[345] »Amerikas Kapitalismus am Ende?«, in *Neue Zürcher Zeitung* vom 20. 7. 2002.

[346] http://www.fms.treas.gov/cfs/01frusg.html; (full report, S. 5). Siehe auch Bildteil im Anhang.

fizit des vergangenen Jahres auf das Vierfache erhöht angab. In seinen eigenen Worten:»In fünf Jahren haben wir beträchtliche Fortschritte gemacht, aber wir haben immer noch viel zu tun, um unser Ziel, ein zeitgerechtes und brauchbares Finanzberichtswesen, zu schaffen.« Dann erklärt er, was wirklich geschah.

»Konsolidiertes Finanzberichtswesen (*accrual*[347] *based financial reporting*) ist unabdingbar, um einen gesamten Überblick über die Operationen der US-Regierung zu bekommen. Für das Fiskaljahr 2001 war das Ergebnis auf konsolidierter Basis ein Defizit in Höhe von 515 Mrd. Dollar im Gegensatz zu einem 127 Mrd. Dollar Budget-Überschuß, der im Herbst vergangenen Jahres berichtet wurde.« Siehe Faksimile des Briefes im Anhang.

515 Mrd. Dollar bedeuten bei einem Gesamtbudget des Bundes von 2,1 Billionen (= 2100 Mrd.) ein Budgetdefizit von 25 %.

Der Kongreß schüttet – meint H. K. – das Kind mit dem Bade aus. Was wäre da noch auszuschütten? Und als ob Enron, WorldCom, Qwest, Arthur Anderson, Merrill Lynch nicht bloß die Spitze des Eisbergs wären. Die *NZZ* ist sehr inkonsistent in ihrer Argumentation: Bei den Technologiewerten seien es nicht betrügerische Manager, sondern die weggebrochenen Märkte, die den Zusammenbruch verursachten. Nur bei den Technologiewerten? Die ganze US-Wirtschaft investiert nicht mehr, weil es offensichtlich nirgends liquide Märkte gibt, verschärft durch den Umstand, daß – sollte es noch irgendwo solche letzten Reste geben – die meisten Unternehmen sich kein Geld mehr beschaffen können, weil ihre Kreditwürdigkeit es nicht mehr erlaubt.

Dr. Kurt RICHEBÄCHER, ein klassischer Nationalökonom,[348] sagt, daß eine Wirtschaft nur von kontinuierlichen Investitionen (in Realkapital, also Fertigungsstätten, Infrastruktur usw.) blühen kann. Aber Amerika baut keine Fabriken mehr! Die Abschreibungen haben die Investitionen inzwischen überholt, Amerika hat – wenn man die Abschreibungen vom Sozialprodukt wegnimmt – beim BIP längst ein Minus. Offiziell ist das Sozialprodukt in den letzten drei Jahren um 14% gestiegen,[349] die Abschreibungen aber um 34 %. Die Investitionen der

---

[347] Es bedeutet, daß gemäß GAAP (allgemein anerkannte Bilanzierungsvorschriften) im Berichtswesen Verbindlichkeiten/Einnahmen im Augenblick ihres Entstehens – und der Anerkennung durch die Administration – zu verbuchen sind, und nicht erst, wenn tatsächlich Geldflüsse stattfinden. Es ergeben sich damit Unterschiede zu einem ›cash-based‹, also einem auf tatsächlichen Geldflüssen beruhenden Berichtswesen.

[348] Im Unterschied zu jenen Aposteln der *new economy* und den ›Nobel‹preisträgern der Wirtschaftswissenschaften.

[349] Die offiziellen Wachstumszahlen sind in jeder Hinsicht dubios, denn es werden sämtliche Wirtschaftsdaten der USA ge- und verfälscht. Siehe die Hinweise auf die ›hedonischen Ansätze‹ vorhin.

Vergangenheit waren immer nur kurzfristige (in Computer), nichts mehr war langfristig. Das erhöhte momentan die Bruttoinvestitionen, aber die Abschreibungen, die dann folgten, schossen immer mehr in die Höhe, so daß negative Nettoinvestitionen die Folge waren. Die Gewinnausweise haben in den USA nichts mit unseren Methoden der Kostenrechnung zu tun. Sie verwenden, wie gesagt, einen ›hedonischen Ansatz‹. Das heißt, daß z.b. Software – ein immaterielles Produkt, das bei uns nur dann als Investition aktiviert werden kann, wenn sie integraler und nicht abtrennbarer Bestandteil eines Gesamtsystems ist – in den USA kapitalisiert wird, und sie geht damit voll in die Gewinnermittlung ein, denn die Kosten dafür hat man ja praktisch weggenommen, indem sie als Investition aktiviert wurden und somit jetzt (d.h. für die aktuelle Abrechnungsperiode – das laufende Geschäftsjahr) nur jener Bruchteil der jährlichen Abschreibung als anteilige Kosten sichtbar wird. Aber das bringt natürlich keine Dollar in die Kasse. Es sind Scheingewinne, die nur durch kapitalisierte Ausgaben in den Büchern entstehen.

Die Firmenaufkäufe und -fusionen sind ebenfalls keine Investitionen und keine Kapitalbildung. RICHEBÄCHER bezeichnet all die schönen Worte von ›Restrukturierung‹ und ›*Down-Sizing*‹ (also das Zurücknehmen, d. h. Verkleinern, des Unternehmens auf sogenannte Kernaktivitäten) als Synonyme für ›Nichtinvestieren‹.

Im Vergleich dazu war das Problem des Jahres 2000 ein im Grunde nur kleiner Schwindel, um unnötige Informationstechnik-›Investitionen‹ anzuregen. Heute bedarf es schon eines ›Krieges gegen den Terror‹, um die nötigen ›Investitionen‹ zu beschleunigen.

»Natürlich ist der amerikanische Kapitalismus nicht am Ende, selbst eine tiefgreifende Krise ist nicht zu erkennen. . . Doch Selbstmord ist es nicht, was sich in Amerika gegenwärtig abspielt. Vielmehr sind die selbstreinigenden Kräfte am Werk.« Was ›reinigt‹ sich da selbst, wenn die Bosse von Enron, Arthur Anderson, Merrill Lynch, der Harvard Corporation usw. usw. sich betrügerisch um zig Milliarden bereichern und die amerikanischen Sparer und Pensionisten in Billionen-Höhe um alles geprellt wurden?

In der zweiten Juli-Hälfte des Jahres 2002 etwa wurden abermals schon mehrere Tage andauernde Kursstürze an den Weltbörsen gemeldet. In Europa – London, Frankfurt, Amsterdam, Paris – zwischen 3 und 5% an einem Tag, in New York sei es ›stabil‹ geblieben, wobei allerdings in den Tagen davor die Kurse bereits auf neue Tiefststände gefallen waren:

Dow Jones Industrials Index 7737,44;
S&P 500 INDEX 801,94;

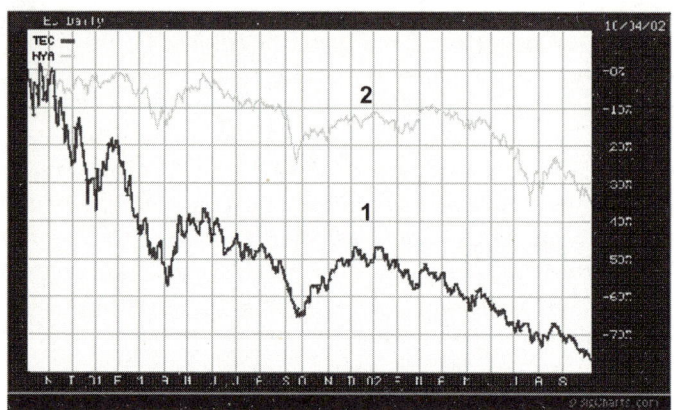

NASDAQ Combined Composite Index 1246,79.

Der Dow stand ja immerhin schon einmal auf über 11 500, vom Nasdaq reden wir gar nicht mehr. Ein paar Bilder sagen mehr als tausend Worte. Nachfolgend die Börsenindizes in New York.
Im September/Oktober 2002 wurden die Tiefststände nochmals unterschritten, und da stehen die Kurse auch Anfang 2003.

Kurve 2 gibt die summarische Entwicklung der New Yorker Börse, Kurve 1 jene für Technologiewerte. Sie ist seit Beginn des Jahres 2002, von kleinen Zwischen›hochs‹ abgesehen, kontinuierlich innerhalb von zwei Jahren um 75% gefallen. Die NYSE (unten) seit Anfang März 2001, und das Tief liegt in beiden Fällen dramatisch unter jenem vom 11. September!

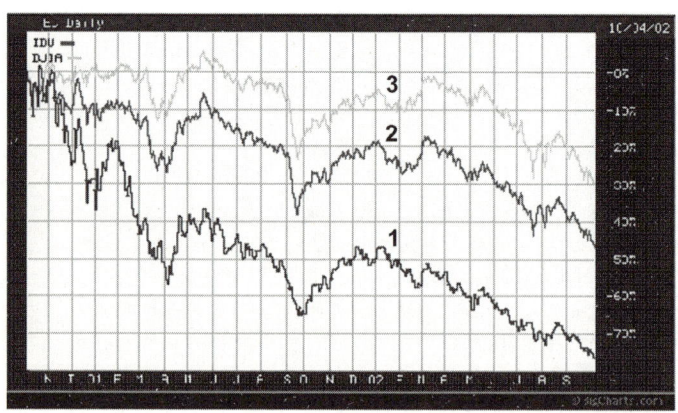

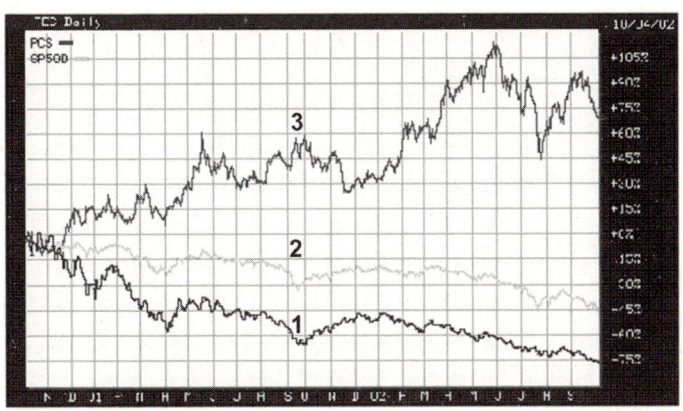

Obige Graphik stellt die Entwicklung des Dow-Jones Industrial Average dar. Auch dieser fiel unter das Tief vom 11. September. Zum Vergleich die Entwicklung des Kurses im Technologie-Bereich (Linie 1), der dramatisch – um rund 30 % – gegenüber dem Jahreshöchstwert gefallen war – nachdem im Vorjahr bereits ein Minus von 45 % zu verzeichnen gewesen war.
Einzig die Edelmetall-Branche – Gold-Aktien – stiegen zwischen 110 und 75 %. Die grüne Kurve repräsentiert den breiten Standard & Poors-Index – mit minus 45 %.

Der Vergleich der Edelmetallbranche mit dem S & P-Index zeigt: Gold stieg erheblich, wenngleich die bekannten Manipulationen des Goldmarktes, die zu einer in Berufung stehenden Klage der GATA[350] gegen GREENSPAN, den Treasurer, die Bank für Internationalen Zahlungsausgleich in Basel und verschiedene andere Großbanken geführt hatte, auch hier wieder zu einem Einbruch Ende Juli und September 2002 führten. Jedoch liegen die Werte immer noch stark im Plus. Die Gründe, Gold zu drücken, liegen ausschließlich im Bestreben der Finanzoligarchie, das System des ›fiat money‹, also des frei geschöpften, wertlosen Papiergeldes, noch länger aufrechtzuhalten. Ohne diese Manipulationen des Goldpreises würde Gold als wahrer Maßstab für den Wert der Währung (des Dollars) ihren Verfall, samt den in Dollar notierten ›Wert‹papieren, noch dramatischer gestaltet haben.
    Wenn die Kurse teilweise ›Zwischenhochs‹ zeigten, so deshalb, weil – wie schon erwähnt – die FED zur Markt›pflege‹ an den US-Börsen Aktien kaufen kann. Eine erste diesbezügliche Meldung hierzulande[351] fand sich in der *NZZ* Anfang Juli 2002. Das heißt, die amerikani-

---

[350] Gold Anti-Trust Association.
[351] Siehe oben.

sche Notenbank greift mit dem von ihrer Notenpresse geschaffenen Papiergeld – ›*fiat money*‹ – direkt ein, was ja erklärt, warum ein paar Tage nach dem 11. September und nun seit Ende Juli 2002 wieder die Kurse nach oben gehen – obwohl sich natürlich an der wirklichen Lage der US-Wirtschaft nicht das Geringste zum Besseren gewendet hatte.

Menetekel[352]

Zwei unwiderstehliche Kräfte werden den Goldpreis in die Höhe treiben:

1. Asiens Zentralbanken werden ihre Goldreserven aufstocken.
2. Über eine Milliarde Muslime könnten bald ihre eigene goldgedeckte Währung haben.

Malaysias Premier Dr. MAHATHIR forciert die Einführung einer Goldwährung, den Gold-Dinar. Bereits ab Mitte 2003 könnte im Handel mit anderen islamischen Ländern – Marokko, Libyen und Bahrain – der Zahlungsausgleich auf diese Weise erfolgen. Zusätzlich will Malaysia den Gold-Dinar im Verkehr mit jedem anderen Land der Welt als Zahlungsmittel einführen.

Dies geht mit Fortschritten in Asien und dem Mittleren Osten einher, den Handel und das Bankwesen allgemein stärker ›goldorientiert‹ zu gestalten, mit der verstärkten Umwandlung von Petrodollar in Gold (oder Euro-Anleihen). Damit erfolgt eine schrittweise Verschränkung zu einer pan-islamischen Position gegen den Dollar.[353]

Das sind wichtige Neuigkeiten über die islamische Welt, aber sie werden bei uns übersehen – bis jetzt jedenfalls.

Das World Gold Council berichtete, daß die asiatischen Zentralbanken zu riesigen Goldkäufern geworden sind. Die Bank von China erhöhte etwa ihre Goldbestände auf 500 Tonnen, das entspricht einer Erhöhung um 26 % von vorher 395 Tonnen. (Die traditionell und seit Jahrzehnten konstant niedrigen Angaben werden von Insidern als nicht korrekt angesehen und dürften weitaus höher liegen.) Die Zentralbanken von Japan, Thailand, Hongkong und Korea werden dem folgen. Bezeichnenderweise hielten sie weniger als 5 % in Gold. Im Gegensatz dazu hält die FED 58 % ihrer Reserven in Gold,[354] die EU-Zentralbanken wiederum nur 15 %!

---

[352] CUA GA DOUGOU – Welt-Analyse – 18.7. 2002.

[353] www.321gold.com

[354] Es wird 1. bezweifelt, daß die US-Goldbestände richtig angegeben werden, da seit Jahrzehnten eine unabhängige Überprüfung nicht ermöglicht wurde, und 2. wird unterstellt, daß diese zur Gänze verpfändet sind, d.h. die USA gar nicht mehr rechtmäßiger Besitzer wären.

Die Newmont Mining Corp. in Denver, größter Goldproduzent der Welt, sagte folgendes: Wenn die Zentralbanken von China, Taiwan und Japan ihre Goldbestände auf 15 % erhöhten, um mit ihren europäischen Gegenüber gleichzuziehen, müßten sie rund 12 000 Tonnen Gold kaufen. Dies entspricht der vierfachen Jahresproduktion sämtlicher Goldminen.

Nordostasiatische Zentralbanken haben sich vom Dollar als Währungs›reserve‹ abgewandt, was den Kursverlust des Dollars beschleunigte und den Euro als alternative Reservewährung der Welt emporhob. Der Euro-Anstieg über die Parität wurde offenbar teilweise durch Käufe in Nordostasien ausgelöst. Die Zentralbanken von China, Taiwan, Hongkong und Südkorea haben im ersten Halbjahr 2002 noch nie je erreichte 66 Mrd. US-Dollar an Devisen angehäuft, die sie aber *nicht* in US-Dollar notierten Wertpapieren anlegten, sondern offensichtlich in Euro-Werten. Außerdem wurde China im April 2002 erstmals seit August 2000 ein Netto-Verkäufer von US-Schatzanweisungen. All das drückt den Kurs des Dollars.

Japanische Anleger halten rund ein Drittel aller US-Staatsanleihen. Rund 45 % der gesamten Bundesschulden sind in ausländischer Hand. Hält die Krise in Japan weiter an und würde dieses Kapital in Zukunft entweder in Asien oder im zunehmend lukrativeren Euroland angelegt, geriete die US-Wirtschaft noch tiefer ins Trudeln.

Mit der Einführung eines ›gefärbten‹ Dollars haben die USA die Diskussion über die US-Schulden gewaltig angeheizt. Weltweit wird offensichtlich unter Eingeweihten über die Möglichkeit eines Bankrotts des Treasury diskutiert.[355] Das Problem besteht offenbar darin, daß die Treasury-Bonds fallen und auch daß das (US-)Gold weg ist.[356] Da die FED auch die langfristigen Zinsen niedrig zu halten bestrebt ist, wirkt sich das in einem sinkenden Dollar-Kurs aus.

Angeblich erwartet man damit bessere Absatzmöglichkeiten für US-Unternehmen, weniger Einfuhren an Fertiggütern und ein Anspringen der Wirtschaft. Das dürfte aber – wie man schon in Japan seit zehn Jahren sieht – nicht funktionieren. Auch die Erwartungen eines geringeren Handelsbilanzdefizits könnten sich als trügerisch erweisen. Mit dem allgemeinen Dollarverfall steigen die Werte der ›harten Assets‹, also aller Werte im Energiebereich, der Edelmetalle und einer Vielzahl von Rohstoffen. Diese sind aber bisher weitgehend auf Dollarbasis gehandelt worden, womit sich hier die Importe sehr verteuern werden und das Handelsbilanzdefizit der USA weiter steigen wird.

[355] 321gold Jim Willie, Jan. 27, 2003. www.321gold.com/editorials/willie/willie012703.html
[356] www.321gold.com

Was schon erwähnt wurde, nämlich daß die FED ›parat steht‹, die Schulden zu monetisieren, bedeutet, daß sie die Notenpresse anwerfen wird. Daß dies den Dollar nicht stärken kann und wird, ist klar. Nicht klar ist aber, wie mit noch mehr ›*fiat money*‹ die Apokalypse abgewandt werden soll. Schon heute sind in den USA alle ›Werte‹ (also was irgend einen realen Wert besitzt: Immobilien, Grundstücke, Anlagen, Fabriken, Rohstoffe, Gold) belastet (= verpfändet). Um einen Dollar für das BIP zu schaffen, sind heute vier Dollar an frischem ›*fiat money*‹ nötig.

Es ist sehr bemerkenswert,[357] daß das FED-Kommuniqué, das die Senkung der Fund-Rate begleitete, sich zum erstenmal über Ausgaben, Produktion und Beschäftigung Gedanken machte. In letzter Zeit wurde die FED sogar noch viel deutlicher, sie sei tatsächlich über den Druck auf die Preise besorgt, über die Fähigkeit der Wirtschaft, Preise durchzusetzen. Solcher Druck wird in den Medien allgemein als ›Deflation‹bezeichnet. Das jüngste Mitglied des FED-›*farm-clubs*‹, Ben Bernanke, inzwischen auch offiziell ein Ritter der FOMC[358]-Tafelrunde, wurde in einer Rede im Herbst zum Thema »Deflation. Sicherstellen, daß sie hier nicht stattfindet« ziemlich deutlich. Bernanke meinte, daß auch 0 % Zinsen möglich seien. Die ›Monetisierung‹ von Schulden (also der Rückkauf von Schatzanweisungen (*Treasuries*[359]) usw. durch die FED ist ein verfügbares Mittel in der Schublade der FED. Wie gesagt, die FED steht parat, Geld zu drucken, also den Kredit auszuweiten. Und auch dafür, daß es eine Toleranz für eine geordnete Abwertung des Dollars in bezug auf wesentliche Weltwährungen gäbe.[360] Es kommt selten vor, daß die FED-Verantwortlichen dies so explizit ausdrücken. Offensichtlich war Bernanke noch nicht hinreichend in der FED-›Sprachverdunkelung‹ geschult.

In seiner besonders charmanten Weise machte Lord Alan Greenspan[361] in einem seiner jüngsten Monologe deutlich, daß der FED noch lange nicht das monetäre Pulver ausgegangen sei. Die FED macht sich

---

[357] www.contraryincestor.com, Dez. 2002; Monthly Market Observations

[358] ›farm‹ = FOM-Club = FED Open Market Committee.

[359] Normalerweise staatliche Obligationen. Im Falle der FED, die eigentlich eine Privatbank ist, ist das natürlich ein Euphemismus. Gemeint sind aber Schatzanweisungen der Notenbank, die freilich längst nicht mehr in Gold (oder Gold-gedecktem Geld) eingelöst werden, sondern wieder mit «bedrucktem Papier».

[360] Am 5. 2. 2003 liegt der Euro bei 1,08 $ und die Feinunze Gold bei 378 $, was eben die Schwäche des Dollars angibt (und den Umfang der Manipulation).

[362] Für jene, die es noch nicht wissen: Alan Greenspan wurde von der englischen Königin in den Adelsstand erhoben. Eine bemerkenswerte Würde für einen auf der amerikanischen Verfassung stehenden Republikaner. (Sofern er das freilich ist.) – Oder ein Hinweis, wie die wahren Linien der Wirtschafts- und Finanzmacht verlaufen; nämlich in die City nach London?

zu einem der größten ›re-flationären Zyklen‹ in der Geschichte der USA bereit.

Öl auf Euro-Basis?

Im November 2000 entschied sich der Irak, Öl für Euros zu verkaufen,[362] Malaysia schien dem zu folgen, und Rußland suchte schließlich eine strategische Allianz[363] auf der Basis der Energie; dies würde der Anfang vom Ende des ›freien Öls‹[364] für die USA bedeuten, das Ende der Erpressung mit dem ›Reserve-Währungsprivileg‹ des Dollars und der damit einhergehenden politischen Macht. So könnte es kommen, falls die EU nicht einknickte oder von Großbritannien sabotiert würde (was aber eine trügerische Hoffnung ist, wie das jüngste Ausscheren T. BLAIRS aus dem EU-Widerstand der EU gegen den Irak-Krieg der USA nur zum wiederholten Male unterstreicht.)

Wir hatten über 100 Jahre der anglo-amerikanischen Vorherrschaft im Ölgeschäft: Der deutsch-türkische Streit mit England über die Berlin-Bagdad-Bahn ließ die Briten den Ersten Weltkrieg entfesseln. Nach dem Zweiten Weltkrieg verhinderten die Mörder von Enrico MATTEI und König FEISAL die Abkopplung vom Dollar und die Allianz mit Europa. Die Falle[365] für den Irak mit der Zurückgewinnung Kuwaits, die Auflösung der Sowjetunion und ihres Nachfolgers Rußland/GUS durch die Organisierung und Anerkennung ›unabhängiger‹ Staaten im Öl-Gürtel des Kaukasus[366] dienten alle demselben Ziel: der monopolistischen Kontrolle der Energieressourcen der Welt durch die USA.

Mit dem offensichtlich mutigen Akt Präsident Saddam HUSSEINS – von anderen wohl ausreichend unterstützt, um den Bedrohungen mit derselben ›*Balance of Terror*‹ zu begegnen, die so ›überzeugend‹ den ›Frieden von Jalta‹ bewahrte – hat der Dollar eine tödliche bedrohung erhalten, während der Euro einen Aufschwung erleben sollte. Unglaublich, daß dies nirgendwo aufgegriffen wird.

Doch wir zögern ob dieser vagen Hoffnung. Die lange zu wohlgefällige Reaktion der USA auf diesen irakischen Schritt ließ einen zyni-

---

[362] Was zu unmittelbar folgender Wiederaufnahme der Bombardierungen durch die Anglo-Amerikaner führte.

[363] Nicht nur mit Europa, d. h. der EU, wie ja dargelegt wurde.

[364] Des Handels von Papierkontrakten zu Spekulationszwecken in Dollar. Siehe *Staatsbriefe* 9–10/2000.

[365] Von den USA gestellt, die durch ihre Botschafterin April GLASPIE dem Irak ausrichten ließ, »daß Kuwait eine innerarabische Frage sei, zu der die USA keine Position hätten«. – Um dann mit einem vom Kongreß nicht genehmigten überfallartigen Krieg den Irak niederzubomben.

[366] Wie von Z. BRZEZINSKI in *The Grand Chessboard* ja völlig ungeniert dargelegt.

schen Historiker erstaunen: Es sei zwar Zeit, den Euro aufzuladen. Aber wir übersähen den Punkt am Jota! Schließlich wurde der Euro doch erfunden, um Deutschland unter Kontrolle zu halten. Als es eine *deutsch-russische* Währungsallianz zu schaffen suchte, mußte Alfred HERRHAUSEN[367] von der Deutschen Bank das im Jahre 1989 mit seinem Leben bezahlen. Darüber hinaus ist die Rolle des Euro voll auf Kurs mit all den brillanten Reservewährungs-Schemen. Es wiederholt sich, was die Engländer mit ihren Verbindlichkeiten Ende der sechziger Jahre taten, als sie das Pfund (den ›Sterling‹) ausreichend abwerteten, daß jeder in den Dollar flüchtete. Mit anderen Worten: Der Euro wurde groß genug im Vergleich zu den nationalen Währungen geschaffen (an *equal-size paper-mountain* zum ›*fiat money*‹ des Dollar), jedoch als ein *willenloses* Behältnis, um die Billionen von US-Verbindlichkeiten in den Euro zu transferieren, die vom Aufkaufen der Welt und vom üppigen Leben ›ganz gratis‹, besondern beim Öl, herrührten.

Sehen wir aber nochmals genauer hin. Was hat sich – fast verborgen – in letzter Zeit abgespielt?

»Wenn eine Lüge nur groß genug ist und ständig wiederholt wird, werden sie die Menschen schließlich glauben.«

In den US-Medien wird der wahre Grund des Irak-Krieges gänzlich verschwiegen: Es geht um die Währung im Ölgeschäft. Die US-Regierung will um jeden Preis verhindern, daß andere OPEC-Länder dem Beispiel des Iraks folgen und den Euro als Standard einführen. Es wäre das Ende der US-Vorherrschaft. Da der Irak über die zweitgrößten Ölreserven verfügt, wollen die USA aus strategischen Gründen sich in den Besitz dieser Ölvorkommen setzen, damit das OPEC-Kartell mit einer massiv hochgefahrenen Ölförderung im Irak gebrochen werden kann. Jede andere Lösung würde die US-Wirtschaft massiv gefährden, da sie allein auf der Vorherrschaft des Dollars als Reservewährung beruht, mit der die USA faktisch ihren ungeheuren Ölhunger kostenlos stillten: Das Privileg der USA seit 1945 besteht ja darin, daß *sie* ›Dollar produzieren‹ – eben ›*fiat money*‹ – und der Rest der Welt Güter, die gegen diese ›Petro-Dollar‹ getauscht werden.

Inzwischen muß ja aufgefallen sein, daß es keine internationale Unterstützung für den Sturz Saddam HUSSEINS gibt. Auch die ständigen Wiederholungen der USA werden nicht mehr ernst genommen, daß ›Saddam die Welt täusche‹, obwohl er bisher alle UN-Forderungen zu erfüllen bereit war und 300 Waffeninspektoren *nichts* fanden, was irgendwie mit den behaupteten ›Massenvernichtungswaffen‹ (MVW) zu tun hätte. Trotz aller Rhetorik konnte BUSH und sein CIA

---

[367] Der Vater und Propagator dieser Idee.

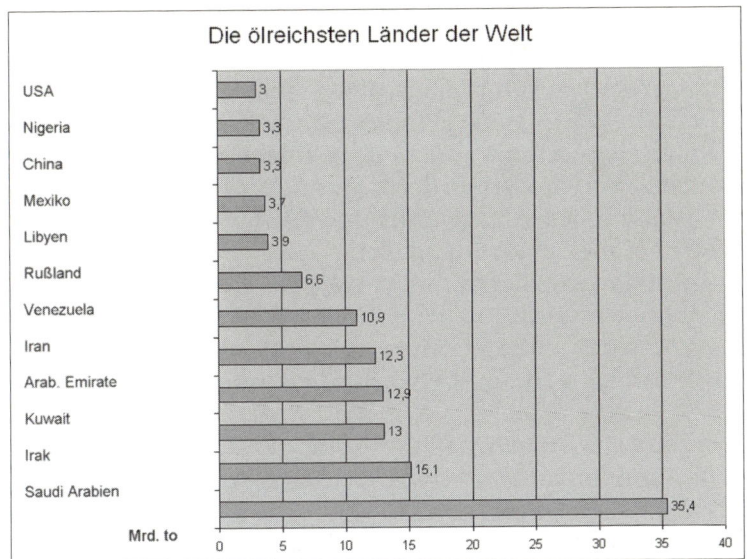

Die ölreichsten Länder der Welt

Land	Mrd. to
USA	3
Nigeria	3,3
China	3,3
Mexiko	3,7
Libyen	3,9
Rußland	6,6
Venezuela	10,9
Iran	12,3
Arab. Emirate	12,9
Kuwait	13
Irak	15,1
Saudi Arabien	35,4

die Welt auch nicht überzeugen, daß Saddam HUSSEIN und Al-Qaida etwas miteinander zu tun haben.

Der einzige Grund, SADDAM zu stürzen, war seine Entscheidung vom November 2000, statt Dollar in Zukunft Euro zu nehmen. Damit hatte er sein Schicksal besiegelt. BUSH – als der Ölindustrie verpflichtet – hat sozusagen deren geostrategische Sicht[368] bezüglich des Öls, womit ein ›fabrizierter‹ zweiter Golfkrieg seither in der Luft lag. Darüber hinaus droht der ohnedies schwerstens angeschlagenen US-Wirtschaft der tödliche Stoß, wenn der Euro zur Öl-Währung aufrücken sollte. Daß der Irak auch seine 10 Mrd. Dollar Reserven bei der UNO (vom Programm »Öl-für-Nahrung«) in Euro umwandelte, war eine Draufgabe. In diesem Krieg ging es eben nicht nur um SADDAM oder Massenvernichtungswaffen, sondern auch darum, die OPEC einzuschüchtern (auch den anderen Regierungen könnte das Schicksal SADDAMS drohen) und sie direkt zu hindern, dem Beispiel des Iraks zu folgen. Dieser hatte sich zum Euro entschlossen, als dieser bei 80 Cents lag; um wieviel eher liegt ein Umstieg nahe, nachdem der Dollar an die 20 % seines Wertes gegenüber dem Euro seit Ende 2002 eingebüßt hat?[369]

---

[368] Man erinnere sich des *IHT*-Artikels von W. PFAFF über den »gekauften Präsidenten«.

[369] Diese Informationen sind in den US-Medien völlig totgeschwiegen; nur ein *Radio Free Europe*-Beitrag vom 6. 11. 2000 besprach dieses quasi Staatsgeheimnis, von dem auch der *Spiegel* hier berichtete. Charles RECKNAGEL, »Iraq: Baghdad Moves to Euro«, http://www.rferl.org/nca/features/2000/11/01112000160846.asp

Was wäre, wenn... die OPEC plötzlich auf Euro umstiege? Nun, alle ölverbrauchenden Staaten und deren Zentralbanken müßten die Währungsreserven von Dollar auf Euro umstellen. Der Dollar würde sofort bis zur Hälfte seines Wertes verlieren – für die US-Wirtschaft mit den entsprechenden Folgen (u. a. ungeheurer Inflation), die ein derartiger Zusammenbruch der Währung nach sich zöge. Eine Flucht aller ausländischen Anlagen aus dem Dollar – den Aktien und auf den Dollar bezogenen Wertpapieren – würde einen Sturm auf die Banken wie in den dreißiger Jahren auslösen, das Außenhandelsdefizit wäre nicht mehr aufrechtzuerhalten, und der Staatshaushalt würde faktisch bankrott sein. Die Krise Rußlands sowie Lateinamerikas, mit einem Wort der ›Dritten Welt‹, würde dann zum Schicksal der Ersten.[370]

Es scheint klar zu sein, daß alles gemessen am Ölproblem, das weit über den Irak hinausgeht und Iran, Saudi-Arabien, Venezuela einschließt, und der Aufrechterhaltung des Reserve-Währungsstatus des Dollars nebensächlich ist. Die Gefahr für den Dollar ist so groß, daß selbst kurzfristige Probleme für die US-Wirtschaft in Kauf genommen werden, um den drohenden Crash des Dollars abzuwenden, der mit einem Umstieg der OPEC auf Euros unvermeidlich wäre. Die Rolle Rußlands, Indiens, Chinas im ›Großen Spiel‹ scheint klar zu sein, wie ja mit dem Ausbau der ›Landbrücken‹ hinreichend gezeigt wurde.

Bisher beherrschten die USA die anderen Länder durch ihre Währung, sie monopolisieren den Welthandel. Man kann darauf wetten, daß der militärisch-industrielle Komplex der USA die bisherigen Abweichungen vom ›Pfad der Tugend‹ wieder rückgängig machen wird: zurück zum Dollar.

Eine weitere in US-Medien nicht berichtete Geschichte über die ›Achse des Bösen‹ ist der Umstand, daß inzwischen auch der Iran daran denkt, Öl gegen Euros zu verkaufen.[371] Die iranische Zentralbank ist dafür, überhaupt jetzt, da der Euro stärker geworden ist. Im Jahre 2002 hat sie übrigens den Großteil ihrer Reserven in Euros umgetauscht.[372] Das ist ein starkes Indiz für einen Wechsel zum Euro als

---

[370] Es sei ebenfalls auf Ch. Goodhart hingewiesen, der in bezug auf die Euro-Einführung auch hier die Möglichkeit des Staatsbankrotts sah.

[371] Roy Gutman u. John Barry, *Beyond Baghdad: Expanding Target List* (Über Bagdad hinaus: Erweiterung der Liste: Washington denkt über eine Reorganisation der arabischen und islamischen Welt nach). 11. August 2002. http://www.unansweredquestions.net/timeline/2002/newsweek081102.html

[372] »Mehr als die Hälfte der Devisenreserven des Landes wurden in Euro getauscht«, erklärte Mohammad Abasspour von der Entwicklungskommission des Parlaments. »Forex Fund Shifting to Euro«, in: *Iran Financial News* vom 25. 8. 2002. http://www.payvand.com/news/02/aug/1080.html .

Ölwährung.[373] Wen wundert es also, daß der Iran das nächste Ziel im ›Krieg gegen den Terror‹ ist? Venezuela, viertgrößter Ölproduzent und ebenfalls OPEC Mitglied, könnte folgen. Hugo CHAVEZ hatte dort auch bereits begonnen, Bartergeschäfte mit den Nachbarländern zu schließen, Öl gegen dringend benötigte Güter, wobei der (dem Lande mangelnde) Dollar aus dem Transaktionszyklus wirksam ausgeschaltet wurde. Auch gegen ihn wird die US-Regierung weiter konspirieren. Wegen der bisherigen Ereignisse hatte BUSH im April 2002 den gescheiterten Militärputsch gutgeheißen, bei dem gewiß der CIA aktiv als Drahtzieher beteiligt war.[374] Aber das könnte Venezuela schneller dazu bringen, auf Euros umzusteigen und damit gerade das bewirken, was die USA am meisten zu verhindern trachten.

Alarmierend und in den US-Medien ebenfalls völlig totgeschwiegen sind die Umschichtungen – vom Dollar zum Euro – bei den Währungsreserven ausländischer Regierungen: China, Venezuela, wie erwähnt Iran und einige andere OPEC-Länder und kürzlich auch Rußland.[375] Nordkorea entschied sich ebenfalls am 7. Dezember 2002 offiziell, an Stelle des Dollars den Euro als Handelswährung einzuführen.[376] Neben gewiß politischen Ursachen dürfte dies auf das US-Ölembargo zurückzuführen sein, das das Land hart getroffen hat. Man erhofft sich vielleicht einen ›Handel‹ mit den USA: wieder die benötigten Güter zu bekommen, wenn man die jüngsten Entscheide zurücknähme. (Wie man am Atomprogramm Nordkoreas sieht, erwies sich hier einmal mehr die amerikanische Verlogenheit in bezug auf die MVW-Vorwürfe an den Irak.)

Javad YARJANI, OPECs Chef des Öl-Markt-Analyse-Departments, hielt im April 2002 in Spanien eine aufsehenerregende Rede.[377] Sie setz-

---

[373] »Economics Drive Iran Euro Oil Plan, Politics Also Key« (Die Wirtschaft ist für den Euro-Öl-Plan ausschlaggebend, aber auch die Politik spielt eine Schlüsselrolle), August 2002 http://www.iranexpert.com/2002/economicsdriveiraneurooil23august.htm

[374] Larry BIRNS u. Alex VOLBERDING, »U.S. is the Primary Loser in Failed Venezuelan Coup« (Die USA sind die Hauptverlierer des gescheiterten Putsches in Venezuela), in: *Newsday* vom 21. 4. 2002. http://www.coha.org/COHA%20 in%20 the news/Articles%202002/ newsday 04 21 02 us venezuela.htm

[375] »Euro continues to extend its global influence« (Der Euro dehnt seinen globalen Einfluß weiter aus), 7. Januar 2002. http://www.europartnership.com/news/02jan07.htm

[376] Caroline GLUCK, »North Korea embraces the euro« (Nordkorea schließt sich dem Euro an), 1. 12. 2002. http://news.bbc.co.uk/1/hi/world/asia-pacific/2531833.stm

[377] »The Choice of Currency for the Denomination of the Oil Bill« (Wahl des Währungs-Standards für Öl), Rede von Javad YARJANI, OPEC Marketing Analysis Department (April, 2002) http://www.opec.org/NewsInfo/Speeches/sp2002/spAraqueSpainApr14.htm

te sich mit der Frage der Ölwährung der OPEC in bezug auf Dollar und Euro auseinander. (Auch sie wurde in den US-Medien zensiert.) YARJANI führt unter anderem aus:»In den späten neunziger Jahren gehen mehr als vier Fünftel der Währungstransaktionen und die Hälfte der Weltexporte auf Dollar-Rechnung. Daneben stellt die US-Währung zwei Drittel der offiziellen Welt-Währungsreserven. Die Abhängigkeit der Welt vom US-Dollar für ihren Handel sah die Länder an Dollarreserven gefesselt, die völlig außerhalb jedes Verhältnisses zu Amerikas Anteil an der Weltproduktion stehen. Der Anteil des *Dollars* am Welthandel ist viel höher als der Anteil des US-Welthandels. . .
Die Euro-Zone hat einen größeren Anteil am Welthandel als die USA, und während die USA ein riesiges Außenhandelsdefizit haben, hat die Euro-Zone eine ausgeglichene Position. . . Im übrigen ist zu bemerken, daß die Euro-Zone auch ein viel größerer Öl- und Ölprodukte-Importeur als die USA ist. . . Kurzfristig werden die Mitgliedsländer der OPEC weiterhin Dollarzahlungen akzeptieren. Die OPEC wird aber in der Zukunft die Möglichkeit einer Fakturierung und Bezahlung in Euro nicht ausschließen. . . Sollte der Euro die Stärke des Dollars herausfordern, was im wesentlichen bedeutete, ihn als Zahlungsstandard für Ölrechnungen miteinzubeziehen, dann entstünde ein System, das langfristig vielen Ländern dient. Mit einer erweiterten europäischen Integration und einer starken europäischen Wirtschaft könnte dies vielleicht Wirklichkeit werden.«

Diese grundlegende Rede und die kommende EU-Erweiterung im Jahre 2004 – 450 Millionen Menschen und ein BIP von rund 9,5 Billionen – könnten ein Anstoß für die OPEC sein, auf den Euro umzusteigen. Hier ist aber noch nicht einmal das Potential von England, Norwegen, Dänemark und Schweden als Mitglieder der Währungsunion einbezogen, die sie ja derzeit noch nicht sind. Seit April 2002 – als diese Rede gehalten wurde – hat sich das Verhältnis Dollar-Euro umgekehrt, und der Dollar wird, wie es aussieht, weiter fallen.

Sollte sich Norwegen entschließen, sein Brent-Öl in Euros zu fakturieren, und England tatsächlich den Euro einführen, wären dies die Wendepunkte für die OPEC, ebenfalls zum Euro zu wechseln. Für Norwegen könnte das schwedische Votum einen Vorbildcharakter haben, dem sich Dänemark nicht entziehen würde. Der springende Punkt ist also – wieder einmal – England, ob der Euro international Reserve-Währung werden könnte. Nichtsdestoweniger ist einiges in Bewegung, was der Vorherrschaft des Dollars entgegenwirkt. Bereits Mitte des Jahrzehnts könnte die OPEC so weit sein zu wechseln.

Dies würde die US-Wirtschaft tödlich treffen, da sie aufs engste mit der Rolle des Dollars als Reservewährung verbunden ist. Insbondere dann, wenn sie nicht endlich ihre strukturellen Anpassungen macht, wofür die Zeit und Umstände inzwischen eigentlich zu knapp bemessen erscheinen. Das Ergebnis eines Zusammenbruchs des Dollars würde schließlich bewirken, daß die USA und die EU die Rollen in der Weltwirtschaft tauschen, was wohl nicht im Sinne der USA ist. So könnten die massiven militärischen US-Drohungen die Ereignisse in den OPEC-Staaten doch eher bestimmen.

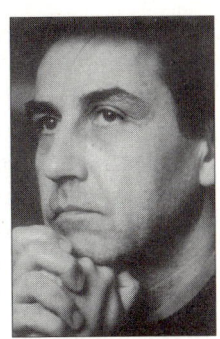

Emamnuel TODD. *Der französische Politologe prophezeit in seinem neuen Buch* Weltmacht USA *den unvermeidlichen Niedergang der hybriden Weltmacht USA.*

Es ist aber so, daß die egoistische US-Politik – ›*America first*‹ –, die Mißachtung von Völkerrechtsverträgen, der aggressive Militarismus, den Bogen überspannt haben. Die offene Kriegshetze von BUSH hat die USA gezeigt, wie sie tatsächlich sind: Kriegstreiber seit eh und je, die sich nun erklärterweise auch nicht mehr um eine Zustimmung des UN-Sicherheitsrats kümmern und nach eigenen Gutdünken losschlagen.

Das Ende der US-Vorherrschaft wird aber schließlich kommen. Mit dem Militär allein ist sie nicht aufrechtzuerhalten. Im Gegenteil, dies ist das Zeichen der Schwäche und des Niederganges. Der französische Historiker Emmanuel TODD, der den Untergang des sowjetischen Imperiums 1976 voraussagte, hat dies in ähnlicher Weise für das amerikanische getan. Hauptgründe werden also sein: ein zu hoher Ölpreis und eine starke Abwertung des Dollars sein.

Der engagierte Premier Malaysias M. MAHATHIR, *der den Großspekulanten* G. SOROS *zum Staatsfeind Nummer eins erklärte. Er ist bestrebt, sich von der Abhängigkeit und den Diktaten des Dollars zu befreien.*

Außer den bereits erwähnten politischen Risiken bedeutet insbesondere die angeschlagene Wirtschaft Japans eine große Gefahr. Japan könnte einen über längere Zeit anhaltenden höheren Ölpreis (45 Dollar pro Barrel) nicht verkraften. Würden Banken krachen und wegen ihrer außerordentlichen (100prozentigen) Abhängigkeit vom Öl die Wirtschaft zusammenbrechen, hätte dies eine Kettenreaktion in Südostasien und sodann in Europa und Rußland zur Folge. Und das würde die USA in derselben Weise treffen.

Wie sind einige der Rahmenbedingungen?

• Der US-Krieg gegen den Terrorismus hat, soweit man sieht, bereits jetzt riesige Defizite zur Folge und außerdem das bislang höchste Handelsbilanzdefizit.

• Viele Entwicklungsländer folgen dem Beispiel Venezuelas und Chinas (sowie anderer Länder), ihre Dollar-Währungsreserven gegen Euros (und Gold) zu tauschen.

• Die OPEC könnte auf Euro umsteigen oder eine eigene ölgedeckte Währung schaffen. Die anderen Aktivitäten in der islamischen Welt bezüglich eines Gold-Dinars – vom Malaysias Premier MAHATHIR sehr gefördert – sind noch nicht einmal ausgelotet.

• Entwicklungsländer mit geringen Dollar-Reserven beginnen, ihren Handel auf Barter-Geschäfte umzustellen, indem sie mit computerunterstützten Tauschgeschäften ihre unterbewerteten Grundstoffe handeln (Venezuelas Präsident CHAVEZ hat dreizehn solcher Öl-Barter-Verträge geschlossen.)

• Die USA könnten nicht länger ihr Handelsdefizit (~ 5 % vom BIP) finanzieren und auch den Krieg ohne Ende, angeblich ›gegen den Terror‹, nicht fortsetzen.

Was die (US-)Eliten ja verstehen, aber sonst nicht allgemein bekannt sein dürfte, ist der Umstand, daß die Stärke des Dollars an sich nicht auf der Leistung der US-Volkswirtschaft beruht. In Wahrheit beruht sie seit 1945 auf dem Privileg, internationale Reservewährung zu sein und als *fiat*-Währung für die weltweiten Öltransaktionen (Petro-Dollar) verwendet zu werden. Die USA drucken Hunderte Milliarden dieser *fiat*-Petro-Dollar, die dann von den Nationalstaaten zum Kauf von Öl bei den OPEC-Produzenten (mit Ausnahme des Iraks und einiger noch zaghafter Versuche Venezuelas und demnächst wohl des Irans) verwendet werden. Diese Petro-Dollars werden dann von der OPEC zurück in die USA über Treasury-Bills oder andere auf den Dollar bezogene Werte wie US-Aktien, Immobilien geleitet. Dieses Zurückführen der Petro-Dollars ist der Preis, den die Ölproduzenten zu bezahlen und den sich die USA für ihre bisherige Duldung des OPEC-Kartells ausbedungen haben.

Der Dollar war und ist das globale Instrument der USA schlechthin, und nur der USA,[378] die per ›fiat‹ produzieren konnte. Der Dollar, eine *fiat*-Währung, ist trotz des US-Handelsbilanz-Rekorddefizits und der gigantischen Schulden auf einem 16jährigem Hoch.

---

[378] Um genau zu sein, sind es nicht die Vereinigten Staaten, sondern eine private Bank im Besitz jüdischer Großbanken!

Dollar-Vorherrschaft

Nach ihrer Bestimmung müssen die Dollarreserven in US-Anlagen investiert werden, womit ein Überschuß im Kapitalverkehr für die US-Wirtschaft entsteht. Sogar nach einem Jahr scharfer Korrekturen sind die US-Aktien immer noch auf einem 25-Jahres-Hoch. Der Überschuß der US-Kapitalbilanz (von ausländischen Investitionen) finanziert damit das Defizit der Handelsseite. Darüber hinaus ist jeder in Dollar geführte Wert, unabhängig von seiner Lokation, effektiv ein US-Wert. Wenn Öl also aufgrund der US-Macht in Dollar gehandelt wird und der Dollar ein *fiat*-Geld ist, besitzen die USA effektiv die Welt-Ölvorräte zu ihrer freien Verfügung. Und je mehr die USA ›*greenbacks*‹ (Dollar) produzieren, desto höher steigt der Preis für US-Werte. Somit bedeutet eine Politik des starken Dollars in doppelter Weise für die USA einen Gewinn.

Diese gegenwärtige ungerechte Situation mit der US-Wirtschaft ist aber nur so lange aufrechtzuerhalten, wie:

- die Völker das nötige Öl und andere Lebensnotwendigkeiten weiter auf Dollarbasis nachfragen und bezahlen,
- die *fiat*-Reservewährung für weltweite Ölgeschäfte der Dollar – und *nur der Dollar* – bleibt

Die Einführung des Euro ist aber ein neuer wesentlicher Faktor, und er erscheint als die hauptsächlichste Bedrohung der wirtschaftlichen US-Vorherrschaft.

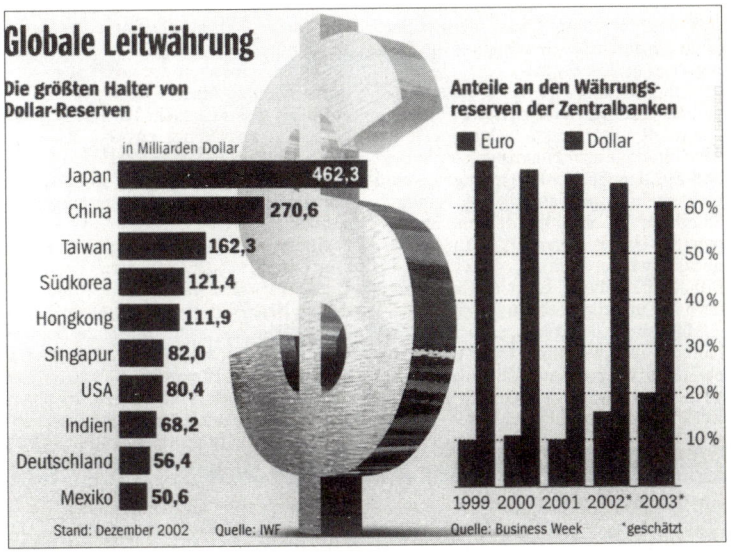

Globale Leitwährung

Die größten Halter von Dollar-Reserven

in Milliarden Dollar

Japan	462,3
China	270,6
Taiwan	162,3
Südkorea	121,4
Hongkong	111,9
Singapur	82,0
USA	80,4
Indien	68,2
Deutschland	56,4
Mexiko	50,6

Stand: Dezember 2002   Quelle: IWF

Anteile an den Währungsreserven der Zentralbanken

■ Euro   ■ Dollar

60 %
50 %
40 %
30 %
20 %
10 %

1999 2000 2001 2002* 2003*

Quelle: Business Week   *geschätzt

Angesichts dieser Lage werden die Vereinigten Staaten von Amerika den Irak-Krieg führen, SADDAM stürzen und dann eine gigantische Ausweitung der irakischen Ölproduktion beginnen, um den Ölpreis nach unten zu drücken, womit man das OPEC-Kartell zu zerstören hofft – und damit die Möglichkeit, das Ölgeschäft auf Euros umzustellen, unterbindet. Darum geht es also beim ›Krieg gegen den Terrorismus‹. Wie das inszeniert wird, ist auch klar: Die USA sagten es ja bereits. Eine US-Militärregierung im eroberten Irak wird dies sicherstellen und als erstes den Irak wieder zum Dollar zurückführen. Dann kann eine Marionetten-Regierung wie in Afghanistan ›regieren‹. Selbstverständlich werden die Ölfelder vom Militär ›geschützt‹, damit die BUSH-Junta die Förderung bis zum Fünffachen der heutigen hochfahren kann, womit alle OPEC-Länderquoten (für den Irak insgesamt 2 Millionen Fässer je Tag) gesprengt würden. Niemand würde freiwillig seine Quote reduzieren. Widerstand seitens der OPEC-Länder ist zu erwarten.

Während des Programmes »Öl für Nahrungsmittel« hat der Irak in 5 Jahren für 60 Mrd. Dollar Öl verkauft, das sind weniger als 1 Mio. Faß/Tag. Nach entsprechenden Investitionen in die Förderanlagen könnte das auf 7 Mio. je Tag (2,5 Billionen Barrel/Jahr) gesteigert werden. Bei einer Weltproduktion von 75 Milo./Tag und einer der OPEC von 5 Mio./Tag leuchtet es ein, daß dies die OPEC vernichten und daß der Ölpreis auf vielleicht 10 Dollar je Barrel sinken würde. Damit sparten sich die ölimportierenden Länder jährlich 375 Mrd. Dollar bei ihrer Ölrechnung.

So heißt es auch: *»The Iraq war is not a moneymaker. But it could be an OPEC breaker.«* (Der Irak-Krieg ist kein Geschäft, aber der Zerstörer der OPEC.)

Diese Überlegungen werden natürlich auch von den Betroffenen angestellt. Was die USA betrifft, so wäre in diesem gefährlichen Spiel, wenn alles glatt liefe, das die ›beste Möglichkeit‹. Ob aber die OPEC tatenlos zusieht, wenn die USA das irakische Öl auf Teufel-komm-raus zu fördern planen, was ihrem Selbstmord gleichkäme, ist mehr als fraglich. Daß dies nicht der Fall sein dürfte, zeigen auch die weltweiten Widerstände gegen das US-Vorgehen (wobei den Menschen in den Massendemonstrationen diese Zusammenhänge kaum bewußt sind), die praktisch die politischen Initiativen bis hin zu den Erpressungsversuchen der USA scheitern ließen.

Die OPEC wird also aus Selbsterhaltungsgründen das Öl auf Euros umstellen. Diese Entscheidung wäre das Ende der US-Dollar-Vorherrschaft und das Ende der Supermachtstellung.

Der *Economist* schrieb vor einem Jahr vom Paradox der amerikanischen Macht,[379] die zwar auf lange Sicht *nicht* ernsthaft gefährdet werden könne, aber vor Herausforderungen stünde, die es geraten erscheinen lassen, ›Koalitionen‹ mit anderen Staaten einzugehen, um nicht mit bloßer Gewalt, sondern mit ›*soft power*‹ (sanfter Macht) die Welt dazu zu bringen, Amerikas Willen zu tun. Die Argumentation ist eine Mischung aus Wahrheit und Desinformation, Analyse und Drohung. Interessant ist aber die Betrachtung der »drei Arten der Macht«. Es sind dies:

- die militärische Ebene,
- die wirtschaftliche und
- die »transnationalen Beziehungen jenseits der Kontrolle der Regierungen«.[380]

Das ist gewiß richtig, aber doch kaum neu, denn CLAUSEWITZ oder SUN-TSU im frühen China haben wohl ihre Beurteilung der Lage nicht bloß auf die zahlenmäßige Stärke der Streitkräfte ausgerichtet, und schon die Feststellung von CLAUSEWITZ, daß der Krieg die Fortsetzung der Politik unter Beimischung anderer – militärischer – Mittel sei, zeigt dies deutlich.

NYE sieht die militärische Macht der USA als »unipolar« an. Die USA allein sind in der Lage, atomare und konventionelle Streitkräfte weltweit zu ›projizieren‹, also damit zu drohen und Krieg zu führen. Das mag heute so erscheinen, aber noch funktioniert die Rote Armee mit ihren Atomraketen, und China ist einfach zu groß, als daß es von der US-Militärmacht besiegt werden könnte. Die diesbezügliche Ungewißheit liegt wohl darin, daß sowohl Rußland als auch China als Kulturvölker es kaum auf eine Probe aufs Exempel ankommen lassen, womit die amerikanische Drohung[381] – noch – wirkt.

Bei der zweiten Dimension, der wirtschaftlichen, räumt NYE ein, daß sie multipolar sei: Europa, Japan und die USA stünden für zwei Drittel des Welt-BIP. Dies ist aber bereits eine verzerrte Sicht mit monetaristischen Größen und einem *fiat*-Geldsystem. Amerika ist, wie

---

[379] Joseph NYE, »The new Rome meets the new barbarians« (Rom trifft auf die neuen Barbaren), in: *The Economist* vom 23. 3. 2002. NYE, Dekan von Harvards Kennedy School of Government und ehemaliger Assistent Secretary of Defense (1994–95), steht gemeinsam mit Samuel HUNTINGTON, dem Herausgeber von *Global Dilemmas*, im Mittelpunkt der Ideologie-Schmiede, die die heutige US-Politik praktisch bestimmt.

[380] Beispielsweise die elektronischen Transfers gigantischer Summen durch das Bankensystem, die (unvermeidlichen) terroristischen Netzwerke, die weltweit Waffen und Drogen verschieben, das Internet oder Computer-Hacker.

[381] Madeleine ALBRIGHT: ». . . *we have the means and the will to use it!*« (. . . wir haben die Mittel, und den Willen, sie einzusetzen!)

gezeigt, entgegen der Darstellung Nyes in Wahrheit bankrott. Es lebt
von den nichtbezahlten Importen vom Rest der Welt. Obwohl hier
Multipolarität eingeräumt wird, ist Amerika gerade hier am tödlichsten bedroht.
Die dritte Dimension, die transnationalen Beziehungen, ist ebenfalls ein eigener Fall. Die Rolle der Banken wird geradezu bescheiden
neben Hacker und Internet gestellt. Sie ist aber überwältigend und in
Fast-Friedenszeiten das bevorzugte US-Kriegsmittel zur Destabilisierung fremder Länder. Hier erzählt Nye von einer »weitgestreuten
Macht, und es mache keinen Sinn, hier überhaupt von Unipolarität,
Multipolarität oder Hegemonie zu sprechen«. Nun, dieses Herunterspielen einer anonymen Macht (des Dollars), die natürlich eine eindeutige Adresse hat, gehört zu den Geheimmitteln der US-Politik.
Wenn man nicht weiß, wo oder von wem man angegriffen wird, ist
die Gegenwehr schwierig, wenn nicht unmöglich. Aber hier spielen
die USA, oder sollte man präziser sagen: die ›Ostküste‹, eine vorherrschende Rolle. Sehen wir uns zum Beispiel die Lage in Japan an. Um
seine Finanz- und Schuldenprobleme zu lösen, müßte Japan nur etwa
eine Billion Dollar (1000 Mrd. Dollar) an Dollar-notiertenWerten – die
es besitzt – auflösen. Dies würde die USA in den Abgrund stürzen,
und daher machte auch der (inzwischen zurückgetretene) US-Finanzminister O'Neill klar, daß den Japanern diese Option nicht offen steht.

Aber gerade diese Ebene funktioniert nur so lange als Machtfaktor,
als der Rest der Welt sich die US-Regeln aufzwingen läßt, also den
Dollar als Reservewährung anerkennt.

Nye spricht also sehr genau die Schlüsselbereiche an, vernebelt sie
aber sofort mit Desinformation. Er sagt uns, daß die internationale
finanzielle Stabilität von vitaler Bedeutung für das Wohlergehen der
Amerikaner sei, aber die Vereinigten Staaten hier die Kooperation
anderer benötigen, um dies sicherzustellen. Nur das ist nun zu Ende.
Das Gebäude, dem eine seiner tragenden Säulen weggebrochen ist,
stürzt ein.

Eines der kleinen schmutzigen Geheimnisse der ›Weltordnung‹ ist
also, daß der ›Rest der Welt‹ die USA vom Thron stürzen könnte, *wann
immer* man sich zum Sturz des Dollar-Standards entschlösse. Aus diesem Dilemma kommt Amerika in nächster Zukunft nicht mehr heraus. Daß der Sturz noch nicht in Gang gesetzt wurde, hängt mit den
damit verbundenen tiefgreifenden Erschütterungen aller ›westlichen‹
Nationen zusammen, die jene fürchten. Das könnte sich aber ändern,
je mehr sich die USA selbst als ›*super-rogue*‹ (größter Schurke) vor der
ganzen Welt gebärden. Es könnte also gerade zu dem kommen, was
die USA mit ihrer Politik verhindern wollen.

Japans Wirtschaft könnte kippen. Iran, Venezuela und alle erwähnten anderen Länder könnten sich zum Euro als Handelswährung wenden, womit die OPEC-Entscheidung für den Euro als *fiat*-Währung (die auch der Euro ist!) nur beschleunigt würde. Darüber hinaus ist die US-Regierung in der konkreten Politik bei ihren Untugenden geblieben:

- massive Ausweitung des Defizits,
- Mangel an einer durchgreifenden Durchsetzung wirksamer Börsenaufsicht (SEC),
- gescheiterte Wirtschafts- und Steuerpolitik.

Die meisten Amerikaner haben davon kaum eine Ahnung, da dies aus den US-Massenmedien ausgeblendet wird. Sie werden – wie auch Europa – mit Konsum und Unterhaltung abgefüttert. Nur im Internet und in ›Samisdat‹-Veröffentlichungen stehen noch echte Informationen.

Schlußfolgerung

Es scheint wahrscheinlich, daß jeder Versuch von OPEC-Staaten, zum Euro überzugehen, von den USA mit offener militärischer Intervention oder verdeckter Geheimdienstoperation bekämpft wird. Unter dem Vorwand des andauernden ›Krieges gegen den Terror‹ manipuliert die US-Regierung die Amerikaner und – über die US-beherrschten Medien – die ganze Welt und täuscht sie über die wirtschaftlichen Gründe des Irak-Krieges. Dieser hat nichts mit irgendwelchen Bedrohungen durch Saddam Husseins Massenvernichtungswaffen-Programm zu tun, wie inzwischen offenkundig ist. Es ist ausschließlich ein Krieg um die weitere Vorherrschaft des Dollars als Ölwährung. Diese Situation ist nicht erst eine, die sich in den letzten Monaten entwickelt hätte, sondern stand schon vor dem Regierungsantritt Bushs – als Lobbyist der Öl-Konzerne – fest, wie auch die bankrotte Lage der USA schon lange so ist, wie sie ist. Der 11. September war daher, wie viele dies klar erkannten, das ›zweite Pearl Harbor‹, mit dem die Kriegspropaganda angeworfen wurde.

Die Auseinandersetzung des Dollars mit dem von den USA eigentlich miterfundenen Euro wird unvermeidlich sein. Damit wird zu den Religions- und ideologischen eine neue Kategorie von Kriegen kommen: Währungskriege. Die hatte man ja noch nicht 1945 abgeschafft.

Wer glaubt also noch, daß *kein* Feuer unterm Dach sei?

Die Frage nach den Motiven einerseits und nach der physischen Möglichkeit der angeblich so und so von den *mainstream*-Medien dargestellten Vorgänge des 11. September andererseits veranlaßte viele

Menschen, den Dingen auf den Grund zu gehen. Der Ausschluß aus rein physikalischen und naturgesetzlichen Gründen der heute praktisch anerkannten US-Behauptung, daß islamische Terroristen Flugzeuge als fliegende Bomben gegen die Symbole des US-Globalismus eingesetzt hätten, ließ natürlich auch das mit großem medialen Aufwand fabrizierte Motiv – Vergeltung der islamischen Welt gegen den US-Imperialismus[382] – als gegenstandslos ausscheiden. Damit war die Frage nach den eigentlichen inneren Ursachen mit absoluter Schärfe gestellt, und sie konnte auch nicht mehr mit dem Totschlagargument ›Verschwörungstheorie‹ aus der Welt geschafft werden. Die Hypothese, daß der wirtschaftliche und der Zusammenbruch der Finanzmärkte sich nicht mehr länger vertuschen ließ und daher ein ›Sündenbock‹ gefunden werden mußte, ist in sich vollkommen schlüssig. Wegen der unerhörten Dimension mußte auch das Ereignis ein unerhörtes sein, gewissermaßen eine Wiederholung von Pearl Harbor,[383] das den Ausschlag für Amerikas Kriegseintritt gab: die Terror-Anschläge des 11. September 2001.

Die hier über einen gewissen Zeitraum beobachteten, bei uns freilich nie in den Medien berichteten tatsächlichen ökonomischen Daten und deren Manipulation und verfälschte Berichterstattung belegen klar die katastrophale Lage. Damit wäre auch das Motiv für so ein außerordentliches Ereignis gefunden. Allerdings muß man auch hier weiter fragen, wie es denn zu solch einer Lage kommen konnte. Allein mit Elementarmathematik ist klar, daß früher oder später eine Blase, wie sie in den Finanzmärkten exponentiell anwuchs, mit einem

---

[382] Wie dies Johan Galtung, wie berichtet, nach wie vor glaubt.

[383] Die japanische Flotte marschierte nach dem Scheitern der japanisch-amerikanischen Geheimverhandlungen am 26. 11. 1941, denen zuvor (26. 7. 1941) die Sperre japanischer Guthaben in den USA und ein Embargo für die Ölausfuhr nach Japan vorangegangen waren, zum Angriff auf die US-Pazifik-Flotte. Der japanische Thronrat hatte sich am 1. 12. 1941 zum Krieg gegen die USA, Großbritannien und die Niederlande entschieden, was angesichts der Vorgeschichte nicht überraschend, sondern Ziel der US-Politik war. Nach einem am 26. 11. begonnenen 12tägigen Marsch über den ganzen Pazifik wurde die in Pearl Harbor stationierte US-Flotte am 7. 12. 1941 vernichtet. Solch ein Marsch von Hunderten Einheiten konnte nicht unentdeckt bleiben, und er wurde auch von der US-Aufklärung bemerkt und rechtzeitig US-Präsidenten Roosevelt gemeldet, abgesehen davon, daß die vorigen faktischen Kriegshandlungen der USA (Beschlagnahme von Guthaben, Ölembargo der zu 100% abhängigen Industrienation Japan) und das Scheitern der ultimativ geführten ›Verhandlungen‹ bereits Anlaß zu militärischen Vorsichtsmaßnahmen gegeben haben müßten. Roosevelt ließ nur die für den gewollten Krieg gegen Japan – wertvollen – Flugzeugträger, die nicht so schnell zu ersetzen gewesen wären, auslaufen und so in Sicherheit bringen. Der Rest der Flotte lag befehlsgemäß eng vertäut im Hafen – als Zielscheibe und ausgelegter Köder für den ›casus belli‹, um mit der dann – geschürten – ›gerechten Empörung‹ die US-Bürger in Kriegs- und Rachelaune zu bringen. Darüber berichtet Hamilton Fish, in *Der zerbrochene Mythos,* Tübingen 1982; siehe auch: Walter Post, *Die Ursachen des Zweiten Weltkrieges,* Tübingen 2003.

fürchterlichen Crash zerplatzen muß und daß Scheingewinne, die mit gefälschten Bilanzen nur auf dem Papier stehen, nach kurzer Zeit auch hier den Bankrott nach sich ziehen. Zahlreiche Äußerungen A. GREENSPANS *vor* seiner Zeit als Chef der Federal Reserve Bank zeigen auch, daß er sich dessen natürlich ebenso klar war und ist, wie es jedem denkenden Menschen klar ist. Wenn er als wirklich mächtiger Mann die US-Wirtschaft – und damit die der ganzen Welt – dann dennoch in eine solche existentielle Krise treiben läßt, also gewissermaßen sehenden Auges, so kommt man zu jenen Überlegungen, die BARNICK als Folge des Überganges in ein neues Zeitalter beschrieb: Wir stehen vor der Errichtung einer Weltdiktatur, um die schwindenden Ressourcen zu ›verwalten‹ und um eine ›Ordnung‹ der nun atomisierten und mittellosen Massen zu gewährleisten. Diese rein philosophischen Überlegungen werden aber seit Jahren von den Planungen der US-Denkfabriken in eben dieser Weise angestellt, und anhand einiger Beispiele von HUNTINGTON und BRZEZINSKI wurden hinter den im Vordergrund aus wirtschaftlichen Motiven stehenden geopolitischen und Machtfragen die wahren inneren Antriebskräfte festgestellt. Wie real die Überlegungen sind, zeigen die geopolitischen Gegenpole, etwa Rußland, aber nicht nur dort.

Die Lage wird in Moskau auch in einer anderen Hinsicht – aus innenpolitischen Gründen der USA – als dramatisch angesehen. Mitte Mai 2001 fand im Kreml ein Kongreß über die »Zeit nach dem Dollar« als Reservewährung statt. Man rechnet in Moskau anscheinend bereits mit dem Zerfall des heutigen Weltwährungssystems. I. P. PANARIN[384] (Diplomatische Akademie des Außenministeriums der Russischen Föderation), der eine eurozentrische Position einnahm, meinte, daß die USA wegen der gegenwärtigen wirtschaftlichen Krise in 10 bis 15 Jahren sogar in feindliche, getrennte Staaten auseinanderbrechen könnten.[385] Im Falle eines Wahlsieges damals von Al GORE, der

---

[384] Moskauer Konferenz über »Börsen und Geldmärkte« – Ausweitung der Krisengefahr. Diese Konferenz wurde am 15. und 16. Mai 2001 in der Moskauer Diplomatischen Akademie des Staates im Kreml-Palast abgehalten.

[385] Unabhängig von dieser russischen Einschätzung verweisen wir auf eine aus gänzlich anderen Quellen stammende: In seinem Buch *Der Kampf um die Weltherrschaft* meint Georg KNÜPFER 1963, daß es drei Lager in der Welt gebe, die wesentlichen geschichtlichen und politischen Einfluß hätten, und daß diese Lager nicht durch nationale Grenzen gekennzeichnet seien.

KNÜPFER ist ein brillanter baltisch-russischer Mann deutscher Abstammung. Wie lehrreich solche frühen Analysen doch sind. Sie drücken die Gewißheit aus, daß Großbritannien – spät, aber vielleicht nicht zu spät – erreichen wird, was es im Großen Bürgerkrieg ansagte: nämlich die USA nicht nur in zwei, sondern in vier Teile aufzusplitten, die sich dann, wie alle Nachbarn, bekriegen, anstatt die Welt weiter mit Krieg zu überziehen. (Siehe auch im Anhang den Kommentar zu einer E-Mail an Condoleezza RICE.)

die Interessen des Großkapitals vertrat, wäre die Möglichkeit des Auseinanderbrechens sogar noch größer gewesen als unter der jetzigen Regierung Bush. Die USA seien gewillt, alles zu tun, einschließlich militärischer Intervention, um den Einfluß des Dollars auf der ganzen Welt aufrechtzuerhalten.

Soweit die Pläne auf der Währungs- und Finanzseite. Sie sind im Grunde eine Kriegserklärung eines totalen Wirtschaftskrieges, denn die Folgen daraus sind eindeutig – und ja auch an der wirtschaftlichen Zerstörung so vieler Länder seit Jahrzehnten sichtbar.

Mit dem überbewerteten Dollar haben sich die USA in der Vergangenheit nicht nur die Arbeitsleistungen der Völker, ihre Energie (das Öl) faktisch ohne Gegenleistung geholt, sondern sie bereiten, indem sie einen zweiten Euro-›Papierberg‹ schufen, die Flucht aus dem Dollar vor. Sie ›kaufen‹ die (leistenden) Unternehmen, Minen, Ölfelder und -schürfrechte als Schnäppchen mit ihrem ›*fiat money*‹ auf. Sie plündern die Volkswirtschaften fremder Völker, um nach erfolgreichem Beutezug den Dollar ins Bodenlose fallen zu lassen. Nicht nur, daß sich die USA so in den Besitz des Realkapitals der Völker gebracht haben werden, mit dem dann folgenden Dollarverfall verschwinden auch ihre gigantischen und in Wirklichkeit ohnehin nicht mehr rückzahlbaren Schulden. Diese werden auf die ganze Welt abgewälzt, die statt Realkapital – produzierende Unternehmen, Rohstoffe, usw. – nur noch wertlose Dollar besitzt.

Man wird sehen, ob es – wie geplant – gelingt. Immerhin gibt es ja nun bereits den Euro, aber der Schweizer Franken wurde erst vor kurzem von der eigenen Regierung als letzter ›sicherer Hafen‹ ausgeschaltet, indem diese mittels arglistiger Täuschung den Schweizern eine Verfassungsänderung unterschob, die die bisherige Golddeckung des Franken aufhob. So gesehen sind die globalistischen Drahtzieher ›gut auf Kurs‹.

Nach Bagdad Damaskus, Teheran, Riad

Ausweitung des Krieges

Für uns bestand von Anfang an kein Zweifel, daß die Ereignisse des 11. September Teil eines größeren Planes waren. Je größer der Abstand von den ursprünglichen Ereignissen wurde, um so klarer wurde das Bild, um so mehr Fakten vervollständigten das anfangs noch schemenhafte Bild. Solange ein Krieg loszubrechen droht, ist er keine Tatsache, wenngleich darüber kein Zweifel bestand – und er kam ja auch. Im übrigen ist es doch so, daß allein schon die ständige Kriegsdrohung und feindselige Rhetorik, der unverhohlene Aufmarsch, die seit über zehn Jahren andauernde Blockade des Iraks, die nie unterbrochenen ›Selbstverteidigungs‹angriffe aus der Luft von angeblich mit irakischem Luftabwehr-Radar angepeilten US-Kampfjets, die gesponserten Konferenzen von irakischen ›Befreiungsbewegungen‹, die bereits den irakischen Ölkuchen verteilten usw., in Wahrheit nichts anderes als Krieg und eine ständige Verletzung des Völkerrechts – mit dem Gehabe der Rechtlichkeit – waren. Aber manches blieb noch verdeckt oder konnte nicht – sozusagen beweiskräftig und für alle nachvollziehbar – einer Entwicklung zugeordnet werden.

Der Beginn des Überfalls auf den Irak brachte eine Qualitätsänderung. Mögliche Entwicklungen sind nun offenbar, wirklich geworden. Und was vorher – das Manuskript war ja schon längst abgeschlossen – als Fortgang, ja als Beginn des ›Dritten Durchgangs‹ beschrieben wurde, findet nun offizielle Bestätigung.

Das 48stündige Scheinultimatum der USA vor dem Angriff war, wie ohnedies klar gewesen ist, eine Farce, und Richard PERLE meinte auch unverblümt: »Auch wenn Saddam HUSSEIN den Irak verließe, würden die USA trotzdem angreifen«. Klar, es ging ja nie um SADDAM, sondern um das Öl, und auch hier in einem anderen Zusammenhang, den wir ja als Hintergrund des Krieges darlegten. Nun macht uns ein prominenter US-Politberater und ›Vordenker‹ mit den weiteren Zielen bekannt. Dies wurde wenige Tage vor dem Beginn der Bombardierung Bagdads geschrieben:[386]

---

[386] Michael A. LEDEEN, *New York Sun*, 19. 3. 2003. http://www.middleeast.org/launch/redirect.cgi?a=&num=248
Dr. Michael A. LEDEEN hat den ›Freedom Chair‹ des American Enterprise-Instituts in Washington, D.C., inne und ist einer der führenden Autoritäten der Welt in Sachen Geheimdienste, zeitgenössische Geschichte und internationale Beziehungen. Er gilt als der Mann, der die amerikanische Außenpolitik auf oberster Ebene zu gestalten half.

»Die Schlacht um den Irak steht bevor, und aller Wahrscheinlichkeit nach wird sie uns in einen viel weiter angelegten Krieg involvie-
ren, von dem der Präsident seit dem 11. September 2001 immer wieder gesprochen hat. Zu irgendeinem Zeitpunkt mochte es einmal
möglich gewesen sein, sich mit dem Irak allein zu befassen, ohne die
mörderischen Truppen der anderen Herren des Terrors in Teheran,
Damaskus und Riad beachten zu müssen, aber diese Zeit ist vorbei.
Wir ließen ihnen über ein Jahr Zeit, sich auf diesen Augenblick vorzubereiten, und nun sind sie bereit.«

Die weiteren Ziele sind nun angegeben: *alle* ölfördernden Länder!
Was LEDEEN als ein Verstreichen der Zeit darstellt, hat wohl andere
Gründe: Die interne ›Logistik‹ – die faktische Aufhebung der US-Verfassung und die Konditionierung der ›Verbündeten‹ – nahm mehr Zeit
in Anspruch und klappte nicht wie erwartet.

»Die iranischen, syrischen und saudischen Tyrannen wissen, daß
im Falle eines schnellen Sieges über den Irak und nachdem wir eine
freie Regierung in Bagdad installiert haben werden, ihr Schicksal besiegelt ist. Es würde nur eine Frage der Zeit sein, bis ihre Völker dieselbe Befreiung fordern würden, die wir Afghanistan und dem Irak
brachten. Daher müssen sie alles in ihrer Macht Stehende tun, uns im
Irak niederzuhalten, uns im Bodenkampf bluten zu lassen, unsere Pläne zu vereiteln und schließlich unseren Willen zu brechen.«

Das leuchtet ein: Die arabischen Herrscher herrschen von US-Gna-
den und solange sie beim Öl-Dollar-Geschäft – *fiat money* für Öl – mitmachten. Das schien nach den OPEC-Plänen nicht mehr so sicher zu
sein, und selbst ›Wohlverhalten‹ nützt im Falle von ›Freundschaft‹
mit den USA nicht wirklich etwas. Zu bezweifeln ist freilich, daß die
betroffenen Länder und deren Regierung zu einer wirklichen, nämlich handlungsfähigen, ›arabischen Einheit‹ zusammengewachsen sind
oder gar die US-Truppen bluten lassen und den Willen der USA brechen könnten. Hier wird ein Popanz für andere Zwecke aufgebaut.

»Diese Strategie wurde in Monaten stürmischer Diskussionen unter den politischen, militärischen und geheimdienstlichen Führern der
Schlüsselländer entwickelt, mit einer Beteiligung von außen: Nordkoreas. Unsere militärischen und Geheimdienste wissen, daß der Iran
Hunderte von Kamikaze-Bombern nach dem Irak gesandt hatte, zusammen mit kriegserprobten Hisbollah-Kämpfern und ausgerüstet mit
allem, was die irakischen, iranischen und syrischen Labors an schmutzigen Waffen herzustellen in der Lage waren. Terroristen der Al-Qaida, des Islamischen Jihad, Hamas und anderer, die den Irak infiltriert
haben, im Norden wie im Süden, werden auf opportune amerikanische und britische Ziele losgehen, sobald wir am Boden vorgehen

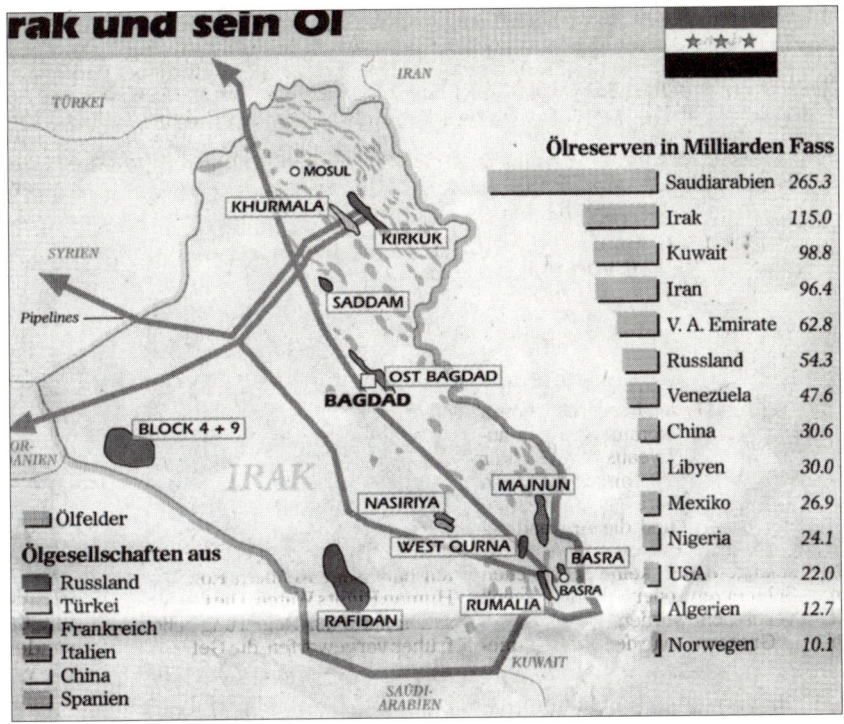

Richard Perle *gab es unumwunden zu: Es ging ums Öl.*

werden. Kamikaze-Piloten wurden ausgebildet, die alten irakischen Jets zu fliegen, die während des ersten Irak-Krieges nach dem Iran verbracht wurden und die nun gegen Land- und See-Ziel geschickt werden, wobei einige dieser Flugzeuge zu fliegenden Raketen, gefüllt mit chemischen und biologischen Kampfstoffen, umgewandelt wurden.«

Hier werden die ›connections‹ (Verbindungen) geschaffen: Sogar Nordkorea ist bereits – wie bequem – eingeschlossen. Was den Diensten ja nicht gelang, die Al-Qaida mit Saddam Hussein zu ›verheiraten‹, schafft Ledeen spielend. Sogar die militärischen Möglichkeiten werden ins Schreckliche aufgeblasen, obwohl gegen den US-amerikanischen High-Tech-Krieg in Wirklichkeit keine ernsthaften Gegenmittel existieren. Das einzige ist jenes in Israel angewandte: dauernder Guerillakrieg dort, wo der Gegner verwundbar ist. Gegen Cruise Missiles, B2-Bomber usw. hilft das aber nicht. Ledeen baut in Wirklichkeit einen virtuellen Feind auf – zum Zweck der psychologischen Kriegführung an der Heimatfront und bei den ›Verbündeten‹, die das alles ja nicht mehr glauben.

»Dieser weitere Kontext wurde während der langen Beschäftigung mit Saddam Hussein aus den Augen verloren, und die beiden diplomatischen Ablenkungsmanöver – zuerst der saudische ›Friedensplan‹ und dann die (Schach-)Spielzüge der Vereinten Nationen – haben uns ein ganzes Jahr im ›Krieg gegen den Terror‹ gekostet. Und einige unserer Spitzendiplomaten verhalten sich tatsächlich, was die Natur dieses Krieges betrifft – wie mit Absicht –, wie Ignoranten: Erst vor wenigen Wochen hat der stellvertretende Außenminister Armitage in einem Interview mit der *Los Angeles Times* ausgedrückt, daß der Iran ›eine Demokratie‹ sei. Nach solchen Maßstäben würden auch Hitler und Mussolini als Musterdemokraten gelten. In Gesprächen zwischen den einzelnen Regierungsbehörden haben Beamte des Außenministeriums die Bedenken über die Bewegungen der Hisbollah-Terroristen in den Irak mit dem Hinweis zerstreut, daß diese die irakischen Schiiten verteidigen würden.«

Wir sind dem Professor und Inhaber des ›Freedom-Chair‹ – also einer der Freiheit besonders gewidmeten Lehrkanzel – sehr dankbar, daß er die Friedensbemühungen als Zeitverschwendung bezeichnete, auch für die Kritik an Armitage. Wenn man die gebildeten, historisch und kulturell bemerkenswerten und maßvollen Erklärungen iranischer Spitzen mit dem Jargon des US-Präsidenten und des amerikanischen Establishments vergleicht, das ja nach eigenem Selbstverständnis ›demokratisch‹ ist, muß man Ledeen zustimmen: *Damit hat der Irak in der Tat nichts zu tun.*

»Falls wir diesen Krieg richtig verstehen, werden die irakischen Schiiten zusammen mit uns gegen die iranischen Terroristen kämpfen, weil die Iraker die Freiheit wünschen und sie wissen, daß sie diese nicht von den Mullahs in Teheran bekommen werden. Aber unsere Diplomaten und Analysten der Geheimdienste haben lange darauf bestanden, daß es unüberbrückbare Abgründe zwischen den Schiiten und Sunniten gebe, selbst dann noch, als es erdrückende Beweise für innige Zusammenarbeit gab, wie sie seit Afghanistan immer wieder praktiziert wurde. Vor nur zwei Wochen reiste zum Beispiel der Gründer der Hisbollah, Mohtashemi Pour, nach Beirut und Damaskus, um die Terrorstrategie zu koordinieren, und kehrte dann wieder nach Teheran zurück, wo er sich mit irakischen Vertretern traf. Das Terrornetzwerk geht heute geradewegs von ›The Godfather‹ (den Paten) aus. Die Führer der fünf Familien trafen sich, um sich über die Kriegsstrategie abzustimmen. . .

Amerikaner und Briten würden es als eine fürchterliche Demütigung empfinden, wenn sie unnötigem Blutvergießen zum Opfer fielen, nur weil wir uns über die Art des Krieges, den wir führen, getäuscht haben. Der Irak ist eine Schlacht, nicht der Krieg. Wir müssen aber den Krieg gewinnen, und der einzige Weg, dies zu erreichen, besteht darin, die Herren des Terrors zu stürzen, um der ganzen Region die Freiheit zu bringen.«

Ob sich »fünf Familien«, wie LEDEEN behauptet, abstimmen, wissen wir nicht, und LEDEEN wohl auch nicht. Belege dafür hat er ja nicht geliefert. Und wenn: Es wäre doch nur die Reaktion auf die ständige Bedrohung durch den wirklichen Oberschurken, die USA. Was stellt denn der ganze Artikel anderes dar als eine einzige Kriegsdrohung gegen Länder, für die man erst den Grund zum Überfall erfinden muß? Die wahre Ungeheuerlichkeit ist aber die Feststellung, daß der Irak nur eine Schlacht, aber nicht der eigentliche Krieg sei. Mit der Inbesitznahme nahezu aller Ölressourcen der Welt setzen sich die USA an den ›Lichtschalter‹ aller Industrienationen der Erde. Diese werden sich das nicht gefallen lassen *können*, es sei denn, sie begehen sehenden Auges wirtschaftlichen und politischen Selbstmord. Somit ist diese Ankündigung die des ›Dritten Durchgangs‹, wie Wilhelm BITTORF den 3. Weltkrieg schon 1984 im *Spiegel* bezeichnete.

Was Amerikaner als ›Freiheit‹ bezeichnen und gar die Absicht, diese den Völkern zu bringen, muß die schlimmsten Befürchtungen auslösen. In einem Punkt sind wir mit LEDEEN völlig einig: Wir stehen an einem Wendepunkt der Geschichte.

»Es ist selten der Fall, daß einer der potentiellen Wendepunkte in der Geschichte so klar und dramatisch wie heute zu erkennen ist. Selten waren einem Land solche glänzenden Möglichkeiten gegeben, wie wir sie heute besitzen. Aber die Geschichte ist voller verpaßter Gelegenheiten und unnötiger Niederlagen. . . Wir werden es bald wissen, welches unsere Bestimmung ist.«

Paten des Terrors

Noch einmal müssen wir LEDEENs Ansichten[387] aufgreifen, nämlich den nun gelieferten ›Beweis‹ der Verbindung Al-Qaidas mit dem Irak. Die Sache ist – das ist die weltweite Einschätzung durchaus berufener Leute[388] – an den Haaren herbeigezogen. Aber – wenn man nur oft und lange genug etwas behauptet, wird es ja eine US-›Wahrheit‹.

»Jene Millionen, die am Mittwoch den neuen Nachrichten Colin POWELLS zuhörten, erfuhren von einem Jordanier namens Abu Mos-

---

[387] 7. 2. 2003. http://www.nypost.com/postopinion/opedcolumnists/54080.htm
[388] Zum Beispiel von Prof. STEINBACH vom Orient-Institut in Hamburg, der dies in einer ORF2-Diskussion am 22. 3. 2003, 22.15–24.00 Uhr klipp und klar ausführte.

sab AL ZARQAWI, den der Außenminister als das Verbindungsglied zwischen Al-Qaida und dem Regime Saddam HUSSEINS identifizierte. . . . In den Kämpfen in Afghanistan verwundet, schaffte es ZARQAWI nach Bagdad, um sich hier behandeln zu lassen, wo er mehr als zwei Monate in SADDAMS Hauptstadt zubrachte. Jeder, der die strengen Sicherheitsbestimmungen und die wahnwitzige Überwachung in Bagdad kennt, wird sofort erkennen, daß ZARQAWI nicht ohne oberste Zustimmung so gut behandelt worden sein konnte. . .

Aber die ZARQAWI-Geschichte ist natürlich viel bedeutsamer. Dieser Fall hilft uns zu verstehen, wie die Welt des Terrors funktioniert, und daher die wahre Dimension des Krieges gegen den Terror. Und alles ist um so bedeutsamer, als der größte Teil der Informationen aus Deutschland kommt, nicht gerade ein begeisterter Teilnehmer am Krieg gegen den Terror. . .

Wir sind mit verschiedenen Ländern im Krieg (allen voran Iran, Irak, Syrien und Saudi-Arabien) und mit vielen Terrorgruppierungen (beginnend mit Hisbollah bis zum Islamischen Jihad, Hamas, Jama'a Islamiyah usw.), und die Verbindungen zwischen diesen sind oft sehr merkwürdig. Für einen Mann wie ZARQAWI macht es nichts aus, ob er in Bagdad oder Teheran sitzt, denn jedes Regime bietet ihm eine sichere Bleibe, gute Kommunikationseinrichtungen und welche Unterstützung er auch immer benötigte. Auf ähnliche Weise werden Terroristen, die ursprünglich von Al-Qaida rekrutiert wurden, oft von Zellen unterstützt, die unter dem Befehl des islamischen Jihad oder der Hisbollah stehen.«

Hier kommt Deutschland ins Spiel. Man muß diese einbeschlossene Drohung ernst nehmen, insbesondere, weil sie nicht isoliert steht. Die in diesem Buch schon an verschiedenen Stellen erwähnten Fälle von ›verunfallten‹ unbequemen Führern aus Politik, Finanz und Wirtschaft sprechen eine deutliche Sprache. Schließlich war ja auch Saddam HUSSEIN einmal ›Freund und Verbündeter‹ der USA. Es fiel während der hysterischen Jagd auf ›Terroristen‹ nach dem 11. September ja bereits unangenehm auf, wie man in Deutschland ›apportierte‹ und schließlich sogar am Hanseatischen Oberlandesgericht in Hamburg einen offensichtlich nicht einmal die geringsten geistigen Fähigkeiten für einen Anschlag auf das WTC besitzenden Marokkaner verurteilte. Von der In-Dienst-Stellung der Justiz für politische Zwecke (und damit der Rechtsbeugung) einmal abgesehen, erweist man sich damit als Stichwortgeber für Leute wie LEDEEN, der auch gleich Deutschland ins Verbindungszentrum des ›Terror-Netzwerkes‹ stellt und als wahre Begründung mitliefert: Es sei nicht genügend enthusiastisch beim Krieg gegen den Terror! – BUSH drückte es ›demokratischer‹ aus: »Wer nicht für uns ist, ist für den Terror!« Und das ist nach der von PERLE mitgestalteten neuen ›Sicherheits‹-Doktrin ein hinreichender Grund für ›*pre-emptive strikes*‹ (vorbereitende Schläge), eine Konstruktion, die man im Falle Deutschlands nicht einmal heranziehen müßte. Hier reichen ja die Feindstaaten-Klauseln auch schon.

»*Germany is Our Problem*«[389]

In einem »offenen Brief« an Frederick KEMPE, den Herausgeber des *Wall Street Journal*, schreibt Dr. Harald WESSEL:

Lieber Kollege KEMPE,

wir müssen über Meinungs- und Pressefreiheit reden! Da ich nicht weiß, inwieweit Ihre Berliner Korrespondentin R. S. Sie [den Herausgeber von *The Wall Street Journal Europe*] über das Interview informiert hat, das sie am 11. und 12. Februar 2003 mit mir führte und das (so weit ich sehe) von Ihrer treuen Zeitung völlig ignoriert wurde, wiederhole ich den Vorgang:

Am Abend des 11. Februar 2003 war ich von einigen jüngeren Leuten zu einem Informations- und Diskussionstreffen in den Gesellschaftsraum einer netten Berliner Gaststätte nahe der S-Bahn-Station Savigny-Platz eingeladen. Man bat mich, über meine Luftkriegserlebnisse während des Zweiten Weltkrieges zu berichten. In der Pause der öffentlichen Veranstaltung trat eine blonde Dame an mich heran, stellte sich als Mitarbeiterin von *The Wall Street Journal* vor und bat mich um ein Gespräch. Ich erfüllte die Bitte – an diesem Abend und am nächsten Vormittag in einem rund neunzigminütigen Telefoninterview. Ich war betont kooperativ; denn der 12. Februar war mein dreiundsiebzigster Geburtstag. Anwesende Gratulanten hörten amüsiert zu, mit welchen Fragen die Dame vom *Journal* ihren Anruf bei mir in die Länge zog.

Natürlich hatte ich nicht angenommen, *The Wall Street Journal* würde im Februar 2003 meine Erlebnisse bei den beiden britischen Luftflächenangriffen auf meine Heimatstadt Wuppertal 1943 sowie bei den barbarischen, weil militärisch sinnlosen anglo-amerikanischen Flächenbombardements auf Dresden im Februar 1945 auch nur ansatzweise wiedergeben. Doch in einem Punkte, lieber Mister KEMPE, hatte ich auf eine ehrliche Reaktion Ihrerseits gehofft: in Sachen Donald RUMSFELD und MORGENTHAU-Plan.

Während Ihre Berliner Vertreterin RUMSFELDS Äußerung vom 23. Janu-

---

[389] Dr. Harald WESSEL, 21. 3. 2003. Erstmals veröffentlicht in: www.kalaschnikow.info Philosophischer Salon e.V., Berlin.

ar 2003 ›*Germany is the Problem*‹ kannte, hatte sie vom MORGENTHAU-Plan offenbar noch nie etwas gehört. Dieser Plan aus dem Frühjahr und Sommer 1945 sah eine Enteignung und Zerstörung der deutschen Rüstungsindustrie vor – allerdings teilweise so ungenau, daß der MORGENTHAU-Plan seinerzeit als ein Programm zur vollständigen Entindustrialisierung Nachkriegsdeutschlands aufgefaßt wurde. Kurz vor der Konferenz der Siegermächte (Juli/August 1945) zog Washington den MORGENTHAU-Plan zurück; Finanzminister MORGENTHAU wurde zum Rücktritt gezwungen. Der Titel seines 1945 in New York erschienenen Buches mit dem nach ihm benannten MORGENTHAU-Plan lautete: *Germany is Our Problem.*

Ich halte Donald RUMSFELD *nicht* für einen Mann, der unüberlegt invektive Sprüche klopft. Der einundsiebzigjährige derzeitige US-Verteidigungsminister hat in Princeton studiert. MORGENTHAUS Buch gehörte zu RUMSFELDS Pflichtlektüre. Deshalb schlug ich der blonden Dame vor, im *The Wall Street Journal* einmal der Frage nachzugehen, ob RUMSFELDS Erklärung ›*Germany is the Problem*‹ als bewußte Anspielung auf MORGENTHAU zu verstehen war. In diesem Falle wären RUMSFELDS Kriegserklärungen in Richtung Bagdad zugleich eine Wirtschaftskriegserklärung gegen den Euro-Raum.

Sie, lieber Mister KEMPE, haben meine sachliche und durchaus freundlich gemeinte Anregung ignoriert. Statt dessen gaben Sie (am 14. Februar 2003, page A12) einer Dame namens Angela MERKEL das Wort zur Beschimpfung des (aus demokratischen Wahlen legitimierten) derzeitigen Bundeskanzlers der Bundesrepublik Deutschland. Mit einer Federzeichnung gaben Sie Ihren Lesern ein deutlich entstelltes (geschöntes, verjüngtes) Bild von Ihrer Autorin MERKEL. Die Verschönerung half nichts: In der heutigen *Frankfurter Allgemeinen Zeitung für Deutschland* (*FAZ* v. 21. März 2003, Seite 35) können Sie, ehrenwerter Herr KEMPE, nachlesen, was man hierzulande von Frau MERKELS Haltung hält:

›Und Frau MERKEL – nicht mutig genug, sich offen als Kriegsbefürworterin zu erklären, dafür die Bundesregierung als kriegstreibende Partei diffamierend –, sie hielt die nun wirklich jämmerlichste Rede seit Beginn ihrer politischen Verlautbarungen.‹ Offensichtlich bringt es momentan kein Glück, in *The Wall Street Journal* gedruckt und gelobt (und verschönert) zu werden. Herzlichen Dank also, Mister KEMPE, daß Sie meine Luftkriegserlebnisse *nicht* gedruckt haben! Über ›*Germany is Our Problem*‹ aber sollten Sie unbedingt einmal nachdenken. Und über Pressefreiheit zweifellos auch!

Mit freundlichen Grüßen

Harald WESSEL

Dieser Brief ist ganz außergewöhnlich aufschlußreich. Wem ist denn auch – gleich wie der US-Journalistin – bekannt, daß MORGENTHAU dieses Buch unter diesem Titel – *Germany is the Problem* – schrieb. Was WESSEL als Möglichkeit anklingen ließ und gewiß als Aktualität gemeint hatte, daß RUMSFELD damit eine Drohung ausstieß, ist noch bemerkenswerter. Selbstverständlich ist es gerade so, und daher wird der Hinweis auf MORGENTHAU im *Wall Street Journal* natürlich niemals erscheinen – vielleicht in der *International Herald Tribune*, die erstaunlicherweise solche abweichenden Anmerkungen immer wieder bringt. Die Methode, eine bestimmte Anspielung zu gebrauchen, die nur ›Eingeweihte‹ verstehen, ist ja allgemein gebräuchlich.

»Die Zeitung *Haaretz* veröffentlichte auf ihrer Titelseite[390] eine Annonce, eine Fatwa, die von einer Gruppe Rabbiner unterzeichnet war. Die Rabbiner verkündeten die theologische Identität von Ishmael, d. h. den Arabern, mit Amelek. ›Amelek‹ wird in der Bibel erwähnt und ist der Name jenes Stammes, der den Kindern Israels Schwierigkeiten bereitete. In dieser Geschichte befiehlt der Gott Israels Seinem Volk, den Stamm der Amelekiter vollständig auszurotten, einschließlich des Viehs. König Saul verpfuschte diese Aufgabe: Er vernichtete sie alle wie befohlen, aber er unterließ es, die heiratsfähigen unverheirateten Mädchen zu töten.

Dieser ›Fehler‹ sollte ihn die Krone kosten. Die Verpflichtung, alle Amelekiter zu vernichten, ist unter den Anhängern des jüdischen Glaubens immer noch gültig, obwohl seit Jahrhunderten niemand mehr eine Gleichsetzung eines lebenden Volkes mit dem verfluchten Stamm gemacht hatte.

Es gab da eine Ausnahme, die zeigt, wie gefährlich diese Auslegung ist. Am Ende des Zweiten Weltkrieges haben einige Juden, einschließlich des späteren Premierministers Menachem BEGIN, die Deutschen mit Amelek identifiziert. Und tatsächlich hat ein religiöser Sozialist und Kämpfer gegen die Nationalsozialisten, Abba KOVNER, 1945 einen Anschlag ausgebrütet, nämlich die Wasserversorgung deutscher Städte zu vergiften, um damit sechs Millionen Deutsche zu töten. Er bekam auch Gift vom späteren Präsidenten Israels Efraim KATZIR. KATZIR dachte angeblich, KOVNER plane ›nur‹, ein paar tausend deutsche Kriegsgefangene zu vergiften. Glücklicherweise mißlang dieser Plan, als nämlich KOVNER von englischen Beamten in einem europäischen Hafen aufgehalten wurde. Diese Geschichte wurde vergangenes Jahr in Israel in einer Biographie KOVNERs von Prof. Dina

---

[390] *Haaretz* vom 21. 11. 2000.

PORAT, Vorstand des Antisemitismus-Forschungs-Zentrums an der Universität Tel Aviv[391], veröffentlicht.

Auf gut Deutsch bedeutet die Fatwa der Rabbiner: Es ist unsere religiöse Pflicht, alle Araber zu töten, einschließlich der Frauen und Kinder und ihres Viehs, bis zur letzten Katze. Die liberale *Haaretz,* deren Herausgeber und Eigentümer hinreichend gebildet ist, diese Fatwa zu verstehen, zögerte aber nicht, diese Annonce in seiner Zeitung zu bringen.

Es wäre unfair, die *Haaretz* allein an den Pranger zu stellen. Eine andere prominente jüdische Zeitung, *The Washington Post,* veröffentlichte eine gleicherweise leidenschaftliche Aufforderung zum Völkermord durch Charles KRAUTHAMMER.[392] Dieser Adept König SAULs konnte bei seiner Leserschaft nicht auf die Kenntnis der Bibel zählen, darum bezog er sich auf General POWELLs Schlächterei an den sich zurückziehenden irakischen Truppen am Ende des Golf-Krieges. Er zitiert Colin POWELL, der über die irakische Armee sagte: ›*First we're going to cut it off, then we're going to kill it.*‹ (›Zuerst werden wir ihnen den Rückzug abschneiden, und dann werden wir sie umbringen.‹)

Für KRAUTHAMMER, mit seinen sorgfältig ausgewählten Zitaten, qualifiziert die große Zahl erschlagener Araber nicht für das für Menschen grammatikalisch korrekte ›them‹ (sie). Sie sind ein ›it‹ (es).[393] In der letzten Phase des Golfkrieges wurden von der US-Air Force eine ungeheure Anzahl flüchtender und unbewaffneter Iraker kaltblütig abgeschlachtet, ihre Leichen mit Bulldozern in riesigen namenlosen Gräbern im Wüstensand verscharrt. Die Zahlen der Opfer dieser Hekatombe werden zwischen hunderttausend und einer halben Million geschätzt. Gott allein kennt ihre Namen.

---

[391] *Haaretz* vom 28. 4. 2001.

[392] *Washington Post,* 20. 4. 2001.

[393] Mit dieser grammatikalisch ›feinen‹ Unterscheidung zwischen *them* (sie, ihnen) und *it* (es) werden die ermordeten arabischen Soldaten zu einer Kategorie der sächlichen Dinge und nicht mehr menschlichen Wesen abgewertet, das heißt, ihnen wurde nicht nur das physische Leben genommen, sondern auch ihre geistig-seelische, also menschliche Existenz überhaupt abgesprochen. Das ist keinesfalls ein Zu- oder Einzelfall. Anläßlich des Theodor Herzl-Symposiums im Wiener Rathaus am 24. 9. 1997 sprach Prof. Yehezkel DROR über die Kulturen der Zeit von 1000 v .Chr. bis etwa 300 n. Chr. Dabei erwähnte er die mittelöstlichen, afrikanischen Kulturen (Ägypten) »als die (ganze) Menschheit mit vielleicht 8–12 Millionen Menschen« und fügte ganz beiläufig hinzu, (bezüglich der Menschen/Menschheit) »nicht in unserem Sinn«. Er ging nicht weiter darauf ein, aber es fiel mir sofort auf, und ich deutete es in dem Sinn, daß der Glaube an die Auserwähltheit der Juden den anderen Menschen einen anderen, d. h. *keinen* Stellenwert als menschliche Wesen zumißt.DROR stammt aus Wien, er ist 1938 bereits nach Palästina ausgewandert und hatte früh enge geistige Beziehungen zu Theodor HERZL. Er ist Prof. em. für Politikwissenschaften der Hebrew University of Jerusalem und war/ist Berater verschiedener israelischer Regierungen, aber auch der OECD. DROR ist Mitglied des Club of Rome.

KRAUTHAMMER wünscht diese Großtat in Palästina zu wiederholen. ›It‹ sind bereits abgeschnitten, von der israelischen Armee in siebzig Stücke geteilt. Nun sind ›it‹ parat für den großen Kill. ›Kill it!‹ (›Tötet ES!‹), ruft er mit großer Leidenschaft. Er muß besorgt sein, daß die Perser wieder einmal das Blutbad stoppen könnten,[394] bevor sich der Teich von Mamilla gefüllt hat. Seine Sorgen sind unsere Hoffnungen.«[395] Das war freilich vor zwei Jahren! Auch da herrscht bereits Krieg in Palästina, die USA weiten ihn nun aus. Daraus kann man den praktischen Nutzen der Bibelkenntnis ersehen, die in atheistischen Kreisen wohl nicht immer ausreichend zu sein scheint. Sonst wüßten sie, welcher Art diese tödlichen Drohungen sind: zu vernichten, wie man Ungeziefer vertilgt.[396]

Der wohl wichtigste Grund für den Beginn des Irak-Krieges ist, wie gesagt, die Aufrechterhaltung des Privilegs des Dollars als Reservewährung, das durch den Euro (und seit einiger Zeit auch durch MAHATHIRS Gold-Dinar und Silber-Dirham) sowie dadurch gefährdet wurde, daß der Irak und andere OPEC-Länder auf den Euro umgestiegen sind oder dies ernsthaft planen.

Nur: Die Lage wird von den USA aber nicht mehr auf den früheren Stand zurückzudrehen sein. Zu viele wissen, was es geschlagen hat, und die Notenbanken, die schon eine Umschichtung – aus dem Dollar heraus – begannen, haben wohl nur kurzfristig und auf massiven erpresserischen Druck der USA hin zu Beginn dieses verbrecherischen Raubkrieges vorläufig darauf verzichtet und den weiteren Abbau von Dollar und Treasury-Bonds ausgesetzt. Deren stiller, sozusagen unter der Hand erfolgender Abbau dürfte der wahre Grund gewesen sein, daß der Dollar bis kurz vor dem Krieg massiv an Wert verlor. Was heutzutage den Leuten eingeredet und aufgeschwätzt wird, der ›Krieg‹ sei Ursache für die Auf- und Abbewegungen an Börsen und

---

[394] Wie im Jahre 614 n. Chr. Israel SHAMIR: »Der Holocaust an christlichen Palästinensern im Jahre 614 ist gut dokumentiert, und man findet ihn in älteren Büchern beschrieben, z. B. in den drei Bänden von RUNCIMANS *History of The Crusades* (Geschichte der Kreuzzüge). In modernen Geschichtsbüchern oder Führern wurde es herauszensiert. Es ist schade, denn ohne diese Kenntnis können die Vorkehrungen des im Jahre 638 geschlossenen Friedensvertrages zwischen den Jerusalemiten und dem Kalifen Omar ibn KHATTAB nicht verstanden werden. In der »Sulh al Quds«, wie dieser Kapitulationsvertrag genannt wird, forderte der Patriarch SOFRONIUS, dem der mächtige Araber-Herrscher zustimmte, die Menschen in Jerusalem vor den Greueltaten der Juden zu beschützen.«

[395] Israel Shamir, »Mamilla Pool«, April 2000. Der Artikel steht im Internet; der Autor ist erreichbar unter: shamiri@netvision.net.il oder http://shamir.mediamonitors.net/

[396] Es geht nicht mehr um die Niederwerfung eines militärischen Gegners, sondern um ›Schädlingsbekämpfung‹, also Vertilgung – von möglichst vielen Schädlingen. (Die humanistische US-Diktion für ›Schurken‹, die klarerweise ja keine Menschen sind.)

bei Währungen, verschleiert den wirklichen Grund: Die FED und das US-Finanzministerium haben angekündigt, die langfristigen T-Bonds aufzulassen.[397] Hier liegt die nächste, alle anderen weit übersteigende Finanzblase, deren Platzen das Ende des amerikanischen Jahrhunderts einläuten wird, bevor es noch so recht begonnen hat. Die Notenbanken und Investoren der ganzen Welt haben ja begriffen, daß dies eine Zeitenwende bedeutet, und begannen sich von diesen ›Wert‹-Papieren zu trennen.

Der derzeitige gegenläufige Trend: Dollar steigend, Euro fallend wird sich ähnlich wie nach dem 11. September, als man die senkrecht abstürzenden Kurse wieder nach oben manipulierte, ins Gegenteil wieder verwandeln – mit dann noch tieferen Abstürzen. Wo wären auch die realen Gründe für einen ›starken‹ Dollar? Die USA sind so unerhört bankrott, daß man sich das in Europa, sowohl in der breiten Öffentlichkeit als auch bei vielen Unternehmern, gar nicht vorstellen kann, und die Politik schweigt ob der dann drohenden Panik – also weiterhin Brot und Spiele. Dieser Krieg ist eigentlich ein Vabanquespiel. Die USA setzen alles auf eine Karte, aber selbst die militärischen Ressourcen sind in der Tat erschöpft, denn etwa im Pazifik – so vor Korea – haben sie keine Trägersysteme mehr. Sie könnten sich jetzt gar nicht der ›atomaren Bedrohung‹ Nordkoreas widmen. Des Kaisers neue Kleider betreffen nicht nur seine Ökonomie und geistige Leere[398], sondern auch seine Gewaltmittel. Gewiß sind sie fürchterlich, aber wir glauben, die USA würden den Schwanz einziehen, wenn die wahre Koalition gegen den Terror – des Oberschurken USA – sich zu einer gleichartigen Drohung entschlösse. Offenbar genügten Nordkorea seine (angeblich) drei Atomsprengköpfe, die Cowboys auf Distanz und gesprächsbereit zu halten.

Um mit Carl SCHMITT zu sprechen: Der Krieg hat auch Aufklärung über Freund und Feind geschaffen. Englands Establishment ist nach wie vor der Hauptwohnsitz des Raubtierkapitalismus. Ganz unbemerkt oder zumindest nicht allgemein bekannt ist ja, daß die Londoner Börse ein bei weitem größeres (doppeltes!) Volumen an Währungsderivaten (Wechselkursspekulationen) als die New Yorker Börse abwickelt. Man könnte also rätseln, wo nun der eigentliche Kopf der Krake ist. England ist aber zumindest als halbes Mitglied der EU (ohne Euro-Teilnahme) die Fünfte Kolonne des US-Imperialismus. In den anderen nicht namentlich erwähnten Ländern sind die ›Eliten‹ von

---

[397] Siehe »Das Geheimnis der langfristigen Staatsanleihen«, eine Analyse eines Insiders.

[398] Beschönigend als ein ›lack of moral leadership‹ (Mangel an moralischer Autorität) bezeichnet, aber auch deutlicher: als totale Unglaubwürdigkeit wegen der doppelten Maßstäbe, z. B. im Falle Palästina/Israel.

USA oder IMF (was ja identisch ist) gekaufte ›Staatsmänner‹ ohne irgendeine Legitimation.

Alle diese Subalternen und Systemerhalter haben anscheinend noch nicht begriffen, daß sie im falschen Boot sitzen. Sie haben offenbar keine Ahnung, was los ist, wie die Lage wirklich ist und daß der Sturz des amerikanischen Kapitalismus unvermeidlich und fürchterlich sein wird. Wer begibt sich denn freiwillig und bei Trost auf ein sinkendes Schiff? Für uns ist es erstmals seit langem wieder vorstellbar, daß Deutschland mit Rußland zu einer echten Zusammenarbeit kommen könnten. Die Rhetorik von BUSH und seinen Spießgesellen war und ist dafür wie ein warmer Regen im Frühling – etwas, was früher mit aller Macht be- und verhindert wurde. Wer dächte nicht an den deutschen Botschafter in Moskau zu ADENAUERS Zeit, KROLL, der sich hier bemühte, aber brutal gestoppt wurde?

Die USA stehen derartig ausweglos mit dem Rücken zur Wand, daß es nur des Entschlusses bedürfte, die ohnedies schon lange vorgeformten politischen und ökonomischen Bindungen der wahren Koalition gegen den Terror auch öffentlich zu machen. Von den erwähnten Lakaien und dem englischen Kopf einmal abgesehen, ist das der ›Rest der Welt‹.

Hat denn bei uns irgend jemand registriert, daß erst im November 2002 die FED mit ›legaler Autorität‹ gewappnet (›*armed*‹ = bewaffnet!) worden sei (also vom Kongreß gedeckt), im Wert verfallende Schuldtitel (Staatsobligationen, T-Bonds) mit bis zu 10 Trillionen (= 10 000 Mrd.) Dollar *neuer* Federal Reserve-Noten (= zusätzlicher US-Dollar) aufzukaufen? Mit anderen Worten: Es wird eine Operation gestartet, bei der Papier mit Papier gekauft wird. Wer nicht begreift, was hier Wirtschaftskriminelle vorhaben, dem sei die Dimension erklärt: Die gewiß ohnehin nach oben manipulierte Leistung der US-Volkswirtschaft (das BIP) macht angeblich 10 Trillionen Dollar aus – angeblich, weil hier nur noch 32 Prozent aus Produktion stammen, der Rest sind sogenannte Dienstleistungen, wie sie zum Beispiel die betrügerischen US-Banken und Investmenthäuser erbringen: in Wahrheit Abzockerei, aber niemals ein Beitrag zum ›*wealth of nations*‹ (Wohlstand der Nationen).

Innerhalb von nur sechseinhalb Jahren weitete das US-Finanzsystem die Kreditblase um 12 Trillionen Dollar aus! Nun sollen mit einem Federstrich sozusagen weitere 10 Trillionen dazu kommen! Das nennt man ›totalen Bankrott‹. Und die US-›Lösung‹ ist eine ununterbrochene Reihe von Kriegen ›gegen den Terror‹, der ›ununterbrochene Krieg zur Schaffung des Ewigen Friedens‹! Man darf gespannt sein, wo und wann der nächste ›11. September‹ inszeniert wird.

Karikatur von Greser & Lenz, erschienen in der FAZ *vom 21. 3. 2003.*

Noch ein Zitat von Michael A. LEDEEN aus einem anderen Beitrag:[399] »Wenn wir die Herren des Terrors in Bagdad, Damaskus, Teheran und Riad vernichten, könnten wir eine Chance haben, einen dauerhaften Frieden zu vermitteln. Ohne dies ist das aussichtslos. Der Terror, der nun Israel heimsucht, ist nicht nur eine palästinensische Operation. Der Irak, Iran und Syrien sind tief hierin verwickelt, und Saudi-Arabien bezahlt zahlreiche Rechnungen. Darum kann kein ›Friede‹ sein, bis und wenn wir erst einmal den Krieg gewonnen haben werden. So laßt uns nun mit dem Krieg anfangen. Schneller, bitte.«

Die Koalition der Willigen ist also die eigentliche Gegenwelt. Noch versucht sie, sich moralisch zu geben, aber es gelingt nicht. Oder sollte die folgende Ausführung des englischen Lords WEIDENFELD dies tun?

Lord Weidenfeld zum Irak-Krieg[400]

Lord WEIDENFELD , ein Gutmensch jüdischer Abstammung mit britischem Paß, Mitglied des Oberhauses und somit Teil des wirklichen Establishments – also der City –, ist auf jeden Fall ein authentischer Interpret des gegenwärtigen Zeitgeschehens. Im Falle Seiner Lordschaft ist dies in besonderer Weise zutreffend, denn er hält sich auch

---

[399] Michael A. LEDEEN, »What's George Tenet Doing Anyway? A bad idea« (Was macht George Tenet überhaupt? Eine schlechte Idee), 3. Juni 2002 http://www.nationalreview.com/ledeen/ledeen060302.asp

[400] ORF-Interview mit Lord WEIDENFELD am 21. 3. 2003, Mittags-Journal.

selbst für einen ›Vordenker‹, was er den Hörern in aller Bescheiden-
heit gestand, als der befragende Journalist ihn als einen »Brücken-
bauer« zwischen Juden, Christen und dem Islam bezeichnete. Die
bange Frage, ob er sich denn nun nicht sorge, daß ein »Kampf der
Kulturen« ausbrechen könne, nachdem die Amerikaner und Briten
den Irak angegriffen hatten, beschied Lord WEIDENFELD so: »Die Lage
sei sehr ernst, aber nur durch die Überwindung des Terrors und der
Schurkenstaaten sei ein friedliches Zusammenleben möglich.[401] Der
Friede in Jerusalem gehe über die Unterwerfung des Diktators Saddam HUSSEIN, und er habe die Hoffnung, daß Amerika mit der ›Koalition der Willigen‹ die Diktatur brechen werde.«

Zuvor teilte uns Seine Lordschaft auch noch ein anderes edles Ziel
des anglo-amerikanischen Überfalls mit: »Da der Irak so große Ölvorräte besitze, wäre es ganz *unverantwortlich,* 65 % des (Welt-) Ölvorra-
tes in *schlechten* Händen zu belassen. Die USA übernähmen damit eine
geradezu selbstlose Aufgabe«, dieses wie ein Damoklesschwert über
der Welt schwebende Risiko zu entschärfen. So offen hatte bisher noch
niemand aus dem Establishment erklärt, daß dieser ein glattes Verbrechen gegen die Menschlichkeit darstellende Überfall auf den Irak
in Wirklichkeit ein ganz gewöhnlicher Raubkrieg ist.

Die Frage des Journalisten, ob dieser Krieg nicht als ein Angriff auf
den Islam verstanden werden könnte, beschied der große Vordenker
damit, daß die arabischen Länder meist Diktaturen seien, in denen
keine freie öffentliche Meinung herrsche und sie eine antiwestliche
Feindseligkeit entwickelt hätten. Dies würde sich aber ändern, wenn
die arabischen Staaten erkennen, daß die USA eine »positive Aufbau-
arbeit« leisteten – womit sie ja große Erfahrung haben, wie wir alle
seit Hamburg, Frankfurt, Nürnberg. . . Dresden wissen und inzwischen
auch die ganze Welt – nach Hiroshima, Nagasaki, Belgrad usw.[402]

Ob er als Folge des Krieges nun Terroranschläge im Westen und
Großbritannien fürchte? Dies sei, so Seine Lordschaft, schwer voraus-
zusagen, weil – so dieser Humanist – er es gar nicht wage, sich auszu-
denken, was alles passieren könne. Die Jahrhunderte des Fortschritts,
die fast alle Krankheiten zu überwinden erlaubten, hätten auch so

---

[401] Dem stimmt vermutlich die Mehrheit der Menschen auf der ganzen Welt zu. Allerdings –
legt man die humanistischen Kriterien der USA an – sind die USA der Oberschurkenstaat.
Sie haben die größten Arsenale an Massenvernichtungswaffen, ein größeres Militärbudget als alle Länder der Welt zusammengenommen. Und sie wenden ihre Vernichtungsma-
schinerie tatsächlich an. Ihre heute nicht einmal mehr verdeckt, sondern ganz ungeniert
formulierte ›Doktrin‹ *pre-emptive strikes* (vorbereitende Schläge) sieht den Einsatz auch von
ABC-Waffen vor, wenn der überfallene Gegner es wagen sollte, sich zu wehren.
[402] Daß dem Aufbau erst eine ›kreative Zerstörung‹ vorangehen muß, versteht sich wohl von
selbst.

große Möglichkeiten der Selbstvernichtung geschaffen, so daß es einen vielfältigen Terror geben könnte. Aber dieser würde noch größer sein, wenn man Saddam »allein weiter machen ließe«. Man stelle sich vor, vor welch apokalyptischen Möglichkeiten der englisch-jüdische Philosoph hier ahnend warnt: vor einem Terror, der noch größer und furchtbarer sein soll als jener, den die USA und deren Spießgesellen England und ein paar freimaurerische Politganoven jetzt schon inszenieren. So wird es einsichtig, daß diesen Krieg jetzt zu führen »das kleinere Übel ist«. Schon 1950 schrieb der Philosoph und Soziologe Josef PIEPER: »Die Kehrseite des in einem Weltstaat freilich erreichten Kantischen Ideals, daß es eigentliche, ›äußere‹ Kriege nicht mehr gäbe, würde sein, daß an die Stelle von Krieg Polizeiaktionen träten, die durchaus den Charakter von *Schädlingsbekämpfungen* annehmen könnten.« Welch prophetisches Wort! Es geht in der Tat nicht mehr um die Niederwerfung eines militärischen Gegners, sondern um »Schädlingsbekämpfung«, also Vertilgung – von möglichst vielen Schädlingen (die humanistische US-Diktion für ›Schurken‹, die klarerweise keine Menschen sind).

Zu unserer großen Verwunderung versteht das anscheinend der Journalist nicht, weil er weiterhin so negative Fragen stellt: ob denn die Nebenwirkungen dieser anglo-amerikanischen ›Friedensmission‹ nicht die UNO, EU und NATO beschädigt hätten? Das gibt auch Seine Lordschaft zu: Die USA hätten in der UNO eine Vertrauenskrise ausgelöst, aber diese werde überwunden werden. Auch erinnert uns der große Humanist daran, was die UNO doch eigentlich sei: eine Organisation, in der »ein Oberst GADDAFI – furchtbar zu sagen – Präsident einer Menschenrechts-Kommission« sein könne oder wo sechs – oder sind es neun? – Mitglieder des Sicherheitsrates ständig wechselten und diesen zum politischen Roulette werden ließen. Was könnten da die USA noch beschädigen? Auch hinsichtlich der EU klagt der ›überzeugte Europäer‹, daß hier große Zweifel angebracht seien, denn die Franzosen hätten sich bemüßigt gefühlt, die ›politische Leitung‹ zu übernehmen, obwohl sie weder wirtschaftlich noch der Bevölkerungszahl nach dafür geeignet seien. Ob die UNO nur dann akzeptiert würde, wenn sie das täte, was die USA wünschten?

»Nein, aber die Europäer müßten verstehen, daß mit dem 11. September für die USA etwas Grundlegendes geschehen sei. Wenn das eigene Haus brenne, hätte man eben eine andere Haltung und Gründe, hier anders zu verfahren. Die Europäer ahnten nicht, was auf dem Spiel stehe. Hier sei Tony BLAIR – der gegen seine unmittelbaren Interessen handelte – zum wahren Staatsmann gereift. Die Geschichte würde darüber entscheiden. Die Motive seien nicht selbstsüchtig gewesen, sondern edel. An BLAIRS Aufrichtigkeit sei nicht zu zweifeln, hat er doch auch immer überzeugende Beweise zur Hand.[403] Noch zwei Wochen vor der Abstimmung war mit einer mehrheitlichen Ablehnung zu rechnen, BLAIR habe aber keine Kompromisse geduldet – und schließlich gewonnen.«

Ach was täten wir, hätten die Briten nicht immer so großartige Philosophen mit politischem Einfluß und gesellschaftlicher Stellung hervorgebracht, deren Denken sich aufgrund ihrer gesellschaftlichen, geistigen und moralischen Qualitäten unmittelbar in Handeln verwandelt: im konkreten Fall ein bißchen High-Tech-Krieg gegen ein Land, das eine Wiege der Kultur war – und zu seinem gegenwärtigen Unglück zu reiche Ölschätze birgt – und eigentlich nach den Meldungen der Waffeninspektoren der UNO weitgehend[404] entwaffnet und daher keine Bedrohung war. Nach diesen erhabenen Worten Seiner Lordschaft merkt man erst so richtig, wie töricht doch die zu Hunderttausenden auf den Straßen Krawall machenden Anti-Kriegsdemonstranten sind. Sie haben noch immer nicht begriffen, daß der Krieg doch eine Befreiungsaktion ist und dem Irak die heiß ersehnte Demokratie gebracht werden soll. Dabei hätten diese dummen Menschen das allein schon aus dem sprechenden Namen dieser ›Mission‹ erkennen können:»Schock und Entsetzen«. Oder hatten sich der US-Kriegsminister RUMSFELD und sein Kumpan PERLE nicht klar genug ausgedrückt? Ein»Schlag von nie dagewesener Wucht« sollte dem Irak endlich die *schöne neue Welt* bringen. Na, also!

---

[403] Israel SHAMIR verbreitete am 23. 3. 2003 ausführliche Artikel unter diesem Generaltenor:
»Tony Blair connected to mass murder and to paedophile ring! Demand his trial!« (Tony BLAIR steht in Verbindung mit Massenmord und einem Pädophilen-Ring! Fordert ihn vor Gericht! und »Blair's Protection of Elite Paedophile Rings Spells the End For His Career« (BLAIRS Protektion eines elitären Pädophilen-Rings bedeutet das Ende seiner Karriere). Unter:
http://www.propagandamatrix.com/blair_protection.html
Exclusive to Propaganda Matrix.com by Mike James in Frankfurt: 11. März 2003 (Exklusiv für Propaganda Matrix.com von Mike James)
»But it is now becoming shockingly clear that the slavish adherence of Tony BLAIR and Jack STRAW to the BUSH line on Iraq may have less to do with principle arguments, and much more to do with the fear of CIA and FBI revelations that would make them two of the most hated politicians in modern British political history.« (Aber es ist nun entsetzliche Gewißheit geworden, daß die sklavische Befolgung der BUSH-Linie to BLAIR und Jack STRAW in Sachen Irak-Krieg weniger mit prinzipiellen Gründen, sondern viel mehr mit der Angst vor CIA und FBI-Offenbarungen zu tun hat, die diese beiden zu den meistgehaßten Politikern der neueren britischen politischen Geschichte machen würden.)
Dunblane secret documents contain letters by Tory and Labour ministers. (Die Dunblane-Geheimdokumente beinhalten Briefe von Tory- und Labour-Ministern.)
The Sunday Herald, News, 2. 3. 2003, http://www.sundayherald.com/31830
Untersuchung: von Neil Mackay, Home Affairs Editor (Editor für Inlandsberichte)
[404] Eine gänzliche Entwaffnung kann ja kaum zur Stabilität in der Region beitragen, wenn es ein internes Kurden-Problem gibt und die Türkei seit hundert Jahren die nördlichen Gebiete und Ölfelder einschließlich der Quellgebiete des Euphrat und Tigris beansprucht. Überdies waren die Kriegsdrohungen der USA derart, daß nur ein Selbstmörder vor der angedrohten Invasion alle – erlaubten – Waffen auch abrüstete.

Des Kaisers Traum

Die Faksimile-Ausgabe der britischen Zeitschrift *The Truth*[405] von 1890 schreibt über »Des Kaisers Traum«. Sie schildert den kommenden Krieg, die Zerstörung Deutschlands, die Überwindung der Monarchien und das »Heraufleuchten« der demokratischen Republiken, die Flucht des Kaisers ins Ausland und die Abführung der Herrscher Rußlands, Bulgariens usw., und auf der beigefügten Karte ist Rußland als Wüste eingezeichnet, Frankreich am Rhein, Deutschland in viele Republiken zerteilt...

Nach Lektüre dieses Heftchens fragt man sich, was wohl der Zweck der damaligen Publikation gewesen sein könnte. Es ist ja fast ein Vierteljahrhundert noch bis zum Ausbruch des Ersten Weltkrieges und 28 Jahre bis zur Zerstörung Österreich-Ungarns, aber auch der Deutschen Monarchie und über ein halbes Jahrhundert bis zum völligen Untergang des Deutschen Reiches. Und mehr als ein Jahrhundert sollte es noch dauern, bis nach der scheinbaren ›Befreiung‹ Rußlands dieses erst recht in die Wüste verwandelt sein würde, die es auf der Karte von 1890 in *The Truth* schon darstellt.

Es ist ein merkwürdiger Zufall, daß am selben Tag, an dem dieses Heftchen herauskam, auch per Mail eine kritische Würdigung des bislang geheimgehaltenen ›dritten Geheimnisses von Fatima‹ eintraf. Die Kritik bezog sich auf eine als Vernebelung empfundene Exegese durch die vatikanische Glaubens-Kongregation, die die vermutete wahre Bedeutung dieses dritten Geheimnisses herunterzuspielen und mit nichtzugehörigen zeitgeschichtlichen Ereignissen zu verknüpfen schien.

Es könnte dies mit der ›*appeasement*‹-Politik des Vatikans unter Kardinal-Staatssekretär CASAROLI gegenüber der kommunistischen Sowjetunion zusammenhängen, daß die deutlichen Bezüge der Visionen der Kinder von Fatima mit dem weiteren Fortschreiten der Verwüstung *nicht* hergestellt werden.

Das Merkwürdige an diesen prophetischen oder visionären Voraussagen ist, daß sie lange vor den jeweiligen Ereignissen erfolgt sind, daß sie so klar formuliert sind, daß sie vom Verdacht frei sind, erst durch eine nachträgliche Interpretation zur ›Voraussage‹ geworden zu sein.

In einem Gespräch mit H.-D. SANDER,[406] der von solchen Voraussagen wenig hält, betonte er zum wiederholten Mal, daß es keine »Verschwörung« zur Steuerung der Geschichte geben könne. Die Zusammenhänge seien viel zu komplex, als daß sie einzelne auch nur annähernd über-

---

[405] Siehe dazu auch Faksimile im Bildteil des Buches auf den Seiten,.

[406] Hans-Dieter SANDER, Herausgeber der *Staatsbriefe*, München.

blicken könnten. Es gebe auch keine teleologische Vorbestimmung der Geschichte, sondern die Geschichte selbst sei es, die mächtige Strömungen hervorbringe, die dann Ereignisse und Ergebnis brächten. Auf diese setzten sich dann gewissermaßen die Helden und (scheinbar) Handelnden drauf, als sei es ihr absichtsvolles Werk gewesen. (Wenn zum Beispiel die Freimaurer sich der Auslösung der Französischen Revolution bei ihren Zweihundert-Jahrfeiern in Frankreich brüsteten, so heiße das noch lange nicht, daß sie dieses Ereignis auch wirklich verursacht hätten, wie auch die Oktoberrevolution – trotz der zahlreichen führenden Figuren, die Juden waren – deshalb nicht als eine »jüdische Verschwörung« aufgefaßt werden dürfe.)

Natürlich ist das, was heute als ›Wirken anonymer Mächte‹ erscheint, nicht immer eine konkrete Verabredung, wie beispielhaft im Rütli-Schwur bei der Gründung der Eidgenossenschaft.[407] Aber das doch abgestimmte Zusammenwirken verschiedenster Kräfte, Organisationen, Denkfabriken, der Hochfinanz, abhängiger Presse usw. erfolgt innerhalb *einer* Ideologie, die – mit Abwandlungen – ein- und dieselbe ist: Materialismus, Atheismus, Positivismus, Relativismus – mit allen daraus folgenden politischen, wirtschaftlichen oder geistig-kulturellen Erscheinungen. Es bedarf hier gar nicht der ständigen direkten ›Verabredung‹ oder ›Verschwörung‹, denn die Lehre und ihre Schulen sorgen schon dafür, daß die Abweichungen sich in Grenzen halten oder ausgeschieden werden. (Siehe z. B. die Frankfurter Schule in Deutschland.)

So kommt es also darauf an, was Antonio GRAMSCI sagte – erfolgreich im Rahmen der 68er Revolution praktiziert –, daß man die Auslegung der Begriffe und damit die Kultur beherrscht, worauf einem dann der Rest wie eine reife Frucht in den Schoß fallen muß. In dem Maße, wie dieses Vorgehen erfolgreich in die Tat umgesetzt werden kann, schwillt das Bächlein zum reißenden Strome an.

Wenn also heute und seit der Aufklärung – sichtbar mit der jakobinischen Revolution von 1789 – die Schlüsselstellungen besetzt und Richtlinien von oben verordnet werden, Kriege durchaus als Mittel der Politik geplant und »ausgebrochen werden«, nach ihrem Ende – besser müßte man Nicht-Ende sagen – eine Umerziehung einsetzt, usw., so sind das keine Prozesse, die sich von selbst und als ›geschichtliches‹ Wirken ereignen, sondern sie haben klare Ursachen und werden von planenden und handelnden Köpfen angestoßen und in ihrer strategisch-politischen Richtung gehalten. Natürlich gelingt das nicht immer, und es gibt sicher auch hier Rückschläge. Am Ende kommt es auf zwei Dinge an: einerseits auf die einfache Übermacht an (Gewalt-)Mitteln und andererseits

[407] Auch hier ist es ja eher ein Mythos, der in Schillers *Wilhelm Tell* sein literarisches Denkmal fand.

auf eine legitimierende geistige Idee, die im Religiösen, aber auch etwa im Nationalen gefunden werden könnte. Was am Schluß stärker ist, wird sich erweisen. Wir hoffen und sind überzeugt, daß es eine legitimierende Idee jenseits von Materialismus und Nihilismus sein wird. Freilich wird das nicht ›von selbst‹ eintreten. Man muß etwas tun: die anonymen Mächte demaskieren, nicht den als falsch erkannten Dogmen nachlaufen, sich auch dem Kampf stellen, faule Kompromisse und doppelbödige Moral unter keinen Umständen akzeptieren. Es wird dies ein existentieller Kampf sein. ›Ein bißchen schwanger zu sein‹ ist hier – wie eigentlich auch sonst – nicht mehr möglich.

Carl SCHMITT sagte, daß es im Politischen letztlich auf die Freund-Feind-Unterscheidung ankomme. Wer sie nicht mehr zu treffen in der Lage ist, ist verloren, weil das Politische nicht aus der Welt verschwindet und es in diesen existentiellen Auseinandersetzungen immer die Frage von Freund oder Feind ist; und nicht die Frage, sondern jenes Volk aus der Geschichte verschwindet, das sich ihr nicht mehr stellt oder zu stellen in der Lage ist. Wir sind vom Wirken verborgener Mächte überzeugt und finden uns hier in guter Gesellschaft, darum halten wir es für entscheidend wichtig zu erkennen, *wer wie* und zu welchem wirklichen Zweck die Weltagenda bestimmt.

Kam es uns nicht merkwürdig vor, als Griechenland plötzlich Mitglied der Europäischen Währungsunion werden sollte? Dieses verarmte und wirtschaftlich unterentwickelte Land sollte plötzlich dafür ›reif‹ geworden sein? Es ist zu lächerlich, diesen ›Sprung nach vorn‹ glauben zu können. Die Griechen wissen oder ahnen das auch. So hat es vor zwei Jahren in Athen – nicht die erste – Großdemonstration mit 800 000 Menschen gegeben, die vor allem auch von den Kirchenführern der orthodoxen Kirche unterstützt wurde. Sie erkannten – anders als unsere Kirchenfürsten hierzulande –, daß es um die Entscheidung *Kreuz* – christliches Abendland – gegen das *Euro-Symbol* – nihilistischen Materialismus – geht. Mit der Einführung des Euro wurde zugleich ein jakobinischer Vorstoß unternommen, die Kruzifixe aus den Schulen und die Präambel der Verfassung, die sich auf Gott beruft, auszumerzen.[408]

Haben wir durch unserer Medien davon überhaupt Kenntnis bekommen? Oder wurde dieses bemerkenswerte Ereignis von Athen verschwiegen, wie alles, was den *geplanten* Gang der Ereignisse behindern könnte? Je mehr man die Dinge im Zusammenhang betrachtet und auch über der Zeit, desto mehr erkennt man, welche und daß Regie geführt wird.

---

[408] Ähnliches kennen wir aus Deutschland: Verfassungsgerichtsurteil gegen die Kreuze in Bayerns Schulen und erstmals das Treuegelöbnis von Regierungsmitgliedern ohne die Eidesformel »So wahr mir Gott helfe«.

Alternativen zur US-Politik

Alternativen zur US-Politik: Es ist uns klar, daß wir das nur in einer ›geistigen‹ Dimension diskutieren können und hier von machtpolitischen Positionen nicht die Rede sein kann.

Die Beschäftigung mit Fragen des Wiederaufbaus[409] und einer eventuell nötigen Re-Orientierung der Wirtschaftspolitik Jugoslawiens hat ihren Ursprung in den Zerstörungen durch den NATO-Überfall auf Serbien, ein europäisches Land. Diese Demonstration willkürlicher Gewalt durch den amerikanischen Hegemon und seine Vasallen rückte erst Serbien in den Mittelpunkt unseres Interesses, weil sie uns vor Augen führte, was jederzeit auch unser Schicksal sein kann und wird, sollten wir einmal der US-Vorherrschaft in Europa überdrüssig sein.

Die historischen, nicht immer freundlichen Beziehungen waren ein weiteres Motiv, sich doch mit Geschichte, Kultur, Politik näher zu beschäftigen, und schließlich die Überzeugung, daß es nicht nur moralische, sondern auch eigennützige Überlebensmotive gibt, sich *nicht* mit ›balkanischen‹ Zuständen – aus globalistischem und neoliberalkapitalistischem US-amerikanischen Machtkalkül herbeigeführt – abzufinden. Die Krise hier und in ganz Ost- und Südosteuropa hat ja unmittelbare Auswirkungen auch auf unser Schicksal.

Nach einigen Besuchen und vielen Gesprächen, dem Studium aller erreichbaren Literatur und wirtschaftspolitischen Unterlagen wurden einige Vorschläge bereits vorgelegt. Im Zuge der Diskussion war auch eine Auseinandersetzung mit der jüngsten Wirtschaftspolitik notwendig.

Um es vorwegzusagen: Es war sehr überraschend zu sehen, daß entgegen der hierzulande herrschenden Ansicht schon seit einiger Zeit (aber noch während der Sezessionskriege im ehemaligen Jugoslawien) die wirtschaftlichen Weichen hundertprozentig nach neoliberalen Dogmen, wie sie IMF, Weltbank, internationale Organisationen, US-Banken und -Regierung kanonisiert hatten, gestellt worden sind! Das überraschte deswegen, weil einerseits seit einiger Zeit ja immer klarer geworden ist, daß diese Doktrin im ›Westen‹ abgewirtschaftet hat, noch mehr aber, weil Jugoslawien seit Anfang der neunziger Jahre unter Wirtschaftsboykott und Blockade steht und damit nicht einmal die Chance hat, die angeblichen und erhofften Segnungen der westlicher Wirtschaftsdoktrin, des freien Welthandels, zu ernten.

Im Folgenden setzen wir uns mit einer Alternative zur herrschenden Wirtschaftspolitik auseinander. Wir tun dies vor dem Hintergrund der immer bedrohlicher werdenden gegenwärtigen Lage und über-

---

[409] Noch *vor* der ›demokratischen‹ Wende, die den von den USA finanzierten Ministerpräsidenten DJINDJIC an die Spitze brachte.

nehmen die nachfolgenden Gedanken als einzig erfolgversprechende Alternative: eine *Politik der Autarkie* zu verfolgen.[410] Die weitgehend unkritische Übernahme neoliberaler US-Allgemeinplätze, deren Wirkungslosigkeit zur Verbesserung der Lage längst erwiesen ist, hatte vor kurzem Fredemund MALIK in der *FAZ* zur allgemeinen Überraschung ganzseitig ausgeführt.

Vom Freihandel zur Autarkie[411]

Das bisherige heilige und grundsätzlich unangetastete Instrument der Austauschbeziehungen der Länder untereinander bildete der Handelsvertrag mit der Meistbegünstigungsklausel – also zwar grundsätzliche Festlegung auf einen Zolltarif, auf gewisse Zollsätze, aber Anerkennung. Jeden besonderen Vorteil, den ich einem anderen Lande einräume, lasse ich demnach für jeden Vertragspartner gelten, mit dem Meistbegünstigungsverträge abgeschlossen wurden. Man ging von einem Handelsvertrag mit Zolltarif aus, um ihn im Laufe der Zeit und der Beziehungen systematisch durch die Meistbegünstigung abzubauen und im Sinne der allgemeinen Handelsfreiheit zu durchlöchern. Der Zolltarif war zwar vorhanden, bildete aber nur eine ›Verhandlungsbasis‹, von der man jederzeit abweichen konnte.

Sinn und Richtung dieses ganzen Vertragsnetzes war der Freihandel, und darauf kommt es an, nicht etwa darauf, ob dieser Freihandel je praktisch hundertprozentig wirksam gewesen ist. Wie alles, so ist auch die Handelspolitik dauernd im Fluß, und es kommt grundsätz-

---

[410] Die Blockade ist ein britisches Mittel des (See-)Krieges, die sich, wenn sie funktioniert, vor allem gegen die Bevölkerung richtet. Sie ist darum ein besonderes heimtückisches Kriegsmittel des – völlig ungehegten – Seekrieges, das den ehemals gehegten (europäischen) Landkrieg – nur zwischen Armeen – nun *vor allem* auf die Zivilbevölkerung ausdehnt! Die jüngsten Analysen der neuen US-Sicherheitsdoktrin stellen gerade diesen Wandel – militärische Mittel gegen das Volk einzusetzen – deutlich fest. Die fünf Kreise dieses umfassenden Krieges sind dabei: 1. die Zivilbevölkerung direkt, 2. die Infrastruktur (Wasser, Strom, Versorgung,...), 3. die andauernde Zerstörung aller Einrichtungen, die Reparaturen ermöglichen könnten, 4. die Blockade, die jegliche Hilfe für das nun in der Falle sitzende Volk unterbindet, und 5. (um es nicht zu vergessen) das Militär, aber nur soweit es sich um Luftabwehr handelt, die ebenfalls aus der Luft angegriffen wird.
Die Gegenstrategie gegen die Blockade ist die Autarkie. In der Lage Jugoslawiens, sich mit neoliberalen Freihandelsdogmen eine neue Wirtschaftsideologie zu geben, bedeutete dies, die Wirkungen der nun schon jahrelangen Blockade zum eigenen Schaden zu verschärfen!

[411] Gekürzt und etwas an gegenwärtige Gegebenheiten angepaßt nach einem Text von Ferdinand FRIED. Der Originaltext ist ein Kapitel aus seinem Buch *Autarkie*, das 1932 in den *Tat-Schriften* bei Eugen DIEDRICHS in Jena erschienen ist. Entstanden inmitten der von den Westmächten gegen das Deutsche Reich geführten Handelskriege, die sich, zuvor von 1914 bis 1918, hernach von 1939 bis 1945, zu Weltkriegen verdichteten, sind die Darlegungen immer noch aktuell. Ein Wiederabdruck erfolgte in den *Staatsbriefen* 3–1993.

lich immer darauf an, wohin sie floß, welches Ziel sie sich gesetzt hatte. Zölle waren da mit dem Ziel, sie mehr oder weniger schnell abzubauen. Und daraus ergab sich die Politik der offenen Tür gegen jedermann, wie sie die Meistbegünstigungsklausel darstellt.

Der *geschlossene Raum* ist gegeben, ist an sich vorhanden; aber es ging unter dem Freihandelsgedanken darum, allmählich eine Tür nach der anderen zu öffnen, allmählich sogar sämtliche Türen zu öffnen, so daß damit praktisch der ›geschlossene Raum‹ in den ›freien Raum‹ übergeht: die Welt.

Man muß sich diesen Grundgedanken des Freihandels vor Augen halten, und nicht etwa seine praktische Gestaltung, wenn man die grundsätzliche Wendung verstehen will, über die hier gesprochen werden soll: vom Freihandel nicht zum Schutzzoll – denn der Zoll ist eine Funktion der Handelspolitik, auch des Freihandels –, sondern *vom Freihandel zur Autarkie.*

Die Mittel dazu: Präferenzen innerhalb gewisser Räume, Zölle (direkt oder indirekt durch Währungsentwertung) und Kontingente bzw. Einfuhrverbote (direkt oder indirekt durch Währungsentwertung).

Grundsätzlich bedeutet das die Abwendung von der ›Weltwirtschaft‹ zu dem an sich gegebenen natürlichen Raum; das heißt, eine Tür nach der anderen, die in die Ära des Freihandels geöffnet wurde, wird wieder geschlossen. Es wird hier ein Wunschbild hingestellt, das schon einmal stattgefunden hat,[412] die eine Entwicklung in allen Ländern war und die die Politik der offenen Tür durch die Politik der geschlossenen Tür abgelöst hat.

Die nebeneinander liegenden natürlichen Wirtschaftsräume haben eine gemeinsame Verbindungstür. Schlägt ein Land diese Tür zu, so ist dem Nachbarn damit schon der Zustand und seine Handlung aufgezwungen. Es wäre ganz sinnlos, diese Tür von sich aus wieder öffnen zu wollen. Man kann nicht den Gedanken des Freihandels und der Meistbegünstigung in einer Welt vertreten, die sich entweder von ihm losgesagt hat oder, wie es heute der Fall ist, mit der Globalisierung die nationale Volkswirtschaft zerstört, der nur noch die Revidierung der bisherigen Politik der ›offenen Türe‹ als Schutz bleibt.

In der Praxis bedeutet dies, daß wir heute gezwungen sind, den ›großen Rückgang‹ anzutreten, und in unserer Handelspolitik von dem Grundgedanken der Autarkie auszugehen haben. Genau wie es beim Freihandel darauf ankam, *auf welches Ziel* die Politik lossteuerte, also

---

[412] Nach dem Ersten Weltkrieg, als Deutschland unter dem Versailler Diktat, der Weltwirtschaftskrise und dem Boykott der Siegermächte keine andere Option hatte, als den Weg der Autarkie zu gehen.

auf Sinn und Richtung auf eine Idee, so kommt es *mutatis mutandis* bei der Autarkie auf den Grundgedanken, auf die Grundhaltung an, von der man ausgeht.

Autarkie ist ebenso wie Freihandel eine Idee im platonischen Sinne, die Wirklichkeit erreicht sie nie ganz, ihre Erscheinungsformen sind immer Abwandlungen der Idee. Genau so, wie es Freihandel im eigentlichen Sinne nie wirklich gegeben hat, wird es auch Autarkie an sich nicht geben. Man darf hier nicht über Begriffe streiten, die sich leicht zerreden lassen, vielmehr ist das eine wie das andere *eine Haltung*. Die äußeren Handlungen und Maßnahmen sind nur aus dieser Haltung heraus grundverschieden.

Was bedeutet Autarkie?

Der Begriff ist heute unter dem Dogma der Globalisierung tabu, aber um keinen wirtschaftlichen Begriff wurde so heiß gestritten wie um den der ›Autarkie‹. Man spürt es instinktiv: Es steckt mehr hinter diesem Begriff, als die einfache Übersetzung des Wortes vermuten läßt, weit mehr, als man rein wirtschaftlich in diesen Begriff hineindefinieren kann. Und man spürt auch, daß dafür die ›Autarkie‹ eigentlich nicht ausreicht, und wandelt schon zur ›Autarchie‹ ab, um damit noch mehr an Bedeutung herauszuholen. Keiner unserer Begriffe gibt den umfassenden Geist der *Weltanschauung* wieder, die eigentlich dahinter steht: Selbstgenügsamkeit, Selbstversorgung, Selbstherrschaft, Selbsthilfe, Selbstschutz, Selbstbesinnung.

Selbstbesinnung – das umspannt die neue Haltung vielleicht am weitesten, weil es zugleich ausdrückt, daß es sich nicht um eine rein wirtschaftliche oder politische Frage handelt, sondern um eine Weltanschauung, um einen Umbruch im Denken. Hier liegt der Schlüssel zu all den notwendigen Änderungen unserer Zeit, die vor uns stehen und schließlich nichts anderes bedeuten als eine Wandlung des Menschen selbst, eine Besinnung auf sich selbst.

Der gewaltige und schließlich fluchbeladene Rausch der Freiheit ist ausgelebt, der Mensch muß seine Grenzen erkennen, und er wird sich von dem Gaukelspiel wieder enttäuscht zurückziehen; er bescheidet sich selbst, er beginnt, wieder nach innen zu leben und zu denken, er findet in das ihm beschiedene Maß zurück. Oder er geht mit der entgrenzten und entorteten Welt von heute zugrunde.

Er erkennt, daß er allein auf dieser Welt steht, ganz auf sich selbst gestellt. Er wird demütig, er will wieder glauben können, er wird religiös. Er besinnt sich auf den Boden, auf den er gestellt ist, auf die Gemeinschaft, in die er hineingestellt wurde, auf die Familie, auf den

Stamm, auf das Volk. Er findet nach dem himmelstürmenden Aus-
flug in die Freiheit den Weg zu den naturgegebenen Bindungen zu-
rück. Er bindet sich an eine religiöse Gemeinschaft, an eine Gemein-
schaft seines Standes, an einen kameradschaftlichen Bund. Und er
findet aus der Selbstbesinnung und Selbstbescheidung wieder zum
Selbstbewußtsein, findet den Mut zur Selbsthilfe, zum Selbstvertrauen.
Und aus diesem großen Rückzug von der wilden Freizügigkeit in die
Bindung, in die Selbstzucht erwächst damit ein ganz neues, tieferes
Gefühl für die Freiheit, das sich nämlich ihrer Bindungen bewußt ist.
Nur wer um seine Bindungen weiß, kann wirklich frei sein. »Und das
Gesetz nur kann uns Freiheit geben.«

Das wird ein so großer Umbruch im Menschen und in der Zeit sein,
daß er nur mit der Französischen Revolution verglichen werden kann,
die uns eben jenen gewaltigen Taumel zur Freiheit und Gleichheit
bescherte, aus dem wir jetzt zu uns selbst zurückfinden. Was sich heute
vollziehen muß, ist daher eigentlich die *Reaktion* auf jene (Französische) Revolution – und damit ist auch wieder der gewaltige Unterschied zwischen den beiden Geistesbewegungen gekennzeichnet:

Die Revolution war äußerliche ›Befreiung‹, war von innen nach
außen getragen, war expansiv, ließ unter dem Motto der Freiheit,
Gleichheit, Brüderlichkeit die Guillotine – »oder der Tod«[413] – exakt
und mit vernünftiger Überlegung arbeiten, trug unter ihrer Flagge
die Kriegsfackel über die ganze Welt. Sie wurde geboren in diesem
Blutrausch, und sie ging mit den Weltkriegen in einem Blutrausch
unter. Sie geht heute von außen nach innen, sie ist intensiv. Sie nimmt
alle Positionen der äußeren Befreiung, aber inneren Knechtung allmählich zurück, um sich äußerlich zu binden, aber innerlich sich zu
befreien. Sie ist daher kein gewaltiger eruptiver Ausbruch, sondern
ein langsamer, aber um so sicherer Rückbildungsprozeß. Und alles,
was damals als fortschrittliche Errungenschaft gepriesen wurde, muß
heute wieder, allerdings auf höherer Ebene, aufgehoben, gebunden,
auf das ihm Angemessene zurückgeführt werden.

Wie die bis zur ›Revolution des Stimmzettels‹ entfesselte politische
Freiheit des Menschen sich von selbst heute langsam zurückbildet und
der Mensch auf eine engere Gemeinschaft zurückgeworfen wird, die
er erfassen kann, in der er wurzelt und aus der er hervorwächst,[414] so
folgt der zum Kapitalismus entfesselten wirtschaftlichen Freiheit von
selbst die wirtschaftliche Bindung im weitesten Sinne: die Ablösung

---

[413] Wie die Ergänzung zum vollständigen Wahlspruch der Revolution lautet.
[414] Darum ist der Brüsseler Zentralismus und die Hybris der anonymen Bürokratie, die Arroganz der Pseudo-Elite – wie an den Sanktionen der EU-14 gegen Österreich nur zu deutlich
erkennbar – genau der Umkehrpunkt einer falschen Entwicklung.

des freien und wagenden Unternehmergeistes durch freiwillige Verbände, Syndikate, Kartelle, Konzerne, Trusts,[415] die Ablösung des Unternehmers selbst durch industrielle und Verbandsbürokratie[416] usw. Allerorten läuft die Entwicklung auf das Ende der wirtschaftlichen Freizügigkeit hinaus, die vor über einem Jahrhundert ihren vollendeten Ausdruck in der Einführung der Gewerbefreiheit gefunden hatte. Die Reaktion darauf bedeutet also das Ende der Gewerbefreiheit, aber auch das Ende der wirtschaftlichen Freizügigkeit des Menschen, die ja den Menschen zu Millionen von Arbeitslosen in den großen Industriestätten angespült hat.

Verzerrt und in Ansätzen findet dieser Übergang schon im Kartellwesen und im Gewerkschaftswesen seinen Ausdruck: dort für den Unternehmer, hier für den Arbeitnehmer. Der zu einem Kartell gehörende Unternehmer, der an sich wirtschaftlich vernichtet wäre, wird von den anderen Kartellmitgliedern wie von einer Haftungsgemeinschaft von Genossen mit durchgeschleppt, ob durch Quotenkauf oder Quotenrente. Der einer Gewerkschaft angehörende Arbeitnehmer, der arbeitslos wird, wird ebenfalls von seinen ›Genossen‹ oder Gewerken unterstützt. In beiden Fällen ist der Grundgedanke der Selbsthilfe oder Selbstverantwortung in Ansätzen schon vorhanden. Die Rückbildung zur Bindung bedeutet nicht nur Verstärkung dieses Gedankens der Selbstverwaltung – ebenso wie stärkere Selbstverantwortung einer Gemeinschaft auch stärkere Bindungen der Glieder an diese Gemeinschaft zur Voraussetzung hat –, sondern läuft gleichzeitig auf eine immer stärkere Verwurzelung der Gemeinschaft und ihrer Bindung in den Boden, ihre Verhaftung an den Boden hinaus. An den Boden als Idee, als Begriff (Landschaft, Heimat, Vaterland) und an den konkreten Boden: Siedlung, Zurückführung der in den Großstädten angespülten Menschenmassen auf das Land,[417] damit aber auch ihre dauernde Bindung an den Boden.

---

[415] Was sind die Mega-Fusionen anderes als das Abstecken von Claims für wenige übriggebliebene Konzerne.

[416] Diese sichtbaren Strukturen werden von viel wirksameren unsichtbaren ergänzt, ja überlagert: World Economic Forum Davos WEF, European Round Table ERT, Bilderberger, Council on Foreign Relations CFR usw.

[417] Die Mega-Städte sind keiner Krise gewachsen: Bricht das Verkehrs- oder das Stromnetz zusammen, und nichts geht mehr. In wirklichen Notlagen – etwa durch Krieg oder eine Weltwirtschaftskrise ausgelöst – sind weder die Ernährung noch sonst wichtige Leistungen mehr für Millionen gesichert. Der urbane Dschungel, wie in manchen apokalyptischen Filmen immer öfter dargestellt, ist fast so etwas wie die mentale Vorbereitung auf dieses Chaos. Die gegenwärtige Belagerung von Basra und Bagdad zeigt, wie innerhalb weniger Tage die Menschen sich um die knappen Hilfsgüter und Wasser prügeln. Dabei ist das erst der – den Anglo-Amerikanern mißglückte – Anfang, und es dauerte noch nicht wirklich lange. Es ist abzusehen, was mit Millionen passieren wird, wenn die Städte kollabieren.

Wie die revolutionäre Entfesselung der Freiheit mit Bauernbefreiung, Gewerbefreiheit zu jenem Gegensatz zwischen Stadt und Land in allen seinen Variationen geführt hat, so werden wir die Rückbildung dieses Vorganges, die heute als große nationale Aufgabe allen Völkern bevorsteht, den Ausgleich dieses Gegensatzes auf allen Gebieten herbeizuführen haben; und das bedeutet gegenüber dem gegenwärtigen Zustand Stärkung des Landes im engeren wirtschaftlichen Sinne: Stärkung der Landwirtschaft und allmähliche Minderung des Einflusses der Stadt, besser: der Großstädte.

Es ist daher verständlich, wenn sich der besondere geistige Ausdruck der Großstädte, nämlich die *großstädtische Intelligenz,* mit größter Erbitterung gegen alles zur Wehr setzt, was mit dem Gedanken der ›Autarkie‹ zusammenhängt, weil man wohl weiß, daß mehr dahinter steht als nur die wirtschaftliche Abschließung. Wenn diese großstädtische Intelligenz in ihrem Kampf gegen die ›Autarkie‹ oft geradezu verstiegene Behauptungen aufstellt, so muß man bedenken, daß sie sich tatsächlich in einem verzweifelten Kampf nicht nur um ihren Einfluß, sondern um ihre Existenz befindet. Denn alles, was wirtschaftlich von den Großstädten als Exponent herausgestellt wurde, ist durch den geforderten Umbruch in Frage gestellt: der Handel, das Geld- und Kreditgeschäft, die Vermittlertätigkeit überhaupt (auch in geistigen Werten), die aus einem Mittel zum Zweck allmählich zum Selbstzweck geworden war, wie er in der Börse und Börsenspekulation seinen vollendeten Ausdruck findet.

Die Freizügigkeit und Wurzellosigkeit, die wir in der Massenansammlung zu Großstädten noch sinnenhaft spüren, die wir politisch in der formellen Stimmzetteldemokratie mit anonymer Parteienherrschaft erlebten, drückt sich wirtschaftlich in den beziehungslosen Handels- und Kreditgeschäften aus, die sich in den Großstädten konzentriert haben und die um ihrer selbst willen vorgenommen werden: ob der Ankauf und Verkauf einer Weizenladung, die man nie gesehen hat und auch nie sehen wird, weil der Weizen noch auf den Feldern steht, nur um eine ›Marge‹ zu verdienen; ob der Ankauf und Verkauf einer Aktie, die in irgendeinem dunklen Safe ruht und die die Beteiligung an einer Fabrik darstellt, von der man nicht weiß, wo sie liegt und was sie eigentlich herstellt; ob die Vergabe eines Millionenkredites, von dem man nicht weiß, ob er zum Brauen von Bier oder zu papiernen Spekulationen verwendet wird, den man aber nur deswegen gibt, weil irgendwelche fiktiven Papiere hinterlegt werden und weil man ›anständige‹ Zinsen verdienen will – dies ist alles keine eigentliche ›Wirtschaft‹ mehr, sondern abstrakte und wurzellose Spekulation, die sich nur in den Großstädten sammeln konnte.

Dieses Handels- und Kreditgeschäft mit seinem abstrakten Zahlenrechnen und Buchwissen mußte sich schließlich genau so in den großstädtischen Zentren sammeln und von dort aus ›zentralistisch‹ verwaltet werden, wie sich die Menschenmassen hier stauten und mit Hilfe des Stimmzettels den politischen Zentralismus und die geistige Uniformierung hervorbrachten. Und genau so, wie diese Menschenmassen heute arbeitslos geworden sind, ein Parasitenleben an der Gesamtheit führen müssen und in Reaktion darauf die Revolution des Stimmzettels beenden werden, so irren die in den großstädtischen Zentren gestauten Gelder beschäftigungslos und beziehungslos hin und her, suchen einen, wenn auch noch so geringen Zins, der in jedem Falle der äußere Ausdruck für das Parasitendasein dieser Gelder darstellt. Aber auch diese ›Revolution des Geldes‹ hat heute längst durch den tatsächlich schon erfolgten Zusammenbruch des Weltkredits ihren Abschluß gefunden.

Diese *Revolution* in ihrer ganzen Breite und mit all ihren Folgeerscheinungen war französisch, war richtiger noch: *westlich.* Die *Reaktion* darauf wird *deutsch* sein, wenn... Deutschland sich aus der bisherigen ›Einbindung‹ (= Fesselung) zu befreien fähig sein wird und zu sich selbst zurückfindet. Gegenüber dem westlichen Gedanken der mißverstandenen Freiheit um ihrer selbst willen, ihrer Freizügigkeit und kalt berechnenden Erbarmungslosigkeit steht der *Gedanke des Dienens;* des Dienstes an einer gemeinsamen Sache, an einer Gemeinschaft, der Einfügung in eine Bindung, aber dafür auch des Eintretens der Gemeinschaft für den Einzelnen. Gegenüber dem westlichen Gedanken, daß gerade das hemmungslose Sichaustoben des Einzelnen schließlich und insgesamt zu einer Harmonie führt, steht der *Gedanke der Ordnung.* Westlich ist der ›Kapitalismus‹, deutsch die ›Solidarität‹ der Volksgemeinschaft, man könnte es, das Wesentliche charakterisierend, ›Sozialismus‹ nennen; westlich ist der Gedanke der zivilisierten Menschheit, deutsch, d. h. mitteleuropäisch, das Gefühl für die Nation, für das Volk. So wie dort der Rausch der Freiheit bis an die Sterne und über alle Räume und Grenzen hinweggeführt hat, so wird man sich hier wieder auf sich selbst, auf seine Heimat, auf seinen Boden besinnen. All das liegt in dem fremdartigen Begriff der ›Autarkie‹ eingeschlossen, der eine Haltung, eine Weltanschauung umspannt.

Und die in dem Begriff der ›Autarchie‹ enthaltene ›Selbstherrschaft‹ bedeutet schließlich nichts anderes als Souveränität und Unabhängigkeit. Das rüttelt an die Grundfesten unserer imaginär immer noch geltenden Wirtschaftsordnung, *die keine Ordnung ist,* sondern erst eine Ordnung werden soll. Die bewußte, ordnende und souveräne Gestaltung der wirtschaftlichen Struktur führt zur großen nationalen Aufgabe der *Siedlung* (eigentlich Rücksiedlung), dieselbe souveräne Gestaltung der wirtschaftlichen Verhältnisse führt zur *Planwirtschaft*, sie führt bei unseren Geld- und Kreditverhältnissen zur *Binnenwährung*, bei unseren Austauschbeziehungen zum Ausland zur *Autarkie* im engeren Sinne und damit schließlich zu *nationaler Unabhängigkeit*.

Die Autarkie ist damit keine vorübergehende, taktische Notstandsmaßnahme, sondern der bewußte Ausdruck eines nationalen Wollens, das in seiner Ganzheit eine wirtschaftliche, soziale und politische Neuordnung umfaßt. Aber auch rein ökonomisch ist Autarkie unmöglich ohne gleichzeitige Planwirtschaft, Stärkung der Landwirtschaft durch Rücksiedlung und eigene, ›autarke‹ Ausgestaltung des Kreditwesens, also Binnenwährung.

Die Autarkie bedeutet damit die bewußte Herauslösung aus der Weltwirtschaft als einer rein gedanklichen Einheit und Uniformität, es ist die Herauskehrung der Vielfalt und Buntheit der natürlich gewachsenen oder geschichtlich gewordenen Gebiete, Völker, Nationen – ohne damit das Bestehen einer Weltwirtschaft als Summe dieser vielfältigen und bunten Gebiete leugnen zu wollen. Aus der fiktiven Weltwirtschaft löst sich der autarke Staat dadurch heraus, daß er ihre Spielregeln nicht mehr anerkennt.

Der Grundgedanke ist hier: größtmögliche wirtschaftliche Unabhängigkeit. Die ›Weltwirtschaft‹ war auf dem mechanistischen Grundsatz aufgebaut, daß man nur jeden gewähren lassen solle und sich damit schließlich alles von selbst regeln werde (Automatismus). Man nahm also als Glied dieser Weltwirtschaft unbekümmert Waren herein und vertraute blind darauf, daß man sie durch Warenausfuhr oder Dienstleistungen schon irgendwie bezahlen werde. Und da man soviel hereinließ, wie es Laune oder Zufall gerade fügten, so entstand allmählich ein immer stärkerer Zwang zur Ausfuhr, der sich immer mehr von der Quantität zur Qualität steigerte und damit zu einem Primat der Ausfuhr wurde, schon um die sogenannten Exportindustrien zu beschäftigen.

Diese völlige Verlagerung des wirtschaftlichen Schwergewichts und der natürlichen wirtschaftlichen Grundeinstellung, die schließlich zu der *Ausfuhr um jeden Preis* führte, zu einer ganz widernatürlichen Verschleuderung von eigenem Volksvermögen, gilt es, durch die Autarkie wieder auf die naturgegebenen Verhältnisse zurückzuführen. Es handelt sich also darum, die Wirtschaft aus einer Verkrampfung zu lösen. Eine unvoreingenommene, durch keine verstiegenen und vom eigentlichen Stoff immer entfernteren Theorien belastete Betrachtung der Wirtschaft als Funktion des Gemeinschaftslebens muß davon ausgehen, welcher Zwang zur Einfuhr besteht, um daraus die Notwendigkeiten der Ausfuhr abzuleiten. Es muß also festgestellt werden, welche ausländischen Nahrungsmittel, Rohstoffe oder Erzeugnisse man unbedingt braucht, um die gegenwärtige durchschnittliche Lebensführung aufrechtzuerhalten, aber unter Einsetzung allerletzter Möglichkeiten, die der eigene Boden und die eigene Arbeit bieten.

Der Ausgangspunkt ist grundsätzlich immer die eigene Versorgung, die Möglichkeit der eigenen Versorgung, und erst wenn diese erschöpft ist, kann ein noch vorhandener Bedarf zusätzlich durch Auslandswaren gedeckt werden. Oder es handelt sich überhaupt um die Deckung eines notwendigen Bedarfs aus dem Ausland, weil der eigene Boden keine Möglichkeiten dazu bietet. In der Autarkie werden zunächst also die ›Bedarfsspitzen‹ festgestellt, die durch Einfuhr gedeckt werden müssen, und das führt zur Aufstellung eines vollständigen Einfuhrplanes mit genau festgesetzten jährlichen Einfuhrmengen. Danach muß untersucht werden, wie und wo diese notwendigen Einfuhrmengen bezogen werden sollen. Wie sie bezogen werden sollen, bedeutet, wie sie bezahlt werden sollen. Das kann natürlich nur durch die Ausfuhr eigener Erzeugnisse geschehen. Es muß also darauf geachtet werden, daß man die notwendigen Einfuhrmengen nur bezieht, wenn gleichzeitig und gewissermaßen als Bezahlung die Abnahme einer entsprechenden Menge eigener Erzeugnisse gewährleistet ist.

Das führt praktisch zu einem Austausch von bestimmten Warenmengen zwischen zwei Ländern, also zu festen Kontingentsverträgen. Die Frage, woher die notwendige Einfuhr bezogen werden soll, ist damit beantwortet: grundsätzlich aus den Ländern, die *bereit* sind, derartige feste Tauschverträge abzuschließen; praktisch aus den Ländern, mit denen sich der Tausch am billigsten bewerkstelligen läßt, also mit den benachbarten Gebieten, soweit sie die fehlenden Bedarfsspitzen liefern können und auch bereit sind, eigene Erzeugnisse dafür aufzunehmen. Also dort, wo dieser Tausch naturgegeben ist. Besteht irgendwo keine Bereitwilligkeit, die eigenen Erzeugnisse als Bezahlung anzunehmen, so muß folgerichtig auf die Deckung dieses Einfuhrbedarfs verzichtet werden.

Autarkie bedeutet also die Aufstellung eines Ein- und Ausfuhrplanes, der von dem notwendigen Einfuhrbedarf ausgeht und ihn durch planmäßigen Warentausch zu decken sucht. Das alles läuft auf den *Ausgleich* zwischen Einfuhr und Ausfuhr hinaus. Nun muß jedoch berücksichtigt werden, daß die Ausfuhr eigener Erzeugnisse, eigener Arbeit im weitesten Sinne anzusetzen ist. Das, was zahlungsbilanzmäßig als Dienstleistung angesehen wird, Schiffsfrachten, Durchgangsverkehr, Fremdenverkehr usw., ist also bereits einbezogen. In grundsätzlichem Unterschied zu der bisherigen Betrachtung der

Verflechtung mit dem Ausland ist aber der gesamte ›Kapitalverkehr‹ außer acht geblieben.

Hatte man bisher einen Überschuß an Einfuhr und Dienstleistungen des Auslandes, so wurden diese Leistungen nicht bezahlt: Sie wurden gestundet, und als Ausgleich erschien in der Zahlungsbilanz eine Kapitaleinfuhr in Form von ausländischen Anleihen oder Krediten. Gab es umgekehrt einen Überschuß der Ausfuhr und Dienstleistungen an das Ausland, so hat das Ausland diese Leistungen nicht bezahlt: Sie wurden auf die Auslandsschulden angerechnet und erschienen in der Zahlungsbilanz als Rückzahlung von Krediten oder Tilgung und Verzinsung von Anleihen.

Der ganze Kapitalverkehr ist erst der eigentliche Ausdruck jener weltwirtschaftlichen Verflechtung, aus der man sich durch die Autarkie herauslösen muß, weil er ein Land entweder durch Anleihen und Kredite zur Annahme einer Einfuhr zwingt, die man nicht bezahlen und verdauen kann und die den Zwang zur Ausfuhr um jeden Preis erhöht – oder weil er durch die wachsende Verschuldung zu einem Zinsen- und Tilgungsdienst zwingt und ein Land bis hin zu sofortiger Gesamtrückzahlung bedrohen kann, die zu einer Verschleuderung des Volksvermögens führen würde.

Der Übergang zur Autarkie hat also zur Voraussetzung eine sofortige Liquidierung oder Bereinigung unserer gesamten Kapital- und Kreditverflechtungen mit dem Ausland; und er hat zur Folge, daß man keine Kapital- und Kreditverflechtungen mit dem Ausland mehr eingehen darf und will. Beides ist durch die tatsächliche Entwicklung und den jederzeit offen zutage tretenden Zusammenbruch des Weltkreditsystems schon weitgehend vorbereitet. Bisher halten wir an der Fiktion der Weltwirtschaft und an der Fiktion unserer privaten Verschuldung fest, um dadurch das Vertrauen, im Bedarfsfall ebenfalls Kredit und Anleihen zu bekommen, nicht zu zerstören. Es handelt sich aber nicht allein darum, bei nüchterner Betrachtung der wirklichen Verhältnisse festzustellen und sich darauf einzustellen, daß man keine Kredite und Anleihen mehr bekommen könnte und würde, weil man etwa nicht mehr vertrauenswürdig sei, die anderen aber nicht mehr zahlungsfähig sind – es handelt sich vielmehr darum, durch den Übergang zur Autarkie darzulegen, daß man keine Kredite und Anleihen mehr gebrauchen kann!

Selbst wenn das Ausland Milliardenanleihen anbieten könnte und wollte, müßte man im Autarkiefalle dankend feststellen, daß man keine Verwendung dafür hat: Die Lebenshaltung ist durch Binnenwirtschaft und Ein- und Ausfuhrplan auf Tauschgrundlage sichergestellt, große Investitionen sind unerwünscht; und wenn die Fabrik- und Maschinenanlagen wegen des Verlustes der Märkte stilliegen, können die Investitionen, die jetzt notwendig sind, im Rahmen eines Siedlungswerkes mit den eigenen, brachliegenden Mitteln und beschäftigungslosen Arbeitern durchgeführt werden, wenn man nur gleichzeitig mit der Autarkie auch eine eigene, unabhängige Kreditwirtschaft aufgebaut hat.[418] Wozu brauchte man also ausländische Milliarden, wenn sie nicht, wie in den letzten Jahren üblich, nur der Andeckung von Auslandsschulden bei amerikanischen Banken dienen oder in Form höchst überflüssiger, unerwünschter ausländischer Waren ins Land kommen?

Man muß sich bewußt sein, daß man in dieser Beziehung mit der Autarkie gegenüber dem gesamten Ausland einen Trumpf ausspielen kann, der unbedingt sticht, und daß somit die Autarkie auf anderer Ebene ein ähnliches nationales Befreiungswerk bedeutet wie zwischen 1807 und 1812 die STEIN-HARDENBERGschen Reformen in Preußen. Man braucht nur, anstatt würdelos um das Vertrauen der anderen zu werben, endlich Vertrauen zu sich selbst zu fassen.

Autarkie als Befreiung

Gegenüber dieser vorletzten Karte hat das davon betroffene Ausland eigentlich nur noch eine wirksame Waffe: die Blockade des Landes, der dieses dann allerdings mit einer völligen Autarkie begegnen könnte. Die völlige Autarkie ist zum einen eine letzte Möglichkeit im politischen und handelspolitischen Kampf, zum anderen auch Verteidigungsposition bei einer erneuten Blockierung. Beide Möglichkeiten müssen ins Auge gefaßt und geprüft werden, beide greifen auch stark ineinander.

Es handelt sich bei der geschilderten denkbaren handelspolitischen Einkreisung gewissermaßen um die passive und um die aktive Blokkade. Die passive Blockade arbeitet mit Einfuhrdrosselung gegenüber den eigenen Erzeugnissen, sie weigert sich also, Erzeugnisse, die man selbst herstellt, zu kaufen. Dieser ›Repudiation/Verstoßung der Ware‹

---

[418] Es hat den Anschein, daß in Serbien Slobodan MILOSEVIC nicht wegen diktatorischer Herrschaft oder ›Menschenrechtsverletzungen‹ zum ›Schurken‹ wurde, wie es die heutige US-Diplomatie fein zu umschreiben versteht, sondern weil er die ökonomischen Rezepte der USA und des IMF – die Unterwerfung der Nationalbank unter deren Kontrolle – nicht anzuwenden bereit war. Viel mehr noch, er setzte sie ähnlich ein, wie dies Hjalmar SCHACHT seinerzeit in Deutschland tat, zur alleinigen Aufrechterhaltung der Binnenwirtschaft.
Im übrigen war und ist der Balkan ein strategischer Angelpunkt, wie uns BRZEZINSKI mitteilte, und die erste Nagelprobe der neuen US-/NATO-Doktrin, der sich die ›Verbündeten‹ zu unterwerfen hatten. Die USA sitzen seither am ›Lichtschalter‹ Europas und können ihre Macht nicht nur gegen Rußland, sondern in gleicher Weise auch gegen Europa ›projizieren‹. Wir haben an anderer Stelle *(Staatsbriefe)* dies im einzelnen nachgezeichnet.

kann man das gleiche Mittel entgegensetzen, aber viel wirksamer, indem man es systematisch macht. Das ergäbe die hier umrissene ›Autarkie‹. Daraufhin kann aber die Repudiation der eigenen Ware weitergehen, so weit gehen, daß es nicht mehr möglich ist, die immer noch vorgesehene Einfuhr zu bezahlen. Damit stünde man vor der Notwendigkeit einer noch weiteren Einfuhreinschränkung, die sich sofort als möglich erweist. Sowohl im Verzehr ausländischer Lebensmittel als auch in der Bemessung des Eigenbedarfs an ausländischen Rohstoffen gibt es noch große Möglichkeiten einer wirksamen Gestaltung der Abwehr, ebenfalls in Form einer passiven Blockade.

Man muß sich dann bewußt sein, daß man in den einfachsten Lebensformen, in dem, was man ißt und trinkt und womit man sich kleidet, gegenüber dem Ausland eine Waffe besitzt, die sich auf die Dauer als wirksamer erweisen kann als die komplizierten technischen Kriegsmittel. Jede Apfelsine oder Banane, auf die man verzichtet, jeder Ballen Baumwolle oder Sack Kaffee, der nicht gekauft wird, ist für die Außenwelt nach der gegenwärtigen Lage ein schwerer und wirksamer Schlag: Nur mit Essen, Trinken und Bekleidung hat man gegenüber dem gesamten Ausland ein politisches Kampfmittel, das über die bisherige politische Methode des Abwartens, der Beteuerungen und der vielen schönen Reden hinaushebt.

Man wird bei einem Übergang aus dem gegenwärtigen Zustand zum offenen (Handels-)Krieg auch aus der passiven Blockade zur aktiven Blockade überzugehen versuchen, um ein Land nicht nur einzukreisen, sondern es auch ›auszuhungern‹. Es ist also praktisch möglich, daß man die Lieferungen an Lebensmitteln und Rohstoffen sperrt, wenn ein Land den ›Irrweg der Autarkie‹ beschreiten, sich aus der weltwirtschaftlichen Verflechtung lösen und gleichzeitig sämtliche Zahlungen an das Ausland einstellen sollte (eines bedingt ja das andere). Dann wird das, was soeben als ein freiwilliges, bewußtes Kampfmittel hingestellt wurde, zu einem notwendigen Kampfmittel. Es kommt nur auf die Entscheidung in der Frage an: kapitulieren oder kämpfen? Will oder kann man nicht kapitulieren, so muß das letzte, beinahe vegetative Kampfmittel ausgespielt und Essen und Trinken derart auf die Blockade eingestellt werden, daß sie praktisch unwirksam wird.

Reine Ernährungsschwierigkeiten gibt es heute – im Gegensatz zu früheren Zeiten – nicht wirklich, weder in der Versorgung mit Getreide noch in der Deckung des Bedarfes an Fleisch, Eiern und Milcherzeugnissen.

Auch eine völlige, absolute Autarkie – die hier nicht als erstrebenswert, sondern als möglich und zu politischen Zwecken verwertbar hingestellt wird – darf und kann, wie es in der billigen Demagogie vielfach geschieht, nicht mit der Kriegsblockade verglichen werden. Wenn ein Volk um seine Freiheit und Unabhängigkeit kämpft, dann muß es auch auf den Bohnenkaffee, auf die Bananen oder auf die Schokolade verzichten können.

Auf all diese Möglichkeiten mußte hingewiesen werden, weil ›Autarkie‹ als leitender Gedanke nicht nur wirtschaftlicher Zwang und Notwendigkeit, sondern auch in höherem politischen Sinne ein nationales Befreiungswerk sein kann. Es geht eigentlich nur um die *innere Bejahung*. Wer den Zwang nicht als lästig, sondern als Notwendigkeit und daher als ›Gesetz‹ spürt, gewinnt die innere Freiheit zum Handeln.

Es kommt bei diesem Ringen unter den Völkern, das mit Waffen, Blut, goldenen Kugeln, Waren und Gütern ausgetragen wird, darauf an, welches Volk zuerst die Idee, die an sich in der Luft liegt, aufgreift, innerlich freudig bejaht, ausspricht und verbreitet. Mit der Idee der *Culture*, der Zivilisation, der Demokratie und (demokratisch-liberalen) Freiheit ist die Welt vor und nach den beiden Kriegen angetreten. Heute ist die neue Idee noch von niemandem ausgesprochen worden, obwohl sie in der Luft liegt: die Idee der Autarkie oder Autarchie, der (kantischen) Freiheit, die sich Gesetzen und Notwendigkeiten beugt.

Ist der leitende Gedanke der Autarkie in diesem Sinne gegeben, so ergibt sich der strategische Gesamtplan mit seinen weiteren Folgerungen. Man muß erst einmal von der Fiktion der Weltwirtschaft in einer autarkisch handelnden Welt abgekommen sein, um planmäßig und bewußt eine Politik der Autarkie treiben zu können. Man hat dann die Möglichkeit, mit ganz anderen, modernen Waffen zu kämpfen, die alten, abgewirtschafteten Waffen also einzuschmelzen.

Zu diesen veralteten Waffen gehören zum Beispiel auch die Zölle, um eines der größten Mißverständnisse vorwegzunehmen. Gestalten wir unseren Warenaustausch mit dem Ausland planvoll und souverän, bauen wir also auf den Grundlagen unserer eigenen Nationalwirtschaft die notwendigen Kontingente und Tauschverträge auf, so bedürfen wir nicht mehr der Zölle als Schutzmaßnahme zur Bremsung der Einfuhr, sondern die Zölle behielten dann nur noch ihren Finanzcharakter. Sie sind dann kein Schutz der heimischen Wirtschaft mehr, sondern eine Belastung des *Verbrauchs* und könnten, ja müßten sogar verschwinden.

Dieser eigentliche Sinn der Autarkie kommt ja auch in den Präferenzverträgen schon andeutungsweise zum Ausdruck, wie sie innerhalb der natürlichen Wirtschaftsräume abgeschlossen werden, also beispielsweise zwischen England und den Dominions sowie zwischen Deutschland und den Ost- und Südoststaaten. Der Zoll, an sich ein liberales Instrument, wird durchbrochen für Waren, die man braucht, die aber nicht oder nicht ausreichend im eigenen Lande erzeugt werden können – und für Länder, die organisch zum gleichen Wirtschaftsraum gehören oder ebenfalls die grundsätzliche Schwenkung zur neuen Handelspolitik vollzogen haben.

Der wirtschaftliche Zwang der Autarkie wurde bereits ausführlich untersucht. Die Fiktion der Weltwirtschaft hat uns eine nie gekannte Zerstörung und Auflösung aller Dinge gebracht, nicht mehr beherrschbare Probleme der Beschäftigung usw. Wir befinden uns heute am Scheideweg und an einem Übergang zur Autarkie, allerdings einer wilden Autarkie – wildgewachsen, planlos, systemlos, haltlos und ziellos.

Einen wirklichen volkswirtschaftlichen Wert kann man darin nicht mehr erblicken, zumal die Ausfuhr von Fertigwaren/Nahrungsmitteln, agrarischen Produkten oft zum größten Teil zu Verlustpreisen vorgenommen wird und der Binnenmarkt dafür entsprechend belastet wird.

Der volkswirtschaftliche Nutzen der Ausfuhr darf nicht immer nur unter dem Gesichtspunkt der industriellen Beschäftigung gesehen werden, sondern vor allem doch unter dem des Wertes oder Nutzens selbst – im gesamtwirtschaftlichen Sinne. Es bringt keinen volkswirtschaftlichen Nutzen, wenn durch einen Auslandsauftrag zu Verlustpreisen tausend Arbeiter beschäftig werden und das Ausland auch die Verlustpreise nicht bezahlt, weil es die Kaufsumme auf unser Schuldkonto anrechnet oder wie die USA auf Pump kauft, ohne je daran zu denken, diese Schulden zu bezahlen. (Die USA inflationieren ganz einfach ihre Schulden, indem sie den Wechselkurs – wie schon einmal – drastisch verändern.) Jene tausend Arbeiter müssen also so oder so von der Gesamtheit der wirtschaftlich Tätigen erhalten werden. Die Werte, die sie hervorbringen, kommen weder direkt der Binnenwirtschaft zugute, noch erwirtschaften sie indirekt die Gegenwerte aus dem Ausland, deren der Binnenmarkt bedarf.

Im Gegensatz zu dieser ›wilden‹ Autarkie, die außerordentlich teuer ist, gibt eine bewußt geregelte Autarkie die Möglichkeit, große gesamtwirtschaftliche Werte zu erhalten, zu sparen. Sie gibt weiterhin die Möglichkeit, handelspolitisch ganz souverän zu operieren, wobei man auch die Rückzugslinien strategisch ausbauen kann. Anders ausgedrückt: Die einmal festgestellten notwendigen Mengen des Warenaustausches mit dem Ausland bilden nur eine Grundlage, einen festen Ausgangspunkt, auf den man sich immer wieder zurückziehen kann, zumal, wenn dahinter noch eine letzte starke Verteidigungsstellung (völlige Autarkie) liegt. Auf dieser Grundlage läßt sich aber ein weiterer Warenaustausch mit dem Ausland jederzeit aufbauen, sobald man nur grundsätzlich mit der Autarkie zum Tauschverkehr mit dem Ausland übergegangen ist. Hat man beispielsweise mit Deutschland ein Kontingent an Chemikalien, Eisenwaren oder Maschinen im Wert von zehn Millionen Euro vereinbart unter der Voraussetzung, daß Deutschland ein entsprechendes Kontingent an eigenen, etwa landwirtschaftlichen, Produkten einräumt und sich zur Abnahme verpflichtet, so kann man darüber hinaus mit Deutschland jedes weitere Produktkontingent vereinbaren, sofern nur Deutschland sich verpflichtet, entsprechende Agrarprodukte abzunehmen.

Der systematische Ausbau solcher Verträge birgt größere Entwicklungsmöglichkeiten in sich, als wenn der gegenwärtige Zustand des Freihandels aus Prinzip beibehalten würde und darüber der eigentliche Warenaustausch der Völker zusammenbräche. Autarkie bedeutet nicht ›Verarmung‹, wie es in der Debatte oft hingestellt wird, sondern Freihandel bedeutet Verarmung, Autarkie bedeutet Bereicherung.

Aber immer wieder muß betont werden: Autarkie kann nur bewußt gestaltet werden. Das bedeutet: Sie kann nur im Rahmen einer Planwirtschaft durchgeführt werden (Gestaltung), und sie kann mit der Planwirtschaft nur vom Staat gestaltet werden (Bewußtheit, Souveränität des Handelns). Und das bedeutet weiter: Autarkie ist *nicht* der Rahmen, um den eigenen Binnenmarkt für irgendwelche Interessenten auszuschlachten. Eine Autarkie der Interessenten verlängert nur innerhalb des alten Systems den Schutzzoll, den jeder für sich braucht, ins Unendliche und gelangt damit zum Einfuhrverbot, um dieses, genau so wie bisher den Schutzzoll, nur dazu zu benutzen, eine Preisdiktatur im Inland zu errichten. Dieses zu verhindern, soll auch der Sinn staatlicher Planung sein. Und schließlich: Autarkie bedeutet nicht Vernichtung des Groß- und Überseehandels – das besorgt die gegenwärtige kapitalistische Krise viel gründlicher –, sondern Zurückführung des Handels auf seine eigentlichen Aufgaben, die er in den letzten Jahrzehnten immer mehr verlassen hat.

Im Sinne des Handels liegt es, den Warentausch mit dem Ausland durchzuführen, und zwar den wirklichen, einfachen Warentausch, nicht aber das Spekulieren mit der Ware an sich, aus Selbstzweck und in beziehungslosen Papieren,[419] die sich immer weiter von der greif-

---

[419] Der – damalige – Präsident der OPEC, Hugo CHAVEZ, hat anläßlich der Ölpreiskrise unwidersprochen bekanntgegeben, daß heute (~ 2000/1) wegen der spekulativen, virtuellen Transaktionen mit dem Erdöl, 8 Dollar je Barrel allein darauf zurückzuführen sind. Bevor das in Tankern auf den Meeren transportierte Öl bei einer Raffinerie physisch ankommt, wurde es durchschnittlich 15mal spekulativ ver- und gekauft.

baren Ware entfernt, verabsolutiert haben und heute im Reich der Gedanken hin- und herschweben, während der Weizen verbrannt wird,
die Menschen aber hungern. Es ist bezeichnend, daß viele Kaufleute,
die diese Entwicklung spüren, die Tauschwirtschaft organisieren
wollen oder organisiert haben,[420] sich also wirklich auf ihre eigentliche Aufgabe wieder besonnen haben. Ist aber eine solche Tauschwirtschaft ein Rückfall in die ›Primitivität‹? Nein! Es geht doch darum,
daß nicht mehr der Weizen, sondern jene abstrakten, verabsolutierten,
zum Selbstzweck gewordenen Papiere verbrannt werden sollten, die
sich zwischen Ware und Mensch geschoben haben.

Die Grundlagen und die Methoden der Betrachtung

Wenn im Vorangehenden versucht wurde, einen Gesamtplan für eine
bewußte Gestaltung des Warenaustausches mit dem Ausland aufzu-
stellen, so kann es sich unter all den bisher beleuchteten Verhältnissen nicht allein um die Festsetzung eines einmaligen, dauernden und
unverrückbaren Planes handeln, sondern zunächst nur um einen
Grundriß, von dem aus nach beiden Seiten weitere Fortschritte denkbar sind: sowohl in der Richtung eines weiteren Ausbaus unserer Austauschbeziehungen als auch nach einem etwa notwendigen völligen
Abbau dieser Beziehungen.

Der Grundriß der Autarkie hat davon auszugehen, was sofort, zu
jedem gegebenen Augenblick und ohne weitere Umstände geschehen
kann – das wäre der sogenannte Übergang. Daraufhin ist festzustel-

---

[420] Die Bartergeschäfte, wie sie Österreich schon lange mit Rußland und Osteuropa durch-
führte, oder die alternativen ›Geldsysteme‹, etwa in der Schweiz:
WIR-System der Schweiz seit 1934, gegründet von Werner ZIMMERMANN, Paul ENZ und Otto
STUDER. Es ist das älteste und größte System (außerhalb Jopans).

Entwicklung

Jahr	Mitglieder-Zahl	Umsatz
1934	16	
1935	2940	
1945	624	Kommentar: Nachkriegszeit
1960	12 564	196 Mio SFr
1980	24 227	1000 Mio SFr
1998	80 000	1500 Mio SFr

Wie funktioniert es? Mitglieder verkaufen ihre Dienste an WIR oder fragen nach einem Kredit vom WIR-System. Übliche Sicherheiten sind im WIR-System verbindlich, analog wie bei
Banken, aber die Zinsrate ist niedrig: 1,75 % für Verwaltung und als Risiko-Prämie, aber es
gibt keine Zinsen im eigentlichen Sinn. Jedes Jahr gibt es einen Katalog der angebotenen
Dienste, monatlich eine Ergänzung. WIR ist offen für kleine und mittlere Unternehmen und
zielte darauf, die KMUs zu entwickeln. Einzelmitglieder sind möglich, aber nicht sinnvoll.
Mit der Außenwelt operiert das System wie im normalen Geschäftsverkehr.

len, was innerhalb kurzer Zeit nach diesem ersten Übergang noch ausgebaut werden kann – das wäre die vorläufige normale Grundlage der Autarkie. Auf dieser Grundlage kann dann der weitere Warenaustausch mit dem Ausland beliebig aufgebaut, es kann also beliebig viel an beliebigen Gütern eingeführt werden, sofern nur das liefernde Land bereit ist, eine im Wert entsprechende Menge an eigenen Erzeugnissen im Tausch als Bezahlung anzunehmen. Dieser Ausbau des Warenaustausches auf der normalen Grundlage der Autarkie kann und braucht ziffernmäßig nicht mehr erfaßt zu werden, weil ihm theoretisch nach oben keine Grenzen gesetzt sind. Wichtiger ist dagegen die andere Richtung: der Rückzug von dieser normalen Grundlage der Autarkie auf die völlige Autarkie, also auf die Möglichkeiten vollständiger Selbstversorgung im Falle einer Blockierung; dies wäre als ›Notstand‹ zu bezeichnen.

In allen Fällen ist von der Entwicklung der Einfuhr in den letzten Jahren auszugehen und die Möglichkeit der Versorgung aus eigener Erzeugung zu untersuchen. Bei der Betrachtung der Einfuhr ist bei jedem Einzelposten die Ausfuhr abzusetzen, um den wirklich aus dem Ausland gedeckten Bedarf festzustellen. Dann ist zu unterscheiden zwischen notwendigem und überflüssigem Bedarf, zudem ist zu prüfen, inwieweit der notwendige Bedarf aus der eigenen Wirtschaft gedeckt werden kann, wenn alle in der Wirtschaft vorhandenen, aber noch nicht ausgenutzten Möglichkeiten herangezogen werden.

Die Frage, ob nötige eigene industrielle Erzeugnisse den heimischen Bedarf decken können, ist abhängig von der Frage, inwieweit der eigenen Industrie die Möglichkeit gegeben wird, diesen Bedarf decken zu können.[421] Solange ausländische Erzeugnisse hereingelassen werden – ob mit hohem oder niedrigem Zoll –, haben und behalten sie ihren Vorsprung gegenüber heimischen Erzeugnissen, einfach weil damit alle Modernisierungsversuche der Industrie im Keime erstickt werden. Nach dem jeweils gegenwärtigen Erzeugungsstand, also nach den tatsächlichen Ziffern, läßt sich jederzeit argumentieren, die eigene Industrie sei nicht in der Lage, den Bedarf zu decken – einfach weil der Bedarf von vornherein aus dem Ausland bezogen wird.

Sie kommt gar nicht erst in die Möglichkeit, ihre Kräfte anspannen zu müssen. Es muß daher ganz grundsätzlich zwischen aktueller, statistischer Erzeugung und potentieller Erzeugungsfähigkeit unterschieden werden. Es gilt die Warengebiete zu beachten, für die bei völliger

---

[421] Dies waren die Kernüberlegungen der Vorschläge Friedrich Lists: die eigene Wirtschaft so lange vor der entwickelteren Konkurrenz zu schützen, bis sie ihren Entwicklungsnachteil aufholen konnte.

Unterbindung der ausländischen Einfuhr die eigene Industrie alsbald in der Lage wäre, den heimischen Bedarf zu decken.[422] Wohlgemerkt, es handelt sich hier nicht um preislichen Schutz, also um Zölle, sondern nur um die Sicherstellung des Absatzes, bei der die Preisfrage sofort in ein anderes Licht gerückt wird.

Bei der Rohstoffeinfuhr muß man von anderen Voraussetzungen ausgehen als etwa bei der Lebensmitteleinfuhr. Hier handelte es sich einfach um die Frage, welche Lebensmittel zur eigenen Ernährung direkt und indirekt gebraucht werden. Dort gilt es festzustellen, welche Rohstoffe nicht nur zum eigenen Bedarf (im weitesten Sinne) gebraucht werden, sondern auch zur Herstellung derjenigen Erzeugnisse, mit denen der Eigenbedarf an Industrieprodukten und Rohstoffen zu bezahlen ist. Daher wird grundsätzlich an der Zusammensetzung der Rohstoffeinfuhr, wie sie sich im letzten Jahr herausgebildet hat, zunächst nichts geändert, wobei der Rohstoffbedarf des letzten Jahres eine Grundlage bietet für die Beurteilung eines Zustandes größtmöglicher Einschränkung bei einigermaßen behaupteter Ausfuhr.

Tatsächlich könnte der Rohstoffbedarf in kommenden Jahren schon deswegen wertmäßig geringer sein, weil sich die Tendenz der fallenden Weltmarktpreise – wegen der deflatorischen Tendenzen – noch weiter durchsetzen wird.

Balkan Rückblick[423]

Die Balkankrise vor ein paar Jahren und Amerikas Rolle dabei bieten die Gelegenheit, einige kaum im heutigen Zusammenhang erinnerte ›Besonderheiten‹ zu beleuchten. Die Untersuchung solcher vielschichtigen Vorgänge erfordert auch einen historischen Rückblick.

Die Trennung der römischen und orthodoxen Kirche vor bald tausend Jahren und die später folgende fünfhundertjährige Herrschaft der Osmanen gehören zu den Gründen, weshalb Jugoslawien, das bekanntlich als Folge des Zusammenbruches der österreichisch-ungarischen Monarchie 1918 geschaffen wurde, ein Land war, in dem

---

[422] In der RSA – die keine eigene Automobilproduktion hatte – wurde der ›lokale Anteil‹ jedes Jahr per Gesetz in die Höhe geschraubt. Die Autoimporteure waren also gezwungen, in der RSA Fertigungsstätten zu errichten, wenn sie weiter am Markt vertreten bleiben wollten. Jene, die das nicht wollten oder aus wirtschaftlichen Gründen nicht konnten, verschwanden zwangsläufig, was eine zweckmäßige Typenbereinigung nach sich zog. Die anderen bauten aber damit lokale Kompetenz auf und damit auch sichere Arbeitsplätze.

[423] *The Cold War International* von *Common Sense* Heft 16, veröffentlicht 1994. *Common Sense* ist das Journal der Edinburgh-Konferenz Sozialistischer Ökonomen – eines unabhängigen linken Kollektivs in Edinburgh. *Common Sense* wird von AK Press in Edinburgh von Alfred Mendes verteilt.

immer religiöser Zwist gärte – eine Lage, die auch nicht dadurch entspannt wurde, daß zuvor im Norden die Habsburger und im Osten die Bulgaren eindrangen. Die dann im Zweiten Weltkrieg erfolgte Gründung eines katholischen Staates Kroatien unter der Herrschaft der Ustascha im Gefolge der deutschen Kriegführung, verbunden mit schweren ethnisch und religiös-kulturell bedingten Bürgerkriegsgreueln, verschärfte die Lage zusätzlich.

Ein anderer Krisenbereich während des Krieges war die Spaltung der Serben in ultra-nationale, königstreue Tschetniks unter MIHAILOVIC und die ethnisch mehr gemischten kommunistisch-republikanischen Partisanen unter TITO, einem Kroaten übrigens. (Es ist merkwürdig, daß bisher niemand dieses historische Faktum zum Ausgangspunkt der Analyse der gegenwärtigen Krise genommen hat.) Neben all dem gibt es da noch die bosnischen Serben, eine serbische Minderheit selbsternannter Tschetniks, die sich zu den Sprechern der serbischen Wünsche machte, eine Rolle allerdings, die wenig realistisch ist.

»Dem Sieger gehört alles!«

Erinnert sei auch daran, daß Amerika aus dem Zweiten Weltkrieg mit drei Vierteln des weltweit investierten Kapitals und zwei Dritteln der Welt-Industriekapazität hervorging, Rußlands Infrastruktur aber mehr als dezimiert war. Für die dann folgende Verteilung der amerikanischen Hilfe waren die Wahl der begünstigten Länder und die Höhe der Beträge von entscheidender Bedeutung. Rußland wurde jede Hilfe verweigert, mit der amerikanischen Begründung (die genaugenommen UN-Beschlüsse umging), daß Rußland bei der am 10. März 1947 beginnenden Moskauer Konferenz die amerikanischen ›gütlichen Vorschläge‹ zurückgewiesen habe. Geflissentlich wurde dabei übersehen, daß nur zwei Tage nach dem Konferenzbeginn der amerikanische Präsident TRUMAN mit seiner Rede eine ›Mine‹ gelegt hatte. Seine ›Doktrin‹ war nichts anderes als ein Ultimatum an STALIN: Er ist entweder für uns oder gegen uns!

Der MARSHALL-Plan wurde drei Monate später angekündigt. Zwischen 1946 und 1961 kamen 8,7 Mrd. Dollar an amerikanischer Wirtschafts- und 7,9 Mrd. Dollar an Militärhilfe zur Verteilung; letztere an fünf Diktaturen: Türkei, Griechenland, Südkorea, Südvietnam und Formosa (Taiwan). Das war mehr, als Europa – mit größerer Bevölkerung – in derselben Periode erhalten hatte. Darüber hinaus bekam das damals ›faschistische‹ Spanien 1 Mrd. Dollar an Wirtschaftshilfe, und 2,5 Mrd. Dollar dienten noch der Finanzierung des (französischen) Indochina-Krieges.

Der Marshall-Plan[424]

Als Modell für den Wiederaufbau wurde und wird der MARSHALL-Plan oft erwähnt. Dieser ist sicherlich sehr nützlich gewesen, allerdings wird er doch ziemlich überschätzt. Das hängt mit den politisch korrekten Auslegungen zusammen, wonach alles Heil aus den USA zu kommen hat. Das ist aber nur bedingt der Fall. Deutschland etwa, das am schwersten zerstörte Land, zusätzlich mit einer Flüchtlingswelle von mehr als 12 Millionen Menschen überflutet, bekam aus Mitteln des MARSHALL-Planes 1412,8 Mio. Dollar. (= 1,4 Mrd. Dollar)[425]

Zum Vergleich:

England	3165,8
Frankreich	2806,3
Benelux	1532,8
davon NL	1080,0
Italien	1115,0
Österreich	711,8
Griechenland	693,9
Dänemark	275,9
Schweden	107,1

Propaganda-Plakat für den Marshall-Plan. Übrigens: Nach drei Jahren wollten die Deutschen die Leihgabe des Herrn Marshall zurückzahlen. Sie durften es aber nicht. Das Kapital lebt bekanntlich von Zinsen. . .

---

[424] Quelle: Hans KEHRL, Krisenmanager im Dritten Reich. Siehe auch Diplomvolkswirt Karl BASSLER, »Der Marshallplan-Schwindel und die Zukunft Europas. Richtigstellungen zum 50. Jahrestag, in: *Deutschland in Geschichte und Gegenwart* 45(4) (1997), S. 1–10. Ebenfalls auf der Internet-Seite der *Staatsbriefe*: www.staatsbriefe.de abrufbar.

[425] Um diesen Betrag in Relation zu sehen, muß man ihn mit der gesamten volkswirtschaftlichen Leistung Deutschlands vergleichen. Heute sind hier die Größenordnungen um weit mehr als drei (!) Zehnerpotenzen unterschieden.
Der Dollarbetrag entspräche 6400 Mio. DM zum damaligen Wert. Die Marshall-Plan-Gelder waren ein Kredit, und kein ›Geschenk‹ an Deutschland, der zurückzuzahlen war. Nach dem Londoner Schuldenabkommen vom Februar 1953 zahlte Deutschland insgesamt 13 000 Mio. DM – etwa das Zehnfache des geliehenen Betrages – an Kapitalrückzahlung und Zinsen bis zum Jahr 1962 zurück.

Gegensatz USA– UdSSR

George KENNAN,[426] in den späten vierziger Jahren Leiter des Planungsstabes im Außenamt (ein Schützling James FORRESTALS), besorgte die offizielle Sprachregelung der MARSHALL-Plan-Politik in zahlreichen Artikeln, die er mit »Mr. X.« zeichnete. Er formulierte dort ausdrücklich: »Die USA vermögen den Druck auf die sowjetische Politik enorm zu erhöhen und damit eine Entwicklung zu fördern, daß die Sowjetunion entweder auseinanderfallen oder die Sowjetmacht graduell (in einem schleichenden Verfallsprozeß) dahinschmelzen würde.«

Diese unüberbrückbaren Differenzen zwischen Rußland einerseits und England und den USA andererseits bedeuteten, daß ihre Kriegskoalition nur eine pragmatische war (entgegen den amerikanischen Versprechen gegenüber Rußland vom Mai 1942, noch im selben Jahr eine zweite Front zu eröffnen, was dann tatsächlich erst im Juni 1944 geschah, als die Westalliierten den rasanten Vorstoß der Russen nach dem Westen bemerkten). So kehrten die Westalliierten sofort mit Ende des Krieges wieder zu ihrer antikommunistischen Vorkriegsstrategie zurück.[427]

NATO – wozu?

Der Kollaps des Kommunismus im Osten mochte im Westen die Frage nach der weiteren Notwendigkeit der NATO stellen und hat sie etwas schüchtern auch gestellt. Dabei ist offensichtlich, daß diese Frage auf zwei gravierenden Fehlannahmen beruhte:

1. die NATO sei geschaffen worden, um der sowjetischen Expansion entgegenzuwirken, und

2. daß der Kollaps des Kommunismus das Ende des marxistischen Ideals bedeutete.

Wäre das so tatsächlich gewesen, hätte die Logik die unmittelbare Überflüssigkeit der NATO erwiesen. Sie hätte zugleich verschwinden müssen. Aber die wahre Natur und Bestimmung der NATO, wie

---

[426] Amerikanischer Diplomat, war unter anderem 1933–1937 Botschafter in Moskau, 1938–1939 in Prag, 1939 in Berlin. 1940 begleitete er S. WELLES auf dessen Reise durch Europas Hauptstädte und war 1947 bis 1949 Leiter der Planungsabteilung des Außenamtes der USA.

[427] Dies erlaubte, ehemalige NS-Spitzen anzuheuern, etwa R. GEHLEN, der zusammen mit dem CIA den deutschen Bundesnachrichtendienst aufbaute und vielen anderen die Flucht in sichere Länder ermöglichte. Die Fluchtrouten wurden vom Vatikan organisiert, unter der Koordination eines kroatischen Priesters, Kronoslav DRAGANOVICH, Sekretär in der Bruderschaft San Giorlamo in Rom. R. GEHLEN, aber auch Allan DULLES in Bern, Chef des amerikanischen OSS, kooperierte mit dieser bei den Amerikanern ›Ratlines‹ genannten Operation.

sie seit ihrer Gründung auch ›funktionierte‹, beruht auf dem amerikanischen »Schutz«[428] (= der Führung) und ihrer Hegemonie. Der Schutz (in Wahrheit: Führungsanspruch), wie unter Art. 3 festgelegt, hat 35 Mrd. Dollar an Militärhilfe allein in den ersten 20 Jahren ihres Bestehens an die Partner fließen lassen.[429] Die Hegemonie wird durch die Kommandostruktur deutlich. Sie ist eine dreifache: SACEUR[430] oder SHAPE (dieses umfaßt Europa), SACLANT (der Atlantik) und CIN-CHAN (der Kanal). Die beiden erstgenannten Befehlszentralen - über kritische Gebiete - stehen nur unter amerikanischem Kommando (EISENHOWER, HAIG usw.).

Seit Gründung der NATO bestand ihre eigentliche Rolle darin, als gegenrevolutionärer, antireformistischer Arm des ›Corporate‹ Westens zu agieren. Das wurde von keinem Geringeren als G. KENNAN klargestellt. Als die NATO gegründet wurde, sah das State Department »die kommunistische Gefahr in ihrer bedrohlichsten Form als ein internes Problem, d. h. als eines der westlichen Gesellschaft«, an.

Diese offizielle Feststellung stimmte genau und in verständlicher Weise mit den Grundsätzen von Corporate America überein. Mit Blick auf Art. 9 der NATO-Charta, ist es der NATO erlaubt, nachgeordnete Einrichtungen, wie zivile Institute, Militärpersonal und ähnliches zu »dislozieren«. Daß GLADIO eine solche ›Unterabteilung‹ war, sollte nachdenklich machen. GLADIO (ebenso wie GLAVIVE oder ZWAARD) war eine gegen Linksterroristen ausgerichtete Geheimgruppe, die vom geheimen Planungskomitee des SHAPE 1959 aufgebaut wurde.

Gerichtliche Untersuchungen der politischen Korruption in Italien aus jüngerer Zeit haben unumstößliche Beweise zutage gefördert,

---

[428] *Protego ergo obligo!* – Schutz und (bedingungsloser) Gehorsam gehören untrennbar zusammen. Somit sind die NATO-Mitglieder nichts weiter als Protektorate der USA, wie dies BRZEZINSKI im Juni 1999 in Wien unmißverständlich sagte.

[429] Das hat durchaus eine aktuelle Parallele in Lateinamerika. Mit dem amerikanischen ›Plan Kolumbien‹ Präsident CLINTONS sollen vordergründig die Narco-Terroristen in Kolumbien bekämpft werden. Der Plan sieht 20 Mrd. Dollar vor, die zu einem Drittel für den Aufbau von ›Stützpunkten‹ im Land, aber auch in Ecuador und den Antillen dienen sollen. 13 Mrd. Dollar sind für den Kauf von Kampfhubschraubern und militärischem Gerät vorgesehen. Eine so gewaltige Operation dient natürlich nicht in erster Linie dem Kampf gegen die Drogenkriminalität, sondern sie soll effektive Eingreiftruppen der USA in Südamerika vorhalten. Es handelt sich also in Wirklichkeit um eine Besatzungsarmee der Vormacht. Daß dies nur so gesehen werden kann, erkennt man aus den Umständen: Der Präsident der New Yorker Börse führt Gespräche mit dem obersten Boß des Drogenkartells, um über die Veranlagung und Weißwaschung der Drogenmilliarden zu verhandeln. Es ist kaum anzunehmen, daß hier die rechte Hand nicht weiß, was die linke tut.

[430] Als 1999 ein NATO-Kommando für Südost-Europa/Mittelmeer eingerichtet wurde, hatte Frankreich darauf Anspruch erhoben; dieser wurde aber von den USA brüsk zurückgewiesen.

wonach GLADIO in Terroranschläge der Nachkriegszeit verwickelt war, unter anderem beim Bombenanschlag von Bologna.[431]
GLADIO muß aber in einem weiteren Zusammenhang gesehen werden: nämlich in der Unterwerfung der italienischen Nachkriegsparteien durch die amerikanische Oligarchie, um sicherzustellen, daß die Kommunistische Partei nicht an die Macht kam. Im März 1948 teilte US-Außenminister George MARSHALL den Europäern ungeniert mit, daß »die Wohltaten des ERP-Programms (des MARSHALL-Planes) in jedem Land zu einem sofortigen Ende kommen würden, wenn die kommunistische Partei durch Wahl an die Macht käme«.[432]

Nicht gestellte Fragen

Zurück zur Balkan-Krise. Vieles erscheint wie ein Puzzle. Viele wichtige Fragen wurden *nicht* gestellt und ebenso viele nicht beantwortet. Angesichts der Geheimnistuerei und solcher Netze ist das nicht weiter erstaunlich; aber die Frage bleibt: Warum wurde Lord CARRINGTON ›Friedens‹-Vermittler, und von wem wurde er bestellt? Oder Cyrus VANCE? Warum hatte Deutschland Slowenien und Kroatien anerkannt, und warum tat dies der Rest des Westens schließlich auch? Warum sprach sich England für so gegensätzliche und kritische Meinungsänderungen aus? Gibt es hier einen gemeinsamen Nenner oder eine rationale Erklärung?

Bleiben Antworten aus, beginnt man nachzudenken: Wurde CARRINGTON gewählt, weil er NATO-Generalsekretär oder Mitglied der mächtigen Lobbyisten-Gruppe der Kissinger Associates war? Wurde VANCE gewählt, weil er US-Verteidigungsminister, oder Außenminister, oder im Aufsichtsrat des US-Waffenkonzerns General Dynamics

---

[431] Ein anderer solcher Versuch, wenngleich ein erfolgloser, war der versuchte *coup d'état* (Staatsstreich) 1970 von Prinz Valerio BORGHESE, einem Faschisten und Marinekommandeur im Krieg, und seinem neofaschistischen Schützling Stephano DELLE CHIAIO, einem bekannten Terroristen. BORGHESE wurde bei Kriegsende vom italienischen Widerstand wegen Kriegsverbrechen zum Tode verurteilt, aber von James Jesus ANGLETON gerettet, der die OSS-kontrollierte, amerikanisch-britische, damals in Italien operierende Gegenspionage, SCI-Z, leitete. (Später wurde ANGLETON Chef der CIA-Gegenspionage, und während seiner gesamten Laufbahn behielt er die Kontrolle über die CIA-Verbindungen zum Vatikan.) BORGHESE spielte eine bedeutende Rolle in der faschistischen Nachkriegspolitik und war Träger des Großkreuzes im Malteser Ritterorden.

[432] Gleichzeitig spielte der CIA eine Schlüsselrolle bei dieser Unterwerfung, teils durch Kooperation mit der katholischen Aktion, die von Dr. Luigi GEDDA geleitet wurde und die ein Netz von 18 000 Bürger-Komitees aufgestellt hatte, um die Wähler zu gewinnen. Dieser war auch Mitglied des Malteser Ritterordens. Es besteht kein Zweifel, daß die 65 Mio. Dollar, die der CIA in Brieftaschen der Christdemokraten und Sozialisten zwischen 1946 und 1972 geschleust hatte, von der Öffentlichkeit für die wachsende Korruption verantwortlich gemacht wurden.

war? Wurde die deutsche Entscheidung davon beeinflußt, daß der Vatikan – als erster übrigens – bereits Slowenien und Kroatien anerkannt hatte? Oder war sie in irgendeiner Weise damit verbunden, daß zwei Schlüsselpositionen der NATO – der Generalsekretär und sein Stellvertreter für Politische Angelegenheiten – von Deutschen besetzt waren? Oder die Frage bezüglich Englands auf dem Balkan: Kann sie anders als dadurch erklärt werden, daß England nicht Herr seiner Entscheidungen und Handlungen war? Dann erhebt sich aber die Frage: *Wer entscheidet?*

Die neue Rolle der NATO/USA

Die NATO-Verwicklung am Balkan nahm seit Juni 1992 ständig zu, als sie unter der Schirmherrschaft der 1972 gegründeten OSZE ›*peacekeeping*‹ betrieb, gefolgt von der Überwachung einer ›Flugverbotszone‹ über Bosnien bis zur letzten Funktion als UN-›Schlagstock‹.[432a]

Diese Anmaßung auf der politischen Bühne enthüllt, daß hinter all den wohlverpackten, irreführenden Vorstellungen der Politiker, Staatsmänner und ›Friedensstifter‹ die NATO sich selbst in eine Schlüsselposition erhoben hat, – letztlich mit der Autorität der militärischen Übermacht der USA, d. h. mit Gewalt. Weit entfernt davon, sich nach dem Ende des Kalten Krieges für überflüssig zu halten, bereitet sich die NATO vor, eine aktive, noch herausragendere Rolle auf der nun erweiterten europäischen Bühne zu spielen. Das wird in Form einer neuen nachgeordneten Einrichtung geschehen: der Allied Command Europe Rapid Reaction Force[433] oder ARRC. Diese wurde 1992 als Ergebnis einer Überprüfung vom Juni 1990 gegründet. Sie sollte 1995 voll funktionsfähig sein und wird voraussichtlich die schnelle Eingreiftruppe der USA ergänzen,[434] deren Kommando – CENTCOM – im Jahre 1983

[432a] Ein beschönigender Begriff angesichts des massiven Überfalls mit Bomben und Raketen auf vorwiegend zivile Personen, Krankenhäuser und Wohngebiete und die Infrastruktur des Landes, der Verwendung von radioaktiver Uranmunition oder ›Cluster‹-Bomben (= Splitterbomben, die ausschließlich die Personenverluste ›optimieren‹ und eigentlich geächtet sind).

[433] Europäische schnelle Eingreiftruppe unter alliiertem Kommando.

[434] Erinnert sei an einen in der *FAZ* abgedruckten Artikel (27. 11. 1999, S. 8.) des amerikanischen Sonderbotschafters, R. Blackwill, bei den 2 + 4-Verhandlungen. Blackwill stellt die »bange« Frage, ob ein auf sich selbst fixiertes Deutschland »die vitalen transatlantischen Interessen vernachlässige, auch dann wenn unsere – also der USA – Interessen den Einsatz deutscher Kampftruppen nach sich ziehen könnte?« Er mißbilligt und fordert unmißverständlich – in eine rhetorische Frage gekleidet –, daß Deutschland den jüngsten Kosovo-Krieg zum Anlaß hätte nehmen müssen, seine Militär- und Sicherheitspolitik zu revidieren. »Die lange geübte Zurückhaltung beim Einsatz seiner Streitkräfte außerhalb des NATO-Gebietes hätte mit dem Balkan(-krieg) enden müssen.«

geschaffen wurde, um die Ölfelder im Mittleren Osten zu ›schützen‹, die damals die Rapid Deployment Force[435] CARTERS ersetzte.

Kosovo-Krieg

Bei der Kosovo-›Mission‹ (1999) wurden von den USA 60 Prozent der ›Lasten‹ getragen, insbesondere die *high-tech*-Anteile (unter anderem die Stellung der B1- und B2-Bomber, die Cruise Missiles, die Aufklärung, Zielidentifikation, Transportkapazitäten), die *low-tech*-Anteile durch Piloten aus EU-Ländern. Vor allem die britische, französische und deutsche Teilnahme war ›überwältigend‹, doch die USA haben den größten Teil erledigt. Dazu heißt es dann aus dem Munde von Atlantikern: »Wir sollten in unserem ›Hinterhof‹ unsere Angelegenheiten selber in Ordnung bringen, und wir müssen mit einem größeren Engagement unsere diesbezüglichen Fähigkeiten erhöhen.« Die Redeweise der USA ist: »Bei Problemen in eurem Hinterhof müssen wir immer eingreifen und euren Job erledigen«. Was die USA damit ausdrücken, ist die Forderung nach mehr Beteiligung der Europäer, sie nennen es ›*burden sharing*‹ – für von *ihnen* geplante Kriegseinsätze.

European Defense Initiative[436]

Das geschieht auch: eine DCI – *Defense Capabilities Initiative* (Initiative zur Verteidigungsfähigkeit) – wurde gestartet. England nimmt dies sehr ernst, aber nicht nur England schenkt diesem Thema große Aufmerksamkeit. Im Rahmen der EDI – *European Defense Initiative* – müssen sich alle EU-Mitglieder dieser Herausforderung stellen, wenn wir es »mit einer europäischen ›*peace keeping*‹-Operation ernst meinen«, wie es offiziell heißt. Dies geht hin bis zu ganz autonomen Fähigkeiten. Sie bestehen darin, daß die geplante schnelle Eingreiftruppe überall auf der Welt eingesetzt werden kann: in Osttimor oder am Golf. Geplant sind 60 000 Mann, was nicht so einfach ist, weil der schnelle und für längere Dauer mögliche Einsatz eine viel größere, dreimal so große Truppenstärke bedingt.

Diese europäische Operation unterscheidet sich aber von einer reinen Verteidigungspolitik: Sie beinhaltet im ›Denken‹ der hiesigen Atlantiker mehr, nämlich den Markt, die Währung, die Menschenrechte usw. Aber bis heute ist sie noch ohne Sicherheits- und Verteidigungskomponenten.

---

[435] Schnelle Eingreiftruppe.
[436] Initiative zur Europäischen Verteidigung.

Der Umfang, den die 15 Mitgliedstaaten diesbezüglich gesetzt haben, läuft unter der Bezeichnung ›Petersberg-Aufgaben‹. Für alle diese sind ›wir‹ zuständig, mit Ausnahme von Artikel 5, für den die NATO verantwortlich ist.

Die Lösung der Probleme in Bosnien und im Kosovo wird – nach den Vorstellungen der NATO-Verantwortlichen – Zeit in Anspruch nehmen. Das angestrebte Endziel ist auch eine »Änderung der Gesellschaft«, was natürlich weit mehr als ›*peace keeping*‹ ist. Das bezieht auch viele Organisationen wie die UNO, die OSZE und zahlreiche NGOs[437] mit ein und stellt eine sowohl massive als auch intensive Operation dar. Man will »erfolgreich sein«, weil es andernfalls »für Europa schwerste Folgen haben würde«. »Wir[438] müssen die Mentalität verändern, was keine leichte Aufgabe ist. Es ist auch nicht einfach, dies mit Rußland zu bewerkstelligen«, heißt es aus gut informierter Quelle. Das ist freilich alles *US-New-Speak*.

Brave New World

Die Zukunft scheint täglich immer unheilvoller zu werden trotz oder besser: wegen der Disneyland-Version der ›*New World Order*‹, wie sie von Bush und Corporate America angepeilt wurde. In England wurde die Öffentlichkeit während der vergangenen fünfzehn Jahre mit einer äußerst intensiven und breitangelegten PR-Kampagne über die *Vorteile* des ›Freien Marktes‹ bis zur Bewußtlosigkeit manipuliert, so daß nicht nur die Tory-Vertreter von Konzernen zusammen mit den Gewerkschaften, sondern auch Blairs ›New Labor‹ sich erlauben können, die Abschaffung all der schwer errungenen öffentlichen Dienste anzusteuern. Daß dies in dieser doppelten Weise geschah, ist erwiesen. Geschäftsleute, Politiker und Medienmogule verwenden einhellig eine Überfülle von doppelzüngigen Begriffen: Kapitalismus wird zum ›Freien Markt‹, billigere Arbeitskraft wird entweder zur ›konkurrenzfähigeren Gesellschaft‹ (Standortsicherung) oder zum ›flexibleren Markt‹ und so weiter.

---

[437] Bei solchen ›*Statements*‹ eines hochrangigen *Systemvertreters* und der NATO-Doktrin kommt ans Licht, was es mit den NGOs – den Nicht-Regierungs-Organisationen – auf sich hat. Nur scheinbar sind sie die Fundamentalopposition zu immer despotischer werdenden Regierungsmaßnahmen. Ihre ebenfalls globale, netzhafte Tätigkeit hat aber genau die gleiche Struktur der angeblich bekämpften ›*global governance*‹, und dieses hier sichtbare Zusammenwirken mit NATO, USA, IWF usw. läßt erkennen, daß es sich um die spiegelbildliche Identität ein und desselben Prozesses handelt: One World!

[438] Unter »wir benötigen« ist die politische Klasse gemeint, selbstverständlich nicht die Bevölkerung.

Deutsch-russische Nachbarschaft[439]

Im Zuge der Ereignisse um den 11. September hatte mancher den Eindruck – was bei der doch sehr zentral gesteuerten Desinformation durch westliche Medien nicht überrascht –, daß sich merkwürdige Allianzen bildeten, etwa jene, die der russische Präsident PUTIN – unserer Ansicht nach – *scheinbar* mit den USA eingegangen ist. Wer am Ende mit der Beurteilung recht haben wird, wissen wir noch nicht. Aber selbst wenn der kaum vorstellbare Fall einträte, daß Rußland tatsächlich den USA auf den Leim gegangen wäre, so wäre dies nur ein schnell erkannter politischer und strategischer Irrtum, den man ohne Zögern wieder korrigierte. Zur Zeit sieht es freilich danach aus, daß US-Präsident BUSH sich nicht nur an den widerspenstigen Europäern die Zähne ausbeißt, sondern daß hier vor allem Rußland die richtige Position bezogen hat.

Wir wären dennoch gut beraten, uns jener Elemente einer neuen (alten!) Politik zu erinnern, die im – auch historisch so bewährten – Interesse Deutschlands (und damit Europas) *und* Rußlands liegen.

Man müßte hier viel weiter ausholen, z.B. auch die Philosophen der Tradition: Julius EVOLA, Leopold ZIEGLER, DONOSO CORTES usw. einbeziehen. Uns ist nämlich seit der Französischen Revolution der Wahn eingeimpft, daß ›Demokratie‹ (= *égalité*) ein Ideal sei. Das stellt sich immer mehr als fundamentaler Irrtum heraus, denn ihre vorgezeichnete Entwicklung ist anscheinend unvermeidlich,[440] und sie steht sogar in schärfstem Gegensatz zur Freiheit, die heute ohnedies nur noch in ihrer völlig degenerierten Form bekannt ist, nämlich als Libertinage, als ›Freiheit von‹ anstelle von ›Freiheit zu‹, wenn sie nicht ohnedies nur mehr aus ›Brot und Spielen‹ besteht (und auch das nur im ›Westen‹). Die traditionale Gesellschaft – also auch das deutsche Volk – war immer eine organische, d. h. gegliederte, mit einem Oben und Unten. Der preußische Wahlspruch »*suum cuique*« (Jedem das Seine) ist nicht egalitär, sondern ›gerecht‹ aus der höheren Warte des organischen Staates, an dessen Spitze ein Monarch und dessen Adel (= edel) unter dem Gesetz der Pflicht für Kaiser und Staat standen. Auch der Wehrstand hatte eine herausgehobene Stellung, womit weitgehend diese gegliederte Struktur eines traditionalen und sittlichen Staates entstand, der nach wie vor Vorbild wäre, gäbe es ihn noch.

Bei allem unseren Fragen oder Tun sollten wir eines an die Spitze stellen: Wie ist die Existenz des eigenen Volkes[441] zu sichern? Das wäre

---

[439] Johannes BARNICK, *Deutsch-Russische Nachbarschaft*, Seewald Verlag, Stuttgart 1959.

[440] Siehe hier Eric KÜHNELT-LEDDHIN, *Demokratie, eine Analyse*, Graz.

[441] Damit sind *alle* (nicht nur das eigene Volk und die europäischen) Völker miteingeschlossen, weil diese unter demselben Damoklesschwert – der liberalen, globalistischen Auflösung – leben und in ihrer Existenz in gleicher Weise bedroht sind.

die zentrale Aufgabe, hieraus ergäbe sich, was wir heute tun müßten. Die tagespolitischen Querelen der Politschwätzer, kindische Abgrenzungen aus sogenannten ›grundsätzlichen‹ Erwägungen usw. sind völlig hinfällig. Aus dieser einzigen Frage ergibt sich die Rangfolge abgeleiteter Fragen und Aufgaben, die Position, die man hierzu allein einnehmen kann, und daher: was zu tun ist.

Oft werden diese verschiedenen Prioritäten nicht mehr erkannt, Wichtiges wird von Nebensächlichem zugedeckt, oder man ist überhaupt unfähig geworden, die Freund-Feind-Unterscheidung noch zu treffen. Viele sind von dem durch die psychologische Kriegführung bestimmten Ost-West-Gegensatz aus der Zeit des Kalten Krieges von einer ernsthaften Beschäftigung mit Rußland abgehalten worden. Die vergangenen Jahre ließen ein Bild des wirtschaftlichen (und politischen) Niedergangs in unserer Vorstellung entstehen, so, als ob es nicht mehr lohnte, sich noch mit Rußland zu beschäftigen. So kommt es, daß es meist an Grundsätzlichem und dem (Geo-) Politischen überhaupt mangelt und man kaum noch Vorstellungen hat, wie denn tatsächlich die Fundamente einer Ostpolitik, ja unserer eigenen, deutschen Politik schlechthin aussehen müßten.

Die politische und historische Ahnungslosigkeit ist zudem erstaunlich und tragisch zugleich. Darum ein paar Bemerkungen, die dann aus BARNICKS *Deutsch-Russischer Nachbarschaft*, was in Erinnerung zu rufen uns wichtig ist, detailreiche Ergänzung erfahren kann.

1. Durch die von NAPOLEON erzwungene Niederlegung der Deutschen Kaiserkrone durch Habsburg entstand die österreichische Monarchie als Völkerrechtssubjekt, dessen habsburgischer Kaiser (FRANZ JOSEPH) eine englische Zumutung, in eine antideutsche Allianz einzutreten, mit den Worten ablehnte:»Ich bin ein deutscher Fürst.« Die politischen Ideen (der Großdeutschen) bezüglich Österreichs sind daher geopolitische Träumereien gewesen, das heißt in Wahrheit eine Utopie (wenn nicht Dummheit), weil die anderen europäischen Mächte dies nie zugelassen hätten. Wie sehr die Zerstörung Österreichs später auch die geplante totale Niederlage Deutschlands besiegelte, als der starke Pfeiler im Südosten – Österreich – weggebrochen war, kennt jeder und kann es in Geschichtsbüchern nachlesen.

2. NAPOLEON wurde von der Heiligen Allianz, dem Kaiser von Österreich, dem König von Preußen und dem russischen Zaren, aber nicht von einer ›freiheitlichen, allgemeinen Volkserhebung‹ besiegt.

3. Die Neuordnung, die überhaupt den Aufstieg Deutschlands (unter Preußens Führung) ermöglichte, fand mit der ausdrücklichen Billigung Rußlands statt.

Den letzten Punkt wollen wir – da er von uns bisher *de facto* übersehen wurde oder überhaupt unbekannt ist – näher ansehen. Fjodor Do-STOJEWSKIJ schreibt in seinem *Tagebuch eines Schriftstellers*, daß zu seiner Zeit die eigentliche geostrategische Aufgabe Rußlands die »Orientfrage«, d. h. die Befreiung Konstantinopels von den Türken, gewesen sei, ein Ziel, das am sogenannten »Europäischen Gleichgewicht« oder dem englischen Imperialismus nur scheitern konnte. Anstatt sich mit dem militärischen Sieg über NAPOLEON an der Beresina zu begnügen, habe die russische Armee NAPOLEON bis zur völligen Vernichtung von dessen Herrschaft durch Europa verfolgt; bereits mit scheelen Augen von den europäischen Verbündeten betrachtet. Dazu schreibt DOSTOJEWSKIJ:

»Als wir im Jahre 1812 NAPOLEON vertrieben hatten, schlossen wir mit ihm nicht Frieden, wie es einige wenige weitblickende Russen wünschten, sondern rückten in geschlossener Front vor, um Europa zu beglücken und es vom Usurpator zu befreien. Das gab natürlich ein schönes Bild: Auf der einen Seite stand der Despot und Usurpator und auf der anderen der Friedensstifter und Erwecker zu einem neuen Leben (Rußland).

Aber unser politisches Glück lag damals durchaus nicht in diesem Bilde, sondern darin, daß der Usurpator damals gerade in einer solchen Lage war, daß er sich zum erstenmal in seinem ganzen Leben mit uns aufrichtig und für lange, vielleicht sogar für immer versöhnt haben würde.

Mit der Bedingung, daß wir in Europa nicht störten, würde er uns den ganzen Orient abgetreten haben, und unsere jetzige Orientfrage, der drohendste und unglücklichste Punkt unserer Gegenwart und Zukunft wäre schon längst gelöst. Der Usurpator hat es später selbst ausgesprochen und dabei nicht gelogen, denn er hätte nichts Besseres anfangen können, als sich mit uns zu verbinden mit der Bedingung, daß uns der Osten und ihm der Westen zufalle.

Mit den europäischen Völkern wäre er sicher auch damals fertig geworden. Sie alle, England miteinbegriffen, waren damals viel zu schwach, um uns im Osten zu stören. NAPOLEON, oder nach seinem Tode seine Dynastie, wäre vielleicht später gestürzt, der Orient aber dennoch uns verblieben. (Wir hatten damals das Meer und konnten England auch auf dem Meere entgegentreten.) Aber wir gaben alles für das schöne Bild her. . .

Was machten wir aber trotz dieser Lektion in den folgenden Jahren des Jahrhunderts und sogar bis zur jüngsten Zeit? Haben wir nicht etwa die Erstarkung der deutschen Staaten begünstigt, haben wir nicht selber ihre Macht geschaffen, so daß sie jetzt vielleicht sogar stärker sind als wir? Jawohl, es ist keine Übertreibung, wenn ich sage, daß wir ihr Wachstum und Erstarken gefördert haben. Sind wir nicht auf ihren Ruf hingezogen, um ihre Bürgerkriege niederzuschlagen, haben wir nicht ihren Rücken gedeckt, als ihnen Unheil drohte? Alles endete damit, daß jedermann in Europa, jeder Stamm und jedes Volk einen Stein für uns bereit hält und nur auf den ersten Zusammenstoß wartet. Was haben wir also in Europa gewonnen? Nichts, nur Haß!«

Damit hat DOSTOJEWSKIJ unzweifelhaft und vollkommen recht. Rußland hat Deutschland zu dem verholfen, was es schließlich geworden ist, werden konnte: das mächtigste Volk, die stärkste Nation Europas. Die Russen wissen das also. England und Frankreich erst recht; sie, aber auch die kleineren Nationen hätten es niemals zugelassen und haben, als sie meinten, dies noch einmal rückwärts drehen zu können, auch 1848, 1870/71, 1914/18 und 1939/45 versucht. (Und selbst die sogenannte Wiedervereinigung 1989/90 wurde von England und Frankreich massiv bekämpft, und in Wahrheit auch durch politische Winkelzüge der USA wieder konterkariert: Verhinderung des wirtschaftlichen Wiederaufbaus in Mitteldeutschland, ›Einbindung‹ im sogenannten Weimarer Dreieck, d. h. zwischen Frankreich und Polen, da es die USA den Franzosen nicht mehr zutrauten, die Deutschen allein ›unter Kontrolle‹ halten zu können.

Freilich gelang es nicht immer so erfolgreich und wunschgemäß, denn Frankreich wurde seither immer von Deutschland besiegt – auch 1914/18 und trotz Versailles – und erst recht 1939/40. (Der deutsche Bundeskanzler Helmut SCHMIDT gestand seinem französischen Präsidenten-Kollegen immer nur zu,»auf der Seite der Sieger gestanden zu haben«, nicht aber selbst Sieger gewesen zu sein – was diesen natürlich immer ziemlich ärgerte. England hat überhaupt alles verloren: sein Empire und die imperiale Vormachtstellung in der Welt, die es an seine ehemalige, abtrünnige Kolonie USA abtreten mußte. Frankreich übrigens auch, wenngleich seine Verluste sich nicht annähend mit jenen Englands vergleichen lassen. Seine außenpolitische Handlungsfähigkeit hatte es bereits im Ersten Weltkrieg, der es sehr erschöpfte, verloren.

So stellt sich heraus, was Fürst BISMARCK – als einziger – schon damals erkannt hatte, daß nämlich Deutschlands Größe, Macht *und* Bestand von Rußland abhängig ist. Sein Ausspruch:»Wir haben keine Feinde im Osten«verdeckte nur mühsam die Schlüsselrolle, die Rußland damals wie heute innehatte und hat. Heute ist Deutschland materiell und noch mehr geistig am Ende. Aus eigener Kraft ist es unfähig, sich aus dem»parfümierten Sumpf des Westens«zu ziehen.

Rußland ist zwar auch materiell schwer angeschlagen. Laut Prof. PAW-
LOW[442] und ZINOVIEW[443] sind »die Verluste, die der liberale Kapitalismus und die Globalisierung in den vergangenen zehn Jahren in Rußland geschlagen haben, das Zehnfache der Verluste des Zweiten
Weltkrieges, und es würde in 50 Jahren nicht gelingen, dies wieder
auszugleichen!« Dennoch ist Rußland in einer besseren geistigen Verfassung als Europa und vor allem Deutschland. Wir bedürfen heute
Rußlands mehr denn je und mehr, als umgekehrt Rußland Deutschland benötigte. Es wäre somit das dringendste Anliegen deutscher
Politik, Rußland wieder als selbstbestimmten Faktor der Politik hand-
lungsfähig zu sehen und ein gutes Nachbarschafts-Verhältnis mit
Rußland herzustellen.

BARNICKS erster Satz – von so großem (Erkenntnis-)Wert – in seinem kleinen Büchlein bringt es auf den Punkt:[444] »Seit dem Mirakel
des Hauses Brandenburg, dem russischen Thron- und Kurswechsel
in der Schicksalsminute des Siebenjährigen Krieges, ging es Preußen
und dem preußisch reorganisierten Deutschland immer dann gut,
wenn auch die Beziehungen zu Rußland gut, und dann schlecht, wenn
auch diese schlecht waren.« Das war mit dem Tod der Zarin ELISA-
BETH am 5. Januar 1762 der Fall.

Zar ALEXANDER I. hatte bezüglich Europas und Preußens konkrete
Vorstellungen.[445] Er ließ auch keinen Zweifel daran, daß nach Tilsit
und Erfurt Preußen in seinem ungeschmälerten Bestand wiederher-
gestellt werden sollte. Es war ihm klar, daß für ein Rußland, das in
Osteuropa freie Hand haben wollte, Preußen der ideale und einzige
Partner unter den Westmächten war. Frankreich hatte in und mit Polen immer Rußlands Interessen gekreuzt, und England tat dies im
Orient. Mit Österreich gab es noch nicht die Schwierigkeiten auf dem
Balkan, man konnte sogar einträchtig gegen die Türken vorgehen. Der
Grund, daß Österreich ›übrig‹ blieb, lag mehr daran, daß sich angesichts der Rivalität der deutschen Großmächte Rußland nur mit einer
von beiden verbünden konnte. Ins Gewicht fiel auch, daß das katholische Österreich und Polen sich aus russischer Sicht nicht geheuer ausnahmen. Preußen war hingegen neutral, was die Themen russischer
Politik zwischen Ostsee und Persischem Golf betraf, und sperrte durch
sein machtvolles Dasein – auch bei nur wohlwollender Neutralität –

---

[442] Nikolaj PAWLOW; Inst. f. Nationale Reform-Strategien: »Der Russische Holocaust«, vorgetragen in Moskau auf dem Kongreß der Akademie der Wissenschaften vom 14. bis 16. Juni
2001.
[443] Alexander ZINOVIEW, »Globalisierung als eine neue Form des Krieges«, Vortrag ebendort.
[444] AaO., S. 7.
[445] Ebenda, S. 13.

Abschluß der Konvention von Tauroggen durch die Generale VON YORCK und DIEBITSCH in Anwesenheit von CLAUSEWITZ (links) am 30. Dezember 1812. Eine aus heutiger Sicht symbolhafte Begegnung. Historienbild von Moritz BLANCKERT.

Rußlands Achillesferse, die Westflanke mit all den allzu grenznah dahintergelegenen Lebenszentren und den hier kaum vorhandenen Naturhindernissen. Was der Ausfall Preußens für Rußland heraufbeschwören konnte, sollte NAPOLEON in allernächster Zeit drastisch verdeutlichen.

Im Spätherbst 1812, als nach dem Brand von Moskau nur noch hilflose Trümmer der Großen Armee den Njemen erreichten, war unerwartet rasch die entscheidende Wendung da. ALEXANDER I. zögerte anfangs, ob er nun seinerseits offensiv werden solle. Der Reichsfreiherr VOM STEIN, in seinen Aspekten als Russe, Preuße und ›Stand‹ förmlich die Verkörperung der russisch-preußischen Schicksalsverflochtenheit, gab den Ausschlag. Die Konvention von Tauroggen zwischen dem russischen General DIEBITSCH und dem Preußen Graf YORK brachte eine Lawine ins Rollen: NAPOLEONS Macht wurde endgültig begraben. Tauroggen war trotz des Mythos die Ausnahme, und nicht die Norm, weil ja NAPOLEON auch nicht die Norm europäischer Politik war. Aber es war ein Segen für beide Völker das ganze Jahrhundert hindurch.

Tauroggen ist also das Symbol, das auch heute eine geopolitische Wende herbeiführen könnte.

Wirtschafts- und geopolitische Vorkehrungen in Rußlands Politik[446]

Man darf aber nicht übersehen, daß auf anderen Ebenen die Völker und Staaten materiell höchst bedeutsame Vorkehrungen treffen und bereits getroffen haben, nämlich auf dem Gebiet der politischen und (real-) wirtschaftlichen Zusammenarbeit: Energie/Öl/Gas, Infrastruktur/Verkehr. Ein paar Hinweise bezüglich Rußlands als früheren weltpolitischen Antagonisten der USA und seiner Politik vor allem in Asien sollen dies deutlich machen.

Euro-asiatische Verkehrs- und Transport-Konferenz

Am 12. und 13. September 2000 fand eine ›Euro-asiatische Verkehrs- und Transport-Konferenz‹ in St. Petersburg statt. Sie faßte Beschlüsse über fünf Verkehrskorridore:

1. nördlicher Korridor von Europa über die Transsibirische Eisenbahn nach China, Nord- und Südkorea und Japan,
2. mittlerer Korridor von Südeuropa über die Türkei, den Iran und Zentralasien nach China
3. südlicher Korridor oder südlicher Zweig des mittleren Korridors, der vom Iran über Pakistan und Indien nach Südostasien verläuft,
4. ›TRACEACA‹-Korridor von Osteuropa über das Schwarze und das Kaspische Meer nach Zentralasien,
5. neuer Nord-Süd-Korridor, der von Nordeuropa über Rußland, das Kaspische Meer bis nach Indien reicht.

Transsibirische Eisenbahnpolitik

Im Herbst 2000 stellte Rußlands Präsident PUTIN vor japanischen Geschäftsleuten die Transsibirische Eisenbahn (TSE) in den Mittelpunkt seiner Ausführungen.

Baikal-Amur-Magistrale (BAM)

Diese verläuft parallel zur TSE und ist Grundlage zur Erschließung der Rohstoffe im Osten Rußlands. Der Gouverneur der Region Chabarowsk an der Grenze zu China, Viktor ISCHAJEW, ist federführend bei der Wiederbelebung dieses Projektes. Der russische Verkehrsminister AKSENENKO hatte PUTIN im Juli 2000 über die Erschließung der

---

[446] J. TENNENBAUM, »EIR – Systemkrise überwinden. Das Eurasische Infrastrukturnetz nimmt Gestalt an«, S. 48.

Eisen-, Titan-, Vanadium-Erze der Lagerstätte Chinaiskij und die Bahnverbindung zum Kombinat Kusnetsk berichtet. Die Erschließung ging auf STALIN – mit Hilfe von Zwangsarbeitern – zurück, wurde aber mit seinem Tod abgebrochen und erst unter CHRUSCHTSCHOW wieder aufgenommen. Seit der ›liberalen Wende‹ 1990 verfiel alles, und die Bevölkerung ging von einer Million auf 600 000 zurück. Heute liegt hierauf wieder ein strategischer Schwerpunkt. Verschiedene Eisenbahnprojekte sind geplant oder im Bau.

Reaktivierung der ›Eisernen Seidenstraße‹

Die Staatspräsidenten Koreas und Rußlands sind im Juni 2000 übereingekommen, die Transkoreanische Eisenbahn (Verbindung Nord- mit Südkoreas) wieder zu verbinden und dann mit der TSE zu verbinden. Damit werden nach Fertigstellung drei Wege verfügbar sein:

1. Seoul über Wonsan nach Wladiwostok und über die TSE nach Moskau und Berlin. Eine Alternative geht über Chongjin nach Norden über die chinesische Grenze bei Tumen, in die Mandschurei zur TSE (13 500 km).
2. Pusan–Pjöngjang–Sinuiju–Shenyang–Datong–Erenhot über die Transmongolische Eisenbahn nach Ulan Bator über Ulan Ude nach Moskau–Berlin (11 230 km).
3. Die Transkoreanische-Transchinesische Linie: Pusan nach Peking über die zweite Eurasische Landbrücke nach Urumschi–Aktogai–Moskau–Berlin (11 610 km).

PUTIN hat dies persönlich vorangetrieben, und nicht ohne Grund fuhr der nordkoreanische Präsident KIM JONG-IL auf PUTINs Einladung mit einem Sonderzug die ganze Strecke mit der TSE nach Moskau hin und zurück.

Mitte Februar 2002 war eine 53köpfige russische Delegation unter Leitung des stellvertretenden Eisenbahnministers Alexander TSELKO in Südkorea. Das Thema: »Die transsibirische Landbrücke im 21. Jahrhundert: Perspektiven für die Entwicklung der russisch-koreanischen Beziehungen auf dem Gebiet des Eisenbahntransportes«. Rußland hat zugesagt, 1500 koreanische Eisenbahningenieure auszubilden und den Großteil der Baukosten von 1 Mrd. Dollar zu übernehmen.

Anbindung von Sachalin und Japan an das Eurasische Festland

Schon 1950 wurde unter STALIN begonnen, Sachalin mit einem Tunnel oder einer Brücke mit dem Festland zu verbinden. Der ›Tataren-Sund‹ trennt die Insel vom Land und ist hier, bei Lazarew, 8 Kilometer breit.

Mit Stalins Tod wurde das Projekt gestoppt. Wegen der riesigen Offshore-Erdgas-Quellen ist dieses heute wieder von großer Bedeutung. Am 20. September 2001 gab der russische Eisenbahnminister Alexander Mischarin bekannt, daß die Festlandverbindung wieder in Angriff genommen werden soll. Im Oktober 2002 wurde bereits mit dem Bau der 8 km langen Brücke begonnen. Parallel wird die 450 km lange Eisenbahnverbindung vom Kap Lazarew nach Komsomolsk gebaut, wo sie Anschluß an einen der Korridore hat, zusätzlich zu 130 km Bahnnetz auf Sachalin. Die Gesamtkosten betragen 3,4 Mrd. Dollar.

Mit diesem Bau, merkte Mischarin an, würde auch die 40 km lange Brücken-Verbindung von Sachalin mit Hokkaido, einer Hauptinsel Japans, realistisch. Es sei daran erinnert, daß Japan bereits den längsten Unterwassertunnel (54 km) der Welt zwischen Honschu, der größten Insel, und Hokkaido errichtet hat. Mit diesem Projekt würde Japan am Kontinent angebunden, mit anderen Worten: Die zweitgrößte Wirtschaftsmacht wäre damit in direkter Verbindung mit dem eurasischen Kontinent.

Eine völlige Änderung der heutigen Wirtschaftspolitik käme damit in unmittelbare Sicht: Entwicklung und Herstellung hochwertiger Investitionsgüter für Industrie und Infrastruktur und eine Wegwendung von der *Über*betonung der Informationstechnologie und der Verlagerung der Exportindustrie in Billiglohnländer. Dieses Paradigma ist jenes – falsche – einer ›individualistischen Wirtschaftspolitik‹, die ›Standort-Vorteile‹, Kosten und den grenzenlosen ›Markt‹ predigt und die uns in die heutige Lage des faktischen Zusammenbruches des Weltwirtschafts- und Währungssystems gebracht hat. Dieses Programm führt aber fast notwendig zu einer ganzheitlichen und integrierten Betrachtung, wie an einem Beispiel unmittelbar sichtbar wird: der Eurasian Transport Union (EATU).

Moskauer »Russisch-japanisches Forum«[447]

Eine Delegation von 240 Spitzen der japanischen Wirtschaft und Industrie unter Leitung des Keidanren, des Dachverbandes der Wirtschaftsverbände, war anwesend und bereiste anschließend in mehreren Gruppen alle Regionen Rußlands, um neue Projekte festzulegen. Dies war der erste Besuch des Keidanren seit 18 Jahren, überdies war er mit besonderen Vollmachten des Außenministeriums ausgestattet, um Verträge abzuschließen, und erstmals seit 25 Jahren wurde er vom Vorsitzenden der Organisation selbst angeführt.

---

[447] 29. u. 30 Mai 2001.

Der japanische Besuch ging auf eine Einladung PUTINS vom September 2000 zurück. Bei seinem Japanbesuch sagte er vor Geschäftsleuten:»Ich werde Rußland verändern. Kommen Sie, besuchen Sie uns, Sie werden mit eigenen Augen sehen, wie Rußland sich verändert.«

Rußland, Iran und Indien

Am 12. September 2000 unterzeichneten die Verkehrsminister Rußlands, Irans und Indiens eine historische Vereinbarung über die Entwicklung eines Nord-Süd-Korridors, der eine kombinierte Land-Wasser-Verbindung darstellt. Er dient der Verbindung Nordeuropas mit Indien und spart damit den Weg durch den Suez-Kanal. Dies senkt die Transportkosten voraussichtlich um 20 bis 25 % und mehr! Dazu kommen die Möglichkeiten der Entwicklung parallel zu dieser Verbindung, die sich gegenüber dem reinen Seeweg anbieten. Außergewöhnlich ist hier auch, daß eine einheitliche Instanz zur Verwaltung dieses Korridors geschaffen wurde, die für die gesamte Logistik des Korridors verantwortlich sein wird. Um die Verkehrskorridore voranzutreiben, gründete Rußland – das Verkehrsministerium – im Mai 2001 mit Zustimmung von 40 europäischen und asiatischen Ländern die Eurasian Transport Union (EATU).

Iran wird die Drehscheibe der südlichen Korridore

Der Iran hat sich damit bewußt in den Mittelpunkt dieser Entwicklung gestellt. Hier laufen die Nord-Süd- und die Ost-West-Verbindungen zwischen Europa und Asien. Sie geben zugleich Rußland und Zentralasien einen Zugang über die iranischen Häfen zum Persischen Golf und zum Arabischen Meer.

Transsibirisches Pipeline-Netz

Ein Schwerpunkt liegt in der Erschließung der riesigen Erdöl- und Erdgasfelder in Zentralasien und Sibirien und den fernöstlichen Gebieten Rußlands. Der Bau von Pipelines dient der Versorgung Europas und Ostasiens. Damit schwindet die heutige Vorherrschaft der Energieversorgung aus dem Nahen Osten und damit die der angloamerikanischen Interessen.

78 % des Erdöls (300 Mio. Tonnen jährlich) und 87 % des Erdgases (500 Mrd. Kubikmeter jährlich), das in Rußland gewonnen wird, kommen aus Sibirien.

Heute stammen 85 % des Öls aus der Region um den Persischen Golf, 100 % werden auf dem Seeweg geliefert, Japan und Korea sind zu 90% davon abhängig. China verbraucht 78% des Weltexports an Flüssiggas. Aus diesen Ziffern ist klar, welche Bedeutung die russische Politik in der Entwicklung dieser Infrastruktur hat und wie sehr dies den anglo-amerikanischen Interessen entgegensteht.

Rußland und China

Am 9. September 2002 unterzeichneten Rußland und China eine Vereinbarung über den Bau einer 2400 km langen Ölleitung von Irkutsk bis in den Nordwesten Chinas. Über sie sollen jährlich 20 bis 30 Millionen Tonnen Erdöl fließen.

Der russische Erdgaskonzern Gasprom plant mindestens vier weitere Pipelines:

1. von der Region Tomsk in NW-Sibirien in den Norden Chinas,
2. von der Region Irkutsk über die Mongolei nach Zentralchina (wie erwähnt),
3. von Jakutien in NO-Sibirien entlang der östlichen Eisenbahnlinie in China nach Shanghai,
4. von der Insel Sachalin nach Japan.

Für die Erschließung der Erdgas- und Erdölvorkommen um Sachalin sind für die kommenden 20 Jahre 25 bis 45 Mrd. Dollar geplant. Bereits 1999 floß das erste Erdöl aus dem Projekt Sachalin-2.

Nach Angaben des japanischen Energie-Experten Masaru HIRATA von der Universität Tokio soll das im Entstehen begriffene Transasiatische Pipelinenetz eine Gesamtlänge von rund 42 500 km haben. Folgende Regionen sind von dem Projekt betroffen:

1. Nordostasien–Nordpazifik,
2. Turkmenistan–China–Korea–Japan,
3. Sachalin–Japan,
4. Malaysia–Golf von Thailand–Vietnam–Südchina,
5. Australien–Südostasien.

Die Projekte um das Kaspische Becken sind hier noch nicht einmal erwähnt. Sie sind gegenwärtig Zentrum des »Großen Spiels«, wie es Zbigniew BRZEZINSKI in seinem Buch *Amerika, die einzige Weltmacht* beschrieben hat. Die folgende Karte gibt einen Überblick über die Dimension der Projekte.

Folgerungen

Es wird sichtbar, in welch strategischer Weise Rußland sich hier an China anbindet. Und es wird auch klar, in welcher Weise die geopolitische Lage Rußlands und sein Potential die Politik PUTINS bestimmen. Erstaunlich ist auch das unerhörte Tempo, mit dem alle diese Projekte angegangen werden und wie schnell Übereinkünfte erzielt wurden – weil offenbar die ostasiatischen Staaten sich doch eine gewisse Souveränität über ihre Entscheidungen wahren konnten. Im Zusammenhang mit unseren verschiedenen Reisen nach Rußland haben wir auch über die politische Lagebeurteilung der russischen Eliten berichtet. Sie ist ziemlich klar und, wie uns scheint, zutreffend. Es fiel uns vor allem aber auf, daß die gegenwärtige russische Außenpolitik dennoch einen bedeutenden Schwerpunkt in Europa hat, vor allem – und deutlich hervorgehoben – einen bezüglich Deutschlands. Das erscheint auch sinnvoll, denn woher sollten die für all diese Projekte nötigen Techniken, Ausrüstungen und Fachleute kommen? Es sind ja nicht nur Ressourcen und Abnahmemärkte, die die Wirtschaft und Politik bestimmen, sondern auch das ›Kapital höherer Ordnung‹, das zur Hebung dieses Potentials nötig ist. Und dieses ist eben unser Kapital.

Es würde sich auch für Deutschland empfehlen, daß seine Wirtschaftsvertreter das deutsche Potential ›ins rechte Licht stellten‹, wie die Beispiele aus Japan und Asien als nachahmenswerte Strategie nahelegen. Beleuchten wir hier noch einmal, wie die offizielle russische Politik diese Lage sieht. Der Vorsitzende des außenpolitischen Ausschusses, Dimitri RAGOSIN, drückte das beim Kongreß über die »Neue geopolitische Lage zehn Jahre nach dem Sturz der Sowjetunion« unmißverständlich aus: »Ein großer Teil der Fragen ist von Deutschland zu beantworten.« Er meinte damit, daß Rußland sehr wohl ›wollen würde‹, aber Deutschland mit Rücksicht auf die USA offenbar nicht »wollen darf«. Wie eine der zentralen Persönlichkeiten in der russischen Außenpolitik das Verhältnis mit Europa, der Europäischen Union und insbesondere Deutschland sieht, ist äußerst aufschlußreich.

Rußland und die EU

»Wir erwarten in Zukunft«, meint RAGOSIN, »daß die internationalen Organisationen weiter Entscheidungen gegen Rußland treffen werden, die es von Europa trennen sollen; aber ohne Rußland wird es keine Zukunft Europas geben. Rußland ist die Quelle aller Ressourcen der industrialisierten Länder. Wenn Europa etwas sein möchte, könnten wir eine starke Einheit sehr wohl respektieren, aber dieses Europa müßte starke Verbindungen mit Rußland haben.

Das betrifft die

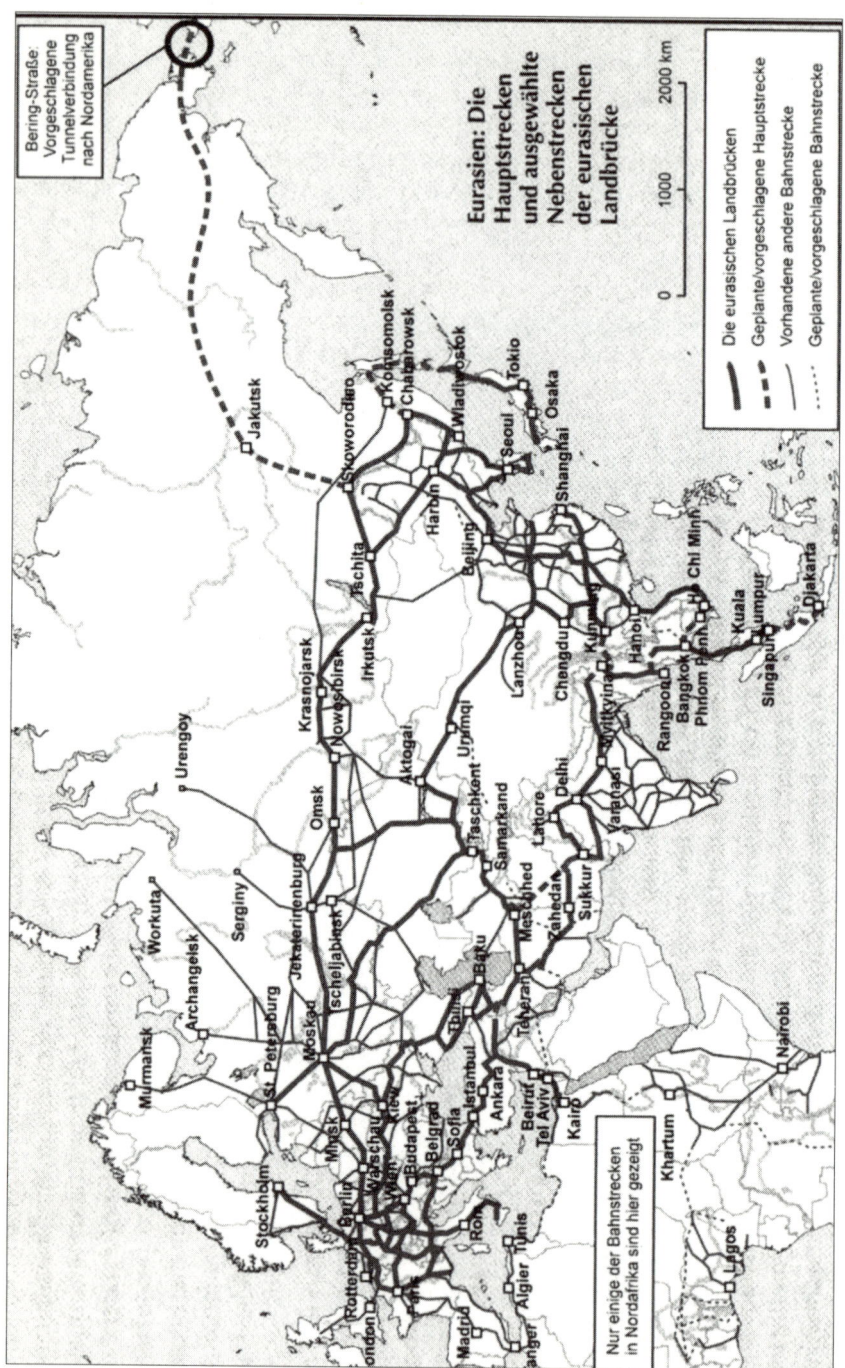

Eurasien: Die Hauptstrecken und ausgewählte Nebenstrecken der eurasischen Landbrücke

Bering-Straße: Vorgeschlagene Tunnelverbindung nach Nordamerika

Nur einige der Bahnstrecken in Nordafrika sind hier gezeigt

Die eurasischen Landbrücken
Geplante/vorgeschlagene Hauptstrecke
Vorhandene andere Bahnstrecke
Geplante/vorgeschlagene Bahnstrecke

EU-Kommunikation und europäische Transit-Routen;
die gemeinsame Energie-Charta
die multilaterale Zusammenarbeit und
die wirtschaftliche Zusammenarbeit. Zentraleuropa ist traditionellerweise mit Rußland verbunden, es würde von dieser geopolitischen und wirtschaftlichen Lage, wie hier skizziert, sehr gewinnen.«

Eurasische Wirtschaftsunion (EEC)

Die Russen haben erkannt und sind sich klar darüber, daß die westlichen Staaten (Europa) heute die Schwäche Rußlands ausnützen, was aber nun zu Ende geht. Rußland blickt über lange Zeiträume, über Dekaden. Die nun geschaffene Eurasische Wirtschaftsunion (EEC) wird die russische Politik in Zukunft stark bestimmen. RAGOSIN erklärte, daß die Politik mit Blickrichtung nach Asien und Fernost nicht nur ökonomisch begründet ist, sondern daß die Schaffung dieses alternativen Schwerpunktes die Europäer dazu bringen soll, die Lage realistisch zu beurteilen und ihrerseits rationale Politik zu betreiben.

Es ist also nicht aller Tage Abend.

Man kann das auch so sehen: Die USA stehen mit dem Rücken zur Wand. Im Grunde haben sie – wie schon eingangs erwähnt – bereits verloren. Julius EVOLA meint dazu:[448] »Macht verliert ihr eigentliches Wesen, wenn sie zu materiellen Mitteln, also zu Gewalt, Zuflucht nehmen muß und nicht als selbstverständlich anerkannt wird. Macht muß als selbst ›unbewegter Beweger‹ wirken.«

Er führt weiter aus, »daß die Überlegenheit nicht auf Macht, sondern die Macht auf der Überlegenheit beruht. Die Macht zu brauchen ist Ohnmacht, und wer das begreift, wird vielleicht verstehen, in welchem Sinn der Weg eines gewissen Verzichtes (eines männlichen Verzichtes, der auf einem ›Nicht-nötig-Haben‹, auf einem ›Zureichendsein‹ beruht) eine Bedingung für den Weg zur obersten Macht sein kann, und wird auch die verborgene Logik erfassen, der zufolge (aufgrund von Überlieferungen, die die meisten für Mythen halten, wir freilich nicht) aus Asketen, Heiligen und Initianden plötzlich und auf natürlichem Weg suggestive und übersinnliche Mächte hervorbrachen, stärker als irgendeine Macht der Menschen und der Dinge.«

Erinnern wir uns auch an den ›historischen‹ Zeugen und bedeutenden Staatsmann Clemens Fürst METTERNICH, der in seinem *Politischen Testament* sagt: »Nicht mit dem Ringen der Gesellschaft nach

---

[448] Julius EVOLA, *Menschen inmitten von Ruinen*, aaO., S. 41

Fortschritten, sondern im Fortschreiten nach der Richtung der wahren Güter: nach Freiheit als dem unausbleiblichen Ergebnisse der Ordnung, nach Gleichheit im allein anwendbaren Ausmaße der Gleichheit vor dem Gesetz; nach Wohlstand, nicht denkbar ohne die Grundlage der moralischen und materiellen Ruhe; nach Credit, welcher nur auf Basis des Vertrauens zu ruhen vermag – in allem habe ich die Pflicht der Regierung und das wahre Heil für die Regierten erkannt.

Despotismus jeder Art habe ich als ein Symptom der Schwäche angesehen. Wo er sich Luft schafft, ist er ein sich selbst strafendes Übel; am unleidlichsten dann, wenn er sich hinter die Maske der Beförderung der Freiheit stellt!«

Man kann Despotismus – obwohl bei Metternich auf die inneren Verhältnisse des Staates bezogen – auch mit ›Einsatz von Gewalt‹ übersetzen, und die *Maske* der Beförderung *der Freiheit* ist eben dies, wenn man statt ›Freiheit‹ ›Menschenrechte‹ einfügte. Unter der Parole der Menschenrechte werden nämlich die grausamsten Gewaltmittel: Bomben, Raketen und nuklear verseuchte Granaten flächendeckend eingesetzt.

Man kann aus diesen historisch doch weit auseinanderliegenden Beispielen zweierlei erkennen:

1. Die USA haben offensichtlich den Zenit als Supermacht längst überschritten, ihre Macht ist bestenfalls noch eine materielle, aber längst nicht mehr legitimierte und geistig prägende.
2. Für die Lösung der Konflikte im Nahen Osten, in Jugoslawien zwischen Serben, Albanern und in all den anderen Weltgegenden bedürfte es – wie übrigens auch für die wahre Gestaltung Europas – einer übersinnlichen Idee, eines Mythos jenseits der bloßen Ökonomie oder pragmatischen Zweckmäßigkeiten. Weil diese Idee aber nicht existiert, sind alle auch so ratlos, wie es wirklich weitergehen sollte oder könnte.

Wie sehr die USA ihre Stellung als Supermacht in der unipolar gewordenen Welt nur noch durch die Ausübung von Gewalt behaupten können, ersieht man daraus, daß von den seit 1945 rund 200 geführten Kriegen die USA mit fast 70 Kriegen (ebenso wie England) am häufigsten in Erscheinung traten. Der ›American way of life‹, der Ungeist amerikanischen Wesens, hingegen stößt auf immer breitere und radikalere Ablehnung.

Man versucht, die Völker mit falschen Etiketten darüber zu täuschen, ob es sich überhaupt um Krieg handelt, und in der Regel sind die wirklichen Ziele von Kriegen niemandem mehr klar. Spricht aus diesem Umdefinieren der Gewalteinsätze – ›*pre-emptive defense*‹[449] – nicht die Ahnung, daß dies – im Sinne EVOLAS – ein Eingeständnis der Ohnmacht ist? Und sind die USA (und ihre europäischen Satelliten) nicht ohnmächtig, weil ihnen die übersinnliche Idee, die Transzendenz, nicht nur für Europa, sondern erst recht für Washingtons ›Neue Weltordnung‹ überhaupt mangelt?

Und scheint uns das Kapitel aus der Heiligen Schrift, Offenbarung, Kap. 18, nicht eine geradezu wörtliche und detailgenaue Darstellung der gegenwärtigen Ereignisse – ja vielmehr noch – ihrer Folgen zu sein?

Herrschaft der Manager

James BURNHAM gibt andere, nicht minder triftige Gründe an. Die BURNHAMsche Vision von der Herrschaft der Manager[450] ist also nicht nur eine Prophezeiung des Morgens – der womöglich nie anbricht –, sondern sie dient auch zum Verständnis dessen, was bereits weitgehend abgelaufen ist. Wer aber ist nun ein Manager?

In der kapitalistischen Gesellschaft liegt oder lag das Management beim Kapitalisten: dem heute noch – immer noch – beschworenen Entrepreneur, dem Unternehmer-Eigentümer, der sein Geld riskierte und selbst die Entscheidungen traf. Die Kontrolle der Produktionsmittel aber haben die Kapitalisten – wie auch E. WALTER in *Kapitalismus im Übergang* feststellte – durch die faktische Verfügungsgewalt der Manager, denen nur noch ein kollektives, anonymes Kapital gegenübersteht,[451] das eben dadurch keinen direkten Einfluß mehr hat, verloren. Das Ergebnis ist das Ausschalten des Kapitaleigners und -gebers aus der Kontrolle der Wirtschaft und damit in Folge ein Ausscheiden als herrschende Klasse.

Solcherart waren also die Änderung des kapitalistischen Unternehmens bei den Großbetrieben; nur noch in den Kleinbetrieben mag es den Unternehmer-Kapitalisten geben, aber diese haben *keine* geschichtliche Bedeutung. Es ist dabei auch egal, ob die »Herrschaft der Manager« in Einzelunternehmen, Gesellschaften oder Staatsbetrieben stattfindet. Das heißt aber: Der Manager ist weder persönlich, noch

---

[449] Präventiv-Angriff als ›Verteidigung‹.

[450] James BURNHAM, *Herrschaft der Manager.*

[451] Das ist übrigens eine sehr bemerkenswerte Parallele zum – vom liberalen Kapitalismus – geschmähten Kollektivismus im Kommunismus. Wenn man dazu noch andere betrachtet: die auch im Kapitalismus atomisierten Arbeitermassen, die selbstverständliche zentrale Planung des gesamten Produktions- und Vermarktungs-, des Beschaffungs- und Arbeitsprozesses in den größten kapitalistischen Konzernen, so fällt es schwer, die ideologischen Unterschiede – nicht nur – an den Wirkungen für die Betroffenen noch festzustellen.

rechtlich, noch historisch mit dem Kapitalisten identisch. Der Wechsel ist also sehr tiefgreifend und revolutionär.

Diese Revolution – schrieb Burnham 1941 – ist in Rußland fast abgeschlossen, in Deutschland weitestgehend, und in allen anderen Ländern werden große Fortschritte in dieser Richtung gemacht. 1920 schrieben Berle und Means *The Modern Corporation and Private Property*,[452] wobei sie diese Entwicklung analysierten, aber nach Burnham mit ihrer Analyse stehengeblieben sind. Sie stellten zwar die Trennung von Kontrolle und Eigentum bei den Unternehmen fest, aber nicht die daraus folgenden Konsequenzen.

Stellung, Aufgaben und Funktion der Manager ist in keiner Weise davon abhängig, daß die kapitalistischen Eigentums- und Wirtschaftsverhältnisse aufrecht bleiben. Ihre Stellung beruht einzig darauf, daß sie es sind, die tatsächlich den modernen, hochkomplexen technischen Produktionsvorgang ›managen‹. Die Erhaltung der kapitalistischen Verhältnisse ist für sie nicht entscheidend. Anders ist es bei den Geschäftsführern oder den Vertretern der Finanzkapitalisten, denen es um die Optimierung der Erträge ihrer (Finanz-) Anlagen geht, die nicht nur in diesem einen Unternehmen stecken müssen, und den Aktionären. Die Finanzkapitalisten sind die heute am meisten begünstigte Gruppe, und sie ist von der Aufrechterhaltung der kapitalistischen

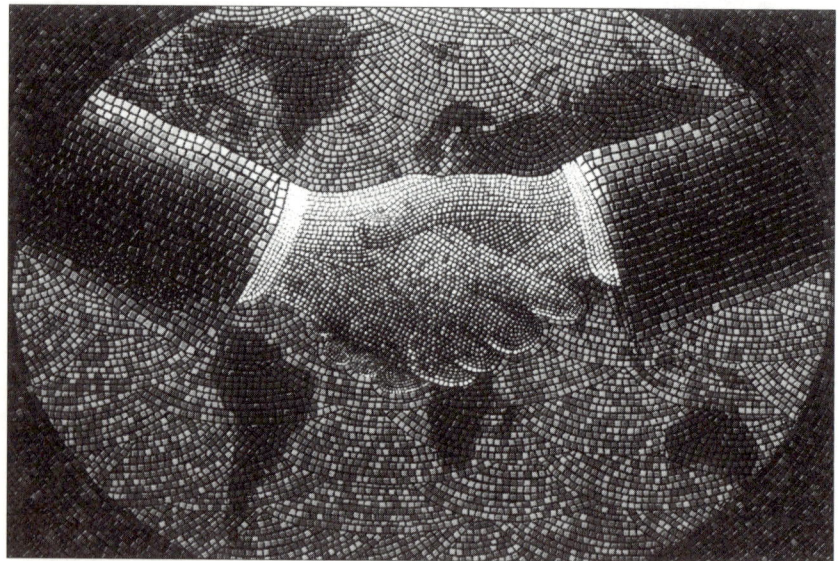

Der transnationale Kapitalismus ist nur auf die Erhaltung der kapitalistischen Verhältnisse bedacht. Völker, Nationen, Staaten sind lästige Hindernisse.

452 Das moderne Unternehmen und privates Eigentum.

Eigentums- und Wirtschaftsverhältnisse gänzlich abhängig; es ist für sie eine Existenzfrage. Wo also die Kontrolle vom Eigentum getrennt wird, ist es *de facto* auch an jene übergegangen, die die Kontrolle ausüben. Der Rest hat keine Bedeutung und ist nur eine *wesenlose Fiktion*. Hier ist BURNHAM konsequenter als BERLE und MEANS, wie er auch ihr Werk kritisierte. Wenn die Kontrolle über den Zugang und die Kontrolle über die bevorzugte Verteilung auseinandergehalten werden – und das stecke im Kern in der Aussage von BERLE und MEANS –, dann ist dies ein Faktum ersten Ranges. Diese partielle Trennung ist während der letzten Jahrzehnte eingetreten. Einkommen und Macht (= Verfügungsgewalt) sind aus dem Gleichgewicht gekommen. Diejenigen, die den größten Teil aus der Verteilung bekommen, haben aber die Kontrolle über den Zugang verloren. Aus der Geschichte wissen wir, daß dieses Mißverhältnis nicht lange andauern kann. Entscheidend ist die Kontrolle über den Zugang, und wer diese hat, wird bald auch die Verteilung kontrollieren und die neue herrschende Klasse werden, auf die schließlich auch das Eigentum übertragen werden wird.[453]

Kontrolle der Produktionsmittel und tatsächliche Herrschaft

Wer die Produktionsmittel tatsächlich, und nicht nur nominell kontrolliert, kontrolliert die Gesellschaft. Das Produktionsmittel ist der Sitz der soziologischen Herrschaft, denn diese sind es, von denen die Gesellschaft lebt. Heute ist nur die Kontrolle der Großkapitalisten, also die auf kapitalistischen Eigentumsrechten ruhende Kontrolle über die Produktionsmittel und ihre Bedienung eine Realität, doch wird sie immer mittelbarer und ungleichmäßiger. Das Eingreifen der Kapitalisten wird immer weniger spürbar.[454]

Die Grundlage der bürgerlichen Herrschaft war schon im Schoß der Feudalgesellschaft angelegt. Die Schlacht war also schon im voraus zugunsten des Dritten Standes entschieden.

Die Unfähigkeit des Proletariates und der besitzlosen Massen, ihre Herrschaft in ähnlicher Weise ›im Schoß‹ der kapitalistischen Gesell-

---

[453] Die außergewöhnlichen Gehälter der obersten Manageretage – nicht selten hundert und mehr Millionen Dollar jährlich – haben längst jeden Maßstab gesprengt. Diese Gehälter sind oftmals nicht einmal vom positiven Unternehmenserfolg abhängig, wie die ›golden parachutes‹ (g. Fallschirm) und ›golden handshakes‹ (g. Abschied) immer wieder zeigen. Zuletzt erregte die Pensionsabfindung des CEO von ABB Asea Brown Boveri, Percy BARNEVIK, Aufsehen und Tumult bei der Hauptversammlung: 1,3 Mrd. Dollar! Bestätigt das nicht James BURNHAM in seiner Ansicht, daß, wenn die Manager die Verteilung der Reichtümer kontrollieren, dies praktisch zu einer Änderung der Eigentumsverhältnisse führt?

[454] James BURNHAM, *Herrschaft der Manager*, aaO., S. 125.

schaft zu errichten, ist einer der Hauptgründe, warum der Sozialismus nicht die Nachfolge des Kapitalismus antreten wird. Der Zerfall der sozialen Herrschaft der Kapitalisten, d. h. ihrer Kontrolle über die Produktionsmittel, vollzieht sich trotzdem im Schoß des Kapitalismus, und die Herrschaft der neuen Gruppen, vornehmlich der Manager, ist im Wachsen begriffen.[455]

Die neue Wirtschaftsordnung des Managerstaates[459]

Staatskapitalismus und Staatssozialismus, beide Begriffe werden – welche Ironie – zugleich für ein und denselben Zustand verwendet. Es ist allerdings so, daß sowohl die Kapitalisten als auch die Sozialisten – unbeschadet aller Theorie – ein klares Gespür dafür haben, was ihre Doktrin beschränkt und was nicht. So ist jede Verstaatlichung eine Minderung des Kapitalismus und zugleich auch eine Förderung auf dem Weg zur sozialistischen Gesellschaft.

Daß es dann aber doch anders kam, zeigte Burnham unter anderem daran, daß auch im Staatssozialismus keine klassenlose Gesellschaft gebildet wurde, also eine, in der niemand Vorrechte über die Kontrolle des Zuganges (zu den Produktionsmitteln) und die Kontrolle der Verteilung der Gewinne aus der Produktion habe. Im Gegenteil, es bildete sich in Rußland sehr schnell eine neue herrschende und privilegierte Schicht, was dem Wortsinn nach die Verwirklichung des Sozialismus unterband und damit seine Nachfolge des Kapitalismus.

Die neue herrschende Schicht ist die der Manager. Daß solch eine Entwicklung von den Eigentümern des Finanzkapitals nicht gewünscht sein kann, liegt auf der Hand. Da ihnen aber, wie Burnham darlegte, die tatsächliche Kontrolle/Steuerung der komplexen, technischen »Maschine« selbst nicht mehr möglich ist, bleibt ihnen nur der »legale« Aufbau von Gewaltmitteln, um sich gegen diesen Sturz zu »wappnen«. Eine bedeutende Rolle spielen dabei die nachfolgend behandelten Maßnahmen zur Beherrschung des »nationalen Notstands«.

---

[455] Ebenda, S. 134.
[456] Ebenda, S. 137.

Weitere Merkwürdigkeiten zum ›9.11‹[457]

● Ein Supervisor der American Airlines erklärte, daß die Passagierlisten von zwei ihrer – angeblich – abgestürzten Flugzeuge unmittelbar nach – wenn nicht bereits vor – dem Crash zur ›Geheimsache‹ erklärt wurden!

● Die US-Regierung verkündete ohne Untersuchung und damit ohne echte Kenntnis ihre Interpretation der Ereignisse unmittelbar nachher in alle Welt hinaus.

● Vertreter New Yorks (nur N.Y.s?) ließen eine öffentliche (bzw. überhaupt eine) Untersuchung der Vorfälle des 11. September vermissen.[458] Aus einem Katalog mit »100 Fragen« lautet die 98.: Stimmt BUSH mit den Senatoren John MCCAIN, Joseph LIEBERMAN, Porter GOSS, Richard SHELBY und Ron PAUL überein, die eine Untersuchung wünschen und gesagt haben: »Die geheime Regierung setzt sich gegen die offene Regierung durch?«[459]

● Der damalige Bürgermeister von New York, GIULIANI, verhinderte ernsthafte Untersuchungen, als er der New Yorker Polizei befahl, die Feuerwehr physisch am Betreten des Schauplatzes zur Fortsetzung der Rettungsaktionen und dem Aufräumen zu hindern, obwohl noch Hunderte von Feuerwehrleuten unter den Trümmern vermißt wurden.

---

[457] Diese hier nur stichwortartig zusammengefaßten Punkte sind einem Vortrag entnommen, der anläßlich des Kongresses über «Globalisierung und Probleme der neueren Geschichte» in Moskau am 26./27. Jan. 2002 gehalten wurde. Der Autor dieses Vortrages ist Christopher BOLLYN, USA: *Die Ereignisse des 11. September 2001*. Jene Punkte, die von uns an anderer Stelle bereits behandelt wurden, haben wir hier nicht nochmals aufgeführt.

[458] Was wäre von einem Gärtner zu halten, der die Polizei auffordert, ihre Fahndung einzustellen und sich lieber auf die Verhinderung weiterer Morde zu konzentrieren? Eben dies haben Präsident BUSH und sein Vize CHENEY Ende Januar getan: Sie forderten den demokratischen Fraktionschef Tom DASCHLE auf, keine tiefgehende Kongreß-Untersuchung der Vorgänge vom 11. 9. anzustellen. Dies würde, so CHENEY, Ressourcen und Personal von den Anstrengungen im »war on terror« abziehen.
Somit liegt nunmehr auch eine offizielle Bestätigung für die Vertuschung und Vernebelung der Hintergründe des 11. 9. durch die US-Regierung vor. Die Einrichtung eines Desinformations- und Propagandabüros (http://www.heise.de/tp/deutsch/special/info/11895/1.html Rumsfeld: Pentagon lügt nicht), das mittlerweile allerdings wieder geschlossen werden soll, zur Fortsetzung dieser Vernebelung scheint da ebenso konsequent, wie mit Admiral POINTDEXTER einen der Top-Verschwörer des Iran-Contra-Deals
http://www.guardian.co.uk/Columnists/Column/0,5673,651975,00.html) zum Leiter einer neuen Schnüffelbehörde, dem ›Information Awarness Office‹, zu bestellen. Wenn Sie wissen wollen, was diese Behörde tut, dann denken Sie einfach an ›Big Brother‹, meint der Kolumnist des britischen *Guardian*. (Quelle: TELEPOLIS, Verlag Heinz Heise, Hannover. E-mail vom 26. März 2002)

[459] Mathias BRÖCKERS, «Verschwörungen, Verschwörungstheorien und die Geheimnisse des 11. September».

Das Ground Zero am 11. September 2002 (Gedenkfeier).
Eine öffentliche Untersuchung der Vorfälle fand nicht statt.

● Die Sicherung der Beweise am Schauplatz wurde ausschließliche Angelegenheit der F.E.M.A.,[460] des FBI und einer privaten Firma, Controlled Demolition Inc.

● Die riesige Last des 110 Stockwerke (415 m bzw. 417 m) hohen Gebäudes wurde zur Gänze von zentralen Stahlstützen im Inneren der beiden Türme aufgenommen. Radiale Träger verbanden diese mit den peripheren Stützen, die die äußeren Wände stützten und laterale Spannungen aufnahmen. Konzentrische Trägerringe verbanden die radialen Träger wie in einem Spinnennetz. Diese Träger trugen die Betondecken. Hier wurden Baumassen verarbeitet, deren Menge unter keinen denkbaren Umständen sich so aufgelöst haben können und zu denen die Masse eines Flugzeuges sich wie das Mäuslein zum Elefanten ausnimmt. Angebliche Ursache und Wirkung passen nicht zusammen.

---

[460] Siehe dazu die Ausführungen im Anhang: Nationaler Notstand – F.E.M.A. Damit erhält diese scheinbar belanglose Notiz ihre dramatische Bedeutung: In Teilbereichen der US-Gesellschaft wird praktisch bereits nach den Grundsätzen der Notstandsgesetze – also unter Ausschaltung der Verfassung – verfahren.

● Die neuen Vermieter, SILVERSTEIN und LOWY, versicherten das Objekt für 3,6 Mrd. Dollar, mehr als das Doppelte des Betrages,[461] den die Hafenbehörde zur Errichtung investiert hatte, gegen terroristische Anschläge. Sie versicherten auch den Ausfall der Mieteinnahmen. SILVERSTEINS Pachtrate des WTC (es wurde für 99 Jahre gepachtet) wurde erst Ende Juli entrichtet, nur sechs Wochen vor dem Kollaps, womit der Vertrag überhaupt erst Rechtswirksamkeit erlangte.

● Die New Yorker Stadtpolizei berichtete kurz nach dem 11. September, daß der Stahl des WTC als Schrotteinsatz an Firmen, die dem organisierten Verbrechen gehörten, fortgegeben wurde, anstatt die Trümmer als Beweise zu sichern und zu untersuchen.

● Der Herausgeber von *Fire Engineering*, William A. MANNING, veröffentlichte einen Aufruf, in dem er nicht nur eine neue Untersuchung fordert, sondern auch, daß der Stahl der zerstörten Gebäude gesichert werden müsse, um es Experten zu ermöglichen, die Ursachen des Kollapses – schon aus Gründen künftiger Prävention – zu erforschen. »Die Zerstörung und Entfernung von Beweisen muß sofort beendet werden! Solch eine Vernichtung von Beweisen zeige eine erstaunliche Ignoranz der Regierung gegenüber dem Wert einer umfassenden und wissenschaftlichen Untersuchung der größten feuerbedingten Einsturzkatastrophe in der Geschichte.«

Amerikanische Ingenieure von der Amerikanischen Gesellschaft für Zivil-Ingenieure wurden von der F.E.M.A. autorisiert, »einige – aber nicht alle – Gesichtspunkte des Einsturzes« zu studieren. Die Ingenieure haben nur begrenzten Zugang zu den Dokumenten und Beweismitteln. MANNING schrieb, daß angesehene Feuerwehrleute und Feuerwehringenieure Einspruch gegen die offiziellen Erklärungen erhoben hätten. »Die Zerstörungen an der Struktur des WTC durch Flugzeuge und die explosionsartige Zündung des Flugbenzins allein wären nicht ausreichend, um die Türme zum Einsturz zu bringen.«

Die Regierung hatte ›Experten‹ angeheuert, um die von ihr vertretene Theorie zu stützen. Die National Science Foundation steuerte

---

[461] Am 26. 8. 2002 berichteten die *Oberösterreichischen Nachrichten* in einer kleinen Notiz, daß die Swiss Re die Entscheidung eines New Yorker Richters begrüße, das Schadenersatzverfahren für das bei den Terrorattacken vom 11. September zerstörte World Trade Center in zwei Prozesse aufzuspalten. Beim ersten Verfahren, Anfang November, soll festgestellt werden, ob es sich bei der Zerstörung der Twintowers um einen Angriff und einen einzelnen Versicherungsfall handelt oder um zwei Angriffe. . .
Die Swiss Re und die anderen Versicherer gehen von *einem* Versicherungsfall aus. Damit hat Larry SILVERSTEIN, der das WTC kurz zuvor geleast hatte, nach ihrer Ansicht nur einen Anspruch auf maximal 3,5 Mrd. Dollar. SILVERSTEIN verlangt sieben Milliarden Dollar«. – Nach dem hier dargelegten Sachverhalt wäre freilich zu klären, ob überhaupt ein Versicherungsfall vorliegt.

Mittel zur Bezahlung von vier Ingenieuren bei, die die Version der Regierung bestätigen sollten.

Im Fall der Crash- und Feuertheorie müßte der zuerst getroffene Turm auch zuerst einstürzen, da ihn das Flugzeug direkt traf und das ganze Benzin ins Innere des Gebäudes gelangte. Der größte Teil des Treibstoffes des zweiten Flugzeuges verbrannte außerhalb des Gebäudes, als es durch eine Ecke des Turmes hindurchbrach. (Immer unter der Annahme, daß tatsächlich Flugzeuge mit dem WTC kollidierten!)

Die Tatsache, daß die zentralen Tragepfeiler nicht stehengeblieben sind, ist der Schlüssel zur Aufklärung der Einsturzursache. Offensichtlich wurden sie in kleinste Teile (Staub und Asche) aufgelöst, was weder durch die Feuer- noch die (Flugzeug-)Explosionstheorie erklärt werden kann.

Ein Sprengstoffexperte vom New Mexiko Institute für Bergbau und Technologie, Van ROMERO, sagte am 11. September:»Ich bin aufgrund der Videoaufnahmen der Meinung, daß nach dem Einschlag der Flugzeuge in den WTC-Türmen Sprengladungen im Inneren des Gebäudes gezündet worden sein müssen, die erst den Einsturz verursachten.« Es ist interessant, daß ROMERO seine Meinung änderte, nachdem er das Pentagon besucht hatte, mit dem er die Finanzierung seines Institutes durch den Bundesstaat verhandelte. Zehn Tage später sagte ROMERO ohne nähere Begründung im Radio, daß das Feuer für den Einsturz verantwortlich gewesen sei.[462]

● Es existiert eine ferngesteuerte Technik der Rüstungsfirma Northrop Grumman für den ›Global Hawk‹, einen amerikanischen Militärjet ohne Piloten, die weiterentwickelt wurde. Solch eine Technik erlaubt es, die Kontrolle über ein Flugzeug aus der Ferne zu übernehmen und es ausschließlich damit zu steuern, wobei die an Bord befindliche Mannschaft machtlos ist und das Flugzeug nicht mehr durch manuelle Eingriffe kontrollieren kann.

Dazu müßten die völlig geheimen Computer-Codes gebrochen worden sein, um das System zur Entführung der vier Flugzeuge vom Boden aus und zu den Angriffen vom 11. September zu manipulieren. (Immer für den Fall, daß tatsächlich Flugzeuge in die Gebäude gekracht sein sollten. Aber wie sollten das arabische Terroristen bewerkstelligt haben?)

---

[462] Inzwischen überflutet uns eine Welle psychologisch verpackter Betroffenheitsrituale und massive Desinformation über die ›wahren‹ Ursachen des Einsturzes. Am 7. 9. 2002 brachte zum Beispiel der ORF in »Modern Times« die offensichtlich irreführende Erklärung eines Bauingenieurs (Ronald MISCHEK), der als Bauunternehmer selbst ›Wolkenkratzer‹ baut und es gewiß besser wissen müßte. Siehe Anhang.

• Von dem Jet, der das Pentagon getroffen haben soll, wird berichtet, daß er eine 360 Grad Wende und einen 7000 Fuß Sinkflug über Washington mit einer Geschwindigkeit von 500 Meilen pro Stunde machte. Er flog das Pentagon auf einer horizontalen Flugbahn und so tief an, daß er die Stromleitungen, die über die Straßen gingen, kappte. (*Angeblich*, denn auch hier fehlen die Flugzeugtrümmer, und die unmittelbar vor dem Pentagon stehenden Lichtmasten am angeblichen Einschlagsort standen unversehrt, wie auf den Fotos zu erkennen ist. Von einer Flugschneise durch die Stadt mit den gekappten Licht- und Strommasten wurde – aus offensichtlichen Gründen – ohnedies nie ein Bild gezeigt!)

• Horst EHMKE, der die deutschen Dienste unter Willy BRANDT koordinierte, sagte:»Terroristen können eine Entführung von vier Maschinen nicht ohne die Unterstützung von Geheimdiensten durchgeführt haben.«

• Eckehard WERTHEBACH, der frühere Präsident des bundesdeutschen Inlandsgeheimdienstes, sagte, solch eine derart komplexe Operation erfordere den festen Rahmen einer staatlichen Geheimdienstorganisation, etwas, was es in einer»lockeren Gruppe« von Terroristen, wie jener angeblichen, die von Mohammed ATTA von Hamburg aus geführt worden sein soll, als er in Hamburg studierte, nicht gebe.

Andreas VON BÜLOW, der die drei Zweige der deutschen Geheimdienste von 1969 bis 1994 überwachte, sagte, «95 % der Arbeit von Geheimdiensten in der ganzen Welt besteht in Verschleierung und Desinformation«.[463]

• Unter den etwa 3000 bedauernswerten Opfern des Anschlages auf das WTC waren nach israelischen Berichten nur fünf jüdischer Abstammung. Bedenkt man, daß hier vor allem die Broker, Investmentbanken, Börsenanalysten und sonstige Finanzinstitutionen ihren Geschäftssitz hatten und diese bekanntermaßen eine Domäne jüdischer ›business-people‹ sind, ist diese statistische und wahrscheinlichkeitstheoretische Größe für 5 aus 3000 absolut unwahrscheinlich. Wenn man die dort üblicherweise beschäftigten Menschen – es war die Rede davon, daß es bis zu über 40 000 seien – als Grundlage nimmt, ist das Verhältnis 5 : 40 000, dies wäre dann entweder ein Wunder – oder es ist unerklärlich. Es sei denn, die Anschläge waren bestimmten Angestellten schon zuvor bekannt. Dann muß man aber fragen: woher, warum, seit wann?

---

[463] »Da sind Spuren wie von einer trampelnden Elefantenherde«, Interview mit Andreas VON BÜLOW, im *Tagesspiegel* 13. 1. 2002.

Zur Erinnerung:
Erste Gedanken unmittelbar nach dem 11. September[464]

Zu den wirtschaftlichen Auswirkungen der Anschläge vom 11. September meinte Prof. FELDER vom Wiener Institut für Höhere Studien (IHS):»Bisher hätten alle wirtschaftlichen Indikatoren der USA nach oben gezeigt,[465] wie die Lage aber jetzt sei, könne man nicht sagen. Der Schock werde an den USA vorübergehen, es sei denn, die Konsumenten kauften weniger.[466] Die psychologischen[467] Wirkungen des Anschlages seien schwerwiegender als die ›realen‹«.

War der Anschlag ein ›Ventil‹, oder sollte er die bestehenden Herrschaftsverhältnisse gegen angebliche Reformen[468] zementieren?

Für den Autor dieser Zeilen kam mindestens ebenso wahrscheinlich wie jede denkbare andere eine amerikanische Urheberschaft des Anschlags in Betracht – aus Gründen eines ›totalen Krieges‹ zwischen Globalisten und ihren Gegnern, den aber die Globalisten angezettelt haben würden. Die andere und wohl zutreffende Motivation liegt aber, wie hier begründet, im Kollaps der US-Wirtschaft, die zusätzlich bedroht ist durch einige Tendenzen in der islamischen Welt, aber auch in Rußland, Asien und Venezuela, die darauf abzielen, den Dollar zunehmend durch andere Währungen zu ersetzen. Um derartige Tendenzen mit militärischen Mitteln aufzuhalten, muß ein entsprechender Kriegsgrund fabriziert werden: 9-11 eben. Wie bei so gravierenden

---

[464] Unmittelbar nach dem 11. September 2001 hatten wir eine Analyse aufgrund der im Fernsehen gezeigten Bilder und Meldungen angefertigt. Schon damals gingen wir davon aus, daß die inneren (wirtschaftlichen) Gründe der USA es nahe legten, daß es sich um einen ›inside job‹ gehandelt haben dürfte und die als real geglaubten Flugzeugeinschläge stattgefunden hätten. Es mag von Interesse sein, das kaum gewandelte Bild – was die Ursachen und wahren Vorgänge betrifft – mit den heutigen Erkenntnissen zu vergleichen.

[465] Das ist gewiß nicht richtig und gehört zu den Falschmeldungen, mit denen bei uns die Menschen eingenebelt werden sollen. Man wird diesen äußeren Anlaß dazu benützen, die derzeitige *virtual economy* wieder mehr an die Realität der Wirtschaft heranzuführen, d. h. aber schwere Rezession und verschlechterte Wirtschaftslage.

[466] Natürlich werden die Konsumenten weniger kaufen, denn sie leben ja heute bereits über ihre Verhältnisse und sind nicht mehr kreditwürdig. Mit anderen Worten: Die Ursache des Rückganges bestand schon längst vor dem Anschlag.

[467] Seit einiger Zeit bringt die *Neue Zürcher Zeitung* Artikel über neuere Begründungen der Ökonomie auf der Grundlage ›psychologischer‹ Betrachtungen. Man versucht also, das Nicht-Greifbare, das Immaterielle als in der Theorie zu berücksichtigenden Teil einzubauen. Beim Kleinreden der Krise ist es aber unseriös, die ›psychologischen‹ gegen die ›nicht so gravierenden realen Wirkungen‹ auf die Wirtschaft als Hauptsache darzustellen.

[468] Angeblich sollte ein »*National Economic Stabilization and Recovery Act*« (NESARA) geplant gewesen sein, dessen Essenz unter www.nesara.com im Internet nachgelesen werden kann. Manche Ideen sehen beim ersten Hinsehen vernünftig aus, beim zweiten aber ist der Obskurantismus ins Auge springend.

Ereignissen üblich, werden sie in Form von verschlüsselten Signalen zuvor angekündigt; natürlich nur den Wissenden – wie sich versteht. Die *International Herald Tribune* ist dafür das prominenteste ›Anschlagblatt‹. Am 8. September waren die Anzeichen dafür unübersehbar.

Im Terrorkrieg der ETA gelang es den spanischen Behörden jahrelang nicht, das Kommunikationssystem der Terroristen aufzuklären, das aber offensichtlich jederzeit Nachrichten an jede gewünschte Stelle zu bringen imstande war. Durch einen Zufall entdeckten sie schließlich das Geheimnis: Es waren verschlüsselte, nur für die Adressaten ›lesbare‹ gewöhnliche Zeitungsberichte in Lokalblättern. (Übrigens wurde auf dieselbe Weise in Österreich,[469] als die Briefbomben-Serie auf ihrem Höhepunkt war, von der Wiener Zeitung *Der Standard* nach diesem Verfahren ein ›*Broadcast*‹ als redaktioneller Artikel publiziert, der in auffällig oft wiederholter ›Aufforderung‹ die Terroristen offenbar warnen sollte, ›jetzt‹ keinen weiteren Anschlag zu machen, weil sie sonst entdeckt würden, aber derzeit die Behörden nichts gegen sie in der Hand hätten.)

International funktioniert das in gleicher Weise, und die *International Herald Tribune (IHT)* ist, wie gesagt, hier eine der prominentesten ›Anschlagtafeln‹ für Insider.

Am 8.–9. September 2001 brachte sie in der ›*Sponsored section*‹ (Seite 17) unter der Überschrift »*Airport of the Future*« zwei Graphiken, die jeweils einen Passagier-Jet so tief auf die Balkengraphiken zufliegen lassen, daß er unterhalb der höchsten ›Turmspitze‹ plaziert ist und wie eine Skizze dessen erscheint, was sich am 11. September tatsächlich ereignen sollte. Die optische Assoziation ist auffallend. Wenn man auch bedenkt, daß zum Beispiel das Tabellenprogramm EXCEL solche Statistikdaten in die gezeigten Balkendiagramme in zwei- oder dreidimensionaler Form automatisch umwandelt, jedoch die in die *IHT*-Anzeige plazierten realistischen Flugzeuggraphiken gar nicht ohne manuellen Sonderaufwand in diese Graphik hineinzumontieren erlaubt, ist klar, daß hier die Assoziation eines Flugzeug-Crashs mit einem Wolkenkratzer mit gezielter Absicht hervorgerufen werden sollte.

Alle Einzelheiten der ›Botschaft‹ sind – zum Teil mehrfach als Unterstreichung – enthalten: Passagierflugzeug im Tiefflug (3x), Skyline in Form von ›Türmen‹ (2x), Flugzeug von hinten, wie im Anflug auf einen Turm (2x), die erste Graphik der »*10 busiest airports*« (die 10 am häufigsten frequentierten Flugplätze) läßt New York aus, die zweite Graphik – nach Regionen gegliedert – zeigt in 3D den höchsten Turm

---

[469] Pers. Information an den Autor von Volksanwalt Mag. E. STADLER.

über Nordamerika und den Jet unmittelbar daneben in Zweidrittel-
höhe des Wolkenkratzers, die Anordnung der Graphik ist anders als
bei der ersten weder nach Flugaufkommen noch nach einer irgendwie erkennbaren Regionen-Gliederung aufgebaut, sondern ausschließlich nach den gewünschten optischen Kriterien, einen Crash in einer
Skyline zu suggerieren!

In derselben *IHT*-Ausgabe befindet sich ein redaktioneller Artikel
»How about a nice piece of Manhattan?« (Interesse an einem netten Stückchen Manhattan?) ebenfalls mit dem Bild eines Wolkenkratzers (natürlich nicht des WTC, das würde nachträglich ja auffallen), der über
die Entwicklung der Mietpreise und des steigenden Büroflächenan-
gebots vernünfteln und immer wieder betont, daß es schlechter würde – und mit unzusammenhängendem Zeug. Bedeutsam im Zusammenhang mit der *Annonce* ist nur der vielfache Hinweis auf Manhattan
und den Finanz-Distrikt. »Das allgemeine Bild von New York ist unklar... New York ist immer noch ein im Brennpunkt stehendes Fi-
nanzzentrum, aber wir sind inmitten einer Phase schrumpfenden Fi-
nanzpersonals.«

Die Ankündigung in der *IHT* wurde auch offensichtlich verstanden. Es gab erstaunlicherweise relativ wenig Opfer und praktisch
kaum *jüdische.* Siehe dazu auch folgende (und viele ähnliche, höchst
ungenauen und bald ganz verschwundene) Nachrichten:

ORF Mittagsjournal, 12. September 2001. Unter anderen hat im WTC
das Broker- und Investmenthaus Morgan Stanley Dean Witter seine
Büros. 3500 Mitarbeiter seien beschäftigt. Das *Wall Street Journal* habe
berichtet, daß alle 3500 die Katastrophe überlebt hätten. Andere (unter anderen *Spiegel* online) berichteten, daß 800 vermißt seien. Das
Management sei in der Nähe, aber offensichtlich nicht im WTC versammelt gewesen. Die Fa. Cantor, ebenfalls ein Finanzhaus, mit rund
1000 Mitarbeitern könne nichts über deren Schicksal sagen. Von der
Credit Suisse First Boston hörte man, daß deren 800 Mitarbeiter alle
in Sicherheit seien. Auch sei es American Express geglückt, das Gebäude zu räumen.

Als das alles gegen Ende des Mittagsjournals berichtet wurde, kam
die Mitarbeiterin einer anderen (US-)Firma zu Wort: Die Menschen
seien über den Lautsprecher aufgefordert worden, im Haus zu bleiben. Sie habe sich aber unsicher gefühlt und sei aus dem WTC geflo-
hen. Wie erklärt sich das? Wußten die Geretteten schon vorher etwas?

Verdeckte Zeichen: *International Herald Tribune* vom 8.–9. September 2001, Seite 17, »Sponsored Section«

INTERNATIONAL HERALD TRIBUNE, SATURDAY-SUNDAY, SEPTEMBER 8-9, 2001

PAGE 17

SPONSORED SECTION

Solche Zeichen deuten – wie auch ein merkwürdiger Artikel in der *FAZ* – auf Vorauswissen hin. Darüber kann man spekulieren, nicht aber über den Umstand, daß offensichtliche Insider-Geschäfte an den Börsen getätigt wurden.

AIRPORTS OF THE FUTURE

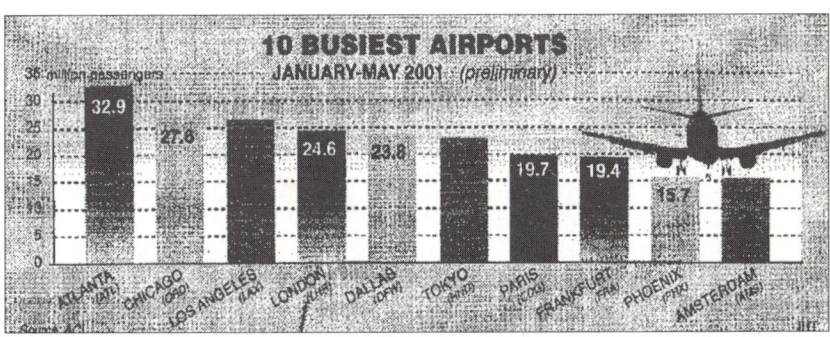

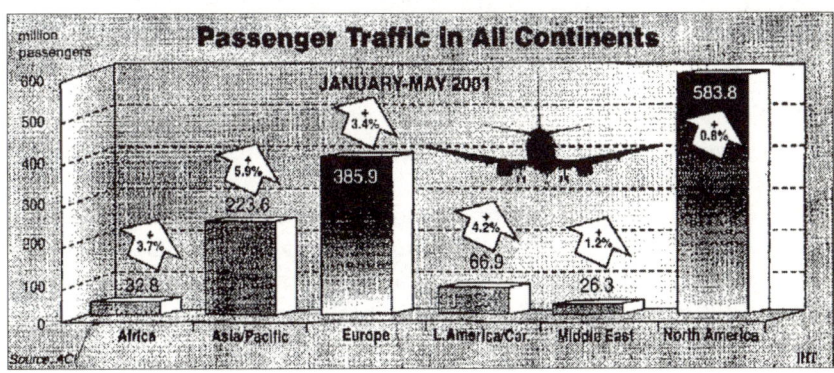

Die kleine – fast hätte man sie übersehen – Notiz in der *FAZ* vom 21. September (S. 5) muß man sich auf der Zunge zergehen lassen: ›Die Liste‹ war unter dem Titel erschienen: »Der Anschlag auf das World Trade Center war angemeldet«.

attackamerica.com
attackonamerica.com
attackontwintowers.com
august11horror.com
august11terror.com
horrorinamerica.com
horrorinnewyork.com
nycterrorstrike.com
pearlharborinmanhattan.com
terrorattack2001.com
towerofhorror.com
tradetowerstrike.com
worldtradecenter929.com
worldtradecenterbombs.com
worldtradetowerattack.com
worldtradetowerstrike.com
wterroristattack2001.com

Ort und Datum sind sogar angegeben. Manche dieser Webseiten existierten bereits seit Juni 2000, also über 15 Monate *vor* dem Anschlag.

Insider-Börsengeschäfte

Es sind mittels auffallend zahlreicher PUT-Optionen – dem Recht zum Verkauf von Aktien zu einem in der Zukunft liegenden Zeitpunkt zu einem festgesetzten Preis – gigantische Geschäfte gemacht worden. Es ist klar, daß man hier viel gewinnen kann, wenn man zuvor weiß, daß die Kurse nach dem bestimmten Zeitpunkt stark gesunken sein werden.

Es handelt sich um die Aktien von ›American Airlines‹ und ›United Airlines‹, die von dem Anschlag ja am meisten betroffen waren, ebenso betroffen waren das Investmenthaus ›Morgan Stanley Dean Witter‹ sowie ›Marsh McLennon‹, die im WTC ihren Sitz hatten, ferner die ›Münchner Rückversicherung‹, die französische ›AXA‹ und die ›Swiss Re‹. Festgestellt wurde, daß für die ›American Airlines‹ 1500 PUT-Kontrakte – das Fünffache normaler Handelstage – am Vortag des 11. September plaziert wurden; für die ›United Airlines‹ waren es am 6. September 2500 Kontrakte gegenüber nur 27 an durchschnittlichen Tagen. Ein Kontrakt, der normalerweise 2,7 Millionen Dollar wert ist, brachte 36 Millionen, mehr als das Zehnfache.

Bei der ›Münchner Rückversicherung‹ stieg das Volumen der gehandelten Aktien sehr stark, deren Kurs nach dem 11. 9. stark gefallen ist. Die deutschen Behörden haben aber ›nichts Ungewöhnliches‹ feststellen können. Der Sprecher sagte, daß außer den Terroristen, die es ja gewußt haben müssen, auch »große Hedge-Fonds« diese erhöhten PUT-Optionen plaziert haben könnten. Man könne aber aufgrund der Kontrakt-Nummern zurückverfolgen, wer dafür verantwortlich sei und ob hier Insiderkenntnisse vorlagen, was die Aufklärung des Anschlages sicher weiterbringen würde. Bekannt ist bis heute nicht genau, wer diese Kontrakte geschlossen hat.

Weitere Motive?

Zur Klärung möglicher Motive stellt sich die Frage, wem der Anschlag wirklich gegolten haben könnte. Gewiß nicht ›dem amerikanischen Volk‹. Eine andere – beängstigende – Möglichkeit deutet Prof. Andreas Wesserle von der Universität Wisconsin, Milwaukee, in einem Brief an den Autor an:

»Tu ne cede malis sed contra audentior ito!« (Vergil)[470]

»Wie Ihnen bekannt ist, versuchten um 1990 unsere Freunde aus New York und Hollywood mit allen Mitteln, die Teileinheit Deutschlands zu verhindern. Kaum zu beschreiben die Erpressungen und die Todesandrohungen, die wutschäumend von der *New York Times, Time, Newsweek, U.S. News & World Report* ausgestoßen wurden. Eigenartigerweise gelang ihnen ihr Vorhaben nicht ganz (obzwar seither die Innen- und Außenpolitik Deutschlands immer totaler in die Knie gesackt und speichelleckerisch geworden ist). Denn Präsident Bush verhinderte die Teileinheit *nicht.* Der Rachedurst unserer Neujorker also ist ungeheuer, grenzenlos in jeder Hinsicht.

Nun ereignet sich zur Zeit des ersten Balkankrieges zwischen Serbien, Kroatien und Bosnien ein aufsehenerregendes Bombenattentat auf das World Trade Center Manhattans, das Wahrzeichen Wall Streets und des US-Weltkapitalismus. Damals hielt ich es für wahrscheinlich, daß die Serben oder ein anderer Balkanstamm dies angestellt hatten. Inzwischen sind in einem berüchtigten Schauprozeß mehrere Muslime mit Hilfe von – der US-Staatsanwaltschaft wohlbekannten – meineidigen Ägyptern wegen dieser ›Tat‹ brutalst verurteilt worden. Ein glatter Justizmord.

Denn mittlerweile hat Konteradmiral a. D. Bobby Inman – der frühere, von seinen Kollegen hochgeschätzte Leiter des amerikanischen Marinenachrichtendienstes – mit einigen seiner Kollegen *sub rosa,* unter

---

[470] Weiche vor dem Übel nicht zurück, sondern gehe noch mutiger gegen es vor! Der Brief stammt von Dezember 1998.

der Hand, unterm Tisch, strengst geheim! (was ja in Washington nie lange so bleibt) die Katze aus dem Sack gelassen. Weder die Schwarze Hand aus dem Balkan noch naive morgenländische ›Terroristen‹ zündeten die Bombe, sondern die echten Profis unserer Neujorker Freunde. Dabei bedienten sie sich einer von ihrem Mammut-Zwergstaat entwickelten ›Aktentaschen-Kernwaffe‹, die selbstverständlich in jede Stadt eingeschmuggelt werden kann und ihre Wirkung mit geringster Radioaktivität entwickelt.

Warum sollten die Zwillingstürme des World Trade Center umgekippt werden (sofern geglückt, mit einer Todesopferzahl von schätzungsweise 20 bis 30 000 Menschen)?

Aus Rache für die von Präsident BUSH *nicht*erfolgte Verhinderung der deutschen Teileinheit (wie gesagt, stellt das WT-Center das Wahrzeichen des US- Kapitalismus dar; nebst der Tatsache, daß die Familie BUSH erhebliche Summen in dem das WT-Center betreibenden Konzern investiert hat – also ein doppelter Racheschlag: universalsymbolisch wie auch ›rein‹ persönlich).

Die ›Enthüllung‹ – strengst geheim wie immer – ist Konteradmiral INMAN teuer zu stehen gekommen. Vor wenigen Jahren wurde er von Präsident Bill CLINTON für das mächtige Amt des CIA-Direktors nominiert. Die Nomination mußte zurückgezogen werden, da unsere Neujorker INMAN derartig der Erpressung aussetzten, daß er schlappmachte.

Die Moral von der Geschichte? Es ist bekannt, daß der Mammut-Zwergstaat eine Schlagkraft von mindestens mehreren hundert ABC-Raketen entwickelt hat. Manche dieser Raketen richten sich auf eine jede Großstadt im islamischen Raum, von Marokko bis Pakistan und Kasachstan.

Zweifellos richten sich mehrere hundert andere auch auf den deutschen Raum – wobei die Nuklearwaffen ja noch verhältnismäßig gemütlich sind, da sie nur mehrere Dutzend Millionen im Nu töten. Weit gefährlicher sind die bakteriologischen und chemischen Waffen (B-, C-Raketen), deren Wirkungsgrad mit zwei bis drei Milliarden Todesopfern nicht zu hoch gegriffen ist.

Mit dem Einsatz dieser ›Pestbomben‹ ist dann zu rechnen, wenn in wenigen Jahren: (a) der Weltexpansionismus der Wall Street und Finanzoligarchen und (b) die Endkrise der Weltwirtschaft ›im Nu‹ zum Ausbruch der Dritten Weltkatastrophe führen.

Dann hat keiner etwas zu lachen. Sie, werter Freund, sind dann besonders bedroht, denn Sie wohnen ja im strategischen Dreieck Braunau am Inn–Linz–München und müssen sich auf eine Überdosis gefaßt machen.

Kurz skizziert: Das sind die Kreaturen, mit denen zu paktieren die Kirche heute genötigt ist. *Trotzdem* halten wir die Grundwahrheit und die Wahrheiten des katholischen Christentums fest. Beten wir um die Gnade Gottes (auch für die erbärmlichsten Neujorker) durch das kostbare Erlöserblut Christi.«

Der Friedensforscher Prof. Johan GALTUNG (Norwegen) meinte:

De-Eskalation schien ihm (wie auch uns) das Gebot der Stunde zu sein,[471] aber es war und ist freilich fraglich, ob heute noch Vernunft waltet. Denn schließlich will ja eine auch von den Medien aufgebrachte Masse – angeblich – Vergeltung.

Die psychologische Kriegführung läuft auf Hochtouren, die US-Parole »Wir sind im Krieg« ließ es schon befürchten.[472] Es gibt keine TV-Sendung mehr, in der nicht die seit dem ersten Tag ausgegebene Parole »*America on Attack!*« auf die Gemüter trommelt. Während der sicher jahrelangen Vorbereitung, die den Geheimdiensten gewiß nicht verborgen geblieben sein konnte, entdecken sie aber scheinbar nichts; dafür finden sie nun ein paar Stunden später die Identität der Terroristen heraus, und sogar ein Auto mit ›islamischen Schriften‹ und eine ›Gebrauchsanweisung zum Fliegen einer Boeing 767 in arabischer Sprache‹ – also, wenn das keine ›eindeutigen‹ Beweise‹ sind?

---

[471] Welche Reaktion die USA auch immer planen, sie werden Wert darauf legen, daß ihre ›Bündnispartner‹ daran teilnehmen. Es läge eine Verantwortung bei den Europäern, hier genau zu prüfen, wer als Verantwortlicher für diesen Anschlag ausgemacht würde und welche angemessene Reaktion nötig sei. Wenn die Bündnispartner *nicht* mitmachten, würden die USA – wie sich das im Fall Nicaragua schon angedeutet hatte – auch nichts machen. Er meinte, daß der Anschlag von New York bereits »Vergeltung« sei für das, wofür die USA an vorderster Front stehen: die Globalisierung und die damit bedingte Not von Millionen. Im ORF-Fernsehen kam er am 12. 9. gegen 21 Uhr nochmals zu Wort. Er »verneinte die Fähigkeit der USA und ihrer jetzigen Führung, im Nahen Osten zu vermitteln. Sie wäre mit ›zu viel Gepäck‹ unterwegs, als Partei Israels«. »Die USA hätten seit ca. 100 Jahren kriegerische Interventionen gehabt; man müsse sich fragen, ob das nicht eine Ursache dieses Anschlages sei.« Er betonte, daß dieser Anschlag gegen das WTC und das Pentagon und «nur« mit einer Autobombe gegen das AA eine bestimmte Botschaft enthalte, die er so gelesen hätte: Es ging nämlich eindeutig gegen den Globalismus, was die gewählten Ziele schon unterstreichen, und für die US-Außenpolitik habe man gerade noch eine (marginale) Bombe gehabt. Es sei dies auch Krieg, Krieg gegen den Globalismus. In einer späteren ORF-Diskussion kommt zur Sprache: Warum? – »Weil die USA an der Spitze eines Systems stehen, der Globalisierung, das täglich Hunderttausende sterben läßt.« Er war die einzige kritische Stimme an diesem Abend. Der Rest war Propaganda.

[472] Es wäre vielleicht ganz zweckmäßig, sich die Ergebnisse Friedrich Freiherr VON DER HEYDTES, *Der Moderne Kleinkrieg*, aus dem Jahre1972 zu Gemüte zu führen. Sie enthalten das riesige Repertoire der Methoden der ›irregulären Kriegführung‹, einschließlich Mord und angeblich spontanen Terrorismus, Standard-Praktiken des ›Kriegs mit andern Mitteln‹.

Wie üblich apportiert auch die deutsche Regierung prompt: In Hamburg läßt sie Spuren der Terroristen finden, und die Polizei verhaftet auch gleich – spektakulär – zwei Personen. Damit ist Deutschland doppelt ›verwickelt‹: als Söldner nach dem NATO-Beistandsbeschluß für den ›Kampf gegen den Terror‹ und als ein Land, das potentiell im amerikanischen Racheschwur – »Wanted! – Dead or Alive!« – miteingeschlossen ist, weil die ›islamischen Terroristen‹ hier ja ›Unterschlupf‹ fanden, also die BRD – wie bei den schon ausgemachten Schurkenstaaten – verantwortlich zu machen ist.

Nach dem Motto des Films »Casablanca«: »Verhaften Sie die üblichen Verdächtigen«.

Die Rolle Israels

Immer wieder werden die Bezüge zu Israel, den USA und dem Nahost-›Konflikt‹ angesprochen als ein weiteres Element, das dieser Jahrzehnte dauernde Krieg zwischen Israel und den Palästinensern auf die Ereignisse vom 11. September gehabt haben dürfte. So fielen manche scharfmacherischen Töne in israelischen Blättern natürlich auf. Die Zeitung *Haaretz* veröffentlichte auf ihrer Titelseite (21. 11. 2000) eine Anzeige, eine Fatwa, die von einer Gruppe Rabbiner unterzeichnet war. Die Rabbiner verkündeten, wie schon erwähnt, die theologische Identität von Ishmael, d. h. den Arabern, mit Amelek.

Jedenfalls beobachtet die ganze Welt seither, im Schatten der Ereignisse, eine zunehmende Verschärfung der Lage. Es ist auch klar, daß die Frage – wem die Anschläge nützen – eindeutig beantwortet werden kann: keinesfalls den Palästinensern und der islamischen Welt. Andererseits hat der Vorwand, den ›Terrorismus zu bekämpfen‹, Israel praktisch freie Hand gegeben, den Friedensprozeß praktisch abzubrechen und auf offenen Kriegskurs zu gehen. In diesem Sinne ist auch obige Fatwa kaum anders als eine Kriegserklärung für den ›totalen Krieg‹ gegen die Palästinenser zu verstehen. Die tagtäglich berichteten Ereignisse lassen keinen Zweifel darüber aufkommen.

Die Lage ist derartig, daß selbst ein berufsmäßiger Beschwichtiger wie der französische Botschafter in London – hinter vorgehaltener Hand, aber offenbar doch genügend öffentlich – seinen Unmut ausdrückte. Er bezeichnete[473] Israel als »That sh(it) little country«, wie –

---

[473] Christopher Dreyfus, Northleach, England, in: *IHT* vom 13. 8. 2002, S. 5. »Aber die Neigung zu institutionalisiertem Antisemitismus, der immer noch in einigen Korridoren des Quai d'Orsay fortlebt, wird vielleicht durch den weithin in der britischen Presse wiedergegebenen Kommentar bestätigt, den sein Gesprächspartner, der französische Botschafter in London, über Israel machte (›That sh… little country‹ – Jenes besch… kleine Land).«

empört – Christopher Dreyfus in der *International Herald Tribune* mitteilte.Anscheinend gibt es auch andere Ansichten, als Israel sie der Welt vorschreiben möchte.

Der *Washington Report on Middle East Affairs* berichtete von einer Auseinandersetzung[474] innerhalb der israelischen Regierung zwischen Sharon und Außenminister Peres, wobei Peres den Premier vor den Folgen einer andauernden Weigerung gegenüber den US-Wünschen hinsichtlich eines Waffenstillstandes mit den Palästinensern warnte. Dies würde die israelischen Interessen gefährden und die USA gegen Israel aufbringen. Sharon wandte sich daraufhin wütend an Peres und sagte: »Jedes Mal, wenn wir etwas unternehmen, sagen Sie mir, die Amerikaner werden dieses oder jenes tun. Ich will Ihnen etwas ganz klar sagen: Machen Sie sich keine Gedanken über amerikanischen Druck auf Israel. Wir, das jüdische Volk, kontrollieren Amerika, und die Amerikaner wissen das.«

Nach dem Radiobericht habe Peres die Kabinettsmitglieder und Sharon eindringlich gewarnt, dies in der Öffentlichkeit zu wiederholen, wegen des Desasters für die Öffentlichkeitsarbeit, das eine solche Aussage verursachen würde.

Manchmal scheint es, als ob hier der Schwanz mit dem Hund wedelt. Aber darüber möge sich der Leser selbst seine eigenen Gedanken machen.

. . . wenn hinten, in der Türkei, die Völker aufeinander schlagen. . .

Am 29. August 2002 übertrugen die Abendnachrichten des ORF Ausschnitte aus der Rede George Bushs, in der er faktisch die amerikanische Entschlossenheit zum Krieg gegen den Irak bekanntgab. Der Zynismus war dabei unerträglich: Er – Bush – sei ja ein *geduldiger* Mensch, aber irgendwann sei seine Geduld zu Ende. Die ›Geschichte‹ gebe den USA eine Chance, die Menschheit vor den Bedrohungen des ›Terrors‹ zu bewahren, und dafür seien er und die USA entschlossen, auch mit militärischen Mitteln – das heißt mit einem von den USA ausgelösten Terrorkrieg – den (angeblichen) Terror auszurotten. Die USA würden auch allein handeln, ohne die ›Freunde‹ und ›Verbündeten‹ zu konsultieren und selbstverständlich auch ohne Beschluß des UN-Sicherheitsrates.

Selbst die manipulierte ›öffentliche Meinung‹ in den USA war mehrheitlich gegen einen Krieg und würde das dumme Stimmvieh überhaupt nur die geringste Ahnung von den wahren Vorgängen haben,

---

[474] Vom 10. 10. 2001, unter Bezugnahme auf die israelische Rundfunkstation Kol Yisrael.

gäbe es gewiß überhaupt keine Zustimmung. Auch in Europa – dem Vasallen der USA – finden sich längst ganz undiplomatisch formulierte Ablehnungen der US-Kriegstreiberei. Der deutsche Bundeskanzler SCHRÖDER stand im Wahlkampf und deshalb mit dem Rücken zur Wand, aber er hat – die Stimmung der Deutschen doch richtig beurteilend – jegliche Beteiligung deutscher Soldaten an einem Irak-Abenteuer kategorisch abgelehnt. Auch Frankreich ließ an Deutlichkeit nichts zu wünschen übrig: CHIRAC erklärte, es sei unakzeptabel, daß sich die USA seit längerem immer mehr über die UN-Sicherheitsratszuständigkeit einfach hinwegsetzten. Offensichtlich hatte der Schuß vor den Bug gewirkt, denn Vizepräsident CHENEY beeilte sich zu versichern, daß die USA das ohnedies beabsichtigten usw. und der Präsident noch keine Entschlüsse gefaßt hätte.

Nun, das mochte bedeuten, was es wollte, es ging offenbar nur noch darum, die ›Weltöffentlichkeit‹ so weit zu konditionieren, dem US-Terror der Schein der Legitimität zu geben. Sobald man glaubte, dies sei hinreichend der Fall, würde gewiß losgeschlagen. (Hier täuschten sich die USA erstmals, mit gewiß noch weitreichenden Folgen.)

Es ist bei alledem unglaublich, wie die USA, der Oberschurke, einen Krieg nach dem andern lostraten und selbst die größten Arsenale von Massenvernichtungswaffen angelegt und diese auch immer wieder eingesetzt haben, aber diesen Vorwurf immer gegen andere erheben. Es ist ja auch zu bezweifeln, daß ein Land, das wie der Irak am Boden liegt und wegen des bereits zwölfjährigen Embargos durch die USA Unterernährung und höchste Kinder- und Altensterblichkeit zu beklagen hat, sich mit nichts anderem als diesem Problem beschäftigt haben sollte. Es ist einfach lächerlich.

Man muß, um die Perspektiven wieder zurechtzurücken, von Zeit zu Zeit die hegemonialen Übergriffe der USA auflisten – also die Kriege, die sie führten,[475] in Erinnerung rufen, jene *siebzig*[476] seit 1945, seit der Krieg ›abgeschafft‹ worden ist, und, falls er doch noch irgendwo stattfände, wäre er aber als illegal und verbrecherisch geächtet.

Es geht uns daher an, wenn ›hinten in der Türkei die Völker aufeinander schlagen‹ und die USA unter anderem aus den vorgenannten Gründen es einfach probierten, es darauf ankommen lassen, ob die Welt ihren Versuch unwidersprochen hinzunehmen bereit ist.

---

[475] Siehe Mansur KHAN, *Die geheime Geschichte der amerikanischen Krieg3*, Grabert-Verlag, Tübingen ²2001.

[476] Aus Platzgründen verzichten wir hier auf eine Auflistung. Sie kann aber in: *Die Falschspieler* von Herman FRANZIS, Hohenrain-Verlag, Tübingen 2002, S. 332 ff. nachgesehen werden.

Anhang

*Szene aus dem Film
»Spiderman«. Bezeich-
nenderweise wurde diese
Szene vor dem Filmstart
entfernt, um bestimmte
Schlußfolgerungen zu
vermeiden.*

Portal Chicago Board of Trade

Symbolisch: Über dem mächtigen Portal des Chicago Board of Trade links die Figur des biblischen JOSEF VON ÄGYPTEN, des Finanzministers des Pharao, der durch Ausweiten des Kreditzyklus die fetten und durch das Rückfordern der Schulden die mageren Jahre – die zur Versklavung der Ägypter führten – auslöste. Die heutigen Trader wissen um diese Bedeutung und zitieren diese Parabel am größten Schacherplatz für die Nahrung (Getreide) der Welt.

Salvador Dali · Gala Desnuda

Die nackte Gala oder Präsident Abraham Lincoln

(Gala Desnuda Mirando al Mar *que a 18 m. se converte en el Presidente de los Estados Unidos Abraham Lincoln*.)

Dieses Werk Salvador DALIS ist als eine der »integralsten Darstellungen der menschlichen Existenz« bezeichnet worden. In diesem Gemälde stellt DALI die wichtigsten Elemente im Leben des Menschen dar: die Frau, in diesem Falle seine Frau und Muse Gala; seine Heimat, Born seiner Schöpfungskraft, in diesem Fall das am Mittelmeer gelegene Cadaqués nahe Figueras, DALIS Geburtsort; die Sonne, Quelle des Lebens, und das Kreuz als Symbol, Geheimnis und Hoffnung. Diesen wichtigen Elementen im Leben des Menschen fügt DALI das berühmte Porträt Präsident LINCOLNS in einem kleinen Viereck links von Galas Füßen hinzu. LINCOLNS Charakter und sein Einsatz für die Menschenwürde sind in die Kulturgeschichte eingegangen. Sein heroischer Kampf für schuldfreies Geld, für den er schließlich ermordet wurde, ist seinen Zeitgenossen wie auch den folgenden Generationen weitgehend unbekannt geblieben.

Es scheint, daß DALI in seiner genialen Art versucht, hier Abhilfe zu schaffen. Vor dem sehr großen Gemälde im DALI-Museum in Figueras ist ein umgekehrtes Fernglas aufgestellt.

Nach Einwurf eines Duros (5 Peseten-Stück) sieht der Betrachter das Gemälde aus einer Entfernung von 18 Metern, und dieses enthüllt sich als riesiges Porträt Abraham LINCOLNS, der gleichbedeutend ist mit der Sanierung des Geldes, das soziales Bindeglied oder Sprengstoff sein kann. Das Gemälde zeigt schlagartig, daß das Geld, wie das Blut, alle menschlichen Lebensbereiche umfaßt, durchdringt und bestimmt. »Du kannst nicht Gott dienen und dem Mammon.«

Trotzdem ist es wenig wahrscheinlich, daß das geniale Werk DALIS oder die Münze den Betrachtern dazu verhilft, daß bei ihnen der Groschen fällt, welche entscheidende Rolle das Geld auf dem Weg ins Chaos spielt. Es ist nicht von ungefähr, daß John Maynard KEYNES, dem man das Währungsabkommen von Bretton Woods zu Unrecht zuschreibt, folgendes über das Geld sagte: »Es gibt keinen heimtückischeren und sichereren Weg, das Fundament der Gesellschaft zu zerstören, als ihre Währung zu entwerten. Dieser Vorgang stellt alle verborgenen Kräfte der wirtschaftlichen Gesetze in den Dienst der Zerstörung, und dies in einer Weise, die nicht einer unter einer Million erkennen kann.« (Mitteilung von Sixtus Graf VON PLETTENBERG)

A MESSAGE FROM THE SECRETARY OF THE TREASURY

I am pleased to present the fiscal year 2001 *Financial Report of the United States Government*. The Report includes audited financial statements that cover the executive branch, as well as parts of the legislative and judicial branches of the U.S. Government. In five years, we have made considerable progress but still have much to accomplish in order to reach our goal of timely and useful financial reporting.

Accrual based financial reporting is critical to gaining a comprehensive understanding of the U.S. Government's operations. For fiscal year 2001, our results were an accrual-based deficit of $515 billion in contrast to a $127 billion budget surplus reported last fall. The primary difference between the accrual deficit and the budget surplus is the recognition of expanded military retiree health benefit costs provided by the National Defense Authorization Act, which was signed into law on October 30, 2000, and other actuarial expenses. In fact, these expenses caused the government's future obligations to its military and civilian retirees to exceed the federal debt held by the public. As with other future obligations of the federal government, only accrual-based financial reporting provides this information in context to the public.

The drive to produce financial reports that better disclose our activities to the Congress and the public continues. This year, for the first time, we are presenting two years of data to facilitate comparative analysis. In addition, we have added two new financial statements. The Reconciliation of Net Operating Revenue/(Cost) to the Budget Surplus (unaudited) explains the differences between the accrual and budget results. The Disposition of the Budget Surplus (unaudited) explains how the budgetary surplus was utilized.

We have made progress toward the three goals I laid out last year.

* For fiscal year 2004, agencies' financial statements are due 45 days after the fiscal year-end with the consolidated Financial Report due by December 15th. This accelerated timing will finally allow adequate time to have the financial statements considered in the budget process. The ultimate goal of the financial information in this report is for it to be used by decision-makers to improve the management and programs of the Federal government.
* After completing our review, we are implementing a new process, developed in consultation with the Office of Management and Budget and the General Accounting Office, for preparing future financial statements which will enhance their integrity.
* The Treasury Department continues to develop a governmentwide accounting system that will greatly improve the agencies' access to data, reduce redundant data reporting, and eliminate reconciliations between the cash amounts shown on agency and Treasury books.

I believe that the American people deserve the highest standards of accountability and professionalism from their Government and I will not rest until we achieve them.

Paul H. O'Neill

Eine Botschaft des US-Finanzministers

»Ich freue mich, den Finanzbericht der Regierung der Vereinigten Staaten für das Fiskaljahr 2001 präsentieren zu können. Der Bericht enthält die mit Prüfungsvermerk versehenen Finanzdaten der Exekutive wie auch Teile der Legislative und der Jurisdiktion der US-Regierung. In fünf Jahren haben wir beträchtliche Fortschritte gemacht, aber es ist noch viel zu tun, um unser Ziel zu erreichen: ein zeitgerechtes und zweckmäßiges Finanzberichtssystem zu schaffen.

Ein Finanzbericht auf der Grundlage der Zahlungsverpflichtungen (*accrual-based*) ist unumgänglich, um ein umfassendes Verständnis der Aktivitäten der US-Regierung zu bekommen. Für das Fiskaljahr 2001 war das Ergebnis auf der Grundlage der eingegangenen Verpflichtungen ein Defizit von 515 Mrd. $ im Gegensatz zu einem im vergangenen Herbst berichteten Budget-Überschuß von 127 Mrd. Dollar. Der Hauptgrund für die Differenz zwischen dem Defizit und dem Budget-Überschuß war die Anerkenntnis der Kosten für ein erweitertes Gesundheitswesen für Militärveteranen, aufgrund des Gesetzes über die »National Defense Authorization«, welches am 30. Oktober 2000 beschlossen wurde, sowie anderer gesetzlicher Ausgaben. Diese Ausgaben haben auch bewirkt, daß die künftigen Verbindlichkeiten der Regierung gegenüber ihren militärischen und zivilen Pensionisten die Bundesschuld erhöhte. Wie auch bei anderen künftigen Verbindlichkeiten der Regierung, so ist nur in einem – auf der Grundlage der Verpflichtungen – erstellten Bericht für die Öffentlichkeit diese Information in diesem Kontext enthalten.

Das Bemühen, Finanzberichte zu erstellen, die unsere Aktivitäten für den Kongreß und die Öffentlichkeit besser widerspiegeln, hält an. In diesem Jahr haben wir erstmals die Daten von zwei Jahren dargestellt, um eine bessere Vergleichbarkeit zu ermöglichen. Zusätzlich haben wir zwei weitere Finanzberichte mitaufgenommen. Der Ausgleich der laufenden Netto-Einkünfte/-Kosten mit dem (noch nicht geprüften) Budget-Überschuß erklärt die Abweichung zwischen den Ergebnissen auf Verpflichtungs- und Budget-Ebene.[477] Die Dispositionen über den Budget-Überschuß (nicht geprüft) geben Auskunft über die Verwendung des Budget-Überschusses.

Wir haben Fortschritte im Hinblick auf unsere drei Ziele, die ich im letzten Jahr dargelegt hatte, gemacht.

---

[477] Aktueller Kontostand lt. Rechungswesen.

- Bis zum Fiskaljahr 2004 sind die Finanzberichte von Behörden (*agencies*) 45 Tage nach Ende des Fiskaljahres fällig, zusammen mit dem konsolidierten Finanzbericht per 15. Dezember. Diese vorgezogene Vorlage wird angemessene Zeit für die Budgetplanung geben, um konsolidierte Berichte berücksichtigen zu können. Das Endziel der Finanz-Informationen in diesem Bericht soll den Entscheidungsträgern zur Verbesserung des Managements und der Regierungsprogramme dienen.

- Nach Beendigung der Überprüfung werden wir neue Verfahren zur Erstellung künftiger Finanzberichte einführen, die zusammen mit den Büros für Management und Budget und dem General Accounting–Büro (Buchhaltung) entwickelt wurden, um deren Qualität (*integrity*) zu verbessern.

- Das Treasury Department (Finanzministerium) entwickelt weiterhin Buchhaltungssysteme für die gesamte Regierung, die schrittweise den Zugang der Behörden (*agencies*) zu Daten verbessern, redundante Berichte verringern und die Notwendigkeit des Ausgleichs von Barbeträgen in den Büchern der Behörden und des Treasury eliminieren.

Ich bin überzeugt, daß die Amerikaner den höchsten Standard an Verantwortlichkeit und Pflichterfüllung (*professionalism*) von ihrer Regierung erwarten dürfen, und ich werde nicht ruhen, ehe wir das erreicht haben.

Paul H. O'NEILL«

Eine visionäre Sicht von *The Economist* aus dem Jahre 1994. Die vier
Trümpfe unserer finanziellen Zukunft: der Tod, der Narr, das Glücksrad und – aktuell denn je – die Derivate. Letztere sind als eine Kombi-
nation von Drachen, Teufel und Basilisken dargestellt, bei deren Anblick man – im Märchen – tot umfällt. Märchen haben immer einen
wahren Kern.

Des Kaisers Traum[478]

Die untere Farbkarte »The Kaiser's dream« wurde vor über 100 Jahren in dem großen englischen Wochenmagazin *Truth* in der Weihnachtsausgabe vom 26. 12. 1890 veröffentlicht. In einem als Begleittext abgedruckten politischen Gedicht stellt sich die *Truth* (Wahrheit) als Hellseherin vor. Ihr steht in einer telepathischen Sitzung der hypnotisierte deutsche Kaiser WILHELM II. zur Verfügung. Der Kaiser erlebt in dieser Sitzung – Jahrzehnte vor dem tatsächlichen Eintritt dieser Ereignisse – seine Flucht ins Ausland, neben ihm, ins Zuchthaus wandernd, den Zaren von Bulgarien, den Kaiser von Österreich und den König von Italien. Es erscheint ihm die revolutionäre Jakobinermütze im »strahlenden Lichte eines demokratischen Tages«. Frankreichs Ostgrenze sieht er bereits am Rhein, die dänische Grenze ist nach Süden verlängert, Ostpreußen durch einen polnischen Korridor abgetrennt, Polen, die Tschechoslowakei und Finnland sind selbstän-

dige Republiken, das Deutsche Reich in mehrere Republiken geteilt, Rußland eine Wüste. Das Traumbild der *Truth* zeigt – damals rund 25 Jahre vorausschauend – den Ersten Weltkrieg, die Niederlage Deutschlands und die Revolution. Die *Truth* hat mit ihrer ungewöhnlichen Veröffentlichung jene politischen Entwicklungen, die mit der völligen Niederwerfung Deutschlands 1945 ihren Zielpunkt erreicht haben, praktisch schon 1890 vorhergesagt.

---

[478] *The Kaiser's Dream – Des Kaisers Traum*, Faksimile-Dokumentation, 20 Seiten mit ausklappbarer Farbkarte der *Truth* und Kartenbeilage im Sonderformat. Faksimile-Verlag Bremen 1992.

Nicht vorhergesagt hat sie die gewaltigen Befreiungsbewegungen der Völker Europas, die wir heute beobachten. Die englische Prophezeiung liegt jetzt in Verbindung mit dieser originalgetreuen Farbkarte zweisprachig – englisch und deutsch – als Faksimile-Dokumentation vor. Die Farbkarte wird in der vierfarbigen Dokumentation in ihren einzelnen Segmenten erklärt und in Beziehung zu ihrem politischen Hintergrund gestellt. Deutsche Historiker, die immer noch behaupten, Deutschland sei 1914 in den Ersten Weltkrieg ›hineingeschlittert‹, kennen die *Truth* vom 26. Dezember 1890 nicht.

Die von Henry Labouchère gegründete *Truth* erschien von 1877 bis 1957 in London in über 4000 Ausgaben. Zum Zeitpunkt der Veröffentlichung des hier dokumentierten »Kaisertraums« hatte das Magazin eine Auflage von 1 Million Exemplaren. Es fiel durch satirische Beiträge auf, mit denen der an republikanisch-demokratischen Idealen orientierte Eigentümer und Herausgeber regelmäßig Skandale heraufbeschwor. Die Zugehörigkeit Labouchères (1831–1912) zu einer Freimaurerloge hat dazu geführt, daß der in «Des Kaisers Traum» enthaltene Plan zur Zerstückelung Deutschlands und zur Auflösung der europäischen und russischen Monarchien mit den Beschlüssen des Pariser Freimaurerkongresses von 1890 in Verbindung gebracht wurde.[479]

Zur hier erwähnten Veröffentlichung von »Des Kaisers Traum« sahen sich Lehnhoff-Posner im *Internationalen Freimaurer-Lexikon* 1932 zu folgender Stellungnahme veranlaßt:
»Bodung-Verlag – Des Kaiser's Traum, mit englischem, deutschem, französischem und spanischem Text und einer farbigen Bilderbeilage 1927. Im Jahre 1890 war die Person Kaiser Wilhelm II. bereits derart deutlich vor den politischen Hintergrund der Zeit getreten, daß die englische Zeitung *Truth* dem Kaiser in ihrer Weihnachtsnummer einen großen politischen Bilderbogen widmete. Dieser Bilderbogen gibt ein Traumgesicht des Kaisers wieder, der Bismarck entläßt, dadurch Volksaufstände entfesselt, schließlich in einen Weltkrieg hineingerät, worauf ganz Europa in Republiken zerfällt. Der Kaiser flüchtet, und die stellenlosen Monarchen gehen in ein Arbeitshaus. Dieser politische Witz, gezeichnet von Sir F. Carruthers Gould und mit einem Bänkelsängerlied von Dowty, erwies sich teilweise von verblüffender Prophetie. Dem Verlage Bodung blieb es vorbehalten, daraus Zusammenhänge mit der Freimaurerei zu finden, trotzdem steht fest, daß weder die beiden oben genannten noch der Redakteur Voules jemals Freimaurer gewesen sind.«

---

[479] *Meyers Lexikon* (8. Auflage), Band 7, Spalte 126. Bibliographisches Institut, Leipzig 1939.

Die Systemstruktur:[480]

Das Strukturmodell ist sozusagen ein steifes ›hohles Rohr‹, das aus eng nebeneinanderliegenden Stahlpfeilern gebildet wird, mit Geschoß-Trägern, die am zentralen Kern enden. Die Außenpfeiler, mit silberfarbiger Aluminium-Legierung überzogen, haben einen Abstand von nur 22 Zoll und sind 18 ¾ Zoll breit.

Die Struktur ist eigentlich einfach. Die 208 Fuß (63,5 m) breite Fassade besteht aus einem vorgefertigten Stahl-Gitterwerk, wobei die äußeren Pfeiler einen Mittenabstand von 39 Zoll (ca. 1 m) haben und als Strukturelemente zur Aufnahme der Windkräfte dienen, die alle hier angreifenden äußeren Kräfte aufnehmen; der zentrale Kern trägt *allein* die Gebäudelast aufgrund der Schwerkraft. Die Windkräfte werden vollkommen außen gehalten und von der Gebäudeoberfläche aufgenommen, so daß keine Kräfte über die Etagenträger auf den Kern übertragen werden.

Die Konstruktion der Etagen besteht aus vorgefertigten Stahl-Traversen mit einer Höhe von nur 33 Zoll, die die gesamte Breite von 60 Fuß (ca. 18,5 m) überspannen und so als eine Zellwand fungieren, die die äußeren Wände gegen oberflächliche Verkrümmungen durch die Windkräfte versteifen.

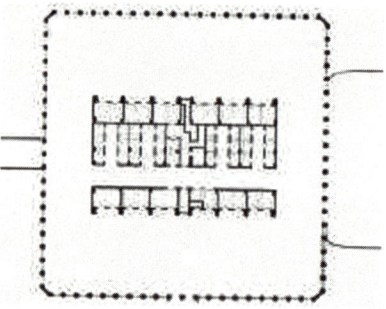

Typische Etagen-Einteilung des World Trade Centers:
Ein Umkreis von eng nebeneinander liegenden Pfeilern (außen) und ein Zentrum für die Aufzüge. Die Etagen werden von einer Reihe leichter, auf Gummiauflagen ruhender Träger gebildet, die zwischen den äußeren und inneren (Trage-) Pfeilern gespannt sind.

---

[480] Quelle: www.greatbuildings.com

Das WTC im Bau

Auf diesem Foto ist sehr schön der Grundriß eines der beiden WTC-Türme zu erkennen. Es hat eine quadratische Grundfläche mit einer Seitenlänge von 63,5 Metern. Im Zentrum befinden sich die tragenden Stützen aus Stahlbeton, die die ungeheuren Massen[481] aufnehmen und in das Fundament ableiten. Die Abstände der Linien auf der hellen Ebene betragen 2 m (man kann 29 solcher weißer Streifen auf die WTC-Breite von ca. 63 Metern abzählen). Damit läßt sich die Mächtigkeit der Tragepfeiler in den Ecken der inneren Stützkonstruktion abschätzen: etwa 6 x 3 m massiver Stahlbeton!

Solch ein gewaltiger, durch Stahl-Stützen verstrebter Innenteil bildet einen äußerst stabilen ›Kasten‹ (Maße: 24 x 41 m), in dessen Innerem die Aufzüge und sämtliche Versorgungsleitungen geführt werden und an dem die horizontalen Stahlträger der einzelnen Stockwerke verankert sind. Eine solche massive Struktur ist kaum durch die Kollision noch durch ein relativ kurz dauerndes, eigentlich schwaches Feuer (im Fall des Südturmes 52 Minuten, beim Nordturm 101 Minuten) zu zerstören. Die umseitige Graphik ist, was die Dimension der tragenden Struktur betrifft, sehr ›symbolisch‹, und die Erläuterung,

---

[481] In beiden Türmen sind unter anderem für die innere Struktur 425 000 Kubikyard (ca. 313 000 m³) Stahlbeton verarbeitet worden. Bei einem spezifischen Gewicht des Betons von 3 bis 4 t/m³ und nochmals 200 000 t an Stahlträgern kommt man auf Massen von etwa 1 500 000 t.

daß bei den erreichten 800 Grad Hitze die Stahlträger der jeweiligen Ebenen ›geschmolzen‹ seien, ist Unsinn. Stahl schmilzt bei knapp unter 1600 Grad. Wegen des geringeren Verformungswiderstandes werden Stahlteile auf erhebliche Temperaturen erhitzt. Zum Schmieden wird etwa ein Hufeisen auf Temperaturen bis 950° erwärmt. Unter Last könnten auch im WTC plastische Verformungen eintreten. Es ist jedoch aus den angeblichen Einschlägen nicht nachvollziehbar, daß diese Erwärmung über die ganze Etage gleichmäßig gewesen wäre und somit zu solchen plastischen, gleichen und gleichzeitigen Verformungen geführt hätte, um einen vollkommen regelmäßigen, in die Fundamente stürzenden Zusammenbruch erklären zu können. Die angeblich wegen der Explosion von den Stahlträgern abgesprengte Feuerschutzisolierung konnte nur die horizontalen Träger betroffen haben, nicht aber die Stahlbetonteile, wo die innenliegende Armierung lange genug vor den Wärmeeinwirkungen geschützt sein mußte. Von Feuerschutzvorschriften weiß man, wie lange nur wenige Zentimeter dicke Gips- oder Ziegelwände widerstehen, bevor die Hitze sich auf der anderen Seite auswirkt. Meterdicke Stahlbetonpfeiler schirmen natürlich den eingebetteten Stahl ebenso ab, so daß auch eine nur bedeutsame Erwärmung der Stahlarmierung überhaupt nicht eintreten kann.

Die rechte Graphik zeigt den Kurs, mit dem das virtuelle Flugzeug im WTC-Südturm, gemäß Rekonstruktion von den Videos, eingeschlagen haben müßte. Man erkennt, daß erstens die massive zentrale Struktur *nicht* voll getroffen wurde, zweitens, daß die Massen der Boeing mit einem ›weichen Stoß‹ auf das WTC einwirkten und die Turbinen, die allein mit einem ›harten Stoß‹ einschlagen, die massiven Eckpfeiler nicht getroffen haben dürften, und drittens, daß Teile der rechten Tragfläche nicht ins Innere des WTC eingedrungen sein konnten. Die rechte Turbine müßte überdies wie ein Geschoß durch das Gebäude durchgegangen 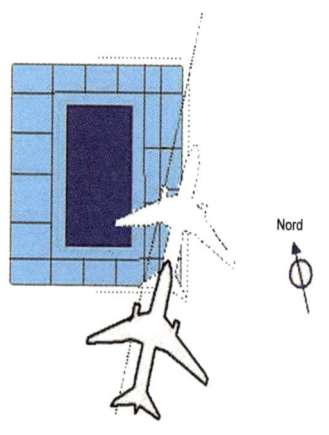 gen und nach rund einem Kilometer zu Boden gestürzt sein. Diese Verhältnisse und Feststellungen sind wichtig für die weitere Analyse der folgenden Bilder.

Nord

Eine reale Diskussion über ein virtuelles Thema

Anlaß war im Zuge der Desinformationskampagne des ORF am 1. Jahrestag des 11. September die Darstellung eines Experten, dessen Unternehmen selbst Wolkenkratzer baut. Man sieht daraus, wie ein falsches Erklärungsmodell mit Suggestion kanonisiert werden soll.[482]
Bild oben: Es handelt sich um ein Symbolbild mit irreführenden Dar-

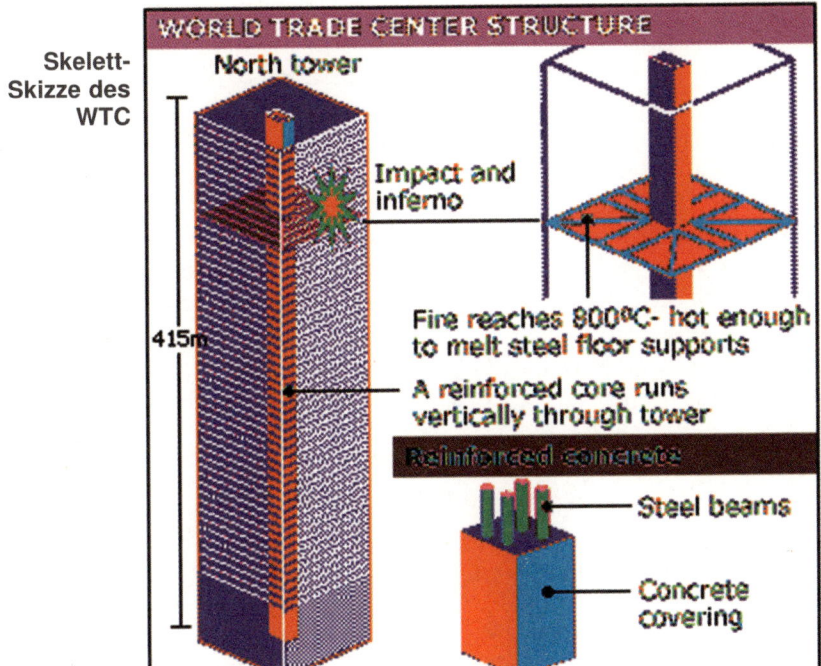

Skelett-Skizze des WTC

stellungen: Der tragende Kern ist entgegen dem Eindruck auf dem Schaubild – wie auf dem Foto vom Bau ersichtlich – von erheblicher

---

[482] Man muß allerdings dem Firmenchef zugute halten, daß er sich als Experte zu politisch korrekten Erklärungen ›vergattert‹ sehen *mußte*. Das kommt von der Art seines Geschäfts: Bau von Hochhäusern. Ein falscher Zungenschlag bringt einen hier schnell ›out of business‹. Da aber ein Ingenieur und Doktor der technischen Wissenschaften natürlich weiß, was los ist, kann er sich nur mit absurden Übertreibungen geschäftsschonend aus der Affäre ziehen und trotzdem seine Berufs- und Expertenehre wahren, denn die Kenner der Sachlage erkennen ja die Absicht – und verstehen. Genaugenommen liegt in dieser absurden Räuberpistole eine positive Bestätigung, daß es so gerade *nicht* gewesen sein kann, wie die Worte vordergründig zu bestätigen scheinen. Es ist gewissermaßen Notwehr gegenüber den intellektuellen Erpressungen durch die US-amerikanische Hegemonialmacht (die gar nicht direkt angebracht werden muß).

Ausdehnung/Dimension. Die Angabe über die ›Schmelztemperatur‹ von Stahl mit 800 Grad ist falsch.

In der Fernsehsendung »Modern Times« wurde zur Veranschaulichung ein Modell der WTC-Konstruktion gezeigt, das überhaupt auf das ›tragende Innenleben‹ verzichtete und somit, zusammen mit den dem ›Hausverstand‹ einleuchtenden Argumenten, falsche Assoziationen hervorrufen mußte. Nachfolgend – auszugsweise – die Argumente des Fachmannes:

Konstruktion:

RM: Natürlich habe ich versucht die Lastabtragung vereinfacht darzustellen; hierbei habe ich mich – der Einfachheit halber – auf die Ablastung der *vertikalen* Lasten konzentriert (und dies auch im Interview erwähnt), da das Gebäude auch in letzter Konsequenz deswegen eingestürzt ist, weil es diese nicht mehr ablasten konnte. . .

Zu dem Brandschutz der Konstruktion (Spritzputz bzw. Gipskartonplatten): Hier hat mich ihr Zuseher scheinbar falsch verstanden; eben durch die Explosion wurde dieser Brandschutz lokal gestört, und so waren diese Träger gegen die Einwirkungen des Feuers *nicht* mehr ausreichend geschützt, und eben deswegen hat dann die Konstruktion nach rund 60 Minuten der Brandlast nachgegeben.

Autor GR: Bedenkt man, wie lange nach ÖNORM oder DIN eine Gipskartonplatte von nur 1,5 cm als Feuerschutz standhalten muß, dann ist nicht recht erklärlich, wie betonummantelte Stahlsäulen innerhalb einer Stunde sich von dem bißchen Kerosin – das obendrein überwiegend nur außerhalb verbrannt sein konnte, wie die Explosionswolken nahelegten – aufgelöst haben sollten. Der – schwache – Brand nach der nur kurz dauernden Explosion konnte kaum durch die Brandschutzisolierung hindurchgewirkt haben, so daß natürlich auch die Stahlträger in keinem Augenblick durch übergroße Erwärmung ihre Festigkeit eingebüßt haben konnten.«

Zur Brandlast:

RM: Von einem bißchen Kerosin und einem »kleinen« Brand zu reden ist nicht gerechtfertigt; die Konstruktion war in der Zeit vom Einschlag bis zum Einsturz ununterbrochen einer *gewaltigen* Brandlast ausgesetzt.

Autor GR: ». . . wie »mehrere tausend Tonnen Kerosin« (von denen Dr. Mischek sprach) von einem Flugzeug mit einer Gesamttonnage der Boeing 767 von 175 t (und maximal 63 t Treibstoff) ins WTC eingebracht worden sein können, läßt vermuten, daß man das Publikum für dumm hält.«

Zur Einschlagshöhe:

RM: Tut mir leid; ich verstehe nicht, worauf Ihr Zuseher hinaus will; daß die Explosion und der Brand sich eher nach oben als nach unten ausgebreitet haben, liegt in der Natur des Sache; ich sehe hier keinen Widerspruch.

Autor GR: »Die Hilfslinien auf dem Bild des WTC mit dem virtuellen Flugzeug zeigen, daß das Zentrum der Explosion ein paar Stockwerke über dem hypothetischen Einschlag der Boeing sichtbar ist. Das Flugzeug müßte unmittelbar vor dem Crash ein paar Stockwerke hinaufgehüpft sein, denn unterhalb der von der Explosion angerichteten Schäden konnte man ja auch keine Löcher nach einem Crash sehen.«

(GR: Dr. MISCHEK wollte anscheinend nicht verstehen: Wenn der Einschlag des Flugzeugs die Explosion des mitgeführten Kerosins veranlaßt haben soll, müßten Einschlagsort und Zentrum der Explosion an ein und derselben Stelle sein. Und das zeigen die Bilder ja gerade nicht. Es explodiert etwas, aber es ist kein Flugzeug und nicht das mitgeführte Kerosin, denn dazu müßten Explosions- und Einschlagsort identisch sein, was aufgrund der Bildvergleiche offensichtlich nicht der Fall gewesen sein konnte.)

Die wahrscheinlichen Ursachen für das Versagen der Tragwerke:

RM: Die heute zutreffende Hypothese geht davon aus, daß im Bereich der Einschläge teilweise der Kontakt der Deckenscheiben zu den Wandstützen verlorengegangen ist. Damit kam es zu lokalem Stabilitätsversagen der Außenstützen in diesen Bereichen, was im Zusammenwirken mit der Brandlast auf die restlichen – wahrscheinlich ebenfalls stark vorgeschädigten – Innen- und Außenstützen sowie Deckenträger zum Kollaps in diesem Bereich führte. Die dadurch in Bewegung geratene enorme Masse führte dann den vollständigen Einsturz des Gebäudes herbei. Beim zweiten Turm hingegen kam es – den Fernsehbildern zufolge – zuerst zu einem »Absacken« des Kernbereiches, was auf ein Versagen der Innenstützen hindeutet.

<u>Literaturquellen:</u>

D. SNOONIAN u. P. E. CZARNECKI, »Assoc. AIA: World Trade Center's Rebust Towers Succumb of Terrorism«, in: *Architectural Record*, Oktober 2001.

R. KLEMENCIC, »September 11th; the days after, the days ahead«, in: *Civil Engineering*, November 2001.

Helmut C. SCHULITZ, Werner SOBEK, Karl J. HABERMANN, Stefan SCHÄFER (Mitarbeiter), Martin SIFFLING (Mitarbeiter), Thomas MÜLLER (Mitarbeiter), *Stahlbau-Atlas*.

›Einschlag‹ einer virtuellen Boeing 767 im WTC 2-Südturm

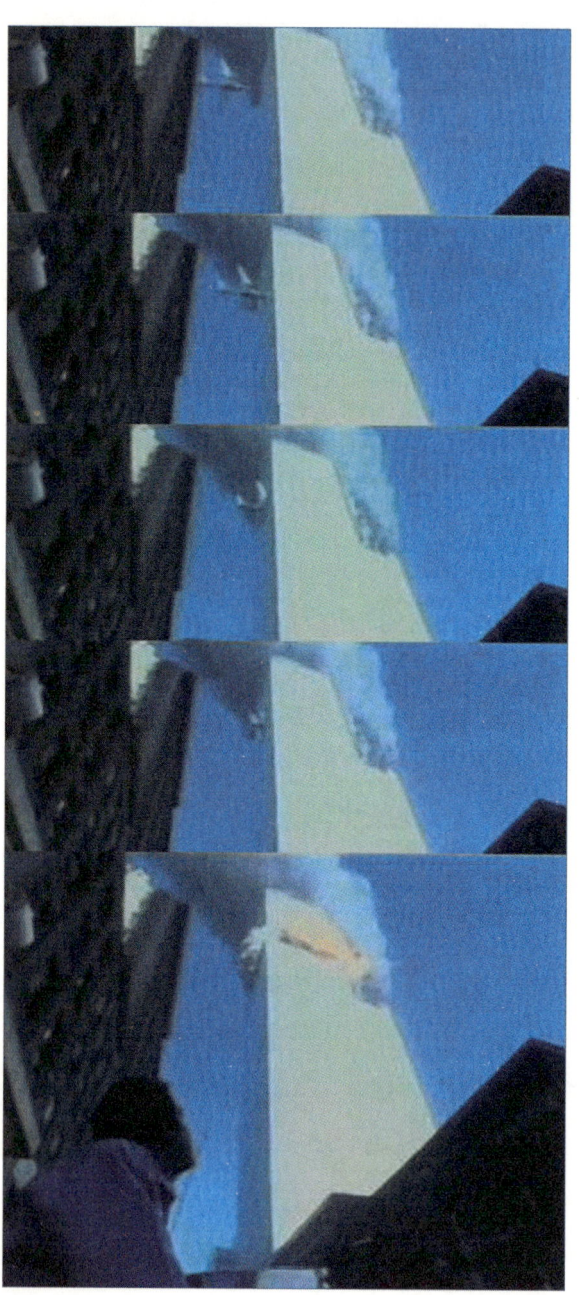

1

2

3

4

5

Die auf der linken gezeigte Video-Sequenz läßt deutlich erkennen, daß hier zum stehenden Bild des WTC, dessen Nordturm im Hintergrund bereits seit etwa einer Viertelstunde brennt, ein digitaler Film eines Flugzeuges hineinkopiert wurde.

1. Das Flugzeug nähert sich von links und ist in unmittelbarer Nähe der Fassade des WTC 2. Der Südturm wurde, wie auf dem ›Anflug-Video‹ und der nachfolgenden Explosion erkennbar, seitlich getroffen.

2. Die Flugzeugspitze berührt die Außenseite des WTC.

3. Das Flugzeug ist bis hinter den Tragflächen-Ansatz und mit den Triebwerken in das Gebäude eingedrungen.
Es sind keinerlei Trümmer – weder vom Flugzeug noch von der Außenverkleidung des WTC – zu erkennen, die nach diesem Crash herabstürzen müßten!

4. Das Flugzeug ist bis zum Heck-Leitwerk in das Gebäude eingedrungen. Obwohl es exzentrisch auftrifft, die rechte Tragfläche daher teilweise *außerhalb* des Gebäudes die Kante des WTC hätte durchschlagen müssen, sind weder herabstürzende Flugzeugtrümmer noch eine beschädigte Gebäudekante zu erkennen.

5. Auf dem letzten Bild ist der Beginn einer im Inneren stattfindenden Explosion an ihren an drei Seiten (Süd, Ost und Nord) herausbrechenden Rauch- und Feuerwolken zu erkennen. Immer sind aber noch keine abstürzenden Flugzeugtrümmer zu sehen.

Das verzögerte Auftreten einer Explosion nach einem Zusammenstoß ist noch erklärbar, da sich das brennbare Kerosin-Luftgemisch erst nach dem Crash entzünden kann und die optisch wahrnehmbare Explosionswolke eine geringe Zeitspanne benötigt, um sich auszubreiten. Die mechanischen Deformationen am Flugzeug und der Gebäudefassade müssen aber im Augenblick des Aufpralls entstehen und wahrnehmbar sein, aber gerade diese fehlen auf dem Video vollkommen. Hieraus ist auch die – in der Eile nicht besser gelungene – Fälschung der im Fernsehen zeitlich knapp verschoben gesendeten ›Amateur-Videos‹ unzweifelhaft zu erkennen.

Loch in der Fassade des Nord-Turmes (WTC1)

Nachdem sich der Rauch der ersten Explosion an jener Stelle des angeblichen Einschlages der Boeing 767 verzogen hatte, konnte man die angerichteten Schäden an der Fassade sehr genau erkennen. Sie waren vergleichsweise gering, bedenkt man die Größe, Masse und Geschwindigkeit des Flugzeugs, das hier scheinbar in das WTC hineingekracht ist. Wenn man maßstabsgetreu die Silhouette einer Boeing 767 über die Beschädigung der Fassade legt, zeigt sich, daß ein Flugzeug der Größe einer Boeing durch *diese* Löcher in der Außenhaut des WTC *nicht* hindurch gepaßt hätte.

Berücksichtigt man dazu noch den gewaltigen Impuls einer Maschine mit einer Masse von 175 Tonnen und einer geschätzten Fluggeschwindigkeit von 500 km/h (Impuls (I) = Masse (m) x Geschwindigkeit (v)), müßte ein weit größerer Krater, als er den bloßen Umrissen entspräche, die Folge sein. Zum Vergleich sind auf der nächsten Seite die Schäden am Pirelli-Hochhaus in Mailand, nach der Kollision einer Rockwell Commander (2 Tonnen, 200 km/h) abgebildet. Dieses Unglück ereignete sich am 18. April 2002, also nur ein halbes Jahr nach dem 11. September, und löste wegen der Parallelität der Vorgänge zu jenen in den USA verständliche Assoziationen aus. Ein Vergleich der Dimension der Schäden lag daher nahe.

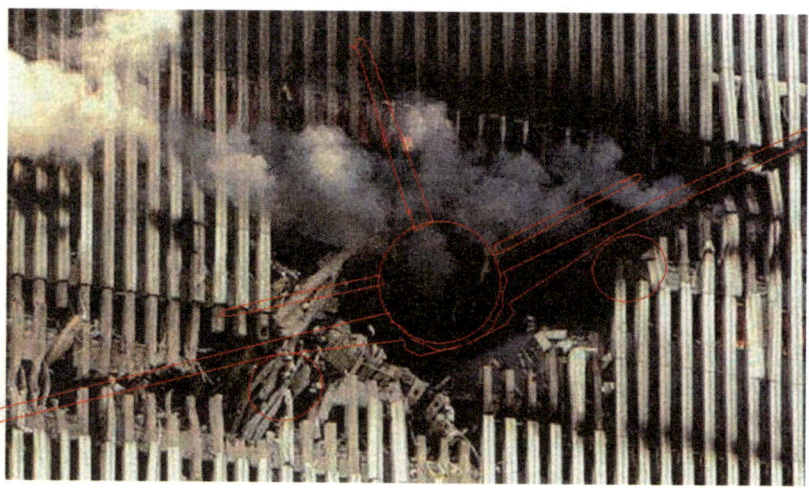

Silhouette im Loch-Vergleich

Mailand, Pirelli-Hochhaus

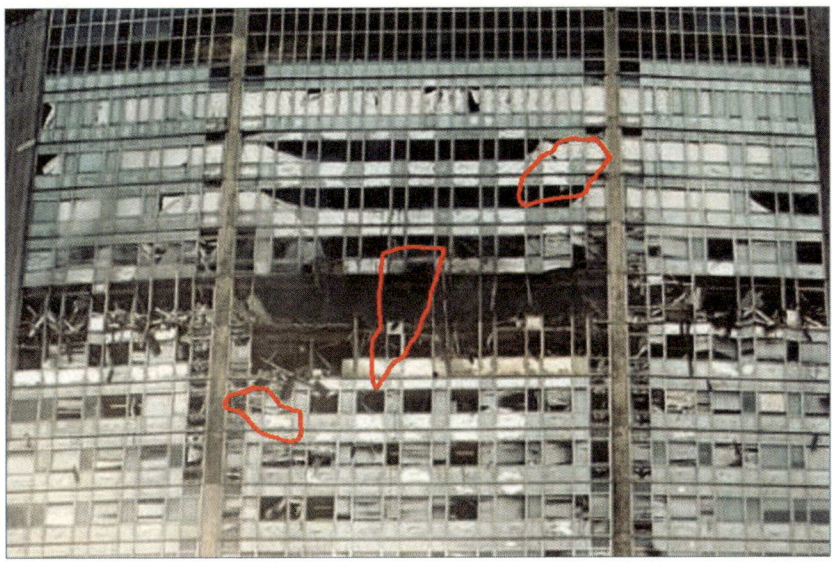

Das Haus ist 127 m hoch und hat 32 Etagen; das heißt, der Etagenabstand beträgt vier Meter, ähnlich wie beim WTC. Das Loch in der Mitte hat Ausmaße von 23 x 5,5 m.

Die eingezeichneten Löcher entsprechen maßstäblich jenen, die der angebliche ›Crash‹ der Boeing 767 im WTC-Südturm hinterlassen hatte. Der Impuls der Boeing (I = m · v) → 87 500, jener der kleinen Privatmaschine, Rockwell Commander → 400. Die von dieser kleinen Privatmaschine angerichteten Verwüstungen sind aber sichtlich sehr viel größer als jene angeblichen der Boeing an der WTC-Fassade, und das trotz eines rund 220fach größeren Impulses beim Aufschlag. Es ist völlig unmöglich, derartige Wunder physikalisch zu erklären.

In der Vergangenheit hatte es andere Kollisionen von Flugzeugen mit Gebäuden gegeben, zum Beispiel in Amsterdam, bei der eine Boeing 747 der El-Al am 4. Oktober 1992 auf ein Wohngebäude abstürzte und das ganze Gebäude durchbrach.

Identischer Maßstab beim Größenvergleich der Flugzeuge und der von ihnen sichtbar hinterlassenen Schäden an den Fassaden nach dem Crash:

a. Rockwell Commander und verursachter Schaden am Pirelli-Hochhaus

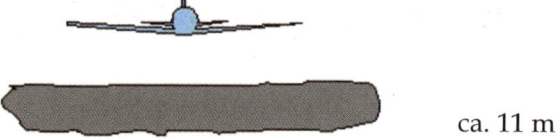

ca. 11 m

b. bei den WTC-Türmen jeweils verursachte größte Löcher in den Fassaden.

ca. 47,2 m (Boeing 767-223 – WTC))
ca. 38,0 m (Boeing 757-222 – Pentagon)

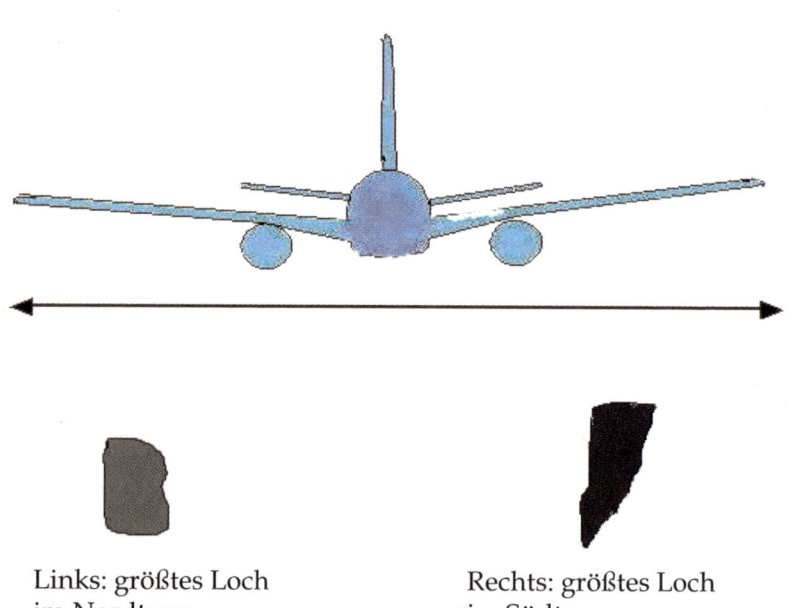

Links: größtes Loch   Rechts: größtes Loch
im Nordturm   im Südturm

Die anderen Zerstörungen sind kleinere Löcher in der Außenfassade, die aber nicht einmal zusammenhängend sind und völlig unmöglich von einem Riesenflugzeug verursacht worden sein können.

Die **technischen Daten** der angeblich verwickelten Verkehrsmaschinen sind nach Angaben von Boeing:

American Airlines: N334AA;   United Airlines: N591UA

    Boeing 767-223ER   Boeing 767-222

    Tragflächen-Spannweite: 47,2 m
    Max. Startgewicht: 175 t
    Max. Treibstoffmenge: 80 000 l (~ 64 t)

American Airlines N644AA
(angebliche Maschine des Pentagon-Crashs)

    Boeing 757-223

    Tragflächen-Spannweite: 38 m
    Länge des Rumpfes: 47,3 m
    Max. Startgewicht: 115,7 t
    Max. Treibstoffmenge: 43 500 l (~ 34,8 t)

Rockwell Commander 115 (Pirelli-Hochhaus-Crash)

    Tragflächen-Spannweite: ca. 11 m
    Max. Startgewicht: 1950 kg
    Max. Treibstoffmenge: 400 l
    Reisegeschwindigkeit: 160 mph (ca. 250 km/h)

Anflug einer virtuellen Boeing 767 auf den Südturm des WTC

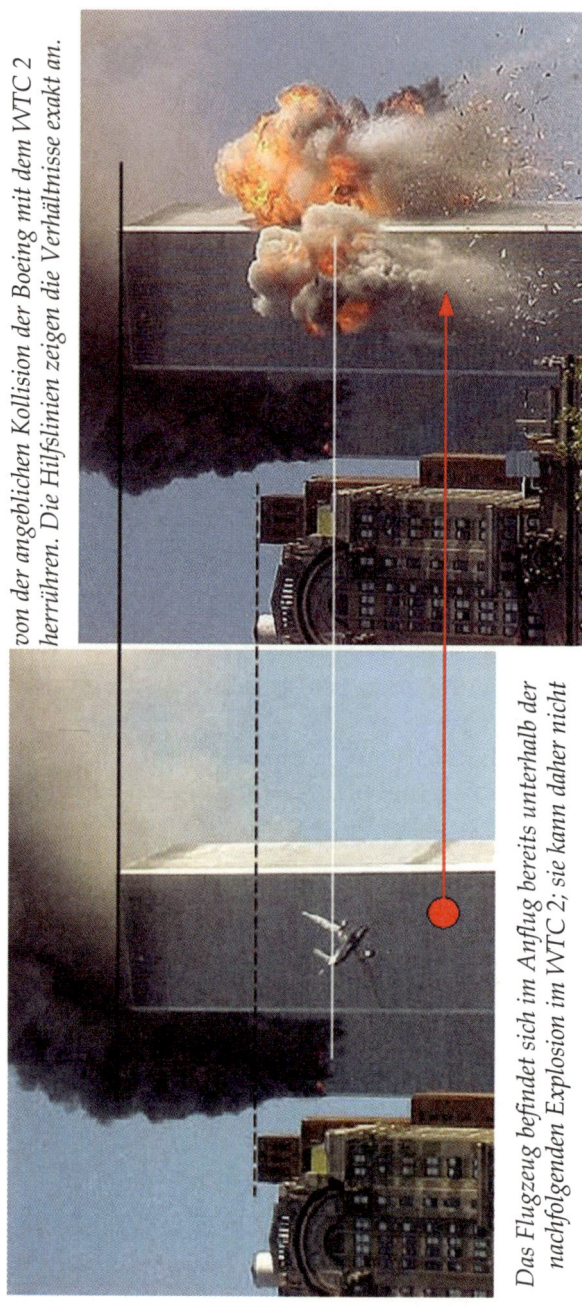

von der angeblichen Kollision der Boeing mit dem WTC 2 herrühren. Die Hilfslinien zeigen die Verhältnisse exakt an.

Das Flugzeug befindet sich im Anflug bereits unterhalb der nachfolgenden Explosion im WTC 2; sie kann daher nicht

In dem vom Fernsehen gesendeten Video konnte man leicht der optischen Täuschung unterliegen und den virtuellen Crash des Flugzeuges für die kausale Ursache der unmittelbar folgenden Explosionen halten. Am stehenden Bild zeigen jedoch die angebrachten Hilfslinien, daß sich das Flugzeug bereits vor dem Einschlag etliche Stockwerke unterhalb des Zentrums der Explosion befindet. Das Flugzeug war also nur ein virtuelles, in eine Videoaufnahme des WTC-Komplexes hineinkopiertes und natürlich damit auch nicht die Ursache für die tatsächlich erfolgten Explosionen.

Es waren übrigens mindestens drei, die an den drei Seiten (Süd, Ost und Nord) losgingen und senkrecht zu den Fassaden aus dem Inneren herausbrachen, nicht, wie zu erwarten wäre, in Richtung des Impulses und der Richtung des ins WTC stürzenden Flugobjektes, was angesichts der hohen Geschwindigkeit und der Trägheit der bewegten Massen zu erwarten wäre. Ein Flugzeug konnte die Explosionen *nicht* ausgelöst haben, da ja in Wirklichkeit überhaupt kein Flugzeug geflogen ist.

Es sind auch hinterher keine *anderen* äußerlich erkennbaren ›Löcher‹ im WTC-Turm zu erkennen gewesen als jene, die die Explosion verursachte. Durch diese Löcher paßte aber einerseits die Boeing 767 nicht, andererseits hinterließ sie dort *keine* Spuren, wo sie nach dem *science-fiction*-Film eigentlich ein riesiges Loch hätte reißen müssen.

Es ist fast unnötig zu erwähnen, daß man auch keine Flugzeugtrümmer am Schauplatz finden konnte. Was man sah, war eine mit dem *science-fiction*-Film und dem – in einer tollen Steilkurve – scheinbaren Anflug einer Boeing genau getimte Sprengung im WTC 2 (Südturm). Die von CNN als »offizielles Amateur-Video« gesendete Aufnahme ist insofern auch aufschlußreich, als man bei einer Analyse der stehenden Bilderfolge ebenfalls erkennen kann, wie das ›Flugzeug‹, ohne selbst Schaden zu nehmen oder an der WTC-Fassade eine sichtbare Zerstörung beim Eindringen zu bewirken, ›eintaucht‹. In dieser Bilderfolge ist nach dem völligen Verschwinden des Flugzeugs überhaupt keine Änderung gegenüber dem Urzustand zu sehen – bis sich schließlich, leicht verzögert, die Explosionen ereignen.

Die fehlenden Flugzeugtrümmer müßten etwa in der gleichen Weise (und Größe) auf den Boden fallen, wie dies beim Zusammenstoß in 12 000 m Höhe über dem Bodensee am 1. Juli 2002 mit der verunglückten russischen Tupolew der Fall war (siehe Abbildung nächste Seite). Nichts dergleichen beim WTC und beim Pentagon.

Inzwischen wird berichtet, daß nach dem Unglück mit der Raumfähre Columbia, die Ende Januar 2003 beim Wiedereintritt in die Atmosphäre in 70 km Höhe auseinanderbarst und verglühte, dennoch

Wrackteile der ›Tupolew‹

jede Menge Trümmer gefunden wurden, und das trotz der unerhört weiten Streuung. Gewiß handelt es sich um ein großes Unglück, aber, gemessen an den Ereignissen des 11. September, eben ›nur‹ um ein nicht ausschließbares Risiko, dessen Ursachen zu beheben wichtig ist. Die Dimension von ›9-11‹ ist aber doch ein paar Größenordungen darüber, und man hätte erwarten dürfen, daß man wenigstens mit der gleichen Intensität auf Trümmersuche gegangen sein würde, um genauer herauszufinden, was nun wirklich geschah. Nichts dergleichen erfolgte. Ganz im Gegenteil, es wurden, wo es nur möglich war, Spuren verwischt, Untersuchungen behindert, Beweisen nicht nachgegangen. Allein das ist Hinweis genug, daß hier nichts stimmt.

Halten wir uns die Anflugskizze nochmals vor Augen (Seite ???viii): Teile der rechten Tragfläche müßten, wie gesagt, wegen des exzentrischen Aufpralls der Boeing *außerhalb* des WTC beim Crash abgebrochen und wie ein Geschoß in Flugrichtung unter Einfluß der Schwerkraft weiter geflogen und schließlich zu Boden gefallen sein. Der gestrichelte Pfeil auf dem Lageplan gibt etwa die Richtung an. Es wurden aber keine zerstörten Gebäude in der weiteren Umgebung festgestellt. Rumpf und Tragflächen hätten wegen ihrer Verformbarkeit mit einem ›weichen Stoß‹ auf das WTC gewirkt und wären irgendwie als deformierte Trümmer zu Boden gefallen. Die Triebwerke verursachen jedoch einen ›harten Stoß‹, und sofern sie nicht auf einen der massiven Stahlbetonpfeiler des ›Kastens‹ getroffen sind (was nach der Lage der Einschlaglöcher nicht der Fall gewesen sein konnte), müßten sie wie ein Geschoß weitergeflogen sein.

Wenn der Einschlag im WTC in etwa 300 m über dem Boden gewesen wäre, benötigte ein Gegenstand im freien Fall ungefähr 8,0 Sekunden, um zu Boden zu fallen. Während dieser Zeit fliegen die Trümmer mit der ursprünglichen Fluggeschwindigkeit von 500 km/h (das sind rund 140 m/sec) als ›Geschoß‹ weiter, mit anderen Worten: Sie stürzen nach 8,0 Sekunden in etwa einem Kilometer Entfernung zu Boden, wenn sie nicht zuvor auf ein Hindernis (Gebäude in Manhattan) treffen und dieses beschädigen. (Die Wegstrecke errechnet sich wie folgt: L = v · t → 140 x 8,0 = 1120 m; bei 400km/h sind es etwa 889 m.)

Der Plan von Manhattan zeigt die untersuchten Gebäude an, wobei die grün markierten keine Schäden aufwiesen, die weißen Felder bedeuten, daß hier gar nichts untersucht wurde, weil augenschein-

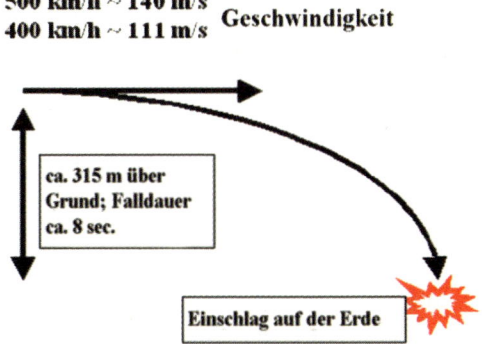

Graphik: Sturzbahn der Trümmer

lich nichts passiert ist. Auf dem Lageplan entspricht 1 cm = 100 m, d. h., die Absturzstelle müßte unter Berücksichtigung der Flugrichtung in der rechten oberen Ecke gewesen sein oder je nach Höhe der Gebäude eventuell am Rand der grün markierten Felder. Hier wurden aber weder Schäden an Häusern festgestellt noch Trümmer gefunden.

Etwas Geometrie

Betrachten wir nochmals das Bild, auf dem die Boeing 767 scheinbar gegen das WTC anfliegt.

Das Flugzeug auf dem Foto ist im Vergleich zum Gebäude relativ ›zu groß‹. Man erkennt das, wenn man die auf dem Foto gemessenen und die wirklichen Maße miteinander in Beziehung setzt. Das heißt, daß das Flugzeug auf dem Foto noch deutlich *vor* dem Gebäude sein muß.

Wir kennen diesen Effekt: Sieht man ins Gebirge, so scheinen die näheren Berge viel größer zu sein als die fernen, obwohl diese tatsächlich die viel höheren sind. Wir projizieren den Gegenstand im Vordergrund gegen den in Wirklichkeit größeren im Hintergrund, der uns den Maßstab dafür suggeriert und das Nähere größer abbildet.

Auf dem linken Foto – mit der anfliegenden Boeing vor dem WTC – bedeutet das, daß sie sich etwa ein bis zwei Rumpflängen *vor* dem WTC befinden muß. Man kann das hier nur grob abschätzen, weil die Entfernung der Kamera zum WTC nicht bekannt ist. Mißt man auf dem Foto die deutlich sichtbare halbe Spannweite des Flugzeuges mit 9 mm, also 1,8 cm für die ganze, und die Breitseite des WTC mit 2,2 cm, so ergibt sich ein Verhältnis dieser beiden Längen: 2,2 : 1,8 = 1,22. (Die geringfügige Verzerrung der Breite des WTC auf dem Foto wegen einer um ca. 13° exzentrischen Kameraposition spielt keine Rolle; sie bewirkt einen nur ca. 2,5prozentigen Fehler, wobei exakte Rechnung unsere Aussage um diese 2,5 % ›abschwächen‹ würde.) Das Verhältnis der *wahren* Längen ist: WTC-Breite → 63,5 zu Spannweite → 47,2 m = 1,35. Das Flugzeug muß also noch ein bis zwei Rumpflängen vom WTC und seinem virtuellen Einschlagsort entfernt sein.

Wie aus dem Vergleich der beiden Bilder – Anflug und nachfolgende Explosion – erkennbar ist, befindet sich das Zentrum der Explosion deutlich, etliche Etagen, oberhalb des Standorts des Flugzeugs unmittelbar vor dem angeblichen Crash. Es ist ebenso klar, daß sich eine mit hoher Geschwindigkeit fliegende Verkehrsmaschine mit großer Masse – 175 t – nur stetig und in Richtung seiner Hauptachse – das ist die Längsachse des Rumpfes – bewegen kann. Die Flugrichtung zeigt auf dem Foto schräg nach unten, das heißt, bis zum Einschlag könnte sich die Boeing nur noch tiefer und keinesfalls hinauf, und damit nur *noch weiter* vom Explosionszentrum *weg* bewegt haben.

Die Explosion wird allgemein auf den Einschlag der Verkehrsmaschine und die Entzündung des mitgeführten Kerosins zurückgeführt, das durch die Hitzeentwicklung des sich beim Aufprall verformenden Metalls entzündet worden ist. Das heißt aber, daß Aufprall und

Blick auf den Anflug zum Südturm (Video-Sequenz bei CNN)

Explosionsort zusammenfallen müßten, und nicht wie nach diesen Fotos zu rekonstruieren ist, 4 bis 5 Stockwerke auseinanderliegen.

Von einem anderen Blickwinkel, in einer von CNN gesendeten Video-Sequenz, ist die *genaue* – virtuelle – Einschlagshöhe ersichtlich und aus der bekannten Seitenlänge des WTC leicht zu errechnen. (siehe oben)

Setzt man die Breite des WTC zum Abstand des Flugzeugs von der Gebäude-Oberkante in Beziehung, so läßt sich die Einschlagshöhe mit ca. 126 m von oben errechnen.[483] Diese Höhe kann man auf dem anderen, perspektivisch von unten aufgenommenen Bild, mit dem der scheinbare Anflug und die nachfolgende Explosion gegenübergestellt werden, abtragen, und findet so *sehr genau* den (roten) Punkt, wo das Flugzeug eingeschlagen haben müßte.

---

[483] Die perspektivische Verkürzung der Seitenbreite des WTC läßt sich einfach ermitteln, indem man die beiden sichtbaren Seiten (des quadratischen Grundrisses) in Beziehung setzt. Der Beobachter steht hier 21° seitlich von der Vertikalen der ihm zugekehrten Seite des WTC. Damit beträgt die Verkürzung auf dem Bild etwa 6,5 %. Berücksichtigt man diese Verzerrung im Vergleich mit der Höhe, so ist die Einschlagshöhe aufgrund der am Foto sichtbaren Flughöhe unmittelbar vor dem Crash genau zu ermitteln.

Dieser liegt, wie unschwer zu erkennen ist, *wesentlich* tiefer als die Explosion. Ebenfalls wieder über eine einfache Verhältnisrechnung findet man, daß der scheinbare Einschlag somit rund 16 m, also vier bis 5 Stockwerke, *tiefer* gelegen haben müßte. Die genaue Position ließ sich von jenem Bild errechnen, auf dem nach Abzug der Rauchschwaden die Einschlaglöcher sichtbar wurden. Nimmt man die Mitte des größten Loches, so beträgt die Einschlagshöhe etwa 110 m.

Die folgende Skizze zeigt im Detail, wie die sehr einfachen – trigonometrischen – Berechnungen gemacht werden.

Diese Skizze entspricht den Verhältnissen auf dem CNN-Foto des WTC mit dem anfliegenden Flugzeug.

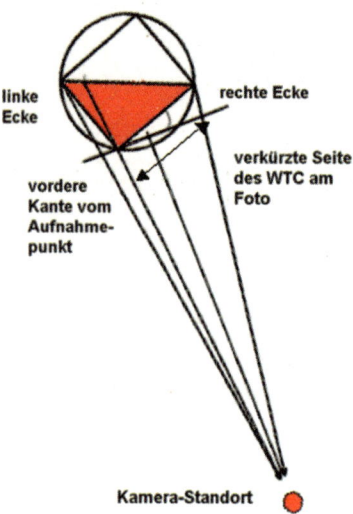

linke Ecke

rechte Ecke

verkürzte Seite des WTC am Foto

vordere Kante vom Aufnahmepunkt

Kamera-Standort

Von diesem asymmetrischen Standpunkt aus erscheint die Seite des WTC auf dem Foto verkürzt. Der Abstand vom linken zum rechten Eckpunkt des Turmes entspricht der Diagonale des quadratischen Grundrisses des WTC. Aus dieser Zeichnung können wir genau den Winkel der exzentrischen Kameraposition bestimmen und damit die Längen-Kontraktion (als Kosinus) der Breite des WTC berechnen. Nachdem wir diese Korrektur bei der am Foto gemessenen Breite angebracht haben, sind wir in der Lage, die genaue Höhe des Einschlages im WTC zu bestimmen.

Der Einsturz – oder die Sprengung – des WTC-Südturmes

Unterhalb der Explosions- und Rauchwolke findet eine über die ganze Etage reichende neue Explosion statt.

Abermals dasselbe Bild: wieder ohne erkennnbaren Grund eine neue Explosion unterhalb der herabstürzenden Staubwolken.

Völlig unmotiviert zeigen sich hier Explosionen

Im Bild links oben – 52 Minuten nach dem ›Crash‹ – ist zweierlei zu erkennen:

a. eine offenbar starke, neue Explosion mit starker Rauch- und Staubentwicklung, die zum Abknicken der oberen Stockwerke als Ganzem führt. Merkwürdigerweise stürzt aber dieser Gebäudeteil nicht, wie man erwarten würde, als zusammenhängender Block ab, sondern er löst sich noch im Herabstürzen (wie die folgenden Bilder zeigen) zu Staub und Asche auf.

b. Unterhalb der größeren Explosionswolke ereignet sich auf den beiden einsehbaren Seiten des WTC 2 eine über die gesamte Etage gehende, weitere neue Explosion (Pfeile).

Die über die ganze Ebene als ›lineare‹ Wolkenformation erkennbare neue Explosion erfolgt mehrere Stockwerke *unterhalb* der oberen Explosion, mit der der Kollaps des WTC 2 eingeleitet wird. Da in diesem Augenblick noch keine durch ›Einsturz‹ bedingte Zerstörung in den unteren Etagen erfolgt sein konnte, die darüber liegenden Stockwerke stehen ja noch, konnten daher auch keine wie immer gearteten

Rauch- und Staubwolken durch das in den offiziellen Erklärungen bemühte ›Herabstürzen‹ der oberen Geschoßdecken entstanden sein. Als Erklärung bleibt nur eine genau getimte Sprengung, die gleichmäßig und gleichzeitig auf der gesamten Etage erfolgte – womit ja auch der so präzise Kollaps innerhalb der Fundamente des WTC nur erklärlich ist.

Noch deutlicher erkennt man diesen zeitlichen und örtlichen Verlauf der Sprengung auf dem zweiten Foto, wo weit unterhalb der bereits zu Staub zerbröselten oberen WTC-Stockwerke abermals eine über die gesamte Etage gehende Explosion erfolgte, *noch bevor* die Staub- und Explosionswolke soweit herabgestürzt war und diese von oben nach unten zeitlich verzögerten Explosionen den Blicken verbergen konnte.

Es ist ebenfalls gänzlich unerklärlich, warum sich ein einstürzender Wolkenkratzer im Augenblick des Zusammenkrachens bereits in der Luft in Staub und Asche auflösen sollte oder könnte. (unteres Foto)

Sprengung Südturm

Brand war nicht Einsturzursache[484]

Als wir über die hier dargelegten Überlegungen mit einem gericht-
lich beeideten Bausachverständigen und Sprengmeister[485] sprachen,
fand die hier dargelegte Theorie, daß die Gebäude gesprengt wurden, zunächst Widerspruch, und er meinte, daß der Brand die Einsturzursache gewesen sei. Die Stahlträger würden sich unter Hitzeeinwirkung und Last plastisch verformen und damit ihre Stabilität
verloren haben. Dem mechanischen Impuls hätte das Gebäude ohne
weiteres standgehalten. Die von uns als Explosionswolken interpre-
tierten gewaltigen Staub- und Rauchwolken rührten nach seiner Ansicht von den Stahlisolierungen[486] her.

Auf den Hinweis auf die gewaltigen Stahl(beton)-Pfeiler im Inneren des WTC, und daß diese ja kaum von einem exzentrisch das Gebäude treffenden Flugzeug in Staubteile aufgelöst worden sein könnten, entgegnete der Sachverständige, daß die Ausmaße der Eckpfeiler

---

[484] http://www.raf-phantom.de/ (5. 8. 02).

[485] Baurat Dipl. Ing. Walter LÜFTL, langjähriger Präsident der Österreichischen Ingenieurkam-
mer, Wien.

[486] Offensichtlich jene asbesthaltigen Baustoffe, die eine Entsorgung nötig gemacht hätten.
Wir kommen an anderer Stelle noch darauf zu sprechen.

mit etwa 6 x 3 m im Querschnitt zwar gewaltig seien, aber im Verhältnis zur Höhe gesehen werden müßten. Es könnten sich bei so einem gewaltigen Aufprall nicht ganz einfach erkennbare Zerstörungen ergeben.[487]

Zum Einsturz der Außenfassade des Pentagons – lange nach dem angeblichen Crash des Flugzeugs – meinte der Sachverständige, daß ein plötzlicher Impuls auf ein Objekt dieses nicht in Richtung des Einschlages, sondern entgegengesetzt umfallen ließ. Er erklärte damit den merkwürdigen Sachverhalt, daß die Außenmauer unter dem Einfluß der Schwerkraft senkrecht nach unten fiel, und nicht, wie bei so einer gewaltigen Kollision erwartet, vom Flugzeug nach innen ›mitgenommen‹ worden sei. Das könnte aber bestenfalls – wenn überhaupt – dann so sein, wenn der Einschlag des Flugzeugs in Bodennähe gewesen wäre, gleichsam wie bei einem Landeanflug. Aber die sonderbarerweise vor dem Pentagon unversehrt stehengebliebenen Beleuchtungs-Peitschenmasten, die in der Einflugschneise standen und noch immer stehen, ›argumentiert‹ der Fachmann – sozusagen als *advocatus diaboli* – mit einem ›Sturzflug‹ auf das Pentagon weg. Allerdings: Man kann sich nicht recht vorstellen, wie eine Verkehrsmaschine auf diese Weise das Pentagon überhaupt hätte treffen können. Auch ist die Geschwindigkeit solch eines Sturzfluges viel größer, so daß Zweifel bestehen, ob das Flugzeug dies überhaupt mechanisch aushalten würde. Angeblich habe Boeing auf Anfrage erklärt, daß wegen der in Bodennähe viel größeren Luftdichte als in der üblichen Flughöhe der Luftwiderstand so groß sei, daß bei Geschwindigkeiten über 600 km/h bereits Bruchgefahr bestehe. Wie dem auch sei, diese Erklärung ist äußerst unwahrscheinlich und kommt noch zu den anderen extremen Ungereimtheiten hinzu, die sie nicht plausibel macht, wie im Fall des Pentagon, wonach die Explosionen im Inneren des Gebäudes lange *vor* dem Einsturz der Außenfassade erfolgt sind, den doch der angebliche Flugzeug-Crash ausgelöst haben müßte.

Die Vor-Ort-Einschätzung der Lage im WTC 2, dem Südturm, *nach* dem behaupteten ›Crash‹ und dem daraufhin ausgebrochenen Brand

---

[487] Dies freilich nur dann, wenn es sich um einen ›harten Stoß‹ gehandelt hätte. Die *Neue Zürcher Zeitung* vom 27. 1. 2002 bringt aus Anlaß des 11. 9. auf S. 27 eine Analyse (»Folgen eines Flugzeugaufpralls für Bauten«) von Daniel SCHULER, Partner eines Ingenieurbüros. Hier führt er aus, daß Modellrechnungen vor allem in bezug auf Atomreaktoren angestellt wurden und daß selbst bei einer maximalen Stoßkraft eines schnellen Kampfjets (800 km/h und 27 t Startgewicht) von 110 000 Kilonewton das Flugzeug die 1,2 m dicke Stahlbetonhülle eines Kernkraftwerkes *nicht* durchschlagen würde. Für einen harten Stoß kämen aber nur die Triebwerke, nicht hingegen die anderen Flugzeugmassen in Betracht. Es fällt daher schwer, sich vorzustellen, daß davon die viel mächtigeren Stahl-Eckpfeiler davon zerstört worden sein konnten.

ist daher von großem Wert. Sie erfolgte auch nicht von irgendwem oder einem ›einfachen‹ Feuerwehrmann, sondern vom ›Deputy-Chief des 7. Battalion‹, Orio PALMER, einem Feuerwehroffizier, der die Lage gewiß einzuschätzen verstand. Nachfolgend zitieren wir einen im Internet veröffentlichten Artikel, der dies aufgreift und zugleich die Desinformation in den deutschen Medien durch *Spiegel online* beleuchtet.

»Die Wahrheit kommt zwar nur tröpfchenweise ans Licht, aber immerhin. In den USA tauchte nun ein Tonband auf, auf dem der letzte Funkverkehr der Feuerwehrleute im World Trade Center zu hören ist. Dem Band kann man entnehmen, daß zumindest zwei Feuerwehrleute in den von der United Airlines Maschine getroffenen Bereich ab dem 78. Stock des Südturms gelangen konnten. Soweit sind sich deutsche und amerikanische Medien einig. Interessant ist nur, welche Einzelheiten darüber hinaus den deutschen Lesern vorenthalten werden. Nehmen wir z. B. *Spiegel Online*: Da erfährt man zwar, daß die mutigen Feuerwehrleute noch Überlebende nach unten schickten und daß die Witwe des einen beruhigt ist, weil sie nun weiß, wie ihr Mann starb. Die *hard facts* und die Brisanz, die in diesem Tonbandfund liegen, erwähnt *Spiegel Online* jedoch nicht – wohl kaum zufällig. Denn *Spiegel Online* hatte ja nur eine einzige Quelle für diese Geschichte, nämlich die *New York Times*, die die Story in den USA aufgerissen hat. Und dort stehen noch ganz andere Sachen drin, die von *Spiegel Online* fein säuberlich unterschlagen wurden.

In der *New York Times*[488] kommt die volle Brisanz des Fundes zum Tragen, handelt es sich doch um die einzigen Zeugenaussagen über das, was im 78. Stock des Südturms und darüber wirklich geschah. Angeblich, so haben wir bisher immer aus unzählbaren Artikeln und Fernsehdokumentationen erfahren, entfachten die Flugzeuge in den Türmen eine solche Flammenhölle, daß der Stahl des Gebäudes schmolz und (erstaunlich genug) praktisch schlagartig nachgab. Seit dem Fund der Tonbänder können wir diese wilde Theorie endgültig abhaken, denn als die Feuerwehrleute die Einschlagzone erreichen,

---

[488] Jim DWYER U. Ford FESSENDEN *(New York Times)*, »Lost Voices of Firefighters, Some on the 78th Floor« (Verlorene Stimmen der Feuerwehrleute. Einige in der 78. Etage), in *Metropolitan Desk* vom 4. 8. 2002, Leitartikel.

Ein verlorengegangenes Tonband verlorener Stimmen, bisher von den Ermittlern ignoriert, die die Notrufe des 11. September untersuchten, zeigt, daß Feuerwehrleute viel weiter bis zum 78. Stockwerk im Südturm vordrangen, weiter, als bisher angenommen, wo sie den Verletzten zu Hilfe eilten, die in der weiten Zerstörung gefangen saßen.

Der ganze Artikel ist vom on-line-Archiv der *New York Times* gegen eine Gebühr von 2,75 $ unter der nachfolgenden Internet-Adresse abrufbar:

http://query.nytimes.com/search/abstract?res=F10F15FD395F0C778CDDA10894DA404482

verraten ihre Stimmen weder Panik noch das leiseste Zeichen dafür, daß die Situation in Kürze außer Kontrolle geraten könnte. Von dem Stahl schmelzenden Feuersturm ist weit und breit nichts zu sehen. Orio PALMER, einer der beiden Feuerwehrleute, kann nur zwei Brandherde entdecken und fordert – statt sofort den Befehl zum Räumen des angeblich todgeweihten Gebäudes zu geben – zu ihrer Bekämpfung zwei Löschtrupps an.

Tatsächlich ist die Sache vom rotglühenden und weichgekochten Stahl ein ausgewachsenes Medienmärchen. Ganz deutlich sieht man ja auch auf vielen Fotos von außen Überlebende zwischen den eingeschlagenen Fenstern direkt an den Stahlträgern der Fassade lehnen. Diese waren offenbar noch nicht mal ein bißchen heiß geworden. Kein Wunder, denn schließlich waren zwar zwei Flugzeuge in die Türme geflogen, aber niemand hatte dort einen Hochofen aufgebaut, wie man ihn benötigt, um Stahl wirklich zu schmelzen. Zumindest wurde das noch nicht behauptet. So nimmt denn Feuerwehrmann PALMER nur wenige Minuten und Sekunden vor dem Zusammensturz des Südturms offenbar nicht das leiseste Anzeichen für die bevorstehende Katastrophe wahr – obwohl es welche hätte geben müssen: rotglühende, sich verformende Stahlträger zum Beispiel, aber auch mächtige Verwindungsgeräusche der Struktur sowie sich verformende Wände und Decken. Die beiden Brandherde bringen PALMER nicht auf den Gedanken, daß das Gebäude ernsthaft Schaden nehmen könnte. Aber nur kurze Zeit später fiel es innerhalb von nur wenigen Sekunden in sich zusammen. Die Ursache für den Einsturz muß also ein auch für einen geschulten Experten vollkommen unvorsehbares und plötzliches Ereignis gewesen sein. . .«

Sprengung des Nordturms

Die Baumassen der WTC-Türme müßten einen Schuttkegel von ca. 80 Metern Höhe bei etwa doppeltem Wert (160 m) des Durchmessers ergeben, wenn nach dem Einsturz Trümmer zurückgeblieben wären. Wieviel, ergibt eine einfache Rechung. Das war merkwürdigerweise nicht der Fall. Das Volumen[489] ($V = G \times h$) eines Turmes beträgt ca. 1 650 000 m³, beide zusammen also 3 300 000 m³. Da komplexe Gebilde nach einem Einsturz ja vornehmlich als sperrige Trümmer übrig bleiben, muß man eine Verdichtung auf vielleicht ca. ein Viertel bis ein Sechstel des umbauten Volumens annehmen, das ergäbe also einen Haufen von mindestens 5- bis 800 000 m³ Schutt und Trümmer der Türme. Es wurden ja allein ca. 330 000 m³ Beton verbaut, zusätzlich ca. 200 000 Tonnen Stahlträger; sonstige Einbauten sind dabei gar nicht berücksichtigt. Davon war aber auf den Bildern nichts zu sehen. Das Volumen des zu erwartenden Schuttkegels wäre, wie oben erwähnt, ca. 25 – min. 15% des umbauten Volumens, mindestens aber jene 330 000 m³ der Stahlbeton-Strukturen und der Stahlträger der Etagen und Außenfassade, die sich ja nicht in Luft aufgelöst haben können. Die Formel für das Volumen lautet: Volumen = Grundfläche x Höhe-Drittel ($V = r^2 \cdot \eth \cdot {}^h/_3$). Bei einer Neigung des Schuttkegels von 45° entspricht die Höhe dem halben Durchmesser (= Radius) und würde ca. 75 bis 80 Meter Höhe erreichen! Davon war jedoch nichts zu bemerken.

Der Grund für den nicht vorhandenen Schuttberg in dieser Größe ist, daß die beiden Türme bereits in der Luft – im Herabfallen – zu Staub, Asche und kleinsten Teilchen zerbröselten, die sich über ganz

---

[489] $G = 63 \times 63 \rightarrow 3969$ m²; h = 415 m. V = 3969 x 415 = 1 647 135 m³.

Manhattan als Staubschicht legten. Aber so kollabiert kein Gebäude, das brennt oder von einem ›massiven Einschlag‹ demoliert worden sein soll. Es erhebt sich die Frage, welcher hochbrisante Sprengstoff eine derartige Auflösung in mikroskopische Staubteilchen, wie sie in New York zu sehen war, bewirken kann.

Die technischen Angaben über die Konstruktionsmerkmale des WTC sind im übrigen sehr unterschiedlich. Der *Stahlbau* von 1970 beschreibt die Merkmale des WTC[490] wie folgt: Gesamtgewicht eines Turmes: 370 000 t, Stahlgewicht des Turmes: 78 000 t, Stahlgewicht des Gesamtprojekts: 182 000 t, und die Maße der Eckstützen im Gebäudekern mit 1,35 x 0,6 m.

Auf dem Foto vom Bau sind die Dimensionen sehr viel mächtiger erkennbar. In infoplease.com berichtet Davis JOHNSON von 200 000 t Stahl und 425 000 Kubikyard (= 313 000 m³) Beton, der allein bei einem spezifischen Gewicht von 3 t/m³ fast eine Million Tonnen an Gewicht/Massen in beiden Türmen ausmacht. Das heißt: Das Gesamtgewicht des Turmes müßte höher sein, als in der Zeitschrift *Stahlbau* angegeben. Unabhängig davon ist aber auch so das Verhältnis von 64 t Kerosin, das die maximale Kapazität der Boeing 767 ist, zu den insgesamt 370 000 t eines Turmes recht ›ungünstig‹, was das Verhältnis des Heizmaterials zu den zu erwärmenden Massen betrifft.

Querschnitt bzw. Kontur durch den Schuttberg
Seitenansicht der Teile durch die WTC-Türme

World Trade Center 2

Die Trümmer türmen sich zu mehr als 60 Fuß über dem Straßenniveau auf.

World Trade Center 1

Die Trümmer türmen sich bis zu 60 Fuß (~ 18 m) auf.

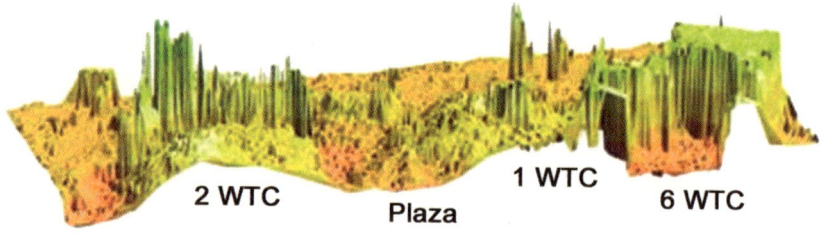

2 WTC   Plaza   1 WTC   6 WTC

490 *Der Stahlbau* 1/1970, S. 23–26.

Vorher
Bild vom Vorjahr, Ansicht vor der Zerstörung

Topographische Karte, mittels einer *Lidar* genannten Technik erstellt, die den Hilfsmannschaften die Orientierung in den Trümmerhaufen des World Trade Centers erleichtern soll. Die Farben deuten die Höhe/ Tiefe in Fuß an, bezogen auf Straßenniveau.

Die Höhe der Schuttberge – für das WTC 1 und 2 mit »über 60 Fuß über Straßenniveau« angegeben – erweckt den Eindruck großer Anhäufung. In Metern ausgedrückt, sind es gerade etwas mehr als 18 Meter.

Nach unseren Abschätzungen sollten sich die Trümmer über 75 m aufgetürmt haben (das sind rund 250 Fuß). Wenn man die topographische Skizze genau ansieht, erkennt man, daß an jenen Orten, wo einmal die WTC-Türme standen, die größten Höhen von den stehengebliebenen Resten der Außenpfeiler des WTC herrühren und nicht sich auftürmende Trümmer des ganzen Gebäudes darstellen, wie es eigentlich zu erwarten wäre.

Das Gerüst einer österreichischen Autobahnbrücke stürzte beim Bau ein. Man sieht einen Haufen verbogene Stahlträger und Stützen usw. Die Trümmer scheinen einen größeren Haufen zu bilden, als es zuvor das wohlgeordnet zusammengebaute Gerüst gewesen zu sein schien. (Jeder kennt das: Ein ungeordneter Haufen von Holzscheiten wird sehr viel kleiner, wenn sie geschichtet worden sind.) Umseitiges Foto zeigt die Überreste der Außenfassade des WTC 2 (Südturmes) die einzig in die Höhe ragen. Aber wo ist der Rest des Hunderttausende Tonnen ausmachenden Materials – Stahlträger, Pfeiler, Beton usw. – geblieben?

Brückeneinsturz in Österreich   **Ruinenreste der Fassade**

Geometrie des Trümmerhaufens/Schuttkegels

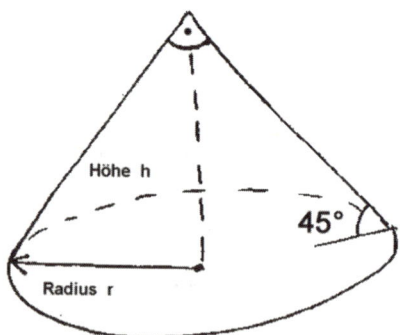

Wenn die Böschungswinkel des Schuttkegels 45 Grad betragen, dann ist der Querschnitt durch den Kegel ein halbes Quadrat, wobei die Diagonale dem doppelten Radius entspricht und die Höhe ebenfalls gleich dem Radius ist. h = r.

$$V = G \cdot {}^h\!/_3 = r^2 \cdot \pi \cdot {}^h\!/_3 = r^3 \cdot {}^\pi\!/_3 \sim r^3$$

h ~ Kubik-Wurzel aus V

h ~ Kubik-Wurzel von 400.000m^3 ~ 75 m

Geschmolzener Stahl und unerklärliche seismische Spitzen[491]

Es gab Berichte über »geschmolzenen Stahl« – wobei aber nirgends erklärt wurde, wie es zu derartigen Bereichen solch unerhörter Hitze kommen konnte, die noch Wochen nach dem Kollaps da waren.

New Yorks Seismographen zeichneten riesige Energieschübe zu Beginn der Einstürze auf. Diese Spitzen legen die Vermutung nahe, daß es eine massive unterirdische Explosion gegeben, die geradezu die Türme von ihren Fundamenten gerissen und damit den Kollaps herbeigeführt haben mußte.

Seismische Spitzen vom Kollaps

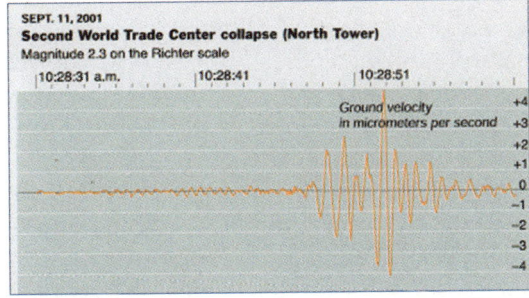

Seismische Daten von einem Erdbeben

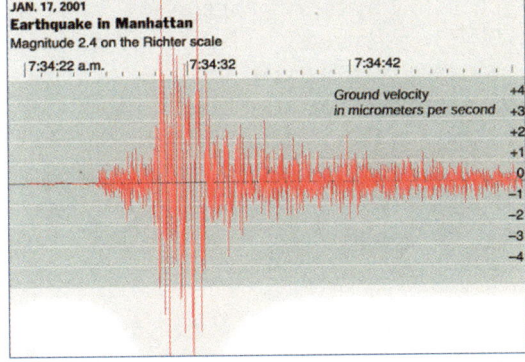

Im Untergeschoß der kollabierten Türme, wo die 47 zentralen Stützpfeiler mit dem Fundament verbunden sind, wurden über ein Monat nach dem Einsturz heiße Stellen von »förmlich geschmolzenem Stahl« entdeckt. Solch eine andauernde und außerordentliche Restwärme, rund 15 m unter der Oberfläche, in einer sauerstoffarmen Umgebung, könnte erklären, warum diese entscheidenden statischen Strukturen nachgaben.

---

[491] Wir beziehen uns hier auf einen umfangreichen Bericht von der American Free Press (AFP), den wir ohne bibliographische Angaben am 10. 10. 2002 erhielten. Siehe auch Internet-Seite: http://www.americanfreepress.net/

Diese unerhört heißen Bereiche wurden »am Boden der Aufzugs-schächte der beiden Türme, sieben Stockwerke (im Keller) tief, entdeckt«, meinte LOIZEAUX.[492]

Der geschmolzene Stahl wurde »drei, vier, fünf Wochen später entdeckt, nachdem der Schutt weggeräumt worden war«, sagte LOIZEAUX. Er fügte hinzu, daß geschmolzener Stahl ebenso beim WTC 7 gefunden wurde, das auf mysteriöse Weise am späten Nachmittag (!) einstürzte.

Die offiziell dafür genannten Gründe wurden auf brennendes Kerosin, Papier und andere brennbare Materialien zurückgeführt, die man normalerweise in Gebäuden findet, aber dies kann keine derartige Hitze erzeugen, die Stahl schmelzen könnte, insbesondere in einer sauerstoffarmen Umgebung, wie es der tiefe Keller darstellt. Derartiges würde nur zu einem »rauchenden schwelenden Haufen« führen.

Die Fundamente der Twin-Türme waren 70 Fuß (21 m) tief. Auf dieser Ebene stützten, wie gesagt, 47 riesige, mit dem Untergrund verbundene Stahlpfeiler die gesamte Last dieser Strukturen ab. Die Stahlwandungen dieser Stützpfeiler hatten eine Wandstärke von etwa 10 cm.

Videos vom Einsturz des Nordturmes zeigten, daß der Antennenmast zuerst fiel,[493] was anzeigt, daß die zentralen Stützpfeiler zuallererst beim Einsturz nachgegeben haben mußten. LOIZEAUX teilte der AFP[494] mit, daß »alles gleichzeitig ging. Falls das erste Ereignis eine abstürzende Decke war, wie sollte sich dies fortgesetzt haben, um Hunderte von Stützen so zu beschädigen?«

LOIZEAUX meinte ferner: »Wenn ich die Türme hätte umlegen müssen, hätte ich Sprengstoff im Keller angebracht, um das Gewicht der Türme zu nutzen, die Struktur zum Einsturz zu bringen.«

Seismische Spitzen

Seismographen vom Lamont-Doherty Earth Observatorium der Columbia-Universität in Palisades, N.Y., 21 Meilen nördlich des WTC, zeichneten am 11. September eine merkwürdige seismische Aktivität auf, die ebenfalls noch nicht geklärt wurde.

---

[492] Mark LOIZEAUX, Präsident der *Controlled Demolition, Inc.* (CDI) Phoenix, Md.

[493] Hinweis auf unsere Diskussion im Buch: Während des Einsturzes des oberen, etwa 45 bis 50 m hohen Teiles des WTC blieb der Antennenmast in vertikaler Position, was aber gänzlich unmöglich ist, es sei denn, die gesamte tragende Struktur, und die oberste Plattform ja fixiert war, stürzte in völlig gleichförmiger Weise zusammen. Das ist aber bei einem asymmetrischen Einschlag und daher ebensolchen Zerstörungswirkungen gänzlich auszuschließen.

[494] American Free Press.

Während die (angeblichen) Flugzeugkollisionen nur geringe Erschütterungen der Erde verursachten, waren zu Beginn jedes Kollapses deutliche Spitzen zu sehen. Das Observatorium zeichnete seismische Daten eines Bebens der Stärke 2,1 während des 10 Sekunden dauernden Einsturzes des Südturmes um 9:59:04 Uhr und des 8 Sekunden dauernden des Nordturmes um 10:28:31 Uhr auf.

Die Aufzeichnungen zeigen – als der Kollaps begann – einen großen seismischen Ausschlag, der den Augenblick der größten Energiezufuhr in den Grund[495] darstellt. Die stärksten Stöße wurden alle zu Beginn des Kollapses registriert, deutlich vor dem Herabfallen der Trümmer und ihrem Aufprall am Boden.

Diese unerklärten ›Spitzen‹ der seismischen Daten unterstützen die Theorie, daß massive Explosionen an den Fundamenten der Türme deren Einsturz bewirkten. Eine »scharfe Spitze von kurzer Dauer« entspricht auf dem Seismographen, wie der Seismologe Thorne LAY von der Universität von Kalifornien in Santa Cruz gegenüber *AFP* erklärte, dem Erscheinungsbild einer unterirdischen Nuklearexplosion.

Experten haben keine Erklärung dafür, warum die seismischen Wellen ihre Spitzen hatten, bevor die (Trümmer der) Türme tatsächlich auf dem Boden aufschlugen.

Eine 10fache Amplitude bei den aufgezeichneten Wellen entspricht einer 100fachen Erhöhung der freigesetzten Energie. Diese »kurzperiodischen Oberflächen-Wellen« stellen eine »Interaktion zwischen dem Grund und den Gebäude-Fundamenten« dar, wie einem Bericht des Columbia Earth Institute zu entnehmen ist.

Sprengungen mit 80 000 Pfund Ammonium-Nitrat verursachen Erdbeben der Stärke zwischen 1 und 2. Der Bombenanschlag auf das WTC im Jahre 1993 wurde von den Seismographen nicht registriert, weil es »nicht mit dem Grund gekoppelt« war. »Nur ein Bruchteil der Energie der kollabierenden Türme wurde in Erschütterung des Bodens umgewandelt. Die Erschütterungen des Bodens durch den Einsturz selbst waren äußerst gering.«

Offensichtlich muß die Energiequelle, die den Boden unter den Türmen erschütterte, um ein Vielfaches größer gewesen sein, als es der gesamten Energie der herabfallenden Massen der Türme entsprach. Die Frage ist nur: Welcher Art war diese Energiequelle?

Während Stahl sonst oft auf Spuren von Explosionen hin untersucht wird (nach Brandkatastrophen), haben die von der F.E.M.A. mit der

---

[495] Zwei unerklärliche Spitzen haben eine mehr als 20fache Amplitude als die anderen seismischen Wellen, die mit dem Kollaps zusammenhängen, als das Gebäude einzustürzen begann.

Gebäudeuntersuchung beauftragten Ingenieure dies nicht getan, trotz der vielfachen Berichte von Augenzeugen, die Explosionen in den Gebäuden gehört hatten.

Ein Großteil des Stahls der statischen Konstruktion des WTC ging an Alan D. RATNER von Metal Management in Newark, N.J., und die in New York ansässige Firma Hugo Neu Schnitzer. East RATNER, der die New Jersey Geschäftsstelle der in Chicago ansässigen Firma leitet, verkaufte den Stahl an eine Stahlfirma Baosteel in Shanghai für 120 Dollar per Tonne. RATNER zahlte dafür ca. 70 Dollar. Weitere Ladungen an WTC-Stahl gingen nach Indien sowie in Richtung andere asiatische Häfen. Eine weitere Form der ›amerikanischen Beweissicherung‹?

Luftbild der WTC-Türme

Nordturm als Schutzschild für WTC 6

Dieses Bild zeigt die Lage der beiden Türme und im Vordergrund das Gebäude WTC 6, das in dem Augenblick gesprengt wurde, als der Einsturz des Südturmes (WTC 2) begann. Der rote Fleck markiert die Lage des riesigen Kraters im WTC 6, wie er auf den anderen Bildern zu sehen ist. Der orange Punkt am Südturm ist der äußerste, von dem Trümmer des einstürzenden Turmes auf das WTC 6 gefallen sein könnten (aber offenbar nicht sind!). Der Nordturm deckt das Gebäude Nr. 6 zu drei Vierteln ab, und nur links der gelben, gestrichelten Linie könnte etwas auf das Dach von Nr. 6 gefallen sein. Der große rote Bereich markiert die Lage der später sichtbar gewordenen Beschädigungen, aber dieser Bereich liegt rechts der gelben Linie, das heißt im völlig von dem zu diesem Zeitpunkt noch stehenden Nordturm abgeschirmten Bereich.

Wie auf anderen Bildern erkennbar, stand der Nordturm, während die teilweise Zerstörung des Gebäudes Nr. 6 erfolgte. Man erkennt aus den Bildern auch die zeitliche Abfolge, daß nämlich die riesige Explosionswolke vom WTC 6 im selben Augenblick sichtbar wurde, als das WTC 2 – der Südturm – einzustürzen begann, während der Nordturm noch eine Weile stand. Es ist somit ersichtlich, daß der Kollaps des Nordturmes nichts mit der Sprengung des WTC 6 zu tun hat, die schon vorher erfolgte.

Schutt nach dem Kollaps – Luftaufnahme

Was ist aber nun die offizielle Erklärung der beinahe vollständigen Zerstörung von Nr. 6? Übrigens ist die völlige Vernichtung des WTC 7, des Gebäudes hinter dem WTC 6, eine mysteriöse Angelegenheit. Es fiel erst am Nachmittag – einen halben Tag später – völlig in sich zusammen. Dies sieht nicht gerade nach ›kollateralen‹ Beschädigungen aus, die vom Einsturz eines der beiden Türme bedingt sein konnten.

Sprengung des WTC1 – Nordturms

Die linke Bildreihe zeigt, wie der obere Teil von unten nach oben gesprengt wird. Die Spitze des Mastes, der am WTC 1 montiert war, bewegt sich – ohne die Senkrechte zu verlassen – in einer Staub- und

Rauchwolke nach unten. Die rechte Bildreihe zeigt, wie sich die Explosion nun vom angeblichen Einschlag der Boeing nunmehr nach unten bewegt. Der vollkommen regelmäßige Kollaps des ›oberen‹ Teils, erkennbar an der Nichtneigung des rund 100 m hohen Antennenmastes, ist nur damit erklärbar, daß vollkommen symmetrisch angebrachte Sprengladungen jeweils gleichzeitig explodierten, und sich somit der oberste Teil, an dem der Mast fixiert war, völlig senkrecht, der Schwerkraft entsprechend, nach unten bewegte. Ein derartiger Verlauf des Einsturzes, der durch einen *einseitigen Einschlag* eines Flugzeuges ja nicht erklärbar wäre, muß zwingend andere Ursachen gehabt haben. Eben eine meisterhaft vorbereitete und zeitlich genau gesteuerte Sprengung.

Wie genau das ›Timing‹ der Sprengung war, erkennt man an der linken Bildsequenz. Die Unterkante der Explosionswolke bleibt unverrückt an ihrem Platz, während die obersten ca. 12 bis 15 Stockwerke von unten nach oben gesprengt werden. Diese Bewegung nach ›oben‹ ist ja in den Bildfolgen deutlich sichtbar. Erst wenige Sekunden später,[496] gerade so lange, wie die zu Staubteilchen und kleinsten Trümmern zerbröselten Teile brauchen, um unter dem Einfluß der Schwerkraft diese ca. 12 Stockwerke herabzufallen, beginnt die nächste Serie von Sprengungen, die diesmal von oben nach unten verläuft.

Die Linie ist auf allen Fotos immer auf derselben Höhe, und erst mit diesem Bezugspunkt ist man in der Lage, die wirkliche Dynamik des Vorganges zu erkennen. Es ist jedenfalls gänzlich undenkbar, daß dieser hier deutlich gewordene Verlauf des Kollapses zuerst allein nach oben wirkt, und nachdem etwa 2,8 Sekunden später die oberen Etagen vollkommen zu Staub aufgelöst waren, sich dieser Vorgang in die entgegengesetzte Richtung nach unten fortsetzte. Was die Welt beobachtete, war eine meisterhaft durchgeführte Sprengung, wie sie auf den Prospekten der Controlled Demolition Inc.[497] zu Werbezwecken abgebildet ist.

---

[496] Der Fallweg unter dem Einfluß der Schwerkraft errechnet sich nach der Formel: Weg (s) = ½ Erdbeschleunigung (g) x dem Quadrat der Zeit (t^2) → $s = ½ g \cdot t^2$. Die oberen 12 bis 15 Stockwerke haben eine Höhe von etwa 45 bis 55 Metern, die Erdbeschleunigung g = $9{,}83 m/sec^2$, womit sich die Zeitdauer des Kollapses der oberen Stockwerke mit etwa 2,8–3,3 Sekunden errechnen läßt. Dann sind die Teile der Oberkante bis zu jener Ebene herabgefallen, von der die Explosion nach oben fortschreitend begonnen hatte.

[497] Das ist nebenbei bemerkt jene Firma, die einen Milliarden-Auftrag für den Abbruch der WTC-Ruinen erlangt und die auch im nicht wirklich aufgeklärten Oklahoma-Fall, bei dem ein Regierungsgebäude gesprengt wurde, ebenfalls den Auftrag zur Beseitigung der Trümmer bekommen hatte. Manche meinen: zwecks Beseitigung von Spuren, die der Aufklärung der wahren Ursachen der Zerstörung gedient haben könnten.

Die ›offizielle‹ Erklärung, daß durch das Feuer die Bolzen der Stahlträger ihre Festigkeit verloren und daraufhin diese tonnenschweren Massen stockwerksweise – also je 2,65 Meter (1 Meter ist die Deckenstärke) – abstürzten und diese Wucht das nächste Stockwerk abstürzen ließ, ist einfach unhaltbar. Abgesehen davon, daß die Temperaturen verbrennenden Kerosins nicht annähernd hoch genug sind, um Baustahl zum Schmelzen oder zum Verlust seiner Festigkeit zu führen, ist es ja nicht nachvollziehbar, daß an allen Stellen gleichzeitig die Bruchfestigkeit überschritten worden sein konnte. Ein Bruch könnte daher nur asymmetrisch erfolgt sein, womit aber dieses angebliche Durchschlagen von oben bis unten kaum vorstellbar wäre. Wie dann aber so ein Zusammenbruch nach oben stattgefunden haben soll, ist überhaupt unmöglich zu erklären. Als Ergebnis müßten einerseits am Boden Stahlträger riesigen Ausmaßes – wenn auch verbogen – und im Umfang von 200 000 Tonnen liegengeblieben sein, und andererseits hätte der Stahlbeton-Kern mit meterdicken Pfeilern und Wänden als himmelragende Ruine stehenbleiben müssen. Was offensichtlich nicht der Fall war.

Explosionswolke außerhalb der Südturmes

Nur um eine Vorstellung über die Temperaturverhältnisse zu geben, sei erwähnt, daß verbrennendes Kerosin Temperaturen bis zu 850 Grad Celsius erreicht, Stahl aber erst bei knapp unter 1600 Grad schmilzt. Wie schon erwähnt, wird Eisen/Stahl bei viel höheren Temperaturen geschmiedet, als sie beim Verbrennen von Kerosin erreicht werden. Betrachten wir nun noch die Mengen an ›Heizmaterial‹, die man zum Erwärmen von Eisen/Stahl braucht. Um beispielsweise eine Tonne Roheisen im Hochofen zu erschmelzen, benötigt man eine Tonne Koks, also reinen Kohlenstoff, und die Zuführung von erhitztem Sauerstoff (Luft), um die zum Schmelzen nötige Wärmeenergie zuzuführen. Dies alles findet hierbei in einem mit Schamotte isolierten und abgeschlossenen Behältnis statt, bei dem die zugeführte Wärme *nicht* entweichen kann wie in einem völlig offenen Hochhaus, wo der Brennstoff überwiegend außerhalb des Gebäudes verbrannt und als Gasgemisch flüchtig sein mußte. (Siehe Abbildung, linke Seite)

Die Mengenverhältnisse betragen aber 200 000 Tonnen Stahlträger und rund 320 000 m³ Beton[498] – entsprechend ca. 1–1,3 Mio. Tonnen – in beiden Türmen und maximal je 64 Tonnen Kerosin pro Flugzeug, die als ›Heizmaterial‹ verfügbar waren. Es ist, als wollte man zu Weihnachten den Stadtplatz seiner Gemeinde mit einer Kerze erwärmen, die Stahlträger wären wohl nicht einmal richtig warm geworden! Die hohe Wärmeleitfähigkeit von Stahl bewirkt auch, daß eine lokale Erwärmung sehr schnell abgeleitet wird, also hohe Temperaturen schon in der Umgebung heißer Stellen sofort abfallen. Die Träger können erst recht nicht geschmolzen oder ausgeglüht und als Folge davon gebrochen sein.

Das ist physikalisch und materialtechnisch nicht nachvollziehbar. Die ›offizielle‹ Erklärung ist eine offensichtlich falsche Theorie, die man ahnungslosen Laien auftischen kann. Mit einer seriösen Aufklärung hat es nichts zu tun. Daß Behörden und eine Regierung so offenkundig mit plumpen Lügen die Aufklärung be- und verhindern, ist natürlich unerhört und läßt nur das Schlimmste befürchten.

---

[498] Nach Angaben von Davis Johnson, in: http://www.infoplease.com/spot/wtc1.html, in infoplease.com

Lageplan des World Trade Center-Komplexes

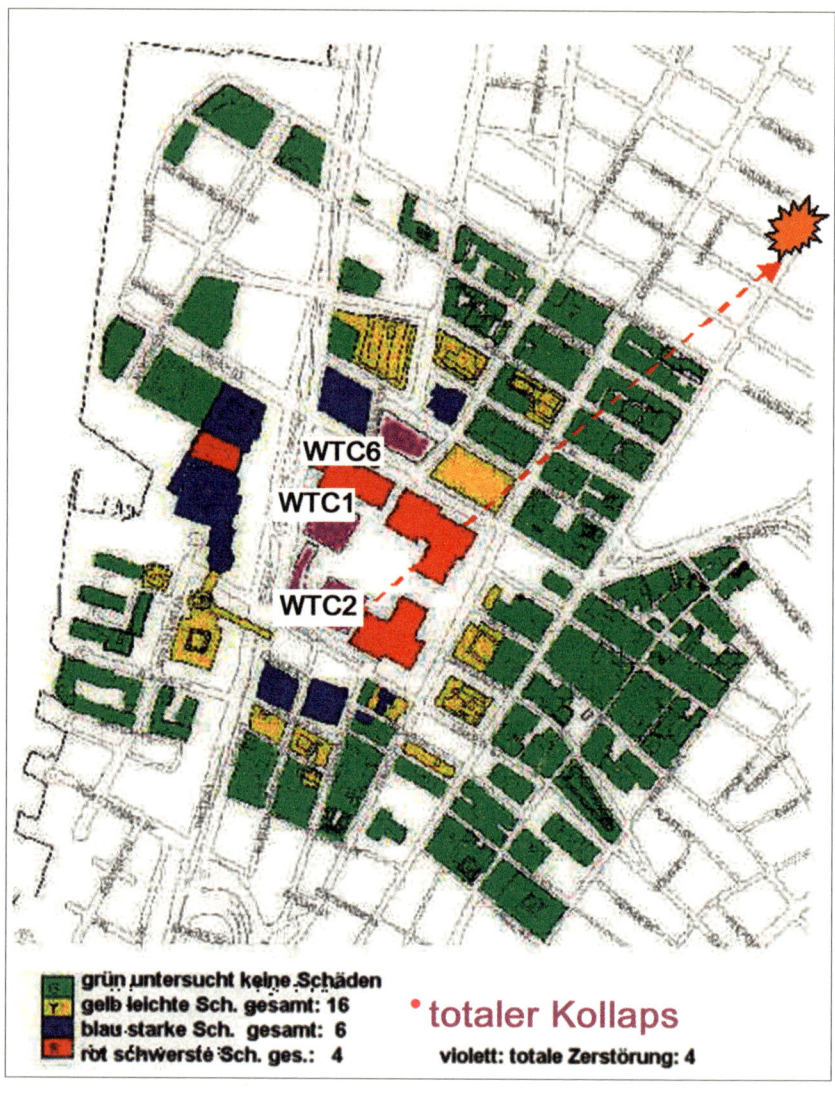

Es ist bemerkenswert und wurde bei uns in der Berichterstattung gänzlich übergangen, daß außer den beiden WTC-Türmen das Verbindungsgebäude (WTC 3 – Hotel Mariott) und ein viertes außerhalb des WTC-Komplexes völlig einstürzten, mehr als zwei Dutzend weiterer Gebäude entweder teilweise einstürzten, schwerst oder ›mäßig‹ (18) beschädigt wurden:

18 mäßig beschädigt, 9 schwer beschädigt und 4 teilweiser Einsturz

Wie man auf dem Lageplan erkennen kann, gibt es aber für die wenigsten Gebäude einen Grund dafür, da sie von herabstürzenden Trümmern gar nicht getroffen worden sein konnten und auch nicht wurden. Ein besonders *merk*würdiges Ereignis ist die schwerste Zerstörung des Gebäudes WTC 6. Die späteren Luftaufnahmen zeigen einen Krater, als wäre hier eine Bombe explodiert. Gerade in dem Augenblick, als der Südturm – der weiter entfernt stehende der beiden WTC-Türme – zu kollabieren beginnt, erfolgt ebenfalls eine Explosion im WTC 6, deren Rauch- und Explosionswolke man deutlich erkennen kann.

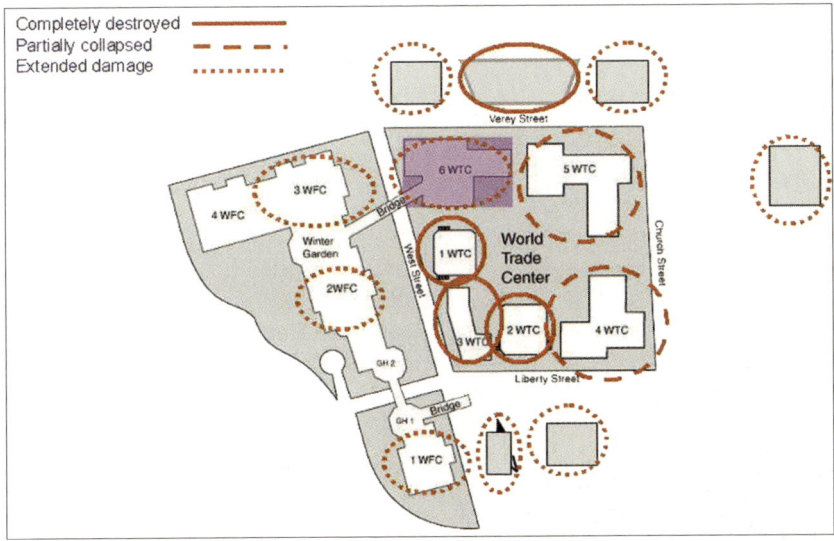

Karte mit Gebäuden aus: *The Guardian.*

Die Zerstörung des Gebäudes WTC 6

Die Zerstörung des WTC 6 konnte aber weder von einem in das Gebäude gekrachten Flugzeug herrühren noch von den herabstürzenden Trümmern eines WTC-Turmes, denn der näher stehende Nordturm stand ja noch, und die Trümmer des Südturmes hatten zum Zeitpunkt der Explosion im WTC 6 den Boden noch nicht erreicht. Es scheidet somit auch ein von herabstürzenden Trümmern verursachtes lokales ›Erdbeben‹ aus, das zum Einsturz von Gebäude Nr. 6 hätte führen können. Was also dann?

Sprengung des Gebäudes WTC 6 zugleich mit Kollaps von WTC 2

Oberes Bild: Der beginnende Aufstieg des ersten Explosionsrauches (Pfeil), während die Trümmer des Südturmes noch in der Luft fliegen und den Boden nicht erreicht haben.

Das Ergebnis der Zerstörung im Gebäude Nr. 6 *(unteres Bild)* ist wie nach der Explosion einer Bombe, nicht aber, als wäre dies von auf das Gebäude fallenden Trümmern oder wegen des Einsturzes der tragenden Strukturen – weil sie etwa ein ›Erdbeben‹ verrückt hätte – verursacht worden.

WTC 6 mit Krater

Hier erkennt man die gewaltige Explosionswolke (roter Pfeil) über WTC 6. Der beginnende Kollaps des Südturmes ist hinter den schwarzen Wolken verborgen. Er ist aber noch im Gange, weil die gewaltige weiße Staub- und Rauchwolke, die auf den anderen Bildern (unten) zu erkennen ist, hier offenbar noch nicht entstanden ist oder ihre größte Ausbreitung erreicht hat und in der Luft jedenfalls noch nicht sichtbar ist.

Daß sie sich auf dem unteren Bild bereits gelegt haben könnten, scheidet aus, da diese Staubwolken ja den ganzen Tag über Manhattan mit einem weißen, undurchdringlichen Schleier eingehüllt hatten, die sich zwischen dem Kollaps des Süd- und dem kurz darauf erfolgenden des Nordturmes nicht gelegt haben können.

Es dürfte auch nur am Rande bekannt geworden sein, daß die Besitzer der Twin-Towers wegen ›Asbestverseuchung‹ – der ORF erwähnte es in den Gedenksendungen mehrfach – vor einem ähnlichen Schicksal standen wie die Bank Austria mit dem Gebäude der Zentralsparkasse Wien (heute Bank Austria-CA), nämlich dem Zwang, das Gebäude sanieren zu müssen. Beim WTC bedeutete dies, unter Beachtung der US-Auflagen im Umgang mit Asbest, daß die faktischen Abrißarbeiten nur von Arbeitern in Raumfahrtanzügen bei vollständiger Versiegelung der Baustelle möglich gewesen wären. Die ebenfalls vorgeschriebene Handhabung der Asbestreste hätte einen Sanierer gezwungen, sämtliche Teile in versiegelten Verpackungen zu lagern und wegzuschaffen usw. Geschätzte Kosten: über 40 Mrd.

Dollar. Und Klagen wegen Gesundheitsgefährdung in nicht abschätzbarer Höhe wären zu erwarten gewesen.
Gerüchteweise hört man dazu folgende ›Story‹. Da nahm sich das von der Controlled Demolition Inc. eingeholte Angebot für einen Abriß durch Sprengung mit 4,6 Mrd. Dollar – rund 10 % der ökologisch und gesundheitlich korrekten Vorgangsweise – wie ein ›*bargain*‹ aus. Die Sprengoption mußte freilich leider ausfallen, da die Behörden wegen der Asbestverseuchung dafür keine Genehmigung erteilen konnten.
Unter solchen Umständen ist es eigentlich kaum verständlich, daß ein Geschäftsmann die WTC-Türme kaufte, denn die fast sicher schlagend werdenden ökonomischen Risiken standen ja in keinem Verhältnis zum ›Geschäft‹. Und es ist kaum anzunehmen, daß die ›Asbest-Thematik‹ nicht bekannt gewesen sein sollte. Aber vielleicht war etwas anderes bekannt, was hierzulande in einem Beweisantrag zum Ausdruck kommt.
Wie aber offenkundig ist, wurden die Türme dennoch gesprengt: freilich ohne behördliche Erlaubnis, die ja niemand offiziell hätte erteilen können. Man schlug aber anscheinend dennoch mindestens drei Fliegen mit einem Schlag:

1. Die preiswerte Entsorgung durch Sprengung fand doch statt (vermindert um die sonst üblichen Sicherheitsvorkehrungen, die man sich im Fall des ›unvorhersehbaren Terroranschlages‹ sparte).

2. Indem man ›islamischen Terroristen‹ das Ganze in die Schuhe schob, hatte man sich ein zweites Pearl Harbor geschaffen, das es den USA erlaubt, sich nun ganz ungeniert – mit dem »Krieg gegen den Terror« – der Ölressourcen Arabiens und des Kaspischen Beckens zu bemächtigen, und

3. den Besitzern des World Trade Center, die diesbezüglich wohl einer Eingebung des Himmels gefolgt sein mußten, war es möglich, eine Versicherung mit einer 150prozentigen Deckungssumme des aktuellen Schätzwertes der beiden Türme abzuschließen, wodurch der ›Schaden‹, der durch den Verlust der Gebäude entstand, mehr als kompensiert wird.

Das Besondere an dieser Versicherung ist jener merkwürdige Umstand, daß sie nicht, wie man dies bei uns gewöhnlich macht, den *entstandenen Schaden* abdeckt, sondern daß sie pro Schadensereignis über einen bestimmten Betrag, nämlich 3,6 Mrd. Dollar, abgeschlossen wurde. Den Versicherungsmanagern mußte dabei die versicherungsmathematische Wahrscheinlichkeitsrechung durch den Kopf gegangen sein, daß solch ein Fall kaum am selben Tag zweimal eintreten könne

– zumal der gänzlich unwahrscheinliche Versicherungsfall ›Terroranschlag‹ ausdrücklich mitversichert wurde und man hier ja aus dem Jahre 1993 gute Erfahrung hatte: nämlich daß auch ein Lastwagen voll mit TNT, den man im Keller hochgehen läßt, außer der Erneuerung des Anstrichs und dem Ersatz von ein paar neuen Fensterscheiben, *keine* besonderen Schäden hinterläßt. Aus den seismischen Analysen des Anschlages vom 11. September war zu erfahren, daß jene Lkw-Sprengladung von 1993 am Seismographen nicht einmal registriert worden war.

Jetzt wollen die betroffenen Versicherungen nicht die zwei mal 3,6 Mrd. Dollar für ›zwei Anschläge‹ bezahlen. Sie sind der Ansicht, daß es sich um nur einen handelt. Hierzulande würde sich selbst ein Bezirksgericht weniger mit der Frage: ein oder zwei Anschläge befassen, sondern die merkwürdigen Zufälle näher untersuchen, ob nicht ›warm abgedeckt‹ wurde, nachdem erst ein Monat zuvor diese übergedeckte Versicherung abgeschlossen worden war – zumal die ungünstigen Asbestaussichten und Kostenvoranschläge inzwischen bekannt sind.

In Österreich erinnert man sich noch an den ›Fall Lucona‹, nur daß in den USA alles schneller, größer und höher ist: 7,2 Mrd. Dollar (ca. 100 000 000 000.- öS) im Vergleich zu damals 200 000 000.- öS.

Verfahrensnotizen

Horst MAHLER beantragte in dem gegen ihn geführten Prozeß – er hatte angeblich die Terroranschläge des 11. September »gerechtfertigt«[499] –,

---

[499] Gleiches könnte man über den norwegischen Friedensforscher Johan GALTUNG behaupten, der am 11. Sept. 2001 im ORF anläßlich einer Diskussion über diese Ereignisse als Revanche für durch die USA erlittenes Unrecht bezeichnete.

MAHLER wendet ja ein: »Die verfahrensgegenständliche Äußerung bezieht sich ausdrücklich auf eine Widerstandshandlung der von den USA unterdrückten Völker. Eine solche hat am 11. September 2001 in bezug auf das Pentagon in Washington und das World Trade Center in New York nicht stattgefunden. Die offizielle Version der Ereignisse ist falsch.. . . Die 19 als Täter der Flugzeugentführungen bezeichneten Personen befanden sich nicht an Bord der beteiligten Maschinen. Deren Schicksal muß als völlig ungeklärt gelten. . .

Weder die Türme des WTC noch das Pentagon sind von Großraumflugzeugen getroffen worden. In das Pentagon dürfte eine Rakete eingeschlagen sein. Die Türme des Welthandelszentrums sind – was offensichtlich ist – durch kunstvolle Sprengungen *(controlled demolition)* pulverisiert worden. . .

Die Umstände sprechen dafür, daß es sich um eine von einer Staatsstreichjunta innerhalb der US-Administration veranlaßte, von Geheimdiensten inszenierte Operation handelte, vermutlich mit dem Ziel, einen Vorwand für einen Krieg gegen Irak, Iran, Sudan, Nordkorea und andere sogenannte Schurkenstaaten zu schaffen und in den USA eine Militärdiktatur zu errichten.«

unter anderen Herrn Mark Loiseaux als sachverständigen Zeugen zu hören. Er ist der Inspirator der von seiner Familie vor Jahrzehnten gegründeten Controlled Demolition Inc. Phoenix, MD, USA. Er gilt als deren Inhaber. Über die Bedeutung dieser Gesellschaft wird in der Darstellung des Beweisthemas zu reden sein.

In das Wissen des sachverständigen Zeugen (im Folgenden svZ1) werden folgende Tatsachen gestellt:

»Der svZ1 ist technischer Inspirator und Inhaber der ›Controlled Demolition Inc.‹. Diese besitzt die Erfinderrechte an den zur Zeit erfolgreichsten Methoden zur Zerlegung bzw. Zerstörung von Großgebäuden und von technischen Großanlagen mittels ferngesteuerter Sprengsätze. Sie ist auf diesem Gebiet weltweit führend und Inhaberin zahlreicher ›Weltrekorde‹. Die ›Controlled Demolition Inc.‹ wird von der US-Regierung für die Zerstörung von militärischen Anlagen und zur Sprengung von Raketen herangezogen. Ihr bisher größter Regierungsauftrag war der Auftrag zur Vorbereitung der kontrollierten Sprengung der Gebäude des World Trade Centers in New York. Die entsprechenden Arbeiten wurden unter der Verantwortung des leitenden Koordinators für ›Terrorismusbekämpfung‹ des FBI, John O'Neill, durchgeführt. Dieser war im Sommer 2001 zur Tarnung aus den Diensten des FBI ausgeschieden, um den Posten des Sicherheitsbeauftragten für das World Trade Center in New York zu übernehmen.

Dem svZ1 war von seinen Auftraggebern die Notwendigkeit zur Verminung des WTC damit begründet worden, daß nach Geheimdienstberichten weitere Angriffe terroristischer Organisationen u.a. auf die Türme des World Trade Centers geplant seien. Die Regierung habe sich daher entschlossen, für den Fall eines erfolgreichen Angriffs Vorsorge zu treffen. Größte Sorge bereitete in diesem Zusammenhang der Umstand, daß die über 400 Meter hohen Türme im Katastrophenfall in Manhatten einen Dominoeffekt auslösen und dadurch zahlreiche Wolkenkratzer der New Yorker Skyline zerstört werden könnten.

Der ›Controlled Demolition Inc.‹ wurde die Aufgabe gestellt, dafür zu sorgen, daß die WTC-Türme bei drohender Einsturzgefahr zur Implosion gebracht werden könnten. Die Gefährdung durch die aus großer Höhe herabstürzenden massiven Stahlbetonbauteile sollte ggf. durch Pulverisierung des Betons hinreichend gemindert werden.

Am 11. September 2001 wurde der svZ1 von autorisierter Seite auf die vorher vereinbarte Art und Weise davon in Kenntnis gesetzt, daß der Ernstfall eingetreten sei und die Implosion der WTC-Türme 1 und 2 sowie des WTC-Gebäudes Nr. 7 sofort einzuleiten sei. Dieser Weisung sei der svZ1 vertragsgemäß durch den Einsatz seines darauf vorbereiteten Technikerteams nachgekommen.

Zusätzlich ist der ›Controlled Demolition Inc.‹ die Wegschaffung der niedergebrochenen Stahlkonstruktionsteile übertragen worden. Diese sind unter Bewachung auf Schiffe verladen und nach Rotchina geschafft worden. Dies ist aus Geheimhaltungsgründen so angeordnet worden. Unter allen Umständen sollte verhindert werden, daß fremde Sachverständige auf die Spuren der Schnitt-Sprengungen an den Stahlteilen aufmerksam werden könnten. . .«

Man darf gespannt sein, wie sich hier die deutsche Justiz verhält.

Der angebliche Crash im Pentagon

Die Lage:

**Das Pentagon,
Luftaufnahme**

Das untere Bild gibt Auskunft über die Größenverhältnisse einer Boeing 757-222 im Vergleich zum Pentagon und die dadurch angeblich verursachte Zerstörung.

Das Flugzeug müßte fast zur Gänze *außerhalb* des Pentagons liegen – aber es finden sich keine Trümmer. Die flach – wie bei einer Landung – hereinfliegende Maschine mußte auch einen Slalom geflogen sein, denn alle Lichtmasten mit einer geschätzten Höhe von 15 bis 20 Meter blieben auch innerhalb der Einflugschneise unversehrt stehen. (Bild unten) Andere Bildsequenzen – von einer Video-Überwachungsaufnahme –, auf die wir hier aber verzichtet haben, zeigen die Explosion im Gebäude – aber auf den vorangehenden Bildern *kein* Flugzeug im Anflug.

Fassaden-Einsturz und unversehrter Rasen

Die Aufnahmen des Pentagons zeigen, nachdem die Außenmauer teilweise eingestürzt gewesen ist, einen praktisch unversehrten Rasen vor dem Gebäude. Es lassen sich keinerlei Spuren erkennen, die bei einem so gewaltigen Crash einer 120 Tonnen schweren und mit mehreren hundert Stundenkilometern fliegenden Boeing zu erwarten wären.

Man sollte auch glauben, daß durch die Wucht des Aufpralls die Mauern sofort zerstört würden. Hier aber sieht man, daß vor allem im Inneren des Pentagons riesige Rauchschwaden aufsteigen (siehe beide untere Abbildungen), daß aber das diese Explosion und den Brand angeblich verursachende Flugzeug *nicht zuvor* den Einsturz bewirkte. Auf beiden Bildern ist die Außenfassade noch längere Zeit völlig intakt, die Dachkante durchgängig, und erst zu einem späteren Zeitpunkt stürzt sie – auch nur einseitig – ab.

Wo ist das Flugzeug geblieben?

Brand und Rauch

**Außen-
fassade
halbseitig
eingestürzt.**

**Zwei
Schläuche
– wo ist das
Loch in der
Fassade?**

Die später sichtbar gewordenen Zerstörungen am Gebäude des äußeren Ringes sind auch viel zu geringfügig, um einem Flugzeug von der Größe einer Boeing ›Platz‹ zu bieten, im Inneren sozusagen zu verschwinden. Denn außen liegen – wie bei allen anderen angeblichen Absturz- und Kollisionsobjekten – keine Flugzeugtrümmer herum.

Erst nach einer halben Stunde fiel die Außenfassade teilweise ein, wobei die Dachkante nur links anstürzte, rechts aber noch oben hängenblieb. Wo aber ist das Flugzeug geblieben?

Es wurde auch unmittelbar nach Beginn der Aufräumungsarbeiten der gesamte Vorplatz, der angeblich die Einflugschneise war, mit Caterpillarn umgepflügt, neuer Schotter aufgeschüttet und alles neu ›befestigt‹. Daß damit jegliche Beweissicherung verhindert wurde, fiel

**Beweissicherung
amerikanisch**

**Dach
des Pentagons**

Löscharbeiten

natürlich auf und wurde in den USA auch heftig kritisiert. Diese ganz offenkundig fabrizierten Sachverhalte höchst merkwürdiger Erhebungen von ebenso fabrizierten Ereignissen vor den Augen der ganzen Welt lassen nur einen Schluß zu: Widerspruch wird mit Gewalt zum Schweigen gebracht.

Das ist auch die ›*message*‹ der Regierungsvertreter, die nach dem Ausrufen von »*Unlimited Justice*« (Grenzenlose Gerechtigkeit) schnell auf »*America on Attack!*« umgeschwenkt sind und ›dem Terror‹ den Krieg erklärt haben. Und weil dieser keine bestimmte Adresse hat, wurden der schon länger bekannten ›*rogue states*‹ – den nach US-Definition Schurkenstaaten – gleich sehr viele. WOLFOWITZ sprach von dreißig, kurz darauf Condoleezza RICE von sechzig oder siebzig, dieser Liste hinzugefügt. Das ist also gleich die halbe Welt, der die USA den Krieg erklärt haben.

Luftaufnahme des Pentagons nach dem Einsturz von Teilen des äußeren Ringes

Der Einsturz der Fassade des äußeren Gebäuderinges erfolgte etwa eine Stunde, nachdem angeblich eine Boeing 757-223 in das Pentagon gerast ist. Hier erkennt man, daß der nächstliegende innere Gebäudering überhaupt nicht beschädigt ist, was nach dem Einschlag eines so großen Flugzeugs, der mit großer kinetischer Energie ($E_{kin} = \frac{1}{2} \cdot m \cdot v^2$) erfolgte, gar nicht erklärbar ist.

Die Löscharbeiten unmittelbar nach dem angeblichen Einschlag zeigen geringe äußere Beschädigungen des Gebäudes, die jedenfalls nicht von einem Flugzeug herrühren können.

Während der Lösch- und Rettungsarbeiten kracht – ca. eine Stunde nach dem angeblichen Crash – die Fassade ein und entwickelt eine riesige Staubwolke. Es hat den Anschein, daß ähnlich wie beim WTC auch hier mit einer weiteren Sprengung dem Einsturz nachgeholfen wurde, nachdem der Brand ja längst unter Kontrolle gebracht worden war.

Ein französischer Widerspruch zur US-Darstellung

Thierry MEYSSAN schrieb über die Ereignisse des 11. September einen Bestseller unter dem Titel: *L'Effroyable imposture* (deutsche Ausgabe: *Der inszenierte Terrorismus*), der in Frankreich großes Aufsehen erregte und eine Kontroverse auslöste. Über seine Analysen und Schlüsse hat MEYSSAN am 8. April 2002 im Zayed Center in Abu Dhabi (Vereinigte Arabische Emirate), bei einer Veranstaltung der Arabischen Liga gesprochen, ebenso in einem Interview mit TV5, dessen Text im Internet[500] nachzulesen ist.

In Europa wurden bereits über 300 000 Exemplare seines Buches verkauft, aber MEYSSANS peinlich genaue Untersuchungen sind nicht die Sache der USA. Dort wurde das Buch bisher totgeschwiegen, obwohl inzwischen eine englische Ausgabe vorliegt. MEYSSAN analysiert die offiziellen Aussagen mit den festgestellten Sachverhalten und Zeugenaussagen und zeigt die Widersprüche auf. Er kommt zu dem Schluß, daß das Pentagon von einer Luft-Boden-Rakete getroffen wurde, wie sie auch im Internet vom Hersteller Boeing beschrieben wird.[501]

Die allgemeinen technischen Daten[502] lassen sich mit den festgestellten Schäden, den auf den Radarschirmen verfolgten Anzeigen und von ›Beobachtern‹ gehörten Fluggeräuschen in Übereinstimmung bringen. Damit erklärten sich auch die kleinen Löcher an der Fassade des Pentagons und der plötzliche Ausbruch des Brandes im Inneren.

---

[500] Thierry MEYSSAN, Interview mit TV5: »Wer steckt hinter den Angriffen des 11. September?«, unter: http://globalresearch.ca/articles/MEY204A.html
[501] Technische Beschreibung der neuen Boden-Luft-Rakete unter:
http://www.boeing.com/defense-space/missiles/calcm/flash.html;
http://www.af.mil/news/factsheets/AGM_86B_C_Missiles.html

Die verschiedenen Gefechtsköpfe, mit denen diese CALCM bestückt werden können, sind laut Beschreibung:

	1,500-lbAFX-760	3,000-lb PBXN-111	
Gefechtskopf:	Explosions-Zertrümmerungs-Gefechtskopf	Explosions-Zertrümmerungs-Gefechtskopf	Durchschlags-Gefechtskopf

Sie sind also auf explosive Zertrümmerung oder Durchschlag auslegbar.

Jedenfalls handelt es sich dabei aber nicht um eine Verkehrsmaschine, die von ›Hobby-Piloten‹ gesteuert wurde, sondern um ein Waffensystem, zu dem gewiß nur bestimmte Personen überhaupt Zugang haben und dessen Abschußplattform ein Trägerflugzeug sein muß. Die punktgenaue Ansteuerung erfolgt mit einem GPS-Navigations-System und einem Vergleich bzw. einer Übereinstimmung der jeweiligen erdbezogenen Strukturen mit den eingespeicherten topographischen Daten, wie es anders gar nicht denkbar wäre. Damit ist von anderer Seite die offizielle Theorie vom Terroranschlag mittels entführter Verkehrsmaschinen als nicht glaubwürdig zurückgewiesen worden.

Wir befinden uns also in guter Gesellschaft. Unsere darüber hinaus gehenden Feststellungen, die vor allem auch das WTC einschließen, sind somit der genau passende Schlußstein in der Untersuchung dieses US-amerikanischen Komplotts.

---

[502] Allgemeine Charakteristik. Primärfunktion: strategische Luft-Boden-Rakete. Hersteller: Boeing Defense and Space Group.

Hersteller Leitsystem: Litton Guidance and Control, und Interstate Electronics Corp (AGM-86C Modell).

Länge: 20 Fuß, 9 Zoll (6,3 Meter), Gewicht: 3,150 Pfund (1,429 Kilogramm), Durchmesser: 24.5 Fuß (62,23 Zentimeter), Flügelspannweite: 12 Fuß (3,65 Meter).

Reichweite: AGM-86B: 1,500-plus Meilen; AGM-86C: 600 nautische Meilen (nominal); klassifiziert (spezifisch).

Geschwindigkeit: AGM-86B, ca. 550 mph (Mach 0.73); AGM 86C, hohe Unterschallgeschwindigkeit (nominal), klassifiziert (spezifisch).

Leit-System: AGM-86B, Litton Trägheits-Navigationselement mit Boden-Kontur-Anpassung; AGM 86C, Litton INS Element integriert mit Mehrkanal-GPS an Bord.

Gefechtsköpfe: AGM-86B, Nuklearköpfe möglich; AGM-86C; Block 0, 2,000 Pfund-Klasse, und Block I, 3,000 Pfund-Klasse.

Brandursachen, Detonation und Deflagration

Der französische Artillerie-Offizier Pierre-Henri BUNEL[503] hat in einem Aufsatz den Unterschied zwischen ›Detonation‹ und ›Deflagration‹ erklärt, ebenso die Wirkungsweise von unterschiedlichen Sprengladungen und Abfeuerungssystemen.

Kurz gesagt: Man spricht von ›Detonation‹, wenn die Explosivstoffe eine Schockwelle von über 2000m/sec Ausbreitungsgeschwindigkeit erzeugen, darunter von Deflagration,wenn die Brennstoffe verbrennen, wobei etwa Kerosin– eine diesel-ähnliche, ölige Flüssigkeit – nicht einmal deflagriert; es ist dies überhaupt kein Explosivstoff und verbrennt *langsam.*

Ob es sich um eine Explosion oder eher um Verbrennung handelt, erkennt man am Verlauf des Explosions- bzw. Verbrennungsvorganges, den wiederum man von den Bildern, die sowohl vom Pentagon als auch vom WTC gemacht wurden, gut nachvollziehen kann. Das Kennzeichen der Explosion/Detonation ist eine anfangs weiße Rauchwolke, die durch die sich ausbreitende Schockwelle verursacht wird, welche die in der Luft immer vorhandene, nicht sichtbare Luftfeuchtigkeit zu einer Dunstwolke umwandelt, noch bevor Flammen zu sehen sind. Die extreme Temperaturentwicklung bei einer Explosion zeitigt dann eine helle, weiß-gelbliche Flamme im Zentrum der Explosion, die sich schnell und mit der Entfernung vom Null-Punkt orange bis schließlich rot verfärbt und auch rasch vergeht.

Erst die dann durch die extreme Hitzeeinwirkung entzündeten brennbaren Stoffe in Gebäuden ziehen schließlich die bei ›normalen‹ Bränden‹ üblichen grauen bis schwarzen Rauchwolken nach sich, je nach dem, womit das Feuer genährt wird – keines falls aber jene schweren, schwarzen Rauchschwaden, die uns von Bränden, etwa von Öltanks oder von den Bohrfeldern Kuwaits, bekannt sind, also beim Verbrennen von Kohlenwasserstoffen.

Im Pentagon konnte keine Rede davon sein, daß etwa Kerosin verbrannte. Eine Überwachungskamera vor dem Pentagon zeigte – die Bilder wurden vom Pentagon als authentisch bestätigt – eine helle, weiß-gelbe Explosionswolke an der Außenfassade, wo offensichtlich

---

[503] Pierre-Henri BUNEL, in: Thierry MEYSSAN (Hg.), *Pentagate,* Paris 2002 (deutsche Ausgabe: *Pentagate,* Kassel 2003). BUNEL war Schüler des Collège Militaire Saint-Cyr und Artillerieoffizier. Er ist Experte für Wirkungen von Explosivstoffen auf Menschen und Gebäude, Wirkungen von Artilleriewaffen auf Bedienungspersonal und Gebäude, Brandbekämpfung bei spezifischen Bränden, Wracks und Überreste von zerstörten Flugzeugen. Golfkriegsteilnehmer im Stab der Generale SCHWARTZKOPF und ROQUEJEOFFRE.

eine Lenkrakete auftraf. Die Wirkung war hier ähnlich wie bei Panzer oder Betonbunker brechenden Hohlladungen, die hier ein Loch (von etwa 2,3 m Durchmesser, s. Bild unten) in die äußere Fassade ›stanzte‹, wobei die Sprengwirkung ganz in Richtung der Einschlagsbahn konzentriert wird und bis zu drei bis fünf weitere (Beton-)Wände durch die konzentrierte Hitze mit oft flüssig-schmelzendem Kern durchschlagen werden können, bevor die eigentliche, im Inneren geplante Sprengung mit entsprechender Verzögerung ausgelöst wird. Solche kombinierten Sprengköpfe gibt es, wie am Beispiel der Boeing Luft-Boden-Rakete angegeben wurde (*penetrating* = durchschlagender bzw. *blast fragmentation* = explodierender, zerstörender Gefechtskopf).

BUNEL weist auch darauf hin, daß die Art der Brandbekämpfung Rückschlüsse auf die Brandursache erlaubt. Beim Pentagon wurde mit reinem Wasser gelöscht, daß den höchsten Wärme-Koeffizienten hat (die beste Eigenschaft, die Temperatur von Bränden zu senken). Im Fall von Kerosin-Bränden wären aber andere Brandeigenschaften zu berücksichtigen, die es nötig machten, mit Schaum den Brand zu ersticken, weil Wasser, in einen Öl-Brand gegossen, zu einer Ausbreitung führen würde. Beim Pentagon wurde aber Wasser eingesetzt, mit einer kleinen Ausnahme bei einem Nebenbrand, weil ein vor dem Pentagon stehendes Fahrzeug durch die Initialexplosion offenbar in Brand geriet. Hier wurde geringfügig Schaum eingesetzt. Sonst ist davon weder am Vorplatz noch am Gebäude selbst davon etwas zu sehen.

Was das WTC betrifft, ist die Brandursache von den Bildern her etwas schwieriger festzustellen. Die Brände sind hier ja ziemlich schnell abgeklungen, und die dunklen Rauchschwaden sind von den mit Kunstfaserstoffen ausgestatteten Räumen leicht zu erklären.

Wenn – wie ersichtlich – die Explosion vom Inneren des WTC ausging, was die anfänglichen weißen Wölkchen und die schließlich folgenden gelb-orangen Feuerbälle an drei Seiten des Südturmes ja nahe legen, hätten wir hier denselben Verlauf. Von Flugzeugen fehlen hier ebenfalls jegliche Spuren. Die so imposanten Feuerbälle, die an drei Seiten des WTC-Südturmes vertikal (!) zu den Außenwänden hervorbrachen, könnten eine durch das Gebäude hindurchfliegende Kerosin-Ladung suggerieren, was aufgrund der Trägheit der Massen auch naheläge (wobei freilich hier die Flugrichtung nicht paßte), insbesondere, da sich ja auf den Büroflächen keine ernsthaften Hindernisse befanden, die ein Durchbrechen von Flugzeugtrümmern hätte hindern können. Ein sich entzündendes Kerosin müßte dann unter dem Einfluß der Schwerkraft als brennende Öl-Feuer-Wolke zu Boden gefallen sein. Es konnte unmöglich in weniger als 8 Sekunden (so lange dauerte der freie Fall von der Höhe des angeblichen Einschlages) noch in der Luft verbrannt sein. Außerdem ist, wie in vorigem Bild ersichtlich, dies keine schwere, ölige Rauchwolke, sondern die einer offensichtlichen Explosion. Was immer ins Gebäude an Kerosin eingebracht worden sein mag, es würde ebenfalls länger und mit schweren Rauchwolken gebrannt und insbesondere die Fassade mit einem schmierig-schwarzen Ruß überzogen haben. Die Schwaden waren aber relativ schnell weg, und die Aufnahmen lassen diese Schwärzung der Fassade *nicht* erkennen. (Siehe zum Beispiel die Nahaufnahme des Einschlag-Loches mit der eingezeichneten Silhouette der Boeing.) Im Gegenteil. Auch der Rauch, der aufstieg, machte nicht den Eindruck eines Ölbrandes.

Hier ist am Südturm im Vordergrund der Rauch überhaupt verzogen, und am Nordturm ist er eher grau bis weiß, wie bei einem ›normalen‹ Brand.

Zum Schluß. . .

Fassen wir zusammen: Die ›kriminalistische‹ Untersuchung nur der allgemein zugänglichen und der ganzen Welt gezeigten Bilder und Videos sind hinreichende Beweise dafür, daß *keine* Flugzeuge in die e Terroranschläge des 11. September verwickelt waren. Damit fallen auch ›islamische Terroristen‹ als Täter aus, und die Behauptungen entpuppen sich als Lügen, deren Zweck offenbar ist: einen Sündenbock aufzubauen, den man für alles weitere verantwortlich machen kann.

Was ›alles weitere‹ konkret ist, ist seither nicht verborgen geblieben:

1. Die faktische Einführung eines ›Notstandsregimes‹, das heißt die weitestgehende Aufhebung der verfassungsmäßigen Rechte in den USA und – per diplomatischem Druck – auch bei den tributpflichtigen amerikanischen Trabanten.

2. Die Aufhebung des Völkerrechts, indem sich die USA das ›Recht‹ nehmen, jederzeit und gegen jeden Staat Krieg zu führen, geheimdienstliche Subversion zu treiben oder mißliebige Politiker und Wirtschaftsführer zu ermorden.

3. Die Rüstung zum ›Großen Krieg‹, nicht nur durch gigantische Erhöhung der Militärausgaben, sondern indem an zahllosen Angelpunkten der Welt die US-Militärpräsenz auf Kriegsstärke ausgebaut wurde. Irak, Kosovo, Mazedonien, Golfstaaten, Afghanistan, Südostasien (Stand Frühjahr 2003) seien nur als Beispiele erwähnt.

4. ›Freie Hand‹ für Ariel SCHARONs zionistisches Israel, um in Palästina den jahrzehntelangen Völkermord an den Palästinensern nun ohne jegliche Zurückhaltung oder Behinderung durch die USA zu Ende zu bringen.

5. Inbesitznahme der Weltressourcen, vor allem des Öls: am Golf, um das Kaspische Becken, in Arabien, Südamerika und Afrika.

6. Die Plünderung der Volkswirtschaften der ganzen Welt, indem die gigantischen US-Schulden mittels des Reservewährungs-Privilegs des US-Dollars auf die Völker der Welt übergewälzt werden.

7. Da nach US-Vorstellungen von ›Nationaler Sicherheit‹ auch die Entwicklung der Weltbevölkerung ein Topthema ist, muß man sich darauf einstellen, daß mit wirtschaftlichen, militärischen und ›anderen‹ Mitteln (ABC) die Weltbevölkerung dezimiert wird. In Rußland und den ehemaligen Warschauer Pakt-Staaten sind die Bevölkerungsziffern bereits um viele Millionen zurückgegangen und

die Lebenserwartung um 10 bis 15 Jahre niedriger als in vergleichbaren westlichen Staaten. Ein schleichender Genozid also.

Im Zusammenhang mit der ›Notstandsgesetzgebung‹ und den jüngst erst bekannt gewordenen Plänen für das ›Neue Amerikanische Jahrhundert‹ – die schon vor Antritt der Regierung Bush ausgeheckt wurden – kam schon zur Sprache, daß diese US-Pläne George Orwell als Waisenknaben erscheinen lassen. Es wird immer deutlicher, daß wir mit Riesenschritten und völlig blind für das Geschehen in ein dunkles Zeitalter tappen. Die vom *Sunday Herald* am 15. September 2002 berichteten Einzelheiten sind ebenso schockierend, wie es das Buch *Amerika – die einzige Weltmacht* vor ein paar Jahren schon war.

Das Dokument mit dem Titel »Wiederherstellung von Amerikas Verteidigung: Strategien, Truppen und Mittel für ein Neues Jahrhundert« wurde im September 2000 als neokonservatives *Think-Tank-* Projekt für das ›Neue Amerikanische Jahrhundert‹ (PNAC) enthüllt.

Nachfolgende Punkte sind Teile dieser ›Amerikanischen Großen Strategie‹, die nach dem Willen ihrer Schöpfer »nicht weit genug in die Zukunft« extrapoliert werden kann.

Der Bericht bezeichnet die bewaffneten Kräfte der USA in Übersee als »die Kavallerie an der neuen amerikanischen Vorfront« (›frontier‹). Der PNAC-Plan unterstützt ein früheres, von Wolfowitz und Libby verfaßtes Dokument, dem zufolge »die Vereinigten Staaten jede Industrienation davon abhalten müssen, die Führungsrolle der USA in Frage zu stellen oder gar eine bedeutendere regionale oder weltweite Rolle spielen zu wollen«.

Der PNAC-Plan enthält unter anderem folgende Punkte:

- Bezugnahme auf Alliierte in Schlüsselfunktionen, wie zum Beispiel das Vereinigte Königreich, »als effektivste und effizienteste Weise, weltweit die amerikanische Führungsfunktion auszuüben«.
- Anspruch der politischen Führungsrolle Amerikas anstatt der UNO im Rahmen von ›peace-keeping‹-Missionen.
- Wachsende Bedenken der amerikanischen Regierung, daß Europa als Rivale der USA auftreten könnte.
- PNAC-Plan führt auch aus, daß, »auch wenn Saddam die politische Bühne verlassen sollte, die Militärbasen – trotz des Widerstandes der Regierungen in der Golfregion gegen die Stationierung von US-Truppen – in Arabien und Kuwait auf Dauer bleiben würden«, weil »sich der Iran wie der Irak als eine große Bedrohung der US-Interessen herausstellen könnten«.

● Ein Schwerpunkt liegt auf China als reif für einen »Regime-Wechsel«, und der Plan meint, »daß es an der Zeit sei, die Präsenz amerikanischer Truppen in Südostasien zu erhöhen«. Dies, so heißt es, kann dazu führen, »daß amerikanische und alliierte Macht den Weg der Demokratisierung Chinas bereiten könnte«.

● Forderung nach der Schaffung von ›*US-Weltraumtruppen*‹, um den Weltraum zu beherrschen und den Cyberspace zu kontrollieren, das heißt, um die Feinde Amerikas daran zu hindern, das Internet gegen die USA zu nutzen.

● Hinweis darauf, daß trotz der Kriegsdrohung gegen den Irak wegen der Entwicklung von Massenvernichtungswaffen die Vereinigten Staaten in den kommenden Dekaden in Erwägung ziehen könnten, biologische Waffen zu entwickeln – welche die amerikanische Nation seit Jahren geächtet hat. PNAC führt aus: »Neue Angriffsmethoden – elektronische, nichttödliche, biologische – werden weiter verbreitet sein. . . der Kampf wird wahrscheinlich neue Dimensionen annehmen, im Weltraum, Cyberspace, und vielleicht in der Welt der Mikro-Organismen. . . Fortschrittliche Formen biologischer Kriegführung, die sich gegen spezifische Genotypen richten, könnten die biologische Kriegführung aus dem Bereich des Terrorismus herausführen und in ein politisch nützliches Werkzeug verwandeln.«

● PNAC nimmt Nordkorea, Libyen, Syrien und den Iran als gefährliche Regime aufs Korn und argumentiert, daß deren Existenz die »Schaffung eines weltweiten Befehls- und Kontrollsystems« rechtfertigen würde.

Dies sind Pläne für die US-Weltherrschaft – eine Neue Weltordnung nach dem Geschmack amerikanischer Utopisten und Gangster.

Der Ausbau der Stützpunkte ist das gewissermaßen ›sichtbare‹ Faktum. Die uns beschäftigende Frage ist natürlich das ›Warum‹, die Frage: Was beabsichtigen die USA damit? Wir hoffen mit den bisherigen Ausführungen eine Vorstellung davon gegeben zu haben: Es geht darum, auch mittels Krieg und Gewalt die Herrschaft des Dollars in Zukunft zu gewährleisten. (Im Anhang kommen wir auf diesen Punkt – gewissermaßen schon nach Abschluß des Manuskriptes – mit einem Kommentar zu einer E-Mail, die an die US-Sicherheitsberaterin C. Rice ging, nochmals ausdrücklich darauf zu sprechen.)

Anthony C. Sutton, Verfasser vieler historischer Sachbücher in bester britischer Tradition, Research Fellow der Hoover Institution an der Stanford Universität von 1968 –1973, zitiert in *Wie der ›Orden‹ Kriege und Revolutionen initiiert* (1983) ziemlich oft Prof. William Carr QUIG-LEY von der Universität Boston:»Um etwa 2000 wird das kommunistische China eine ›Supermacht‹ sein, errichtet mit amerikanischer Technologie und Kenntnissen. Es ist wahrscheinlich die Absicht des ›Ordens‹, diese Macht in einen Kriegszustand mit der Sowjetunion zu bringen.

Die Atlantische Allianz nennt das einen ›*Managed Conflict*‹ (einen kontrollierten Krieg). Es ist höchste Zeit, daß die Alte Welt endlich abspricht oder, noch besser, eine Gegenkoalition ins Leben ruft.

Pressefreiheit und die allgemein verbindliche Fixierung des Geldes sind dafür die Grundvoraussetzungen.« (Siehe dazu im Anhang zwei ›Gesetzes‹-Vorschläge über Pressefreiheit und die Normierung des Geldes.)

SUTTON ist jedenfalls viel konkreter in seinen Schlüssen, als dies die meisten Bibeltexte sind und bestimmte Propheten wie NOSTRADAMUS oder die Hirtenkinder von Lourdes. Letztere werden immer erst dann verständlich, wenn das Ereignis, auf das sie sich beziehen, bereits stattgefunden hat. Ähnlich wie JOHANNES in der Offenbarung den 11. September (18, 17)[504] oder den Wall Street-Crash in 18, 14[505] anspricht. Vielleicht sogar das US-Handelsbilanz-Defizit, das nun bei jährlich 412 Mrd. Dollar steht und die EU nötigte, allein im Juli 2002 weitere 11 Mrd. Dollar an ›Reserven‹ anzulegen[506], nachdem nun die Fata Morgan(a)[507] der Wall Street das ›Recycling‹ (des Dollars) für niemanden mehr attraktiv erscheinen läßt.

Aber was entnehmen wir für eine mittlere, vielleicht sogar nur kurzfristige Vorschau aus JOHANNES, der einen »Engel mit einem Maß(stab) aus Gold« (Offenb. 21, 15) oder den Auserwählten um Melchisedechs Salem (Gen. 14, 18) erwähnt? Ist das Gold als Maß die letzte Zuflucht der Menschen, wenn das Vertrauen ins Geld, das heißt, wenn der Kredit unter den Menschen verlorengegangen ist? Einige ›Finanzexperten‹ empfehlen der Regierung, das Gold zu »privatisieren«, was dazu führen könnte, daß die USA den französischen und deutschen Gold-Schatz zurückgeben, den sie seit dem Kalten Krieg – angeblich – aus Sicherheitsgründen (vor einem möglichen Zugriff der Sowjetunion) verwahrten. DE GAULLE verlangte wie gesagt 1968 das französische

---

[504] Der Sturz Babylons: »In einer einzigen Stunde ward der ganze Reichtum dahin. . .«
[505] Der Sturz Babylons: »Auch die Früchte, nach denen dein Herz begehrt. . .«
[506] D.h. «*fiat-money*« (= Dollarnoten) zu erwerben und in den Tresoren zu bunkern. Eine besonders kostspielige Aufbewahrung für wertloses Altpapier.
[507] J.P. Morgan Guaranty – fusioniert mit der Chase Manhattan Bank – ist einer der größten Spekulanten im Derivat-›Geschäft‹.

Gold zurück, aber anstelle einer Rückgabe wurde er durch die Mai-Unruhen gestürzt, die augenscheinlich von COHN-BENDIT von der Frankfurter Schule angeführt wurden. Einige Jahre später beschuldigte dieser auf einer Konferenz in Rom öffentlich seinen ehemaligen Professor MARCUSE, prominentes Mitglied der Frankfurter Schule, den prominentesten US-Re-Import nach Deutschland nach 1945 zwecks Umerziehung der neuen deutschen Eliten, dies alles geplant zu haben, wofür er prompt aus dem Saal hinauskomplimentiert wurde. Spät, aber doch kommt die US-Handschrift auch hier ans Licht.

Übrigens liegt die Bibel bei Zusammenkünften von Freimaurerlogen immer mit einem Text des JOHANNES aufgeschlagen da, und dieser schreibt nicht nur Furchterregendes. In Offenb. 3, 9 nährt er die Hoffnung,[508] daß es auch intelligentere Menschen mit einigen Ideen zur Erhaltung der Menschheit geben wird.

Was können wir tun? Aufklären, Mut machen, die Lüge bekämpfen, die längst nicht mehr schleichenden, sondern destruktiven Prozesse demaskieren und auf der richtigen Seite kämpfen. Für weniger werden wir unsere Zukunft nicht sichern können.

Am bedrückendsten ist freilich, daß unsere ›freie‹ Presse heute mehr als in jeder Diktatur nur noch angepaßte Berichte bringt, Desinformation verbreitet, Nachrichten über wirkliche Ereignisse totschweigt, lügt, diffamiert, Nebensächliches aufbläst. . . Auf unseren Reisen in die ehemaligen Ostblockländer und nach Rußland sprang ins Auge, daß die ›befreiten‹ Warschauer Pakt-Staaten, die heute fest in westlicher Hand (USA, UN-›Friedenstruppen‹ und -Hochkommissare, George SOROS' Open Society Foundation usw.) sind, die sozusagen dem früheren ›Großen Bruder‹ entkommen zu sein glaubten, vom Regen in die Traufe kamen. Rußland hingegen erfreut sich einer Meinungsfreiheit und offenen Diskussion, die man bei uns nicht mehr kennt. So liegen in der Tat die Hoffnungen in einer engen Zusammenarbeit mit Rußland, dem ehemaligen Antagonisten der USA. Wie zielorientiert und konstruktiv sich diese schon in vielen Bereichen entwickelt, wurde ja – auch als Hoffnungsschimmer – kurz angedeutet. Wir werden uns neue alte Freunde suchen müssen und auch ein paar Voraussetzungen, wie sie im Anhang angesprochen werden, zu schaffen haben. Die ›Heilige Allianz‹ hat schon einmal einem Despoten sein Waterloo bereitet.

---

[508] Offenbarung. 3, 9: »Ich gebe dir Leute aus der Synagoge Satans, die behaupten, sie seien Juden, sie sind aber keine Juden, sondern Lügner. Ich werde bewirken, daß sie kommen und sich vor deinen Füßen niederwerfen und erkennen, daß ich es bin, der dich geliebt hat.«

Faksimile einer E-mail an Condoleezza Rice

DE :J.K. ELTAJO   N° DE FAX :952860432   16 SEP. 2002 17:43   P1

Mon, Sep 16, 2002 5:19 pm

From: John Kesselstatt <didikess@yahoo.com>
To: "Bush George W." <president@whitehouse.gov>
Date: Monday, September 16, 2002 5:19 pm
Subject: Messdage from the Man of Peace

For: Condoleza Rice

Dear Condoleza,

I was happy to hear that the Pres.mentioned the 17 times the Iraquis refused admonitions to obey the Sec.Council resolutions in his forceful speach to the Gen.Assembly . Thank the Lord he did not mention the 32 vetoes which the U.S.mercifully cast in the last 35 years which allowed us not to obey Sec.Council resolutions asking us to leave the holy land javeh gave to us a long time ago . If he had, all my rabbis would have had heart attacks. Peace is the last thing we want.

I would advise you not to ask for too strong a resolution from the Sec,Council and risk a veto . Just attack and get it over with .All you risk is a few boys from Minnesota who don't know of our history anyway .They will not even know why they were sacrificed.

You will have to eliminate about 1 million people (including collateral victims) to pacify Irak.
When it is over,you take the oil and we take the land. I need to transfer all those awful Palestinians we don.t need to work our fields.

All the best wishes and keep me posted (the money is being transferred).

Your great and trusting friend

Ariel

Kommentar zur E-Mail an Condoleezza Rice[581]

Condoleezza Rice wurde anläßlich ihrer beiden letzten Reisen nach Israel einer völligen Gehirnwäsche unterzogen. Diese Leute wissen aus langer Erfahrung, wie Schmeicheleien bei einem schwachen Ego ankommen. Und indem sie die Schnapsrechungen für Winston Churchill und all seine anderen Rechungen für sein luxuriöses Leben bezahlten, machten sie aus ihm einen glühenden Zionisten, obwohl er es besser wußte. So schwätzt nun auch sie dem Junior Scharons Politik auf.

In seinem 1963 erschienenen Buch *Der Kampf um die Weltherrschaft* meinte der britische Autor Georg Knüpfer,[582] daß drei Lager in der Welt den wesentlichen geschichtlichen und politischen Einfluß hätten und daß diese Lager nicht durch nationale Grenzen gekennzeichnet seien.

Knüpfer widmete sein Buch Seiner kaiserlichen Majestät, dem Großfürsten Wladimir von Russland. Am Ende des Buches meint er:»Aber mit dem Aufkommen des Wuchers und dem geldschöpfenden Kapitalismus entstand eine neue Macht, deren Protagonisten keinerlei Verbindungen mit den Völkern/Nationen hatten, über die sie herrschten, deren Methoden und Politik geheimgehalten würden und deren Interessen und Absichten nichts gemein hätten mit jenen der verschiedenen Nationen, ja die ihnen sogar entgegengesetzt sind.« Er fährt fort und nennt sie»eine parasitäre Macht«. Wir wissen, wer gemeint ist.

Im Grunde begann der Kampf vor 2000 Jahren. Nach Ansicht des Verfassers sind die beiden Hauptmächte heute (1963) der Rote und der Weiße Kommunismus. Rußland ist der rote Totalitarismus, und wir, die USA und der Westen, der weiße, das kapitalistische Monopol.

Aber jene, die die Weltherrschaft anstreben, können die Welt nicht zwischen dem roten und weißen Lager geteilt lassen, auch nicht bloß nominell. Seine Ansicht ist, daß die ›Weißen‹ plangemäß die Welt vor den ›Roten‹ retten würden, was bereits getan sei. Nun seien wir auf

---

[581] Korrespondenz mit einem Freund aus Spanien. Den ›Scherz‹ mit der E-mail machte sich ein Mitarbeiter, dessen häufige Proteste bis dato – und wie üblich – im ›Dialog‹ mit Politikern und dem Polit-Establishment ›nicht einmal ignoriert‹ wurden. Der Grund, solch eine – scheinbare – Karikatur hier anzuführen, liegt auf der Hand: Sie wirft ein Schlaglicht genau auf jene Punkte, die letztlich mit den wirtschaftlich-finanziellen einer der Hauptgründe für die gegenwärtige Lage sind.

[582] Siehe oben, S. ??.

dem Weg zur totalen Globalisierung, und schließlich würde derjenige die Welt beherrschen, der die Geldbörsen kontrolliert.

Ist aber Israel nicht ein Feigenblatt, ein weit vorausgeplanter Schachzug (Lord BALFOUR, 1916), das eines Tages ausgedient haben wird, wenn keine Maskierung der Gewaltpolitik mehr nötig ist? In diesem Fall, der ›Entnationalisierung‹ der irakischen Ölvorräte, wird sichergestellt, daß sie *nicht* auf Euro-Basis gehandelt werden, was SADDAM vor einem Jahr den EU-Ignoranten angeboten hatte. Was wußte GREENSPAN, als er vor einigen Jahren ›vorhersagte‹, daß der Euro kommen, aber nicht von Dauer sein würde? Wir haben immer gedacht, daß er lang genug bestehen bliebe, bis die Dollar-›Reserven‹ in Euro umgewandelt sein würden. . . Ein eleganter Weg, sich der Schulden zu entledigen, nachdem man einige Billionen in den ›überschießenden irrationalen Märkten‹, für deren Gedeihen GREENSPAN am meisten getan hat und noch immer tut, abgezockt hatte. Um aber dieses Überwälzen der US-Schulden ermöglichen zu können, muß man die Ölquellen kontrollieren, damit man fortfahren kann mit ›*fiat money*‹, dem Dollar, jene 60 Prozent des US-Bedarfs zu ›bezahlen‹, die die USA importieren (d.h. auch weiterhin *wertloses* Papier für echte Güter hingeben zu können).

Die These unseres Freundes, der wir uns anschließen, ist nun, daß die Irak-Krise eine des Dollars ist. Die USA wollen oder vielmehr *müssen verhindern*, daß der Dollar nicht mehr weiter die Ölwährung ist. Der Dollar würde sonst wohl sofort auf 0,5 Euro abstürzen. Angefangen mit den großen US-Markenfirmen – ›Corporate America‹ – gäbe es dann an der Wall Street eine erneute und anhaltende Hausse. Wobei man hinzufügen muß, daß auch ohne diese Bedrohung man nicht mehr recht unterscheiden kann, wo der eine Crash endet und der nächste beginnt. Inzwischen (2. Oktober 2002) zitiert das Provinzblatt *Oberösterreichische Nachrichten (OÖN)* den Chefvolkswirt der Deutschen Bank, Norbert WALTER: »Wenn es tagelang an den Börsen jeweils 3 bis 5 Prozent hinuntergeht, dann ist das ein Crash.« Nun, so geht es ja seit März 2000, unterbrochen von jenen manipulierten Aufwärtstrends kurzer Dauer, über die wir an anderer Stelle schon schrieben.

MURAWICZ[509] von der Rand Corporation konnte es nicht deutlicher sagen. Ist es nicht seltsam, daß darüber kein Wort fällt, obwohl keiner die Mär von den Massenvernichtungswaffen glaubt (von denen vor

---

[509] Seine Studie spricht aus, wie sich die USA auch in Zukunft sanieren können: indem sie ein Land nach dem anderen zum ›Schurken‹ erklären und dessen Guthaben und Eigentum als ›feindliches Vermögen‹ konfiszieren, wie – höchst lukrativ – seit 1918 unter Bruch des Völkerrechts bereits.

allem die USA die größten Arsenale haben). Dieser lächerliche Kriegsgrund, den wieder einmal Tony BLAIR ›enthüllte‹, war von eben derselben Qualität wie die ›Beweise‹ für die Urheberschaft Osama BIN
LADENS Al-Qaida an den Anschlägen vom 11. September, mit denen
der ›Beistands-Fall‹ der europäischen NATO-Verbündeten begründet worden ist. Die *Financial Times* bezeichnete dieses Apportieren
BLAIRS, die Beibringung von ›Gründen‹ für ein Losschlagen gegen den
Irak, als einen Flop.
Zwar wurde mit der schnellen Einigung über die UN-Waffenin-
spektoren in Wien – am 1. Oktober 2002 wurde dies berichtet – dem
Kriegstreiben BUSHS, der USA und Englands zunächst ein Schlag, weil
nur zu deutlich war, daß die USA und ihr europäischer Geßlerhut
BLAIR auf jeden Fall den Krieg wollten, womit aber um so klarer wurde, daß es ein reiner Aggressionskrieg und somit ein völkerrechts-
widriges Verbrechen sein würde.

Nach Ansicht unseres Freundes wäre es am besten, wenn

1. der Irak erklärte, den Dollar als Öl-Währung nicht in Frage zu stellen,

2. die EU ihre Mitgliedschaft in der NATO ebenso kündigte, wie die
   USA den ABC-Vertrag mit Rußland, und statt dessen eine Europä-
   isch-Russische Allianz gründete, mit der China sich auf Wunsch
   assoziieren könnte.
   Dies liefe auf die Wiederherstellung des ›Gleichgewichts des Schrek-
   kens‹ – als Beitrag zur Friedenssicherung – hinaus, das heißt, dem
   Super-Rogue von den angekündigten Präventivschlägen abzuhal-
   ten (*to dissuade* in *Newspeak*).
   Aber das sind halt nur Gedanken von hinter die Bühne sehenden
   Beobachtern, deren Verwirklichung von anderen abhängt.

Zurück aber zu den aktuellen Weichenstellungen. Nüchtern betrachtet handeln diese Kerle in der Verfolgung der Interessen Amerikas
sehr verantwortungsbewußt, und man kann nicht erwarten, daß sie
sich in derselben Weise auch um die anderen kümmern würden. Und
schließlich halten sie mit der Globalisierung bereits eine Menge Leute
in Arbeit, wozu sie einen starken Dollar brauchen.
Aus diesem Grund *mußten* sie 1951 unter Preisgabe ihrer demokratischen Ideale, die iranische Regierung MOSSADEGH durch einen Militärputsch stürzen und den jungen REZA, dessen Vater noch ›entnazi-
fiert‹ werden mußte, an die Macht bringen, denn dieser alte Aristokrat
hatte die Ölfelder verstaatlicht, d. h. die nationalen Reichtümer dem

Iran zurückgegeben. Er wollte das Öl ein wenig teurer als für 0,35 Dollar/Barrel verkaufen, jenen Preis, den die ›Sieben Schwestern‹[510] bis dahin bezahlten, bis auch sie erkannten, daß das Folgegeschäft auch für sie lukrativ sei, und sie dem Schah 7 und sogar 15 Dollar bezahlten, womit sie ihm ermöglichten, Milliarden für das ›Verteidigungs‹-*Business* ausgeben zu können. Es ist in guter Erinnerung, wie viel von diesen Millionen für Flugzeuge ausgegeben wurde und wie man den Mossad engagierte, um den iranischen Geheimdienst Savak zu trainieren. Seine Greuel verursachten großen Aufruhr, währenddessen die USA und England die Ölfelder ausbeuteten. Es ist immer wieder amüsant zu sehen, daß wir uns wundern, warum die Menschen Amerika hassen.

Präsident Eisenhower, der Ex-Politgeneral des Zweiten Weltkrieges, fühlte sich dann verpflichtet, vor dem ›Militär-Establishment‹ zu warnen. Aber die ›Sieben Schwestern‹ lernten ihre Lektion und sorgten dafür, daß auch Saudi Arabien sein Öl verstaatlichte, und sie zahlten ihnen irrsinnige Preise, womit sie der Welt – mit der immensen Kaufkraft der Ölscheichs – eine unerhörte Verlängerung des Schulden-Zyklus bescherten, der anders und ohne diese brillante Strategie ›hier und jetzt‹ zu Ende gegangen sein würde, und nicht erst eben jetzt.

Aber worauf wartet Rußland? Auf seine völlige Entmachtung? Wozu sind seine ABC-Waffen nützlich, wenn nicht dazu, das ›Gleichgewicht des Schreckens‹ mit umgekehrten Vorzeichen und um Rußlands eigene und Europas, seines Verbündeten, Freiheit zu sichern?

»Zum Glück«, wie jemand meinte, »gibt es noch Rußland und China, aber *nur* dann werden sie ihrer Aufgabe gerecht werden, wenn sie mehr als nur protestieren und George Bush klar machen, daß die UNO keine unabhängige Körperschaft ist, die man ›herausfordern‹ kann. . ., sondern eine ›Versammlung von unabhängigen Nationen‹.«

Wir sollten von den US-Boys lernen, die uns überzeugend demonstrierten, daß die Welt ist, wie sie ist, und wie *sie* sich in diesem gefährlichen, hochtechnisierten Zeitalter bewegten: von der Zeit der ›Russischen‹ Revolution an, die sie finanzierten, in der sie die UdSSR von 1917 bis 1989 aufbauten und bewaffneten, und wie sie jedermann in einem der beiden Blöcke zum Gehorsam zwangen, die beide doch vom ›Alten Mann vom Berg‹ kontrolliert wurden, von den – wie heute – ebenso ›sichtbaren‹ bin Ladens. Wir sind uns sicher, sie würden

---

[510] Synonym für die damaligen sieben großen anglo-amerikanischen Ölkonzerne: Standard Oil of New Jersey (Esso), Royal Dutch-Shell, Mobil Oil, Gulf Oil, Texaco, Standard Oil of California, British Petroleum. Sie betrieben im Vorderen Orient folgende Gesellschaften: Aramco, Iraq Petroleum Company, Kuwait Petroleum Company, Bahrain Oil Company.

einen solchen Partner willkommen heißen, denn sie sind zu klug in ihrer Beurteilung der Welt, um alles in den Händen von *Nr. 4* wissen zu wollen.[511]

Joseph SOBRAN, einer der wenigen vertrauenswürdigen politischen Analysten, äußert sich in seinem monatlichen Bericht von August 2002 über George BUSHs Verstand, indem er Samuel JOHNSON zitiert:»Es hat nicht das geringste mit der Wahrheit zu tun, daß die Menschen alle gleich seien, wie wir jederzeit erkennen können, als zwei Männer nicht eine halbe Stunde zusammen sein können, ohne daß nicht einer die Oberhand über den anderen gewonnen hätte.« Und so ist es mit CHENEYs Überlegenheit über BUSH. Es ist auch in Wahrheit CHENEYs Krieg (gegen den Irak), der mit den Falken verbündet ist.

»Hören Sie den beiden beim Sprechen zu. BUSH ist notorisch vage; oder wie man auch sagen könnte: Er beginnt einen Satz, ohne zu wissen, wie er ihn beenden wird. Er ist vage, weil er unentschlossen ist. Ein Mensch, der weiß, was er will, spricht nicht so. BUSH ist ein murmelnder, summender, ungeschickter Mensch. *(a mumbling, bumbling, blunderng man)* Seine Sprechweise offenbart seinen Charakter.« SOBRAN bringt es auf den Punkt: CHENEY ist entschieden und zielorientiert, und er weiß, was Macht ist. SOBRAN hält zwar auch nichts von CHENEY, aber er anerkennt diese seine Stärken. «Wenn er und BUSH allein in einem Raum zusammen sind, wird BUSH schlimm ausgezählt.«

Die Atlantische Allianz muß ihre Regeln neu bestimmen

»Europa gegen Amerika: Dieses Schauspiel hat die Welt schon einmal erlebt«, meinte Henry KISSINGER[512] in der *Welt am Sonntag* vom 9. Februar 2003. Und er erklärt uns weiter, daß »keine Regierung, die mit Präsident BUSH oder seinen Beratern seit der Verabschiedung der Resolution 1441 im November 2002 sprach, daran zweifeln [konnte], daß die Amerikaner binnen weniger Monate eine erhebliche Verletzung der Resolution verkünden würden mitsamt Maßnahmen, diese zu ahnden. . .

---

[511] Zur Erinnerung: die vier kennzeichnenden Eigenschaften des deutschen ›Großen Generalstabes‹:
Nr. 1 = brillant und energisch
Nr. 2 = brillant und faul
Nr. 3 = dumm und faul
Nr. 4 = dumm und energisch
Nach diesen Charakteristika reihte er seine Offiziere ein.
Nr. 4, der dumme, aber aktive Typus ist offensichtlich der nützlichste, um (ihn) zu kontrollieren. Und den Nr. 4 haben die USA nun im Amt.
[512] http://www.wams.de/data/2003/02/09/40330.html

Warum haben sie für die erste Resolution gestimmt und drohen nun, die unweigerliche Folgeresolution zu blockieren? Am Ende wird sich Paris, das für seinen Realitätssinn bekannt ist, nicht die Blöße geben, abseits zu stehen, wenn der stärkste Verbündete. . .«
KISSINGER hat natürlich recht: Niemand konnte daran zweifeln, daß die Amerikaner auf jeden Fall einen Kriegsgrund fabriziert haben würden. Wann wäre es je anders gewesen? Das Verbrechen des deutschen Bundeskanzlers ist also, daß er mit dieser Selbstverständlichkeit gebrochen hat. So muß er sich in der kruden Logik KISSINGERS, des ›Todesengels‹, wie er auch genannt wird, vorwerfen lassen, wieso er an der Kumpanei nicht weiter teilhaben will, wo er sich doch auf das Spiel eingelassen habe.

Zur Entschuldigung SCHRÖDERS muß man freilich sagen, daß er natürlich nicht der Kanzler eines souveränen Staates ist. Vielleicht sah er sich zum ›A-Sagen‹ gezwungen und hoffte auf Aufschub. In den Augen der Cowboys ist das natürlich weder eine Entschuldigung noch verzeihlich, denn ein aufmüpfiger, doch eigentlich tributpflichtiger Vasall hat dazu kein Recht. Normalerweise wird dies mit Exekution ›bestraft‹. Darum ist die ›Warnung‹ in der *Welt am Sonntag* durch den ›Todesengel‹ wohl auch schon ein ›last warning‹ gewesen. Sollte SCHRÖDER Rückgrat zeigen, könnte ihn leicht das Schicksal[513] HERRHAUSENS, ROHWEDDERS u. a. – plötzlich – ereilen.

---

[513] Der Chef des italienischen SISMI, Col. Umberto BONAVENTURA, wurde erst kürzlich in seiner Wohnung tot – »ohne Fremdeinwirkungen« – aufgefunden. Er sollte demnächst vor dem Kongreß in der von ihm aufgedeckten Affäre Mytrokin (ein abtrünniger KGB-Agent) aussagen. Viele führen seinen Tod auf einen Mordanschlag zurück. (Info: *Interantional Forecaster* vom 23. 11. 2002.

Ein neues Medien-Gesetz: Warum? Wozu?

Man bezeichnet meist die Medien als Vierte Gewalt, in Anlehnung an die drei Gewalten des Staates: Legislative, Exekutive und Jurisdiktion. Das ist, wie heute jeder weiß, eine Untertreibung, denn sie sind *de facto* die Erste Gewalt, von der die anderen längst abhängig geworden sind. Sie sind obendrein eine Gewalt, die anders als die konstitutionellen Gewalten *keiner*, wie im Falle der staatlichen, doch recht umfangreichen, verfassungsrechtlich geregelten Kontrolle und Balance (durch Gewaltenteilung) unterliegt. Die ›freiwillige Selbstkontrolle‹ oder irgendwelche ›Medienräte‹ usw. sind angesichts der unbeschränkten und in der Regel auch nicht verantworteten Macht nicht einmal als Feigenblatt anzusehen.

Von einer Gewalt haben wir noch gar nicht gesprochen, der Macht des Geldes, die als anonyme, indirekte Macht alles beherrscht und die sich der von ihr abhängigen Medien in einer gänzlich intransparenten Weise bedient. KISSINGER sagte zu Recht: »Mit Nahrung beherrscht man Menschen, mit dem Öl die Nationen, mit Geld die Welt.« Das immaterielle Finanzkapital tritt gewissermaßen über die Medien in Erscheinung, die beinahe nur wie *ein anderer Modus* des ersteren anzusehen sind.

Die *res publica*, das ›*bonum commune*‹ (das Gemeinwohl), erfordert aber, daß die Bürger jeder Gemeinschaft nicht nur die bekannten Menschenrechte – Freiheit, Unverletzlichkeit usw. – unveräußerlich besitzen, sondern auch ein umfassendes Recht auf Information und Beteiligung im Umgang mit Information und Kommunikation. Wegen des an sich monopolistischen Charakters der Medien müssen diese mehr als alle anderen staatlichen Gewalten einer solchen gesetzlich fixierten Verpflichtung unterworfen werden, die es allen legitimierten Gruppen der Volks- oder staatlichen Gemeinschaft erlaubt, in einem angemessenen Umfang an der Meinungsbildung teilzunehmen. Diese Teilnahme ist selbstverständlich nicht durch den kindischen Hinweis erledigt, daß ja jeder ›sein eigenes Medium‹ begründen könne oder einem bei strafgesetzlich relevanten ›Persönlichkeitsverletzungen‹ die presserechtliche ›Erwiderung‹ möglich sei. Das ist lächerlich und stellt auch keine ›Öffentlichkeit‹ oder ›Meinungsvielfalt‹ her, wenn ›Samisdat‹-Literatur gegen Time Warner oder Bertelsmann anzutreten hätte.

Da – in fast allen Ländern der Welt – auch eine Regierung meist keinesfalls einen beherrschenden Einfluß (wenn überhaupt!) auf die Medien hat, diese aber nicht gegen feindselig eingestellte Medien ihre legitimen Anliegen verwirklichen könnte, muß ihr natürlich in gleicher Weise wie allen anderen Gruppen der gesetzlich garantierte, kostenlose und geregelte Zugang zu allen organisierten Medien zwecks offener und öffentlicher Diskussion ermöglicht werden.

Was die oben skizzierte Idee betrifft, so darf diese nicht mißverstanden werden.

Es wäre eine irrige Vorstellung, mit diesem ›Gesetzes‹-Vorschlag solle der Regierung der ›Zugriff‹ auf die Medien per Gesetz garantiert werden. Manchmal wird das auch – ebenso fälschlich – als Legitimierung einer Regierungszensur oder als Maulkorb für die Pressefreiheit usw. interpretiert. Das ist selbstverständlich nicht so.

Tatsächlich ist die Lage anders. In den sogenannten ›westlichen Demokratien‹ sind die Medien meist fest in der Hand einer kleinen, finanzkräftigen Anonyma, die sich jeglicher öffentlichen Kontrolle oder gar Verantwortung entzieht oder längst entzogen hat. Daß bei den nicht hinter die Kulissen sehenden Bürgern dies meist nicht bemerkt wird, hängt unter anderem damit zusammen, daß die Medien immer viel Lärm machen, wenn *legitime* Interessen des Staates (= der *res publica*) hier eingreifen wollen oder auch nur ›Gegendarstellungen‹ verlangen. Man übersieht auch, daß eine Regierung einen, den wichtigsten Auftrag, nämlich das Land zu regieren hat, dabei an einen definierten gesetzlichen Rahmen gebunden ist und einer Kontrolle unterliegt (wenngleich dies oft genug umgangen wird). Dies ist, wie schon erwähnt, bei der sogenannten ›Vierten Gewalt‹ – der Presse (und noch mehr der elektronischen Medien) – aber überhaupt nicht, weder theoretisch noch weniger praktisch der Fall.

Tatsächlich fand kürzlich[514] vor unseren Augen die Besetzung des tschechischen Fernsehens durch linke Journalisten statt, die den Dienstantritt des angeblich ›den Konservativen nahestehenden‹ Intendanten mit passiver Gewalt verhinderten. Das heißt, die hier an den Mikrophonen und FS-Kameras sitzenden Linken verhindern/-ten jegliche – gesellschaftlich gewiß mindestens gleichgewichtige – Repräsentanz *nichtlinker* Interessen oder Anliegen. Vier Wochen nach Beginn dieses ›Streiks‹ (d. h. der gänzlich illegalen und erpresserischen Besetzung der öffentlichen Medien) waren die Staatsregierung und das Parlament immer noch nicht Herr der Lage.

Zweites Beispiel Österreich. Ein Jahr nach Regierungsantritt ist im ORF eine geradezu subversive linke Clique nach wie vor im Besitz sämtlicher Positionen. Der Regierung ist es bisher nicht gelungen, hier eine faire und ausgewogene Berichterstattung zu erreichen, wie sie es auch bisher nicht einmal gewagt hatte, jene zu ersetzten, deren »Tä-

---

[514] Um die Jahreswende 2000/01 eine monatelang dauernde Krise

tigkeit« nur mehr als staatsgefährdend, -zerstörend und aufhetzend zu klassifizieren ist – das, obwohl das Treiben längst jegliche legitime Kritik an Maßnahmen einer Regierung überschritten hat.

Drittes Beispiel Serbien während des Kosovo-Krieges. Der bei uns erweckte Eindruck, unter MILOSEVIC hätte eine Knebelung der Medien geherrscht (was die westlichen ›liberalen‹ Medien immer lautstark behauptet hatten), ist völlig falsch und eine glatte Lüge. Die SOROS-Foundation hat in ihren *Open Society News* im April 1999, also während des Kosovo-Krieges, triumphierend folgendes berichtet:

»Die Vereinigung der unabhängigen elektronischen Medien (ANEM) wurde 1993 von sechs ›unabhängigen‹ Radiostationen gegründet. Der Protest 1996 habe die Annullierung der Wahlergebnisse verhindert und eine weitreichende Liberalisierung der elektronischen Medien und ihre geographische Verbreitung. (Der Erfolg dieser 90 Tage dauernden Straßenproteste wird auf die grenzenlose Kommunikation über das Internet zurückgeführt.) Heute gehören der ANEM 33 Radio- und 18 Fernsehstationen an. Damit werden 70% des Landes erreicht.

Ermöglicht wurde das alles durch Förderungen des ›Fonds für eine Offene Gesellschaft‹ George SOROS', dem sich später auch Spender aus internationalen Nicht-Regierungsorganisationen (NGOs)[515] und ›anderer Institutionen‹ dazugesellten. (In dieser beeindruckenden Zahl sind die eine TV- und die vier Radiostationen, die verboten wurden (weil sie im Krieg offenbar ›Feindpropaganda‹ betrieben), *nicht* enthalten.)

Die SOROS-Foundation finanzierte zwischen 1992 und 1998 das Entstehen eines halben Dutzends Tageszeitungen in Serbien und Kosovo, verschiedener Wochenzeitungen und von drei ›unabhängigen‹ Nachrichtenagenturen. Ferner von zwei Vereinigungen ›unabhängiger‹ Journalisten und ein ›unabhängiges‹ internationales Pressezentrum. Alles wurde zwecks gegenseitiger Verstärkung vernetzt. . . Für eine ›Diktatur‹, noch dazu mitten im Krieg, sind das merkwürdige Fakten.«

---

[515] Welche das sind, hat kürzlich das *New York Times Magazine* (vom 26. 11. 2000, »Wer stürzte Milosevic wirklich? »Studentische Aktivisten, unterstützt mit amerikanischem Geld und Training unterminierten den Diktator«) aufgedeckt: Die eigentlichen US-Drahtzieher haben dies auch ganz ungeniert gesagt: Man habe sich hier nicht wie üblich für CIA-typische gewaltsame Umsturzmethoden, sondern für den ›demokratischen‹ Weg entschieden. Die Ausführenden waren unter anderem die ›*National Endowment for Democracy*‹, die ›*US-Agency for International Development*‹ (A.I.D.) – eine offizielle US-Regierungs-Agentur, das *International Republican Institute*, rückversichert, sprich finanziert – vom A.I.D. Sie werden und wurden von einer Regierungsstelle finanziert, gelten aber als ›NGOs‹! Also Zweigstellen der Democratic Party und der Republican Party.

Aus diesen Beispielen ist ersichtlich, daß keinesfalls die Regierungen – nicht einmal in Diktaturen – über den Medien sitzen, sondern es scheint umgekehrt zu sein: Die mediale (aber unverantwortete und unkontrollierte und daher nicht legitimierte) Macht bestimmt, was in einem Land geht, eine Regierung ›sich erlauben darf‹. Nicht die Politik gibt den Medien den Rahmen vor, sondern die Medien züchten sich willfährige Politiker, oder sie schlachten sie.

Auch in Rußland sind die Medien weitestgehend *nicht* im Einflußbereich der Regierung, sondern werden von dubiosen, meist nur über betrügerisch angehäuften Reichtum der die Medien besitzenden ›Oligarchen‹ beherrscht. Siehe u. a. GUSINSKI, BERESOWSKI.[516] Medien sind aber nicht nur ›Geschäft‹, sondern stehen in existentieller Wechselbeziehung mit der Kultur und den Lebensnotwendigkeiten der Gesellschaft. Wenn man schon beim materiellen Eigentum von dessen ›Sozialverpflichtung‹ spricht, um wieviel mehr muß das bei jenen, mit dem geistigen Leben der Menschen am engsten verbundenen und interagierenden Medien gelten. »Der Mensch lebt nicht von Brot allein«, manche glauben, daß das Menschsein überhaupt erst durch das Geistige bedingt ist. Dann ist es aber unerträglich, wenn es von wenigen manipuliert und ausschließlich dem ökonomischen Kalkül unterworfen werden kann. Es wäre dies die ›Brave New World‹ – die letzte und unmenschlichste Diktatur!

Obiger Gesetzesentwurf will also gerade das Gegenteil bezwecken: nicht Herrschaft der Regierung über die Medien, sondern dieser soll (unterstellt wird, daß Staat und Regierung nicht bereits in die Hände von Verbrechern gefallen sind) die Möglichkeit der Artikulation, der authentischen Darstellung gegeben werden, vor allem wenn die Intendanten, Journalisten und Macher als bezahlte ›Beauftragte‹ in erster Linie einseitige Propaganda verbreiten.

Soweit wir das sehen, ist also dem ›Mediengesetz‹ die erste Annahme zugrunde gelegt, daß Medien heute keine öffentliche, allgemeine und ausgewogene Information betreiben, sondern ›parteiisch‹ sind und überdies weltweit sich in wenigen Händen befinden und unerwünschte Meinungen völlig totschweigen. Der vielgelästerte ›Index‹ der Kirche ist im Vergleich zur heutigen Manipulation und dem Ausgrenzen mißliebiger Ansichten geradezu ein Kinderspiel gewesen.

---

[516] Wo, wie im Fall GUSINSKI, nicht zurückbezahlte Darlehen GUSINSKIS es dem Staat (über die von ihm kontrollierte Gasprom) noch möglich ist, das gänzlich illegale Medienmonopol durch Übernahme der Aktienmehrheit zu brechen, werden unmittelbar neue Winkelzüge versucht: Über US-Mediengewaltige aus dem ›Kartell‹ im Umfeld *Washington Post, New York Times, Wall Street Journal* wird ein ›Beteiligungs-Angebot‹ gemacht, was die russischen Medien gleich direkt unter die Kontrolle der Ostküste stellte!

Die zweite Annahme, wie oben mit Beispielen dargelegt, ist, daß eine Regierung oft (meist) nicht in der Lage ist, über die Medien ihre Politik ›gerecht‹ und in ihrem Sinne darzustellen, wozu sie aber eigentlich die Möglichkeit haben sollte, wenn man der Überzeugung ist, daß eine Regierung das ›*bonum commune*‹ tatsächlich im Auge hat.

Die dritte Annahme geht davon aus, daß es legitimierte gesellschaftliche Gruppen (kirchliche, Familien-Organisationen, Bauernverbände, Gewerbetreibende usw.) gibt, deren Anliegen wohl oft von Medienberichten berührt werden, die aber selbst nicht die geringste Chance haben, ihre Sicht der Dinge repräsentativ öffentlich zu machen.

Aus dieser Beurteilung heraus folgt, daß nur noch gänzlich einseitig informiert, also manipuliert wird, was jede Gesellschaft nur in die Sklaverei führen kann. Das heißt, die wirkliche Meinungsfreiheit und damit Vielfalt *muß* gesetzlich geschützt und *wirksam* gefördert werden. Bei vernünftiger und rationaler Beurteilung dieser vielen Meinungen (und selbst Irrtümer und ›Ismen‹) würde sich dann eine richtigere und gewiß auch breiter akzeptierte Sicht gesellschaftlich bedeutsamer Fragen von selbst einstellen.

Der Vorschlag fordert daher, es solle gesetzliche Pflicht werden, daß allgemeine, freie Information zur Aufgabe aller öffentlichen Medien gemacht werde – unbeschadet von den Eigentumsverhältnissen – und daß die Träger der Informationsverbreitung den vorgenannten interessierten *und* legitimierten Gruppen, einschließlich der Regierung, in angemessenem Umfang ebenfalls Raum geben müssen. Widrigenfalls sollten die (Haupt-) Einnahmequellen – also die Werbung – so massiv (strafweise) besteuert werden, daß es klüger wäre, der allgemeinen, gesetzlichen Informationspflicht lieber doch nachzukommen.

Der letzte Punkt, finanzielle Sanktionen, mag willkürlich erscheinen. Aber sehen wir uns als Beispiel die Medienfinanzierung an. In der *International Herald Tribune* vom 6. 11. 2000 erschien eine doppelseitige farbige Anzeige der *FAZ* mit großen Initialen von »Billy Wilder, Direktor«, darauf ein in den meisten europäischen Ländern verbotenes Schafott, gezeichnet mit »*Frankfurter Allgemeine Zeitung*« und versichernd – so wahrhaftig wie zynisch –, daß »hier immer ein kluger Kopf dahinter steckt«.

Was sollte damit erreicht werden, außer, daß die ›großen‹ – offensichtlich abhängigen – Medien ihren Anteil an Finanzierungsmitteln für allerlei globale, aber dubiose Zwecke beizusteuern haben? Denn:

1. Sprechen wahrscheinlich 90 Prozent der *IHT*-Leser kein Deutsch.

2. Wer immer *IHT* (einschließlich der deutschsprechenden Leser) liest, ist er höchstunwahrscheinlich an einer Überdeckung am provinziellen

Teil der Welt interessiert, zuletzt in Deutschland, bar jeder leichten Theater-, musikalischen und literarischen Attraktionen, wie in London oder
Paris, wie sie typisch für den kaufkräftigen *IHT*-Geschäftsmann sind.
Die ›Botschaft‹ richtet sich also an die falschen Leute, mit anderen
Worten, die horrenden Inseratkosten sind nur eine Schutzgeldzahlung.

3. Die Anzeige selbst versucht nicht einmal, eine Botschaft zu übermitteln, und zeigt damit, daß es die Sache der *FAZ* ist, ihren Anteil
unter den Schlüsselblättern der Welt beizusteuern. Sie sind wie eben
die *FAZ* Ableger der *Washington Post* und *New York Times* mit ihren
Tentakeln überall, einschließlich Gussinskis Most-Imperium. Gerade
so wie Hunderte von anderen Anzeigen der großen Werbeagenturen
über das Jahr erscheinen, die einen Beitrag gemäß ihrer Quote zu bringen haben.

Das wird besonders offensichtlich, wenn durch neue Zeitungsprojekte eine Revolution in jeglichem Bereich gestartet werden soll, einschließlich des pornographischen, durch derartige neue und andere
Zersetzungsmedien. Mit solchen regulären Mega-Anzeigen durch die
bekannten Konzerngiganten werden diese finanziert und angestoßen.

Fazit

Aus dem Gesagten folgt ein ›Mediengesetz‹, das in seiner Zielsetzung
eine tatsächliche öffentliche (und nicht wie heute: veröffentlichte)
Meinung zu bilden erlaubt. Die Absichten eines solchen Gesetzes sind
nochmals knapp aus dem besonderen Charakter der Medien heraus
begründet, und in einer Welt, die vom Geld regiert wird, sind auch
die Sanktionen bei Nichtbefolgung umrissen.

1. Die Medien haben an sich monopolistischen Charakter, und zwar
   sowohl für die Produzenten als auch für Konsumenten von Information

   • wegen deren Begrenzungen in Zeit, Platz und Kanälen/Frequenzen einerseits und einer der Aufnahmefähigkeit der Menschen andererseits.

2. Die Medien sind in völliger Abhängigkeit von externer Finanzierung:

   • durch PR und Werbung von Konzernen,
   • wegen ihrer Konzentration und der damit verbundenen nahezu
   monopolistischen Stellung führt dies logischerweise zur Verfolgung
   eigennütziger Interessen.

Das Gemeinwohl erfordert eine multipolare Sicht und Debatte, sowie breite Abschätzung der Folgen von Entscheidungen, welche die *res publica* betreffen, und keine lobbyistische Einseitigkeit. Dies ist zu sichern, indem der Reichtum an Informationen und die Vielfalt der Meinungen allgemein verfügbar gemacht werden. Ein derartiges Bürgerrecht auf vielfältige Information an einem Ort und zu einer Zeit ist in einer funktionierenden Demokratie unverzichtbar.

3. Presse, Radio und Fernsehen und jegliches andere organisierte Medium sind verpflichtet, Zeit und Platz zu jeglichem Thema, das von diesen Medien aufgegriffen wurde,

   • der Regierung und staatlichen Organen im Umfang von x Prozent und

   • jeder anderen registrierten, politischen, kulturellen oder Familien-Organisation, die diese Themen zu kommentieren wünscht, im Umfang von mindestens y, aber nicht mehr als höchstens z oder im Gesamtausmaß von 33 Prozent pro Jahr frei und unentgeltlich zur Verfügung zu stellen.

Die Nichteinhaltung dieser Verpflichtungen wird mit Geldstrafen in Form einer 75prozentigen Steuer auf alle Werbeeinkünfte für eine gewisse Periode sanktioniert, die abhängig von der Schwere des Verstoßes gegen diese Bürgerrechte festzulegen ist, die aber in keinem Fall unter drei Monaten liegt.

Organische Reform

Abbau von Schulden, Verruf des Schuldenmachens, Definition eines weltweiten Währungsstandards: das *Om* oder *Talent.*
Schneller Abbau der öffentlichen Schulden durch ein Bündel von Maßnahmen: Schuldenstreichung, Umwandlung in Eigenkapital, Privatisierung der offiziellen Goldreserven und Laufzeiterstreckung der Fälligkeit auf 50 Jahre bei 1% Zinsen. Die Zahlung der Pensionen ist in jedem Fall sicherzustellen vor allen anderen Verpflichtungen.

Schulden werden nicht mehr mit Steuernachlässen (Abschreibungsposten) gefördert, und neue Schulden sind per Gesetz zu verbieten. An deren Stelle tritt vorrangig (gesichertes) und gewinnabhängiges stimmloses Risikokapital.

1. Umwandlung von Auslandsschulden in ›souveräne‹ (d. h. inländische) Schuld zu jenem Kurs, der zum Zeitpunkt des Vertragsabschlusses gültig war. Umwandlung von Bankkrediten, Unternehmens- und privaten Schulden mit längerer als 6monatiger Laufzeit entweder in Schulden mit 50jähriger Laufzeit zu 1% Prozent Zins oder in Grund-/ Eigenkapital nach Wahl des Schuldners, außer ursprünglich mittels Kredit finanziertem Unternehmenskapital (d.h. Firmenanteilen).

2. Abschaffung direkter Steuern zugunsten indirekter, aus wirtschaftlicher Tätigkeit anfallender, einschl. Mehrwertsteuer, Gemeinde-Grundsteuern und eine 75prozentige Steuer auf jegliche Firmenwerbung, die gemäß dem »Gesetz über Meinungsfreiheit und Medien« – bei dessen Nichtbeachtung – vorgeschrieben wird. Keine Steuerbegünstigungen für Schuldenmachen.

Verhinderung indirekter Vergemeinschaftung (›Sozialisierung‹/ Verstaatlichung) wegen übertriebener Anhäufung von Kapital (mit der Folge: Übernahmezwang des Managements, um Unternehmens- und persönliche Steuern zu vermeiden) und wegen Größenwahns der Manager, indem gesetzlich der ›Netto-Gewinn als obligatorische Dividende‹ festgelegt wird.

3. Schaffung einer nationalen oder regionalen (z.B. innerhalb der EU) *Grundrente für jeden Einwohner* in Form eines zinsfreien Kreditgeldes in der Höhe von 90% der Lebenshaltungskosten gemäß einem (offiziellen) Warenkorb, anstelle von Arbeitslosengeld oder jeglicher anderer staatlicher Transferleistungen, die in der Parteienwirtschaft meist unabhängig von den Möglichkeiten der Realwirtschaft (d.h. der langfristigen Finanzierbarkeit) nur aus den Erfordernissen der Partitokratie periodisch als Begünstigungen (Wählergeschenke, Wähler->bestechung<) beschlossen werden.

4. Geld wird aus den Steuereinnahmen von der Währungsbehörde der *res publica* als freier Kredit >geschöpft< und damit wieder oder zusätzlich in Umlauf gebracht. Die Einheit ist das >*Talent*< oder der >*Om*<, genannt nach dem aus Asien stammenden Synonym für die ursprüngliche schöpferische Energie. Sie entspricht dem hundertsten (oder tausendsten) Teil des nationalen oder regionalen, monatlichen Lebenskosten-Index.

Wo für ihren Außenwert erforderlich, kann eine Währung zeitweilig durch Verbindlichkeiten zu ihren jeweiligen Marktpreisen (teil-) gedeckt sein, wie zum Beispiel mit Öl (etwa für Arabien, Venezuela, Kolumbien), Gas (Rußland), Silber (Indien), Gummi (Malaysien), Gold, Platin (Rußland, Südafrika oder Dritte-Welt-Staaten), Kupfer (Chile), Weizen und ähnlichem.

Damit erhalten die Währungen jener Zonen und Staaten, die dem Weltwährungsstandard beitreten und ihn erfüllen, einen gemeinsamen Nenner und sind dadurch vergleichbar, obwohl nicht gleich im Wert. Hierdurch wird es möglich, (Handels-) Überschüsse zu neutralisieren, was weder Kreditoren (z.B. Japan, Deutschland, Arabien) aufgrund ihrer >Währungsreserven< wirtschaftlich ausbeutet, noch zu politisch erpreßbaren Gläubigern werden läßt, noch ihre Währungen (durch diesen, einem nicht der eigenen Währungshoheit gleichen Kredit) inflationieren kann, sei es mittel- oder unmittelbar (wie z.B. durch die Aufblähung der Tokioter Börse bis 1990, der New Yorker Börsen bis März 2000). Schulden in anderer als der Währung des Schuldners, also in seiner eigenen Währung, genießen keinen rechtlichen Schutz, weil sie nicht der ihnen verpflichteten Realwirtschaft entsprechen und sowohl die währungs- als auch innen- und außenpolitische Steuerung verzerren. Bestehende Schulden sind in Währungen des Schuldners zu wandeln, und zwar zu jenem Kurs, der zum Zeitpunkt der Kreditvereinbarung gültig war, unabhängig von inzwischen eingetretenen Kursänderungen.

Bedenken wir:[591]

»Ein Staat, der in seiner Verfassung oder durch Erklärung das Existenzrecht anderer Nationen bestreitet, hört damit auf selbst ein Völkerrechtssubjekt zu sein.«

Das ist es, was William PFAFF, den viele als den führenden Kopf unter den Kommentatoren der anglo-amerikanischen Presse halten, in seinem Artikel »Ein radikaler Bedeutungswandel in den internationalen Beziehungen« (*A radical rethink of international relations*[592]) herausgestellt hatte, daß nämlich die Sowjetunion, die das Existenzrecht jeglichen nichtproletarischen (= kommunistischen) Staates verneinte, damit nicht mehr als Völkerrechtssubjekt gelten konnte.

Das ist sehr interessant. Diese These wurde erstmals vom deutschen Außenministerium im Jahre 1939 herangezogen,[593] als die Tschechei einen Militärpakt mit der Sowjetunion schloß, der der UdSSR die tschechischen Flugplätze entlang der deutschen Grenze zur Verfügung stellte, »ein Damokles-Schwert in einer Entfernung von nur 20 Minuten Flugzeit zum Herz des Reiches«, wie es die Propaganda auch darstellte.

Diese Interpretation wurde auch als öffentliche Rechtfertigung des Angriffs auf die UdSSR am 21. Juni 1941 verwendet, einem zwei Wochen später geplanten Angriff der Roten Armee zuvorzukommen, was durch militärgeschichtliche Forschungen der Russen in den letzten Jahren auch bestätigt wurde.

Es hat den Anschein, daß UNO-Mitglieder glauben, daß nun die USA unter diese Klausel gefallen seien. Das ›Gleichgewicht des Schreckens‹ hielt die UdSSR bis zu ihrer Auflösung ab, ihren weltrevolutionären Anspruch wirklich durchsetzen zu können. Man sagt, daß jene, die die traditionelle britische Politik der ›Balance of Power‹ – des Machtgleichgewichts – bewunderten, meinten, daß es das Foreign Office verfehlt habe, die Union während des Bürgerkriegs in zwei feindliche Staaten aufzuspalten, und nun nichts dagegen hätte, sie in vier aufzuteilen.

---

[591] Mitteilung von Raymond GABRIEL Oktober 2002.

[592] William PFAFF, in: *IHT* vom 3. 10. 2002.

[593] Dr. von LOEN stellte die These auf, daß ein Staat, der die Vernichtung aller anderen bürgerlichen Staaten in seiner Verfassung habe – damals die Sowjetunion mit ihrem ›Anspruch‹ auf die Weltrevolution –, nicht Subjekt des Völkerrechtes sein könne. Diese These wurde sofort von der Regierung des Deutschen Reiches aufgenommen. Als es dann im Sommer 1939 zum Pakt mit der Sowjetunion kam, erlitt Dr. VON LOEN einen Zusammenbruch und ging als Landarbeiter nach Ostpreußen.
In denkenden Kreisen setzt sich mittlerweile die Auffassung durch, daß diese These viel mehr noch auf die USA zutrifft: Der ›Ordo Novus‹, seit Gründung im Staatssiegel, enthält einen weltweiten Anspruch, der allerdings erst heute aufgrund ihrer derzeitigen Machtüberlegenheit ganz verständlich wird.

Erklärung verwendeter Begriffe

Es liegt in der Natur der Sache, daß bei einem Thema über Amerika und wirtschaftliche Dinge die hier doch grassierenden anglo-amerikanischen Begriffe unvermeidlich waren. Ein Großteil wurde im Text direkt in deutscher Übersetzung verwendet oder in Klammern angegeben, einige, die u.U. eine längere Erklärung erforderten, hier aufgeführt. Da viele der von uns kritisierten Entwicklungen ihren Ursprung in der anglo-amerikanischen Denkweise haben, wurden dafür ganz bewußt die englischen Begriffe gewählt, selbst wenn es dafür gleichwertige deutsche gegeben hätte, um so diese negative Konnotation auch gleich in der dafür geeigneten und zuständigen Sprache zu verankern. Wir hoffen auf Verständnis und erklären ausdrücklich, daß der Gebrauch von ›Pidgin‹ auch von uns als das angesehen wird, was es ist: Banausentum und/oder geistige Rückgradverkrümmung.

American way of life: amerikanische Lebensweise, die aber zu einer Ideologie des Banalen und der Verschwendung entartete.

bad business: wörtlich schlechtes Geschäft. Da in den USA alles nur unter dem Gesichtspunkt des Profits betrachtet wird, bedeutet diese Phrase auch eine Kritik an politischen und anderen als nur Geschäftsentscheiden.

Bail-out (package): wörtlich (Arrangements), um jemanden ›herauszukaufen‹. Die heute üblichen ›Finanzhilfen‹ (als Kredite mit teilweise Wucherzinsen) des IWF an Länder der Dritten Welt, aber auch sogenannte ›aufstrebende‹ (*emerging*) Länder, deren Wirtschaft durch den neo-liberalen, entfesselten Kapitalismus in den Bankrott getrieben wurden, erhalten solche Finanzhilfen, die aber keineswegs der Wirtschaft dieser Länder zukommen, sondern zur Bezahlung der Zinsen früherer Wucherkredite an die internationalen Banken dienen.

Balance of power: englische Politik des Macht-Gleichgewichts, die auf dem europäischen Festland dafür sorgte, daß keine Macht die Vorherrschaft gewinnt. England hat sich somit immer mit jenen Mächten gegen den jeweils stärksten Staat in Europa (inkl. Rußland) verbündet. Ideologische Fragen spielten dabei keine Rolle, sondern ausschließlich das Machtkalkül.

Blue Chips: Branchen-Jargon für erstklassige, in der Regel sehr große Unternehmen.

Bonum commune: Allgemeinwohl.

CEO – Chief Executive Officer: der Chef-Manager eines Unternehmens, vergleichbar dem Vorstandsvorsitzenden.

CFR – Council on Foreign Relations: eine amerikanische – praktisch geschlossene – Organisation mächtiger Vertreter aus Wirtschaft, Finanzwesen und Politik, die mit zahlreichen ›*think-tanks*‹ (Denkfabriken) die strategischen Linien der US-Politik ausarbeiten, die dann von ihren Mitgliedern – in den jeweiligen Spitzenpositionen bis in der Regierung – dies bestimmen und durchsetzen. Gegründet von ROCKEFELLER als eines der Mittel, die Weltpolitik durch Amerika zu definieren und zu bestimmen

Clash of civilistions: Zusammenprall der Kulturen, Titel des bekannten Buches von HUNTINGTON; die deutsche Ausgabe heißt: *Kampf der Kulturen.*

commodity/-ies: in der Wirtschaft gebräuchliche Bezeichnung für Grundstoffe und wenig differenzierte Vorprodukte der industriellen Massenproduktion.

Comptroller of the Currency: Währungsbehörde bei US-Finanzministerium, das gewisse Funktionen ausübt, wie bei uns die Nationalbank.

Corporte America: die Gruppe jener großen transnationalen US-Konzerne, die in einer Liste des Magazins *Fortune* genannt werden (500, 700 bzw. 1000). Diese üben in den USA weitgehend die wirtschaftliche und politische Macht aus.

Debt report: Schulden-Bericht.

Derivate: Finanz-›Produkte‹ die ihren Wert von anderen, zugrunde liegenden Werten ableiten. Praktisch sind es oft Wetten z.b. auf Kursentwicklungen, denen sonst keinerlei wirtschaftliche Tätigkeit mehr zugrunde liegt. Ihr Umfang hat die reale Wirtschaft bereits um mehr als zwei Zehnerpotenzen übertroffen, womit auch ersichtlich wird, daß hier Casino-, aber nicht Wirtschaftstätigkeit ausgeübt wird.

DoJ, Department of Justice: Justizministerium.

DoD; ...Defence: Verteidigungsministerium.

E-commerce: jene Art von Geschäftstätigkeit, die mit elektronischen Kommunikationseinrichtungen – z.B. über Internet – neue Vertriebs- und Marketingmöglichkeiten nutzt.

Ecrasez l'Infâme: eine in VOLTAIRES Schriften seit 1759 immer wiederkehrende abgekürzte Formel, die sich gegen die katholische Kirche (*l'infâme* bedeutete für VOLTAIRE die Kirche) richtet:»Rottet den verfluchten Aberglauben aus!«

Entreperneurship: Unternehmertum, Eigenschaften, die man üblicherweise Unternehmern zuschreibt.

Exchange Stabilization Fonds: ein de facto geheimer Fonds beim Präsidenten oder *Treasurer* zur Stabilisierung der Währung (des Dollars), der keiner wie immer gearteten Kontrolle oder Berichtspflicht unterliegt. Es ist nicht einmal die Dotierung bekannt oder in welcher Weise er eingesetzt wird.

Executive Order: Präsidentenerlaß. Damit können in den USA ganz legal die verfassungsmäßigen Gesetze, die Gewaltenteilung, das Rechtssystem, die Legislative außer Kraft gesetzt und die absolute Diktatur eingeführt werden.

fabricated events: wörtlich (selbst) geschaffene Ereignisse; auch hier wird der Begriff zur Etikettierung von Ereignissen verwendet, die scheinbar aus sich selbst oder unbekannter Ursache entstanden sind, aber in Wahrheit zur Erzielung vorgeplanter Zwecke arrangiert wurden.

Federal Government: Bundesregierung.

F&E: Forschung und Entwicklung.

fiat lux: Es werde Licht! – Göttlicher Befehl im Schöpfungsbericht.

fiat money/Geld: in Analogie zum göttlichen Schöpfungsakt so genannt, weil hier Geld aus dem Nichts kreiert wird.

frontier spirit: Geist jener, die in der Zeit der Landnahme nach Westen – immer an vorderster Front ins Unbekannte zogen.

FTSE 100: Börsenindex einer bestimmten Gruppe von Unternehmen an der Londoner Börse (wie z.B. der DOW-Jones Index an der New Yorker Börse).

Futures: Unter Zuhilfenahme von Markt- und sonstigen Daten werden Annahmen über die Preisentwicklungen verschiedener ›commodities‹ getroffen, für die in der Gegenwart (während einer bestimmten Periode) Kaufgeschäfte oder Kaufoptionen zum gegenwärtigen Preise, aber mit Erfüllung zu einem späteren Zeitpunkt getätigt werden. Wird wegen späterer Knappheit der Preis steigen, gewinnt man.

global governance: wörtlich weltweite Regierung; dies ist gewissermaßen Kernstück und Ziel des Globalismus, alles zentral zu regeln und zu entscheiden. Eine Utopie und Horrorvision, die natürlich immanent das Ende von Freiheit und jeglicher Form menschlichen und sozialen Zusammenlebens ausschießt.

going public: der Vorgang des erstmaligen ›An-die-Börse-Bringens‹ oder auch die Absicht, das Unternehmen in eine an der Börse notierte Aktiengesellschaft umzuwandeln.

GPS – global positioning system: satellitengestütztes Ortungssystem, das mindestens drei, meist aber mehrere geostationäre Satelliten – die die Erde auf jeweils gleichbleibenden Bahnen umkreisen – benötigt und von deren jeweils bekannten Ortskoordinaten den Standort des auf der Erde oder in einem Flugkörper befindlichen GPS-Empfängers zu bestimmen erlauben.

ground zero: Bezeichnung für den Platz bzw. auch die unterste Ebene, wo die die WTC-Gebäude einstürzten.

Hedge Fund: Fonds, die mit geringem Eigenkapital – d.h. mit um oft viele Größenordnungen darüber gehende – Börsengeschäft vor allem im Bereich der Derivate machen.

hire and fire: amerikanische Methode der Personalpolitik, nach Bedarf einzustellen und bei den geringsten Unterauslastungen die Mitarbeiter‹ wieder sofort zu entlassen.

Independence Day: wörtlich Unabhängigkeitstag, dies ist auch der Titel eines bekannten *science fiction*-Filmes, der Jahre vor dem 11. September dieses Ereignis im Film praktisch bereits vorausgenommen hat.

Junk-Anleihen (*Bond*): Ramsch-Anleihen, Anleihen an Schuldner mit schlechter Bonität.

last warning: letzte Warnung, hier im Sinn von Wildwest-Manier gebraucht.

law and order: Gesetz und Ordnung, als Ausdruck für konservative Politik.

Libintern: Anspielung auf die Kommunistische Internationale – Komintern –, womit die Herrschaft des internationalen Liberalismus in völlig gleicher Weise wie zuvor die des internationalen Kommunismus angeprangert werden soll.

MAI – Multilateral Agreement on Investments: eine Bestrebung ähnlich wie im GATT (den allgemeinen Abkommen über Handel und (Zoll-)Tarife) und dem Nachfolger WTO (Welthandelsorganisation), die Regeln für den Warenaustausch zu vereinbaren, dies auch für Auslandsinvestitionen zu tun. Die allgemeine Tendenz solcher internationalen Abkommen ist natürlich auf die Privilegierung der großen Konzerne und der Industriestaaten gerichtet, in letzter Konsequenz der USA als vorherrschender Supermacht. Beim MAI sollen alle Risiken für Kapitalanleger faktisch auf die – weitgehend rechtlosen – nationalen Gesellschaften überwälzt werden.

Management Buy Out: Übernahme eines Unternehmens durch die eigenen Führungskräfte.

mainstream: wörtlich ›Hauptstrom‹. Damit werden jene Tendenzen bezeichnet, die in den Medien nur noch die gewünschte, einheitliche, politisch korrekte Meinung gelten lassen, aber auch die Anpassung der Menschen an diese ›veröffentlichte‹ Meinung. Es entspricht dies jenen Zuständen, wie sie ORWELL und HUXLEY in ihren Büchern *1984* bzw. *Schöne Neue Welt* visionär beschrieben haben.

melting pot: Schmelztiegel, die zahlreichen Einwanderer in den USA wurden hier z.T. ›rassisch, sozial und herkunftsmäßig‹ vermischt.

mutatis mutandis: lat. nach Vornahme der nötigen Abänderungen; also in entsprechender Weise wäre ein Beispiel auf andere Fälle zu übertragen.

Mutual Funds: Fonds, die z.B. für Pensionsvorsorge dienen, ›auf Gegenseitigkeit‹.

New Economy: bezeichente man jene ›neuen‹ Wirtschaftsbereiche – oft im Dienstleistungssektor – die versprachen, neue Wege bei Produkten, Vermarktungsweise u.ä. zu gehen. Heute stellte sich nach ein paar euphorischen Jahren heraus, daß es weitgehend eine Marketing-Blase ohne rechte Substanz war.

New-speak: die im futuristischen Büchern wie *1984* oder *Schöne neue Welt* geprägte Uminterpretation der Begriffe, zum Beispiel die Steuerreform, die aber nichts anderes als eine Steuererhöhung ist.

Nomen est omen: Der Name ist ein Zeichen oder Hinweis auf damit verbundene Eigenschaften oder Ereignisse.

non interest bearing accounts: ein typischer Begriff des *new-speak*; er bedeutet, daß auf einem solchen Konto keine Zinsen fällig werden. Mit dieser Begründung werden faktische Verbindlichkeiten des Staates so behandelt, als wären sie nicht vorhanden, womit in den USA die gesetzlich begrenzte Schuldenaufnahme über diese Grenze hinaus trotzdem gemacht wird.

notional (value): eine Wert-Bezugsgröße, mit der das Volumen von Derivatgeschäften angegeben wird. Zum Beispiel bei Zins-Derivaten wird als notionaler (~ nomineller) Wert die Kapitalsumme genommen, die für die Zinsen-Berechnung zugrunde liegt.

Novus Ordo Saeclorum: Neue (Welt-)Ordnung des (künftigen) Zeitalters. Dieser Spruch ziert die US-Ein-Dollarnote und ist das Programm der Globalisten, also des US-Imperialismus.

off-shore: wörtlich ›vor der Küste‹, bezeichnet es einerseits Ölbohrungen, die im Meer von schwimmenden Plattformen gemacht werden, aber der Begriff wird auch verwendet, um Finanzinstitutionen zu kennzeichnen, die in irgendwelchen dubiosen ›Steuerparadiesen‹ oder Plätzen der Welt ihren Sitz haben, wo es nicht die sonst geltenden gesetzlichen und Kontroll-Vorschriften gibt. Es sind dies die augenzwinkernd akzeptierten Piratenverstecke des heutigen internationalen Geld-Gangstertums.

Oligarchie/-en: Herrschaft einer privilegierten kleinen Gruppe, Heute auch verwendet für die Bezeichnung jener neureichen Russen (oft mit Doppelpässen), die nach dem Zusammenbruch des sowjetischen Imperiums sich in den Besitz des Volksvermögens setzten.

old economy: traditionelle Branchen, Produkte und Märkte, die jedoch die primären Lebensbedürfnisse nach wie vor befriedigen und meist – im Gegensatz zur *New Economy* mit ›konservativen‹ Wachstums- und Gewinnerwartungen (und in der Regel auch Erfolgen) operieren.

Open-door Politik: Politik der offenen Grenzen für den Handel, die jedoch von den USA als meist ultimative Forderung erhoben und nötigenfalls mit Krieg erzwungen wird.

out of area: im Zusammenhang mit Militäreinsätzen, die nicht unmittelbar der eigenen Landes- (bzw. Bündnis-)Verteidigung dienen und in Gebieten außerhalb stattfinden.

Output: diejenigen Leistungen, die produziert und etwa bei Produkten physisch geschaffen wurden.

Paradigma, paradigmatisch: eigentlich ›Muster, Vorbild, Schablone‹. Man drückt damit für eine Epoche oder historische Zeitspanne die vorherrschenden geistigen, kulturellen, politischen usw. Denkgewohnheiten und Handlungsweisen aus.

Pax Americana: amerikanische Friedensordnung; in Analogie zur *Pax Romana*, eine aufgezwungene und daher imperialistische Ordnung, die man – da sie die jeweils anderen Traditionen und Rechtsordnungen ignoriert – als despotisch ansehen muß.

Plutokratie/-en: Herrschaft des Geldes und jener, die auf Geldbesitz ihre Macht ableiten. Der Name kommt vom antiken Gott des Geldes Plutus.

raison d'être: Staatsräson.

raison d'humanité : Räson, die ganze Menschheit umfassend ; gewissermaßen die Despotie der › Menschenrechte‹, mit denen die USA jeden Krieg und jede Einmischung auf der ganzen ›moralisch‹ Welt rechtfertigen.

Rallye: Branchen-Jargon für positives Börsenklima (steigende Kurse und Gewinnchancen) während eines gewissen Zeitraums.

Rating Agentur: jene (privaten) Organisationen, die ähnlich wie ein Kreditschutzverband die Bonität ständig überwacht und darüber öffentliche Rangordnungen aufstellt. Dies betrifft Firmen, Banken aber auch Staaten.

régime de canaille: Pöbelherrschaft.

Repo : Abkürzung für *Repossession*. Es geht um grundbücherlich oder pfandbrieflich besicherte Eigentumsübertragungen.

Sekundärmarkt-Rendite: Kapitalmarkt-Zinssatz für kommerzielle Unternehmens-Kredite.

state & local government: Regierung der Bundesstaaten bzw. Provinzen.

Start-up Company: junges Unternehmen.

Swap: bedeutet Tausch, ist aber im globalen Derivat-Geschäft die Summe komplexer, hier nicht beschreibbarer Transaktionen. Es gibt eine *International Swaps and Derivatives Association (ISDA)*, die eine weltweite Handelsorganisation der ›führenden Teilnehmer‹ in der privat (-rechtlich) vereinbarten Derivate-›Branche‹, deren Geschäft folgende Arten von Derivat-Transaktionen umfaßt: Zinsderivate, außerdem für Währungen, Grundstoffe, Kredite und *swaps* für ›*equity*‹ (eigentlich haftendes Eigenkapital), wie auch mit all dem verbundene Produkte wie ›*caps, collars, floors*‹ und ›*swaptions*‹. (Letzteres erwähnen wir nur, um zu zeigen, daß hier nur noch Eingeweihte wissen, wovon die Rede ist. Fragen sie doch einmal bei ihrer Bank nach *caps* oder *floors*; die Wette steht 1 : 1000, daß man Ihnen nicht sagen kann, worum es dabei geht.

Bemerkenswert bei diesen – im Grunde parasitären – Geschäften sind die Bemühungen der ISDA, die *rechtliche Durchsetzbarkeit* von ›Netting-Möglichkeiten‹ (d. h. die gegenseitige Aufrechnung von an sich unabhängigen Geschäftstransaktionen) zu betreiben, die sich aus diesen eigentlich glücksspielartigen ›Geschäften‹ ergeben, um damit das ›Kredit‹-Risiko zu begrenzen.

time gate: wörtlich Zeitfenster. In *science-fiction*-Filmen erlaubt das Durchschreiten solcher Zeit-›schleusen‹, in eine andere Epoche der Vergangenheit oder Zukunft zu gelangen.

translatio imperii: Übergang bzw. Erbe des Imperiums auf ein neues.

Treasury, Treasurer: amerikanisches Finanzministerium und dessen Finanzminister. Die offizielle Bezeichnung ist *Secretary of the Reasury.*

Triade: bezeichnet die wirtschaftlichen und zum Teil politischen Zusammenarbeit der drei Hauptakteure der Weltwirtschaft: Nordamerika, Westeuropa und Japan, bzw. diese direkt auch selbst.

Venture Capital: Risiko-Kapital; gedacht für junge Unternehmen, die noch nicht so lange am Markt sind, um von Banken ausreichende Liquidität zu bekommen, die aber erfolgversprechend sind.

virtual reality: virtuelle, d. h. unwirkliche Realität. Damit wird unsere heutige Welt der Wirtschaft in vielen Bereichen bezeichnet, aber auch viele andere Lebensbereiche, die Phantasie bis hin zur Manie als Wirklichkeit nehmen, muß man als irreal ansehen.

virtual economy: die Wirtschaft des Irrealen – vor allem im Bereich der Banken und ihres Handels außerhalb (!) der Bilanzen mit Derivaten – im Gegensatz zur Realwirtschaft, in der produziert und echte Werte geschaffen werden

Personenverzeichnis

GERHOCH REISEGGER

Selbständiger Unternehmensberater, zuvor Geschäftsführer eines Informatik-Unternehmens, Marketing-Direktor der österreichischen Tochter eines US-Computer-Konzerns. Reserveoffizier des österreichischen Bundesheeres. Studium der Physik an der Technischen Universität Wien. Langjährige Auslandstätigkeit in der Informatik-Branche.

Seit Jahren publizistische und Vortragstätigkeit zu wirtschafts- und geopolitischen Themen, u.a. internationaler Kongreß der Russischen Akademie der Wissenschaften über die »geopolitische Lage 10 Jahre nach dem Zusammenbruch der Sowjetunion« (2001), internationaler Kongreß über »Globalisierung und Probleme der neueren Geschichte« in Moskau (2002), und anläßlich verschiedener, von Synergon veranstalteter Sommer-Universitäten. Mitgestaltung eines Symposiums an der Universität der heiligen Cyrill und Method in Thyrnau/Trnava, »Mitteleuropa, die Europäische Union und die Globalisierung«, November 2000.

Beiträge sind in verschiedenen Periodika erschienen, in München, Graz, Wien, Berlin, Ober-Österreich, Belgrad, Sofia, Brügge, Moskau; verschiedene Buchbeiträge.

Gründung der Johann Heinrich von Thünen Gesellschaft Österreich zur Förderung neuer Ansätze in Land- und Forstwirtschaft und der Nationalökonomie, Obmann der Gesellschaft seit 1996.

In den vergangen Jahren mehrer Studienreisen nach Mazedonien, Serbien, Kroatien, Bosnien-Herzegowina, Slowakei, Ungarn, Griechenland. Beschäftigung mit den politischen und ökonomischen Fragen des Balkans und Osteuropas.

Conrad C. Stein

Die Geheime Weltmacht
Die schleichende Revolution
gegen die Völker

400S., Pb., €19.50 · ISBN 3-89180-063-0

Die Kriege des letzten Jahrzehnts am Persischen Golf, auf dem Balkan und in Afghanistan sind Schritte einer sich in jüngster Zeit beschleunigenden Globalisierung, die Peter Scholl-Latour eine »Amerikanisierung der Welt« nannte. Der Turbo-Kapitalismus der amerikanischen Ostküste zielt auf die Errichtung einer ›Eine-Welt-Herrschaft‹, die alle Völker und Kulturen gleichschaltet und den Erdball dem American way of life unterwirft. Stein zeigt die Hintergründe dieser Bestrebungen und nennt die treibenden Kräfte in Politik, Wirtschaft und Medien.

Internationale Vereinigungen wie Völkerbund und UNO, Europäische Union oder NATO, aber auch wirtschaftliche Einrichtungen wie die Bretton Woods-Organisation, Weltbank und internationaler Währungsfonds oder das NAFTA sowie der Club of Rome werden für dieses Ziel eingesetzt und zur Zerstörung der Staaten, Völker und Kulturen mißbraucht. Das Buch entlarvt das ganze Ausmaß dieses Anschlags auf die Freiheit des Einzelnen wie auf die der Völker. Es ruft die Völker dieser Welt und alle Verantwortlichen zum Widerstand gegen diese zerstörerische Eine-Welt-Ideologie auf und setzt sich für eine nationale und demokratische Politik ein.

HOHENRAIN-TÜBINGEN GmbH

72006 Tübingen · Postfach 1611 · Tel. 07071/40 70-0 · Fax 07071/40 70 26